JN446113

인공지능시스템

Artificial Intelligence System

조영임 지음

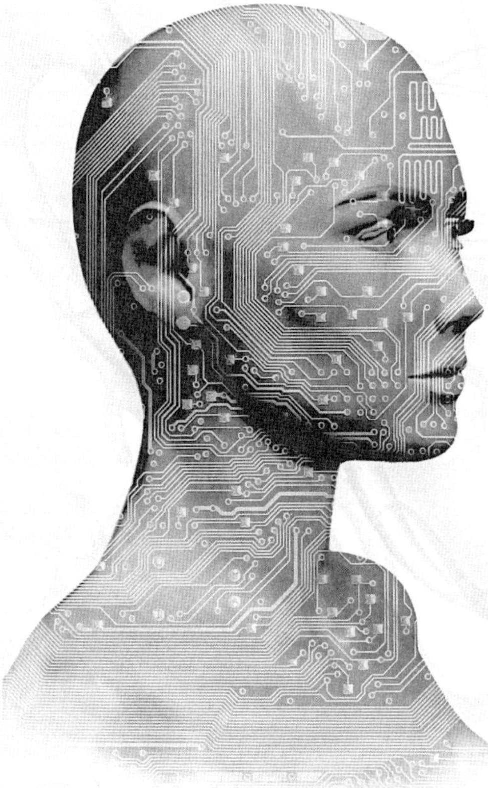

홍릉과학출판사

머리말

유비쿼터스란 1984년 마크와이저가 제안한 개념으로 현재 전 세계적으로 번지고 있는 이음새 없는 컴퓨팅 환경을 구축하고자 하는 웰빙 개념의 IT 트렌드를 말한다. 유비쿼터스 기술에는 인공지능개념이 핵심이 되는데, 인공지능이란 인간의 학습능력과 추론능력, 지각능력, 자연언어의 이해능력 등을 컴퓨터 프로그램으로 실현하는 기술을 연구하여 인간의 지능으로 할 수 있는 기능들을 컴퓨터가 할 수 있도록 하는 컴퓨터 공학 및 정보기술 한 분야로서, 컴퓨터가 인간의 지능적인 행동을 모방할 수 있도록 하는 첨단 연구 분야를 말한다.

인공지능은 이러한 유비쿼터스 환경에서 이음새 없는 컴퓨팅 환경을 구축하고 인간을 대신하는 지능적 시스템을 만들기 위해 필요한 기술이다. 인간을 대신하는 시스템이 필요한 이유는 인간은 계속해서 동일한 효율성을 가지면서 단순 반복된 일을 지속하기 힘들고, 어느 순간에서는 효율성이 급격히 떨어지기도 하며, 매우 복잡한 일을 인간보다 훨씬 지능적으로 처리해야 할 필요가 있기 때문에 인간을 대신할 시스템 개발이 필요한 것이다. 또한 유비쿼터스 환경에서는 매우 다양하고 복잡한 정보들이 다루어지기 때문에 보다 지능적인 정보처리 분야가 필요한 것이다. 최근에는 빅 데이터와 클라우드 컴퓨팅이 화두가 되면서 인공지능 발전에 더욱 박차를 가하고 있으며, 데이터의 분석 및 처리가 얼마나 지능적으로 되느냐가 기업의 성패를 좌우하고 있다.

인공지능을 배우기 위해서는 먼저 인공지능을 구현하기 위한 기술들과 문제영역에 따라 기술들을 적절히 조합하여 문제에 응용할 수 있는 해결능력을 키워야 한다. 최근의 인공지능 경향은 인공지능은 그 자체로 존재하는 것이 아니라 컴퓨터 과학의 다른 분야와 직간접으로 많은 관련을 맺고 있으며, 특히 최근에는 정보기술의 여러 분야에서 인공지능적 요소를 도입하여 그 분야의 문제 풀이에 활용하려는 시도가 매우 활발하게 이루어지고 있기 때문이다.

이 책은 본인이 수년 동안 인공지능을 강의한 경험을 바탕으로 이러한 인공지능의 학습목표에 맞도록 구성한 책으로 최신 인공지능 시스템과 관련된 주제들을 다루고 있다. 이 책은 모두 11장으로 구성되어 있는데, 기본적인 인공지능 기술들과 핫 이슈들을 포함하였으며, 각 장의 끝 부분에는 인공지능 시스템을 실제로 구현한 예제를 보여줌으로써 원리를 이해하기 쉽도록 구성하였다. 1장은 인공지능을 위한 기초지식, 2장은 지식 표현, 3장은 신경 회로망, 4장은 유전자 알고리즘, 5장은 퍼지 이론, 6장은 퍼지 시스템, 7장은 지능적 에이전트, 8장은 모바일 에이전트, 9장은 전문가 시스템, 10장은 컴퓨터 비전, 11장은 바이오 인포메틱스, 그리고 마지막 12장은 유비쿼터스 컴퓨팅으로 구성되어 있어서 대학교에서 한 학기 인공지능 과목의 강의교재로 매우 적당하다고 생각한다. 또한 최근 경향 따라 핫 이슈로 대두되는 주제들을 한 주 정도 추가하여 융통성 있게 강의하는 것도 좋은 강의 방법이라 생각한다.

이 책이 인공지능을 배우고자 하는 학생들은 물론 일반인들에게도 많은 실제적 도움이 되길 바라며 이 책이 나오기까지 도와주신 홍릉과학출판사 사장님과 출판사 관계자 여러분들께 진심으로 감사를 드린다.

항상 기도로 도와주시는 부모님과 사랑스런 가족들께 무한한 고마움과 감사함을 드린다.

2012. 8
저자 씀

차 례

제 1 장

인공지능을 위한 기초 지식

1.1 인공지능의 정의
1.2 인공지능의 역사
1.3 인공지능의 연구 분야
1.4 인공지능 시스템

1.1 인공지능의 정의

인간은 호모 사피엔스, 즉 지혜를 가진 사람(man the wise)이라고 하는데, 이것은 인간의 정신적 능력이 우리 일상생활에서 매우 중요하다는 것을 의미한다. 인공지능(artificial intelligence)이란 바로 이러한 인간의 지능적인 작용들을 이해해 보자는 분야이다. 즉, 인간의 지능을 기계가 갖출 수 있도록 하는 일을 말한다. 일반적으로 지능이란 "문제 해결 능력"이라고 정의할 수 있다. 우리가 여러 가지 문제를 해결하는 데는 고도의 지능이 필요하기 때문이다. 예를 들면, 국어나 수학 문제를 푼다거나 하는 행위 등은 인간의 높은 지능이 요구되는 일이 된다. 인공지능은 철학이나 심리학과는 달리 지능 자체에 관심을 갖는다기 보다는 이것을 어떻게 이해하고 컴퓨터로 구축하느냐에 더 관심을 두고 있다. 인간이 가진 지능은 우리에게는 매우 쉬우나 컴퓨터는 이것을 갖기가 매우 어렵다. 우리는 듣고 말하고 보는 행동이 매우 쉬우나 컴퓨터가 이러한 능력을 지니기는 매우 힘들고 어려운 작업이며 현재 인공지능 분야에서 가장 힘든 연구대상이 되고 있다.

인공지능은 여러 학자들에 의해 개념이 정의되고 있으며 인공지능의 목표는 다음 <그림 1.1>에서와 같이 크게 4가지로 분류할 수 있다.

	이론적(ideal)	합리적(rational)
인간의 사고작용 (thinking)	인간과 같은 사고 시스템 (systems that think humams)	합리적 사고 시스템 (systems that think rationally)
행동 (behavior)	인간과 같은 행동 시스템 (systems that act like humans)	합리적 행동 시스템 (systems that act rationally)

〈그림 1.1〉 인공지능의 정의 및 목표

이 그림의 가로축은 이론적인 측면과 합리적인 측면에서 분류 정의한 것으로 대체적으로 1980년대에 주류를 이루었고, 세로축은 인간의 사고작용과 행동의 측면에서 분류하고, 정의한 것으로 대체적으로 1990년대 이후에 주류를 이루고 있다. 각각에 대해 좀 더 자세히 설명하면 다음과 같다.

(1) 인간과 같은 사고 시스템(인지 과학적 접근 방법)

1985년 Haugeland와 1978년 Bellman은 다음의 인용문을 통해 인공지능의 목표를 인간과 같은 사고 시스템이라고 정의하였다.

> "The exciting new effort to make computers think... machines with minds, in the full and literal sense"(Haugeland, 1985)
>
> "The automation of activities that we associate with human thinking, activities such as decision-making, problem solving, learning..."(Bellman, 1978)

이론적으로 인간처럼 생각하는 기계를 만들려면 우선 인간의 사고 작용을 연구해야 하는데, 일반적으로 자기반성이나 심리학적 실험을 통해 인간의 사고 작용을 이해할 수 있을 것이다. 이로부터 그럴듯한 가설이 성립되면 프로그램을 통해 실현할 수 있게 된다. 만약 이렇게 생성된 프로그램의 입출력 데이터가 인간의 그것과 동일하다면 인간처럼 사고하는 컴퓨터를 만드는데 일단 성공한 셈이 된다. 이렇게 연구하는 분야가 바로 인지과학(cognitive science)이다.

인지과학은 인공지능에 기초한 컴퓨터 모델을 만들어 실제 실험을 통해 인간의 사고 작용을 모방하려는 분야이다. 그러나 인간의 복잡하고 오묘한 사고 작용과 이것을 컴퓨터로 모델화한 것과는 여러 가지로 차이점이 존재한다. 실제로 인지과학이 성과를 거두려면 여러 번의 사고 실험을 통해 조사하고 면밀히 연구하여야 할 것이다.

(2) 합리적 사고 시스템(사고의 법칙적 접근 방법)

1985년 Charniak과 McDermott, 1992년 Winston은 다음의 인용문을 통해 인공지능의 목표를 합리적으로(이론적이 아닌) 사고하는 시스템이라고 정의하였다.

"The study of mental faculties through the use of computational models" (Charniak and McDermott, 1985)

"The study of the computations that make it possible to perceive, reason, and act"(Winston, 1992)

이를 위해서 과거로 거슬러 올라가면 그리스의 철학자 아리스토텔레스는 올바르게 생각하고 사고하는 과정에 대해 최초로 성문화한 학자이다. 그는 다음과 같은 유명한 논리로써 합리적 사고의 논리적인 과정을 제안하였다. 즉, "소크라테스는 사람이다. 사람은 죽는다. 그러므로 소크라테스도 죽는다".

소크라테스적인 논리적 흐름에 기초하여 인간의 사고 과정을 컴퓨터로 프로그래밍화 하고자 하는 것이 인공지능의 또 하나의 목표가 될 수 있다. 물론 이때 인간의 비형식적인 언어를 컴퓨터의 논리 시스템에 적용하기 위해 형식적인 언어로 바꾸어주는 과정이 필요하며, 이미 저장된 여러 지식들로부터 입력에 대해 적당한 결론을 추론해 낼 수 있는 과정도 필요하게 된다. 즉, 정확한 추론 과정이 매우 중요하다.

(3) 인간과 같은 행동 시스템(튜링 테스트적 접근 방법)

1990년 Kurzweil과 1991년 Rich와 Knight는 다음의 인용문을 통해 인공지능의 목표를 인간과 같은 행동 시스템이라고 정의하였다.

"The art of creating machines that perform functions that require intelligence when performed by people"(Kurzweil, 1990)

"The study of how to make computers do things at which, at the moment, people are better"(Rich and Knight, 1991)

1950년 Turing이 제안한 튜링 테스트는 지능의 작용 과정에 대해 매우 만족스럽게 설계한 최초의 프로그램으로 컴퓨터는 인간에게 질문함으로써 그의 테스트 결과를 여러 경로를 통해 보내주게 된다.

Turing은 지능적인 행동이란 질문자를 바보로 만들 정도로 모든 인지적인 작업들에 있어서 인간과 같은 수준의 성능을 이루어 내는 능력이라고 정의하였다.

튜링 테스트는 자연어 번역 및 처리, 지식 표현 및 저장, 내장된 지식으로부터의 자동화된 추론, 패턴 인식, 기계 학습 등의 분야에 널리 응용되게 되었다. 또한 튜링 테스트는 테스트한 내용을 좀 더 정확히 전달하기 위해 컴퓨터 비전, 로보틱스 등의 발전을 필요로 하는 계기가 되었다.

실제로 인공지능은 인간과 컴퓨터가 대화할 때 인간과 같은 행동을 하는 컴퓨터가 필요하다.

(4) 합리적인 행동 시스템(합리적인 에이전트적 접근 방법)

1990년 Schalkoff와 1993년 Lugar와 Stubblefield는 다음의 인용문을 통해 인공지능의 목표를 합리적인 행동 시스템이라고 정의하였다.

> "A field of study that seeks to explain and emulate intelligent behavior in terms of computational processes"(Schalkoff, 1990)
>
> "The branch of computer science that is concerned with automation of intelligent behavior"(Lugar and Stubblefield, 1993)

합리적으로 행동한다는 것은 주어진 확률 정도가 있을 때 어떤 목표를 달성하기 위해 행동하는 것을 의미한다. 즉, 합리적인 에이전트적 접근 방식을 말한다.

앞에서 설명한 인공지능의 목표 중 두 번째의 합리적 사고의 접근 방식에서는 정확한 추론 과정을 매우 중요시한다. 물론 정확한 추론은 합리적인 에이전트가 되기 위한 일부분임에는 틀림없다. 왜냐하면 합리적으로 행동한다는 것은 어떤 목표 달성을 위해 논리적으로 결론에 도달하도록 추론을 해나가야 하기 때문이다.

그러나 정확한 추론이 항상 합리적이라고는 볼 수 없다. 왜냐하면 정확히 증명할 수는 없으나 여전히 행해지는 일들이 종종 있기 때문이다. 게다가 합리적으로 행동한다는 것이 반드시 추론 과정을 통해서만 이루어진다고는 말할 수 없기 때문이다. 예를 들면, 뜨거운 난로가 있다고 하자. 만약 사람이 모르고 난로에 손을 댔다가 뜨거워서 손을 얼른 떼는 작용은 사람의 신중한 사고 과정 후에 행해지는 반응이 아니라 단순한 반사작용에 불과하기 때문이다. 이때 빨리 손을 떼면 뗄수록 더 합리적일 테니까 말이다.

이러한 합리적인 행동 시스템으로써의 인공지능을 설계할 경우 두 가지 장점이 있다.

첫째, 이러한 접근 방법은 인공지능 목표 중 하나인 합리적인 사고 시스템적인 접근 방식보다 더 일반적이다. 왜냐하면 정확한 추론이 합리적인 행동을 이루기 위해서 필요하고도 유용한 메커니즘이기 때문이다.

둘째, 인간의 사고 과정이나 행동에 의존하는 접근 방식보다 더 과학적이기 때문이다. 왜냐하면 인간의 행동이란 외부 환경에 잘 적응되기 쉽고 목표 달성과는 거리가 먼 어떤 복잡한 과정의 한 부산물이 되기 쉬우나 합리적이란 말은 훨씬 더 정의하기 쉽고 명백하기 때문이다.

최근에는 이와 같은 네 번째 인공지능의 목표를 위한 연구가 매우 활발히 진행되고 있는데 이것이 제7장과 제8장에서 설명할 지능적인 에이전트 이론이다.

1.2 인공지능의 역사

이 절에서는 인공지능의 발자취를 더듬어 보기 위해 인공지능의 태동기에서부터 현재에 이르기까지의 흐름을 간단히 살펴보고자 한다.

(1) 제1기 : 태동기(1943–1951)

인공지능이란 분야를 처음으로 인식하기 시작한 것은 1943년 McCulloch와 Pitts에 의해서이다. 이들이 인공지능을 연구하게 된 것은 대략적으로 다음의 3가지 동기에서였다고 한다. 즉, 뇌에 있어서 뉴런의 물리적인 기능과 작용에 대한 연구와 명제논리, 그리고 튜링 테스트 연구에서부터이다. 이들은 인공지능의 모델로써 뉴런이 서로 시냅스에 의해 연결되어 있는 모델을 제안하였다. 한 뉴런이 다른 연결된 뉴런으로부터 자극을 받으면 on으로, 아니면 off로 표시하여 뉴런간의 작용 관계를 모델화 하였다. 이때의 뉴런은 '충분한 자극을 제공하는 하나의 명제'라고 개념적으로 정의하였다.

또한 McCulloch와 Pitts는 뉴런으로 연결된 네트워크에 학습(learning)의 개념이 필요함을 주장하였고, 그리하여 1949년 Hebb는 뉴런간의 연결 정도를 변화시킬 수 있는 학습 규칙을 제안하여 'Hebb의 학습 규칙'이라 정의하기도 하였다.

McCulloch와 Pitts의 주장은 과거 심리학자나 철학자들의 전유물이었던 인간의 사고 과정을 최초로 연결망을 통해 모델화 했다는 점에서 인공지능 역사상 매우 의의가 크다고 본다.

1950년대 초반 Channon과 Turing은 폰 노이만형 컴퓨터에서 사용 가능한 체스 프로그램을 개발하였다. 이 무렵 1951년 프린스톤 대학교 수학과 대학원생이었던 Minsky와 Edmond는 신경 회로망 컴퓨터(SNARC)를 최초로 개발하는데 성공하였다. SNARC는 3000여개의 진공관과 40개의 뉴런으로 구성된 시스템이었다. 이 때 이 컴퓨터에 대해서 폰 노이만은 매우 진보적이며 언젠가는 매우 유용할 것이라며 칭찬을 아끼지 않았다고 한다. 그러나 후에 Minsky는 1970년대에 신경 회로망의 문제점을 실랄하게 비판하기도 하였다.

프린스톤 대학교는 인공지능에 있어서 또 하나의 거장인 McCarthy의 모교이기도 한데, 그는 졸업 후 다트마우스 대학으로 옮기게 되었다. 거기서 McCarthy는 Minsky, Shannon, Rochester 등을 포함하여 10명 정도가 1956년 여름에 2개월간의 워크샵을 갖게 되었는데, 주제는 오토마타 이론, 신경 회로망, 지능에 관한 연구 등이었다. 여기서 Carnegie Tech에 있는 Nowell과 Simon은 이미 자신들이 개발한 추론 프로그램인 Logic Theorist(LT)를 선보였는데, 비수치적으로 사고하는 컴퓨터 프로그램이라고 소개하였다. 이 프로그램은 여러 저널을 통해 소개되기도 하였다.

그러나 이 다트마우스 워크샵 이후 인공지능에서는 이렇다 할 별다른 성과는 없었으나 후에 인공지능의 여러 분야를 도입하게 되는 직접적인 계기가 되어, 미국의 MIT, 카네기 멜론 대학교, 스탠포드 대학교, IBM 등에서 계속적으로 연구하게 되었으며, McCarthy의 주장대로 '인공지능'이란 용어를 최초로 사용하게 된 유명한 워크샵이 되었다.

(2) 제2기: 초기 관심기(1952–1965)

인공지능의 제2기에서는 컴퓨터에 간단한 계산이 가능한 프로그래밍 도구가 주어진 시기이므로 제한적이마나 성공적인 시기였다.

Nowell과 Simon의 연구는 GPS(General Problem Solver)라는 문제풀이 시스템과 함께 매우 성공적이었다. 이는 제1기의 LT와는 달리 인간의 문제해결 과정을 모델화한 프로그램이었기 때문이다. 즉, 제한된 퍼즐 클래스를 다룸으로써 달성하고자 하는 목표에 비교적 쉽게 도달할 수 있었다. GPS는 인간과 같은 사고 시스템이라는 인공지능의 첫 번째 목표를 달성하고자 하는 최초의 프로그램이 되었다.

이러한 인공지능과 인지과학적인 접근 방법과의 융합 연구는 카네기 멜론 대학에서 시작되어 오늘날에도 생물학, 언어학, 심리학, 컴퓨터 등이 함께 연구하는 인지과학의 근간이 되고 있다.

McCarthy는 1958년 다트마우스에서 MIT로 옮겨가면서 중요한 3가지 업적을 남겼다.

첫째, 인공지능 프로그램 언어의 대표적인 LISP(LIST Programming)를 개발하였고, 이는 현존하는 언어 중 두 번째로 오래된 언어가 되었다.

둘째, 시분할 시스템(time sharing)을 도입하게 되었는데, 이는 비싼 컴퓨터의 사용료가 계속적으로 문제가 되었기 때문이다.

셋째, 1958년에 'Programs with Commonsense'란 논문을 발표하면서 'Advice Taker'라는 최초의 완전한 인공지능 프로그램을 개발하게 되었다. 즉, 이 프로그램은 지식 표현 및 추론의 중요원리를 모두 포함하고 있으며, 지식(knowledge)은 문제해결을 위해 탐색과정에서 사용된다.

1958년은 또한 Minsky가 MIT로 옮겨간 해이기도 한데, McCarthy와 Minsky는 수년동안 상당히 밀접하게 연구한 학자들이기도 하다. McCarthy가 형식논리에서의 지식표현과 추론에 관심을 둔다면 Minsky는 반 논리적인 관점에서 프로그램이 점점 개발되는 것에 더 관심을 둔 점이 차이점이다.

Minsky는 IQ 테스트와 유사한 기하학적인 도형찾기 문제와 블록 세계(blocks world) 문제 등과 같은 마이크로 세계(microworlds)의 문제들을 위해 지능적으로 해결하는데 관심을 많이 갖고 있었다.

다음 <그림 1.2>의 블록 세계 문제는 아주 유명한 마이크로 세계 문제인데, 테이블에 놓인 딱딱한 블록들 중 한 번에 하나의 블록만을 움직일 수 있다는 어떤 원칙에 따라 블록을 재배열하는 문제이다.

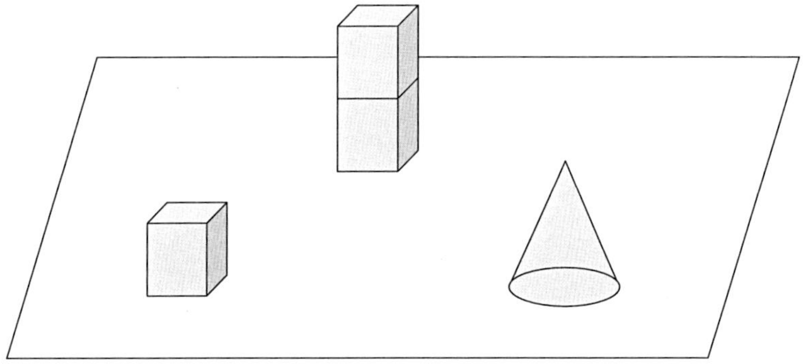

〈그림 1.2〉 블록 세계 문제

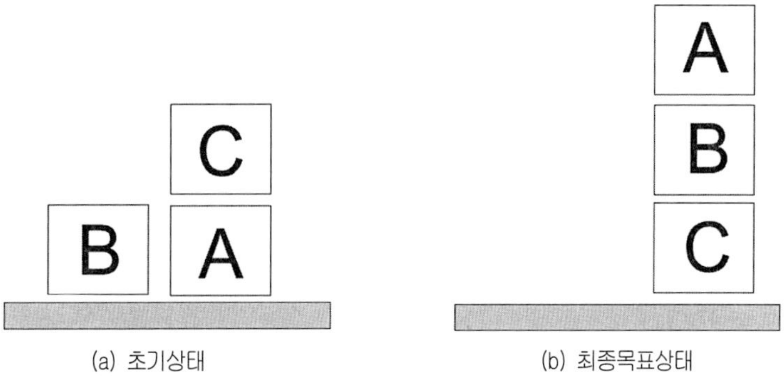

〈그림 1.3〉 3개의 블록이 있는 블록 세계 문제 예제

위 <그림 1.3>에서 3개의 블록이 있는 블록 세계 문제의 예제를 보면, (a)가 3개의 블록이 테이블 위에 놓인 초기상태이고, (b)가 최종목표 상태이다. 블록 세계의 문제는 한 번에 하나의 블록만을 움직일 수 있으므로 여러 방법에 의해 초기상태를 최종목표 상태로 옮길 수 있다. 이와 같은 동작을 수행하는 블록 세계 문제 프로그램이 많이 개발되어 있다.

이 블록 세계 문제는 1971년 Huffman의 비전 프로젝트, 1975년 Waltz의 전파 규칙, 1970년 Winston의 학습 이론, 1972년 Winograd의 자연어 처리 이해, 1974년 Fahlman의 계획 등에 영향을 미치게 되었다.

초기 McCulloch와 Pitts 신경 회로망 모델은 매우 각광을 받았다. 그후 1963년

Winograd와 Cowan은 신경 회로망의 각 개념을 표현하기 위한 요소의 수를 생각해 내었고, 1962년 Widrow는 Hebb의 학습 규칙을 개선하여 Adaline이란 신경 회로망을 제안하였으며, 1962년 Rosenblatt는 학습 알고리즘이 입력과 일치하는 해당 출력을 산출하기 위해 뉴런간의 연결 강도를 조절하는 식으로 수렴한다는 유명한 퍼셉트론 수렴 이론(perceptron convergence theorem)을 발표하여 주목을 받았다.

(3) 제3기: 침체기(1966–1974)

초기 태동기에서부터 계속적으로 발전해 오던 인공지능은 이 시기에 여러 가지 난관에 봉착하여 다소나마 침체기를 맞이한다.

첫째, 초기 인공지능 프로그램들이 주제에 관해 지식이 거의 없기 때문에 단순한 시냅스 조작만으로 정보가 전달된다는 점이다.

둘째, 인공지능이 해결하고자 하는 문제들이 매우 어렵다는 점이다. 초기 인공지능 프로그램은 문제에 관해 기본 사실만을 표현하여 단계적으로 해결 과정을 나타내는 것에 집중하였다. 따라서 간단한 프로그램은 해결이 가능하였으나 복잡한 인공지능 프로그램은 불가능하였는데, 이 당시에는 좀 더 나은 컴퓨터 기계나 메모리가 확보되면 가능하리라고 단순히 낙관하였다. 그러나 좀 지나면서 한 프로그램이 원리적으로 한 해결책을 발견할 수 있다는 것은 실제로 해결책을 발견하기에 필요한 메커니즘을 이 프로그램이 포함해야 함을 의미하지는 않는다는 것을 알게 되었다. 예를 들면, 제4장에서 설명할 유전자 알고리즘은 알아서 순종만을 교배하여 다음 세대에 생존가능성이 높은 것만을 계속적으로 생산해 내는 인공지능 프로그램이다.

셋째, 지능화된 행동을 생성하기 위해 사용되는 기본 구조상에서의 어떤 제한 때문이다. 예를 들면, 1969년 Minsky와 Papert의 'Perceptron'이란 책에서 지적했듯이 불가능한 사실을 학습하려고 한다는 점이 문제가 되어 신경 회로망이 한동안 침체기를 맞이하게 되었다. 그러나 그 후 1980년대 다층 신경 회로망이 도입되어 이 문제를 해결함으로써 다시 활기를 띠게 되었다.

(4) 제4기: 활성기(1975-1990)

인공지능 연구의 처음 10년간 사용되던 문제해결 방법은 일반적인 범용 탐색 방법(general purpose search mechanism)이었는데 도메인에 대한 지식이 부족했기 때문에 이를 불충분한 방법(weak method)이라고도 불리운다. 따라서 복잡한 도메인에 대해서는 성능이 떨어질 수밖에 없다. 그러므로 복잡한 문제를 해결하기 위해서는 거대한 지식(knowledge)을 사용하여 미리 답을 알아야만 효율적이다. 이 시기에 발표된 Buchanan의 DENDRAL 프로그램은 이런 접근 방법의 한 예이다. 이 프로그램의 입력은 분자식(예, $C_6H_{13}NO_2$)의 요소이며 출력은 여러 가지 분자 덩어리 스펙트럼이다. 예를 들면, 분자 덩어리 스펙트럼이 CH_3와 일치하는 m =15에서 최고점에 도달할 것이다. DENDRAL은 또 하나의 예로 케톤($c=o$)그룹을 인식하려면 다음의 규칙을 이용한다.

IF there are two peaks at x_1 and x_2 such that
(a) $x_1+x_2=M+28$(M is the mass of the whole molecule);
(b) x_1-28 is a high peak;
(c) x_2-28 is a high peak;
(d) At least one of x_1 and x_2 is high;
THEN there is a ketonre subgroup;

또한 80년대에는 전문가 시스템이 등장하여 매우 각광을 받았다. 1982년에 Digital Equipment Corporation에서 시작한 $R1$이라는 전문가 시스템이 상용화되어 한해에 약 40만 달러 정도를 절감할 수 있었다고 한다.

(5) 제5기: 융성기(1991-현재)

최근에는 신경 회로망이 다시 융성하기 시작하여 여러 분야에 신경 회로망을 응용하려는 경향을 보이고 있다. 예를 들면, 신경 회로망을 네트워크에 적용하여 문제해결을 하려는 연구가 진행 중에 있다. 즉, 네트워크의 통신량을 미리 예측하여 통신 부하를 최소화하여 효율적으로 운영하려는 연구가 진행 중이다. 또한 에이전트 이론이 1990년대에 등장하여 인공지능의 주류를 형성하고 있다. 최근에는 에이전트 이론에 지능이 부여된 지능적인 에이전트에 관한 연구들이 상당히 많이 진행되고 있다. 특히, 정보검색 시스템에서의 지능형 모바일 시스템은 2003년 들어서 매우 활성화되어 있다. 모바일 에이전트란 에이전트가 인증 절차를 거쳐서 서버와 서버를 이동하면서 독립된 단위로 정보검색 및 맡은바 임무를 수행하는 소프트웨어를 말한다. 이러한 모바일 멀티 에이전트 시스템이 최근 인공지능 시스템의 흐름을 형성하고 있다.

이와 같이 1990년대와 2000년대의 인공지능의 특징은 인공지능이 독립적으로 연구 발전되는 것이 아니라 다른 분야와의 융합을 통해 상호 보완적인 방향으로 발전되고 있다는 점이다. 특히, 2008년부터는 저탄소 녹색성장의 연구 흐름에 힘입어 유비쿼터스 기반 지식 사회로 성장, 도약하고 있으며, 인공지능이 주요 핵심 기술로 떠오르고 있다.

1.3 인공지능의 연구 분야

초기의 인공지능의 연구 분야는 주로 게임 놀이와 정리의 증명을 포함하였다. 게임 놀이 중 서양 장기에 대한 프로그램은 상대방과 장기를 둘 수 있었으며, 또한 나중에 프로그램의 성능 개선을 위하여 지금까지 게임에서 얻은 경험을 사용할 수 있었다. 논리에 대한 이론가들은 수학의 정리를 증명하려고 하였고 이에 의해 몇 개의 정리가 증명되었다. 이러한 게임 놀이와 정리 증명은 컴퓨터는 여러 경로를 조사하여 가장 좋은 경로를 선택하는 일을 빠르게 수행함으로써 사람보다 더 잘할 수 있다.

인공지능의 문제를 해결하기 전에 다음과 같은 항목들에 대해 생각해 보아야 할 것이다. 즉, 지능에 대한 기본적인 가정은 무엇인가, 인공지능 분야의 문제를 풀기 위해 어떠한 기법을 사용할 것인가, 인간의 지능을 어느 정도까지 자세히 모델화 할 것인가, 또한 어떻게 하면 지능적인 프로그램을 만드는데 성공할 것인가 등등을 생각해 보고 결정해야 할 것이다.

일반적으로 지식이라면 여러 가지 의미를 갖는데 어떤 개념에 의해 표현된 축약된 내부 지식(intentional knowledge)과 외부 지식(extentional knowledge), 지식의 지식(meta knowledge), 도메인 종속 지식(domain dependent knowledge), 도메인 독립 지식(domain independent knowledge), 여러 엔티티간에 복잡한 관계를 갖는 계층적 지식(hierarchical knowledge) 등으로 나눌 수 있다.

인공지능의 연구 분야는 다음 <그림 1.4>에서 보는 바와 같이 나누어질 수 있다. 여기서 RBS는 규칙 기반 시스템(rule-based system)을 말한다.

이러한 인공지능의 연구 분야는 계속적으로 확대되고 있지만 내부적인 기법측면에서 볼 때에는 다음 <그림 1.5>에서 보는 바와 같이 크게 인식, 추론, 학습의 세 범주로 나누어 볼 수 있다.

인식이란 보고 듣고 말하는데 해당되는 능력을 말한다. 인간의 소리를 인식하는 음성인식, 이미 쓰인 문자를 인식하는 문자인식 및 문서인식, 동영상을 인식하는 화상인식 등이 포함된다. 또한 단순히 인식하는데 그치지 않고 패턴의 의미를 파악하여 행동할 수 있다면 이것을 이해라고 보기도 한다. 예를 들어 인간이 "중지하라"고 말했을 때, 인공지능을 갖춘 기계가 그 소리를 듣고 중지하라고 화면에 표시하거나 그것을 타이프로 인쇄할 뿐이라면 음성인식에 속하지만, 그 의미를 이해해서 실제로 작동을 중지한다거나 하는 반응을 보인다면 음성이해에 속하는 것이다.

추론이란 주어진 사실이나 규칙으로부터 인지된 입력에 대해 결론을 얻는 과정을 말한다. 예를 들면, 흔히 인용되는 삼단논법 같은 것이 있다. 즉, "나는 사람이다. 사람은 죽는다. 그러므로 나도 죽는다". 그러나 삼단논법 형식의 추론 방법도

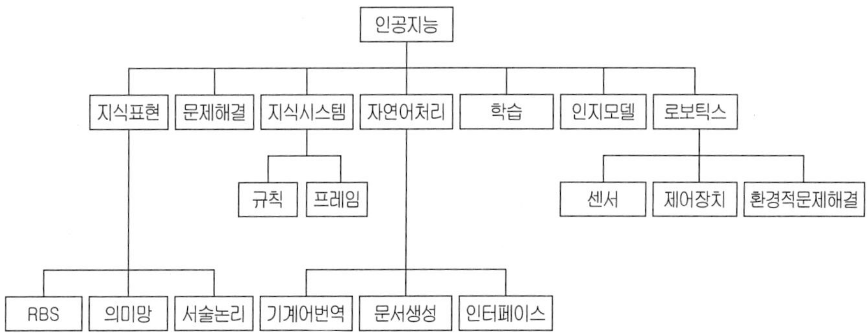

〈그림 1.4〉 인공지능의 연구 분야

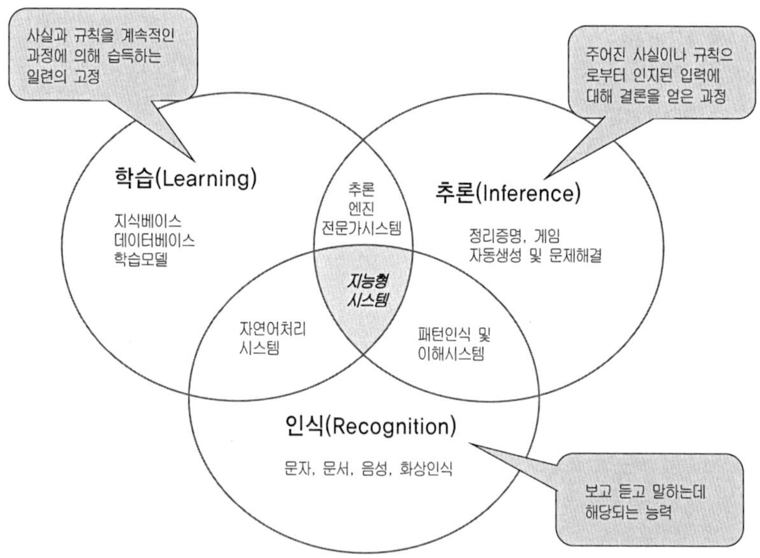

〈그림 1.5〉 인공지능의 기본적인 기술

있으나 최근 인공지능의 경향은 애매한 표현으로부터 추론을 할 수 있는 퍼지 추론 방법을 사용하고 있는데, 이러한 추론 방법을 사용하면 매우 지능적인 시스템을 구축할 수 있다. 추론은 정리의 증명, 게임, 프로그램의 자동생성, 일반적인 문제의 해결 등을 포함한다. 좀 더 자세한 추론에 관해서는 제5장에서 자세히 설명하기로 한다.

학습이란 사실과 규칙을 계속적인 과정에 의해 습득하는 일련의 과정을 말한다. 인공지능에서는 이러한 학습 방법에 관해 많은 연구가 있어 왔다. 또한 학습된 데이터로부터 추론을 하는 방법 등에 관해서도 많은 연구가 진행되고 있다. 대표적인 학습 방법으로는 신경 회로망이 있는데 인간의 뇌의 구조를 모델링하여 컴퓨터로 구현한 것으로 인식 및 추론 시스템에서 매우 강력히 작용하고 있다. 좀 더 자세한 것은 제3장에서 설명하기로 한다.

또한 학습과 추론을 이용한 추론 엔진, 전문가 시스템, 학습과 인식을 이용한 자연어 처리 분야, 추론과 인식을 이용한 패턴 인식 및 이해 시스템 등도 응용 분야로 매우 많이 사용되며 학습, 추론, 인식이 모두 적용되어 완벽히 작용할 경우 인공지능의 최고 목표인 지능형 시스템이 될 수 있다. 최근 21세기의 인공지능의 경향은 지능형 시스템을 만드는 것을 목표로 하고 있다.

인공지능은 학습과 추론기법의 융합으로 전문가 시스템, 추론 엔진 등이 생성될 수 있고 학습과 인식기법의 융합으로 자연어 처리 시스템 등이 생성될 수 있으며, 추론과 인식기법의 융합으로 패턴 인식 및 이해 시스템이 생성될 수 있다. 이외에도 인공지능은 네트워크, 멀티미디어, 의학, 교육, 정치, 경제 등의 여러 영역에 모두 적용 가능하다.

결론적으로 과거의 인공지능의 경향은 인간보다 빠르고 정확한 관심있는 문제의 해결 과정에 초점을 두었다면 최근의 인공지능은 단순한 문제해결 뿐 아니라 인간의 지능을 컴퓨터로 구현하려는 지능형 시스템에 있다고 할 수 있다.

1.4 인공지능 시스템

인공지능 시스템이란 무엇인가? 인간의 정신적인 모델을 실세계의 모델로 구현한 것이 인공지능 시스템이 된다. 이때 시스템 인식(identification) 문제와 시스템의 자동화(automation) 문제를 잘 고려하여 좋은 인공지능 시스템을 구현하여야 한다. 왜 인공지능이 어려운 것인가? 이것은 인간의 정신적 모델을 컴퓨터로 구현하는 것이 매우 까다롭고 어려운 작업이며 타당성 문제를 논의할 때 매우 어렵기 때문이다.

다음 <그림 1.6>는 인공지능 시스템의 개념적 구성도이다.

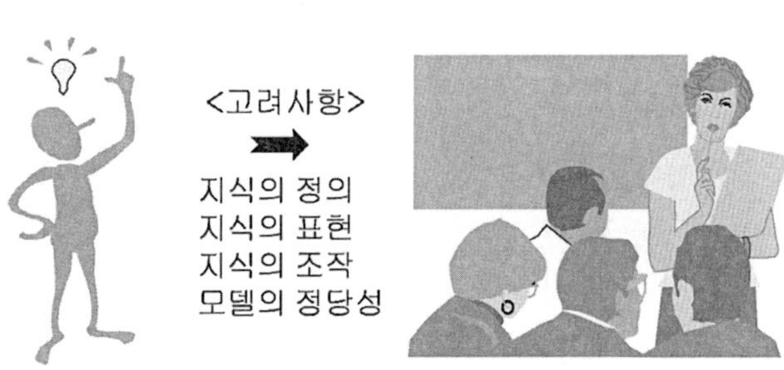

〈그림 1.6〉 인공지능 시스템의 개념적 구성

인간의 뇌의 구조를 컴퓨터로 모델화 할 때 고려해야 할 사항은 다음과 같다.

첫째, 지식의 정의 문제이다. 즉, 지식의 획득, 정의, 이해 등의 문제를 먼저 정의해야 한다.

둘째, 지식의 표현 문제이다. 즉, 지식의 의미 표현 및 분할 문제 등을 정의해야 한다.

셋째, 지식의 조작 문제이다. 즉, 지식 추론, 제어 전략, 불확실한 자료의 처리 문제, 학습 및 추론 방법 등에 관해서도 정의해야 한다.

넷째, 모델의 정당성 문제이다. 즉, 이 인공지능 시스템이 과연 최적인가? 아니면 그저 그러한가? 아니면 조금 나은가? 정도 등의 문제를 판단하여 적용성 여부를 결정지어야 한다.

인공지능 시스템은 추론 엔진, 지식 베이스(규칙 베이스(RB)와 데이터베이스(DB) 포함), 사용자와의 인터페이스(Human Computer Interface, HCI) 등이 필수 요소이며 이것을 인공지능 시스템의 4대 요소라고도 한다.

사용자는 인공지능 시스템의 인터페이스를 통해 질의를 하고 시스템은 내부의 추론 엔진에 의해 질의를 처리하는데 이때 지식 베이스를 이용하여 사용자의 질의에 대해 응답한다. 역시 인터페이스를 통해서 응답을 보여준다. 따라서 인터페이스의 지능화, 추론 방법의 지능화, 지식 베이스의 지능화 등이 모두 갖추어져야 진정한 의미의 인공지능 시스템이 되는 것이다.

인터페이스를 지능화 하려는 연구가 많이 되고 있으며 추론 엔진 분야에서의 지능적인 연구는 퍼지 이론과 신경 회로망 등을 이용하여 진행되고 있으며 규칙 베이스와 데이터베이스로 구성되어 있는 지식 베이스는 지식의 표현과 처리 측면에서 많은 연구가 진행 중에 있다. 지식은 "IF A THEN B"의 조건문 형태의 규칙으로 저장이 되며 이로부터 전진 추론(forward chaining)과 후진 추론(backward chaining) 방법이 있는데 자세한 내용은 제5장에서 설명하기로 한다.

요약하면, 인공지능 시스템은 지식을 획득하여 내부의 표현 방법에 의해 표현하여 저장하고 인터페이스를 통해 처리 결과를 사용자에게 보여주는 시스템으로 이러한 일련의 단계에 의해 구축될 수 있다.

그렇다면 과연 인공지능 시스템이 적당한 영역은 어느 것인가?

첫째, 어떤 절차적인 알고리즘이 존재하지 않고 휴리스틱한 방법만이 사용 가능한 영역에 적당하다. 이것은 인간의 감각이나 직감 등에 의해 처리하는 것이 더 유용한 영역을 말한다. 예를 들면, 보일러나 에어컨 등의 제어장치라든가 관리장치 등에 유용하게 사용할 수 있다.

둘째, 소수의 전문가가 존재하여 희소성이 있어서 필요하나 대중적이지 못한 영역에 적당하다. 이로부터 의학 전문가 시스템이나 법률 전문가 시스템이 구축될 수 있다.

셋째, 주어진 데이터가 불확실성을 내포한 경우에 적당하다. 약간의 데이터가 손실되었거나 아니면 데이터 자체가 모호할 경우, 예를 들면 우리가 '배'라고 했을 때 먹는 배를 말할 수도 있고 신체의 일부인 배를 말할 수도 있고 떠다니는 배를 말할 수도 있기 때문에 전후 상황을 판단하여 결정하여야 할 때 필요하다.

넷째, 진단, 추론, 예측 시스템 등에 적당하다. 진단 시스템이나 주식 예측 시스템 등에서 유용하다.

다섯째, 지식이 정형적이어서 융통적이지 못할 때 적당하다. 지식 자체의 개념이 고정적이어서 융통적이지 못한 영역, 예를 들면 정확한 수치나 개념만이 있어서 다각도로 해석이 되지 않은 경우에 필요하다.

최근 인공지능은 모든 영역에 적용 가능하며 인공지능 기법은 날로 발전되어가고 있다. 그러나 인공지능을 적용하려고 할 때 다음과 같은 몇 가지 문제를 잘 생각해 보고 결정해야 할 것이다.

첫째, 과연 이 영역에 인공지능 기법을 도입하면 적당한가? 즉, 무조건적인 인공지능 기법은 오히려 비능률적일 수밖에 없으므로 선택할 때 신중해야 할 것이다.

둘째, 인공지능 시스템이 과연 실세계의 시스템을 잘 모델화 하고 있는가?

셋째, 이 시스템은 진정한 인공지능 시스템인가?

넷째, 적용한 인공지능 시스템은 효율적인가?

등이다.

결론적으로 인공지능 시스템은 만능이 아니고 인간의 정신적인 작용을 컴퓨터로 모델화 하여 좀 더 효율성을 높이고 자동화하자는 의도에서 개발된 시스템이기 때문에 이러한 목적에 부합될 경우 적용이 합리적이나 그렇지 못할 경우에는 오히려 비효율적이 될 수 있다. 그러므로 시스템 개발자는 여러 가지 요인을 잘 분석하여 판단하여야 할 것이다.

제2장부터 제12장까지는 과거의 인공지능이 아닌 최신 인공지능 분야에서 핫 이슈가 되고 있는 여러 주제들 즉, 지식의 표현, 신경 회로망, 유전자 알고리즘, 퍼지 시스템, 지능적 에이전트와 모바일 에이전트, 전문가 시스템, 컴퓨터 비전, 바이오 인포메틱스, 유비쿼터스 등에 관해 각 장별로 정의와 사례를 들어 설명하고자 한다.

연·습·문·제

1. 인공지능이란 무엇인가? 즉, 인공지능의 목표는 무엇인가?

2. 인공지능의 주요기술에 대해 설명하시오.

3. 인공지능이 적당히 사용되어야 하는 영역은 어디인가? 또 그 이유는 무엇인가?

4. 인공지능시스템 설계시 주의해야 할 사항에 대해 설명하시오.

5. 최근 인공지능의 경향에 관해 설명하시오.

6. 그린 IT(녹색성장, 녹색기술)와 저탄소 사회에 대해 조사하고, 고탄소 사회와 비교하시오.

제 2 장

지식의 표현

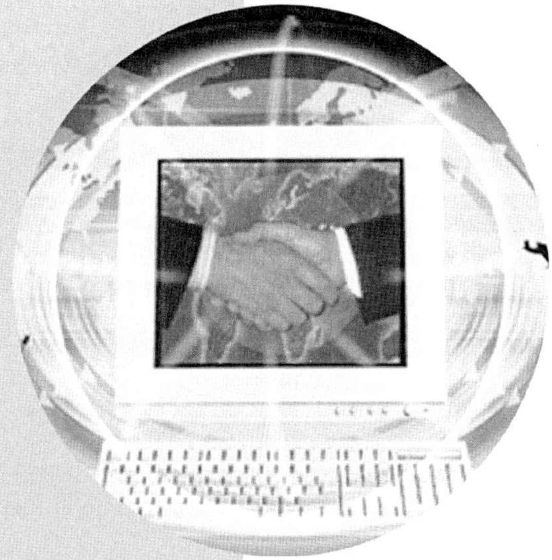

2.1 지식 표현의 필요성
2.2 지식의 정의 및 형태
2.3 지식 표현의 특징
2.4 지식 표현의 방법
2.5 복합적 지식 표현
2.6 지식 관리 시스템
2.7 지식 경영 시스템

2.1 지식 표현의 필요성

지식(knowledge)은 인간의 지적인 활동에 의해 획득된 의미를 나타내는 데이터의 집합을 말하는 것으로 지식의 표현 문제는 정보 의미론(semantics)과 깊은 관계가 있다. 인간의 지적인 활동을 컴퓨터에 구현하기 위해서는 컴퓨터에 있어서의 지식의 획득 · 표현 · 처리 · 이용 방법이 문제가 되고, 이들에 대한 연구는 인공지능의 중요한 연구과제이다.

물체나 사물에 대한 인식 · 인지는 이전에 획득된 경험적인 지식의 개념 구조를 이용해서 이루어진다. 따라서 인식 · 인지는 지금까지의 경험이나 알고 있는 사실과의 대비를 통해서 수행된다. 예를 들면, 오래된 어떤 사람의 사진을 보면서 그 사람을 알고 있는 친구의 경우라면 여러 가지 기억들을 통해서 그 사람을 기억해 내고 빛바랜 사진도 소중히 간직하겠지만, 그렇지 않은 경우 전혀 그 사람에 대해서 아무것도 알 수가 없어서 소홀히 대하다 보면 잃어버릴 수도 있을 것이다.

자연어 이해도 마찬가지이다. 인간이 언뜻 보기에는 간단한 문장이라도 그것을 이해할 때에도 매우 다양한 정보를 이용한다. 즉, 언어 구조에 대한 광범위한 지식은 물론이고, 인간과 컴퓨터의 대화는 송수신자 양쪽이 공통된 지식을 가지고 있어야만 성립하게 된다. 따라서 지적 처리에는 언어의 구조적 지식이나 사회적인 상식 등에 컴퓨터에 축적되어 있어야 한다. 이와 같이 컴퓨터에 지식을 조직화하고 축적하기 위해 지식 베이스(knowledge base)와 지식의 표현 방법들이 필요하게 된다.

2.2 지식의 정의 및 형태

그렇다면 인공지능에서 의미하는 지식이란 구체적으로 무엇을 말하는지 알아보도록 하자. 다음 <그림 2.1>에서 보는 바와 같이 지식 영역은 정보 영역과 지식 영역으로 구분된다. 지식이란 정보(information)를 개념화 한 것으로 데이터(data)보다는 추상화(abstract) 정도가 높은 자료를 말한다. 여기서 추상화란 데이터와 같이 불필요한 노이즈가 섞인 자료에서 이것들의 제거 과정을 거쳐서 자료의 정리된 정도나 상태를 말한다.

데이터(data)는 가장 1차원적인 자료로서, 외부 세계에서 우리의 감각기관(눈이나 코)을 통해 인지 또는 인식된 자료를 말한다. 이 데이터에는 노이즈나 불필요한 데이터가 많이 포함되어 있으므로 이것을 정리한 것을 정보(information)라고 한다. 정보가 개념화 또는 체계화되어 지식이 되어 지식 영역에 입력된다. 이 지식 영역의 지식을 이용하여 인간이나 인공지능은 보다 보편적이고 이론적인 정리와 법칙 또는 진리를 발견하게 되는 것이다.

예를 들면, 도서관에는 수많은 책들이 즐비하게 보관되어 있다. 이러한 책들은 1차적으로 데이터에 속한다. 이로부터 우리가 원하는 책들을 선정했을 경우 이것이 정보가 되며, 이로부터 중요한 내용들을 정리하여 체계화하여 우리의 노트나 컴퓨터에 정리하였을 경우 이것이 사용자에 있어서는 지식이 된다고 볼 수 있다. 우리가 여행을 떠날 때에도 이와 유사한 경우가 많은데, 수많은 나라에 대한 여행 정보는 1차적으로 데이터이며, 우리가 관심을 갖고 가고자 하는 곳이나 나라의 자료는 정보가 되고, 이로부터 특히 가고자 하는 목적지에 대한 세부사항을 정리하여 일정별로 체계화하였거나 테마별로 체계화하였다면 이것은 지식에 해당되어 우리와 비슷한 관심을 갖는 사람들에게 매우 유용하게 사용될 수 있을 것이다.

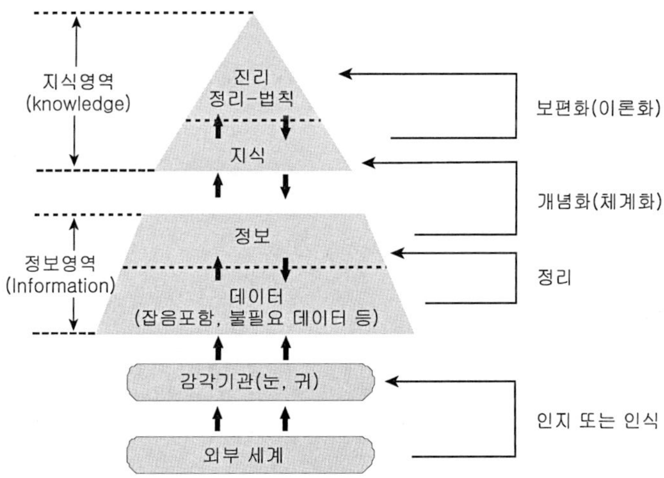

〈그림 2.1〉 데이터, 정보, 지식의 개념적 구조

<그림 2.1>에서 보는 바와 같이 지식이 되기 위해서는 이것을 필요로 하는 사람이 즉시 그 지식을 꺼낼 수 있도록 검색이 가능해야 하며 구조화되어 있어야 한다. 즉, 지식이 정보가 되기 위해서는 적절한 구조가 있어야 한다. 이것이 데이터와 정보를 정리하고 체계화하여 지식 베이스를 만드는 목적이며, 이때 어떻게 구조화 또는 체계화하는가가 그 지식의 이용 목적에 의해 결정되게 된다.

이와 같이 구조화된 정보의 구조가 인간에게 이해될 경우, 우리는 그것을 개념(concept)이라 하며, 유익한 지식이란 합목적적으로 개념화된 형태의 정보를 말한다.

다음 <그림 2.2>는 정보 산업 분야의 진보 과정을 나타낸 그림으로 1950년대와 2020년대를 통해볼 때 자료 처리에서 지식 처리 산업을 거쳐 점차 빅 데이터 처리로 바뀌어 가고 있음을 나타낸 그림이다. 빅 데이터에 대해서는 제12장에서 설명하겠다.

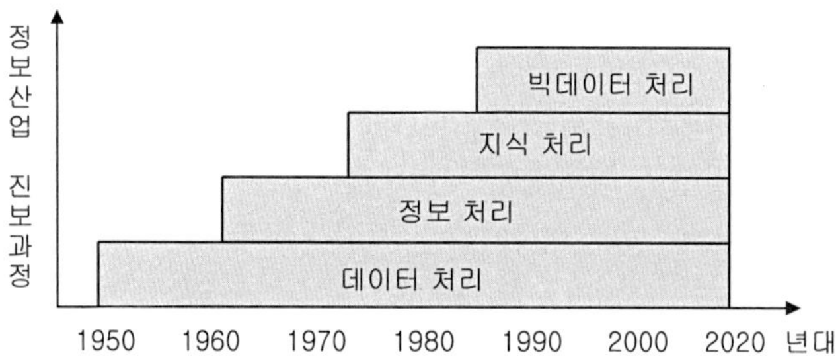

〈그림 2.2〉 정보 산업 분야의 진보 과정

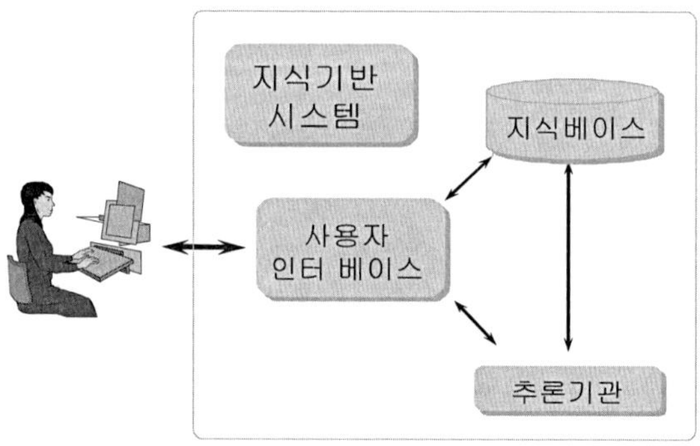

〈그림 2.3〉 지식 기반 시스템

다음 <그림 2.3>에서 지식 베이스(knowledge base)란 특정한 문제 분야의 지식을 쉽게 접근할 수 있는 형태로 컴퓨터 내에 체계적으로 축적한 것을 말하며 지식 기반 시스템(knowledge-based system)이란 방대한 양의 특정 분야 지식을 축적하고 있는 지식 베이스를 이용하여 추론기관을 통해 문제를 풀게 하거나 판단 작업을 자동화 하는 시스템을 말한다.

지식은 어떻게 사용되느냐에 따라 다음과 같이 <표 2.1>에서와 같이 지식의 형태를 분류할 수 있다.

〈표 2.1〉 지식의 형태 분류

지식의 형태	특성	사용 예
대상과 그 속성에 관한 지식	몇 가지 속성(attributes)에 의해 특성 지어지는 대상(objects)에 대한 기술	새는 날개가 있다. 눈은 희다. 등
대상간의 관계에 관한 지식	2개 혹은 그 이상의 대상사이에 성립하고 있는 관계(relation)에 관한 기술	교수는 학생을 가르친다. 너와 나는 친구사이이다. 등
사상 · 행위 · 상태에 관한 지식	사건(event) 그 자체를 부호화 하는 것 뿐 아니라 일련의 사건에 관한 시간 경과와 인과관계를 나타내 줄 필요가 있는 것들을 기술	하늘에서 천둥이 친다. 자전거를 탄다. 기압이 낮아지기 때문에 산에서 밥을 할 때에는 돌을 올려놓아야 한다. 등
인과 관계적인 지식	사상이나 상태가 그들 사이의 인과관계에 의해 변하는 세계의 기술	만약 내가 너라면 그렇게 하지 않았을 텐데... 등
절차에 관한 지식	어떤 목적을 수행하기 위한 일련의 행위를 기술하기 위해 절차(procedure) 서술	자전거를 잘 타려면, 먼저 자전거에 앉아서 균형을 잡아야 한다. 그런 다음 발을 페달에 올려놓고 천천히 왼발→오른발 순으로 돌려야 한다. 등
메타 지식	지식에 관한 지식으로 우리가 알고 있는 것에 관한 모든 지식	이 지식을 어떤 상황에서 사용해야 하며, 이 지식은 얼마만큼 중요한가? 또한 이 지식은 어떻게 획득했으며, 이 지식의 단점과 장점은 무엇인가? 등

2.3 지식 표현의 특징

특정 분야에서 복잡한 영역의 정보를 구조화하고 지식으로서 표현하려면 다음과 같이 4가지 조건을 구비하는 것이 필요하다.

(1) 표현 방법의 적합성

모델화의 대상이 되는 문제 영역에 관련하는 사실적 또는 경험적 지식의 모든 것을 쉽고 충분하게 표현할 수 있는 기술능력을 갖는 것이 기본적인 조건이다.

(2) 추론의 적합성

문제에서 요구하고 있는 문제해결 형태에 맞도록 추론 메커니즘을 효율적으로 동작시킬 수 있으며 결론을 유도할 수 있는 지식 표현 형태이어야 한다.

(3) 추론의 효율성

지식 베이스에 구조화되어 있는 지식에 접근하여 이로부터 새로운 지식을 추론해 낼 수 있게 하기 위한 추론 메커니즘을 간단하게 표현할 수 있는 지식표현 형태이어야 한다.

(4) 지식 획득 능력

새로운 지식을 쉽게 획득할 수 있으며, 지식 베이스를 일관성 있게 유지하며 확장할 수 있는 지식 표현 형태이어야 한다.

이상에서와 같이 지식 표현은 여러 가지 특징을 갖고 있다. 지식 표현 방법은 지식 공학에서 기본적이면서도 중심적인 연구 과제인데 1960년대 등장되어 1970년대에 활발히 연구되었고 1980년대 전문가 시스템의 등장으로 연구 영역이 확대되고 있다. 지식 표현 방법은 크게 두 가지로 나뉠 수 있다. 즉, 선언적(기술적) 지식 표현 방법과 절차적 지식 표현 방법이 그것이다. 이에 관해서는 다음 <표 2.2>에 정리해 놓았다.

〈표 2.2〉 지식 표현 형태 분류

지식 표현 형태 분류	특징
선언적 표현 (declarative representation)	• 모듈성이 뛰어나지만 정적이다. • 표현 구조가 단순하고 일관성이 있으며 이해하기 쉽다. • 상호 독립적, 단편적 지식들을 선언적으로 나열한다. • 지식의 편집 · 획득 · 수정 · 검색이 용이하다. • 형식적 추론이 용이하고 유연성 또는 기억용량의 경제성에도 효율적이며 추론기관에서 활용된다. • 인공지능적 전문가 시스템에서 응용된다.
절차적 표현 (procedureal representation)	• 상호작용에 뛰어나고 동적이지만 유연성 부족하다. • 어떠한 경우 무엇을 어떻게 할 것인가에 대한 지식을 말한다. • C, Pascal 등의 절차적 프로그래밍 언어로 작성된 명령어 집합이다. • 추론의 적합성, 지식 획득의 효율성 면에서 바람직하지 않다.

이 표에서 선언적 표현의 대표적인 것이 논리식과 의미망(semantic network)이다. 이들 표현은 "철수는 학생이다" 또는 "비둘기는 새이다"와 같은 단언적인 표현을 기술하는데 매우 편리하다. 그리고 이와 같은 두 가지 지식에 "철수는 남성이다"와 같은 지식을 수정하지 않고 추가할 수 있는데 이것을 모듈성(modularity)이라고 한다. 즉, 모듈성에 의해 지식의 추가와 수정이 용이하게 된다.

선언적 표현의 지식을 이용하여 작업하려면 그들 지식을 다루기 위한 시스템이 필요하지만 시스템을 변경함으로써 같은 지식이 여러 가지 작업에 이용된다. 예를 들면, '철수'에 관한 기술은 어떤 시스템에 대해서는 '철수'에 대한 정의가 되고, 다른 시스템에서는 여러 명의 철수로부터 특정한 철수를 선택하기 위한 지식이 될 수도 있다. 이와 같이 선언적 표현을 이용하면 목적에 따라 지식을 수정할 필요도 없고 응용면에서의 유연성과 기억용량의 경제성을 가져올 수 있다.

절차적 표현은 주로 인공지능용 프로그래밍 언어 즉, LISP나 PROLOG 등을 이용하여 표현할 수 있으며 사용자와 대화가 가능하다. 그러나 최근 인공지능은 이러한 언어들 보다는 절차나 객체지향 개념의 프로그래밍 언어를 이용하여 시스템을 구축하고 있는 추세이다.

이와 같이 지식을 선언적으로 표현할지 또는 절차적으로 표현할지는 여러 가지를 고려해야 하지만 결과적으로 모듈성의 측면에 뛰어난 선언적 표현과 대화성 측면에 뛰어난 절차적 표현을 적절히 조합시키는 방법을 연구해야 할 것이다.

2.4 지식 표현의 방법

지식 표현의 방법은 다음과 같이 네 가지로 나뉠 수 있다. 즉, 논리에 의한 지식 표현, 프로덕션 시스템에 의한 지식 표현, 의미망에 의한 지식 표현, 프레임에 의한 지식 표현으로 구분된다.

2.4.1 논리에 의한 지식 표현

지식을 표현하기 위한 한 방법으로서 논리(logic)는 보다 엄밀히 형식 논리(formal logic)라 할 수 있다. 이 방법은 기존의 지식으로부터 새로운 지식을 유도할 수 있는 수학적 방법을 제공한다. 논리를 이용한 지식 표현 방법은 명제 논리(propositional logic)와 술어 논리(predicate logic)로 나눌 수 있다. 각각의 표현방법을 설명하면 다음과 같다.

(1) 명제 논리

명제(proposition)란 하나의 판단을 포함하는 문장이나 정보를 말하며 명제가 참(T) 또는 거짓(F)의 진리값을 가지게 되며 기호로써 나타낸다. 명제 논리는 지식을 표현하는 가장 기초적인 방법이며 매우 단순하며 정형화된 추론 방법을 제공하고 있다.

각 명제들은 더 이상 분해될 수 없는 기본 명제(primitive proposition)로 나타낼 수 있다. 예를 들면, 다음과 같다. 'p = 나는 학생이다', 'q = 공부한다'로 나타내는 기본 명제의 경우 논리 연산자 → 에 의해 p → q로 나타내어 '학생이면 공부한다'는 복합 명제(compound proposition)가 성립된다. 이것을 제5장에서 배울 추론 방법 중 하나인 모더스 포넨스(modus ponens)라고 한다.

2개 이상의 기본 명제를 논리적으로 연결하기 위하여 사용되는 연산자를 논리 연산자라고 하며, 종류로는 ∧ (논리곱 : AND), ∨ (논리합 : OR), ~ (논리부정 : NOT), → (조건명제 : implication), ↔ (동치 : equivalence)가 있으며 이들의 진리표는 다음 <표 2.3>과 같다.

〈표 2.3〉 논리 연산자의 진리표

명제		$X \wedge Y$	$X \vee Y$	$\sim X$	$X \rightarrow Y$	$X \leftrightarrow Y$
X	Y					
T	T	T	T	F	T	T
T	F	F	T	F	F	F
F	T	F	T	T	T	F
F	F	F	F	T	T	T

명제 논리는 양자택일의 값을 갖는 지식 표현으로 인공지능에서는 그다지 유용하지 못하다. 명제 논리는 개개의 명제의 참, 거짓에 따라 합성 명제의 보편적인 진리관계를 연구한다. 우리의 일상생활에서 사용하는 자연 언어에서는 명시적으로는 표현되어 있지 않지만 내면에 존재하는 지식(의미적 정보)을 추론하는데, 명제 논리에서는 이와 같은 표현 능력은 없다. 따라서 이러한 문제점을 해결하기 위해 술어 논리를 사용한다.

(2) 술어 논리

술어 논리(predicate calculus)는 문장의 참과 거짓만을 따지는 것이 아니라 문장의 문법적 구조와 의미도 포함하는 논리적인 지식 표현 방법으로 명제 논리를 확장한 개념이다. 기본적으로 술어와 객체로 하나의 문장을 표현할 수 있다.

예를 들면, '차가 달린다'라는 명제는 '차(CAR)'라는 객체가 '달린다(run)'라는 술어의 수식을 받는 형태의 문장이다. 이러한 명제를 술어 논리에서는 술어(객체)의 형태로 표현한다. 즉, '차가 달린다'라는 명제는 다음과 같이 표현할 수 있다.

예) run(CAR)
　　술어명제: '차가 달린다'
　　객체: '차(CAR)'
　　술어: '달린다(run)'

술어, 상수, 변수, 한정자, 논리 연산자를 문법적으로 허용된 방법으로 사용하여 만들어진 문장을 정형식(well-formed formulas, *wff*)이라 한다. 한정자는 전칭 한정자(universal quantifier)인 '모든...'이나 존재 한정자(existential quantifier)인 '...가 적어도 하나는 있다'는 수식을 표현하는 경우로 수학식으로는 각각 ∀과 ∃로 나타낸다.

예) 모든 x는 생명이 있다.
$(\forall x)$ LIFE(x)
예) 어떤 x는 생명이 있다.
$(\exists x)$ LIFE(x)

술어 논리는 명제 논리보다 객체 상호간의 관계를 잘 표현할 수 있어서 보다 상세하고 정확한 형태로 지식을 표현하고 전달할 수 있는 장점을 가진다.

이상에서 설명한 바와 같이 논리에 의한 지식 표현 방법은 다음과 같은 장점을 가진다.

- 논리 표현은 다른 지식 표현 형식과 비교하여, 보다 선언적인 표현이기 때문에 모듈성이 뛰어나다. 따라서 지식의 가독성이 우수하고 수정이나 확장이 용이하다.
- 인간의 사고작용과 유사하고 아주 자연적인 표현 수단을 제공한다.
- 추론 과정의 완전성이 보장된다.

그러나 지식 이용의 입장에서 보면, 1965년 Robinson이 제안한 최소 횟수의 대입을 실행하여 모순을 발견한다는 도출원리(resolution principle)에 기반을 둔 추론 전략은 일반적으로 쓸데없이 길어지는 경향이 있다. 대규모 지식 베이스를 다룰 경우, 조합에 의한 폭발을 초래하기 때문에 지식을 구조적으로 표현해야 할 필요성이 발생한다.

또한 현실세계의 지식은 반드시 참, 거짓과 같이 명확하게 정의할 수 있는 것이 아니고 불확실성이나 신념 등이 다수 내포되어 이들을 공리론적인 단순 논리의 틀 속에서 다루는 것은 곤란하다.

2.4.2 프로덕션 시스템에 의한 지식 표현

(1) 지식 기반 시스템

인간의 지식에는 조건문 형태로 가정과 결론을 나타내는 경우가 많은데, 이러한 지식은 '만약 A한다면 B한다' 또는 'IF A THEN B' 형태로 표현할 수 있다. 여기서 'A'는 조건부(condition)가 되며 'B'는 결론부(conclusion) 또는 행동(action)이라고 한다. 이러한 조건부와 결론부 형태로 쓰여진 지식을 프로덕션 규칙(production rule) 또는 규칙(rule)이라고 한다. 조건부와 결론부 사이의 규칙은 '→' 기호로 포함하여 '$A \rightarrow B$'로 나타내기도 한다. 규칙은 주어진 상황을 위한 권고, 지시, 전략을 나타내는 정형화 된 표현 방법을 말하는데 이것은 인공지능에서 매우 많이 사용되는 지식 표현 방법이다.

프로덕션 시스템은 사실(또는 데이터 항목)들과 이에 대해 적용할 규칙들을 모아 지식 베이스 구성하고 추론기관이 현재 상태에 의해 만족되는 규칙을 선택하여 실행한다. 이상과 같은 프로덕션 시스템의 실행은 주어진 사실로부터 지식 베이스를 형성하는 규칙에서 패턴매칭(pattern matching, 정합)되는 사실들을 생성하여 최종적으로 새로운 사실을 생성해 낸다.

예를 들면, 다음 <그림 2.4>에서와 같이 '영수와 철수는 형제이다'와 '민석은 소영의 남편이다'라는 규칙의 조건부로 구성된 사실은 규칙 베이스의 규칙들의 패

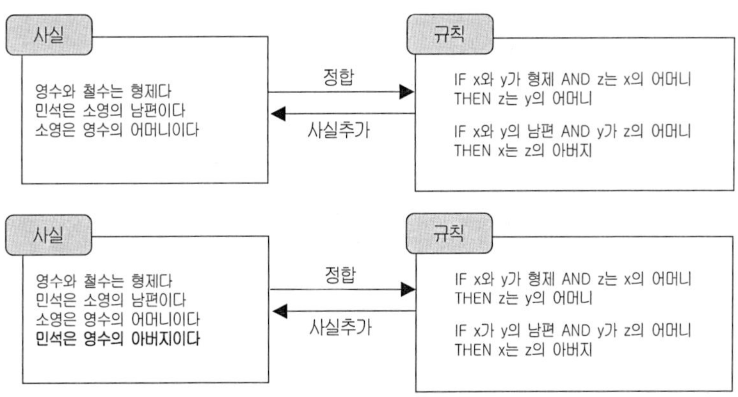

〈그림 2.4〉 프로덕션 시스템의 사이클의 예

턴매칭 과정을 거쳐서 '소영은 영수의 어머니이다'라는 규칙의 결론부를 새로운 사실로 생성하여 재구성한다. 또한 '민석은 소영의 남편이다'와 '소영은 영수의 어머니이다'로부터 '민석은 영수의 아버지이다'라는 새로운 규칙의 결론부를 생성해 내고 사실에 추가한다.

(2) 규칙의 문장에서 대상과 술어의 분리

규칙의 사용에 있어서 IF 문이나 THEN 문에서 지시하는 대상에 대한 언급과 대상의 조건, 상태를 나타내는 표현이 서로 중첩 또는 생략되어 있는 경우가 있다. 예를 들어 다음과 같은 규칙을 보자.

줄무늬가 있다 → 얼룩말이다

위의 규칙은 약간 오해의 소지를 일으킬 수 있다. 다시 말하면 줄무늬가 있는 새인지, 벽지인지, 옷인지 등의 대상에 대한 지적이 없는 것이다. THEN 문을 보아서 그것이 동물 또는 더 정확히 초식동물을 대상으로 지정한 것이라고 미루어 짐작할 수 있을 뿐이다. 이 규칙을 보다 정확히 표현하면 다음과 같이 쓸 수 있다.

어떤 초식동물에 줄무늬가 있다 → 그 초식동물은 얼룩말이다

이 규칙에서 가리키는 대상은 초식동물이며 그 초식동물이 줄무늬를 갖는 특징이 있을 경우에는 그 초식동물은 얼룩말이라는 것이다. 여기서 IF 문에서 가리키는 초식동물과 THEN 문에서 가리키는 초식동물은 같은 대상을 일컬음은 말할 것도 없다. 따라서 이를 기호적으로 표현하면,

초식동물(×) → 얼룩말(×)

라고 할 수 있다. 여기서 ×라는 변수를 사용하였는데 이는 구체적인 하나의 대상을 대신하는 것이다. 그런데 그 대상이 하나의 초식동물에 대해서 성립되는 것이 아니라 모든 초식동물에 다 적용될 수 있는 것이므로 앞에다 'All'이란 뜻의 전체 정량자 ∀를 붙여,

∀×(초식동물(×) → 얼룩말(×))

으로 표현할 수 있다. 다시 말하면 어떤 대상 ×가 초식동물이면 그런 대상 모두

는 얼룩말이다라는 의미이다. 규칙에서 나타나는 문장을 이렇게 보다 정교히 표현하면 논리에서 설명될 술어계산(predicate calculus)이 된다. 따라서 술어계산에서는 규칙을 구성하는 문장의 표현에 대상을 지칭하는 변수 사용을 허용함으로써 보다 의미를 명확히 하고자 한다. 그러나 이러한 술어계산은 그 사용범위가 진위를 구분할 수 있는 명제에 국한된다. 즉, 규칙의 내용이 논리적 암시일 경우에만 술어계산적 표현을 사용할 수 있다. 그러나 술어계산적 표현은 단순 규칙표현에 비해 그 의미를 보다 논리적으로 명확히 표현할 수 있고 술어계산의 구조를 이용하여 독특한 추론방법을 사용할 수 있다.

이상에서 보는 바와 같이 규칙기반 프로덕션 시스템에서는 결론을 도출해 낼 때 한 개의 규칙을 적용할 수도 있고 여러 개의 규칙을 연속적으로 적용할 수도 있다. 여러 개의 규칙을 적용할 경우에는 규칙들의 적용 순서가 중요한데, 이 순서를 규칙의 추론 사슬(chaining)이라고 한다.

(3) 실행 방법

프로덕션 시스템에서 추론을 위한 실행 방법에는 전방향 추론(forward reasoning)과 후방향 추론(backward reasoning)이 있다. 이들을 설명하면 다음과 같다.

① 전방향 추론(forward reasoning)

규칙의 조건부와 임시 기억장소인 작업 메모리의 패턴을 비교하여 규칙의 결론부에서 지시된 내용에 따라 작업 메모리의 상태를 바꾸는 추론 방식을 말한다. 즉, 현재의 상황이나 사실의 집합으로부터 목표상태 또는 원하는 결론을 얻기 위한 과정이다. 일반적으로 공학 등에서 흔히 이용되는 추론 형태를 말한다. 이것은 제5장에서 설명할 퍼지 시스템에서의 모더스 포넨스(modus ponens)와 같은 의미를 가진다.

② 후방향 추론(backward reasoning)

규칙의 결론부와 작업 메모리의 패턴을 비교하여 조건부에 지시된 내용에 따라 작업 메모리의 상태를 바꾸는 추론 방식을 말한다. 즉, 목표나 결론이 현재 상태 또는 알려진 사실들로부터 유도해낼 수 있는가를 알아내기 위해 결론부와 조건부

방향으로 진행하는 추론 방식이다. 일반적으로 고장 진단 시스템, 의학 전문가 시스템 등 검증시 응용되는 추론 방법이다. 이것은 제5장에서 설명할 퍼지 시스템에서의 모더스 톨렌스(modus tollens)와 같은 의미를 가진다.

프로덕션 시스템은 개개의 규칙은 독립적으로 추가 · 삭제 · 변경될 수 있고, 지식이 균일한 방법으로 표현되며, 이해하기 쉬운 장점을 가진다. 그러나 대형 시스템에서 문제풀이 과정의 제어 흐름은 분명하지 않고 융통성이 적고 구조화되어 있지 않다는 단점을 가진다.

2.4.3 의미망에 의한 지식 표현

(1) 의미망의 개념

의미망(semantic network)은 1968년 Quillian이 1968년에 인간의 자기 기억의 심리학적인 모델로 제안한 것으로서, 지식 사이의 관계(순서)를 나타낼 수 있기 때문에 규칙 기반 시스템의 단점을 보완할 수 있는 장점을 가진다. 의미망에서는 모든 지식을 이항관계의 집합 즉, 그래프로 표현하는 것으로 기본으로 지식 표현을 한다. 그래프는 개념이나 객체, 사건, 행위, 상태 등을 의미하는 노드(node)와 관계를 나타내는 아크(arcs)로 구성되며 아크는 방향성을 갖는 직선으로 구성되어 있으며, isa(is a), ako(a kind of), $has-part$ 등이 많이 사용되고 있다.

- isa는 하나의 사례 즉, 인스턴스
- ako는 어떠한 부류를 나타내는 개념의 한 종류
- $has-part$는 한 객체를 구성하는 구성품을 나타내는 관계

다음과 같은 사실들을 의미망으로 표현하면 다음 <그림 2.5>와 같다.

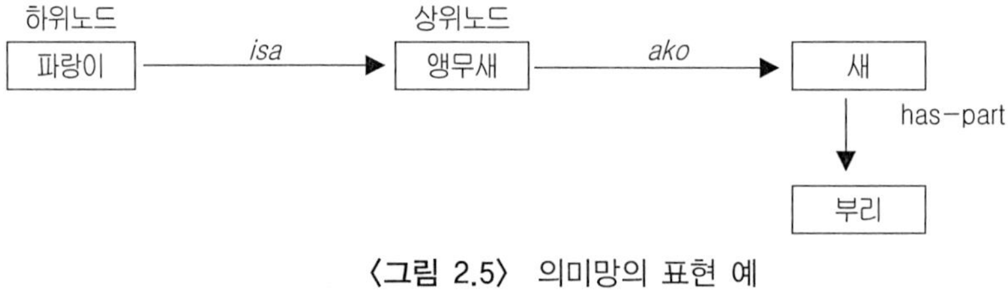

〈그림 2.5〉 의미망의 표현 예

예) 사실 : 앵무새는 새의 한 종류이다.
파랑이는 앵무새이다.
새는 부리를 갖고 있다.

<그림 2.5>에서 '파랑이'는 앵무새이고, 앵무새는 새의 한 종류이며 새는 부리가 있으므로 '파랑이'도 부리가 있음을 추론해낼 수 있다. 이때 부리를 가지고 있다는 사실은 '새'의 속성인데, 이를 하위 객체인 '파랑이'가 그대로 이어받은 것이다. 이와 같이 하위노드(자식노드)가 상위노드(부모노드)의 속성을 따르는 것을 특성 상속이라고 하며 특성 상속 관계에서는 부모의 속성은 자식에게 상속된다.

(2) 특성 상속에 의한 추론

특성 상속은 특정 클래스의 요소가 그 요소를 포함하고 있는 보다 일반적인 클래스로부터 속성과 그 값을 이어받을 수 있도록 하는 유용한 추론 형태이다. 특성 상속이 가능하게 하기 위해서는 객체들이 여러 개의 클래스로 구분되고 이 클래스들은 일반화 계층 구조에 맞추어 배열되어야 한다. 이러한 구조는 특히 의미망이나 프레임 구조에서 잘 표현되고 있다. 다음 <그림 2.6>은 의미망의 한 예를 나타낸 것으로 특성 상속을 잘 나타내고 있다.

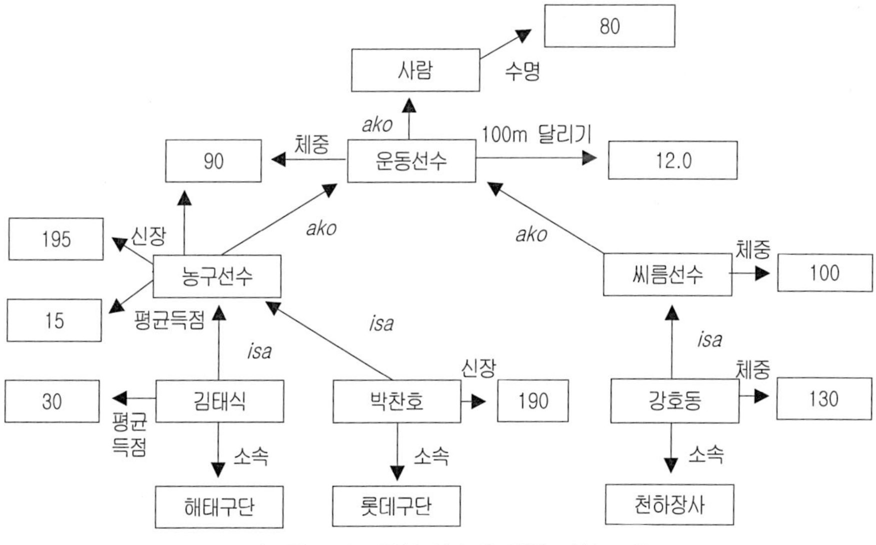

〈그림 2.6〉 특성 상속에 의한 지식 표현

이 그림에서 노드는 라벨이 첨가된 아크에 의해 서로 연결되어 있다. 아크에 표시된 라벨은 노드들 간의 관계를 의미한다. 이중 *isa*는 클래스에 소속된 객체의 관계를 나타내며 *ako*는 어떤 클래스가 다른 클래스의 한 부류임을 나타내는 아크이다. 이 두개의 아크는 기본적 추론 기능으로 특성 상속 기능을 제공한다. 이 기능을 이용하여 각각의 노드에서 그 노드에 대해 명시적으로 기술된 속성뿐 아니라 계층 구조상의 상위노드에 정의된 속성을 이어받을 수 있게 된다.

예를 들면, '김태식'이라는 객체로부터 직접적으로 얻을 수 있는 정보는 그가 농구선수로서 해태구단 소속이며 게임당 평균 득점은 30점이라는 것이다. 또한 '김태식'이 '농구선수'와 *isa* 관계에 있으므로 농구선수의 모든 속성을 그대로 계승한다. 현재 '김태식'에 대해서는 신장 속성은 정의되어 있지 않지만 농구선수의 평균 신장이 195cm이므로 그의 신장도 그 정도 될 것이라는 것이다.

또한 '박찬호'에 대해서는 신장에 대한 속성값이 직접 연결되어 있으므로 상위 노드로부터 상속받지 않고 바로 190cm라는 것을 알 수 있다. 또한 '박찬호'의 100m 달리기 기록은 '운동선수'라는 객체로부터 12.0초라는 값을 상속받으므로 동일한 값을 갖게 된다.

특성 상속 알고리즘

어떠한 객체(O)의 특정한 속성(A) 값을 구하기 위해서는

1. 지식 베이스에서 O를 찾는다.
2. O에 속성 A에 대한 값이 직접 연결되어 있으면 그 값을 취하고 끝낸다.
3. 그렇지 않으면 *isa*라는 속성이 있는가 본다. 없다면 실패로 끝난다.
4. *isa* 속성으로 연결된 객체로 이동한다. 그 객체에 속성 A가 존재하면 그 값을 취하고 끝낸다.
5. 그렇지 않으면 *ako* 아크가 존재하지 않거나, 속성 A의 값이 결정될 때까지 다음을 반복한다.
   5.1 *ako* 속성을 따라 상위 객체로 이동한다.
   5.2 그 노드에 속성 A가 존재하는가 본다. 그렇다면 그 값을 취하고 끝낸다.
6. 속성 A값의 검색은 실패로 끝난다.

이와 같은 상속의 개념은 중앙 집중적 지식 공유 특성을 가지며 다음과 같은

장점을 가진다. 즉, 지식을 구성하기 쉽고, 표현된 지식에 잘못이 있을 경우 쉽게 수정할 수 있으며 시간의 흐름에 따라 최신의 지식을 유지할 수 있고 지식의 분배가 자동적으로 이루어진다는 장점을 가진다.

이상에서 본 바와 같이 의미망의 특징은 객체나 개념 사이의 관계를 표현하는데 아주 자연적인 형식을 제공하며 분류 계층적 지식을 표현하는데 가장 적절한 형식이다. 또한 사상이나 행위 등의 다항 관계적 네트워크 속에 자연스럽게 표현할 수 있기 때문에 일반적인 지식 표현의 조건을 만족하고 있다고 볼 수 있다.

의미망에 있어서 논리적인 결합관계나 인과관계 등을 기술하려고 하면 'and'나 'or' 또는 'implies' 등의 링크 개념을 도입하게 되는데, 이 경우 의미망의 일관성을 깨뜨리거나 추론 절차를 복잡하게 만들 수도 있다. 또한 의미망은 정적인 지식표현 형식이기 때문에 추론의 실행과 함께 실시간적으로 지식의 내용을 변화시키지는 못하는데 만약 필요시 네트워크 업데이트 기법을 도입해야 한다.

2.4.4 프레임에 의한 지식 표현

(1) 프레임과 특성 상속

프레임(frame)은 1974년 Minsky가 인간의 기억과 인지 과정을 모델화하기 위하여 제안한 지식 표현 형식이다. 전형적인 상황이나 행동의 기술, 객체 사이의 계층적 관계의 기술에 적합한 구조적 지식 표현 형식의 대표적인 모델이며 오늘날 유행하는 객체지향 개념이 프레임에서부터 유래되었다.

프레임은 프로덕션 시스템과 함께 지식 표현시 많이 쓰이는 방법 중의 하나이다. 프레임 시스템에서는 지식을 서로 관계있는 것끼리 분류하고 이들을 상하 관계에 따라 구성함으로써 인간이 사고하는 방식과 유사한 방법으로 지식을 처리한다. 또한 서로 관계있는 지식이 함께 분류되어 있기 때문에 프레임 기반 시스템은 프로덕션 시스템보다 지식을 조직적으로 처리할 수 있다.

한 프레임은 프레임 이름과 슬롯(slot), 그리고 슬롯에 저장된 값의 집합으로 나타난다. 슬롯은 프레임을 표현하는 하나의 속성(attribute)이다. 한 프레임은 객체들의 집합 또는 클래스를 표현하기도 하고 그러한 집합에 소속된 개개의 객체 또는 인스턴스를 표현하기도 한다.

특성 상속(property inheritance)은 부모 클래스로부터 슬롯과 값을 이어받는 것을 말하는 것으로 물론 클래스는 부모 클래스로부터 상속받은 속성 이외에도 자기 자신의 고유한 슬롯들을 가질 수 있다.

프레임과 특성 상속에 관한 예를 들면 다음과 같다. 만약 '이몽룡은 성인 남자이며 연령은 35세이고 키는 170cm이며 체중은 70kg이며 결혼은 했고 배우자 이름은 성춘향이다'와 같은 문장은 다음의 프레임과 같이 나타낼 수 있다. 즉, 성인 남자 프레임은 인간 프레임의 자식 프레임이며, 인간 프레임은 성인 남자 프레임의 부모 프레임이 된다. 성인 남자 프레임은 인간 프레임으로부터 이동과 지능 슬롯을 상속받게 된다. 또한 연령, 키, 체중, 결혼관계, 배우자 슬롯을 자식 프레임에 상속하게 된다. 슬롯에는 내정값이 지정될 수 있는데 이 값은 해당 슬롯에 값이 지정되어 있지 않았을 때 사용되는 값들이다. 이 그림에서 '*'표시가 된 슬롯은 자식 프레임에 상속되는 슬롯임을 나타낸다.

FRAME 인간	
ako	포유류
*이동	직립보행
*지능	
	(내정값=100)

FRAME 성인 남자	
ako	인간
*연령	
*키	
	(내정값=170)
*체중	
	(내정값=65)
*결혼관계	
*배우자	

FRAME 이몽룡	
instance	성인남자
연령	35
키	175
체중	70
결혼관계	기혼
배우자	성춘향

(a) 인간 프레임의 표현 예

FRAME 의자	
ako	가구
*다리 수	
	(내정값=4)
*팔걸이	
	(내정값=0 또는 1 또는 2)
*쿠션	
	(내정값=있음)

FRAME 나의 의자	
instance	의자
팔걸이	2

(b) 의자 프레임의 표현예

〈그림 2.7〉 프레임으로 표현된 지식의 예

또 한 예를 들면, "의자는 가구의 일종이며 다리는 4개이고 등받이는 쿠션이 있고, 팔걸이는 없거나 하나 또는 둘이다. 어제 구입한 나의 의자는 팔걸이가 두개이다"라는 문장은 다음의 두개의 프레임으로 표현될 수 있다. 여기서 '나의 의자'는 '의자'의 기본 속성을 상속받고 있다. 즉 '나의 의자'는 문장내 표현이 없어도 기본적으로 다리가 4개이며 쿠션이 있음을 포함하고 있고 이것은 프레임에서 '*'로 표시된 것들이다. 이러한 프레임 특성 상속에 관해서는 다음 절에서 설명한다.

(2) 프로시저(procedure)

슬롯은 프레임의 한 속성을 저장한다는 점에는 데이터베이스의 레코드와 유사한 개념을 가진다. 그러나 슬롯은 그 슬롯과 관련된 프로시저가 연결될 수 있다는 점이 차이점이다. 이와 같이 연결되는 프로시저를 부가 프로시저(attached procedure)라고 한다. 즉, 객체지향 개념에서 슬롯은 클래스의 멤버에 해당하고 프로시저는 멤버 함수에 해당된다.

프로시저는 사용자가 임의로 호출하여 사용하는 것이 아니고 평소에는 감추어져 있다가 슬롯에 지정된 동작 즉, 값의 요구 · 판독 · 기록 · 제거 등 행동을 취하였을 때 해당되는 프로시저가 자동적으로 실행된다. 이것은 마치 그 프로시저가 해당되는 슬롯에 대한 동작을 숨어서 감시하고 있다가 자신에게 해당되는 동작이 취해지면 자동적으로 반응하는 것과 같다.

프로시저 역시 상속 개념이 적용된다. 즉, 슬롯과 마찬가지로 부가 프로시저도 자식 프로시저에 상속된다. 슬롯에 해당되는 최상위 클래스에 프로시저가 정의되면 모든 자식 프레임에 적용될 수 있다.

필요 프로시저는 해당되는 슬롯의 값이 필요한데, 현재 그 슬롯에 값이 저장되어 있지 않을 때 실행되며, 판독 프로시저는 해당 슬롯의 값을 읽을 때 실행된다. 기록 프로시저는 해당 슬롯에 값을 써 넣을 때 실행되며 제거 프로시저는 해당 슬롯의 값을 제거할 때 실행된다.

예를 들어 <그림 2.8>과 같은 프로시저의 동작 예를 보자. 이 슬롯에서 체중 슬롯과 결혼 관계 슬롯에는 각각 필요 프로시저와 기록 프로시저가 부가되어 있다.

```
                         FRAME 성인 남자
ako            인간
*연령
*키
               (내정값=170)
*체중
               (내정값=65)
               (IF-needed :
                 IF 연령>35 THEN
                     체중←키-100
                 ELSE
                     체중←키-110 ; )
*결혼관계
               (IF-written :
                 IF       결혼관계=기혼 THEN
                          배우자 이름을 질문하여 슬롯 배우자에 넣는다.
                          해당되는 배우자 프레임에게 배우자 슬롯에 이 프레임의 이름을
                          넣으라는 메시지를 보낸다. ; )
*배우자
```

〈그림 2.8〉 성인 남자 프레임에 부가된 프로시저 예

이 그림에서 만약 '이몽룡'의 체중 슬롯의 값을 요구했다면, 만일 그 슬롯에 값이 저장되어 있으면 그 값을 보고하면 되고, 만약 저장된 값이 없을 때에는 '이몽룡'의 부모 클래스인 성인 남자 프레임으로부터 상속받은 필요 프로시저가 동작하여 체중 슬롯에 저장된 값을 이용하여 연령에 따라 체중을 계산하여 보고한다.

프레임은 객체 중심 표현으로 대규모이고 복잡한 지식을 조직적으로 관리하는 것이 용이하다. 또한 선언적인 지식에서 절차적인 지식까지 모든 종류의 지식을 동일한 데이터 구조에서 표현할 수 있기 때문에 통합적인 지식 표현과 이용의 형식을 제공하며 의미망이 갖는 지식 표현의 경제성을 계승하고 있다.

프레임은 인간의 인지 과정의 모델로서 자연스럽고 전형적인 상황이나 사상을 표현하여 두고 이것을 추론 과정에서 이용함으로써 예측 제공 추론(expection driven reasoning)을 자연스럽게 모델화 할 수 있으며 추론 방법이 고정되어 있지 않기 때문에 대상이 되는 문제 영역이나 목적에 따라 시스템 설계자가 추론 방법을 자유롭게 설계할 수 있다.

프레임의 문제점으로는 지식 표현 방법이 다양하기 때문에 지식간의 통일성이나 완전성의 검증이 곤란하며 추론 방법이 고정되어 있지 않기 때문에 범용성이 높지만 시스템 설계자의 부담이 크다는 점이다. 따라서 실용화 하기 위해서는 프로그래밍 환경의 정비가 필수요소가 된다.

(3) 각 지식 표현 방법의 장단점 비교

지금까지 설명한 지식 표현 방법의 장단점을 비교하면 다음 <표 2.4>와 같다.

〈표 2.4〉 지식 표현 방법의 장단점 비교

지식 표현 방법	장점	단점
논리에 의한 지식 표현	인간의 사고 과정과 유사하며 추론 과정의 완성성이 보장된다.	제어 지식의 표현이 불가능하다.
프레임에 의한 지식 표현	구조적 지식과 통합적 지식의 표현이 용이하며 지식표현이 경제적이다.	지식의 수정이 곤란하며, 추론 방법개발의 부담이 있다.
프로덕션 시스템	지식의 모듈화 및 표현이 용이하며 변경, 추가, 삭제가 가능하다.	지식의 제어가 곤란하며, 지식의 전체 구조 파악이 어렵다.
의미망에 의한 지식 표현	지식표현 방법이 자연스럽고 지식표현이 경제적이며 연상추적이 용이하다.	지식의 수정이 곤란하며, 논리적인 결합이나 인과관계의 표현이 곤란하다.

2.5 복합적 지식 표현

문제의 특성에 따라서는 하나의 표현 방법만으로는 표현하기 어려운 경우가 있다. 이때는 여러 가지 표현 방법을 혼합하여 복합적 지식 표현(hybrid knowledge representation)을 구축할 수 있다. 전문가 시스템이 현실적인 현장 활용 시스템으로 발전하는 과정에서 점차 이러한 복합적 지식 표현의 방법이 단일 지식 표현 방법보다 많이 사용될 것이다.

규칙 기반 지식 베이스는 규칙의 수가 많아지면 지식을 분류, 검색하기가 어렵게 된다. 따라서 규칙들을 그것의 내용이나 다른 기준에 의해 정리해 두는 것이 필요하다. 이를 위해서 프레임을 이용하여 규칙들을 분류해 둘 수가 있다. 규칙의 프레임 내에서의 표현은 IF 슬롯과 THEN 슬롯을 이용할 수 있다.

예를 들어 주식투자를 위한 기업의 가치 분석을 위한 평가지식을 프레임과 규칙의 혼합형태로 나타내어 보자. 기업 가치 분석에는 성장 잠재력 분석과 자산 가치 분석, 그리고 배당투자유망이라는 세 가지 하위 분석 단계가 있고 이를 각각 프레임으로 만들어 구체화라는 관계로 엮여 있다. 여기서 다시 성장 잠재력 분석의 보다 구체적인 분석 단위로 첨단 기술 개발이 활발한지 또는 연구 개발 투자가 활발한지를 알아볼 수 있는데, 이들을 구체화란 관계로 성장 잠재력 분석 프레임에 관련시켰다.

여기서 성장 잠재력 분석이라는 프레임은 다른 슬롯은 가지고 있지 않고, 다만 지식을 내용적으로 분류하는 기준으로 사용되고 있다. 첨단 기술 개발 프레임에는 구체적으로 특정 기업을 조건으로 하여 이의 평가 등급을 규칙 형태로 제시하고 있다. 이에 대한 이유 등은 별도의 슬롯을 만들어 저장할 수 있다. 규칙 베이스를 그 내용적 분류 정보와 이들 분류의 계층적 상하관계를 프레임 구조를 통해 구현하므로 지식 베이스의 검색과 수정 및 미비된 지식의 발견이 보다 용이해진다.

이와 같은 혼합형 표현은 프레임 구축용 도구를 사용하면 가능하다. 또한 프레임 형태를 잘 이용하면 제약, 최적화모형 등도 프레임 형태로 표현 가능하기 때문에 규칙 외에도 다양한 형태의 지식과 프레임과의 혼합 표현이 가능하다.

객체지향기법은 객체의 행위자 즉, 메서드(method)를 사용하여 메시지 전달을

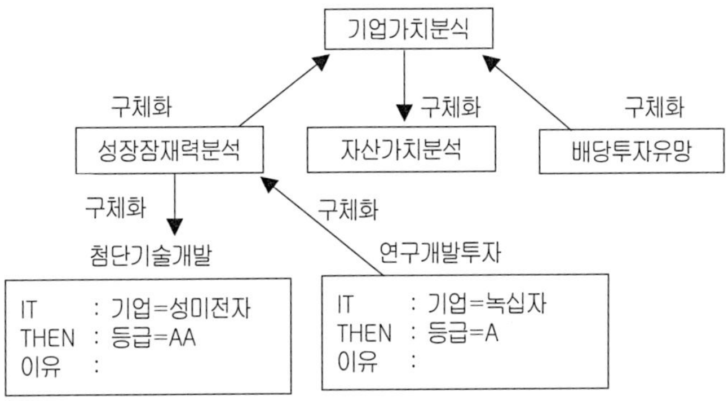

〈그림 2.9〉 프레임과 규칙의 혼합 표현의 예

하는데, 이러한 행위자의 형태를 규칙으로 설정하되 규칙의 조건 부분에 메시지 전달에 필요한 매개변수(parameter)를 두어 조건에 따라 특정 객체를 규칙으로 부를 수 있도록 할 수 있다.

2.6 지식 관리 시스템

2.6.1 지식 관리

오늘날의 조직은 많은 정보가 기하급수적으로 늘어나고 있다. 이러한 정보는 데이터베이스, 파일서버, 사람들의 노하우 등 다양한 형태로 존재한다. 조직들은 점차적으로 '그들이 아는 것을 아는 것'의 중요성을 인식하고 있다. 또한 '지식 생성, 보급, 활용으로 경쟁적 우위를 확보할 수 있다.'는 믿음을 가지게 되었다. 이에 따라 새로운 패러다임인 '지식과 지식 관리'가 소개되기 시작했다.

'지식'과 '지식 관리'라는 개념은 오랜 기간 동안 다양한 개념을 가지고 있었다. Denham Grey는 '지식'과 '지식 관리'란 용어를 다음과 같이 정의하였다.

- 지식은 사람들의 기술, 능력, 아이디어, 태도, 책임, 동기 등과 연결된 정보와 데이터의 통합적 활용이다. 오늘날 경제에서는 지식은 자금, 노동력, 부동산

보다 조직에서 더욱 중요하며 무시할 수 없는 자산이다. 지식은 개인들의 두뇌 또는 조직의 프로세스, 문서, 상품, 서비스, 설비, 시스템 등으로 변형되어 내재되어 있다. 지식은 차후 개인 및 조직의 경쟁력의 원동력이다. 지식은 활동, 집중된 동기, 융합된 전문 기술, 특별한 관계, 협조력이다. 지식은 가치 부여된 행동 및 활동이다. 지식은 집중되고, 현존하고, 테스트되고, 공유되어야 한다.

• 지식 관리는 유일한 출처, 중요한 기능들, 사용하기 위한 지식 흐름을 방해하는 지속적인 병목현상을 눈에 보이게 하는 '지적자산'의 감사이다. 지식 관리는 퇴화로부터 지적 자산을 보호하고, 가치향상과 융통성 확보, 지식확장을 통한 상품, 서비스, 의사결정을 강화하는 기회를 찾는다. 지식 관리는 총체적 품질관리, 비즈니스 프로세스 리엔지니어링, 조직적 교육, 새롭고 절박한 경쟁위치를 확보하기 위한 관점 제공과 같은 조직 주도권을 강화하고 보완한다.

지식 관리 시스템은 조직 내의 인적자원들이 축적하고 있는 개별적인 지식을 체계화하여 공유함으로써 기업 경쟁력을 향상시키기 위한 기업정보 시스템을 말하며, 기업의 환경이 물품을 주로 생산하던 산업사회에서 지적 재산의 중요성이 커지는 지식사회로 급격히 이동함에 따라 기업 경영을 지식이라는 관점에서 새롭게 조명하는 접근방식이다. 지금까지 기업정보 시스템은 기업 내외의 정형화된 정보만을 관리해 왔다. 재무, 생산, 영업 등 기업활동에서 발생하는 수치 데이터를 저장, 관리하는 것이 정보시스템의 역할이었고 실제 판단을 하고 의사결정을 내리는 것은 기업 내 인적 자원이 수행하는 것이었다. 그러나 의사결정의 주체인 인적 자원이 떠나면 그가 갖고 있던 지식 자원도 함께 떠나가고 기업의 지적 자원이 소실된다는 관점에서 지식 관리 시스템은 출발했다. 인적 자원이 개별적으로 보유하고 있는 지식은 비정형의 형태로 존재한다. 즉, 기업 내 각 개인들은 자신의 지식을 각종 문서로 작성 보유하고 있으며, 이를 바탕으로 관련 업무 담당자와 의사교환을 하고 이러한 활동을 기반으로 최종 판단을 하게 되는 것이다. 따라서 지식 관리 시스템의 기본 개념은 인적 자원이 소유하고 있는 비정형 데이터인 지적 자산을 기업 내에 축적 · 활용할 수 있도록 하자는 것이다. KMS는 원래 미국 카네기멜론대학교의 ZOG 연구결과에 기반을 두고, Knowledge Systems에서 개발한 워크스테이션용 상용 시스템의 이름이었다.

(1) 지식 공유 시스템에 대한 정의

피츠버그 대학의 요게시 말호트라 교수는 지식 공유 시스템을 "예측할 수 없을 정도로 급변하는 경영 환경 속에서 기업의 생존과 경쟁력을 갖추는 경영으로, 정보 기술로서 데이터 · 정보의 가공능력과 인간의 창조적 혁신적인 능력을 통합해 가치창조의 극대화를 추구하는 기업의 조직적 프로세스"라고 정의하였다.

IT(Information Technology) 및 Business Reengineering Consulting Firm을 의미하는 'META 2Group'이란 '조직의 경쟁력을 갖추기 위해 반드시 필요한 지식을 형성해 정보를 확대하고 관리하며, 글로벌하게 전달하기 위해 활용되어지고, IT 지원 기술을 받침목으로 하여 형성된 조직 프로세스의 집합체'를 말한다.

(2) 지식 관리 중요성

지식 관리의 전개는 다음과 같은 이유로 더욱더 중요해지고 있다.

- 시장은 급속히 변하고 더욱더 경쟁적이 되었으므로 지식은 더욱 빨리 발전되어야 한다.
- 지식은 취득하는데 시간이 걸리고 직원은 이를 확보하기 위한 충분한 시간이 없다.
- 경쟁 압력은 조직을 최소한의 고정 자산과 사람, 재고, 설비를 가지고 운영토록 한다.
- 상품 개발 시간은 짧아진다.
- 고객은 더 나은 서비스와 좋은 품질의 제품을 원한다.

(3) 지식 관리의 어려움

조직 내에서 지식을 도출하고 효율적으로 사용하는 것은 많은 문제점이 있다. 조직은 그들 지식을 정의하고, 인지하고, 모델화하고, 명쾌하게 표현하기를 요구하며 다양한 사용자를 위해 서로 다른 응용프로그램 내에서 재사용되고 공유된다. 이러한 단계를 정의하는 것은 실제적으로 어렵고 모든 직원들의 지속적인 노력이 지식 관리의 성공 요인이다. 지식 관리와 지식 활용을 보조하기 위한 대부분의 지식 관리 도구는 이제 막 설계의 초기 단계 및 조직 내 지식 관리 설계만을 제공한다.

2.6.2 지식 관리 시스템

지식 관리 시스템(Knowledge Management System, KMS)이란 조직 내의 인적 자원들이 축적하고 있는 개별적인 지식을 체계화하여 공유함으로써 기업경쟁력을 향상시키기 위한 기업 정보 시스템이다.

지금까지 기업 정보 시스템은 기업 내외의 정형화된 정보만을 관리해왔다. 재무, 생산, 영업 등 기업 활동에서 발생하는 수치 데이터를 저장, 관리하는 것이 정보 시스템의 역할이었고 실제 판단을 하고 의사결정을 내리는 것은 기업 내 인적자원이 수행하는 것이었다. 결국 의사결정의 주체인 인적자원이 떠나면 그가 갖고 있던 지식자원도 함께 떠나가고 기업의 지적자원이 소실된다는 관점에서 지식 관리 시스템은 출발했다. 인적자원이 개별적으로 보유하고 있는 지식은 비정형의 형태로 존재한다. 즉 기업 내 각 개인들은 자신의 지식을 각종 문서로 작성 보유하고 있으며 이를 바탕으로 관련 업무 담당자와 의사교환을 하고 이러한 활동을 기반으로 최종 판단을 하게 되는 것이다. 따라서 지식 관리 시스템의 기본 개념은 인적 자원이 소유하고 있는 비정형 데이터인 지적 자산을 기업 내에 축적 · 활용할 수 있도록 하자는 것이다.

2.6.3 지식 관리 시스템의 사례

KWave는 삼성 SDS가 수년간 지식 관리 시스템 구축 노하우를 바탕으로 지식의 정의, 획득, 활용, 정제에 이르는 지식 순환 과정을 유기적으로 통합 최적화하여 효과적인 KMS 구축을 가능하게 하기 위해 개발한 시스템이다. 이 시스템의 특징을 지식 관리 시스템의 사례로써 소개하고자 한다.
(http://www.sds.samsung.co.kr/product/kwave/info/product_3.php)

(1) KWave 지식 표현 모델

지식을 효과적으로 생성하고 재활용하기 위해 KWave은 지식 분류 및 표현 구조를 가진 지식맵과 지식 컨테이너를 제공한다.

1) 지식맵

지식맵은 지식의 구조 및 관계를 사용자가 편하게 접근할 수 있도록 계층적으

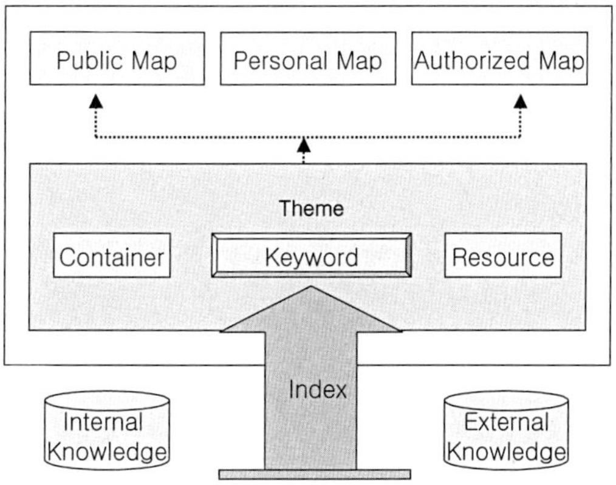

〈그림 2.10〉 KWave의 지식맵

로 제공한다. 맵은 모든 사용자가 접근 가능한 일반 맵(Public Map)과 사용자별 정의한 형태의 개인 맵(Personal Map), 권한별로 접근 가능한 맵(Authorized Map)을 제공한다.

- 컨테이너 분류 : 컨테이너는 각 조직의 비즈니스 분류에 따라 분류된다. 최하위 노드에 컨테이너가 링크된다.
- 키워드 분류 : 키워드는 정보를 빨리 찾을 수 있도록 도와준다. 이는 컨테이너에 지식 등록시 지정된 키워드를 연결시켜 두었을 경우, 그 키워드로 연결된 모든 지식을 쉽게 찾을 수 있다.

2) 지식 컨테이너

지식 컨테이너는 실제적 지식을 포함하고 있는 객체이다. 즉, 지식의 실제적인 저장 공간을 가리킨다. 이는 독자적인 구조와 속성, 여러 유니트와 속성을 가지고 있다.

유니트는 컨테이너의 기본적인 항목이다. 지식 컨테이너는 사용자나 시스템에 의해 정의된 구성요소로 구성되어 있다. 각 유니트는 사용자 인터페이스와 지식 관리 프로세스를 자체적으로 가지고 있다. 속성은 각 유니트 내 지식을 표현하고 저장 위한 속성들을 가지고 있다. 즉, 속성은 유니트 내 저장되는 각 항목들을 나타낸다.

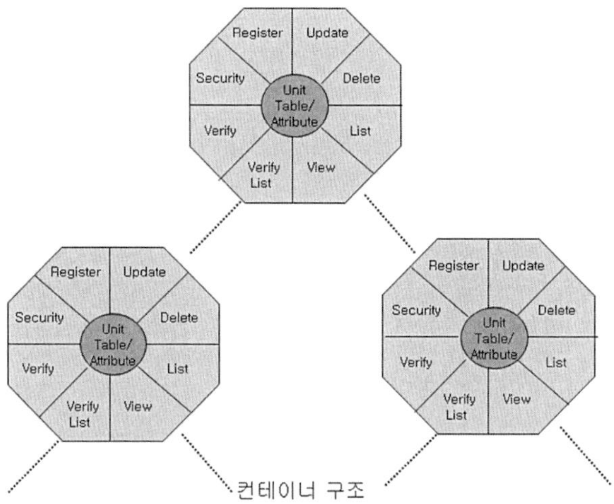

〈그림 2.11〉 KWave의 컨테이너 구조

(2) KWave 지식 관리 프로세스

삼성 SDS는 성공적으로 운영 중인 '아리샘'이라 불리는 자체 지식 관리 시스템(KMS)을 가지고 있고 많은 지식 관리 시스템을 개발했다. KWave은 KMS 개발 프로젝트로부터 얻은 노하우를 결집시킨 산출물이다. 지식은 정의되고, 축적되고, 평가되어 재생성 되는 과정을 반복하거나 폐기된다.

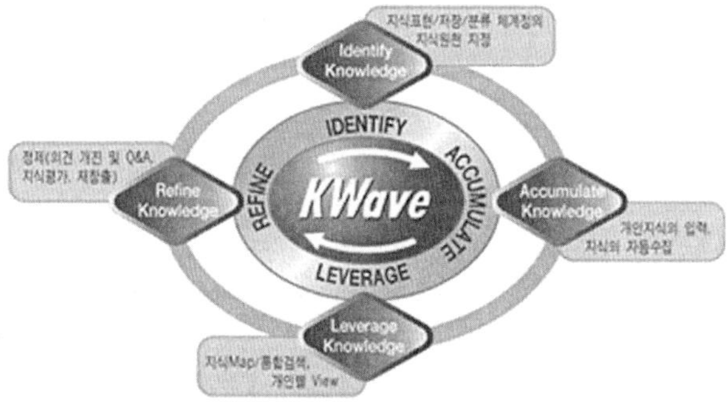

田 지식관리 프로세스

〈그림 2.12〉 KWave의 지식 관리 프로세스

1) 지식 정의

KMS 구축 첫 번째 단계는 조직내외 흩어져 있는 지식을 축적 및 획득하기 위한 프레임 설계 단계이다. 지식 형태는 간단한 게시판이나 복잡한 응용 시스템 같은 형식으로 분류될 수 있다. KWave는 지식을 표현하고 저장하기 위한 저장 공간인 지식 컨테이너 집합을 제공한다. 지식맵은 지식에 접근 용이하도록 분류 체계를 제공한다.

2) 지식 축적(accumulate)

조직내 분류된 지식을 활용하고 공유하기 위해서는 지식 축적 단계는 필수적이다. KWave은 직접적 지식 입력, 외부 리소스로부터의 수집 또는 타 시스템과의 연동을 통하여 이루어지며, 풀 텍스트 검색을 위한 인덱스를 제공하며 승인된 정보를 축적한다.

3) 지식 활용(leverage)

생산성 향상을 위해 지식은 가장 편하고 쉬운 방법으로 접근하면서 공유되어야 한다. 보다 정확하고 빠른 접근을 위해 KWave은 트리 구조를 가진 조건 검색을 제공한다. 사용자별로 자신이 원하는 분류체계로 지식을 분류할 수 있다.

4) 지식 재정의(refine)

지식은 항상 시간에 따라 진화하고 자체적으로 변한다. 유용한 지식을 위지하기 위해 시스템은 지속적으로 정보를 갱신해야 한다. KWave은 협력 과정을 통해 불필요하고 비효율적인 지식을 걸러 낼 수 있다.

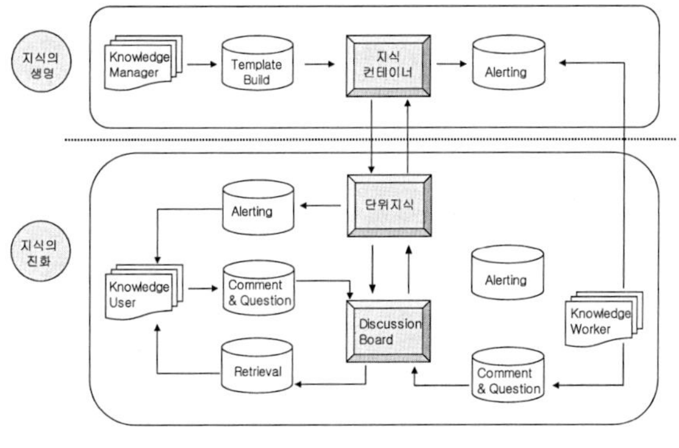

〈그림 2.13〉 KWave의 지식 관리 프로세스 흐름도

KWave는 유통 및 서비스 부문에서 삼성물산, 에버랜드, 삼성카드 등에서 실제 활용되고 있다. 삼성물산의 경우 내재된 지식의 효과적인 축적, 공유, 재활용, 영업 인력의 정보력 극대화, 핵심역량과 경쟁우위 강화를 목적으로 구축되었다. 특징으로는 영업 인력의 정보력 극대화, 사용 용이성과 보안성의 추구, 기존시스템과의 상호보완 및 연결이 가능하게 되었다.

에버랜드(e-KISS)는 임직원간 지식 공유를 매개하는 기술이 필요하고, 지식 시너지 및 확대 재생산을 위한 지식협력 시스템이 필요하며, 실무 경험의 정리, 체계적 축적 및 재활용 극대화, 기술 및 시장정보 활용을 통한 영업 및 수주력 향상, 사업부간, 사업부내 각 부서간 정보와 지식 시너지 극대화가 필요하여 KWave를 구축하여 활용하고 있다. 이 시스템의 특징으로는 개인의 노하우 체계화와 사업부별 핵심업무의 지식 처리 프로세스(knowledge working process)의 구현, 그리고 영업 부문을 위한 프로젝트, 주요인물, 거래선, 품목/서비스 등의 복합지식 연계, OASIS(관심분야 연구회) 활성화 등의 체계화를 들 수 있다.

2.7 지식 경영 시스템

2.7.1 지식 경영의 개념

최근 지식 경영이 기업 경영의 중요 요소로서 인식되고 있다. 지식 경영이란 기업 내에 존재하는 지식을 종합적으로 관리하여 기업의 경쟁력을 높이기 위한 행위를 말하는데, 사람들에 따라 여러 정의가 있을 것이다. 가트너 그룹(Gartner Group, www.gartner.com)에 의하면, "지식 경영은 기업의 정보자산을 확인, 포착, 출력, 공유, 평가하는 통합된 접근행위(integrated approach)를 증진시키는 것이다. 이들 정보자산은 각 직원의 머리 속에 저장된 모든 경험은 물론 데이터베이스, 문서, 기업정책, 업무절차 등을 포함할 수 있다."고 정의하였다.

가트너 그룹의 정의에서 키워드는 '통합된 접근행위'이다. 왜냐하면, 이 말은 지식 관리가 아닌 것도 함축하고 있기 때문이다. 가트너 그룹의 최근에 형성된 지식 관리 서비스 부서의 연구 이사인 Jim Bair는 "지식 관리는 새로운 기술도 최신 컨설팅 유행도 아니다."라고 말한다. Bair와 다른 분석가들에게 지식 관리는 컴퓨터나 소프트웨어보다 덜 실체적인 어떤 것이다. 즉, 지식 관리는 기업의 모든 정보 자산을 확인하고 관리하며 공유하기 위한 통합된 접근 방식을 촉진하는 일종의 훈련 과정(discipline)이라고 할 수 있으며, 지식 관리 이슈는 지식 공유가 가능하도록 하기 위한 구조적인 시설과 적절한 기술을 유지하고 전개, 개발하는 것과 특정 기술 및 업체들을 선정하는 과정을 모두 포함하고 있다.

Peter Drucker에 의하면 21세기에는 자본주의에서 탈피하여 지식사회가 도래한다고 하였다. 그리고 국가적으로도 시장자율화와 외국자본이나 기술의 도입이 가속화됨으로써 지적 능력을 중심으로 하는 국가 및 조직차원의 경쟁력 확보가 매우 시급한 과제로 등장하고 있다. 최근 국내외적으로도 앞으로 기업 경쟁력요인을 지식으로 정의하고, 선진기업과의 지식격차를 줄이기 위해 지식 경영이 필요하다는 의식이 크게 호응을 얻어가고 있다.

Charles M. Savage는 그의 저서인 '제5세대 경영'에서 컴퓨터 기술의 발전과 함께 기업경영도 개인 기업(제1세대), 계층형 조직(제2세대), 매트릭스 조직(제3세대) 컴퓨터 인터페이스(제4세대), 휴먼 네트워킹(제5세대)으로 변환된다고 하였다.

그리고 노동과 자본이 부의 원천이었고 개인 기업형이나 계층형 조직형태로 구성되었던 산업화시대로부터 앞으로는 지식이 부의 원천이 되고 휴먼 네트워킹으로 연결되는 조직형태를 가지는 제5세대 즉, 지식시대가 도래한다고 하여 지식의 중요성을 강조하였다. 산업사회로부터 지식시대로 전환되면서 기업 경영 모델이 변화되어야 함을 주장한 것이다.

이러한 지식 경영의 호응은 현재까지의 경영방식이 하드웨어 기능, 품질, 가격, 제품중심의 효율중시 경영으로부터 벗어나 21세기에는 정보와 지식을 바탕으로 고객중심의 새로운 문화와 시스템을 창조하는 효율성과 가치창조 중시의 경영으로 바뀌게 되면서 정보기술을 바탕으로 한 지식 경영의 필요성을 느끼기 시작하였다.

이러한 지식 경영의 활발한 전개는 컴퓨터 기술의 극적인 발전에 의해 방대한 자료의 체계적 획득, 저장, 검색이 쉬워진데 따른 정보능력의 향상의 결과가 된다. 영국의 크린월드 매니지먼트 스쿨이 100개 기업을 대상으로 실시한 지식 경영 설문조사 결과 응답자 10명 중 9명이 지식을 기업 경쟁력의 핵심으로 꼽았으며, 설문 대상자의 85%가 지식이 기업의 부가가치 창출로 연결된다고 응답하여 지식의 중요성을 크게 인식하고 있는 증거가 된다.

결국, 지식 경영은 이러한 과거의 단순화, 효율화 중심의 경영혁신활동으로부터 기업 경영과 관련한 여러 지식이 조직 내의 모든 프로세스에 어떻게 관련하여 수행하는 지를 파악하는 활동으로서 지식창조라는 관점에서 특정 비전을 갖는 병렬적인 업무처리가 가능한 핵심 프로세스를 구축하는 활동으로 전개하는 것이 된다. 그리고 지식 경영은 지금까지의 경영혁신활동과는 다른 새로운 각도에서 접근하는 기업경영의 한 도구로 등장하게 된 것이다.

2.7.2 지식 경영 시스템

새로운 경제의 요소는 지식 자산, 무형의 스킬, 지식과 정보라고 포춘지에서는 말하고 있다. 금융 서비스 업체인 스칸디아사에서는 종래의 회계 시스템에서는 더 이상 기업의 자산실태를 반영하지 못하므로 지식 자산을 대차대조표에 표기하려 하고 있다. 그리고 지식담당임원(Chief Knowledge Officer, CKO)을 배치하여 회사연보에 지적 자본을 게제하고 있다. "향후의 경쟁원천은 효과적인 지식이다"라는 의미를 깨닫는 선진기업형 발상인 것이다.

지식 경영에서는 데이터, 정보, 지식을 분명히 구분해 사용하고 있다 논자에 따라 설명이 약간씩의 차이를 보이나 내용을 종합하면 다음과 같은 구분이 가능하게 된다.

(1) 데이터(data)

- 어떤 상황에 대한 불연속적이고 객관적인 사실의 표현이다.
- 의미나 가치가 없는 구조적인 기록이나 처리결과이다.
- 정보의 생성을 위한 기본적 기초자료이다.

(2) 정보(information)

- 어떤 상황의 의미나 가치를 접수할 수 있도록 해주는 것으로 인간의 지의 흐름이다.
- 무엇인가 전달할 때의 내용이나 필요시기를 놓치면 가치를 상실하게 된다.
- 정보의 토대는 데이터로써 어떤 의도와 요구에 맞춘 의미 및 가치를 갖는 데이

터군(group)이다.
- 정보는 지식으로 승화되면서 가치를 갖게 된다.

(3) 지식(knowledge)

- 의미있게 구성되어 축적된 정보형태로써 정보보다 수명이 길다.
- 정보와 지식은 상호 관련되고 정보로부터 지식을 창조하며, 지식은 정보로 세분화되거나 체계화된다.
- 노하우는 정보와 지식의 중간형태이다. 따라서 지식을 노하우 혹은 매뉴얼로 만들 수 있고 정보로 서술할 수도 있다.

지식 경영은 전체 조직의 관련 데이터를 기초로 하여 데이터를 정보로 전환하고 정보에서 지식을 창출하며, 새로운 지식을 획득하거나 공유함으로써 기업의 부가가치로 창출할 수 있도록 연결하는 활동이다. 따라서 지식 경영은 기업이나 단체가 전체적으로 관련지식 자원을 체계적으로 관리하고 조직의 학습효과를 최대화하여 학습조직의 틀을 구축함으로써 지식기반 경영능력을 확충하고 지속적인 경쟁우위를 달성하도록 해준다.

2.7.3 지식 경영 시스템의 구축 요건

지식 경영 시스템을 구축하는 것은 구축목적과 상황에 따라 여러 시스템으로 구현이 가능하다. 현재 진행 중인 지식 경영 시스템은 보편적으로 다음과 같이 실시간 지식공유 시스템, 고객지식 관리 시스템, 지식자료 시스템, 모범사례공유 시스템, 전문가 시스템 등으로 나누어 전개되고 있으며, 기업요구에 따라 자기업의 부가가치를 최대화하는 방향으로 구축하는 것이 바람직하다.

(1) 실시간 지식공유 시스템(real-time knowledge sharing system)

시장이나 고객의 변화에 실시간으로 대응할 수 있도록 관련지식을 사용하는 시스템이다. 판매나 생산의 즉시 관리 시스템(POS, POP) 등이 해당되며, 조직의 실시간 정보공유에 의해 전체 생산성을 높일 수 있게 된다.

(2) 고객지식 관리 시스템(customer knowledge management system)

기업의 고객과 관련된 지식을 관리하는 시스템이다. 경쟁사보다 우위를 확보하기 위해 고객특성을 다차원적으로 분석할 수 있는 시스템을 구축하는 것이 목표로써 멀티미디어, 음성이나 화상인식 등의 최신 정보기술이나 기법을 사용하여 구축한다.

(3) 지식자료 시스템(knowledge contents system)

지식전달의 기본 매체인 문서관리를 디지털화함으로써 복잡한 문서체계를 지식자료로 시스템화한다. 교육기관, 방송매체 등의 방대한 문서정보를 멀티미디어 기술을 이용하여 지식 정보들도 구조화된 체계로 보관하여 사용하는 시스템이다.

(4) 모범사례공유 시스템(best practice sharing system)

컨설팅 회사, 건설회사 등 프로젝트를 중심으로 운영되는 조직의 재사용 효율 향상을 목표로 구축되는 시스템이다. 이 시스템은 축적된 지식이 시간이 지나면서 다양화되고 정예화되어 사용자의 지식욕구를 충족시킬 수 있는 시스템으로 발전되는 것이 바람직하다.

(5) 전문가 시스템(expert system)

기업의 사내 · 외 고객을 위한 지원센터(call center, help desk 등)에서 사용되는 시스템으로 정해진 범위 내의 질문에 사례별로 대답을 하는 경우에 효율적으로 사용된다.

지식 경영 시스템을 효과적으로 구축하기 위해 필요한 정보기술에는 다음과 같은 것들이 있다.

- 지식의 창출 인공지능 시스템, 데이터 웨어하우징, DBMS, 인터넷, 하이퍼미디어(영상, 음성, 문자) 등
- 지식의 교환 및 공유 화상회의 시스템, 원격교육, 그룹웨어, 인터넷, 인트라넷, EDI, EC, CALS 등

• 지식의 활용 : 의사결정지원 시스템, 임원정보 시스템, 전자문서관리, 워크플로우 관리, 인터넷 및 인트라넷 등

2.7.4 지식 경영 시스템과 전사적 자원관리 시스템

지식 경영 시스템은 사용자들이 지식을 창출해 입력하고 조회, 편집 및 활용할 수 있는 여러 가지 기본 기능들을 필요로 한다. 조직의 효과적인 지식 경영을 위한 전략적 도구로서의 지식 관리 시스템은 다음과 같은 정보기술의 지원을 필요로 한다.

① 개인 · 조직간의 지식교류를 위한 지식 네트워크
② 사용자의 지식활동을 위한 각종 분석 및 프리젠테이션 도구
③ 사용자의 시스템 활용제고를 위한 GUI기능
④ 사용자의 지식검색을 지원하는 지식 맵(map)
⑤ 지식의 저장, 관리를 위한 지식 베이스와 지식 스키마(schema)
⑥ 조직 내 · 외부 시스템과 데이터, 정보, 지식의 인터페이스

이러한 기능을 지원하는 지식 관리 패키지는 부족하고 단절된 지식 자산의 연계사용을 위해 현재 사용 중인 시스템과 기술을 이용해 진행하는 것이 경제적인 시스템을 구축하는 방법이 될 것이다. 따라서 기존의 구축된 ERP 시스템이나 새롭게 구현되는 ERP 시스템과 연계하여 지식 경영 시스템을 구축하는 접근방식이 필요하다.

실제로 주요 지식 경영지원 소프트웨어 도구인 Fulcrum사의 Knowledge Network, Dataware, Excalibur, Verity 등의 주요 기능은 전자메일 서버, 웹 서버, Unix나 NT 등 일반 업무 서버, 개인 PC 등에 산재되어 보관된 다양한 형태의 기존 시스템 문서를 표준화작업을 진행하지 않고 직접적으로 종합검색 가능한 기능 등을 제공하고 있다.

따라서 현재의 ERP 시스템이 이와 같은 기능을 제공하거나 추가적 제공을 고려하고 있기 때문에 ERP를 활용한 지식 경영 시스템의 구축은 새로운 시스템을 구축하는 것이 아니라 기존의 시스템을 최대한 활용하고 필요한 기능만을 추가적

으로 보완하는 방식이 될 것이다. 그리고 ERP의 전단계로 BPR을 전개한 것과 같이 지식 경영에 대한 기반조성과 인프라 구축은 선행적 활동이 되고, 이후의 지식 경영을 위한 기능설계 및 개발, 지식활용 및 사후 관리활동은 기존 또는 새로 구축하는 ERP 시스템과 보조를 맞추어 전개해 나가는 사고가 필요한 것이다.

2.7.5 한국 오라클의 지식 경영 시스템 사례

(1) 주요 특징

한국 오라클의 지식 경영 솔루션 Ver. 2는 분산 객체 환경 및 Java 언어를 기반으로 하여 개발된 인터넷 기반 지식 경영 솔루션으로서, 새로운 지식 유형의 생성, 지식의 생성 및 검색, 지식 통장 및 통계, XML 지원, DW 및 Legacy DB와의 통합 등의 기능을 제공한다. 또한, 객체 지향 기법으로 분석 및 설계되어 확장성 및 유연성이 뛰어나다.

1) 객체 지향 기반의 분석 및 설계를 통한 유지 보수의 용이성

시스템의 초기 분석부터 설계 및 구현에 이르기까지 모두 객체 지향 방식으로 수행하였다. 시스템 분석 및 설계에는 UML(Unified Modeling Language)을 사용하였으며, 시스템 구현에는 오라클 8i 객체 관계형 데이터베이스 상에서의 객체 지반 스키마 및 Java 언어에 기반한 프로그래밍을 수행하였다. 이를 통해 향후 시스템 버전 업 및 고객의 요구에 따른 새로운 기능 추가에도 탄력적으로 대응할 수 있는 유지 보수 용이성이라는 특징을 가지게 된다.

2) Java 및 Servlet 기반의 구현을 통한 확장성

시스템 개발 언어로서 100% Java 언어를 사용하였으며, 또한, 웹 응용 모듈로서 Servlet 구조를 채택하였다. 따라서 지식 경영을 위한 비즈니스 로직 수행이 사용자 PC에서 이루어지지 않고 대용량의 서버에서 수행됨으로써 시스템 사용시 사용자에게 부하를 주지 않게 되었다. 또한, 어떠한 플랫폼에서도 Java 언어가 실행될 수 있으므로 지식 경영 시스템 역시 어떤 플랫폼에서도 동작할 수 있게 된다.

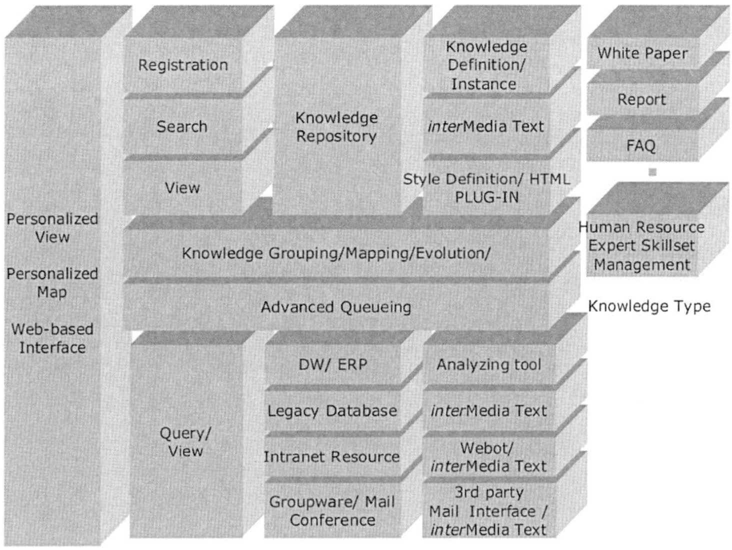

〈그림 2.12〉 지식 관리 시스템 Ver. 2 프레임워크

3) XML 등 차세대 기술의 수용성

인터넷 상의 정보 표현 및 전달의 차세대 기술로 인식되고 있는 XML(eXtensible Markup Language)을 지원한다. 따라서 향후 XML에 기반한 지식의 표현 및 검색에 능동적으로 대처할 수 있게 된다.

(2) 지식 경영 시스템의 주요기능

1) 지식 유형 생성

- 지식 메타 정보 생성 및 저장
- XML로 저장
- 입력 및 출력 템플릿 자동 생성

2) 지식 등록 및 승인

- 지식 유형 선택 후 해당 지식 등록
- 지식 등록시 타 지식과의 자유로운 연결 가능

- 지식 그룹마다 전문가가 지정되어 이들이 지식 승인 수행

3) 지식 검색

- 지식 내용 기반 검색
- 지식 메타 정보 기반 검색
- 지식간의 구조 정보 기반 검색

4) 지식 구독

- 원하는 지식 유형 및 지식 그룹에 대한 구독 지정
- 등록 신청된 지식 유형 및 지식 그룹에 새로운 지식의 등록시 자동적으로 구독 신청 사용자에게 전달

5) 지식 평가 및 통계

- 조회한 지식에 대한 평가 입력
- 지식 사용 및 검색별 통계 정보 출력

6) 개인 지식 지도

- 사용자 정의 개인 지식 지도 지원
- 개인 지식 지도의 수정/삭제 지원

7) 지식 체크인/체크아웃

- 지식 수정시 체크아웃
- 수정된 지식의 체크인
- 버전 관리

8) Legacy DB와의 연동

- DB Link를 통한 오라클 DB와의 연동
- Oracle Gateway를 통한 타 DB와의 연동

9) DW와의 연동

- Oracle Express와의 연동을 통한 DW 정보

2.7.6 미국 CBS Corporation의 지식 경영 시스템 사례

(1) 주요 특징

CBS.com(www.cbs.com)은 전국 방송국과 지역 방송국간에 콘텐츠를 공유하고 있다. 뉴욕에 위치한 다각적인 방송매체 회사인 CBS.com이 새로운 웹사이트 구축을 시작했을 때 두 가지 목표가 있었다.

첫째, 새로운 전략적인 방송 매체에서 기존의 상표명, 고품질의 프로그램에 대한 호평, 전국적인 방송망을 최대한 활용하는 것이었다.

둘째, 가장 소중한 비즈니스 자산－TV 및 라디오 방송과 미래의 방송 매체는 물론 현재의 웹사이트 안에 들어가는 콘텐츠－을 관리할 수 있는 자산관리 시스템을 구축하는 것이었다.

결국, CBS는 이 인터액티브한 웹사이트는 전국망 방송국들과 지역 방송국들에게 그들 고유의 웹사이트를 지원하지 않고도 카스터마이즈된 웹사이트를 개발할 능력을 제공하는데 성공하였다. 그리고 백엔드에서 Oracle ConText와 강력한 오라클 데이터베이스는 검색 가능한 온라인 저장소와 뉴스 컨텐트의 지식기지를 제공하고 있다. 또한 이 시스템은 이미 자신의 웹사이트 구축한 지역 방송국들이 CBS.com 기본구조에 자신들의 콘텐츠를 통합하게 해 주거나 CBS.com에서 지역 방송국들의 시스템상의 콘텐츠에 연결할 수 있도록 포인터를 제공하고 있다. CBS.com은 CBS가 전국망 방송국들과 지역 방송국들로부터 지식을 공유할 수 있도록 해주어, 전국의 리포터들이 지역 리포터가 발견한 기사를 선택하거나 리포터들이 백업하고 자신들이 작성하는 기사를 보강하기 위하여 검색할 수 있는 데이터베이스를 제공할 수 있다.

(2) CBS 제공 콘텐츠

CBS television network는 전국의 최고의 20개 시장 중 10개의 시장과 209 지역 방송국을 포함하여 14개의 CBS 소유 방송국을 통해 오락, 뉴스, 스포츠, 공공프로그램을 공급하고 있다. 총체적으로 CBS방송망은 미국 내 모든 가정에 이른다.

CBS.com은 CBS의 마케팅 힘과 우리의 지역 방송국을 통합하여 우리를 대규모로 인터넷에 이르게 해주고 있다. 우리는 우리가 만든 콘텐츠와 우리의 지역 방송국들이 만든 콘텐츠를 통합하게 해주는 오라클로 웹 엔진을 구축해 왔다.

또한 CBS는 전국 방송국들, 지역 방송국들, 소비자들을 위한 콘텐츠 저장소와 지식기지로 사용할 중앙 데이터 저장소를 구축해 왔다. 뉴욕의 CBS Broadcast-Center에 위치한 오라클 데이터베이스는 뉴스기사, 이미지, 그래픽, 오디오, 비디오, 광고를 포함하여 모든 이용 가능한 웹 콘텐츠를 위한 온라인 저장소를 제공한다. 넷스케이프의 Enterprise Server Web server 소프트웨어는 방송국들과 고객들이 어떠한 표준 웹브라우저를 이용하여도 인터넷을 통해 전체 저장소에 액세스할 수 있게 해주고 있다.

CBS는 CBS 소유 방송국들이 오디오와 비디오 클립을 텍스트, 그래픽, 이미지와 혼합하여 사용할 수 있도록 Oracle Video Server를 CBS.com과 기록보관소에 통합하여, 데스크탑 웹브라우저를 이용하여 고객에게 스트리밍 오디오/비디오를 지원할 계획을 갖고 있다.

또한 이 시스템은 CBS와 오라클 컨설턴트가 함께 개발한 Editorial and Page Creation Tool(편집 및 페이지 작성 툴)을 포함한다. 이 툴은 커스텀 웹페이지 작성을 통해 방송국들을 안내하는 템플릿을 제공한다. 개별 방송국들은 방송국 로고를 포함할 수 있고, 지역적, 전국적, 국제적 뉴스기사와 주요 프로들의 우선순위를 정할 수 있으며, 이미지, 그래픽, 멀티미디어를 추가할 수 있다. 또한, pull quotes, 헤드라인 등으로 페이지 레이아웃을 포맷할 수도 있다.

방송국들과 지사들은 또한 특정 지역이나 전국적 시청자들을 목표로 하여 광고를 입력할 수도 있고, 소비자들은 CBS.com에 로그온하여 자신의 우편번호를 입력하면 자신의 지역 시청자를 위해 지역 방송국이 작성한 웹페이지를 볼 수 있다. 또한, ConText를 이용하여 기록물 저장소에 있는 어떠한 주제에 대해서도 지역적, 전국적, 국제적 뉴스 기사를 검색할 수 있다. 그래서 달라스에 있는 조회자들은 지난주의 'Letterman's Top 10' 리스트를 검색하는 것 이외에도, 화면에 나타나는 지역 일기예보－CBS 지역방송국인 KTVT가 제공하는－를 볼 수 있다.

연·습·문·제

1. 데이터, 정보, 지식의 차이점을 그림과 함께 설명하시오.

2. 지식을 여섯 가지 형태로 분류하여 설명하시오.

3. 지식표현 방법 네 가지를 들고 각각 장단점을 비교 설명하시오.

4. 지식을 표현하는데 있어서 매핑과 추론은 어떻게 다른지 예를 들어 설명하시오.

5. 절차적 지식과 선언적 지식의 차이점을 설명하고 예를 들어 설명하시오.

6. 전방향 추론과 후방향 추론을 설명하고, 적합한 영역을 예를 들어 설명하시오.

7. 다음의 지식을 의미망으로 표현해 보시오.
   ① 승용차는 자동차이다.
   ② 승용차는 4개의 바퀴가 있다.

8. 다음의 블록 세계를 의미망으로 표현해 보시오.

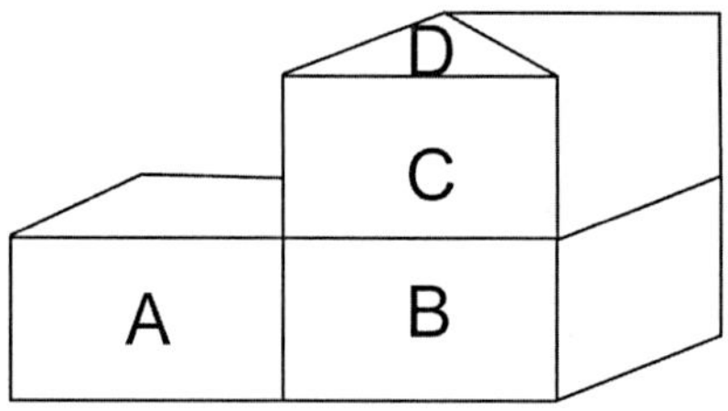

이때, 사용할 아크는 top-of, next-to, isa 등이고, 노드는 A, B, C, D, Box이다.

9. 지식 관리와 지식 경영을 비교 설명하고, 각각 예를 들어 설명하시오.

10. 행정안전부의 온나라 시스템과 같이 현재 중앙행정기관에서 공공기관이나 공무원을 대상으로 사용하고 있는 지식 관리 시스템의 사례를 조사하여 기능, 사용현황 등을 조사하여 설명하시오.

제 3 장

신경 회로망

3.1 뇌와 컴퓨터

신경 회로망(neural network)은 인간의 뇌의 구조를 컴퓨터로 구현하여 보다 인간과 유사한 기능을 가진 컴퓨터를 만들어 보자는 개념에서 출발된 이론이다. 신경 회로망은 인간의 지능을 인공적으로 가진 기계(artificial intelligence machine)보다는 참 지능을 가진 기계(truly intelligence machine)를 꿈꾸어온 인류의 꿈을 실현시켜줄 수 있는 가능성의 기술이라는 말로 정의할 수 있다.

따라서 인간의 뇌의 연구와 컴퓨터의 연구는 매우 밀접한 관계에 있는데 다음 <그림 3.1>은 이러한 관계를 잘 나타내고 있는 그림이다.

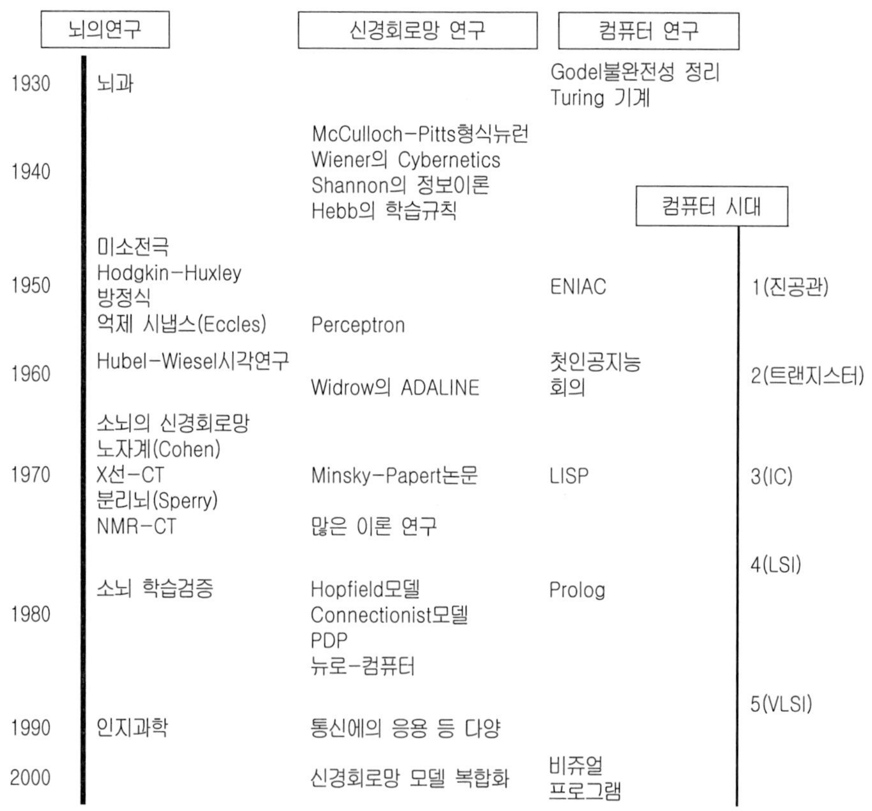

〈그림 3.1〉 인간의 뇌와 컴퓨터 및 신경 회로망과의 관계

이 그림으로부터 신경 회로망의 연구배경을 잘 알 수 있는데, 규모나 연구 성격으로 보아 1960년대와 1980년대를 전후로 대략 3시기로 나누어 볼 수 있다.

(1) 제1기(1940년대 – 1960년대): 초기 모방기

이 시기는 뇌와 컴퓨터의 학술적 연구로부터 지적 정보 처리의 기본 원리를 밝히려는 열기가 매우 두드러졌으며 뇌의 구조에 대한 모방이 활발했던 시기이다. 대표적으로 1943년 McCulloch와 Pitts는 뇌의 기본구성 단위인 뉴런(neuron)을 단순 모델화하여 연산작용과 기억체계 등에 이용하고자 하였다. 또한 Weiner의 Cybernetics와 Rosenblatt의 Perceptron 모델은 인간의 뇌가 학습(learning)한다는 중요한 원리를 제공해 준 계기가 되었다.

(2) 제2기(1960년대 – 1980년대): 침체기

이 시기에는 1969년 신경 회로망의 한계성에 관한 Minsky와 Papert의 신경 회로망의 한계성에 관한 연구에 따라 컴퓨터와 뇌의 연구가 점차 분리되기 시작하여 신경 회로망 연구가 한동안 침체되었던 시기이다. Minsky는 ‘perceptron’이란 책에서 신경 회로망의 결함을 크게 두 가지로 발표하였다.

첫째, 퍼셉트론이 학습을 하는 동안 잘못된 결정(또는 출력)을 할 때 어느 연결 경로의 가중치가 오류를 일으켰는지 판별할 수 없는, 이른바 신뢰성 할당 문제 때문이라고 지적하였다.

둘째, 퍼셉트론이 논리 연산 기능 중 XOR 문제에 정확한 해를 제시할 수 없다는 것을 문제로 제기하였다.

게다가 컴퓨터 분야에서의 반도체 기술의 비약적인 발달과 회로의 고집적화, 고속화, 저렴화 추세로 인하여 컴퓨터 연구는 Von Neumann이나 Turing 알고리즘에 기반을 둔 프로그램 내장 방식에 따라 뇌의 연구와 상관없이 크게 발전해 왔다. 또한 이러한 강력한 컴퓨터의 발전을 배경으로 하여 뇌의 정보 처리 원리와 전혀 다른 형태로 인공지능 기술이 발전하여 큰 시장을 형성시키고 있다. 그러나 컴퓨터의 계산 능력이 중앙 처리 장치의 처리 능력이나 속도 등으로 결정되고, 순차 정보 처리 형태가 패턴 인식 등의 지식 정보 처리에 근본적으로 적합하지 않을 뿐 아니라 반도체 소자의 고집적화나 고속화의 기술적 한계 및 이론적 한계가 밝혀짐으로써 Von Neumann형 컴퓨터의 순차 정보 처리 형태의 고속화가 점차 어려워지고 있기 때문에 신경 회로망의 연구에 대한 욕구가 서서히 등장하기 시작하였다.

(3) 제3기(1980년대 – 현재): 발전기

이 시기에는 Hopfield 교수의 연구로 인해 신경 회로망이 매우 활기를 띠기 시작하였다. 그 이유는 이 시기에 제2기의 Minsky가 제시한 문제점에 대한 해가 여러 연구 결과에 의해 제시되었기 때문이다.

첫째, XOR 문제는 오류 역전파 알고리즘을 이용하여 해결하게 되었다.
둘째, 60년대보다 신경 회로망을 지원하는 하드웨어의 성능이 2000배 이상 증가하게 되었다.
셋째, 다른 인공지능이 해결하지 못한 문제점이었던 패턴 인식 분야에 신경 회로망이 이용되면서 좋은 결과를 보여주게 되었다. 이러한 이유로 신경 회로망은 활기를 띠게 되었다.

또한 이 시기에는 제2기에서의 순차 정보 처리에서의 문제점 등이 부각되면서 하드웨어의 발전에 의존하는 순차 정보 처리 형태와는 다른 형태인 병렬 정보 처리 형태의 컴퓨터를 개발하려는 움직임이 활발한 시기이다. 그러나 병렬 정보 처리 형태도 순차 정보 처리 형태의 병렬화 등으로 해결이 가능하나 이것보다도 뇌의 구조와 모델링에 대한 연구가 새로이 발전되었던 시기이다. 따라서 이 시기에는 매우 활발한 신경 회로망 모델이 등장하였고 또 신경 회로망을 반도체에 이용한 칩이라든가 신경 회로망 컴퓨터(또는 뉴로 컴퓨터)가 등장하여 인공지능의 주류를 형성하고 있는 시기이다. 1990년대에 들어서면서 네트워크 분야에 신경 회로망을 응용한 연구가 매우 활발히 진행되고 있으며 새로운 응용 분야로써 전성기를 맞이하고 있다. 대개 신경 회로망을 공학 분야에서 병렬 분산형 구조에 응용하려는 연구와 인지과학 분야에서의 병렬 분산 정보 처리를 지향하는 연결형 모델(connectionist model)이나 PDP(Parallel Distributed Processing) 모델을 이용한 연구 등이 있다.

3.2 뇌의 구조 및 기능

이 절에서는 신경 회로망의 배경이 되는 뇌에 대해 알아보고자 한다. 뇌의 구조 및 기능을 알아보기 전에 먼저 뇌의 진화 과정에 대해 살펴본 뒤 뇌의 구조에 대해 알아보도록 한다. 지금으로부터 약 35억년 전, 지구에 생명체가 탄생한 이후 약 1억 종의 생물이 나타났지만 그 중의 99% 이상이 멸종하고 약 2백만 종 정도만이 생존하고 있다고 한다. 그 중에서도 인간만이 지구상의 모든 생물 중의 주인 노릇을 하고 있기 때문에 이러한 인간을 '지혜를 가진 인간'이란 뜻의 호모 사피엔스(homo sapience)라고 불리우기도 한다. 그렇다면 인간은 무엇 때문에 이것이 가능하였을까? 그것은 다름 아닌 인간의 뇌의 기능 때문이다.

오늘날 인간의 뇌는 초기에는 어류의 뇌에서부터 진화되었다고 한다. 다음 <그림 3.2>는 R.Jastrow의 'The Enhanced Loom(1981)'에 나타난 생물 진화의 시간표를 나타낸 그림이다.

<그림 3.2>를 보면, 인간은 어류에서부터 유래하고 있음을 알 수 있다. 초기 영장류는 포유동물 가운데 가장 뛰어난 뇌를 가졌다. 초기의 수중 생활의 어려움을 극복하고 영장류의 뇌의 성장을 가져오게 된 이유로는 다음과 같다.

첫째, 시각 능력에 있다. 즉, 먹을 것을 찾기 위해 복잡한 곳에서도 재빨리 구

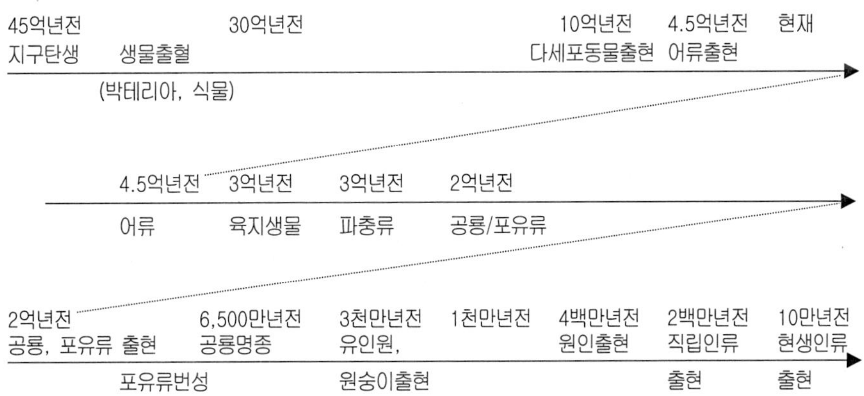

〈그림 3.2〉 생물 진화의 시간표

분하고 획득해야 하며, 다른 동물로부터의 보호와 이동을 위해 빠른 판단력과 정확성이 요구되었기 때문이다.

둘째, 촉각 능력에 있다. 앞발이 손으로 바뀌면서 자유롭게 회전하며 나뭇가지 등을 휘어잡을 수 있는 능력이 향상되면서 초기 영장류의 뇌는 급속히 발달하게 되었다. 즉, 손으로 만져서 물체의 질감을 느끼는 새로운 감각을 종합 · 분석 또는 기억해야 했으므로 그 만큼 새로운 세포조직이 필요하게 된 것이다.

초기 영장류의 뇌가 급속히 발달하면서 초기 영장류는 약 3천만년 전 원숭이와 유사한 동물인 유인원으로 진화하였다.

유인원은 다시 초원에서의 급격한 기후의 영향으로 인간과의 중간 형태이면서 직립이 가능한 오스트랄로피테쿠스(australopithecus)라는 원인(ape-man)으로 진화하였다. 이 원인으로부터 새로운 포유류가 약 2백만년 전에 등장하였는데 원인보다 지능이 훨씬 높은 호모 에렉투스(homo erectus)라는 직립 인류이다. 직립 인류는 먹을 것을 위해 사냥을 하게 되면서부터 지능이 급격히 발달하게 되어 약 10만년 전 뇌가 확대되며 이마가 튀어나고 턱이 들어간 현재의 인류와 유사한 얼굴 모습을 갖는 호모 사피엔스라는 현생 인류가 탄생하게 된 것이다.

인간의 뇌는 지금까지 살펴본 바와 같이 진화의 과정에 따라 형성된 시기가 다른 여러 부분으로 구성되어 있다. 후기에 생겨난 뇌가 초기에 형성된 뇌보다는 기능이 뛰어나지만 그렇다고 해서 초기에 형성된 뇌가 없어지는 것은 아니고 모두 그대로 남아있다. <그림 3.3>에서와 같이 인간의 뇌는 초기에 형성된 원시적인 뇌와 가장 늦게 형성된 대뇌피질(cerebral cortex)을 동시에 지니고 있다. 원시적인 뇌는 인간의 조상인 파충류와 포유류가 가진 뇌와 동일한 기능을 수행하고 있다.

인간의 뇌중 첫 번째, 대뇌(cerebrum)는 뇌 전체 중량의 약 80%를 차지하는 현저하게 분화된 곳으로 신체의 운동과 감각은 물론, 희로애락의 정서감정을 주관하고, 학습과 기억, 언어활동, 그리고 사색 및 창조적 정신기능 등 고등한 정신활동이 이루어지는 곳이다. 이러한 대뇌는 정중면에 깊게 파인 정중대뇌종열(median longitudinal fissure)에 의하여 좌 · 우의 대뇌반구(cerebral hemisphere)로 나누어지며, 내측면의 뇌량(corpus callosum)에 의하여 서로 연결되어 있다.

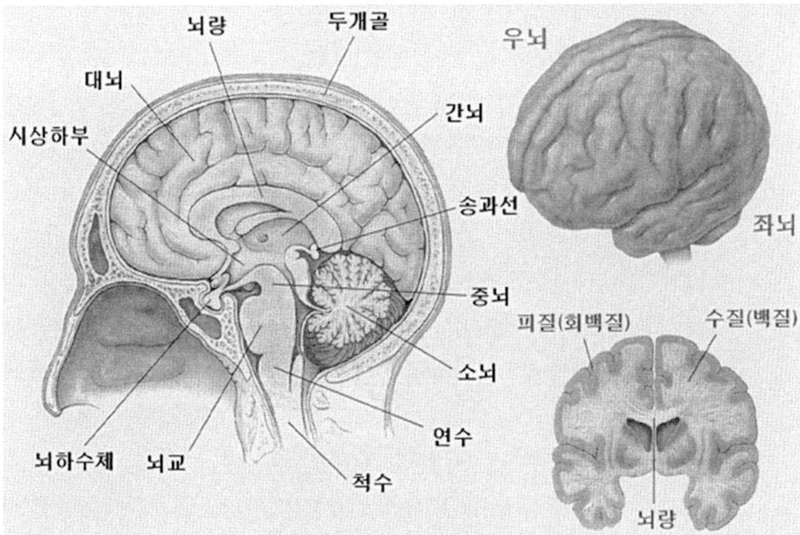

〈그림 3.3〉 인간의 뇌의 구조

대뇌반구의 표면은 뇌구(cerebral sulcus)라는 도랑과 뇌구 사이의 언덕인 뇌회(cerebral gyrus)에 의하여 많은 주름이 형성되어 있고, 내면은 신경세포가 밀집되어 있는 회백질의 대뇌피질(cerebral cortex)과 그 안쪽의 신경섬유로 이루어진 백질의 대뇌수질(medulla)로 구분된다. 또한 양쪽의 대뇌반구의 내부에는 뇌척수액이 들어있는 측뇌실(lateral ventricle)이 있다.

대뇌피질(cerebral cortex)은 대뇌반구 표층을 이루는 회백질(gray substance) 부위이며, 계통 발생적으로 원시피질, 구피질 및 신피질로 구분된다. 흔히 대뇌피질이라고 함은 신피질(neocortex)을 말하는데, 대뇌피질의 표면에는 많은 불규칙한 형태의 주름이 있어 표면적을 크게 늘려주고 있다. 바깥표면에 나와 있는 피질부분은 전체피질의 1/3이고, 주름 안쪽의 피질이 전체의 2/3를 차지하고 있다. 그 표면적은 약 2,200cm^{2}이고, 평균 두께는 약 2.5mm이나 운동영역이 4.5mm로 가장 두껍고, 시각 영역이 1.5mm로 가장 얇다. 대뇌피질은 신경원이 여러 층으로 배열된 층판 형태의 구조를 이룬다. 이러한 신피질은 다음과 같은 조직학적으로 6층으로 구조를 하고 있는 등피질로서 구성 세포들은 추체세포(pyramidal)와 성상세포(stellate)가 주된 세포이고, 일부의 방추세포(fusiform cell)와 수평세포(horizontal cell) 및 martinotti세포 등이 있다. 대뇌피질의 특정한 기능은 특정 부위의 피질에서 이루어지므로 해당 부위를 그 기능의 중추라고 하며, 대뇌피질의 일정한 영역을 차지하고 있기 때문에 기능영역이라고도 한다.

대뇌반구는 뚜렷한 뇌구에 의하여 몇 개의 대뇌엽(lobe of the cerebrum)으로 구분된다. 즉, 대뇌반구 상면의 중앙에서 전하방으로 주행하는 중심구의 앞쪽을 전두엽(frontal lobe)이라고 하며, 전두엽 앞끝을 전두극(frontal pole)이라고 한다. 중심구와 내측면의 홈인 두정후두구(parietoccipital sulcus)사이를 두정엽(parietal lobe), 대뇌의 수질(cerebral medulla)은 대부분 신경전도로인 유수신경섬유로 되어 있기 때문에 흰색을 띠는 백질(white substance)이며, 이러한 백질속에 몇 개의 회백질 덩어리가 점을 이루고 있어 이를 대뇌핵(cerebral nucleus) 혹은 기저핵(basal nucleus)이라고 한다. 인체에서 기저핵들의 전도로는 근육의 긴장을 조절하여 운동을 원활하게 하며, 대뇌의 과다한 골격근 운동을 억제 · 조절하는 기능이 있기 때문에 이곳에 병변이 생기면 근육이 긴장도 및 신체 운동에 이상을 초래하게 된다. 즉, 중뇌의 흑질과 이어지는 담창구의 변성시는 근육의 경직과 안정시 진전, 운동마비를 3대 증상으로 하는 일명 진전마비(paralysis)인 파킨슨병이 유발되고, 피각과 미상핵 등에 변성이 오면 근긴장도의 저하와 함께 무도병(chorea)과 무정위운동(athetosis) 등이 발현된다.

변연계(limbic system)란 포유동물의 뇌에서 공통적으로 뇌간을 둘러싸고 있는 가장자리 피질영역을 볼 수가 있어 이를 변연계라고 부른데서 연유한 것이다. 변연피질은 해마(hippocampus), 시상핵(thalamic nucleus), 대상회(cingulate gyrus) 등으로 되어 있고, 피질하핵군으로는 커다란 편도핵, 중격핵, 시상전핵군, 그리고 기저핵의 일부가 포함되며, 변연피질에 의하여 둘러싸여 있다. 변연계는 본능적 행동과 정서반응을 주재하는 기구로서 행동이 의욕, 학습 및 기억과정에도 깊이 관여하는 곳으로 알려져 있다.

두 번째, 간뇌(diencephalom)는 뇌간의 가장 위쪽 부분인 간뇌는 여러 부분의 핵군으로 이루어지는 핵복합체이다. 이들 핵군이 대부분은 기능적으로 대뇌피질과 관계가 깊고 전체 간뇌는 뇌척수간(neuraxis)의 2% 미만으로 구성되지만 중추신경계의 구조를 이해하는 데는 중요한 부분으로 되어 있다. 간뇌는 실간공(interventricular foramen) 부위의 앞쪽에 있는 후교련 부위에서부터 뻗쳐 있다. 외측으로는 내포의 후각, 미상핵미, 그리고 분계조(stria terminalis)에 의해 경계가 이루어진다. 제3뇌실은 시상의 내측면이 연장되는 시상간 접합부를 제외한 간뇌부위를 대칭인 두 부분으로 나눈다. 간뇌는 4개의 중요한 부분, 즉 시상상부, 시상, 시상하부, 하시상부로 나눌 수 있다.

시상(thalamus)은 제3뇌실의 양 측벽에 있는 큰 타원형의 회백질로서 후각 이외의 모든 감각을 종합하여 대뇌피질로 전도하는 중계소이다. 외면은 내낭후각에 접하고 내면은 제3뇌실의 측벽이며, 하면은 시상하구로 직접 시상하부에 연속된다. 시상상부(epithalamus)는 시상의 후상내방에 위치하며 제3뇌실의 후벽을 이룬다. 시상후부(metathalamus)는 시상의 후외방을 이루는 곳으로 2개의 작은 융기(내측슬상체, 외측슬상체)가 있다. 시상하부(hypothalamus)는 제3뇌실의 바닥을 이루는 무게 약 4g의 회백질로 시상하구에 의하여 시상과 경계되며, 후부에는 시상과 중뇌를 잇는 한쌍의 융기인 유두체가 있다. 또한 유두체의 전방에는 회백질의 작은 융기이며 누드의 후벽에 해당하는 회백융기가 있는데, 회백융기와 시신경교차 사이에 깔때기 모양의 오목한 곳을 누두(infundibulum)라고 한다. 누두의 아래 끝은 타원형의 뇌하수체가 매달려 있고, 전방에는 양측의 시신경이 교차하여 이루는 시신경교차가 있다. 시상하부는 자율신경계의 최고 중추로 여러 개의 신경핵이 무리를 지어 있는데, 시상하부의 주요기능은 자율신경계의 조절중추일 뿐만 아니라 정서반응과 행동 조절, 체온 조절, 수분의 균형과 갈증 조절, 수면과 각성주기의 조절, 그리고 내분비계의 기능 조절 등이다.

세 번째, 중뇌는 전뇌와 교 및 소뇌를 연결하는 뇌간의 잘록한 좁은 부위이다. 그 기능은 대뇌, 척수, 소뇌를 연락하는 여러 가지 전도로의 통로와 중계소가 되며, 시각 및 청각의 반사중추가 된다. 또한 안구운동과 동공수축의 운동중추가 있으므로 중요한 부위이다.

네 번째, 교(pons)란 중뇌와 연수 사이에 볼록하게 튀어 나온 부위로서 표면은 가로로 달리는 많은 신경섬유로 되어 있다. 특히 좌 · 우 양측에는 표면의 신경섬유들 사이에 산재하는 교핵에서 기시하여 소뇌피질로 가는 섬유로 구성된 중소뇌각이 있는데, 이는 근육들의 협력작용에 중요한 구실을 하는 신경전도로이다.

다섯 번째, 연수(medulla oblongata)는 뇌의 종단부로 대후두공 높이에서 명확한 경계없이 척수와 연결되는 길이 약 3cm, 무게 6~7g의 작은 신경조직이지만 망상체가 발달되어 있으며, 생명유지에 필수적인 심장 · 호흡 및 소화 등에 관한 중요한 반사중추들이 있다.

여섯 번째, 소뇌는 교와 연수의 뒤쪽에 위치함으로써 제4뇌실의 지붕을 이루는 소뇌는 근육의 긴장 등에 관여하여 신체 운동의 권고와 조정에 관여하는 대뇌의 자문기구이다. 무게는 약 120g이며 소뇌각(cerebellar peduncle)에 의하여 뇌간과 연결되고, 대뇌 후두엽과는 횡열(transverse fissure)에 의하여 구분되는데, 이곳에는 소뇌천막이라는 경막이 있어 서로를 격리시키고 있다. 소뇌는 좌 · 우로 팽대한 소뇌반구와 정중부의 충부로 구분되며, 표면은 가로로 달리는 많은 소뇌구와 소뇌회에 의하여 심한 주름이 있다.

일곱 번째, 뇌실(ventricle of the brain)이란 중추신경계를 보호하고 뇌척수액의 생성과 순환을 담당하는 뇌조직의 내각으로 2개의 측뇌실, 그리고 각각 1개씩의 제3뇌실과 제4뇌실로 구성되어 있다.

여덟 번째, 수막(meninges)은 뇌와 척수를 싸고 있는 3겹의 피막으로 외층은 경막(dura mater), 중간층은 지주막(arachnoid), 내층은 연막(pia mater)이라고 한다.

한편 포유류의 뇌는 진화 과정에 따라 초기 포유류와 후기 포유류로 나뉘어 설명된다. 먼저, 초기 포유류의 경우 1억년 동안 야행성에서 발달된 후각 기능을 맡는 뇌 부분이 부풀어 올라 뇌의 가장 중요한 부분이 되었는데, 이것이 대뇌(cerebrum)이다. 그리고 공룡의 멸종 이후가 되는 후기의 포유류는 시각 기능의 발달로 대뇌가 확대를 거듭해서 대뇌의 표면에 주름이 잡히게 되었다. 단단한 뼈로 된 바가지 같이 생긴 두개골 안에 들어있는 뇌가 갑자기 커짐에 따라 크기가 한정된 두개골 안에 자리를 잡기 위해서는 주름이 잡힐 도리밖에 없었다. 뇌에 주름이 생기는 현상은 대뇌가 큰 동물에게서만 나타나며 고등 동물일수록 뇌에 주름이 많이 잡혀 있다. 호두알처럼 주름이 많은 열매의 껍질 부분을 라틴어로 코텍(cortex)이라고 하는데, 대뇌를 통상 대뇌피질이라고 부르는 이유가 여기에 있다.

인간의 기억, 학습, 사고를 맡고 있는 대뇌피질은 유인원에서부터 성장을 시작하여 결국 오늘날의 호모 사피엔스를 탄생시켰다. 대부분의 대뇌피질은 진화적인 의미에서 가장 나중에 발달된 것이므로 신피질(neocortex)이라 부른다. 인간의 뇌는 대뇌피질이 90% 이상을 차지하고 있고 원시적인 뇌를 뒤덮고 있다. 대뇌피질이 원시적인 뇌를 통제하고 있는 것이다.

일반적으로 뇌라고 하면 척수위에 연결된 뇌간, 소뇌, 대뇌를 모두 의미한다. 뇌간은 척추동물의 생명을 유지하는데 필수적인 부분이다. 생명을 유지하기 위해서는 심장이 박동하고 필요에 따라 혈압을 올렸다 내렸다 하고 소화기관을 작동시키고 호르몬을 분비시켜야 한다. 이러한 자율신경계를 잘 작동시키는 것이 뇌간의 역할이다. 소뇌는 뇌간 뒤쪽에 붙어 있는 뇌의 일부분인데 여기서는 운동을 제어한다. 즉, 우리가 걷거나 뛰거나 운동할 때 손발이나 몸의 복잡한 근육을 서로 협조하고 매끄럽게 움직이게 한다. 또한 손발의 균형도 제어한다.

그러나 동물적 본능을 지배하는 뇌(원시적인 뇌)는 인간적 이성을 지배하는 뇌(대뇌 피질)와 끊임없이 경쟁을 벌이고 있다. 원시적인 뇌는 시상이 대부분을 차지하고 있고, 시상 바로 밑의 시상하부가 본능적인 행동을 통제하는 기능을 갖고 있다. 따라서 인간의 이성의 힘(대뇌피질)이 순간적으로 약해질 때마다 원시적인 뇌가 주도권을 잡게 되며, 인간은 시상하부에 고정된 공격성, 잔인성, 성욕 따위의 본능적 프로그램이 내리는 지시에 따라 나쁜 짓도 서슴치 않게 되는 것이다. 이와 같이 인간의 뇌가 서로 다른 두 개로 되어 있으므로 인간은 동시에 이중적인 성격을 갖게 되는 것이다.

3.3 뉴런의 구조 및 특징

3.2절에서와 같은 발달 단계를 갖는 뇌의 기본 구성 요소는 뉴런이다. 이것은 하등동물이거나 고등동물이거나 관계없이 뉴런 자체의 기능과 역할에는 차이가 없다. 다만, 고등할수록 기능이 복잡해지고 다양해진다는 것이 차이일 뿐이다.

다음 <그림 3.4>는 다양한 뉴런의 모양을 나타낸 그림이다.

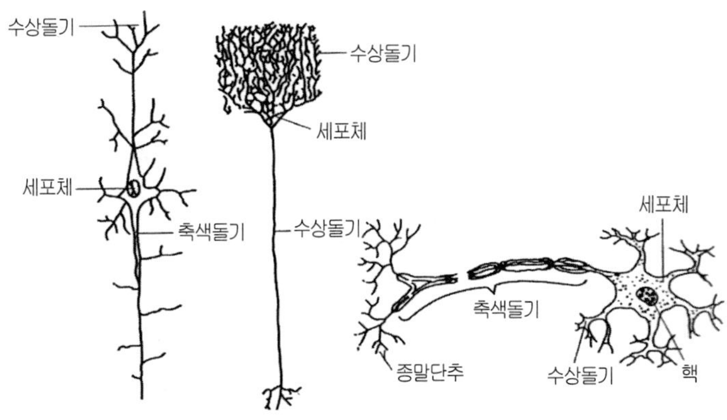

〈그림 3.4〉 뉴런의 다양한 모양 그림

뉴런은 기능적으로는 신경세포(주핵체)와 수상돌기는 보통 하나로 묶어 취급된다. 정상적인 흥분의 전도는 신경체에서 축색을 향하여 일어나며, 시냅스를 거쳐 전도되어 다음 뉴런의 신경체 또는 효과기에 흥분이 전도된다.

이와 같이 뉴런은 시냅스에 의해 다른 뉴런과 기능적 연락을 가지며 반사궁을 형성하여 신경계로서의 기능을 발휘한다. 축색의 말단은 다수로 세분되어 다음 뉴런의 수상돌기에서 끝나는 것도 있다. 그러나 많은 것은 다시 가늘게 세분되어 바구니 모양으로 되어 다음 뉴런의 세포체를 둘러싸서 그 선단이 부풀어지는 등, 다른 것과 모양이 다른 신경종판이 되어 세포체에 밀착한다.

감각뉴런은 감각기에서 받아들인 자극을 중추부로 전달한다. 수상돌기가 비교적 길며, 세포체는 축색돌기 쪽에 치우쳐 있어 축색돌기가 짧고 그 말단은 중추부에 연결된다. 연합뉴런은 중추부에 분포하고 있으며, 감각뉴런과 연합뉴런 사이에서 자극과 흥분을 중계한다. 운동뉴런은 중추부로부터 흥분을 반응기로 전달한다. 수상돌기는 중추부에, 신경종판은 반응기에 분포하므로 축색돌기가 매우 길다.

뉴런은 신경계에서의 위치와 기능에 따라 제각기 크기와 모양은 다르지만 구조면에서 모든 뉴런이 같은 특징을 갖고 있다.

첫째, 정보를 전달하는 능력이 있다. 모든 뉴런은 <그림 3.4>에서와 같이 세포체(cell sody 또는 soma)와 두 개의 돌기인 축색돌기(axon)와 수상돌기(dendrite)를 합친 신경세포이다. 세포체는 유전정보와 세포의 신진대사에 관련된 계획을 포함하는 핵이 있고 세포를 유지하는데 필요한 단백질과 여러 물질들을 제공한다. 긴 튜브모양의 축색돌기는 길이가 다양한데 다른 뉴런이나 신체의 근육 또는 다른 기관에 정보를 전달하는 역할을 한다. 세포체에 뻗어 있는 작은 가지들인 수상돌기는 다른 뉴런으로부터 정보를 받아 이것을 세포체에 전달하는 역할을 한다. 이와 같이 뉴런은 전기 화학적인 정보를 수상돌기로부터 받아서 축색돌기를 통해 다른 뉴런으로 전달한다. 그러나 뉴런은 서로 직접적으로 연결되어 있지 않고 시냅스 연결에 의해 정보를 주고 받으므로 각 뉴런은 수백 또는 수천 개의 다른 뉴런들과 간접적으로 이어져 있기 때문에 아무리 복잡한 정보라도 전체 신경계의 여러 부위에 동시에 전달이 가능하다. 이와 같이 뉴런들이 소통하는 한 뉴런의 축색돌기와 다른 뉴런의 수상돌기 또는 세포체와의 연결을 시냅스(synapse)라고 한다. 즉, 시냅스란 신경 정보를 한 뉴런에서 다른 뉴런으로 전달하는 부위를 말한다. 참고로 시냅스는 시냅스 전 말단(그림에서 종말단추(terminal button)에 해당함)과 시냅스 후막(그림에서 수상돌기 또는 세포체의 막이 이에 해당함)으로 이루어져 있다고 한다.

이번에는 뉴런의 크기를 알아보기로 하자. 작은 것은 수 μ, 큰 것은 100μ 정도라고 한다(1μ은 1mm의 1000분의 1이다). 따라서 뇌에서 1mm^3의 덩어리를 잘라왔다고 가정하면 그 속에 약 100만개의 뉴런이 있을 것이다. 또한 사람의 뇌 전체에는 100억개 정도의 뉴런이 있다고 하는데 실제로는 이것보다 훨씬 많다고 주장하는 사람들도 많다.

둘째, 뉴런은 한 번 사멸하면 다른 세포와는 달리 재생되지 않는다. 하등동물에서는 많은 조직이 없어져도 재생되고 인간의 경우에도 피부나 근육의 일부가 손상되었을 때 재생된다. 그러나 뉴런은 이상하게도 재생되지 않는다. 따라서 사람의 뉴런 수는 갓 태어났을 때에 이미 어른과 같은 개수를 갖고 있으며, 그 후 뉴런의 개수는 줄어들게 되는데 하루 평균 약 10만개 정도가 사멸된다고 한다. 그러면 이렇게 사멸되는 뉴런의 개수 때문에 우리의 정보 처리 능력도 비례해서 감소하지 않을까? 답은 그렇지 않다는 것이다. 왜냐하면 뉴런은 회로망으로 서로 복잡하게 동작하기 때문에 개수가 문제가 아니라 뉴런들의 연결방식이 중요하기 때문이다. 따라서 뉴런의 일부가 사멸해도 전체적인 연결이 무너지지 않으며 종전과 같은 방식으로 동작할 수 있게 되므로 뇌는 구조적으로 상당히 안정된 성질을 갖고 있다고 볼 수 있다.

그렇다면 뉴런은 왜 재생되지 않을까? 이것은 실제로 학습 가능성과 매우 깊은 관계가 있다. 뇌를 구성하는 뉴런을 연결하는 신경 회로망은 바깥 정보 구조를 반영하여 살아가기 위해서 늘 적당히 변한다. 그러기 때문에 사람은 대단히 유연한 정보 처리가 가능한 것이다. 그런데 어떤 뉴런이 사멸하고 그 대신 새로운 뉴런이 생겼다고 하자. 이때 새로운 뉴런은 기존의 뉴런들이 지금까지 고생해서 학습한 기록을 얻을 수 있을 것인가? 이러한 학습 기록은 유전자에 쓰여져 있지 않기 때문에 만약 새로운 뉴런이 마음대로 다른 뉴런들과 연결된다면 지금까지 고생해서 이룩한 회로망 전체의 정보 처리 능력은 순식간에 파괴되고 말 것이다. 이 때문에 뉴런은 한번 사멸하면 재생되지 않는다고 한다.

셋째, 다수결 동작원리에 따른다. 뉴런은 세포이기 때문에 세포의 내부와 외부 전압차가 난다. 이 전압차를 이용하여 뉴런은 흥분 상태와 정지 상태의 두 가지 상태를 나타낼 수 있다. 흥분 상태는 세포의 내부전압이 외부전압보다 다소 높은 상태를 말하며 이 흥분 상태의 전압이 다른 뉴런으로 순식간에 전달됨으로써 흥분을 나타내게 된다. 한 번 흥분한 뉴런은 단시간에 다시 정지 상태로 돌아간다. 뉴런은 보통 때에는 세포 내부의 전압이 외부전압보다 약간 낮은 정지 상태에 있다. 그렇다면 뉴런은 어떤 경우에 흥분하는가? 간단히 말하면 다른 뉴런들이 많이 흥분하고 있으면 자기도 흥분하고 반대로 억제하는 것이 많으면 억제가 되며 혼합되었을 경우에는 다수결의 원리에 따라 동작하게 된다. 이 성질이 기존의 순차 정보 처리 형태와의 중요한 정보 처리 방식에서의 차이점이다.

다음 <표 3.1>은 인간의 뇌와 컴퓨터와의 기능을 비교한 것이다.

〈표 3.1〉 인간의 뇌와 컴퓨터의 기능 비교

구분	컴 퓨 터	인간의 뇌
계산 단위	1CPU, 10^5 gates	10^{11}뉴런
기억 단위	10^9 bits RAM, 1010 bits disk	10^{11}뉴런 1014시냅스
사이클 시간	10^{-8}초	10^{-3}초
대역폭	10^9bits/초	10^{14}bits/초
뉴런 갱신 시간	10^5/초	10^{14}/초

우리는 주로 컴퓨터 스크린을 보고 키보드나 마우스를 이용하여 컴퓨터를 쓴다. 왜 우리는 컴퓨터와 말을 주고받지 않고 키보드나 마우스를 쓰는 것일까? 당연히 보는 것이 듣는 것보다 효율적이고 편하기 때문이다. 인간의 뇌를 보면 상당히 많은 부분이 시각정보의 처리에 쓰이고 있다는 것을 알 수 있다. 인간은 시각정보를 빠르고 효율적으로 처리할 수 있는 능력을 개발했기 때문에 시각적 정보입력을 편하게 느끼는 것이다. 보다 흥미로운 부분은 정보입력에 대한 것이다. 컴퓨터가 소리를 통해서건 화면이라는 시각적 방법을 통해서건 우리에게 정보를 주면 우리는 소통하기 위해 정보를 입력해야 한다. 그 입력의 방법은 왜 그 오랜 세월동안 여전히 키보드나 마우스일까?

이 물음에 대한 답은 아래의 <그림 3.5>를 보면 알 수 있을 것이다.

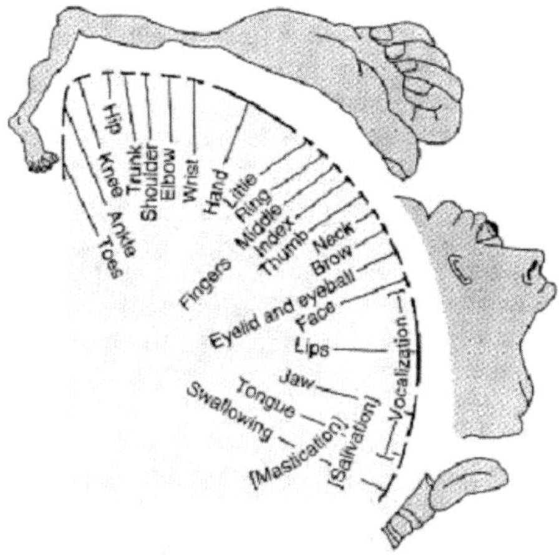

〈그림 3.5〉 호문클루스

<그림 3.5>는 보통 호문클루스(homunculus)라고 하는 지도이다. 호문크루스란 '작은사람'을 뜻하는 말로 중세시대에는 요정을 뜻하는 말이었다. 1940~1950년대 캐나다의 정신과 의사였던 와일더 펜필드(Wilder Penfield) 박사가 인간의 뇌를 연구하면서 호문클루스의 과학적 이론을 밝혀냈다. 와일더 펜필드 박사는 인간의 뇌와 신체 각 부위의 연관성을 밝혔는데, 호문클루스란 뇌의 대뇌피질이 위치별로 받아들이는 신체감각이 다르다는 것을 나타낸 지도이다.

대뇌의 피질에는 많은 신경세포가 분포하는데, 주로 감각을 인지하는 감각영역과 운동영역이 있는데, 와일더 펜필드 박사는 실험을 통해 감각영역(감각피질)과 운동영역(운동피질)에서 신체의 각 부위의 기능을 담당하는 범위가 어느 정도의 비율을 차지하는 지를 밝혀서 지도로 나타내었다.

그 결과 그림에서와 같이 운동피질은 손가락과 입, 입술, 혀, 눈을 담당하는 부분의 피질이 넓고, 감각피질은 손과 혀 등을 담당하는 피질이 넓다는 것을 나타내고 있다. 예를 들어, 우리는 눈이라는 곳을 통해서 들어오는 곳은 상당히 넓은 영역에서 처리하지만 눈동자를 움직이는 부분은 작다는 것을 알 수 있다. 반면에 손과 입이 상당히 크다. 손에는 운동신경정보와 감각신경정보를 전달하는 신경세포가 다른 기관에 비해 훨씬 더 많이 분포하며 우리가 가장 섬세하게 움직일 수 있는 몸의 부분이 입과 손이라는 것을 말해주는 것이다. 즉, 컴퓨터가 아무리 발전해도 정보출력장치로서는 여전히 손과 입을 사용한다는 것이다. 여기서 입은 당연히 말을 하는데 쓰이는 곳이다. 만약 눈동자 움직임이나 발가락 움직임, 고개를 까닥거리기 같은 것으로 컴퓨터에게 신호를 보내는 일은 매우 비효율적이라는 것을 의미한다. 물론 최근 특수층을 대상으로 이러한 신호를 이용하는 경우는 있지만 보편적이지는 않다. 다음 <그림 3.6>은 대뇌피질의 비율을 참고로 인체의 모습을 입체적으로 구성한 모형으로 '펜필드의 호문클루스'라고 하는데, 각 신체부위를 담당(지배)하는 뇌 부위의 크기에 따라 그려낸 모형으로 사람과는 다른 형상을 하고 있음이 매우 재미있다.

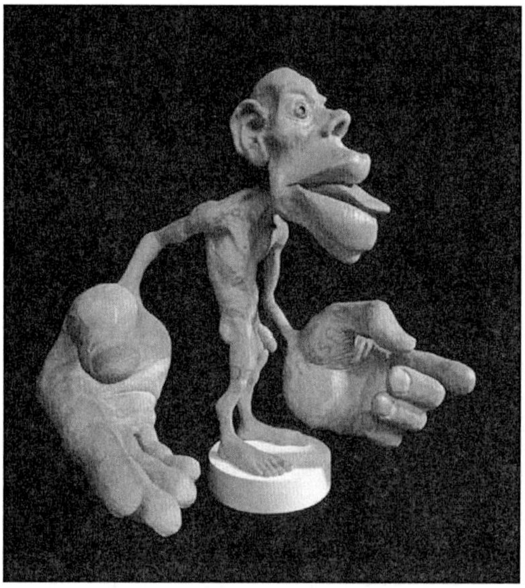

〈그림 3.6〉 펜필드의 호문클루스

최근 터치스크린을 사용하는 스마트폰은 기계와 인간의 융합의 느낌을 매우 강하게 전달하기 때문에 매우 인기가 높은데, 마우스를 이용해서 조작을 하는 것보다 화면에 대고 손가락으로 멀티터치 기능을 쓰는 쪽이 훨씬 편하기 때문이다. 이는 터치스크린이 보다 섬세해 질수록 더더욱 그렇게 느껴질 것이므로 손이 출력장치로써 얼마나 중요한지를 알 수 있다.

인간이 태어날 때는 뇌의 무게가 성인의 25퍼센트 정도 된다. 개인차에 따라 조금 차이는 있지만 나머지 75퍼센트의 뇌는 생후 5살까지 대부분 완성된다. 이때가 '시냅스'에 의해 뇌 세포를 이어주는 회로가 왕성히 만들어지고 치밀해지는 시기이다. 이때의 뇌 기능 발달은 매우 중요하므로 조기교육이 매우 중요한 이유가 된다. 조기교육으로서 뇌 기능 발달을 위해서는 뇌의 형성이 왕성한 유아들에게 손발을 많이 사용하는 놀이를 하게 하는 것이 좋은데, 이는 앞서 설명한바와 같이 손발이 중요한 뇌의 출력장치이기 때문이다. 또한 흔히 말하는 머리가 좋은 사람은 기억력이 좋다기보다는 집중력이 높은 사람으로 영재나 수재로 불리는 사람은 보통 사람보다 집중력이 높다. 따라서 뇌의 기능 발달을 위해서는 집중력을 키우는 것 또한 매우 중요하다.

인간의 뇌는 가장 뛰어난 컴퓨터라고도 불리운다. 컴퓨터를 연구하는 과학자들도 인간의 뇌와 비슷하게 동작하는 컴퓨터를 만드는 것을 목표로 연구에 매진하고 있다. MIT가 발간하는 과학잡지 테크놀로지 리뷰에서 인텔이 인간의 신경구조를 모방(neuromorphic)한 칩 디자인을 소개된바 있는데(<그림 3.7>), 과학자들은 신경모방 컴퓨터 칩이 뛰어난 전력효율을 내며, 계산하는 방식도 다른 새로운 컴퓨팅 세상을 열어줄 기술로 기대하고 있다.

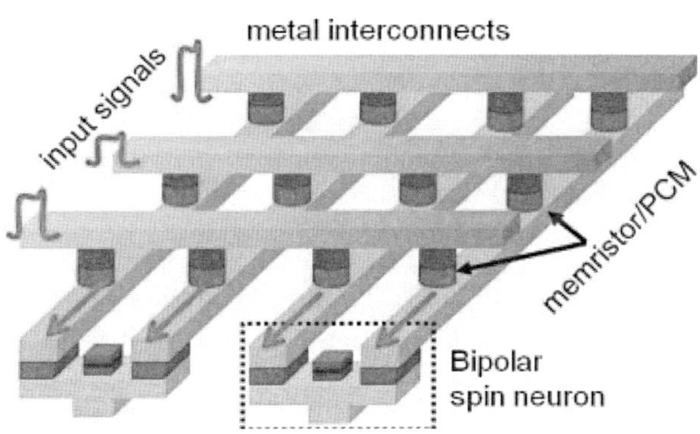

〈그림 3.7〉 인텔의 인간의 신경구조를 모방(neuromorphic)한 칩 디자인

인간의 뇌는 전력효율이 뛰어나다. 일반적인 슈퍼컴퓨터가 작은 마을을 운영할 수 있을 정도로 막대한 양의 전력을 필요로 한다면, 인간의 뇌는 아주 작은 에너지로도 동작한다. 이 같은 관점에서 봤을 때 컴퓨터 과학자들이 인간의 뇌를 본

뜬 컴퓨터를 만들려고 한다는 것은 놀라운 일이 아니다. 뇌는 전력 관리 효율도 뛰어나고, 성능도 좋은 컴퓨터의 표본이기 때문이다.

그러나 인간의 뇌는 앞서 설명한대로 뉴런이라는 신경 단위로 조직되는데, 컴퓨터 프로세서는 실리콘 트랜지스터에 기반을 두고 있다. 인텔이 아이디어를 낸 신경모방 컴퓨터는 측면 스핀 밸브라는 장치와 맴리스터(memristor) 메모리 기술을 이용한다. 인텔이 제안한 측면 스핀 밸브 장치는 전자의 이동 방향에 따라 방향을 전환할 수 있는 작은 자석이다. 각각의 밸브는 금속선으로 연결돼 있고, 전자에만 반응한다. 맴리스터는 차세대 메모리로 각광받고 있는 기술이다. 일반적으로 플래시 메모리보다 1천분의 1 수준의 전력을 소비하면서도 데이터 처리 속도는 100배나 빠른 기술로 알려져 있다.

인간의 뇌를 본뜬 컴퓨터가 전력을 적게 소비할 것이라는 기대도 이 같은 기술들 덕분이다. 기존 실리콘 기반 컴퓨터는 항상 일정 수준의 전압을 반도체에 걸어야 한다. 왜냐하면 반도체 기술이 일정 전압 이상에서 전자를 전달하는 기술이기 때문이다. 그러나 측면 스핀 밸브 기술이 적용되면, 전자의 전달 과정이 전자에만 반응하는 스핀 밸브가 담당하게 되므로 낭비되는 전력이 없다. 측면 스핀 밸브 기술은 전통적인 칩과 비교해 아주 작은 전력으로 동작하기 때문에 밀리볼트(1밀리볼트는 100분의 1볼트) 수준의 전압으로도 칩이 동작할 수 있을 것이다. 일반적으로 스핀 밸브를 기반으로 한 신경모방 칩은 15배에서 최고 300배 이상 낮은 전력을 소비한다.

인간의 뇌와 같이 이상적인 정보처리 능력을 갖게 된다는 점도 특징이다. 아날로그 정보를 인식하는 방식이나 스스로 사고할 수 있는 능력, 메모리 정보를 조합하는 기술 등이다. 정보를 처리하는 방식에 있어서 독립적인 데이터를 따로 처리하는 지금의 컴퓨팅 방식과 비교해 많은 차이가 날 것으로 기대되는 부분이다.

공상과학 영화에서는 인간의 뇌를 본뜬 컴퓨터가 자주 등장한다. '스카이넷'이라는 거대한 컴퓨터에 미래를 빼앗긴 '터미네이터'와 같은 영화도 있고, 더러는 인간의 뇌를 전자뇌로 바꾸는 내용을 담은 만화영화도 있다. 이러한 기술들의 개발로 가까운 미래에 이 같은 과학자들의 꿈이 실현될 수도 있을 것이다. 이와 같이 스핀 밸브와 맴리스터 기술 덕분에 전혀 새로운 방식의 컴퓨터가 등장할 것이라는 것은 분명하지만, 인간 뇌와 같은 자연적인 시스템 개발 기술에는 아직 미치지 못할 것이다.

3.4 신경 회로망의 원리

3.4.1 기본 구성 요소

신경 회로망은 연결성 모델(connectionist model), PDP(Parallel Distributed Processing), 또는 뉴로 모르픽 시스템(neuromorphic systems)이라고 불리우는 것으로서, 앞서 설명한 인간의 뇌의 구조를 컴퓨터로 구현하고자 개발된 개념이다. 그러므로 신경 회로망을 구성하는 기본 단위는 뉴런이 된다. 신경 회로망 모델은 모두 단순한 계산소자의 연결을 통해 좋은 성능을 나타낸다는 것을 기본 가정으로 하고 있다. 따라서 신경 회로망은 음성, 이미지 분석 등 계산량이 많고 병렬성을 요구하는 문제에 적합한 모델이다.

Rumelhart와 McClelland는 <그림 3.8>에서와 같이 신경 회로망의 기본 구성 요소를 다음과 같이 여덟 가지로 제시하였다.

- 처리기(processing units)
- 활성화 상태(activation state)
- 각 처리기에 대한 출력 함수(output function)
- 각 처리기간의 연결패턴(connectivity pattern)
- 전파 규칙(propagation rule)
- 활성화 규칙(activation rule)
- 학습 규칙(learning rule)
- 환경(environments)

이 <그림 3.8(a)>에서 처리기는 원으로 표시되었다. 각 시점에서 처리기 U_i는 $a_i(t)$라는 활성화값을 가진다. 이 값은 출력값 $o_i(t)$을 생성하기 위해 f_i를 통해 전달된다. 이 출력값 $o_i(t)$는 단방향으로 전달된다. 이때 각 연결선에는 첫 번째 처리기값 U_i가 두 번째 처리기는 U_j에 미치는 영향을 의미하는 가중치(weight 또는 strength) w_{ij}를 갖게 된다.

이와 같이 한 처리기에 연결된 모든 입력값을 어떤 연산(보통 더하기 연산)에 의해 결합하여(이 그림에서는 $\neq t_i$), 현재의 활성화값에 따라 새로운 활성화 상

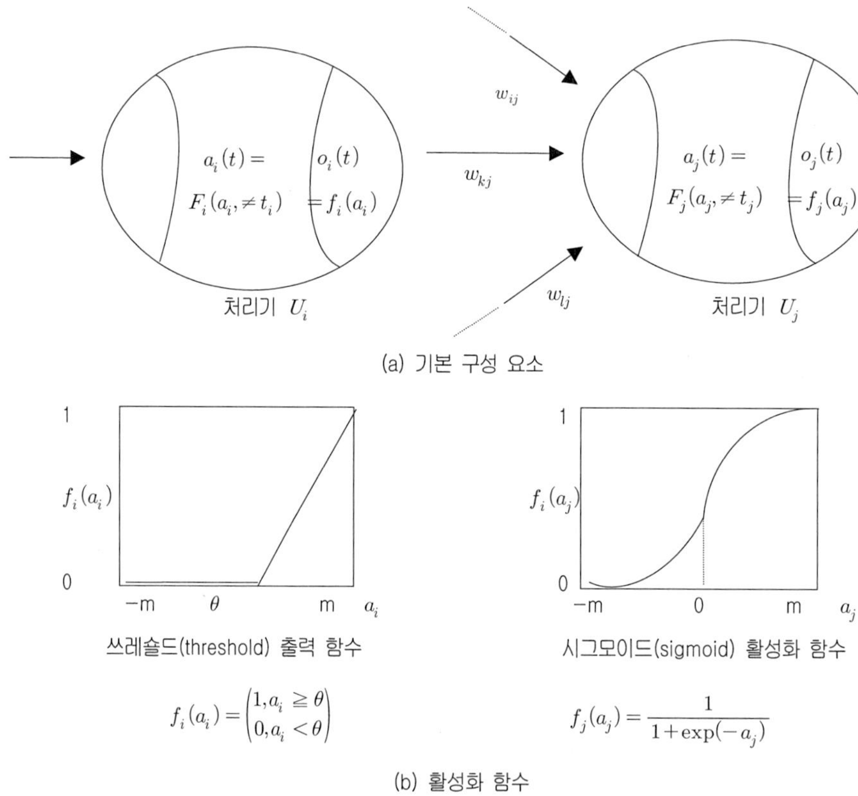

〈그림 3.8〉 신경 회로망의 기본 구성 요소

태 F를 생성한다. 이 그림에서 f와 F 함수의 예로써, 쓰레숄드 출력 함수(threshold output function)와 시그모이드 활성화 함수(sigmoid activation function)를 소개하였다.

각 구성 요소를 좀 더 자세히 설명하면 다음과 같다.

(1) 처리기(processing units)

처리기는 신경 회로망 모델에서 매우 중요하고도 기본적인 단위이다. 처리기는 features, letters, words, concepts 또는 abstract element 등의 보통 의미를 가진 작은 엔티티(entity)를 나타내는 패턴(pattern)이다. 즉, 단일 유니트 단일 개념(oneunit-one-concept) 관계를 만족한다.

N은 처리기의 개수라고 가정하면, i번째 처리기 U_i는 입력 함수를 통해 다른 이웃 처리기에 보낼 출력값을 계산하는 일을 수행한다. 여러 처리기들이 동시에 그들의 계산을 수행할 수 있기 때문에 신경 회로망을 PDP라고도 불리우는 것이다.

실제로 신경 회로망을 모델화 하려면 입력 처리기, 중간 처리기, 출력 처리기 등과 같이 보통 세 개의 처리기 종류를 가진다. 입력 처리기(input unit)는 외부로부터 시스템으로 입력을 받아들이는 처리기이다. 출력 처리기(output unit)는 반대로 시스템으로부터 출력을 내보내는 처리기이다. 중간 처리기(hidden unit)를 시스템 내에 입출력 값이 모두 있으며 외부에는 전혀 보여지지 않는 처리기를 말한다.

(2) 활성화 상태(activation state)

각 처리기들이 시간 t에서의 시스템에서의 상태를 의미한다. 즉, 시스템이 시간 t에서 나타내는 처리기들의 활성화 패턴을 말하는 것으로 시간 변화에 따라 시스템의 내부 변화 상태를 알아볼 때 유용하다. 활성화 상태값은 여러 모델에서 다양한 값을 갖는데, 연속 또는 비연속값을 가질 수 있다. 연속적인 경우 [0,1]사이의 값을 나타낼 수 있고, 비연속적인 경우 [0,1]두 이진값만을 나타내기도 한다.

만약 0과 1의 값만을 허용한다면 1은 처리기가 활성화일 때를 나타내고, 0은 비활성화일 때를 나타낸다. 또한 같은 의미로 활성화값을 {+1, -1}로 할 수도 있고 {+1, 0, -1}의 3요소를 갖는 것으로 할 수도 있다. 따라서 구성하고자 하는 각 시스템 모델의 형태에 따라 적당한 활성화값을 갖도록 해야 한다.

(3) 출력 함수(output function)

처리기들은 이웃 처리기들에게 신호를 전달함으로써 서로 정보를 전달하게 된다. 이때 신호의 강도는 이웃 처리기에 영향을 미치는 정도, 즉 활성화 정도(activation degree)에 의해 결정된다. 각 처리기 U_i와 연결된 출력 함수 $f_i(a_j(t))$와 현재 활성화 상태 $a_i(t)$에 의해 출력 신호 $o_i(t)$가 결정된다. 벡터 표기로 나타내면 현재 출력 신호들의 집합을 $\boldsymbol{o}(t)$로 나타낸다. 약 f가 일대일 함수라면 $f(x)=x$가 되고, <그림 3.8(b)>에서와 같이 쓰레숄드(threshold) 출력 함수라면

threshold(임계치, θ) 값 이상인 처리기만이 이웃 처리기에 영향을 미칠 것이다. f 는 확률 함수와 같이 다양한 형태로 구성할 수 있다.

(4) 연결패턴(connectivity pattern)

연결패턴이란 시스템이 임의의 처리기에 대해 어떻게 반응하느냐를 의미하는 것으로 일반적으로 모든 처리기로부터의 입력은 단순히 가중치 합(weighted sum)에 의해 구한다. 이때 양의 가중치는 흥분성 연결을, 음의 가중치는 억제성 연결을 의미한다. w_{ij}는 처리기 U_i로부터 처리기 U_j로의 연결강도를 의미하는 가중치 값이며 연결패턴이다. 만약, w_{ij}가 양수이면 U_j는 U_j를 흥분시키고, 음수이면 억제시키며, 0이면 직접 연결이 없음을 의미한다. 이때 절대값 w_{ij}는 연결강도(connection strength)를 의미한다. 즉, 이 값이 양수이면 흥분성 연결을, 음수이면 억제성 연결을, 0이면 연결강도가 없음을 의미하는 값이다.

w_{ij}를 행렬 W로 나타내기도 하는데 다음 <그림 3.9>는 네트워크 표현과 행렬과의 관계를 나타낸 예이다.

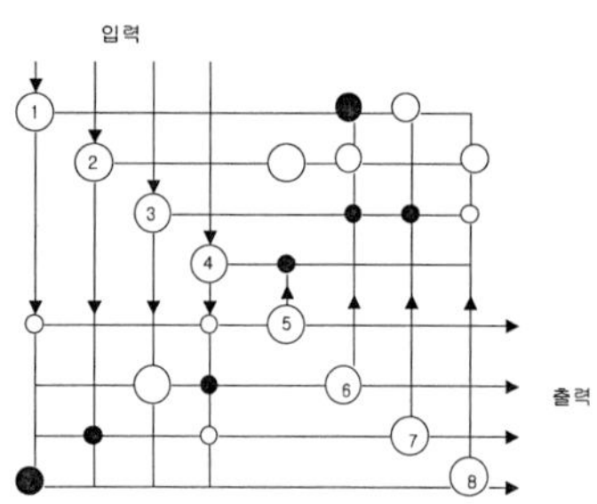

	U_1	U_2	U_3	U_4	U_5	U_6	U_7	U_8
U_1	0	0	0	0	0	−5	+5	0
U_2	0	0	0	0	+6	+5	0	+6
U_3	0	0	0	0	0	−3	−2	+3
U_4	0	0	0	0	−4	0	0	+1
U_5	+4	0	0	+4	0	0	0	0
U_6	0	0	+6	−1	0	0	0	0
U_7	0	−2	0	+4	0	0	0	0
U_8	−6	+1	0	0	0	0	0	0

〈그림 3.9〉 네트워크와 행렬과의 관계

이 그림은 1~8까지의 8개 처리기를 가진 네트워크이며 처리기는 1~4는 입력을 나타내고 5~8은 출력을 나타내는 처리기이다. 이 네트워크는 외부에서 입력을 받아서 외부로 다시 보내는 관계를 나타낸 그림이다. ○는 흥분성, ●는 억제성 연결을 나타내며 원의 크기는 연결강도의 정도를 나타낸다. 그림에서 1~8까지의 검은색 원은 강한 억제를, 8까지의 흰색 원은 강한 흥분성을 나타낸다. 행렬 형태에서는 이 관계가 각각 -6에서 부터 $+6$까지의 함으로 나타나 있다. 이때의 장점은 패턴의 연결정도를 행렬로 나타냄으로써 네트워크 그리기가 훨씬 수월하다는 것이다. 이와 같은 연결패턴은 매우 중요한데, 각 처리기가 나타내는 바를 결정하는 것이 바로 이 패턴이기 때문이다.

(5) 전파 규칙(propagation rule)

전파 규칙은 한 처리기의 출력 벡터 $o(t)$와 처리기로의 각 입력 형태에 대해 순수 입력값(net input)을 생성하기 위해 가중치(혹은 행렬)와 결합화 할 규칙을 말한다. net_{ij}를 처리기 i에서 처리기 j로의 순수 입력값이라 하고, net_i를 입력 패턴 i에 대한 입력 벡터라 하면, $\boldsymbol{net} = \boldsymbol{Wo}(\boldsymbol{t})$로서 쉽게 구한다. 만약 복잡한 연결패턴을 갖는다면 복잡한 전파규칙이 필요할 것이다.

$$net_j = \sum_{i=0}^{n} w_{ij} o_i$$

(6) 활성화 규칙(activation rule)

특정 처리기에 들어오는 각 순수 입력값들을 조합하여 그 처리기의 현재 상태로부터 새로운 상태를 구할 수 있는 규칙을 말한다. 즉, $a(t)$와 net_j로부터 활성화 규칙 F를 이용하여 새로운 활성화 상태를 구하는 규칙을 말한다.

만약 F가 일대일 함수라면,

$$a(t+1) = Wo(t) = net(t)$$

가 된다.

일반적으로 새로운 활성화 상태는 현재 상태뿐 아니라 과거의 상태에 의해 결정되기도 한다. 따라서

$$a(t+1) = F(a(t),\ net_1(t),\ net_2(t),\ \ldots\ldots)$$

가 성립한다. 여기서 F가 바로 활성화 규칙이 되는 것이다.

대체적으로 F는 선형 함수와 유사한 반선형(semilinear) 함수를 가진다.

$$a_j(t+1) = F(net_j(t)) = F(\sum w_{ij} o_i)$$

(7) 학습 규칙(learning rule)

한 처리기의 지식 변화는 인접된 다른 처리기에도 변형을 주는데, 보통 세 가지 형태로 영향을 주게 된다.

① 새로운 연결 생성
② 기존 연결의 상실
③ 기존 연결의 강도 수정

위의 세 가지 중 ①과 ②는 거의 안 쓰이고 ③이 많이 쓰인다. 이 연결 강도는 경험적으로 변형된다. 이와 같이 연결강도의 변호를 학습 규칙이라 한다. 대표적인 학습 규칙으로는 1949년 Hebb의 학습 규칙(Hebbian learing rule)이다.

Hebb의 학습 규칙 기본 개념은, 만약 U_j가 다른 U_i 로부터 입력을 받았으면 두 처리기는 매우 활성화 될 것이며 w_{ij}가 될 것이라는 것이다.

$$\triangle w_{ij} = g(a_j(t), t_j(t))\ \ h(o_i(t), w_{ij})$$

여기서, $t_j(t)$ 는 U_j 로의 교사 입력(teaching input)이다. 이 식은 U_i 에서 U_j 로의 연결변화는 U_j 의 활성화 함수 $g()$ 와 교사 입력 t_j 와 U_i 의 출력값을 나타내는 다른 활성화 함수 $h()$ 와 연결강도 w_{ij} 에 의해 얻어진다는 것이다. Hebb의 학습 규칙을 간소화 한 것이 이러한 교사 입력이 없고 g 와 h 가 단순선형 함수인 것이다. 즉,

$$\triangle w_{ij} = \ na_j(t)(o_i(t) - w_{ij})$$

이때 n은 학습률을 의미하는 비례상수이다.

또다른 변형으로는 1981년의 Widrow-Hoff 규칙이 있는데, $h(o_i(t), w_{ij}) = o_i(t)$ 와 $g(a_j(t),\ t_j(t)) = n(t_j(t) - a_j(t))$로 한 경우이다. 이것을 델타 규칙(delta rule)이라 하는데 학습량이 수행된 실제 활성화(actual activation) $a_j(t)$ 와 교사에 의해 제공된 목표 활성화(desired activation) $t_j(t)$ 와의 차이값(delta)에 비례하기 때문이

다. 즉,

$$\triangle w_{ij} = n(t_j(t) - a_j(t))o_i(t)$$

이것은 퍼셉트론 학습 규칙(perceptron learing rule)의 일반화 경우이다.

또다른 변형으로는 1976년 Grossberg에 의한 것으로 $\triangle w_{ij} = na_j(t)(o_i(t) - w_{ij})$ 인 경우이다. 이렇게 다양한 학습규칙에 따라 다양한 신경 회로망 모델이 생기게 되는 것이다.

(8) 환경(environments)

신경 회로망 모델에서의 환경은 입력 패턴에 대해 시간이 변화하는 확률론적(stochastic) 함수라고 본다.

3.4.2 신경 회로망의 특징

신경 회로망은 많은 처리기들을 필요로 하는 순차 정보 처리 형태인 Von Neumann형 컴퓨터에 비해 다음과 같은 몇 가지 장점을 가진다.

첫째, 시스템이 매우 견고하다(robustness).

둘째, 결점에 강한 성질(fault tolerance)을 가진다. 따라서 몇 개의 처리기 또는 노드나 링크에 손상이 가도 전체적인 성능에는 크게 심각한 영향을 미치지 않는다.

셋째, 상속 병렬성을 가진다(inheritance parallelism). 따라서 매우 신속하게 처리된다.

넷째, 구현하기가 단순하다(simplicity). 신경 회로망은 복잡한 코드나 프로그램을 필요로 하지 않고 다만 노드간 연결 링크만을 연결하면 되므로 구현이 용이하다.

다섯째, 분류 기능을 가진다(classification). 신경 회로망은 훈련되지 않은 입력에 대해서도 비슷한 부류로 패턴을 인식하는 성질을 가진다.

대부분의 신경 회로망은 성능 향상을 위해 가중치를 조절하는데 이 과정을 학습(learning) 또는 조절(adaptation)이라고 하는데, 신경 회로망의 중요한 연구테마이다. 특히 훈련 데이터(training data)가 제한적이며 새로운 단어, 문장 또는 환경 등이 계속 유입되는 문제 영역인 경우에는 더욱 더 중요하다. 최근에는 음성, 문자, 이미지 등의 분야에서 인간과 같은 성능을 실현하려는 관심이 많이 일고 있기 때문에 더욱 그러하다.

일반적인 디지털 컴퓨터와 신경 회로망 컴퓨터를 비교하면, 현재의 컴퓨터는 정보 처리 장치(processor)와 주기억 장치(main memory)가 물리적으로 분리되어 있지만 신경 회로망은 그렇지 않다. 한편 처리 방식은 디지털 컴퓨터가 대부분 순차 처리 방식인 반면 신경 회로망 컴퓨터는 본질적으로 병렬 처리 방식을 채택하고 있다. 좀 더 자세히 비교해 보면 다음과 같다.

(1) 정보 형태

디지털 컴퓨터는 이진수로 정확하게 표현된 디지털 형태의 정보를 처리하는데, 반면 신경 회로망은 연속적으로 변동하는 아날로그 형태의 신호 정보를 처리하는 것이 차이점이다.

(2) 의사 결정

디지털 컴퓨터는 논리 연산에 의해서 가부가 확실한 의사 결정을 한다. 그러나 신경 회로망은 애매하고 모호하며 불완전한 데이터에 근거하여 비교하여 의사 결정을 한다.

(3) 처리 절차

디지털 컴퓨터는 엄격하게 정해진 순서에 의해서 데이터를 다루므로 동작을 항상 통제할 수 있기 때문에 결과의 예측이 용이하다. 그러나 신경 회로망은 데이터를 처리하는 방법에 관하여 스스로 규칙을 만들어가기 때문에 때때로 의외의 결과를 산출하기도 한다.

(4) 처리 시간

디지털 컴퓨터는 어떤 문제이든지 충분한 시간이 주어지면 정확한 해답을 찾아

낸다. 한편 신경 회로망은 대단히 복잡한 문제에 대해서 짧은 시간에 근사한 해답을 내놓는다.

(5) 정보의 검색

디지털 컴퓨터는 데이터베이스를 검색해서 정확한 데이터를 분류하지만 신경 회로망은 근접한 데이터를 분류해 낸다.

(6) 정보의 저장

디지털 컴퓨터는 특정의 데이터를 손쉽게 검색할 수 있도록 정보를 저장한다. 그러나 신경 회로망은 정보의 일부를 검색하면 관련된 모든 정보가 자동적으로 함께 인출될 수 있도록 정보가 저장된다.

3.4.3 신경 회로망과 기존의 패턴 분류기와의 차이점

신경 회로망과 기존의 패턴 분류기(pattern classifier)와의 차이점을 다음 <그림 3.10>에서 비교해 보자.

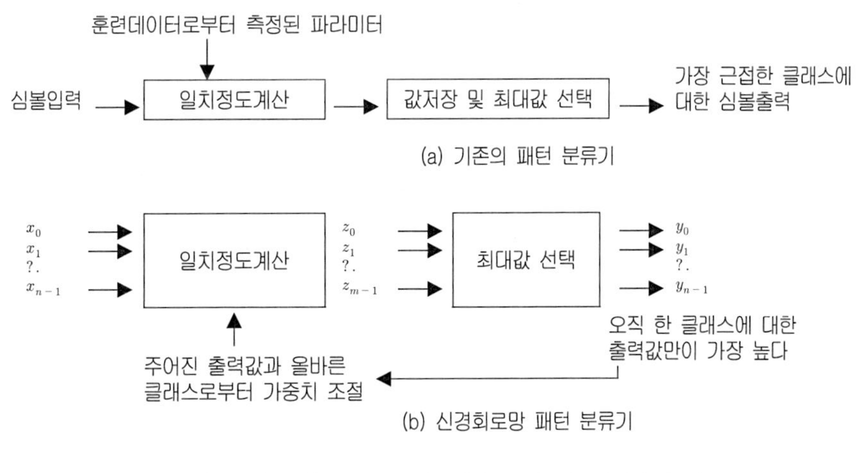

〈그림 3.10〉 신경 회로망과 기존의 패턴 분류기와의 비교

이 <그림 3.10>에서 (a)기존의 패턴 분류기는 n개의 입력값을 의미하는 심볼이 순차적으로 입력되며 내부의 계산 과정도 순차적으로 진행되어 내부에서 산술 및 심볼 연산이 수행된다. 이 분류기는 각 클래스에 대한 일치정도(matching score)를 계산한 뒤 최대값을 갖는 클래스를 선택한다. 즉, 확률적 모델(probabilistic model)이 입력값과 가장 유사한 클래스 선택시 사용된다는 것이다. 일치정도는 심볼 표현으로 코드화되어 다음 단계로 순차적으로 들어간다. (b) 신경 회로망에서는 첫 번째 단계에서 n개의 입력 연결을 통해 입력값이 병렬적으로 들어가서 병렬적으로 출력값을 다음 단계에 m개의 아날로그 선을 통해 전달한다. 이때 최대값이 선택되어 확장된다. 두 번째 단계에서는 각 m개 클래스에 대해 하나의 출력값만을 가진다. 즉, 가장 일치도가 높은 클래스가 'high'되고 다른 클래스에 대한 출력값은 'low'된다. 그러나 신경 회로망 패턴 분류기에서는 특수 목적 프리프로세서가 있는 경우 매우 좋은 성능을 보일 것이다.

3.4.4 학습

신경 회로망을 구성할 때 가장 중요한 사항은 신경 회로망의 특성을 좌우하는 두 가지 요소인 시냅스의 연결 방식과 뉴런의 학습 규칙이다. 학습 규칙은 이미 앞에서도 설명했듯이 어느 한 뉴런이 다른 뉴런들로부터 정보를 입력받고 해석하여 다른 뉴런들에게 전달하는 방법을 규정해 놓은 소프트웨어이다. 신경 회로망의 학습 규칙은 휴리스틱 알고리즘의 범주에 속한다. 즉, 알고리즘적인 방법과 전형적인 휴리스틱적인 방법을 적당히 융합한 휴리스틱 방법을 말하는데 이것을 발견적 연산법이라고도 불리운다.

신경 회로망은 한마디로 가중치를 조절하는 과정이라고 말할 수 있는데, 이러

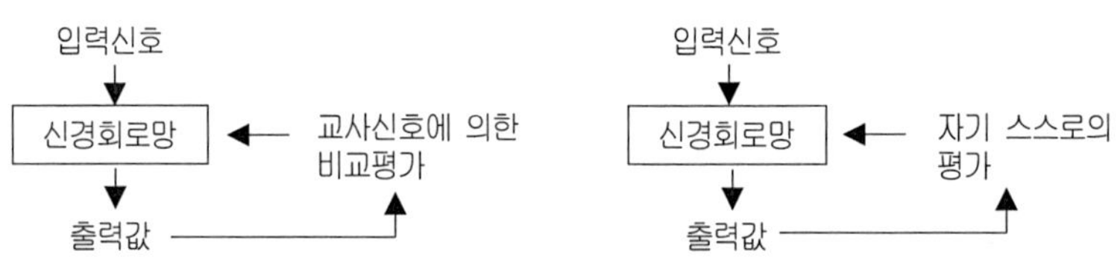

(a) 교사 학습 (b) 무교사 학습

〈그림 3.11〉 교사 학습과 무교사 학습 비교

한 과정을 학습이라고 한다. 학습을 하려면 어떤 기준이 필요한데, 그 평가 기준에 의해 평가한 결과를 피드백하여 처리 기간의 가중치를 조절한다. 평가 방식은 교사 학습과 무교사 학습의 두 가지 방법이 있다. <그림 3.11>의 (a)와 같이 외부에서 교사 신호(teaching input)로써 입력 신호에 대한 정답 출력을 주는 방식의 학습 방법을 교사 학습(supervised learning)이라 한다. 또한 <그림 3.11>의 (b)와 같이 평가 기준은 있으나 일일이 교사 신호를 주지 않은 학습 방법을 무교사 학습(unsupervised learning)이라고 한다.

3.5 신경 회로망 모델

3.5.1 분류

신경 회로망은 3.4절에서 원리를 설명했듯이 주로 패턴 분류기에 사용된다. 신경 회로망 모델은 다음 <표 3.2>에서와 같이 분류되면 맨 아래 알고리즘은 신경 회로망과 가장 유사한 기존의 패턴 분류기를 나타낸다.

〈표 3.2〉 신경 회로망 모델 분류

입력 형태	학습 형태	신경 회로망 모델	기존의 패턴 분류기
이진값	교사 학습	Hopfield network	
		Hamming net	Optimum classifier
	무교사 학습	Carpenter/Grossberg network	Leader clustering algorithm
연속적인 값	교사 학습	Perceptron	Gaussian classifier
		Multilayer perceptron	K-means neighbor mixture
	무교사 학습	Kohonen self-organizing feature maps	K-means clustering algorithm

신경 회로망은 정보 전달 방식에 따라 대개 두 형태로 분류된다. 첫째, 각 노드들이 서로 결합되어 결과를 서로 전달하는 피드백(feedback) 과정이 있는 **상호 결합형**과 둘째, 각 노드들로 구성된 계층이 2개에서 n개까지의 계층으로 나누어져 있어 한 층의 노드들은 다른 층의 노드로 출력 결과만을 전달하는 방식으로 입출

력 관계를 갖는 **계층적 입출력형**이 있다. 왜냐하면 신경계에서의 뉴런은 모든 뉴런들이 다 연결된 것이 아니라 한 뉴런에는 많아야 만개 정도의 뉴런들만이 연결되어 작용하기 때문이다.

신경 회로망 내의 각 노드들은 어떤 시간적인 특성에 따라 그 특성이 달라지기도 하는데, 여기서는 모든 노드들이 일정한 시간간격으로 동기적으로 동작한다고 가정한다.

신경 회로망의 주요 모델에서 특별히 관심을 끌고 있는 신경 회로망의 기능을 요약하면 다음과 같다.

① 연상 기능

이것은 인간이 그림의 일부를 보고 전체의 그림을 연상할 수 있는 것과 마찬가지로 신경 회로망이 일부 훼손된 불완전한 입력 정보로부터 입력 당시의 정보 전체를 모두 인출해내는 기능을 말한다. 또한 인간이 고양이의 그림을 보고 쥐를 연상하는 것처럼 신경 회로망은 몇 개의 정보를 서로 연합(association)시킬 수 있다.

② 최근접 데이터의 인출 기능

신경 회로망이 요청받은 정보와 맞아 떨어지는 것을 갖고 있지 않을 때에는 그것에 가장 근접하는 정보를 인출해낼 수 있다. 예를 들면, 신경 회로망이 문자를 인식할 때 신경 회로망에 저장된 글자와 다른 글자체가 나타나더라도 이 새로운 글자를 정확히 식별할 수 있다.

③ 특징 추출 기능

신경 회로망은 저장하고 있는 서로 다른 정보의 현저한 특징을 통계적으로 추출해낼 수 있다. 예를 들면 붉은색, 초록색, 또는 노란색인 사과의 전형적인 빛깔을 알고 있는 신경 회로망이라면 새로운 형태의 사과에 대해서 색깔을 통계적으로 예측할 수 있다. 신경 회로망은 붉은색일 가능성이 가장 높지만 초록색과 노란색일 가능성에 대해서도 답을 내놓게 된다.

④ 조합론적 폭발 문제 해결 기능

신경 회로망은 가능한 해답의 수가 폭발적으로 증가하는 문제에 대해서도 쉽게 답을 낸다.

⑤ 비상 안전 기능

신경 회로망은 뉴런 몇 개가 고장이 난 경우에도 기억의 회상이 가능하다. 인간의 뇌에서는 매일 수많은 뉴런이 죽어가지만 우리의 기억이 영향을 받지 않는 것과 같은 이치이다. 이것은 정보가 뉴런과 시냅스에 분산되어 저장되었기 때문이다. 그러므로 신경 회로망의 성능이 갑작스럽게 저하되기 보다는 아주 천천히 약화된다.

⑥ 감지 정보 처리 기능

글씨체나 음성을 인식하는 패턴 인식, 전파 탐지기나 잠수함 탐지기의 신호 처리 등을 할 수 있다.

⑦ 제어 기능

로봇과 같은 산업용 제어기나 모뎀이나 전자교환기 등의 통신 장비, 보일러, 각종 제어 시스템 등에서 제어 기능을 나타낸다.

⑧ 지식 정보 처리 기능

전문가 시스템이나, 대규모의 데이터베이스의 분석 등 다양한 지식 정보 처리 분야에 적용할 수 있다.

이 책에서는 여러 신경 회로망 모델 중 많이 사용되고 있는 홉필드 모델, 퍼셉트론, 다층 퍼셉트론(오류 역전파 알고리즘), Kohonen의 자기조직화 알고리즘, 볼쯔만 머신, 카운터프로파게이션 네트워크(CPN), ART-1, ART-2 등에 관해서 특성, 알고리즘 그리고 간단한 예제를 통해 설명하고자 한다.

3.5.2 홉필드 모델(Hopfield Network)

홉필드 모델은 1982년 미국의 물리학자인 Hopfield가 발표한 모델이다. 홉필드 모델에서는 정보의 흐름이 양방향이며 피드백이기 때문에 자신의 노드로부터 나온 출력값을 다시 입력으로 받는 상호 결합형 네트워크 구조를 가진다. 따라서 전체 신경 회로망의 동작이 계층적 입출력형보다는 다소 복잡하다. 홉필드 모델은 모든 입출력값이 정확한 이진 상태로 표현이 가능하고 문자를 ASCII나 픽셀값으로 표현이 가능할 경우 가장 적당한 모델이다. 그러나 입력값이 연속적인 형태일 경우는 아날로그값을 디지털값으로 바꾸어 주어야 하는 문제점 때문에 다소 좋지 않은 결과를 얻을 수도 있다.

이러한 특징 때문에 홉필드 모델은 다음과 같은 두 가지 제약조건을 가진다. 첫째, 노드간의 결합 강도가 대칭적($w_{ij} = w_{ji}$)이라는 것과 둘째, 신경 회로망 내

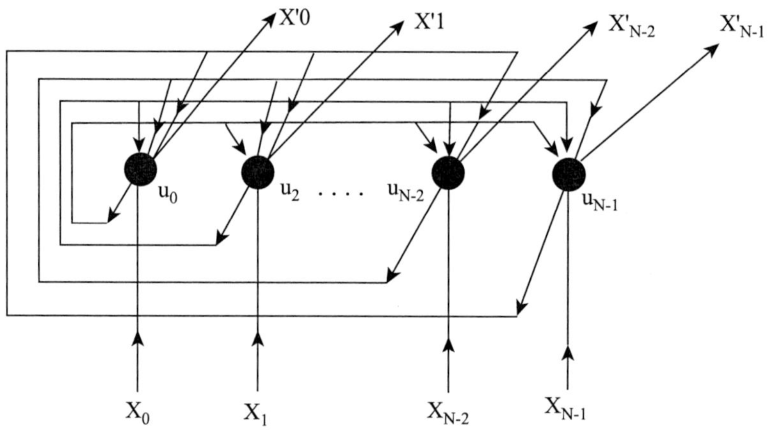

(a) 일반적 홉필드 모델 구조

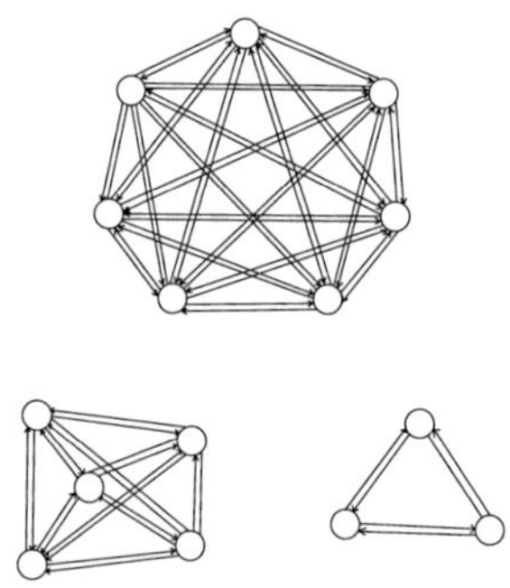

(b) 완전 연결된 홉필드 모델 구조

〈그림 3.12〉 홉필드 모델 구조

의 모든 노드들이 서로 비동기적으로 동작하는 병렬 컴퓨터 모델의 특징을 갖고 있다는 것이다. 따라서 홉필드 모델에서는 각 뉴런이 그것에 들어온 신호의 합계가 어떤 임계치(threshold)를 넘으면 흥분하고, 그 이하이면 흥분하지 않는 상태가 되는 신경 회로망을 모델화한 것이다.

홉필드 모델은 초기에는 임의의 노드를 선택하고 마지막 단계에서 다른 노드의 출력을 그대로 하는 처리를 반복함으로써 진행된다. 이 과정에 대한 홉필드 모델 구조는 <그림 3.12>와 같다. 이 그림에서 서로 다른 구조로 표현되어 있으나 (a)와 (b)는 동일한 의미를 가진다. (a)에서 X_i 는 입력값을 말하며, $X_{i'}$ 는 출력값을 말한다. U_i 는 앞에서 설명한 노드로서 각 처리기를 의미한다.

홉필드 모델의 자세한 알고리즘은 다음과 같다.

홉필드 모델 알고리즘

[단계 1] 연결 가중치 부여

$$w_{ij} = \begin{cases} \sum_{s=0}^{m-1} x_i^s x_j^s, & i \neq j,\ 0 \leq s \leq m-1,\ m: \text{클래스수},\ s: \text{클래스} \\ 0, & i = j,\ 0 \leq i,\ j \leq n-1,\ n: \text{노드수} \end{cases}$$

여기서 w_{ij} 는 노드 i (처리기 U_i)와 노드 j (처리기 U_j)를 연결하는 가중치이고 x_i^s 는 +1 또는 −1 값을 갖으며, s클래스의 입력값을 말한다.

[단계 2] 분류하고자 하는 입력 패턴(unknown input pattern)으로부터 시작

$$\mu_i(0) = x_i,\ 0 \leq i \leq n-1$$

여기서 $\mu_i(t)$는 시간 t 에 대해 노드 i 의 출력값이다.

[단계 3] 수렴할 때까지 반복

$$\mu_j(t+1) = f_h \sum_{i=0}^{n-1} w_{ij} \mu_i(t),\ 0 \leq j \leq n-1$$

여기서 f_h는 하드 리미팅 비선형(hard limiting nonlinearity) 활성화 함수이다. 이 과정은 노드 출력값이 더 이상 변화하지 않을 때까지 반복한다. 노드 출력값은 분류하고자 하는 입력 패턴과 가장 잘 일치되는 기억된 패턴을 나타낸다.

[단계 4] [단계 2]로 이동함으로써 반복

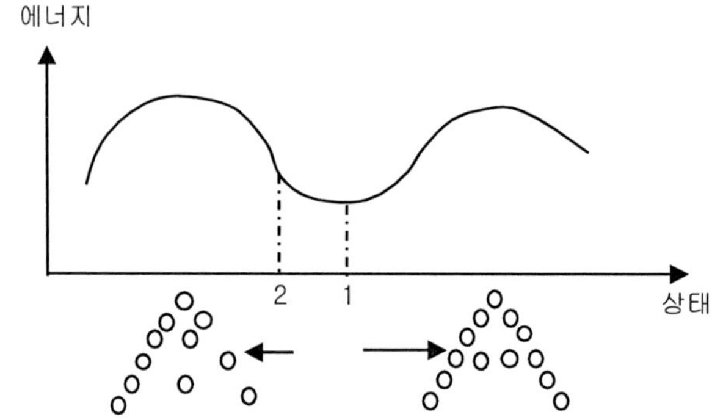

〈그림 3.13〉 홉필드 모델의 연상 메모리

홉필드 모델은 연상 메모리(associative memory)로 구현이 가능한데, 이것은 다음과 같은 에너지 개념으로 설명이 가능하다.

$$E(t) = -\frac{1}{2}\sum_{i\neq j} w_{ij}v_i v_j(t) - \sum_i \theta_i v_i(t)$$

이 식에서 v_i는 노드의 출력을 의미하며 0 또는 1의 값을 취하고, θ는 임계값(threshold)을 의미한다. 이 식은 <그림 3.13>과 같은 단조 감소하는 그래프를 갖는데, 시간이 변함에 따라 에너지의 산을 내려가서 계곡에 떨어져서 빠져나올 수 없는 점에 이르게 되는데 이점을 극소점(minimun)이라 한다. 홉필드 모델은 w_{ij}와 θ_i를 이용하여 에너지의 극소점을 찾는 모델이다. 이 그림에서는 에너지 상태가 가장 작은 극소점에서 문자 'A'로 분류하는 특성을 보인 그림이다.

이러한 에너지 특성을 이용함으로써 홉필드 모델은 연상 메모리를 실현할 수 있는 것이다. 연상 메모리란 '하늘'이란 입력으로부터 '파랗다', '높다' 등의 개념을 출력하거나, 불완전한 문자열 또는 이미지를 입력하여 완전한 문자열 또는 이미지를 출력하는 원리를 말한다. 이것은 기존의 컴퓨터에는 주소에 의해 기억한 내용을 찾아오는 방식과는 다른 방식이며 기억된 내용과 같은 수준의 정보로부터 검색하는 방식이기 때문에 내용 주소 메모리(content addressable memory)라고도 불리운다. 연상 메모리는 기억한 내용을 완전히 병렬로 검색할 수 있어서 고속의 데이터베이스 검색 등 많은 분야에 응용이 가능하다.

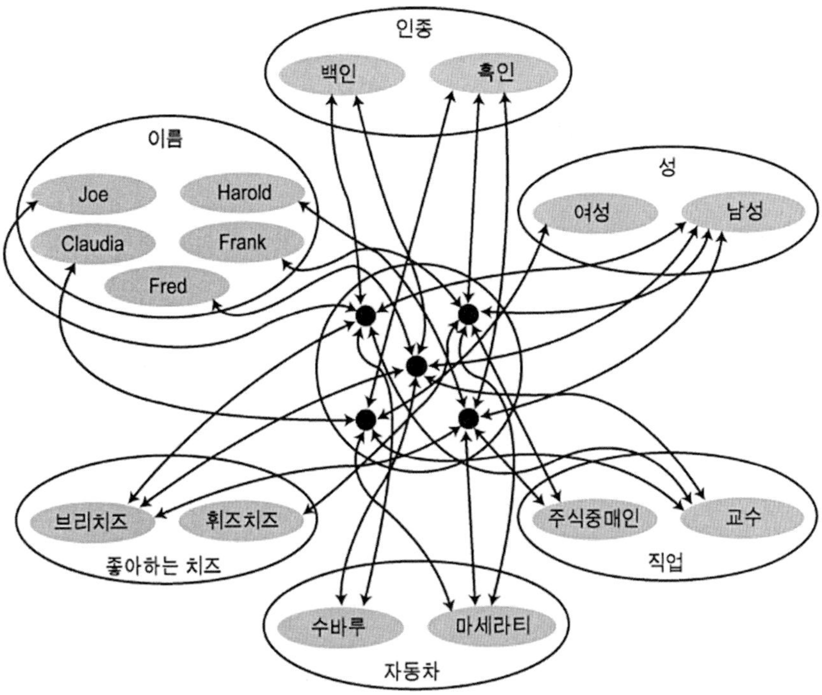

〈그림 3.14〉 홉필드 연상메모리 예

홉필드 모델은 다음 <그림 3.14>의 예에서처럼 다섯 사람에 대한 정보와 관련되어 있으며, 각 사람은 그림 중앙에 있는 다섯 개의 마디로 나타낼 수 있다. 이 마디들 속에는 아무 것도 들어 있지 않으며, 이 마디들이 표상하고 있는 정보는 다른 마디들과의 연계 속에 들어 있다. 이 그림에서 각 원 속의 마디들은 상호간에 억제한다. 선분들은 양방향적 흥분을 나타낸다. 한 마디의 활성화는 동일원 속에 있는 다른 마디들을 억제시키며, 직접적이든 간접적이든 그 마디와 연계되어 있는 마디들을 활성화 시킨다. 원 사이의 선분들을 추적해보면 회로망이 정보를 저장하고 있음을 알 수 있다. Colin Martindale의 설명에 의하면, 이 그림에서 Joe가 백인 남자교수이며 수바루 자동차를 몰고 다니며 브리치즈를 좋아한다는 것을 알고 있다. Fred도 Joe와 유사한 특징을 가지고 있다. Harold와 Frank는 흑인 주식중매인이다. 이들은 모두 날렵한 차를 몰고 다닌다. Frank는 휘즈치즈를 좋아하지만 Harold는 브리치즈를 선호한다. 이 신경망에서 사람들이 실제로 사고하는 방식을 닮은 몇 가지 특성을 가지고 있다. 첫째, 내용이 스스로 주소를 가질 수 있는(content addressable) 기억이다. 신경망에 Claudia에 대해 묻는 것은 그녀의 이름을 부호화하고 있는 마디를 활성화시키는 것이 된다. 곧이어서 그녀의 특성을 부호화하고 있는 마디들이 자동적으로 활성화된다. 그녀를 알기 위해서 기억을 탐색할 필요가 없다. 단지 물음을 던지기만 하면 자동적으로 정보가 인출된다. 즉, 그녀에 대한 정보를 포함하고 있는 마디가 활성화되는 것이다.

컴퓨터 구조에서의 연상메모리의 개념은 다음과 같다. 일반적으로 대부분의 기억 장치에서는 정보가 저장되어 있는 주소를 입력하여, 입력된 주소에 저장되어 있는 기억 장치의 내용을 접근하게 된다. 하지만 연관 기억 장치에서는 주소를 사용하는 것이 아니라, 접근하려고 하는 자료의 내용을 사용하여 이러한 자료가 저장되어 있는 기억 장치를 접근할 수 있다. 일반적으로 기억 장치의 접근 속도를 빠르게 하기 위하여 사용되는 캐시 기억 장치에서 이러한 연관 기억 장치가 사용되는데, 캐시 기억 장치를 구성하는 각각의 셀들을 병렬로 동시에 접근할 수 있다. 따라서 원하는 자료를 입력하여 캐시 기억 장치를 구성하는 각각의 셀의 내용과 입력된 자료를 비교하여 동일한 내용을 가지고 있는 셀을 선택하여 접근할 수 있다. 이러한 컴퓨터는 non Von Neumann 구조라고 한다.

다음 <그림 3.15>는 이러한 연상 메모리를 갖는 경우 홉필드 모델의 예를 나타낸 것이다. (A)에서는 120개의 노드가 훈련된다. 검은 부분은 +1로, 흰부분은 -1로써 표시한다. 만약 (B)에서처럼 일그러진 '3'이 입력되었을 경우 7번 반복과정을 거침으로써 점차로 숫자 '3'을 분류해 낸다. 만약 홉필드 모델을 연상 메모리로써 사용될 경우 출력값은 직접적으로 메모리에 다시 기억된다. 만약 패턴 분류기로써 사용된다면 같은 패턴이 있는지 없는지 만을 체크하게 될 것이다.

그러나 홉필드 모델은 다음 두 가지 제한점을 가진다. 첫째, 너무나 많은 패턴(또는 클래스)이 기억된다면 분류하는데 제한점이 따른다. 따라서 학습에 필요한 클래스 수는 입력 노드 수보다 약 15%를 초과하지 않도록 하는 것이 효율적이다. 예를 들면, 10개 클래스인 경우 입력 노드수는 70개 정도와 5000개 정도의 연결선만을 필요로 한다. 둘째, 입력 패턴이 너무나도 부정확하면 다른 클래스로 분류될 가능성이 높다는 것이다.

이것은 앞에서 설명한 에너지 함수에 기인한 것이다. 즉, 극소점의 패턴과 개념

(a) 8가지 기억된 학습 패턴들

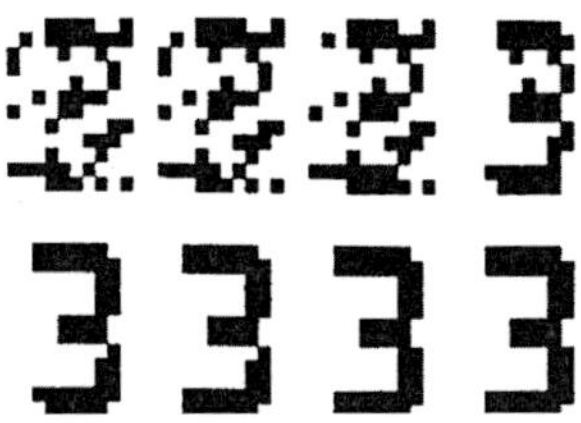

(b) 불완전한 입력 패턴 '3' 에 대한 출력 패턴들

〈그림 3.15〉 홉필드 모델의 예

적으로 가까운 패턴이어야 정확한 분류가 가능한 것이다. 따라서 어느 정도는 형태를 알 수 있는 것일수록 정확히 분류될 가능성이 높다.

3.5.3 퍼셉트론(Perceptron)

퍼셉트론은 1957년 미국의 Rosenblatt가 단순히 패턴을 인식하기 위해 제안한 모델로 당시에는 상당한 주목을 받은 신경 회로망 모델이다. 즉, 퍼셉트론은 입력 패턴이 두 개의 클래스 중 어느 하나에 속함을 결정할 때 주로 사용되는 모델이다. 퍼셉트론은 다음 <그림 3.16>에 나타난 계층적 입출력형 모델 구조를 가진다.

이 그림에서 단일 노드는 입력값의 가중치합에서 임계값 θ를 뺀 다음 하드 리미팅 비선형 활성화 함수(hard limiting nonlinearity)에 의해 출력값을 산출한다. 이때 출력값은 +1이거나 −1인데, A 클래스에 속하면 +1을, 반대로 B 클래스에 속하면 −1을 출력한다. 퍼셉트론과 같은 신경 회로망의 특성을 분석하기 위해서는 입력 패턴들의 집합을 다차원 공간 내에 생성된 결정 영역(decision area) 지도를 작성하는 것이 효율적이다. 결정 영역은 입력 패턴을 각 클래스로 분류해 준다.

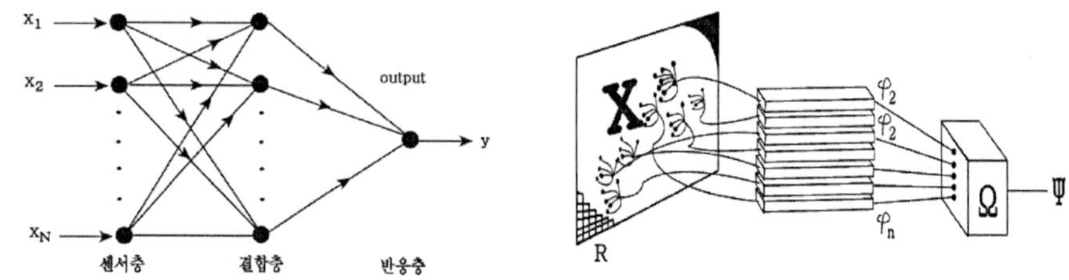

(a) 구조　　　　　　　　　　　　　(b) 병렬적 계산 과정

〈그림 3.16〉 퍼셉트론 모델의 개념적 구조 및 계산 과정

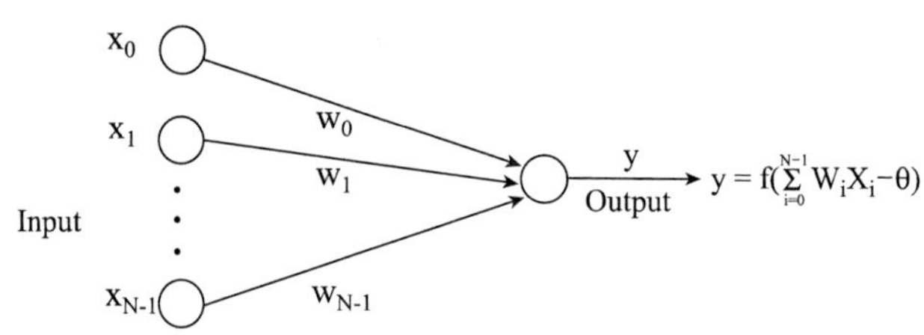

(a) 기본적인 노드에서의 입출력 과정

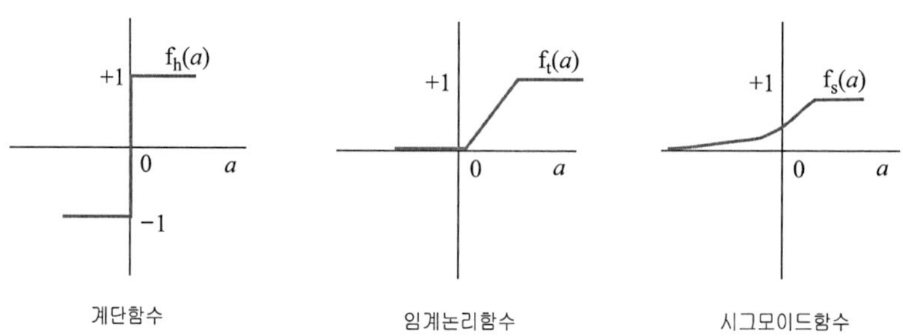

(b) 3가지 대표적인 비선형 활성화 함수

〈그림 3.17〉 퍼셉트론 모델

퍼셉트론에서는 입력 패턴이 결정 경계선(decision boundary)을 중심으로 두 영역으로 나뉘는 그림인데, 일반적으로 2차원인 경우는 직선으로, n 차원인 경우는 n 차원 초평면으로 나뉜다. 이 직선은 가중치와 θ 값에 의해서 결정된다.

퍼셉트론 모델의 알고리즘은 다음과 같다.

퍼셉트론 모델 알고리즘

[단계 1] 가중치 $w_i(0)(0 \leq i \leq n-1)$와 임계값을 양수인 임의의 작은 수로 초기화한다. 이때, $w_i(t)$는 시간 t에서 입력 i로부터의 가중치이고 θ는 출력 노드에 있는 값을 의미한다.

[단계 2] 원하는 출력값(교사 신호에 해당함) $d(t)$을 갖는 새로운 연속적인 입력값 $x_0, x_1, \cdots, x_{n-1}$ 입력한다.

[단계 3] 다음 식에 따라 실제의 출력값을 계산한다.

$$y(t) = f_h(\sum_{i=0}^{n-1} w_{ij}(t)x_i(t) - \theta)$$

[단계 4] 다음 식에 따라 가중치를 조절한다(학습 과정).

$$w_i(t+1) = w_i(t) + \eta[d(t) - y(t)]x_i(t), (0 \leq i \leq n-1,\ 0 < \eta < 1)$$

$$d(t) = \begin{cases} +1 & A \text{ 클래스로부터의 입력일 때} \\ -1 & B \text{ 클래스로부터의 입력일 때} \end{cases}$$

η는 학습을 조절하는 임의의 이득률(gain fraction)을 말한다.

만약 정확히 결정 경계선에 의해 패턴결정이 되면 가중치는 불변하는데, 이 경우를 수렴(convergence)한다고 한다.

[단계 5] [단계 2]로 이동함으로써 반복한다.

퍼셉트론의 수렴에 관한 예를 들면, 클래스 A와 B의 입력값이 교대로 80개 정도 입력되었고 η값이 0.1이었을 때, 약 네 개의 결정 결계선에 의해 두 클래스로 분류되었다.

퍼셉트론이 활성화 함수를 어느 것을 쓰던 상관없이 선형분리가 가능한 패턴만 분류할 수 있다.

퍼셉트론은 입력값이 정확하지 않고 다른 클래스에 대한 분포가 평균값에서만 차이가 난다는 점에서 최대유사 가우시안 분류기(maximum likelihood Gaussian classifier)와 개념상 유사하다.

그러나 퍼셉트론은 이동 · 확대 · 중복 및 회전된 패턴인 경우 결정 경계선이 계속적으로 진동함으로써 정확히 분류되지 못하는 단점이 있다. 이점을 보완하고자 최소 평균 자승(least mean square, LMS) 알고리즘 또는 Widrow-Hoff 방법이 제시되었다. 이 방법은 원하는 출력값과 실제 출력값과의 평균 자승 오류(mean square error)를 최소화시킨 것이다. LMS 알고리즘은 앞의 퍼셉트론 알고리즘의 [단계 3]에서의 f_h 대신 선형 또는 임계 논리 비선형 활성화 함수(threshold-logic nonlinearity)를 사용한 방법이다. 따라서 가중치는 단순 퍼셉트론보다 좀 더 정확하게 조절된다. 이때는 A 클래스인 경우는 1을, B 클래스인 경우는 0을 원하는 출력값으로 준다. 이 과정동안 출력값이 0.5 이상이면 클래스 A로 분류한다.

퍼셉트론의 문제점은 1969년 Papert와 Minsky에 의해 XOR 문제나 패리티 비트(pariby bit) 문제 등의 학습이 불가능함을 지적함으로써 더욱 가중되어 신경 회로망이 한동안 침체기에서 벗어나지 못하는 원인이 되기도 하였다.

예를 들어, XOR 문제를 생각해 보자. 이 경우 x, y 두 개의 입력값이 서로 같은 값 ((0,0), (1,1))이면 출력값은 0을, 서로 다른 값 ((0,1), (1,0))이면 출력값은 1을 가진다. 이때 퍼셉트론에 의해 패턴 분류를 해 보면 다음 <그림 3.18>와 같은 결과를 얻을 수 있다. 즉, 두 가지 패턴을 동시에 선형 분리할 수 없다는 것을 알 수 있다.

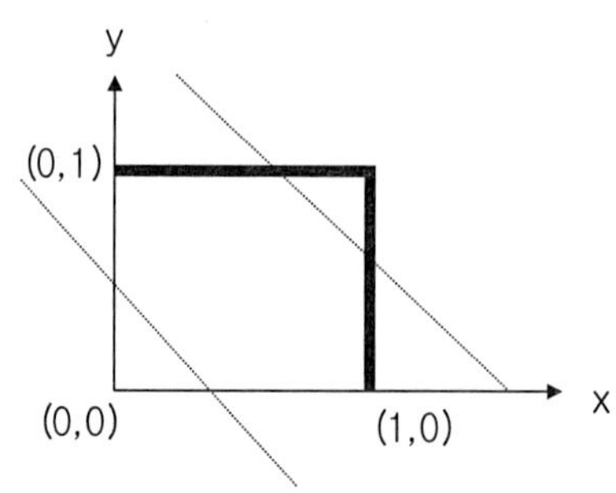

〈그림 3.18〉 XOR 문제

다음 <그림 3.19>는 선형 분리가 가능한 일반적 개념과 퍼셉트론에서의 한계점을 나타낸 그림으로 위에서 설명한 것과 같다.

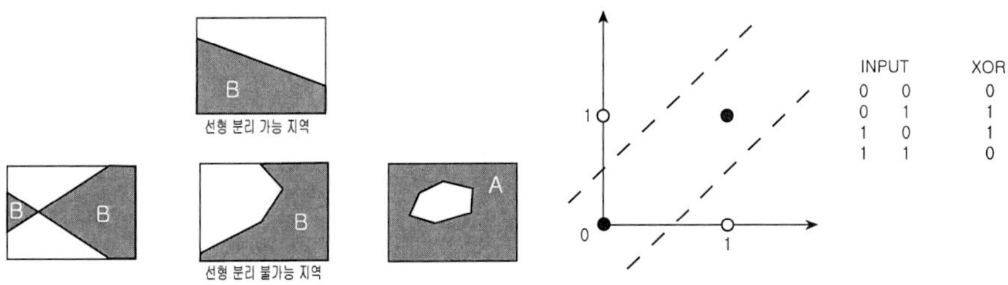

(a) 선형 분리 가능의 일반적인 개념 (b) XOR 함수

〈그림 3.19〉 퍼셉트론의 한계점

좀 더 다양한 퍼셉트론인 경우 패턴 분류 형태를 알아보기 위해 다음 <그림 3.20>은 단층 퍼셉트론과 퍼셉트론을 몇 개의 층으로 구성한 다층 퍼셉트론인 경우 A 클래스와 B 클래스를 구분하는 것에 관한 그림이다. 그림에서 빗금 친 부분이 A이고, 흰부분이 B이다. f_h는 하드 리미팅 비선형 활성화 함수를 나타낸다.

구 조	결정 구역	XOR	빗금으로 구분된 클래스	일반적인 영역모양
단일층 (j, i)	수평면에 의해 두 구역으로 구분			
2층 (k, j, i)	컨벡스 오픈 또는 닫힌 영역들			
3층 (l, k, j, i)	임의 구역 (처리기 수에 따른 복잡성 지님)			

〈그림 3.20〉 여러 퍼셉트론의 패턴 결정 형태

이 그림에서 보듯이 다층 퍼셉트론(여기서는 3층)인 경우 잘 분류함을 알 수 있다. 2층의 퍼셉트론은 볼록한 영역인 컨벡스 홀(convex hull)을 형성한다. 여기서 컨벡스란 같은 클래스내 입력 패턴을 묶어주는 임의의 선을 의미한다. 2층의 퍼셉트론인 경우는 2개의 입력 노드만으로도 충분히 XOR 문제를 해결한다. 3층의 퍼셉트론은 2층보다 보다 복잡한 컨벡스 홀을 형성한다. 이 모델은 기존의 최근접 이웃 분류기(nearest neighbor classifier)와 유사하다. 한편 Lippmann은 퍼셉트론 형태의 전향적 신경 회로망 모델인 경우는 3층 이상이 불필요하며 3층 정도면 임의의 컨벡스 영역을 잘 형성해 주므로 효율적이라고 설명하였다.

위의 예는 모두 활성화 함수가 하드 리미팅 비선형 활성화 함수를 사용한 예를 보인 것이다. 그러나 시그모이드 활성화 함수를 사용하면 다소 복잡해지는데 3층의 퍼셉트론 모델에서는 활성화 함수로써 시그모이드 함수를 이용한 학습 방법이 오류 역전파 알고리즘이다.

다음 절에서는 다층 퍼셉트론과 오류 역전파 학습 알고리즘에 관해 설명하고자 한다.

3.5.4 다층 퍼셉트론(Multilayer Perceptron)

(1) 구조 및 알고리즘

다층 퍼셉트론은 입력층(input layer)과 출력층(output layer) 사이에 하나 이상의 계층을 갖는 신경 회로망을 말한다. 예를 들어, 3층의 퍼셉트론은 입력층과 출력층 사이에 하나의 은닉층(hidden layer)을 가진다.

다층 퍼셉트론은 단층 퍼셉트론의 단점을 해결하기 위해 제안된 모델이지만 적당한 학습 알고리즘이 없다는 이유로 많이 사용되지는 못하였다. 그러나 새로운 알고리즘의 개발로 많이 사용되고 있는데, 그것이 오류 역전파 알고리즘(error back propagation algorithm)이다.

오류 역전파 알고리즘을 설명하기 전에 델타 규칙(delta rule)에 관해 설명하겠다. 먼저 입력층 I와 출력층 O에 각각 m개와 n개의 노드가 있는 2층으로 된 퍼셉트론 모델을 생각해 보자. 만약 이 모델의 입력층에 입력 패턴 p에 대한 입력값이 들어왔을 때 출력층의 j번째 노드의 실제 출력 o_{pj}은 입력층의 i번째 노드의 출력 i_{p_i}와 가중치 w_{ij}로 결정된다. 즉,

$$o_{pj} = \sum_i w_{ij} * i_{p_i}$$

이때 출력층에서의 오차를 원하는 출력값(교사 신호) t_{pj}와의 차이라고 하면, 실제 출력값과 원하는 출력값과의 차이의 제곱 즉, LMS 함수가 입력 패턴 p에

대한 오차 함수 E_p가 되며 모든 입력값에 대한 오차 E는 E_p의 합으로써 구해진다.

$$E_p = \frac{1}{2}\sum_j (t_{pj} - o_{pj})^2$$
$$E = \sum_p E_p$$

여기서, E가 최소일 때 신경 회로망은 최적 상태라고 한다. 우선 w_{ij} 변화에 따른 E_p의 영향을 계산하기 위해 오차 E_i를 w_{ij}에 관해 편미분 해보면, E_i는 o_j의 함수이며 o_j는 i_i의 함수이기 때문에 다음 식이 성립한다.

$$\frac{\delta E_p}{\delta w_{ij}} = \frac{\delta E_p}{\delta o_{jp}} * \frac{\delta o_{jp}}{\delta w_{ij}}$$

여기에 위의 두 식을 이용하면,

$$\frac{\delta E_p}{\delta w_{ij}} =- 2\frac{(t_{jp} - o_{jp})}{2} * \ i_{ip=} - (t_{jp} - o_{jp})^* i_{ip}$$

가 된다. 그러나 이 식이 반드시 최소값이라고 할 수 없으므로 경사 하강(gradient descent) 방법을 써서 w_{ij}의 변화량을 계산하면,

$$\Delta w_{ij} =- \alpha\left(\frac{\delta E_p}{\delta w_{ij}}\right) =- \alpha(t_{jp} - o_{jp}) * \ i_{ip}$$

가 된다. 이 식의 의미는 입력값 i에 대해 오차 함수가 최소화되도록 가중치를 계속 변화하고 있음을 나타내는 식이다. 따라서 모든 입력값에 대해 전체 오차 함수의 합인 E가 감소하는 방향으로 가중치가 계속적으로 조절되어 결국 E는 가장 작은 극소점에 도달하게 된다. 이러한 과정을 델타 규칙이라고 한다. 이 델타 규칙에 하나 이상의 은닉층이 있는 3층 이상의 신경 회로망으로 확장한 학습 방법이 오류 역전파 알고리즘이며 다른 말로 '일반화된 델타 규칙(generalized delta rule)'이라고도 한다.

오류 역전파 알고리즘은 일반화된 LMS 알고리즘이다. 이 알고리즘은 원하는 출력값과 실제 출력값과의 차이의 제곱을 가장 최소화 하고자 경사 하강 방법을

적용한 알고리즘이다. 따라서 입력 노드와 관련없는 클래스의 모든 노드의 원하는 출력값은 점점 낮아지고 반대인 경우는 높아지게 된다.

자세한 알고리즘은 다음과 같다.

오류 역전파 알고리즘

[단계 1] 모든 노드에 대한 가중치와 임계값을 임의의 작은수로 초기화한다.

[단계 2] 모든 훈련 데이터를 반복적으로 입력한다. 연속적인 입력 벡터 $x_0, x_1, \ldots, x_{n-1}$과 차례로 대응되는 원하는 출력값 $d_0, d_1, \ldots, d_{m-1}$을 입력한다. 만약 패턴 분류에만 사용할 경우 입력과 관련된 해당 클래스의 원하는 출력값만을 1로 하고 이를 제외한 모든 출력층의 원하는 출력값을 모두 0으로 한다. 이때 가중치가 불변할 때까지 계속적으로 반복한다.

[단계 3] 다음의 시그모이드 활성화 함수를 이용하여 실제 출력값 $y_0, y_1, \ldots, y_{m-1}$을 차례대로 구한다.

$$f(\alpha) = \frac{1}{1 + e^{-(\alpha - \theta)}}$$

[단계 4] 출력층 노드의 값에서 시작해서 거꾸로 첫 번째 은닉층으로 전달하는 반복 알고리즘을 이용하여 가중치를 조절한다.

$$w_{ij}(t+1) = w_{ij}(t) + \eta \delta_j x_i'$$

$w_{ij}(t)$ 는 은닉층 노드 i 또는 입력 노드 i 로부터의 시간 t 에서의 노드 j 로의 가중치이며 x_i' 는 노드 i 의 출력값 또는 입력값을 의미하며 η는 이득률(gain term)을 나타내고, δ_j는 노드 j에 대한 오류(error term)를 나타낸다. 만약 노드 j가 출력 노드이며 d_i가 노드 j의 원하는 출력값이고 y_j가 실제 출력값이라면 δ_j는 다음과 같다.

$$\delta_j = y_j(1 - y_j)(d_j - y_j)$$

만약 노드 j가 은닉층이며 k가 노드 j 위에 있는 층의 모든 노드를 나타낸다면 δ_j는 다음과 같다.

$$\delta_j = x_j'(1 - x_j')\sum_k \delta_k w_{jk}$$

이때 모멘텀 변수(momentum term) α가 추가되면 모델의 수렴속도는 더 빨라지며 가중치 변화는 더 완만해진다.

$$w_{ij}(t+1) = w_{ij}(t) + \eta\delta_j x_i{}' + \alpha(w_{ij}(t) - w_{ij}(t-1)), \quad (0 < \alpha < 1)$$

이 과정은 가중치가 거의 변화하지 않을 때까지 즉, δ_j가 거의 0에 접근할 때까지 반복한다.

[단계 5] [단계 2]로 이동함으로써 반복한다.

먼저 신경 회로망이 다음 <그림 3.21>과 같이 3층인 다층 퍼셉트론으로 구성되었다고 가정한다.

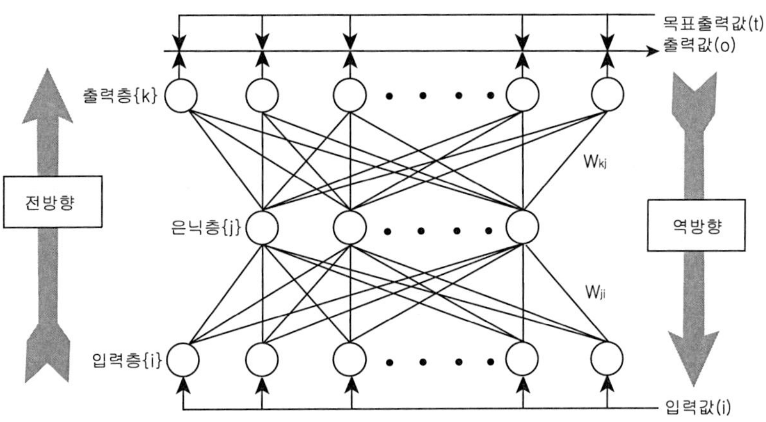

〈그림 3.21〉 3층의 퍼셉트론 모델

다음 <그림 3.23>는 $\eta = 0.3$, $\alpha = 0.7$인 경우 여러 번 반복을 통해 클래스 A와 B로 나뉘어지는 과정을 나타낸 그림이다.

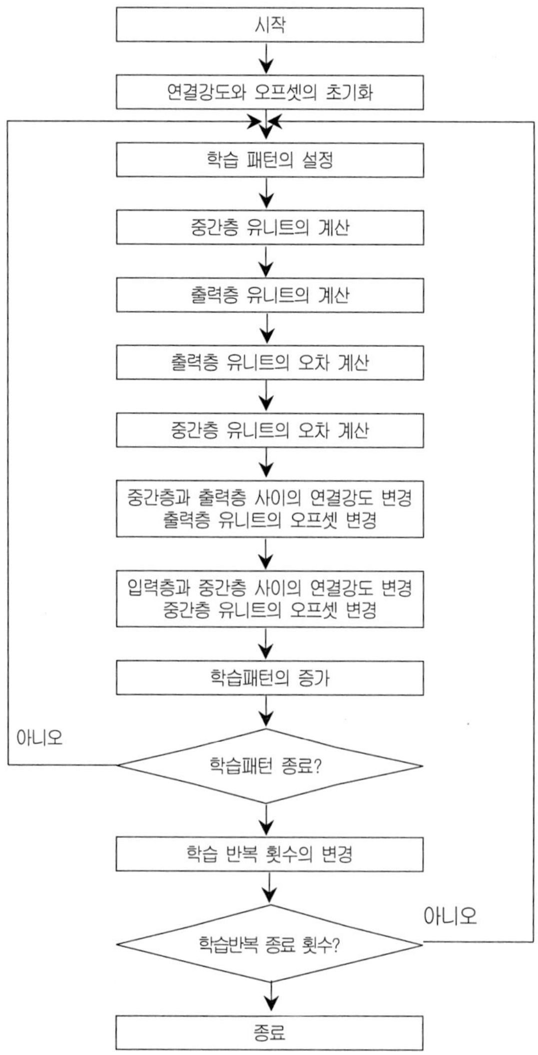

〈그림 3.22〉 오류 역전파 알고리즘의 순서도

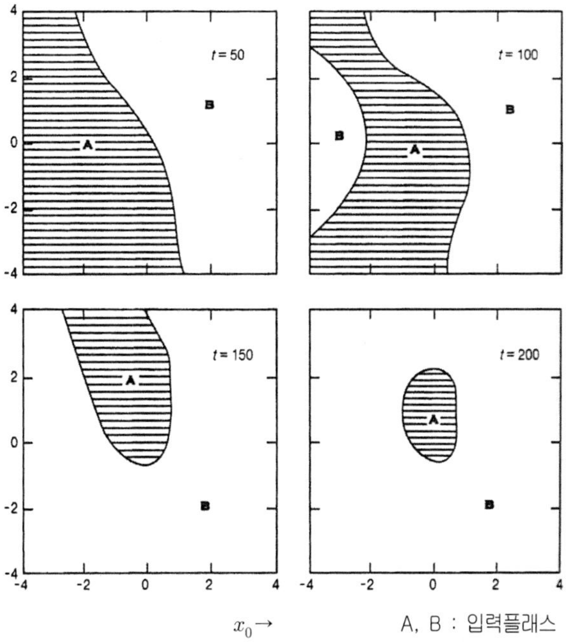

〈그림 3.23〉 오류 역전파 알고리즘의 예

<그림 3.23>에서 빗금친 부분이 결정 영역이며 200번 반복한 후에 클래스 A와 B가 잘 분류되었다.

오류 역전파 알고리즘은 XOR 문제나 음성 인식 및 합성 문제, 시각 패턴 인식 문제 등에 많이 이용되어 좋은 결과를 보여주고 있다. 그러나 몇 가지 문제점이 있는데 첫째, 수렴을 위해 필요한 훈련 데이터의 입력 횟수가 대개 100번 이상으로 매우 많다는 점이다. 특히, 음성 인식의 경우는 더욱 그러하다. 둘째, 가중치가 수렴하지 않고 발산하는 경우 심각한 문제점을 초래할 수 있다는 점이다. 그럼에도 불구하고 오류 역전파 알고리즘은 성능이 다른 학습 알고리즘보다 뛰어나기 때문에 다층 퍼셉트론 구조에서 많이 사용되는 신경 회로망 학습 알고리즘이다.

그러나 다음 <그림 3.24>에서와 같이 현재 점에서 급경사면을 따라 내려오면서 전역 최소점(global minima)이 아니면서 미분값이 0인 지역 최소점(local minima)에 빠지는 현상이 발생하는 것이 다층 퍼셉트론의 가장 큰 문제점이다.

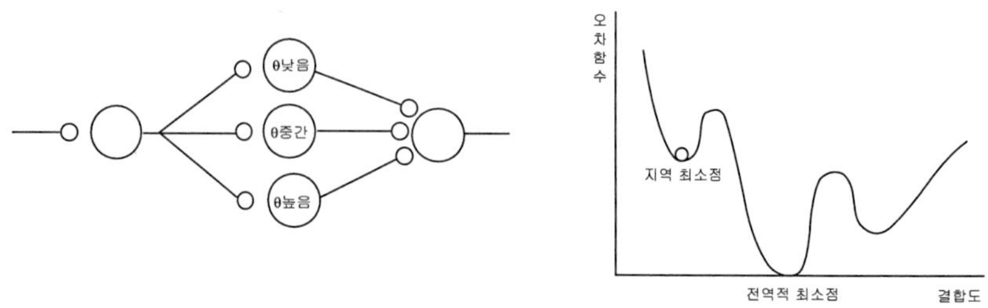

(a) 연결강도의 변화에 따른 복잡한 출력의 예 (b) 연결강도와 오차함수

〈그림 3.24〉 다층 퍼셉트론의 문제점

(2) 다층 오류 역전파 알고리즘의 문제점

다층 오류 역전파 알고리즘의 문제점은 다음과 같다.

1) 지역 최소점에 빠질 위험이 있다

오차 함수의 모양이 복잡해질 경우 오차의 값이 0인 지점(전역 최소점)이 아닌 지역적 최소점에 머무를 가능성 있다. 지역적 최소점은 연결강도에 대한 오차 함수의 미분계수가 0이므로 오차가 남게 되어 원하는 패턴을 출력하지 못하는 상태에서 네트워크가 일시적으로 안정되는 지점을 말한다.

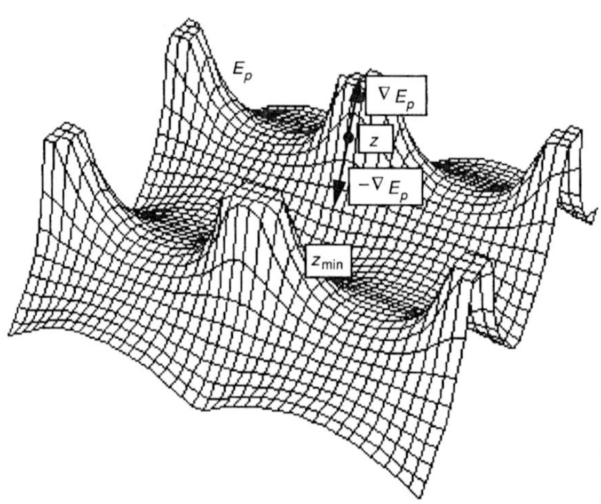

〈그림 3.25〉 지역 최소점에 빠진 경우

2) 포화 영역에서 잘 동작하지 않는다

뉴런의 포화 영역에서는 $f=0$이 되어 연결 강도가 변화하지 않는다, 즉, 뉴런의 f가 거의 0인 포화 영역에서의 동작은 연결 강도가 거의 변화하지 않는다. 이것의 해결 방법은 연결 강도 전부를 어떤 계수로 축소하고 포화 함수를 천천히 변화시키는 것이다.

3) 전방향(feedforward) 방식으로 입출력이 진행된다.

신호가 입력에서 출력까지 한 방향으로만 흘러가는 현상으로 뇌와 같은 피드백(feedback) 방식이 아니므로 고차원 시스템 구현시 문제가 될 수 있다.

4) 기타 문제점

학습이 완료되기까지 많은 횟수의 반복 학습이 필요하며, 응용분야에 따라 학습 파라미터의 조절이 필요하다는 점인데 이것을 위한 해결 방안들이 제시되고 있다. 그러나 추가 학습시 전체적인 재학습이 필요한 문제와 학습의 완료시점을 예측할 수 없다는 문제점은 해결할 수 없는 문제점으로 남는다.

(3) 다층 오류 역전파 알고리즘의 문제점에 대한 개선 방법

위에서 제시한 다층 오류 역전파 알고리즘의 문제점에 대한 개선 방안들이 연구되고 있는데, 그 중 몇 가지를 소개하면 다음과 같다.

1) 일괄 수정법

학습패턴 전체의 수정량을 계산하여 적용하는 방법으로 학습 패턴 각각에 대한 오차로부터 구한 연결 강도와 임계값의 수정량 평균을 이용한다. 즉, 연결 강도와 임계값을 일괄적으로 수정하는데 수정횟수가 적으므로 학습 시간이 단축된다.

일괄 수정법은 수정량이 평균값으로 처리되어 미묘한 수정이 불가능한 경우도 있으므로 복잡한 문제에 적용하기 어렵다.

2) 출력값의 제한 방법

시그모이드 함수의 출력을 예를 들면 0.01~0.99와 같이 제한하는 방법이다. 이 방법은 중간층 유니트의 출력값이 0 또는 1이 되지 않는 경우도 있으므로 연결 강도의 수정이 계속 진행되어 학습의 종료가 어려울 때도 있다.

3) 모멘텀 방법

바로 전의 수정량도 고려하여 수정량을 결정하여 구해진 수정량에 의한 오버 시프트를 억제하는 방법으로 학습의 고속화에 매우 유효한 방법이다.

4) 수정 모멘텀 방법

학습의 진행에 따라(즉, 수정방향의 결정에 따라) 모멘텀값의 비중을 점차 크게 하여 학습의 고속화를 이루는 방법으로 모멘텀값의 비중을 너무 크게 하면 오차에 의한 수정이 불가능하기도 하므로 모멘텀값의 비중 설정에 있어서 상한선의 설정이 필요하다.

5) 학습 계수의 최적화 방법

학습 패턴 수나 학습의 진행 상황에 따라 학습 계수를 자동적으로 선택하여 학습의 효율화를 얻는 방법으로 다수의 학습 계수를 준비하여 최소 오차를 갖는 학습 계수를 선택하여 사용한다.

6) 복잡도 방법

Rumelhart가 제안하여 네트워크 복잡도를 계산하는 방법으로 계산량이 많다. 오차(E), 복잡도(complexity)를 결합한 평가 함수(cost function)를 이용한다. 이때 네트워크 복잡도를 줄이는 방법은 네트워크의 연결 수나 중간 유니트의 수 등을 줄이거나 네트워크의 대칭성을 높이거나 연결 강도를 나타내는 비트의 수를 늘리는 방법을 사용할 수 있다.

7) 선택적 재학습 방법

학습 과정에서 훈련이 잘 안 되는 패턴을 집중적으로 재학습시키는 방법으로 편중된 학습에 의하여 발생할 수 있는 기존의 학습된 패턴의 손실 정도 조사에 의해 최적의 재학습 가능하다. 이것은 인간의 학습 과정과 유사하고 학습 소요 시간이 감소되며 인식률이 향상된다.

8) 연결 강도 개수의 축소 방법

연결 강도 개수를 줄이는 방법인데, 학습 후에 중요하지 않은 연결선을 제거하여 전체 연결선의 수를 줄일 수 있다. 이 방법은 소형 컴퓨터에서 사용 가능하며 인식 과정의 속도도 향상된다. 연결선 제거에 따른 속도 개선과 성능 저하의 상호 관계 분석을 통한 최적의 신경회로망 구조를 선정할 수 있다.

신경 회로망의 기술은 제 5세대의 기술 수준을 훨씬 뛰어넘는 제 6세대 컴퓨터로의 인정을 받고 있다. 물론 신경 회로망의 성공 여부는 아직도 미지수이다. 그러나 인류가 신경 회로망의 성공적인 발전에 기대를 걸고 계속적으로 개발해 나가고 있는 이상, 지금보다는 훨씬 나은 컴퓨터가 등장하리라 생각하며 좀 더 나은 비약적인 기술적인 발전을 기대해 본다.

3.5.5 Kohonen의 자기조직화 지도(Self Organizing Feature Maps)

Kohonen의 자기조직화(Self Organizing feature Maps, SOM) 네트워크 구조 및 알고리즘은 매우 간단하다. 이 모델은 오류 역전파 알고리즘과는 달리 일반적으로 계층적인 시스템이 아니라 <그림 3.25>에서와 같이 2개의 층으로 이루어져 있다. 이 알고리즘의 첫 번째 층은 입력층이고 두 번째 층은 경쟁층(competitive layer)인데 2차원의 격자(grid)로 되어 있다. 모든 연결들은 첫 번째 층에서 두 번째 층의 방향으로 되어 있으니 두 번째 층은 완전 연결(fully connected)되어 있다. 이 뉴런들은 경쟁층에서 고밀도로 연결되어 있다.

Kohonen 네트워크를 만들 때 다른 신경 회로망들에서는 일반적으로 필요하지 않는 두 가지 일을 해야 한다. 하나는 층(layer)내의 뉴런의 연결 강도 벡터가 임

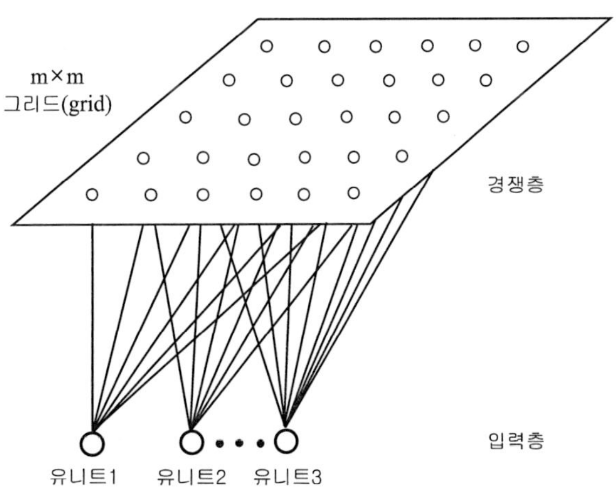

〈그림 3.26〉 Kohonen의 네트워크

의 값을 가지면서 적합하게 초기화되어야 한다. 다른 하나는 연결 강도 벡터와 입력 벡터가 0에서 1사이의 정규화된(normalized) 값을 사용하여야 한다. 이 두 가지 사항은 Kohonen 네트워크에 있어서 매우 중요한 가정이다.

(1) 경쟁 학습(competitive learning)

Kohonen의 학습에서 각 뉴런은 연결 강도 벡터와 입력 벡터가 얼마나 가까운가를 계산한다. 그리고 각 뉴런들은 학습할 수 있는 특권을 부여받으려고 서로 경쟁하는데 거리가 가장 가까운 뉴런이 승리하게 된다. 이 승자 뉴런이 출력 신호를 보낼 수 있는 유일한 뉴런이다. 또한 이 뉴런과 이와 인접한 이웃 뉴런들만이 제시된 입력 벡터에 대하여 학습이 허용된다. 이것은 학습에 있어서 전혀 새로운 접근 방식이다. 이 모델이 있기 이전에는 네트워크에 있는 모든 뉴런들이 반복되는 훈련 과정에서 연결 강도를 조정한다.

Kohonen 네트워크의 학습 철학은 '승자 독점(winner take all)'이다. 승자만이 출력을 낼 수 있으며, 승자와 그의 이웃들만이 그들의 연결 강도를 조정할 수 있다.

생물학적 모델로 디자인된 Kohonen의 시스템은 층 내에서 경쟁하는 복잡한 방식인 '측면 제어(lateral inhibition)'를 사용한다. 전체적인 측면 제어 효과는 <그림 3.27>에서 보는 바와 같이 멕시칸 모자(sombrero)와 유사하다.

이웃 반경의 정확한 크기는 바로 인접한 뉴런들에게만 해당되도록 제한될 필요는 없다. 이웃 반경의 크기는 학습하는 도중에도 변할 수 있다. <그림 3.28>에서 보는 바와 같이 처음에는 층내의 모든 뉴런들을 포함하다가 점차로 줄어들어 승자와 바로 인접한 뉴런들만이 포함된다.

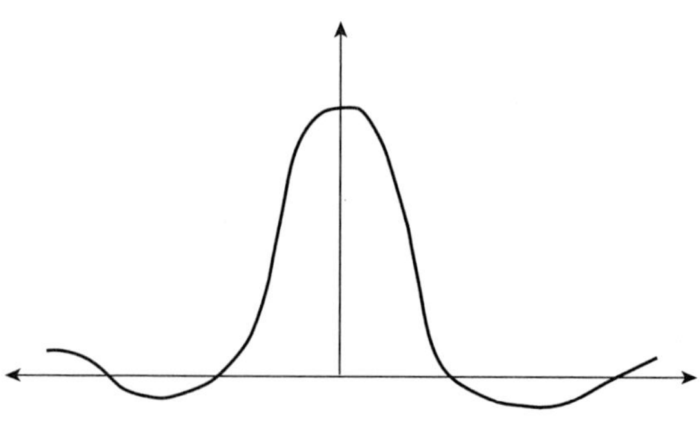

〈그림 3.27〉 측면 제어

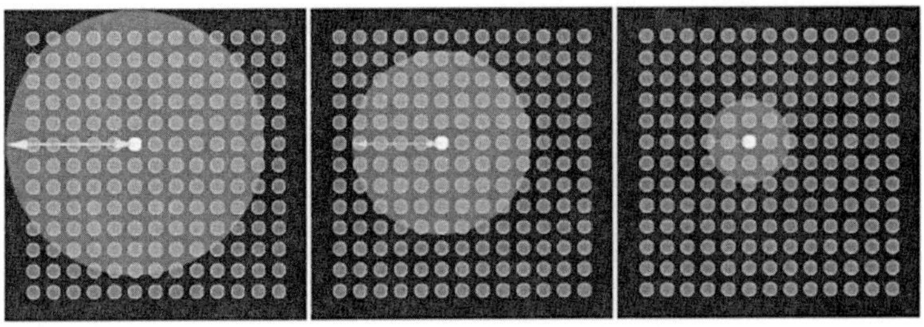

〈그림 3.28〉 이웃 반경의 크기 조정

승자 뉴런의 연결 강도 벡터는 입력 벡터의 가장 가까운 것이다. 그렇지 않다면 경쟁에서 승자가 될 수 없었을 것이다. 이 뉴런과 그의 이웃 반경 안의 뉴런들은 연결 강도를 조정해 가면서 학습을 한다. 이러한 측면 제어의 개념은 생물학적인 모델에서 매우 중요한 개념이다.

(2) Kohonen 학습 규칙(learning rule)

승자 뉴런을 결정하고 난 후에는 Kohonen의 학습 규칙에 따라 뉴런의 연결 강도를 조정해야 한다. 이 규칙은 다음 식으로 표현된다.

$$W_{new} = W_{old} + a(X - W_{old})$$

여기서, W_{old}는 조정되기 이전의 연결 강도 벡터이며, W_{new}는 조정된 후의 새로운 연결 강도 벡터이고, X는 입력 패턴 벡터이며, a는 학습 상수이다.

앞에서 기술한 바와 같이 승자 연결 강도 벡터는 기하학적으로 입력 패턴에 가장 가깝다. Kohonen의 학습은 단순히 연결 강도 벡터와 입력 패턴 벡터의 차이를 구한 다음 그것의 일정한 비율을 원래의 연결 강도 벡터에 더하는 것이다. 이 때 승자 뉴런만이 그것과 관련된 벡터를 조정하는 것이 아니라 그의 이웃 반경안에 드는 모든 뉴런들도 유사한 조정을 하게 된다. 승자 뉴런은 +1을 출력으로 내며, 승자 뉴런과 그것의 이웃 뉴런들은 각자의 연결 강도 벡터를 입력 벡터에 다소나마 가까이 접근하게 된다.

일반적으로 Kohonen 네트워크에서는 <그림 3.28>에서 보는 바와 같이 $Nc(S_3)$에서 $Nc(S_2)$, $Nc(S_1)$으로 승자 뉴런의 이웃 반경은 서서히 줄어든다. 학습의 거의 모든 뉴런들이 학습을 하게 된다. 훈련이 진행됨에 따라 이웃 반경은 서서히 줄어들어서 점점 적은 개수의 뉴런들이 학습을 하게 된다. 최종적으로는 단지 승자 뉴런만이 그것의 연결 강도를 조정하게 된다. 이러한 과정이 끝나면 또 다른 입력 벡터가 들어오게 되고 위에서 기술한 과정을 되풀이한다. 즉 새로운 승자 뉴런이 선택되고, 출력 신호를 내고, 승자 뉴런과 그 이웃 반경의 뉴런들의 연결 강도 벡터는 입력 벡터에 다가가게 된다. 이러한 과정은 모든 훈련이 끝날 때까지 계속 반복된다.

Kohonen의 자기조직화 지도(Self Organizing Feature Maps, SOM) 알고리즘

[단계 1] 연결 강도를 초기화한다.

N개의 입력으로부터 M개의 출력 뉴런 사이의 연결 강도를 작은 값의 임의수로 초기화한다. 초기의 이웃 반경은 〈그림 3.27〉에서와 같이 모든 뉴런들이 포함될 수 있도록 충분히 크게 잡았다가 점차로 줄어든다.

[단계 2] 새로운 입력 벡터를 제시한다.

[단계 3] 입력 벡터와 모든 뉴런들간의 거리를 계산한다.

입력과 출력 뉴런 j 사이의 거리 d_j는 다음과 같이 계산한다.

$$d_j = \sum_{i=0}^{i\ v-1} (X_i(t) - W_{ij}(t))^2$$

여기서 $x_i(t)$는 시각 t에서의 i번째 입력벡터이고 $w_{ij}(t)$는 시각 t에서의 i번째 입력 벡터와 j번째 출력 뉴런 사이의 연결 강도이다.

[단계 4] 최소 거리에 있는 출력 뉴런을 선택한다.

최소 거리 d_j인 출력 뉴런 j^*를 선택한다.

[단계 5] 뉴런 j^*와 그 이웃들의 연결 강도를 재조정한다. 뉴런 j^*와 그 이웃 반경 내의 뉴런들의 연결 강도를 다음 식에 의해 재조정한다.

$$w_{ij}(t+1) = w_{ij}(t) + a(x_i(t) - w_{ji}(t))$$

여기에서 j는 j^*의 이웃 반경 내의 뉴런이고 i는 0에서 $N-1$까지의 정수값이다. α는 0과 1사이의 값을 가지는 이득값(gain term)인데 시간이 경과함에 따라 점차 작아진다.

[단계 6] [단계 2]로 가서 반복한다.

Kohonen의 학습 규칙에 대한 역사는 복잡하다. 이 학습 규칙 자체는 1962년 이전에 생겨났으며, 1965년 N. Nilsson의 'Learning Machine'이란 책에도 언급되어 있다. 이 책에서 Nilsson은 이 학습 방법이 1962년 L. M. Stark, M, Okajima, 그리고 G. H. Whipple 등에 의해 발명되었다고 주장하고 있다. 그러나 실제로는 'unsupervised clustering'이란 논제와 더불어 훨씬 이전부터 있었을 것이다.

Kohonen 네트워크에 있어서 강조되어야 할 실제적인 문제들은 다음과 같다. 첫째, 연결 강도 벡터와 입력 벡터의 정규화(normalization)이다. 둘째, Kohonen 네트워크는 네트워크 크기가 큰 경우에 잘 작동한다. 네트워크의 크기가 작으면 통계적인 모델의 정확도는 떨어지므로 완전한 결과를 기대할 수 없다.

(3) 자기조직화 과정

1) 2차원 지도의 자기조직화

입력 패턴의 분포를 반영하는 2차원의 지도가 자기조직화라는 예를 살펴보자. 훈련 패턴들은 2차원의 벡터들인데 각 엔트리는 0에서 1까지의 숫자이며 균등 분포(uniform distribution)에서 선택된다.

네트워크의 초기 연결 강도는 0.4~0.6사이의 임의값을 사용하였다. <그림 3.29>의 (a)는 초기의 연결 강도를 나타내고 <그림 3.29>의 (b)는 경쟁층에서 두 개의 인접한 유니트의 연결을 보여준다.

Kohonen 네트워크는 <그림 3.30>의 (a)에 나타난 것처럼 처음의 상태에서 점차로 조직화된다. 중앙에 위치한 하나의 클러스터는 초기의 주어진 범위 내의 임

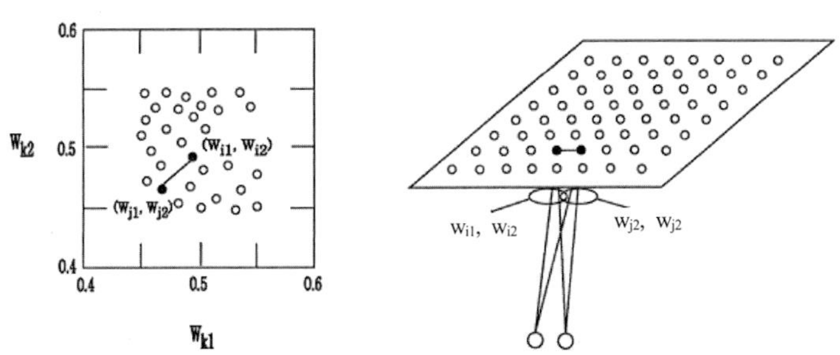

(a) 네트워크의 초기 연결 강도　　(b) 경쟁층에서 인접한 유니트의 연결

〈그림 3.29〉 Kohonen의 자기조직화 지도(SOM)

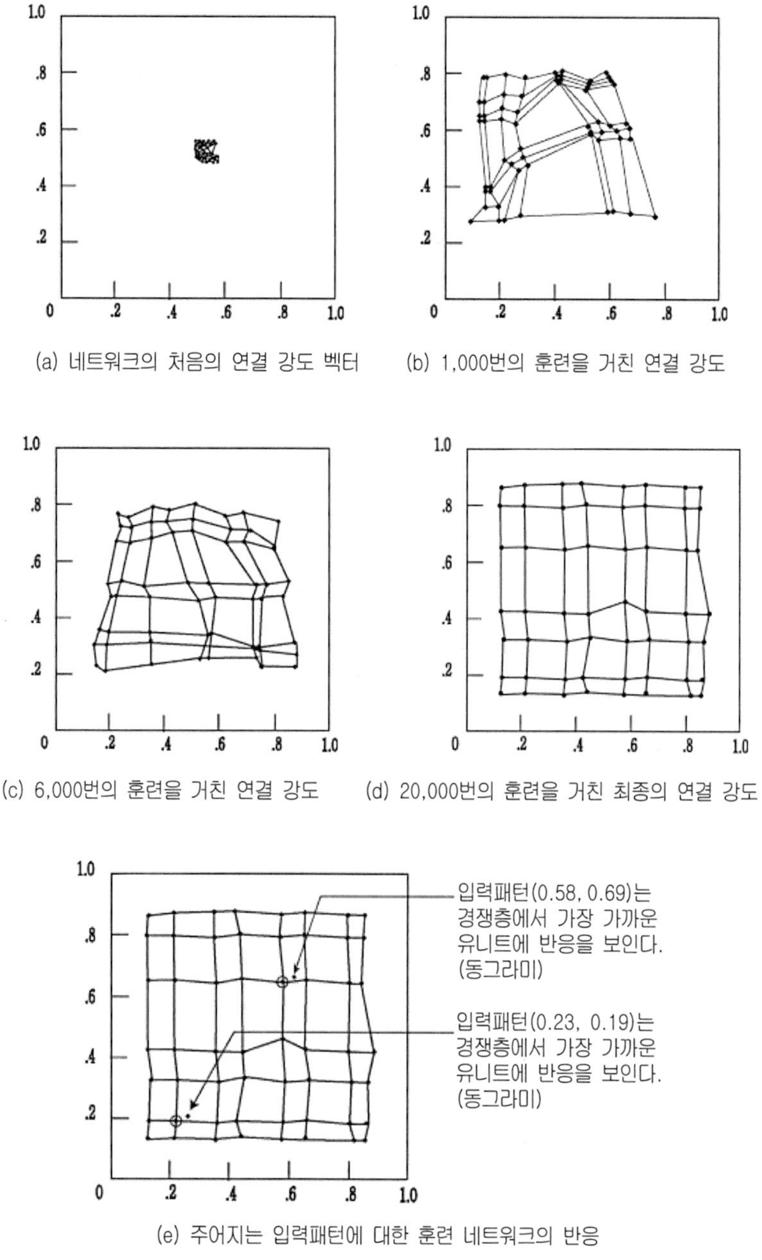

(a) 네트워크의 처음의 연결 강도 벡터

(b) 1,000번의 훈련을 거친 연결 강도

(c) 6,000번의 훈련을 거친 연결 강도

(d) 20,000번의 훈련을 거친 최종의 연결 강도

(e) 주어지는 입력패턴에 대한 훈련 네트워크의 반응

〈그림 3.30〉 Kohonen 네트워트의 자기조직화 과정

의 값을 가진 연결 강도의 값이다. <그림 3.30>의 (b)는 1,000번의 반복 수행(iteration)을 거친 결과인데 경쟁층에서 유니트간의 자연스런 순서관계(ordering)가 형성되기 시작한다. <그림 3.30>의 (c)는 6,000번의 반복 수행을 거친 중간 단계를 보여주며, 20,000번이 수행된 최종 결과는 <그림 3.30>의 (d)에 나타나 있다. 여기에서 학습 계수 α의 값은 0.2를 사용하였다. 마지막으로 <그림 3.30>의 (e)는 주어진 입력 패턴에 대해 훈련 네트워크의 반응을 보여준다. 입력 패턴이 주어졌을 때 가장 가까운 유니트가 경쟁층에서 승리하게 된다. 승리 유니트는 동그라미로 표시되었으며 두 개의 입력 패턴들은 점들로 표시되었다.

Kohonen의 네트워크는 다음 <그림 3.31>에서와 같이 여러 개의 군집(population)을 몇 개의 세그먼트로 나누는 것과 같다.

2) 2차원 벡터의 선형적인 자기조직화

Kohonen의 자기조직화 형상지도는 2차원의 패턴 공간을 1차원의 체인같은 유니트들로 조직화할 수 있다. 이러한 예는 Kohonen 네트워크에서 매우 중요한데 고차원의 표현을 1차원으로 표현할 수 있는 장점이 있다. <그림 3.32>의 (a)는 2개의 입력 유니트와 40개의 경쟁 출력 유니트가 일직선으로 나열된 것이다. 두 개의 입력 유니트들은 2차원의 패턴들을 입력시킬 수 있으며, 이 네트워크는 이러한 패턴을 1차원의 출력 체인으로 매칭이 가능하다. 훈련 패턴들은 팡의 예와 마찬가지로 0과 1사이의 균등 분포에서 임의적으로 선택되었다.

<그림 3.32>의 (b)는 임의값 연결 강도를 가진 초기의 상태이고 (c)는 6,000번

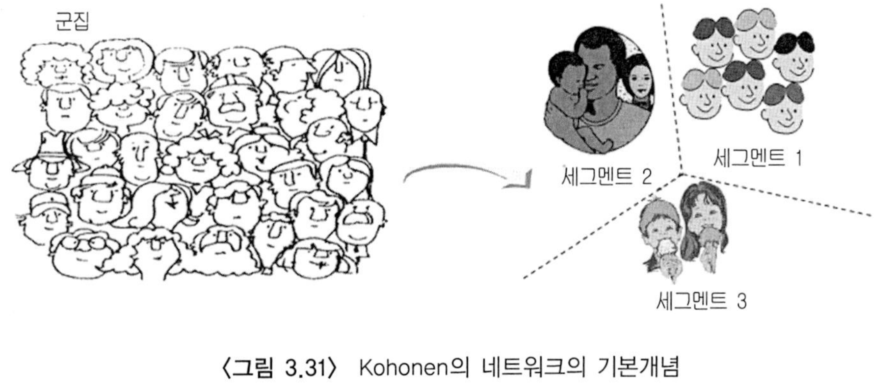

〈그림 3.31〉 Kohonen의 네트워크의 기본개념

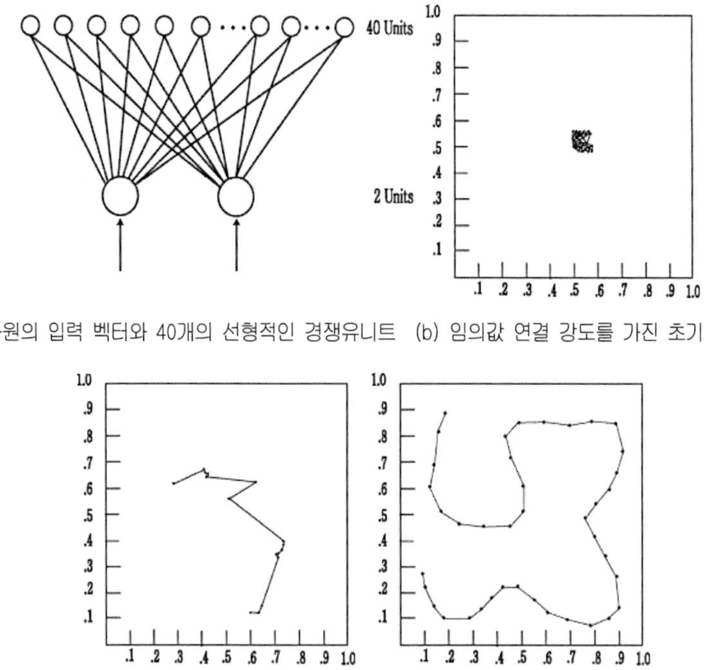

(a) 2차원의 입력 벡터와 40개의 선형적인 경쟁유니트 (b) 임의값 연결 강도를 가진 초기의 상태

(c) 6,000번의 반복 수행을 거친 중간 단계의 상태 (d) 60,000번의 수행후의 최종 상태

〈그림 3.32〉 2차원 벡터의 선형적인 자기조직화 과정

의 반복 수행을 거친 중간 단계이며, 5만번의 반복 수행을 거친 최종적인 결과는 <그림 3.32>의 (d)에 나타내었다. 여기서의 학습 계수 a_s는 0.2이다.

(4) Kohonen 네트워크의 장점

Kohonen 네트워크는 여러 가지 장점들을 가지고 있다. 첫째, 이 네트워크는 구조상 수행이 상당히 빠른 모델이다. 이것은 훈련 단계에서도 그러하다. 이 네트워크는 오류 역전파 모델과는 달리 여러 단계의 피드백이 아닌, 단 하나의 전방향 흐름(feedforward flow)을 사용한다. 그러므로 Kohonen 시스템은 잠재적으로 실시간 학습 처리를 할 수 있는 모델이다. 둘째, 이 네트워크는 연속적인 학습이 가능하다. 그러므로 만약 입력 데이터의 통계적 분포가 시간에 따라 변하면 Kohonen

네트워크는 자동적으로 이러한 변화에 적응하게 된다. 셋째, Kohonen 네트워크는 자기조직화를 통한 정확한 통계적 모델이다.

Kohonen 네트워크를 실세계 문제에 적용하기는 그리 쉽지가 않다. 그러나 이 모델이 우리의 두뇌의 작용을 고찰하기엔 매우 유용한 모델이라 할 수 있다.

3.5.6 볼쯔만 머신(Boltzman Machine)

오류 역전파 알고리즘이나 홉필드 네트워크는 신경 회로망에 있어서 매우 중요한 학습 모델이며, 이 모델들의 매우 중요한 공통적인 문제점은 지역 최소점(local minima)에 빠진다는 점이다. 문제를 해결하기 위해서는 우리가 일반적으로 추구하는 것은 지역 최소점이 아닌 전역적 최소점(global minima)을 찾아야 한다.

이번 절에서는 고체를 높은 온도에서 녹인 후에 지역 최소점에 빠지지 않도록 서서히 식히면서 에너지의 상태를 최소화시키는 시뮬레이티드 어닐링과 이 알고리즘을 바탕으로 한 병렬 처리 시스템의 하나인 볼쯔만 머신에 대하여 살펴보고자 한다. 볼쯔만 머신은 1984년 Hinton 등에 의해 제안되었으며, 홉필드 네트워크와는 달리 에너지가 증가하는 방향으로도 작은 확률이나마 상태의 전이를 허용함으로써 지역 최소점에 빠질 수도 있는 경우를 가장 최소의 에너지를 가진 곳으로 이동할 수 있도록 함으로써 최소값을 구할 수 있도록 한다.

(1) 시뮬레이티드 어닐링(simulated annealing)

금속의 담금질(annealing)이란 고체를 녹을 때까지 가열하고 난 후 그것을 완전한 격자 상태의 결정체가 될 때까지 식히는 물리적인 과정이다. 이런 과정 중에 그 고체의 자유 에너지(free energy)는 최소화된다. 오래 전부터의 경험에 의하면 고체화되는 과정에서 지역 최소점에 빠지지 않도록 하기 위해서는 조심스럽게 서서히 식혀야 한다.

조합 최적화(combinatorial optimization) 문제에서도 이와 유사한 과정을 정의할 수 있다. 이 과정은 잠재적으로 매우 많은 해결방안 중에서 최소의 비용이 드는 해답을 구하는 문제로 공식화될 수 있다. 우리는 여기서 비용 함수와 자유 에너지 사이의 관계, 그리고 해답과 물리적인 상태의 관계를 정립함으로써 물리적인 담금질 과정의 시뮬레이션에 의거한 조합 최적화 문제의 해결 방안을 소개할 수 있는데 이러한 방법이 바로 시뮬레이티드 어닐링(simulated annealing)이다.

시뮬레이티드 어닐링은 Scott Kirkpatrick, Gelatt와 Vecchi 등에 의해 처음 제안된 방법으로 조합 최적화 문제와 관련하여 소개되었다. 또한 1985년에 Cerney에 의해 독립적으로 연구 발표되었다. 이러한 개념들은 고체의 물리적인 담금질과 아주 많은 경우의 수를 가진 조합 최적화 문제 사이의 밀접한 관계에 의거한다.

이 방법의 가장 큰 특징은 폭넓은 응용 가능성과 최상에 가까운 해답을 얻을 수 있다는 점이다. 그러나 이 방법에도 상당히 큰 단점이 있다. 상당히 좋은 해답을 얻는데 걸리는 계산 시간이 엄청나게 길다는 점이다. 그러나 시뮬레이티드 어닐링 알고리즘의 구현시 필요한 엄청난 시간은 대규모 병렬 처리를 기반으로 하는 계산 모델을 사용함으로써 상당히 줄일 수 있는데 그러한 모델 중의 하나가 바로 볼쯔만 머신인 것이다.

(2) 시뮬레이티드 어닐링 알고리즘의 응용 예

EUR100은 유럽의 100대 도시들을 연결하는 순회판매원(TSP) 문제인데 상호 대칭적이고 2차 평면적인 유클리트 거리를 다룬다. 거리 행렬(distance matrix)의 요소들은 테이블에 주어진 지리학상의 좌표로 계산되어진다.

이 문제의 경우 시뮬레이티드 어닐링 최적화 과정의 발전도를 이용하여 계산한 결과, 최소 여행 거리는 21,134이고 이 경우의 여행 루트는 <그림 3.33>에 나타

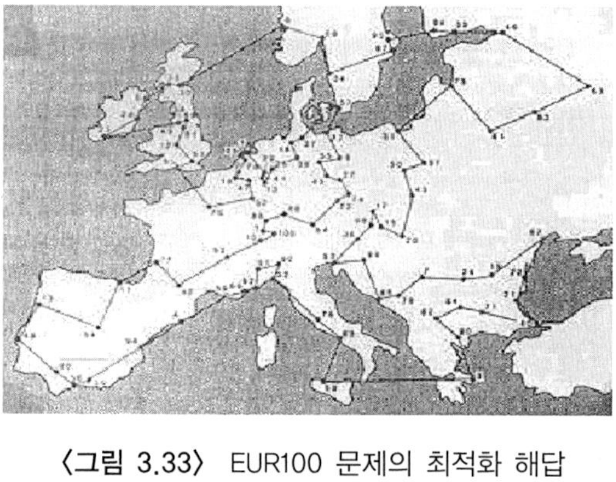

〈그림 3.33〉 EUR100 문제의 최적화 해답

나 있는데 직선의 연결은 최적의 여행 경로를 나타낸다. CYBER-205 컴퓨터에서 최적의 여행 경로를 구하는데 59.5CPU 초가 걸렸다.

(3) 볼쯔만 머신(Boltzmann machine)

볼쯔만 머신은 신경 회로망과 시뮬레이티드 어닐링으로부터의 흥미로운 성질들을 결합시킨 모델인데 대규모 병렬 처리를 이용하는 강력한 계산 장치이다. 볼쯔만 머신은 1984년 G. E. Hinton과 T. J. Sejnowski에 도입되었다. 볼쯔만 머신은 연결망(connectionist) 모델로의 최신 접근 방법이다. 이것은 홉필드 모델의 일반화로 여겨질 수 있는데 홉필드 모델의 동작 규칙을 확률적인 동작 규칙으로 확장시킨 것으로 생각될 수 있다.

홉필드 네트워크의 동작 규칙에서는 네트워크의 상태를 에너지를 감소시키는 방향으로만 변화시키지만, 볼쯔만 머신에서는 에너지가 증가하는 상태의 전이에 대해서도 작은 확률로나마 허용하는 동작 규칙을 사용한다.

오류 역전파 알고리즘을 비롯한 여러 신경망 모델들이 지역 최소점(local minima)에 빠져서 전역적 최소점(global minima)을 구할 수 없는 경우도 있는데 비하여 볼쯔만 머신에서는 에너지가 증가하는 방향으로의 전이도 가능하므로 전역적 최소값을 구할 수 있다. 이것의 원리는 마치 <그림 3.34>에서 보는 바와 같이 구슬이 두개의 지역 최소값을 가진 에너지 장벽으로 분리되어 있는 시스템에서 상자를 흔들어 어느 곳으로도 굴러갈 수 있도록 하는 것과 같은 원리인 것이다.

볼쯔만 머신은 신경 회로망 모델의 하나로서 연결망 모델들의 그룹에 속한다. 볼쯔만 머신은 유니트라고 불리는 단순한 계산 요소들로 이루어진 네트워크이다.

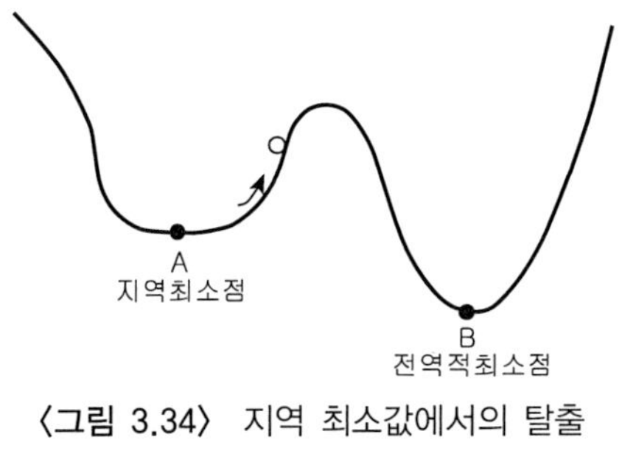

〈그림 3.34〉 지역 최소값에서의 탈출

그 유니트들은 on이나 off'의 2가지 상태 중 하나를 가질 수 있다. 연결들은 개별 유니트들의 상태에 국부적인 제한을 가하는 실수값의 연결 강도를 가지고 있다.

홉필드 모델과 마찬가지로 볼쯔만 머신에서의 유니트들도 이진수의 상태를 가지며 연결은 양방향(bidirectional)이다. 볼쯔만 머신은 확률적인 상태 전이(state transition) 방법을 사용하는데 비하여 홉필드 모델은 확정적인(deterministic) 상태 전이 방법을 쓰는 것이 다르다. 또한 볼쯔만 머신은 학습시에 은닉 유니트를 쓸 수도 있다. 개별 유니트들의 상태를 그들 이웃들의 상태를 조정하기 위하여 시뮬레이티드 어닐링 알고리즘에 의한 확률적인 상태전이 메커니즘이 쓰인다.

우리가 볼쯔만 머신을 학습하는 중요한 이유는 다음과 같다. 우선 이 모델은 탐사 · 표현 및 학습 등에 응용될 수 있는 일반적인 접근 방법을 제시해 준다. 또한 이 모델은 엄밀한 수학적인 바탕을 통하여 네트워크의 수렴 성질을 제공하며 지도 학습이건 자율 학습이건 간단한 학습 알고리즘들을 형성할 수 있게 해 준다. 마지막으로, 이 모델의 단순성으로 인하여 실리콘 칩에 넣는 하드웨어의 구현이 비교적 쉽다는 것이다.

볼쯔만 머신에서는 연결 강도의 합 $u_i(t)$로부터 다음 시각의 출력 $v_i(t+1)$을 결정하는 이론에 계단 함수(step function) 대신 확률에 의한 판정이론을 도입했다. 즉, 유니트 i의 다음 시각에서의 출력값 $v_i(t+1)$이 1이 될 확률 P는 다음 식에 의해 결정된다.

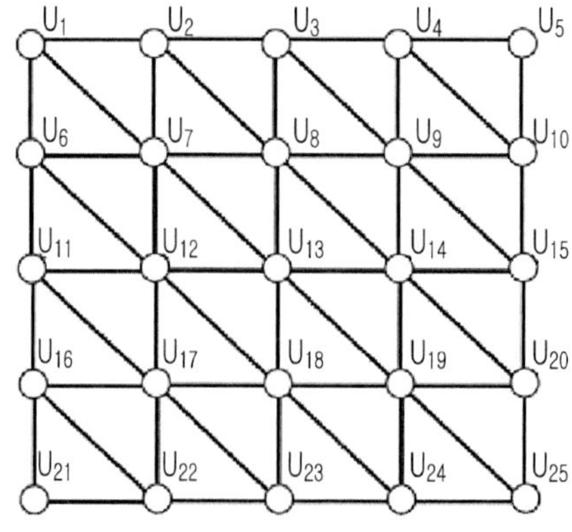

〈그림 3.35〉 25개의 유니트를 가진 볼쯔만 머신의 예

$$P[v_i(t+1)=1]=f(j_i(t)/T)\equiv\sum_{v_j}^{u_i}w_{ij}(t)+\theta_i \qquad (i\neq j)$$

$$f(x)=1/2(1+\tanh(x/2)=\frac{1}{(1+\exp(-x))}$$

여기서, 파라메터 T는 네트워크 온도라 부르며, T의 값에 따라 함수 $f(x/t)$의 형태는 <그림 3.38>과 같이 변화한다. T가 크면 $f(x/T)$는 x 값의 차이에 둔감해지고, T가 무한대에 접근할 때는 x의 값에 관계없이 $f(x/T)=0.5$가 된다. 또 T가 작으면 $f(x/T)$는 x값이 양수 또는 음수에 따라 민감해지고, T가 0에 접근할 때에는 $f(x/T)$는 계단 함수 $1(x)$에 수렴한다.

이때는 $u_i(t)$의 값이 양수일 경우는 확률 1.0으로 $v_i(t+1)=1$이 되고, 음수일 경우는 확률 1.0으로 $v_i(t+1)=0$이 되고, 음수일 경우는 확률 1.0으로 $v_i(t+1)=0$이 된다. 이러한 성질을 잘 이용하면 네트워크의 상태를 항상 에너지 함수의 최고점에 수렴시킬 수 있는 가능성이 있다.

일반적으로 온도 T는 높은 온도에서 출발하여 낮추어 가다가 평행 상태에 도달하면 평행 상태가 깨지지 않도록 서서히 온도를 낮추어 최종적으로 0의 극한에 도달한다. 이러한 것은 금속재료 등을 가열한 후 서서히 냉각시켜 내부의 결함을 없애는 방법과 유사한 시뮬레이티드 어닐링 방법이다. 여기에서 중요한 것은 온도 T를 낮추어 가는 방법이다. 온도를 너무 급속히 낮추면 평행 상태를 이루어도 최소 에너지 상태에 도달할 확률이 적고, 너무 천천히 낮추면 최소 에너지에 도달할 확률은 커지지만 많은 반복을 필요로 하므로 시간이 많이 걸린다.

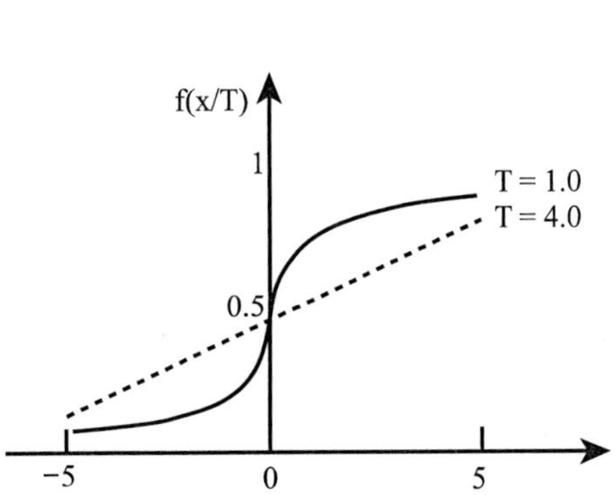

〈그림 3.36〉 T에 의한 시그모이드 함수의 변화

S. German과 D. German 형제는 1984년에 온도 $T(t)$를 다음 식의 조건을 만족시키면서 낮추어 가면 네트워크의 상태는 반드시 최소점에 수렴한다는 것을 증명하였다.

$$T(t) \geq c/\log(1+t)$$

여기서, t는 시간 발전 규칙의 적용횟수, C는 정수이다.

위 식에서 주어지는 확률이 $v_i(t+1)=1$의 상태로 상태 전이한 경우의 네트워크 에너지의 변화를 살펴보자. 상태 전이의 전후에서 변화하는 것은 유니트 i뿐이므로 에너지 변화량은 다음 식과 같이 주어진다.

$$\begin{aligned} E(t+1)-E(t) &= -v_i(t+1)-v_i(t)\sum_{i \neq j} w_{ij}(t)+\theta_i \\ &= -v_i(t+1)-v_i(t)u_i(t) \end{aligned}$$

$$E(t+1)-E(t) = -1-v_{i(t)}u_{i(t)}$$

위 식으로부터 $u_i(t)$가 양수인 경우는 상태 전이에 의해 에너지가 감소하거나 변화하지 않는다. 이와 반대로 $u_i(t)$가 음수인 경우에는 상태 전이에 의해 에너지가 증가하거나 변화하지 않는다. 이러한 전이는 홉필드 네트워크에서는 금지되어 있지만 볼쯔만 머신에서는 작은 확률로 허용되어 상태가 에너지 함수의 최소점에 수렴하게 된다. 즉, 홉필드 네트워크에서의 상태는 에너지 함수의 지역 최소점을 나타내는 임의의 하나의 상태에 수렴하지만, 볼쯔만 머신에서는 상태 전이에 확률을 도입함으로써 하나의 상태에 수렴하기보다는 네트워크의 각 상태가 각각 결정된 확률로 출현하는 평행 상태에 수렴한다. 평행 상태에서의 각 상태의 출현 확률은 그 때의 상태 에너지값으로부터 볼쯔만 분포(Boltzmann distribution)에 의해 주어진다. 각 상태의 에너지값을 정하는 에너지 함수는 유니트간 연결 강도나 유니트의 임계값 등의 네트워크 변수들에 의해 결정되므로 이 변수들을 적당히 조절함으로써 원하는 평행 상태를 실현할 수 있다. 이처럼 원하는 평형 분포를 실현할 수 있도록 네트워크의 변수들을 조절하는 것이 볼쯔만 머신의 학습이다.

(4) 볼쯔만 머신의 학습

볼쯔만 머신의 모든 유니트들을 <그림 3.37>에서와 같이 가시(visible) 유니트

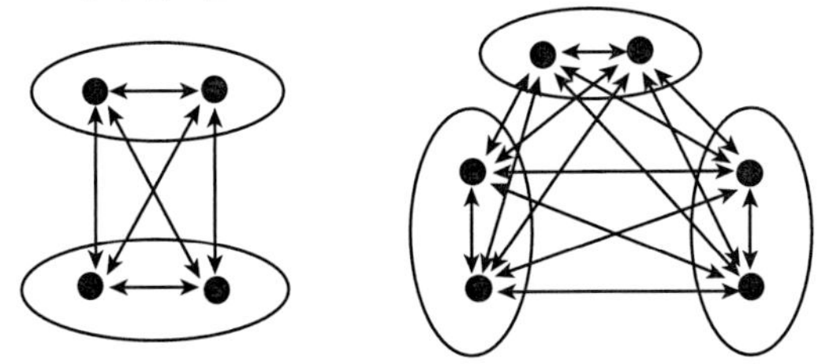

(a) 자기상기형 (b) 상호상기형

〈그림 3.37〉 볼쯔만 머신의 학습 방법

들과 은닉(hidden) 유니트들의 두개의 그룹으로 나누어 가시 유니트들의 상태의 평형 분포를 원하는 확률 분포로 일치하도록 학습한다.

볼쯔만 머신의 학습 방법을 두 가지로 나눌 수 있는데 한 가지는 학습시에 제시되는 목표 분포를 그대로 따라서 학습하는 자기상기형 방법이다. 이것은 가시 유니트들을 통하여 학습 상태를 볼 수 있으며 학습 결과로 네트워크의 변수는 외부 환경의 확률적인 구조를 갖게 된다.

또 한 가지는 가시 유니트들을 입력 유니트들과 출력 유니트들의 두 개의 그룹으로 나누어 입력 유니트들의 상태를 고정했을 때의 출력 유니트들의 평형 분포를 원하는 확률 분포와 일치하도록 학습하는 상호상기형 방법이다. 상호상기형 방법의 학습 결과는 입력 유니트들의 상태와 출력 유니트들 상태간의 조건부 확률을 학습하게 된다. 이것은 일종의 연상기억을 실현하는데 사용될 수 있다. 예를 들면, 입력 유니트들을 '바나나'를 나타내는 패턴으로 고정했을 경우에 출력 유니트들에 '노랗다' 또는 '길쭉하다' 등에 대응하는 복수의 패턴이 확률적으로 나타나면 이것은 '바나나'로부터 '노랗다' 또는 '길쭉하다'를 연상한 것이 된 것이다.

(5) 볼쯔만 머신의 응용 분야

볼쯔만 머신은 유니트들이 그들의 상태 전이를 국부적으로 평가하기 때문에 병렬 처리를 쉽게 해준다. 더군다나 볼쯔만 머신은 전체적인 구성을 분산 표현하기 때문에 전통적인 컴퓨터 아키텍처를 사용할 때 생길 수 있는 Von Neumann의 병목 현상을 겪지 않는다.

볼쯔만 머신에서의 병렬 처리 상태 전이 방법에는 여러 가지 접근법이 있는데 크게 나누자면 동기성 병렬 처리와 비동기성 병렬 처리로 분류된다. 볼쯔만 머신은 최적화 문제뿐만 아니라 패턴 인식에 있어서 필수적인 패턴 분류에도 매우 유용하다.

볼쯔만 머신의 장점 중 대규모 병렬 처리와 분산된 표현은 볼쯔만 머신의 또 다른 특징들이다. 이러한 점들은 볼쯔만 머신이 개념적으로는 단순하지만 강력한 계산 모델임을 보여주며, 시뮬레이티드 어닐링 알고리즘을 이용한 병렬 처리에 적합하므로 미래의 병렬 컴퓨터의 발전 가능성을 높여주고 있다.

볼쯔만 머신의 유용한 응용 분야로는 VLSI의 배치 문제나 순회 판매원 문제최적화 문제의 근사해를 구하는 경우 등에 특히 적합하다.

3.5.7 카운터프로파게이션 네트워크(Counter Propagation Network)

(1) 카운터프로파게이션 네트워크

카운터프로파게이션은 두 개의 서로 다른 모델인 Kohonen층과 Grossberg층이 함께 결합되어서 개별적으로는 가질 수 없는 장점을 가지게 된 네트워크(CPN)를 말한다. 카운터프로파게이션 네트워크는 백프로파게이션 네트워크보다 훨씬 빨리 결과를 얻을 수 있다. 이 절에서는 카운터프로파게이션 네트워크의 배경 및 특성, 네트워크의 구조, 학습 방법 등을 살펴보고 패턴분류 및 데이터 전송 등의 응용에 쓰이는 예들과 장단점들을 고찰한다.

카운터프로파게이션 네트워크는 패턴 매칭, 패턴 분류, 통계적인 분석 및 데이터 압축 등에 매우 유용한 모델인데, 가능한 응용 분야로는 의학, 항공, 재정학 등의 패턴 매칭에 널리 쓰일 수 있다. 카운터프로파게이션 네트워크가 패턴 매칭 문제에 적용될 때의 제한점은 입력 패턴들이 잘 분리된 클래스로 되어 있어야 한다는 점이다. 입력 벡터가 불규칙하거나 서로 겹쳐져 있을 경우에는 경쟁층에서 왜곡 현상(skew)이 일어나서 잘못된 패턴 분류를 하게 된다. 카운터프로파게이션 네트워크는 패턴 클래스들간의 경계선을 명확히 하기 위하여 경쟁층에 충분한 개수의 뉴런을 가져야 한다. 그렇치 않은 경우에는 경쟁층에서 하나의 뉴런이 한개 이상의 클래스에 대하여 반응하게 되어 잘못된 분류를 하게 된다. 따라서 충분한 개수의 경쟁층 뉴런이 필요하다.

카운터프로파게이션 네트워크는 1987년 Hecht Nielsen에 의해 제안된 상당히 최근의 혼합형 모델인데 Kohonen의 경쟁 네트워크와 Grossberg의 아웃스타(outstar) 구조의 결합으로 이루어져 있다. 카운터프로파게이션 네트워크는 두 개의 서로 다른 타입의 층들을 사용한다. 중간의 은닉층은 자율적인 학습을 하는 경쟁적인 뉴런들로 이루어진 Kohonen 층을 사용하며, 상위층은 Grossberg의 층으로 이루어져 있는데 은닉층과 완전 연결되어 있으나 경쟁하지는 않는다.

(2) 네트워크의 구조

<그림 3.38>는 완전한 형태의 카운터프로파게이션 네트워크의 위상(topology)을 나타낸다. X, Y 벡터들은 서로 반대 방향으로 입력되며 출력 벡터 X', Y'를 얻는다. 이와 같이 서로 반대 방향으로 처리되는 것으로부터 이 카운터프로파게이션 네트워크의 이름이 비롯되었다고 한다.

원래의 카운터프로파게이션 네트워크의 구조는 5개의 층(layer)으로 구성되어 있다. 두개의 입력층(1과 5층), 하나의 은닉층(3층), 그리고 두개의 출력층(2와 4층)으로 이루어져 있다.

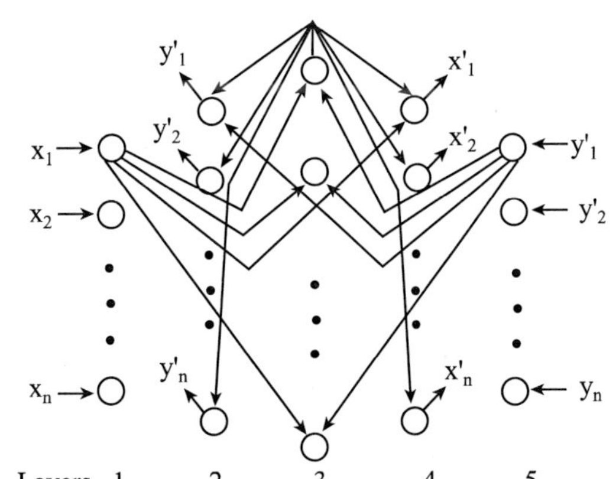

〈그림 3.38〉 원래의 카운터프로파게이션 네트워크의 구조

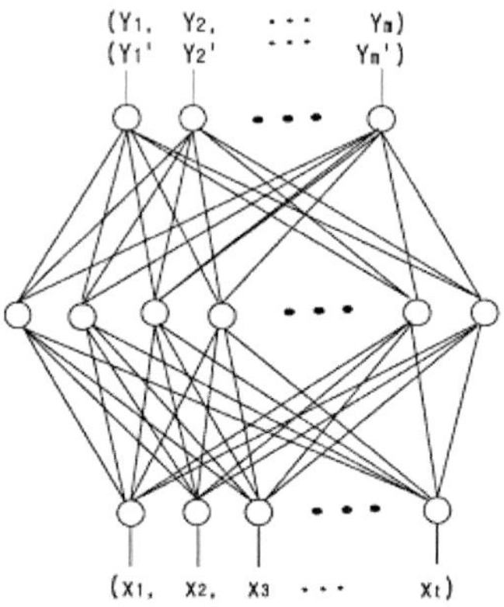

〈그림 3.39〉 3층의 카운터프로파게이션 네트워크

원형의 카운터프로파게이션 네트워크의 구조는 양방향에서 대칭적인 구조를 가지기 때문에 혼돈을 일으키기 쉬우므로 좀 더 간단하게 표현하기 위하여 3개의 층으로 구성된 카운터프로파게이션 네트워크를 <그림 3.39>과 같이 나타내었다. 첫 번째 층은 입력층이고, 두 번째 층은 Kohonen의 경쟁층이며, 세 번째 층은 출력층이다. 각각의 층은 바로 상위의 층과 완전 연결되어 있다.

학습시의 카운터프로파게이션 네트워크는 다음과 같이 작동한다. 첫째 입력 패턴이 입력층에 제시된다. 그러면 은닉층에서는 그들의 입력값을 합하여 주어진 입력 패턴들에 대해 경쟁하게 되는데 그 결과 단지 하나의 뉴런만이 경쟁에서 승리하게 되고 활성화된다. 은닉층의 다른 뉴런들은 모두 비활성적으로 된다.

은닉층의 경쟁에서 승리한 뉴런은 입력 패턴에 대한 분류 카테고리를 대표하게 된다. 승리 후 그 뉴런의 활동수준은 1이 되고, 은닉층 내의 다른 나머지 뉴런들의 활동수준은 0이 된다. 승리한 뉴런은 상위층의 패턴을 활성화하고 출력을 내게 된다. 승리하지 못한 뉴런들은 활동값이 0이므로 출력층 뉴런들의 활동에 영향을 주지는 않는다. 그러나 승리 뉴런은 출력층과 완전 연결되게 되며 각 연결에 대한 연결 강도를 가지게 된다. 마지막으로 출력 패턴이 출력층에서 나오게 된다. 이 과정은 <그림 3.40>에 나타나 있다.

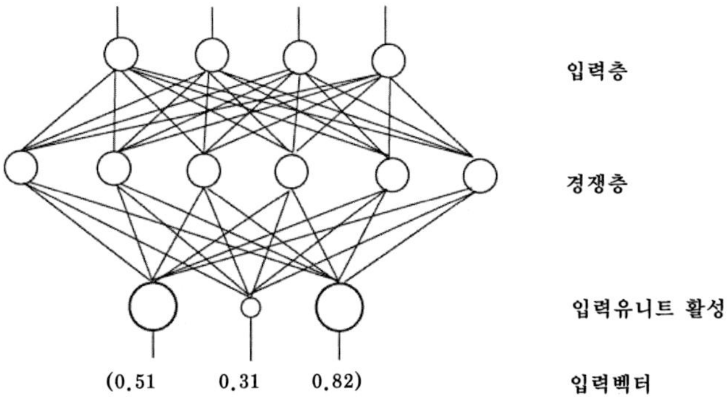

(a) 입력 패턴의 제시

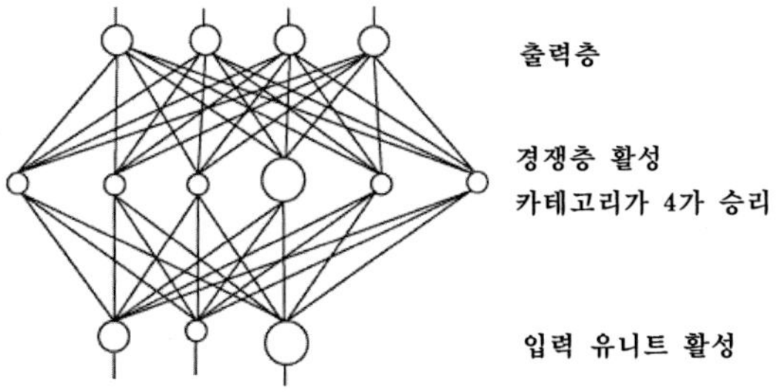

(b) 은닉층에서의 승리 뉴런

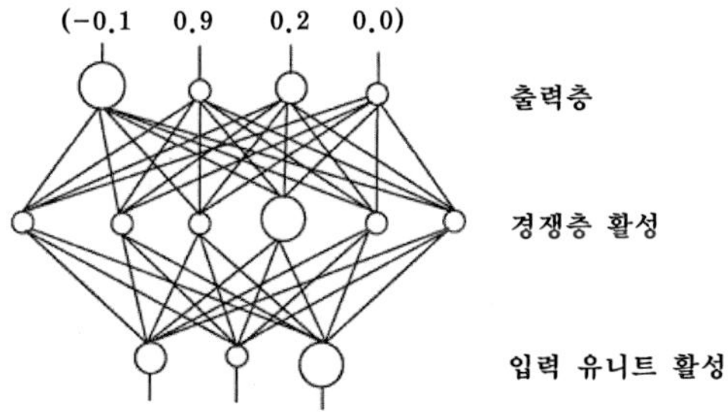

(c) 승리 뉴런에 의한 출력 패턴

〈그림 3.40〉 카운터프로파게이션 수행 과정

(3) 학습 방법

학습시에 두개 층의 연결 강도들이 조정된다. 경쟁층에서 주어진 입력에 대하여 승리 뉴런이 정해지고 그것과 연결된 연결 강도들만이 조정되며 다른 뉴런들의 연결 강도는 변하지 않는다. 경쟁에서 승리한 뉴런이 선택되고 난 후, 네트워크의 출력이 계산되며 네트워크의 출력값들이 목표 패턴들과 비교되고 두 번째 층의 연결 강도가 조정된다.

승리 뉴런과 연결된 연결 강도는 다음 식에 의해 조정된다.

$$W_{new} = W_{old} + a(X - W_{old})$$

여기서, W_{old}는 기존의 연결 강도이고, W_{new}는 새로 조정된 연결 강도를 나타낸다. a는 0보다 크고 1 이하의 실수값을 가진 학습 계수이고, X는 입력 벡터이다. 이때 승리하지 못한 뉴런들과 연결된 연결 강도들은 전혀 조정되지 않는다.

(4) 응용 분야

1) 패턴 분류에의 응용

카운터프로파게이션 네트워크는 <그림 3.41>에서 보는 바와 같이 2차원 벡터들로 이루어진 패턴들을 분류한다. 패턴 클래스는 4개의 서로 다른 점들의 클러스터로 이루어져 있는데 직경이 0.1인 사각형 내에 흩어져 있다. 은닉층은 30개의

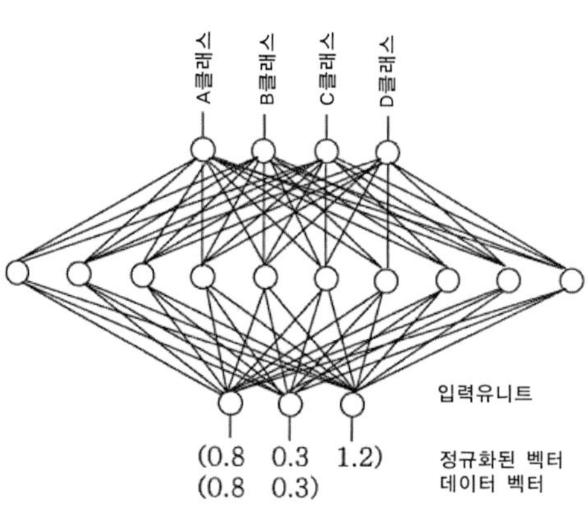

〈그림 3.41〉 패턴 클러스터 분류를 위한 카운터프로파게이션 네트워크

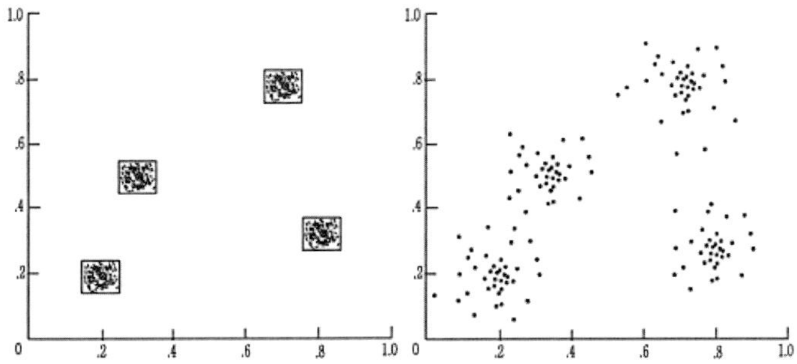

(a) 테스트 데이터의 플롯 (b) 테스트 데이터의 수행 결과

〈그림 3.42〉 테스트 데이터플롯과 수행결과

뉴런으로 이루어져 있는데 자율 학습을 통하여 데이터를 분류한다. 테스트 데이터의 플롯은 <그림 3.42(a)>에 나타나 있다.

최종적인 출력층에서 패턴 클래스는 4개의 클래스로 나뉘어진다. 주어진 데이터에 대한 카운터프로파게이션 네트워크의 출력 결과는 <그림 3.42(b)>에 나타나 있으며, 학습 상수를 0.1로 하고 1,000번을 반복하여 학습했을 때 주어진 데이터를 정확하게 분류했다.

2) 데이터 압축(data compression)에의 응용

카운터프로파게이션 네트워크는 데이터를 전송하기 전에 데이터를 압축하는데 사용되어서 전송할 비트의 수를 줄이는데 응용될 수 있다. 예를 들어, 하나의 영상(image)을 전송한다고 하자. 그 영상은 <그림 3.43>과 같이 여러 개의 부분 영상으로 나누어진다. 각각의 부분 영상은 화소(pixel, 픽셀)들로 이루어져 있으며 화소들로 이루어진 벡터가 된다. 간단히 하기 위하여 여기서는 각 화소의 값을 흰 경우에는 1이고 검을 경우에는 0이라고 하자. 만약 부분 영상 안에 n개의 화소가 있다면 그것을 전송하는데 n 비트가 필요하게 된다. 만약 약간의 왜곡이 허용될 경우 n개보다 훨씬 적은 비트 수가 필요하므로 보다 빨리 영상을 전송할 수 있다. 이것은 부분 영상 벡터의 통계적인 분포로 말미암아 가능하다. 벡터 정량화(vector quantization) 방법은 부분 영상을 표현할 가장 짧은 비트수를 결정한다.

카운터프로파게이션 네트워크는 벡터 정량화를 수행하는데 쓰일 수 있다. 부분 영상 벡터의 집합은 Kohonen 층의 입력으로 쓰여지며 단지 하나의 뉴런만이 1의

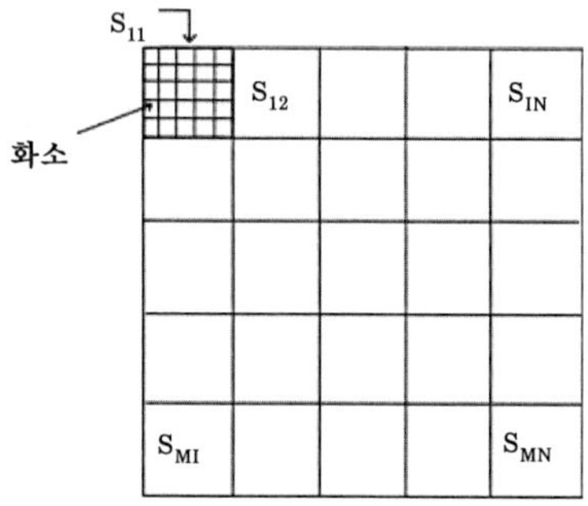

〈그림 3.43〉 영상 압축 시스템

값을 가지게 된다. Grossberg 층의 연결 강도들은 값이 1인 Kohonen 뉴런의 색인에 대한 이진 코드를 생성하게 된다.

예를 들면, 만약 Kohonen의 7번째 뉴런이 1이고 다른 모든 뉴런들이 모두 0일 경우, Grossberg의 층은 7의 이진 코드에 해당하는 00...000111을 출력하도록 훈련받게 된다. 영상의 전송이 끝나면 앞의 경우와 꼭 같이 훈련받은 카운터프로파게이션 네트워크는 이진 코드를 받아서 역함수(inverse function)를 이용하여 원래의 부분 영상의 근사값을 재현하게 된다.

이 방법은 음성과 영상의 전송에 응용되어서 10 : 1에서 100 : 1까지의 비율로 데이터가 압축되었다. 압축 복원된 패턴은 약간의 왜곡 현상이 있었으나 상당히 좋은 품질을 나타내었다.

(5) 카운터프로커게이션 네트워크의 장단점

카운터프로파게이션 네트워크는 잘 알려져 있는 Kohonen의 자기조직화 지도와 Grossberg의 아웃스타 알고리즘과의 조합이다. 두개를 조합함으로써 개별적으로는 이룰 수 없는 성질들을 가지게 되는 것이다. 카운터프로파게이션 네트워크는 훈련이 매우 빠르기 때문에 적절하게 이용되면 많은 시간을 절약할 수 있다. 카운터프로파게이션 네트워크를 오류 역전파 알고리즘과 비교하면 학습 시간을 100배 정도까지 줄일 수 있다. 카운터프로파게이션 네트워크는 오류 역전파 알고리즘과 같이 일반적이지는 않지만 오랜 학습 시간이 걸려서는 안 될 응용 분야에 매우 유용하다. 따라서 매우 정확함이 요구되지 않으면서도 빠른 시간 내에 근사값을 구하려는 시스템에 매우 유용하다. 또한 함수를 생성하는 능력으로 인하여 많은 시스템들에 응용될 수 있다.

카운터프로파게이션 네트워크의 단점으로는 어떤 응용 분야에 대해서 충분한 정확성의 보장이 없다는 것이다. 카운터프로파게이션 네트워크를 제안한 Hecht Nielsen은 카운터프로파게이션 네트워크가 대부분의 매칭 네트워크의 응용 분야에 있어서 분명히 오류 역전파 알고리즘보다 우수하지 못하지만 이 네트워크의 장점은 그것이 단순하다는 것과 입력 벡터 환경의 우수한 통계적 모델이라는 점이라고 설명하였다.

카운터프로파게이션 네트워크의 또 다른 단점으로는 이 네트워크의 경쟁층이 때때로 매우 불안정하다는 것이다. 이러한 현상은 패턴 그룹들을 나타낼 충분한 갯수의 은닉층이 없을 때 일어난다. 이런 경우에는 충분한 개수의 은닉층을 더해 주면 안정된 상태로 될 수 있다.

3.5.8 ART(Adaptive Resonance Theory)

인간 두뇌의 훌륭한 기능 중의 하나는 과거에 배웠던 것들을 잊지 않고도 새로운 것들을 계속하여 배울 수 있다는 점이다. 예를 들면, 매우 친한 어린 시절의 친구를 오랫동안 만나지 않았고 그 사이에 수많은 다른 친구들을 사귀었는데도 불구하고, 옛 친구를 10년 만에 만났을 때에도 예전의 기억이 남아있음을 알 수 있다. 이러한 인간 두뇌의 특징을 인공적인 신경 회로망에 적용할 수 있다면 매우 좋을 것이다. 그러나 지금까지 살펴본 신경망 모델들은 학습된 것 이외의 새로운 정보를 추가로 학습시키려 할 때는 전부를 다시 학습시켜야 하는 제한점이 있었다. 이와 같이 재학습이 필요없는 모델은 없을까?

1976년 미국 보스턴 대학의 Stephen Grossberg와 그의 부인 Gail Carpenter가 개발한 ART(Adaptive Resonance Theory) 모델은 아마도 지금까지 개발된 신경 회로망 모델 중에서 가장 복잡한 신경 회로망 중의 하나일 것이다. ART에 의거한 신경 회로망 모델들은 ART-1과 ART-2로 불리는 두 개의 네트워크가 있다. ART-1 네트워크는 입력 패턴이 이진수인 경우에만 처리가 가능하고, ART-2 네트워크는 이진수는 물론 아날로그 입력 데이터도 처리가 가능하다. 최근 들어 화학적 전달 물질을 ART 네트워크에 적합한 ART-3도 연구되었다.

(1) ART(Adaptive Resonance Theory)

ART는 기존에 학습되었던 것이 새로운 학습에 의해 지워지지 않도록 새로운 지식을 자동적으로 전체 지식 베이스에 일관성 있는(self-consistent) 방법으로 통합하는 방법을 사용하는 네트워크이다. 즉, 적절하게 매치되는 새로운 정보를 이용하여 이미 배운 내용들을 정제하며(refine), 새로운 인식 카테고리의 학습을 위하여 새로운 유니트를 선택하고, 기억용량을 넘어서는 과다한 새로운 입력에 의해 기존에 획득한 내용이 지워지는 것을 방지한다. 따라서 끊임없이 변하는 환경에서 자신의 메모리 용량을 전부 소모할 때까지는 제한없는 입력에 대해 실시간으로 빠르고 안정되게 배울 수 있는 구조이다.

Carpenter와 Grossberg는 ART 모델의 개발에서 클러스터를 형성하고 감독없이(무교사 학습방법) 훈련되는 네트워크를 설계했다. 이 네트워크는 하티간(Hartigan)의 간단한 순차적 리더 알고리즘(sequential leader algorithm)과 거의 유사하게 수행된다. 이 알고리즘은 첫 번째 입력을 첫 번째 클러스터의 대표 패턴(exemplar pattern)으로 선택한다. 다음 입력이 들어오면 첫 번째 대표 패턴과 비교한다. 만약 첫 번째 대표 패턴과의 거리가 임계값보다 작으면 첫 번째 클러스터로 분류되고 그렇지 않으면 새로운 클러스터를 생성하게 된다. 이러한 과정은 모든 입력들에 적용된다. 그러므로 클러스터의 개수는 시간에 따라 점점 커질 수가 있는데, 입력과 클러스터의 대표 패턴간의 거리 측정 방법과 임계값에 따라 다르다.

ART 모델의 전형적인 예를 <그림 3.44>에 나타냈다. 이 그림에서 알 수 있듯이 ART 모델은 2개의 층으로 이루어져 있으며 입력층과 출력층 사이에는 상향(bottom-up)과 하향(top-down)의 양방향 연결이 있고 출력층에는 유니트 간에 억제성 측면연결이 형성되어 있다.

이 측면 연결은 상호 억제를 통하여 출력 유니트들 중에서 최대값을 출력한 유니트를 찾아내는 역할을 담당한다.

상향 연결 강도 b_{ji}와 하향 연결 강도 t_{ji}는 j 클러스터의 대표 패턴을 기억한다는 점에서 근본적으로는 동일하지만 그 목적은 다르다. b_{ji}는 입력 X에 가장 유사한 대표 입력을 기억하고 있는 출력 유니트의 u_j를 결정하는 데에 사용된다.

그러나 입력 벡터 X가 새로운 클러스터의 패턴인 경우에도 억제성 연결에 의하여 출력 유니트 중 어느 하나가 반드시 최대값으로 선정되게 되어 있기 때문에

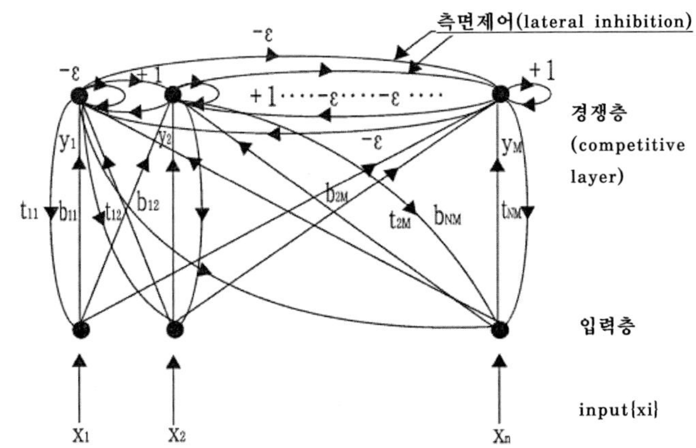

〈그림 3.44〉 ART 모델

u_j가 최대값을 출력하는 유니트라도 X가 j 클러스터의 패턴이 아닐 수도 있으므로 이에 대한 검증이 필요하다. 이러한 검증은 다음 식을 이용한다.

$$u_j = \sum_i b_{ji}(t) x_i, \quad 0 \leq i \leq M-1$$

$$[X] = \sum_i x_i \text{ (입력패턴)}$$

$$[TX] = \sum_i t_{ji} - x_i$$

$$p > \frac{[TX]}{[X]}$$

여기서, p는 경계 변수(vigilance parameter)로 임의의 입력 패턴과 저장된 패턴과의 불일치(mismatch) 허용도 결정된다. 이 경계 변수가 크면 입력 패턴과 기대 패턴 사이에 약간의 차이만 있어도 새로운 카테고리로 분류하게 된다. 역으로 경계 변수가 작으면 입력 패턴과 기대 패턴 사이에 많은 차이가 있더라도 허용하므로 입력 패턴들을 대략적으로 나누게 된다.

<그림 3.45>는 ART 모델의 시스템 구조를 나타낸다. 이득 제어(gain control)를 조정함으로써 F_1이 상향적 입력 패턴과 하향적 기대 패턴을 구별하고 이 패턴들을 매치 시키는 작업을 수행할 수 있도록 한다. 또 다른 이득 제어 신호는 F_2로 하여

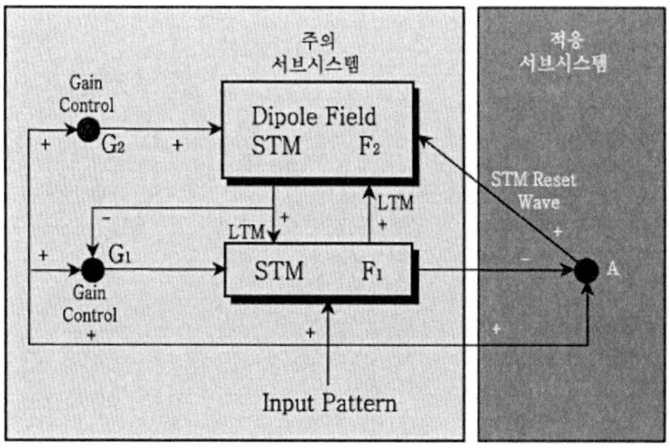

〈그림 3.45〉 ART 시스템의 구조

금 입력 패턴이 활성화할 동안 F_1으로부터의 신호를 잘 반응할 수 있도록 한다.

적응 서브 시스템(orienting subsystem)은 입력 패턴과 기대 패턴의 불일치가 충분히 클 때 F_2에 리셋 신호를 보내어 전에 활성화된 F_2의 입력 신호가 차단될 때까지 선택적이고 지속적으로 억제한다. 즉, ART 시스템의 구조는 가설 검증 단계(hypothesis testing cycle)를 주의(attentional) 서브 시스템과 적응(orienting) 서브 시스템의 상호작용을 통하여 자동화한다.

Carpenter와 Gerossberg가 생각하는 ART 학습 모델과 다른 학습 모델들 간의 차이는 <표 3.3>과 같다.

〈표 3.3〉 ART 학습 모델과 다른 학습 모델들과의 비교

ART 학습 모델	다른 학습 모델들
온라인 학습	오프라인 학습
동적인 세계	정적인 세계
자기조직화(자율 학습)	지도 학습
많은 입력에 대한 메모리의 자기 조절	많은 입력에 대해 용량의 파산 가능
전체적인 메모리의 효과적인 이용	부분적인 메모리만 이용
비교적 빠른 학습	느린 학습 또는 진동으로 인한 파국 가능
근사매치 단계의 학습	불일치 단계의 학습
여러 가지 에러에 대한 판단 기준	고정된 에러 판단 기준

(2) ART-1 네트워크

ART-1 네트워크는 자동 학습 시스템(autonomous learning system)의 구축에 매우 적당하다. 그것은 입력 패턴을 자동적으로 분류하고 이미 알려진 패턴들을 즉시 회상(recall)할 수 있다. 어떤 새로운 입력 패턴이 주어졌을 때 그것과 일치하는 패턴을 발견할 수 없을 때에는 새로운 입력 패턴을 학습하게 된다. 단 하나의 변수를 조정함으로써 네트워크는 필요에 따라 패턴 카테고리를 새롭게 재조직할 수 있다.

ART-1 네트워크는 입력의 형태에 따라 상당한 제한점이 있는데 이진수로 된 입력만을 받아들일 수 있기 때문에 주어진 입력 데이터를 이진 패턴으로 전처리를 한 후에야 처리가 가능하다. ART-1 네트워크는 자동 학습 시스템에 있어서 필요한 여러 가지 특징들을 가지고 있어서 자동적으로 패턴을 분류한다. 경계 변수를 조정함으로써 패턴 카테고리의 판별에 있어서 세밀하게 또는 다소 거칠게 조정할 수 있다. 만약 네트워크가 특정한 입력패턴을 알고 있다면 그것의 카테고리는 즉시 회상된다. 만약 즉시 인식이 되지 않을 경우에는 자동적으로 탐사가 시작된다.

ART-1 네트워크는 어떤 새롭고 중요한 패턴들을 자동적으로 학습할 수 있다. ART-1 네트워크는 어떤 패턴이 오랫동안 연결 강도의 조정에 쓰일 경우에 그 패턴이 학습할 만한 가치가 있다고 판단하며, 여러 사이클을 거치면서 새로운 패턴이 충분히 매치될 수 있도록 연결 강도를 조정한다. 이 사이클에는 시간이 걸리는데 만약 이 입력 패턴이 이 기간 동안 머무르면 네트워크는 입력 패턴이 노이즈가 아니라고 판단하여 새로운 패턴 카테고리를 학습하게 된다. 그러나 패턴이 잠시 나타났다 곧 사라지는 경우 약간의 연결 강도 조정은 네트워크에 저장된 패턴들에게 거의 영향을 미치지 않는다.

1) 이득 제어(gain control)와 '2/3 규칙'

ART-1에서는 <그림 3.46>에서 보는 바와 같이 G_1과 G_2로 표현된 두개의 이득 제어가 쓰인다. 우선 G_1은 외부의 입력 패턴을 받는다. 이득 제어로 들어오고 나가는 모든 연결 강도는 고정되어 있으며 조정될 수 없다. G_1은 또한 F_2로부터 억제성(inhibitory) 입력을 받게 되는데, 이 억제력은 상당히 강력하여 이득 제어가 점화(fire)되는 것을 막을 수 있다. G_1 이득 제어의 출력은 F_1으로도 전달된다.

F_1은 입력 신호는 외부적인 입력 패턴, F_2로부터 내려오는 패턴, 그리고 G_1 이득 제어로부터 전달된다. 이 3가지 입력 신호 하에서 F_1 의 노드를 점화시키기 위해서는 3개의 입력 중에서 반드시 2개가 활성화 되어야 한다. 이러한 요구사항이 ART-1 네트워크의 도작에 있어서 매우 중요한 '2/3 규칙'이다.

새로운 패턴이 네트워크의 입력으로 제시되었을 때 어떻게 '2/3 규칙'과 이득 제어 시스템이 동작하는지 살펴보자. 이진 표현의 새로운 패턴이 들어오면 3군데로 들어가는데 F_1 , 이득 제어, 그리고 리셋(reset) 시스템이다. F_1은 비활성적이기 때문에 입력 패턴이 리셋 시스템에 이르면 총체적인 리셋 신호가 F_2로 전달되며 그곳의 활성적인 뉴런들의 활동이 전면적으로 중단된다. 이것은 F_2가 주어진 입력 패턴에 반응할 준비를 하기 위함이다. 그러는 동안에 입력 패턴은 F_1에서 활동을 시작하려고 한다. 그러나 자체적으로는 활성화될 수가 없다. 그 이유는, 외부적인 입력 패턴은 F_2에 들어오는 세 가지 출처 중 단 하나에 불과하기 때문이다. 한편 리셋 시스템에 의해 활동이 중단된 F_2는 이득 제어에 대해 억제력을 상실하고, 이득 제어 G_1 은 입력 패턴에 의해 점화되어 F_1에 새로운 자극을 주게 된다. F_1은 이제 활성화될 수 있는데 그것의 활동은 두 군데에 전달된다. 우선 그것은 리셋 시스템으로 전달되는데 외부 입력으로부터의 자극을 균형 맞추고 또한 총체적인 리셋 시스템을 차단한다. 둘째로 그것은 F_2에 제시하는 상향 패턴(bottom-up pattern)이 된다.

이 상향 패턴과 F_2의 경쟁적인 측면 제어 구조가 하나의 카테고리 노드를 점화시킨다. 이 신호는 하향 패턴(top-down pattern)으로써 F_1에 전달되고, 또한 강력한 억제 신호를 이득 제어에 보낸다. 이때 F_1은 두 가지 출처로부터 신호를 받는데 하나는 하향 패턴이고 다른 하나는 아직까지 존재하는 외부적인 패턴이다.
하향 패턴은 F_1에서 몇 개의 활동 패턴을 생성한다.

외부적인 표현에 의해 활성화되었으나 하향 패턴에 의해 자극받지 않는 노드의 경우를 생각해 보자. 이 노드는 점화 신호를 외부적인 신호에 의해서만 받게 되는데 '2/3 규칙' 때문에 이 노드는 계속해서 점화될 수는 없는 off 상태가 된다. 입력 패턴에서 원래 off인 상태는 하향 패턴이 자극하려고 해도 on될 수는 없다. 입력 패턴과 하향 패턴에 의해 점화되는 뉴런들만 계속해서 on 상태를 지속할 수 있다. 이 점은 F_1에서 활성화될 수 있는 총 노드의 개수가 입력 패턴에서 활성화된 개수보다 적거나 같도록 보장해 주는 요인이 된다. 만약 매치가 정확하지 않으면 F_1에서의 활동과 리셋 시스템에서의 억제는 점차 감소할 것이다.

F_1에서의 차단(shutdown)도 이득 제어 시스템의 억제를 방지하며, 그것이 F_1의 두 번째 자극으로 행사할 수 있게 하며 F_1이 입력 패턴을 다시 재생하도록 허용한다.

이러한 일련의 과정은 다음의 두 가지 점을 제외하고 반복된다. 첫째, 상향이나 하향의 연결 강도가 앞의 경우와는 조금 다르다. 둘째, 한번이라도 패턴의 매치를 시도했던 카테고리 노드는 다시 시도할 수가 없다. 이 경우에 F_2는 새로운 카테고리를 시도해야 한다. 알려진 패턴은 F_2에서 다음의 3가지 경우 중 하나가 발생할 때까지 찾게 된다.

① 패턴이 이미 존재하는 카테고리에 매치되는 경우
② 네트워크가 새로운 카테고리를 학습하는 경우
③ 외부의 입력패턴이 매치되거나 학습되기 전에 사라져 버리는 경우

그러면 G_2 이득 제어에 대하여 간단히 살펴보자. G_2 이득 제어도 G_1 이득제어와 같이 외부의 입력 패턴을 받는다. 그 차이점은 G_1 이득 제어는 출력을 F_1으로 보내는 반면, G_2 이득 제어는 출력을 F_2로 보내는 것이다.

입력 패턴이 제시되었을 때 G_2는 작고 똑같은 자극 신호를 F_2에 있는 모든 노드들에게 보낸다. 이 점은 F_2에 편차를 제공하여 상향 패턴에 적절히 반응하게 한다. 어떤 경우에는 G_2 이득제어가 F_2의 노드들 사이의 경쟁을 조절하기도 한다. G_2는 F_2 내의 한 노드가 다른 것보다 약간 강해질 때까지 기다렸다가 그 노드가 승리 카테고리가 될 수 있도록 도와준다. 이 점은 측면 억제가 승자를 결정하는데 걸리는 시간을 줄여준다.

2) ART-1 네트워크의 제한점

앞에서 언급한 ART-1 네트워크의 여러 가지 장점에도 불구하고, ART-1 네트워크는 다음 몇 가지 문제점을 가지고 있다.

① ART-1 네트워크는 이진수로 표현된 패턴만을 입력으로 받을 수 있다는 점이다. 이 점은 네트워크의 구조나 오퍼레이션을 제한하는 근본적인 문제점

이며 모든 입력 데이터는 이진수로 표현되도록 전처리(preprocessing) 과정을 반드시 거쳐야 하는 문제점을 가진다.

② ART-1 네트워크의 저장 방법은 매우 비효율적이며, 많은 수의 대표 패턴들을 저장할 수가 없다. 만약 F_2에 10개의 뉴런을 가지고 있을 경우 단지 10개의 서로 다른 패턴을 저장할 수 있는데, 이것은 10개의 뉴런으로 최대 1,024개의 패턴을 저장할 수 있는 다른 모델들에 비해 매우 비효율적이다.

③ ART-1 네트워크는 실세계 문제를 구현시에 대부분 하드웨어적인 지원이 요구되는 제한점을 가진다. 그러나 이것은 병렬 칩을 사용하면 어느 정도 해결책이 될 수 있다.

3) ART-1을 이용한 패턴 분류

Carpenter와 Grossberg의 분류 네트워크를 3개의 입력 노드와 2개의 출력 노드를 사용한 예를 <그림 3.46>에 나타내었다. 이진 입력이 아래 부분에서부터 제시되고 나서 분류 작업을 마치고 나면 단지 하나의 출력만이 반응한다.

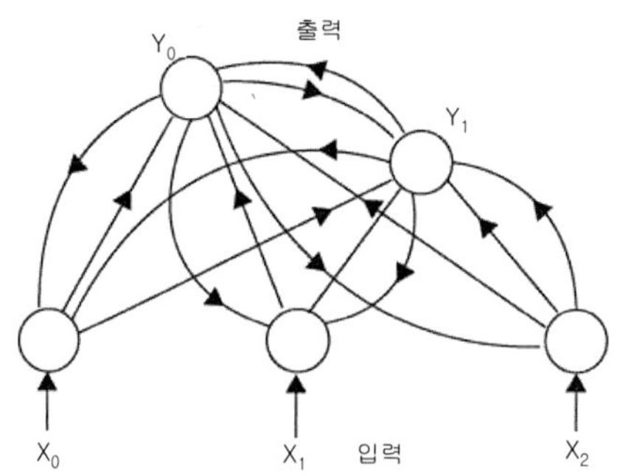

〈그림 3.46〉 Carpenter와 Grossberg의 ART-1 네트워크

ART-1 네트워크를 이용하여 영문자 인식에 적용한 예를 <그림 3.47>에 나타내었다. 패턴 분류 방법은 앞에서 설명한 대로 맨 처음 주어진 입력이 제1 클러스터(cluster)의 대표 패턴이 되고, 다음의 입력을 제1 클러스터의 대표 패턴과 비교하여 그 차이가 지정된 임계값보다 작을 경우 처음 제1 클러스터의 한 종류로 분류하고 그렇지 않을 경우는 그 미지의 입력을 대표 패턴으로 하는 새로운 클러스터를 할당받는다. 이와 같은 과정을 모든 입력 패턴들에 대하여 차례로 적용하

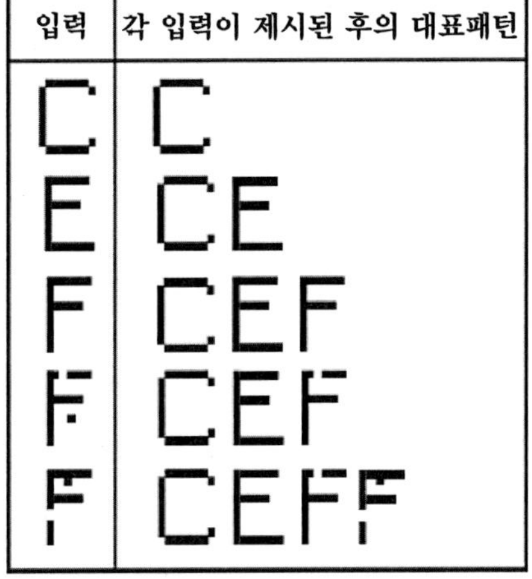

〈그림 3.47〉 분류 네트워크의 영문자 인식의 예

게 된다.

만약 인식될 패턴이 그림의 왼쪽에 나타나는 'C', 'E'의 2가지 패턴인 경우를 예를 들면, 이 패턴들은 각각 64개의 화소(pixel)를 가지고 있는데 검게 표현된 것은 1이고 흰 부분은 0이다. 여기서 나타내는 결과는 경계 임계값(vigilance threshold)이 0.9인 경우이다.

<그림 3.47>의 왼쪽 부분은 네트워크에 연속적으로 들어가는 입력을 나타낸다. 오른쪽 부분은 각각의 패턴이 네트워크에 처리된 후의 대표 패턴들을 나타낸다.

이 예에서 'C'가 제시되고 'E'가 차례로 제시되었다. 네트워크가 초기화되고 'C'가 주어졌을 때 'C'라는 대표 패턴이 되는 내부적인 연결 강도가 바뀐다. 'E'가 주어지면 'E'라는 새로운 대표 패턴이 첨가된다. 만약 경계 임계값을 앞의 경우보다 약간 낮게 잡는다면 'E'라는 패턴이 제시되었을 때 단지 2개의 대표 패턴만 만들지도 모른다. 즉 하나는 'E'에 대한 패턴이고, 다른 하나는 'C'에 대한 패턴일 것이다.

<그림 3.47>에서처럼 선분에서 검은 화소가 하나 빠지고 중간 부분에 검은 노이즈가 첨가된 'E'를 입력시킨다. 그것은 'E'의 대표 패턴과 유사하여 논리합(AND)의 연산을 하게 되어 화소가 하나 빠진 'E'가 된다. 또 다른 노이즈가 있는

'E'를 입력시켰을 때에는 이미 존재하고 있는 대표 패턴 'E'와 다르게 판단되어 새로운 대표 패턴을 형성한다.

이러한 결과는 Carpenter와 Grossberg의 알고리즘이 완벽한 입력 패턴에 대해서는 잘 적용되지만 어느 정도의 노이즈가 있을 경우에는 문제가 된다는 것을 보여주는 예이다. 노이즈가 없을 경우에는 가장 유사한 패턴들도 분리될 수 있을 정도로 경계 임계값을 정하면 되지만 노이즈가 있을 경우에는 저장되는 대표 패턴의 개수가 모든 패턴들이 제시되기도 전에 급속도로 커지게 될 수도 있다. 그래서 노이즈가 있을 때의 이 알고리즘의 성능을 높이는 방안이 계속 연구되고 있다.

(3) ART-2

ART-2 네트워크는 외형상 ART-1과 입력 패턴의 형태가 다르다. ART-2는 이진 패턴뿐만 아니라 아날로그나 그레이 레벨(gray-level)의 벡터 컴포넌트(component)도 입력 패턴으로 받아들인다. 이러한 능력은 시스템에 있어서 중요하다.

ART-2가 아날로그 패턴들을 처리할 수 있도록 설계되었으므로 ART-1보다 더 복잡하게 하기도 하고 더 단순하게 하기도 한다.

ART-2는 F_1 처리 단계에서 ART-1보다 더 복잡하다. ART-2의 F_1 단계는 여러 개의 서브 단계와 여러 개의 이득 제어 시스템들로 이루어져 있다. 그러나 LTM 등식들은 ART-1의 경우보다 오히려 간단하다. ART-2 모델의 개발자인 Carpenter와 Grossberg는 ART-2와 비슷한 타입의 모델들을 실험했다.

3.6 신경 회로망 시스템 예제

이 절에서는 신경 회로망 시스템의 예제로써 오류 역전파 알고리즘을 이용한 사례를 소개하고자 한다. 이 사례들은 프로그램과 함께 입력 데이터, 출력 결과 등을 수록하였다. 그러므로 이 프로그램을 실제로 수행하여 비교해 보는 것이 신경 회로망 학습에 많은 도움이 되리라 생각한다.

3.6.1 신경 회로망을 이용한 비선형 함수의 근사해 구하는 방법

(http://168.188.49.83/download/NeuralNetwork/approximation.htm)

신경 회로망을 이용한 다양한 방법들이 존재하지만 기본적으로 신경 회로망이 일반적인 비선형 함수를 근사할 수 있다는 사실은 이미 많이 알려져 있다. 신경 회로망에 대한 학습 알고리즘은 오류 역전파 알고리즘을 적용하고 다음과 같은 함수의 근사값을 구하고자 한다.

$$y = 2\sin(2\pi x)$$

즉, 입력층에 x의 값을 넣은 다음 신경 회로망의 출력값과 근사하고자 하는 함수의 출력값과 서로 비교하여 신경 회로망을 학습시키기로 한다. 여기에서 신경 회로망의 은닉층에 해당하는 함수는 시그모이드 함수를 사용하고 출력층의 함수는 선형 함수를 사용한다. 신경 회로망의 구성은 다음 <그림 3.48>과 같다. bise는 임의의 노드값이다.

위의 함수를 근사하기 위해서 우선 원래 함수에서의 10개의 포인트에 해당하는 값에 대한 근사값을 구해보기로 한다. 위의 그림과 같이 은닉층의 뉴런의 개수는 4개이며 입력층과 출력층은 각각 1개이다. 오류 역전파 알고리즘을 적용하기 위해 학습률은 0.1로 하였으나 모멘텀값에 적용하지 않았다.

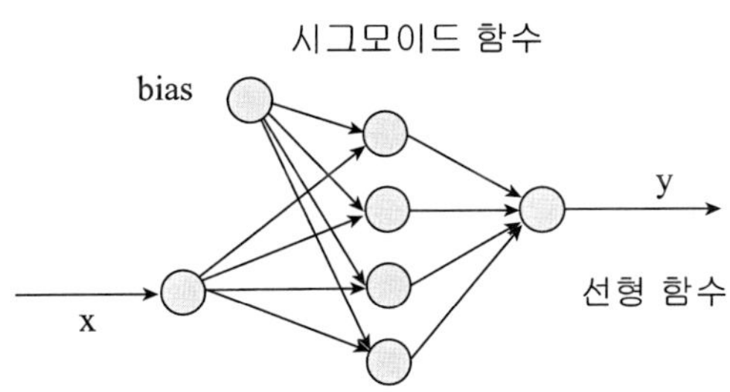

〈그림 3.48〉 신경 회로망 구조

위와 같이 신경 회로망을 구성하고 오류 역전파 알고리즘에 의한 프로그램을 작성하고 약 4,000번의 학습을 수행한 결과가 다음과 같다.

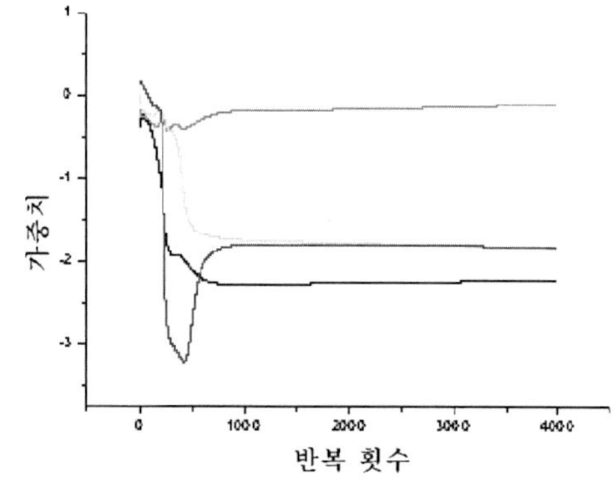

〈그림 3.49〉 4,000번 수행 결과

위의 그림은 신경 회로망을 학습시키는 과정에서의 가중치들이 특정값에 수렴하는 것을 보여주고 있다.

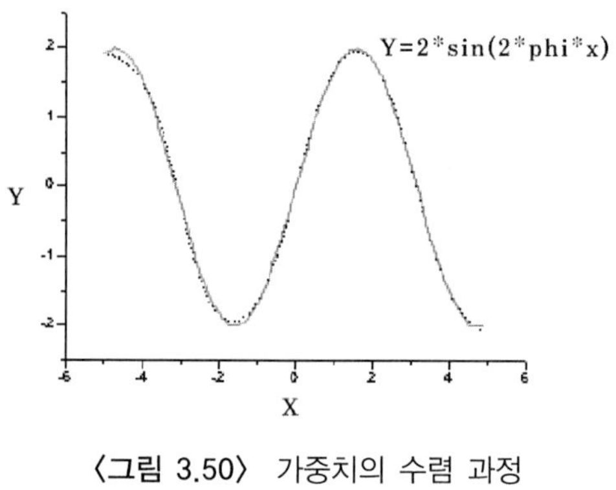

〈그림 3.50〉 가중치의 수렴 과정

위의 그림은 학습 결과를 원래의 함수와 비교한 결과를 보여주고 있다. 여기서 실선이 실제의 원 함수이며, 점선은 신경 회로망의 출력층에서 나오는 결과 값으로 원 함수를 잘 따라가는 것을 볼 수 있다.

다음으로 다음과 같은 2개의 변수에 대한 근사값에 대하여 알아보기로 하자.

$$y = 2\sin(2\pi x_1) + 3\sin(3\pi x_2)$$

신경 회로망의 구성은 위의 그림과 같다. 즉, 입력에 해당하는 값이 2개이므로 다음과 같이 입력층은 2개의 뉴런을 사용하며, 은닉층에서의 뉴런의 개수는 8개를 선택하였다. 똑같은 학습 알고리즘을 사용한 결과 다음과 같은 결과가 나오는 것을 확인할 수 있었다.

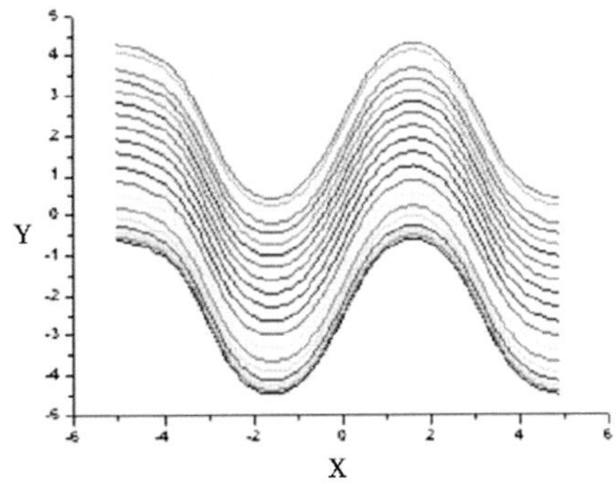

〈그림 3.51〉 수행 결과

위의 그림은 입력층에 대한 3차원적인 그림을 2차원으로 표현한 것으로 모든 값들이 원래의 함수를 잘 따라가는 것을 알 수 있었으며, 다음의 그림은 이에 따른 가중치값의 변화를 보여주고 있는데, 약 200 정도의 학습을 통해서 일반적으로 값들이 어느 정도 수렴하는 것을 볼 수 있다.

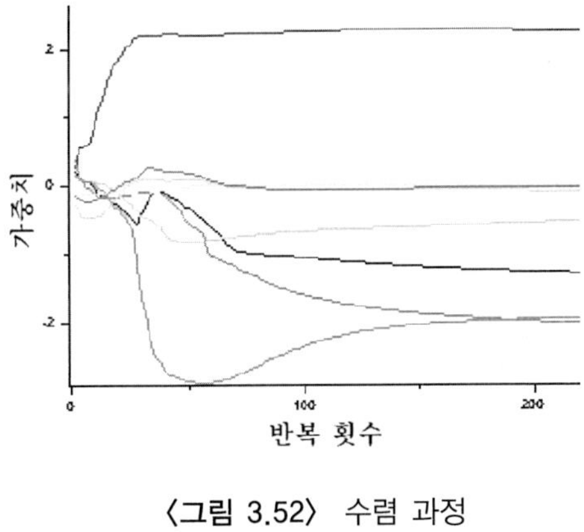

〈그림 3.52〉 수렴 과정

다음은 위의 결과를 3차원으로 본 그림이다.

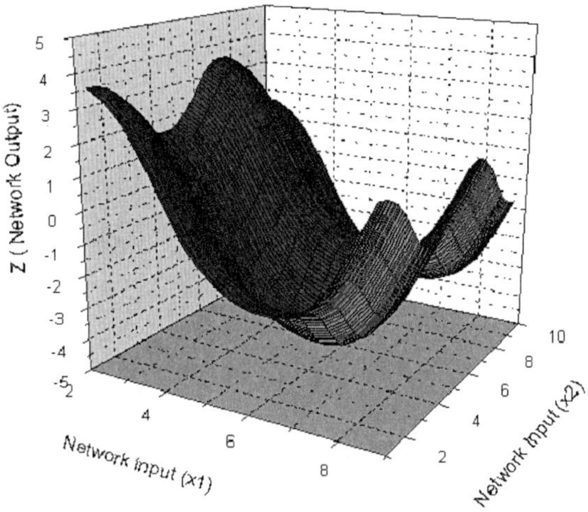

〈그림 3.53〉 3차원적 수행 결과

지금까지의 실험 결과, 신경 회로망은 일반적인 비선형 함수를 잘 근사할 수 있다는 것을 알 수 있다.

이 알고리즘에 대한 자세한 소스 코드는 위의 사이트에서 다운받아 구현해 볼 수 있다. 그러나 이 소스 코드는 사용자 인터페이스가 없으므로 각자 다운받아 추가적인 구현을 해야 한다.

3.6.2 문자인식

문자인식 시스템 구축 과정을 사례를 들어 설명하기 위해 몇 개의 프로젝트 사례를 들어 제시하고자 한다.

〈프로젝트 사례 1〉 오류 역전파 알고리즘을 이용한 문자 인식 문제

오류 역전파 알고리즘을 이용하여 문자인식을 아래의 사항을 고려하여 시뮬레이션 해보자.

① 입력 패턴

영문 대문자, 영문 소문자, 숫자, 한글자음, 한글단모음, 특수문자 중 택일(인쇄체)

인식할 문자수는 8개 이상

패턴 크기 : 5×5 픽셀 이상

② 출력 패턴

입력등 노드수 : 25개 이상

은닉층 노드수 : 임의로 설정

출력층 노드수 : log2(패턴수)

③ 시뮬레이션시 선택하여 학습속도와 지역 최소점과의 관계를 설명해 보자.

은닉층의 노드 수

은닉층 수의 변화

학습율의 변화

모멘텀의 변화

가중치 변화시기(한 패턴 입력 후 변화 또는 전체 패턴 입력 후 변화)

입력 패턴 적용 방법(순서대로 또는 랜덤하게 입력 패턴 적용)

④ 제출사항

소스파일, 출력파일, 알고리즘, 네트워크 토폴로지, 입출력 패턴 및 테스트 패턴, 그에 따른 결과

이 문제에 대한 결과를 사용된 프로그래밍 언어, 패턴 종류 등에 따라 유형별로 제시하여 설명하고자 한다.

〈유형 1〉

1) 입출력 패턴

① 학습 패턴 - 한글 자음 10개(ㄱ, ㄴ, ㄷ, ㄹ, ㅁ, ㅂ, ㅅ, ㅇ, ㅈ, ㅋ)

입력패턴 :

1	1	1	1	1	1	1	1
1	1	1	1	1	1	1	1
0	0	0	0	0	0	1	1
0	0	0	0	0	0	1	1
0	0	0	0	0	0	1	1
0	0	0	0	0	0	1	1
0	0	0	0	0	0	1	1
0	0	0	0	0	0	1	1

출력 패턴 : (1000000000)

입력패턴 :

1	1	0	0	0	0	0	0
1	1	0	0	0	0	0	0
1	1	0	0	0	0	0	0
1	1	0	0	0	0	0	0
1	1	0	0	0	0	0	0
1	1	0	0	0	0	0	0
1	1	1	1	1	1	1	1
1	1	1	1	1	1	1	1

출력 패턴 : (0100000000)

입력패턴 :

1	1	1	1	1	1	1	1
1	1	1	1	1	1	1	1
1	1	0	0	0	0	0	0
1	1	0	0	0	0	0	0
1	1	0	0	0	0	0	0
1	1	0	0	0	0	0	0
1	1	1	1	1	1	1	1
1	1	1	1	1	1	1	1

출력 패턴 : (0010000000)

입력패턴 :

1	1	1	1	1	1	1	1
1	1	1	1	1	1	1	1
0	0	0	0	0	0	1	1
1	1	1	1	1	1	1	1
1	1	1	1	1	1	1	1
1	1	0	0	0	0	0	0
1	1	1	1	1	1	1	1
1	1	1	1	1	11	1	1

출력 패턴 : (0001000000)

입력패턴 :

1	1	1	1	1	1	1	1
1	1	1	1	1	1	1	1
1	1	0	0	0	0	1	1
1	1	0	0	0	0	1	1
1	1	0	0	0	0	1	1
1	1	0	0	0	0	1	1
1	1	1	1	1	1	1	1
1	1	1	1	1	1	1	1

출력 패턴 : (0000100000)

입력패턴 :

1	1	0	0	0	0	1	1
1	1	0	0	0	0	1	1
1	1	1	1	1	1	1	1
1	1	1	1	1	1	1	1
1	1	0	0	0	0	1	1
1	1	0	0	0	0	1	1
1	1	1	1	1	1	1	1
1	1	1	1	1	1	1	1

출력 패턴 : (0000010000)

입력패턴 :

0	0	0	1	1	0	0	0
0	0	0	1	1	0	0	0
0	0	1	1	1	1	0	0
0	0	1	1	1	1	0	0
0	1	1	0	0	1	1	0
0	1	1	0	0	1	1	0
1	1	0	0	0	0	1	1
1	1	0	0	0	0	1	1

출력 패턴 : (0000001000)

입력패턴 :

0	0	0	1	1	0	0	0
0	0	1	1	1	1	0	0
0	1	1	0	0	1	1	0
1	1	0	0	0	0	1	1
1	1	0	0	0	0	1	1
0	1	1	0	0	1	1	0
0	0	1	1	1	1	0	0
0	0	0	1	1	0	0	0

출력 패턴 : (0000000100)

입력패턴 :

1	1	1	1	1	1	1	1
1	1	1	1	1	1	1	1
0	0	0	1	1	0	0	0
0	0	1	1	1	1	0	0
0	0	1	1	1	1	0	0
0	1	1	0	0	1	1	0
1	1	1	0	0	1	1	1
1	1	0	0	0	0	1	1

출력 패턴 : (0000000010)

입력패턴 :

1	1	1	1	1	1	1	1
1	1	1	1	1	1	1	1
0	0	0	0	0	0	1	1
1	1	1	1	1	1	1	1
1	1	1	1	1	1	1	1
0	0	0	0	0	0	1	1
0	0	0	0	0	0	1	1
0	0	0	0	0	0	1	1

출력 패턴 : (0000000001)

2) 네트워크 토폴로지

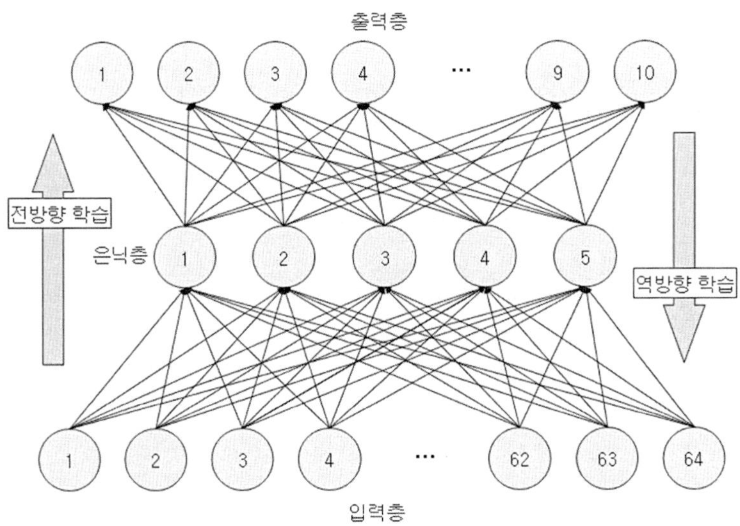

3) 실행결과

① 초기화면

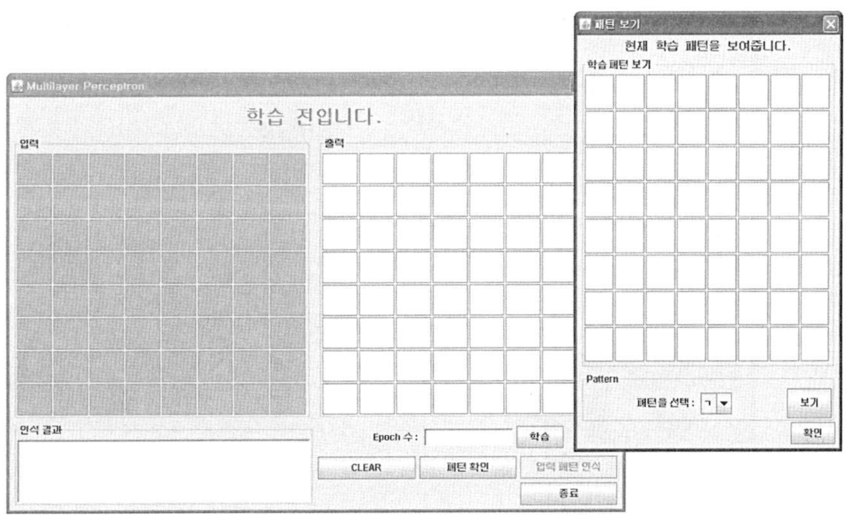

1) 'ㄱ' 인식

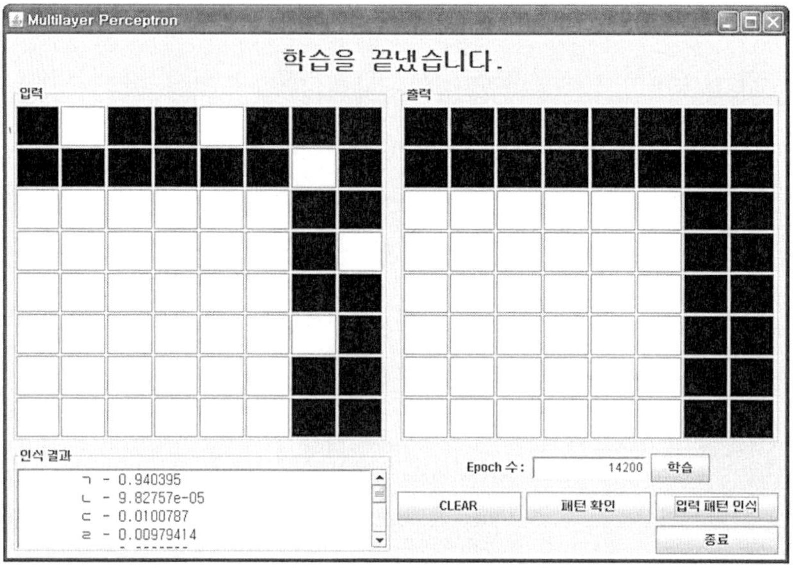
Multilayer Perceptron
학습을 끝냈습니다.
입력
출력
인식 결과
ㄱ - 0.940395
ㄴ - 9.82757e-05
ㄷ - 0.0100787
ㄹ - 0.00979414
Epoch 수 :
14200
학습
CLEAR
패턴 확인
입력 패턴 인식
종료

2) 'ㄴ' 인식

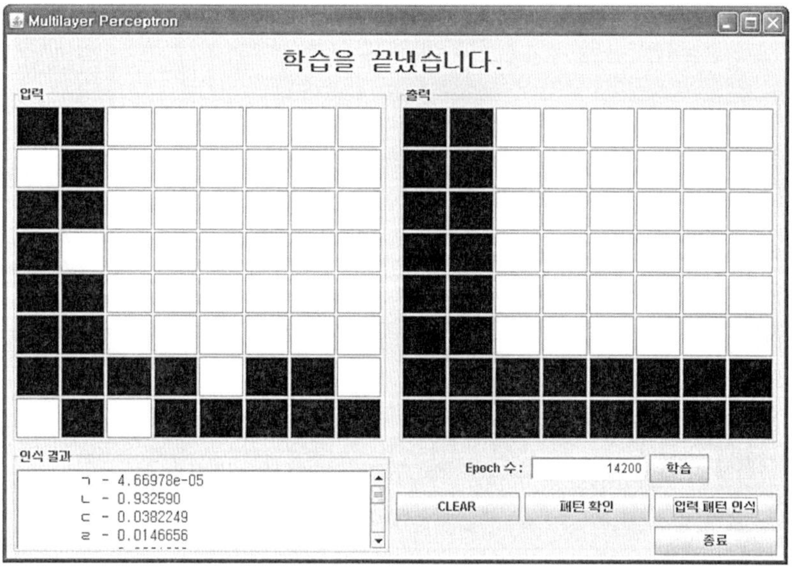
Multilayer Perceptron
학습을 끝냈습니다.
입력
출력
인식 결과
ㄱ - 4.66978e-05
ㄴ - 0.932590
ㄷ - 0.0382249
ㄹ - 0.0146656
Epoch 수 :
14200
학습
CLEAR
패턴 확인
입력 패턴 인식
종료

3) 'ㄷ' 인식

Multilayer Perceptron
학습을 끝냈습니다.
입력
출력
인식 결과
ㄴ - 0.0297015
ㄷ - 0.913552
ㄹ - 0.0680903
ㅁ - 0.0576845
Epoch 수 :
14200
학습
CLEAR
패턴 확인
입력 패턴 인식
종료

4) 'ㄹ' 인식

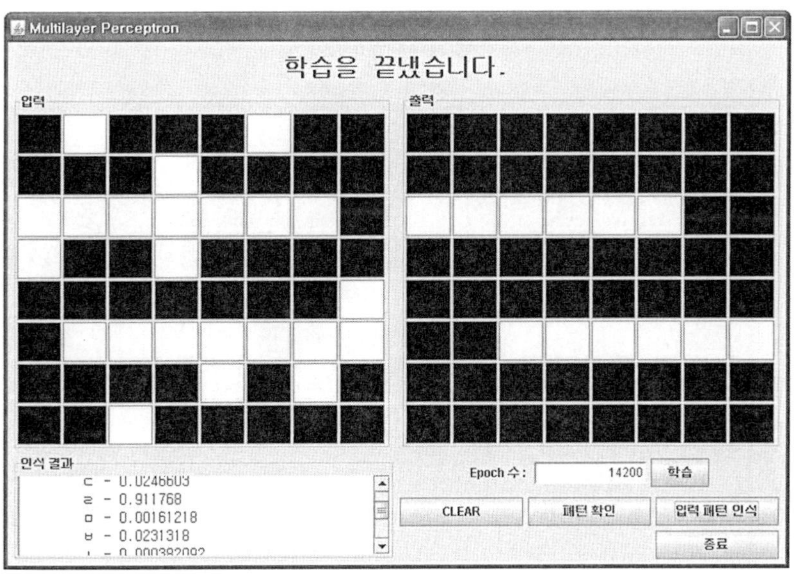
Multilayer Perceptron
학습을 끝냈습니다.
입력
출력
인식 결과
ㄹ - 0.911768
ㅁ - 0.00161218
ㅂ - 0.0231318
Epoch 수 :
14200
학습
CLEAR
패턴 확인
입력 패턴 인식
종료

5) 'ㅁ' 인식

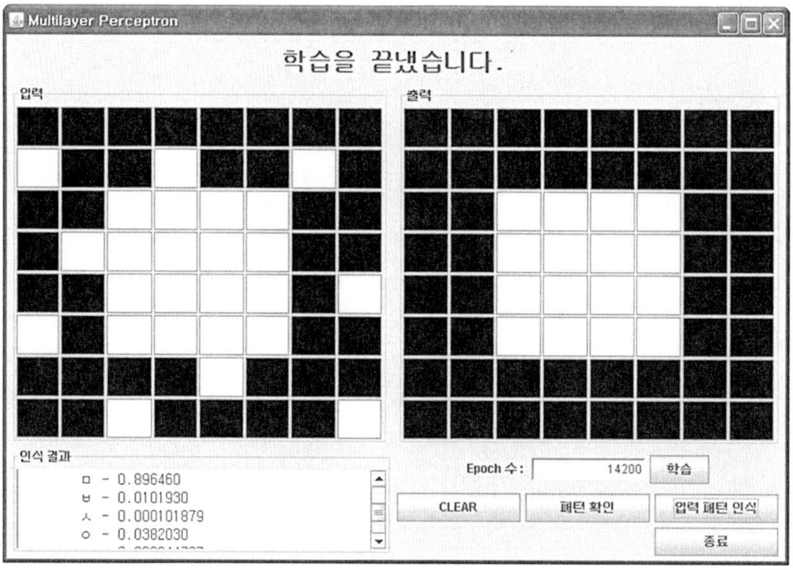
Multilayer Perceptron
학습을 끝냈습니다.
입력
출력
인식 결과
ㅁ - 0.896460
ㅂ - 0.0101930
ㅅ - 0.000101879
ㅇ - 0.0382030
Epoch 수 :
14200
학습
CLEAR
패턴 확인
입력 패턴 인식
종료

6) 'ㅂ' 인식

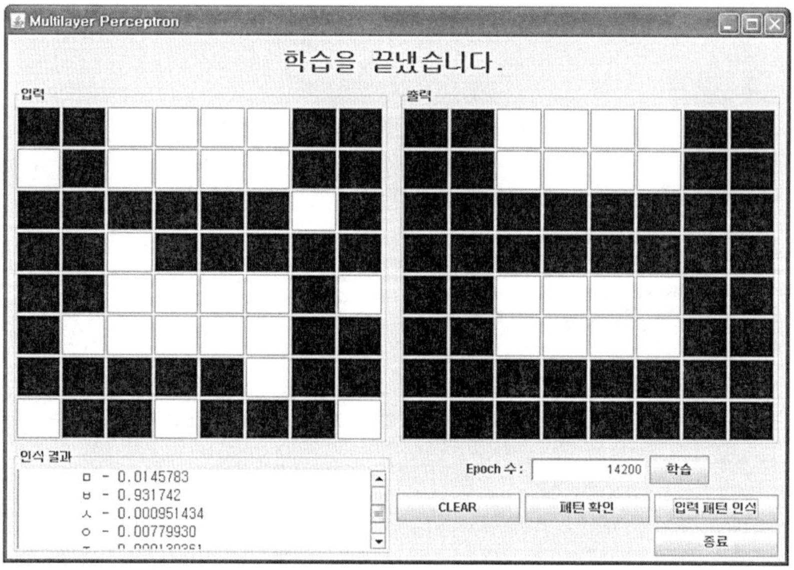
Multilayer Perceptron
학습을 끝냈습니다.
입력
출력
인식 결과
ㅁ - 0.0145783
ㅂ - 0.931742
ㅅ - 0.000951434
ㅇ - 0.00779930
Epoch 수 :
14200
학습
CLEAR
패턴 확인
입력 패턴 인식
종료

7) 'ㅅ' 인식

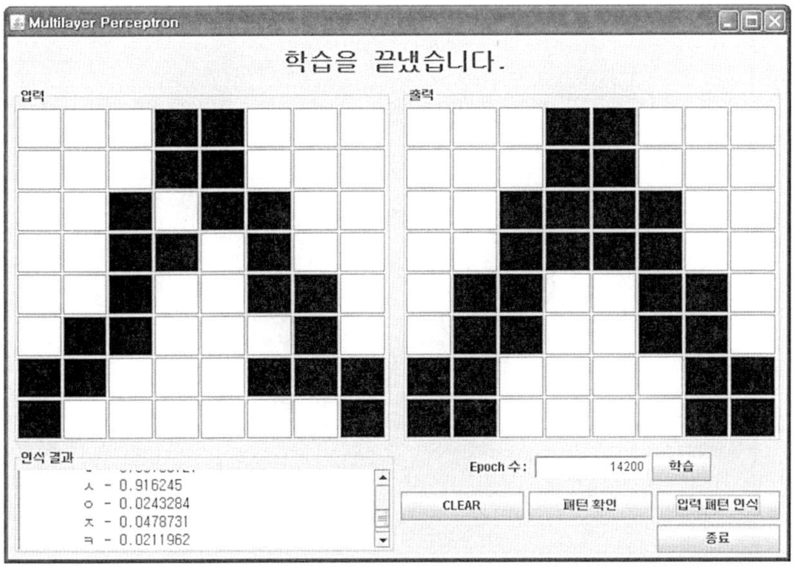
Multilayer Perceptron
학습을 끝냈습니다.
입력
출력
인식 결과
ㅅ - 0.916245
ㅇ - 0.0243284
ㅈ - 0.0478731
ㅋ - 0.0211962
Epoch 수 :
14200
학습
CLEAR
패턴 확인
입력 패턴 인식
종료

8) 'ㅇ' 인식

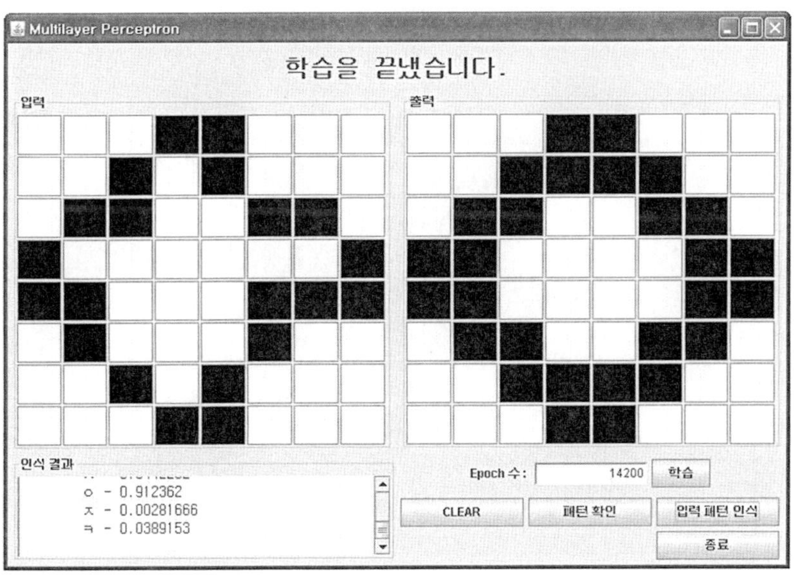
Multilayer Perceptron
학습을 끝냈습니다.
입력
출력
인식 결과
ㅇ - 0.912362
ㅈ - 0.00281666
ㅋ - 0.0389153
Epoch 수 :
14200
학습
CLEAR
패턴 확인
입력 패턴 인식
종료

9) ‘ㅈ’ 인식

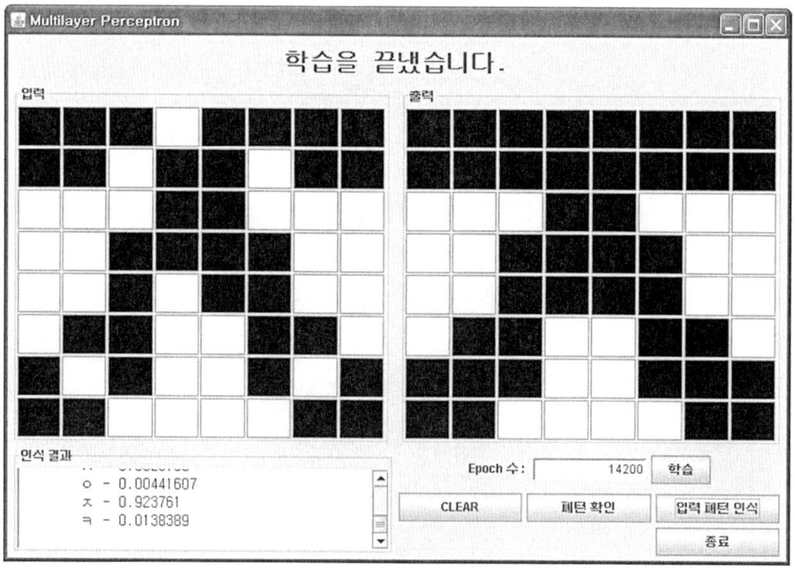
Multilayer Perceptron
학습을 끝냈습니다.
입력
출력
인식 결과
ㅇ - 0.00441607
ㅈ - 0.923761
ㅋ - 0.0138389
Epoch 수 :
14200
학습
CLEAR
패턴 확인
입력 패턴 인식
종료

10) ‘ㅋ’ 인식

Multilayer Perceptron
학습을 끝냈습니다.
입력
출력
인식 결과
ㅇ - 0.00892448
ㅈ - 0.0111343
ㅋ - 0.903252
Epoch 수 :
14200
학습
CLEAR
패턴 확인
입력 패턴 인식
종료

이 실험결과 은닉층 노드 수에 따른 epoch의 변화를 보면 다음 그림과 같다. 실험결과 대체적으로 은닉층의 노드의 수가 많아질수록 epoch 수가 줄어들었다. 이 프로그램에서는 은닉층 노드의 수를 11개로 하여 실행한 결과이다.

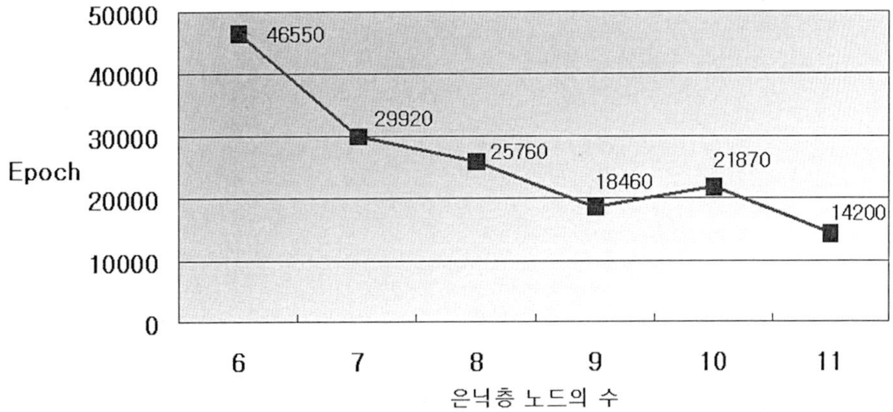

〈유형 2〉

1) 입출력 패턴 및 테스트 패턴

① 입력 패턴 : 패턴크기 8*8의 한글자음 10개(ㄱ,ㄴ,ㄷ,ㅁ,ㅂ,ㅅ,ㅇ,ㅈ,ㅊ)

ex) ㄱ = { 1,1,1,1,1,1,1,1,....... 0,0,0,0,0,0,1,1}

② 출력 패턴 : 패턴의 수인 10개

ex) ㄱ = {1,0,0,0,0,0,0,0,0,0}

③ 테스트 패턴 : 각 패턴에 대해 노이즈가 1~3인 모든 패턴

2) 네트워크 토폴로지

입력층 : 8*8 = 64개 노드

은닉층 : 1~n(n < 10)

출력층 : 10(ㄱ~ㅊ)개 노트

모든 가중치는 완전연결된 구조에 임의값으로 초기화

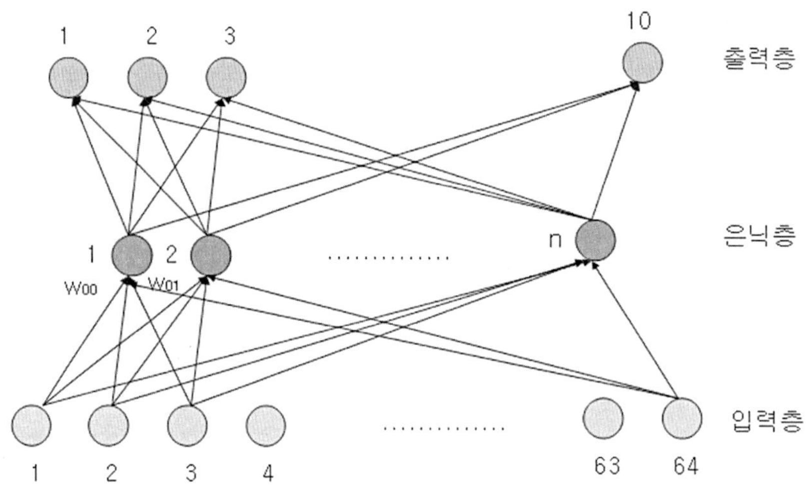

3) 실행 결과

실행 변수 : η(eta), 은닉층 수, 모멘텀 값, 오차의 한계

ⓐ eta(η) 값의 변화(은닉층 = 8개, 모멘텀 = 0.4, 오차의 범위 = 0.001)

* η = 0.1

================================ 노이즈 1개

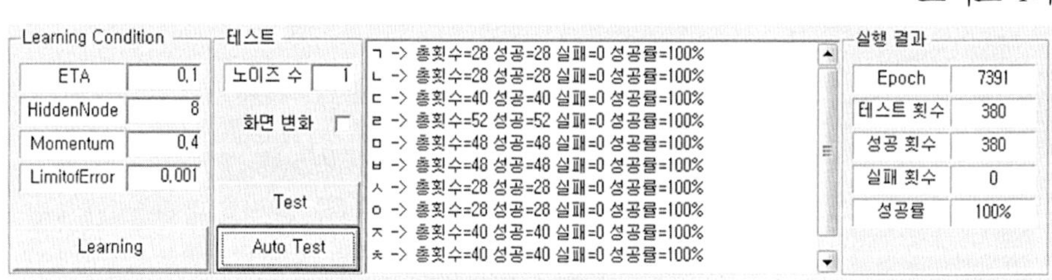

================================ 노이즈 2개

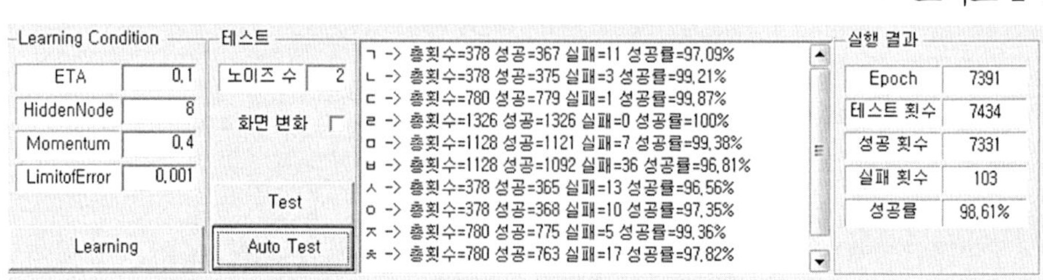

================================== 노이즈 3개

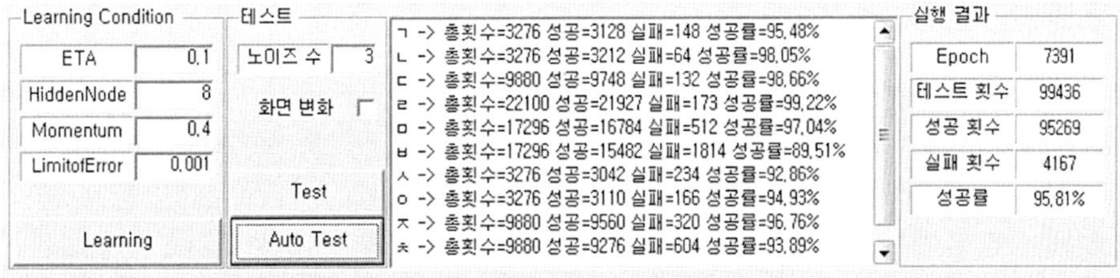

* $\eta = 0.4$

================================== 노이즈 1개

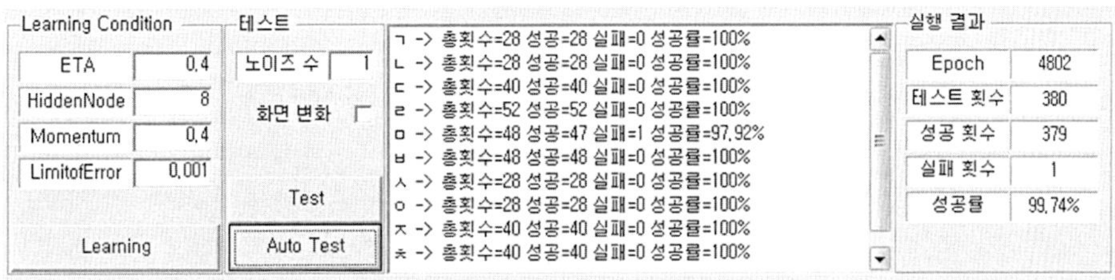

================================== 노이즈 2개

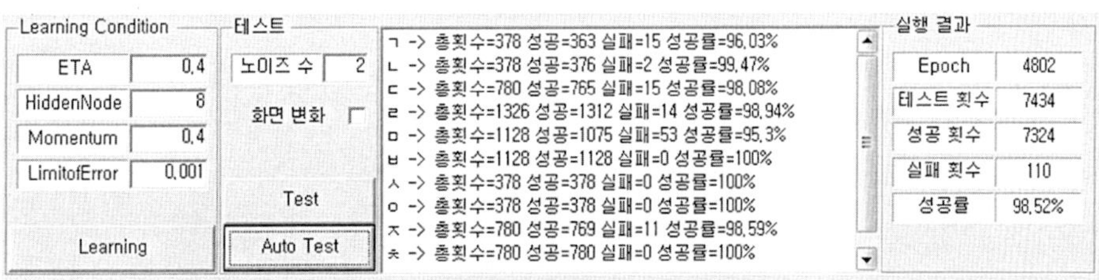

================================== 노이즈 3개

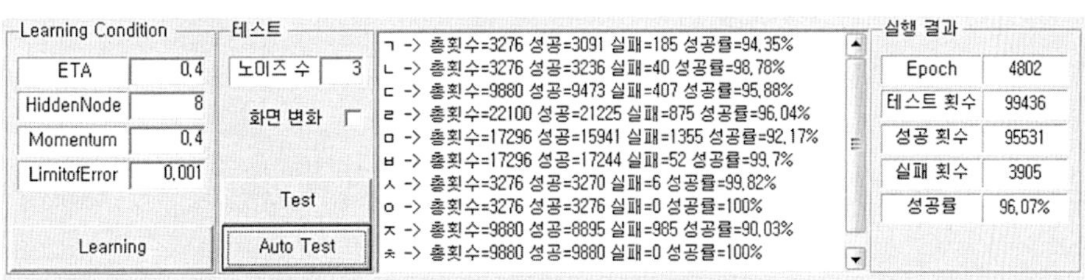

ⓑ 은닉층 수의 변화(η = 0.1, 모멘텀 = 0.4, 오차의 범위 = 0.001)

* 은닉층의수 = 4

================================== 노이즈 1개

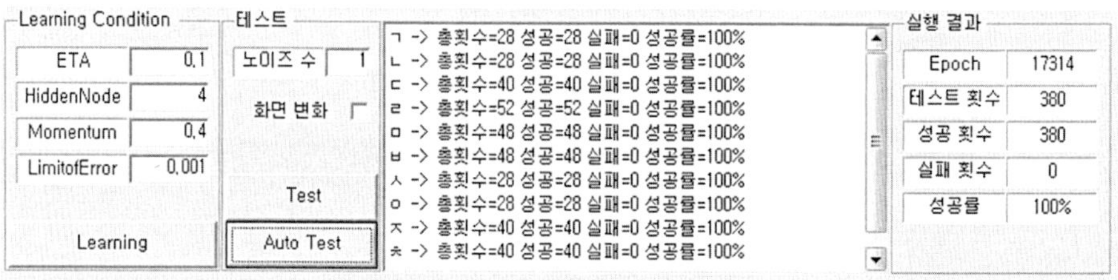

================================== 노이즈 2개

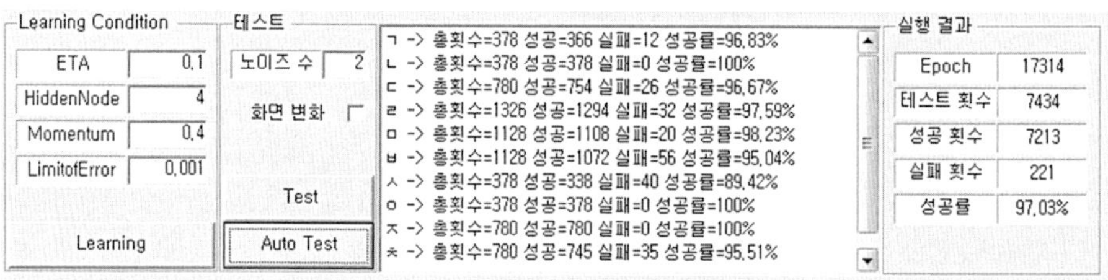

================================== 노이즈 3개

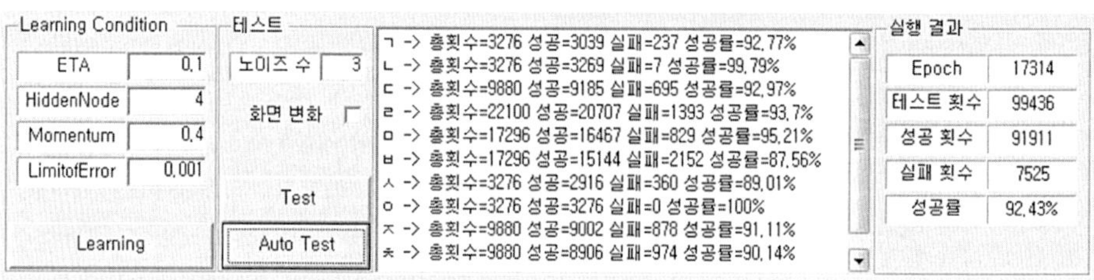

* 은닉층의수 = 8

================================== 노이즈 1개

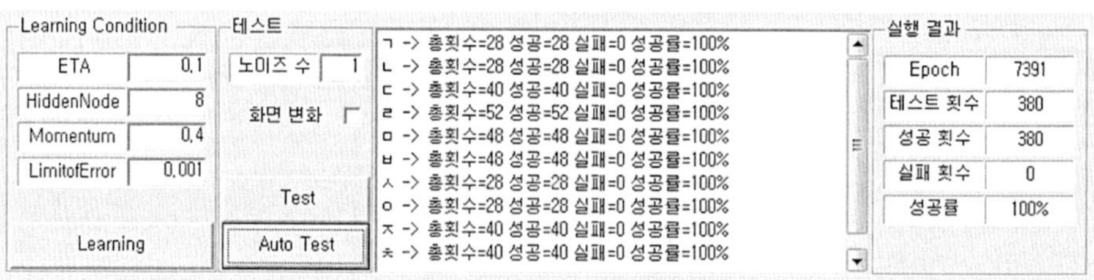

================================ 노이즈 2개

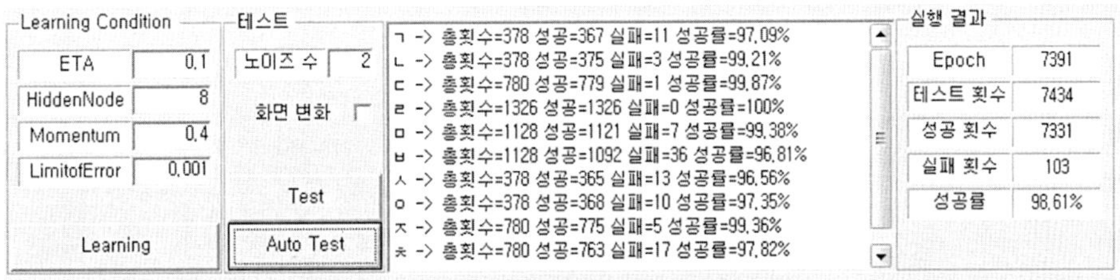

================================ 노이즈 3개

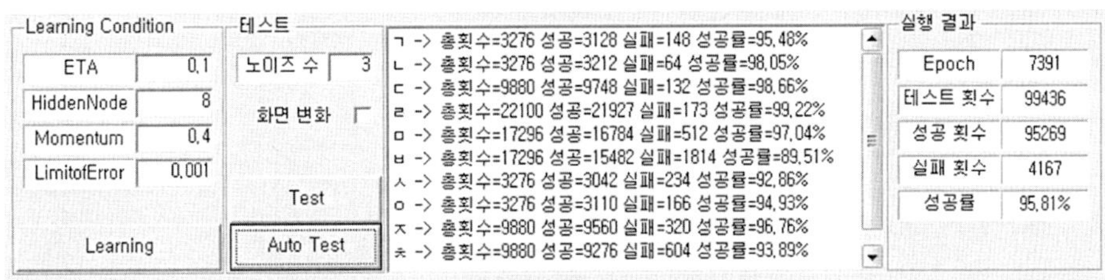

ⓒ 모멘텀값의 변화(η = 0.1, 고정값 → 은닉층 = 8개, 오차의 범위 = 0.001)

* 모멘텀 = 0.1

================================ 노이즈 1개

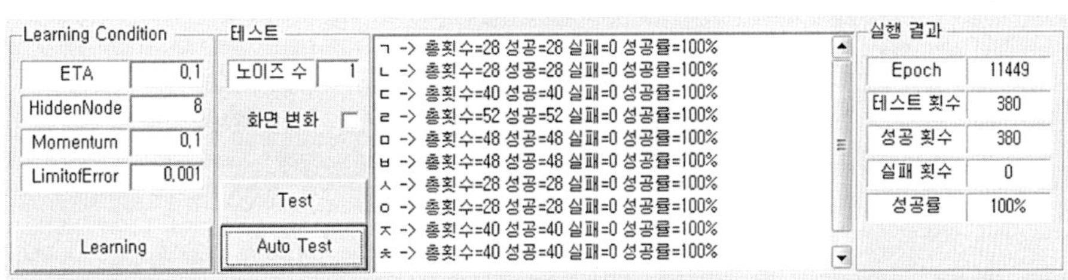

================================ 노이즈 2개

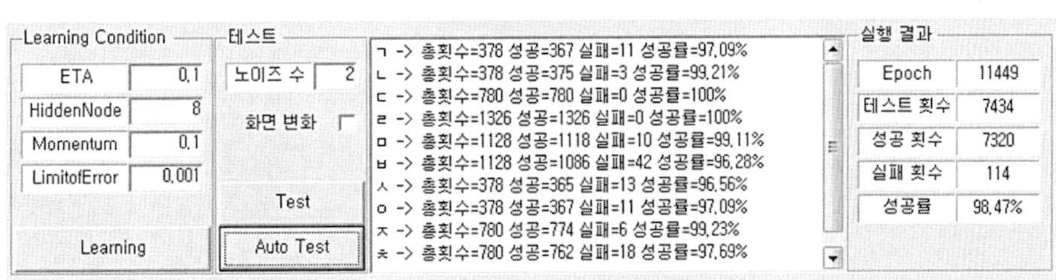

================================== 노이즈 3개

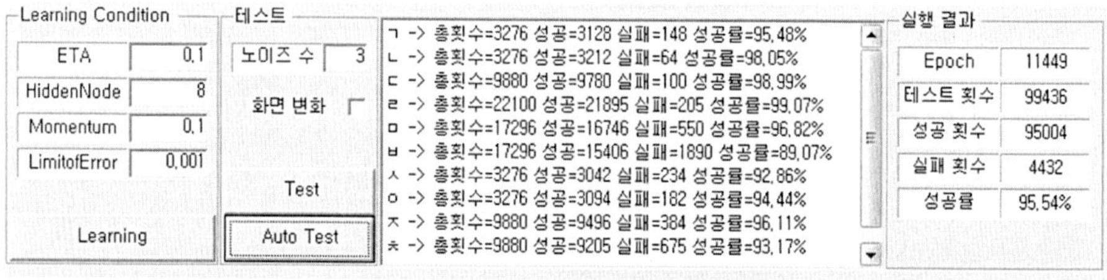

* 모멘텀 = 0.8

================================== 노이즈 1개

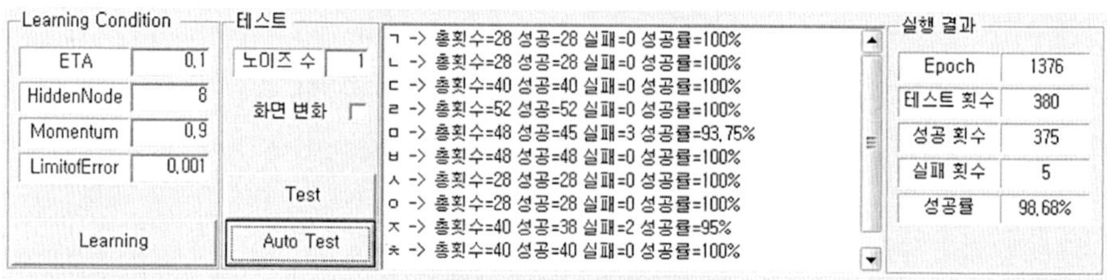

================================== 노이즈 2개

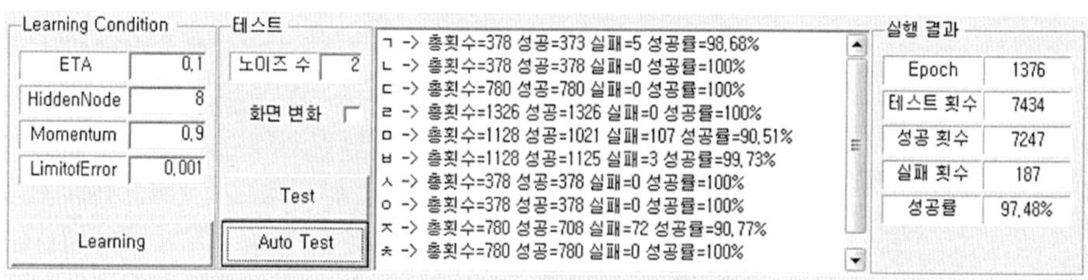

================================== 노이즈 3개

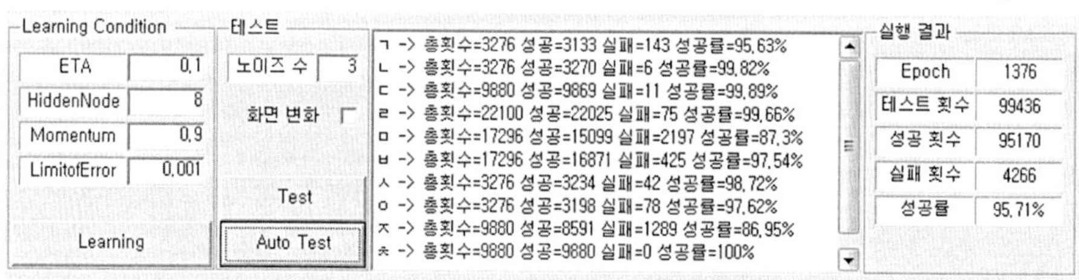

ⓓ 오차의 한계값의 변화(η = 0.1, 고정값 → 은닉층 = 8개, 모멘텀 = 0.4)

* 오차의 한계값 = 0.001

=================================== 노이즈 1개

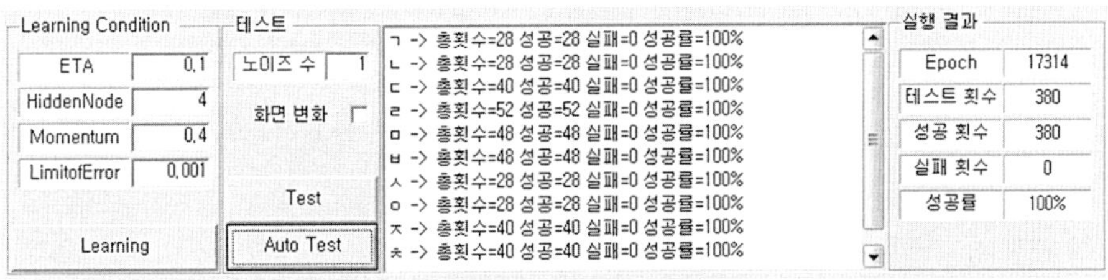

=================================== 노이즈 2개

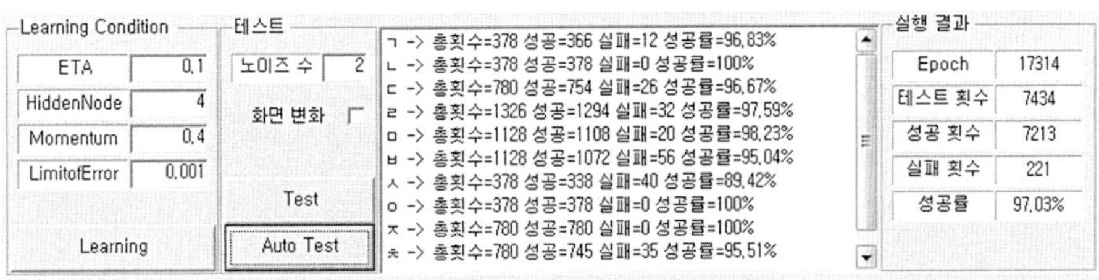

=================================== 노이즈 3개

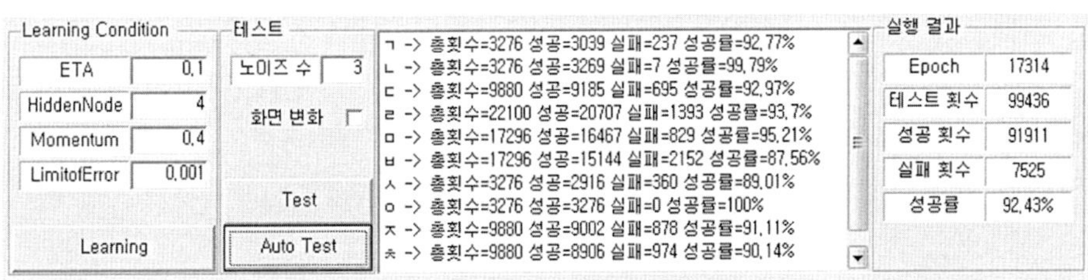

* 오차의 한계값 = 0.005

=================================== 노이즈 1개

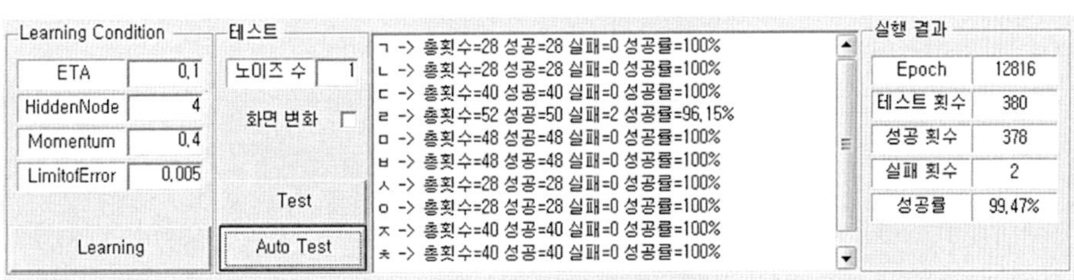

=================================== 노이즈 2개

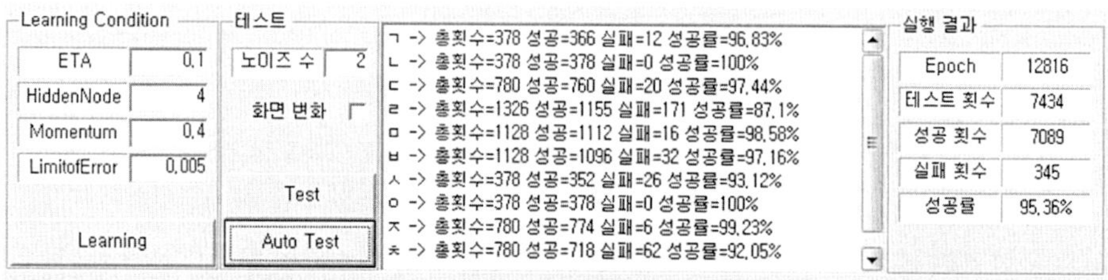

=================================== 노이즈 3개

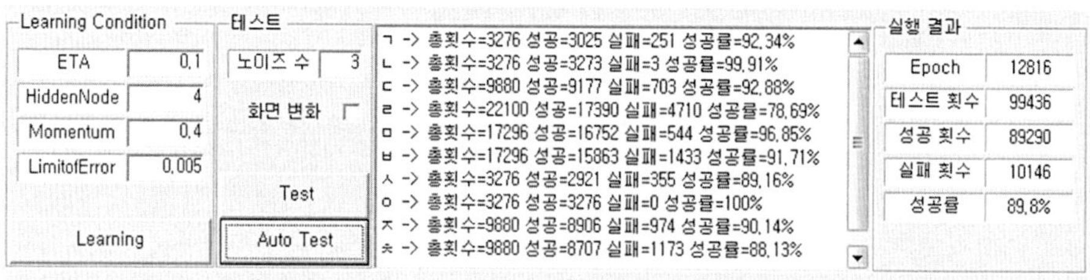

*η의 변화

	Epoch	노이즈1	노이즈2	노이즈3
ETA=0.1	7391	100%	98.61%	95.81%
ETA=0.4	4802	99.74%	98.52%	96.07%

*은닉층의 변화

	Epoch	노이즈1	노이즈2	노이즈3
은닉층=4	17314	100%	97.03%	92.43%
은닉층=8	7391	100%	98.61%	95.81%

*모멘텀의 변화

	Epoch	노이즈1	노이즈2	노이즈3
모멘텀=0.1	11449	100%	98.47%	95.54%
모멘텀=0.8	1376	98.68%	97.48%	95.71%

*오차의 한계값의 변화

	Epoch	노이즈1	노이즈2	노이즈3
오차한계=0.001	17314	100%	97.03%	92.43%
오차한계=0.005	12816	99.47%	95.36%	89.8%

η값이 변하거나 은닉층의 수가 변할 때, 또는 모멘텀 값의 변화에 따라 수렴속도가 빨라져 학습속도는 빠르게 나오지만 성공률이 보다 낮아짐을 확인 할 수 있었는데 이는 전역 최소점이 아닌 지역 최소점에 빠져 정확한 수렴을 하지 못한 결과로 보여진다. 지역 최소점에 빠지지 않기 위해서는 η, 은닉층의 수, 모멘텀의 값 등에 적절한 수치를 대입해서 학습과정을 거쳐야 한다.

이 문제에 대해 여러 가지 값을 주어가며 다양한 테스트를 수행한 결과 $\eta=0.1$, 은닉층수$=7$, 모멘텀값$=6$, 오차한계$=0.005$에서 가장 높은 성공률을 보였는데 노이즈가 2개인 모든 경우 까지는 제대로 인식하는 것으로 확인하였고 노이즈가 증가 할수록 정확도가 조금씩 떨어지는 것을 확인할 수 있었다.

이 프로그램에 의한 실행결과의 예는 다음과 같다.

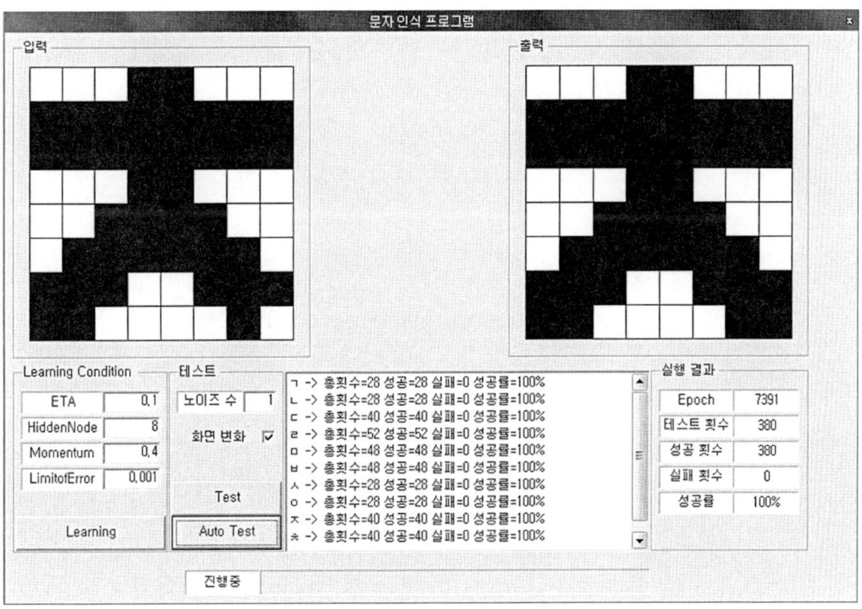

〈프로젝트 사례 2〉 홉필드 연상 메모리 구현 문제

예제 1 다음과 같은 2개의 패턴을 저장하는 Hopfield 연상 메모리를 설계해 보자.

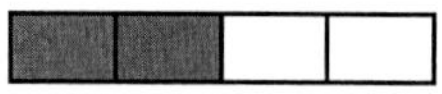

s(1)=[1 1 −1 −1]

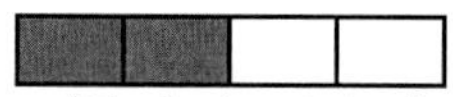

s(2)=[−1 −1 1 1]

이에 대해 가중치는 다음의 식을 이용하여 각각 구한다.

$$W = \sum_{i=1} S^T(i)s(i) - pI$$

①

$$\begin{aligned} W_1 &= s(1)^T s(1) - \mathbf{I} \\ &= \begin{bmatrix} 1 \\ 1 \\ -1 \\ -1 \end{bmatrix} [1 \;\; 1 \;\; -1 \;\; -1] - \mathbf{I} \\ &= \begin{bmatrix} 1 & 1 & -1 & -1 \\ 1 & 1 & -1 & -1 \\ -1 & -1 & 1 & 1 \\ -1 & -1 & 1 & 1 \end{bmatrix} - \begin{bmatrix} 1 & 0 & 0 & 0 \\ 0 & 1 & 0 & 0 \\ 0 & 0 & 1 & 0 \\ 0 & 0 & 0 & 1 \end{bmatrix} \\ &= \begin{bmatrix} 0 & 1 & -1 & -1 \\ 1 & 0 & -1 & -1 \\ -1 & -1 & 0 & 1 \\ -1 & -1 & 1 & 0 \end{bmatrix} \end{aligned}$$

②

$$\begin{aligned} W_2 &= s(2)^T s(2) - \mathbf{I} \\ &= \begin{bmatrix} -1 \\ -1 \\ 1 \\ 1 \end{bmatrix} [-1 \; -1 \;\; 1 \;\; 1] - \mathbf{I} \\ &= \begin{bmatrix} 0 & 1 & -1 & -1 \\ 1 & 0 & -1 & -1 \\ -1 & -1 & 0 & 1 \\ -1 & -1 & 1 & 0 \end{bmatrix} \end{aligned}$$

전체 가중치는 다음과 같이 구한다.

$$\begin{aligned} W &= W_1 + W_2 \\ &= \begin{bmatrix} 0 & 1 & -1 & -1 \\ 1 & 0 & -1 & -1 \\ -1 & -1 & 0 & 1 \\ -1 & -1 & 1 & 0 \end{bmatrix} + \begin{bmatrix} 0 & 1 & -1 & -1 \\ 1 & 0 & -1 & -1 \\ -1 & -1 & 0 & 1 \\ -1 & -1 & 1 & 0 \end{bmatrix} = \begin{bmatrix} 0 & 2 & -2 & -2 \\ 2 & 0 & -2 & -2 \\ -2 & -2 & 0 & 2 \\ -2 & -2 & 2 & 0 \end{bmatrix} \end{aligned}$$

따라서 두 패턴을 저장하는 Hopfield 연상 메모리는 다음과 같다.

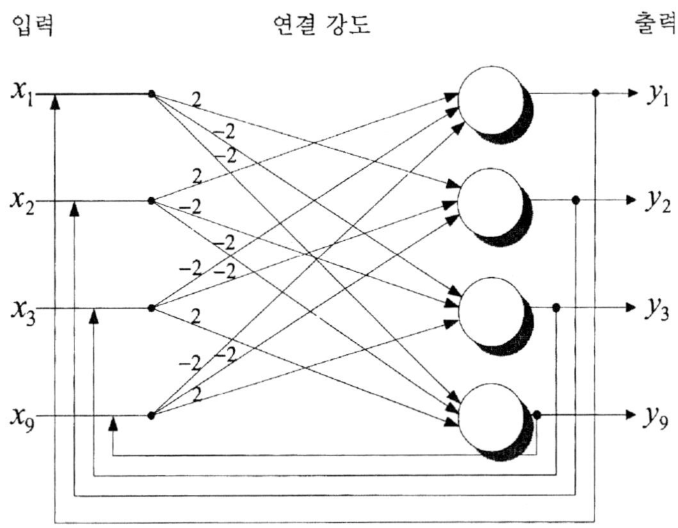

예제 2 앞에서 설계한 Hopfield 연상 메모리에 다음과 같은 패턴이 입력되는 경우, 출력되는 패턴이 변화되는 과정을 보여 보자. 단, 출력은 y_1, y_3, y_2, y_4 순서로 갱신하며, 초기 출력은 [1 -1 -1 -1]이라고 가정한다.

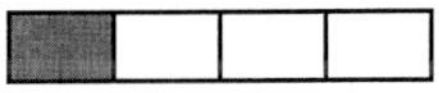

입력 패턴 $X = [1\ -1\ -1 -1]$

연결 갈도 $W = \begin{bmatrix} 0 & 2 & -2 & -2 \\ 2 & 0 & -2 & -2 \\ -2 & -2 & 0 & 2 \\ -2 & -2 & 2 & 0 \end{bmatrix}$

이 예제에 대한 출력 패턴 변화 과정을 단계별로 설명하면 다음과 같다.

① 출력층의 첫 번째 뉴런 y_1의 갱신

입력 가중치 합 NET와 출력 y_1은 다음과 같이 구할 수 있다.

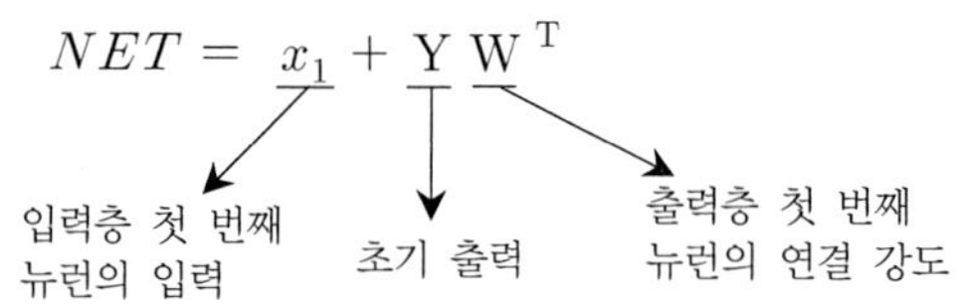

$$NET = 1 + [1 \ -1 \ -1 \ -1] \begin{bmatrix} 0 \\ 2 \\ -2 \\ -2 \end{bmatrix}$$
$$= 3$$

$$y_1 = f(NET)$$
$$= f(3)$$
$$= 1$$

따라서, 출력 패턴 Y는 [1 -1 -1 -1]이다.

출력 패턴 : 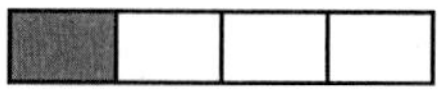

② 출력층의 세 번째 뉴런 y_3의 갱신

마찬가지 방법으로 입력 가중치 합 NET와 출력 y_3을 구할 수 있다.

$$NET = x_3 + \mathrm{Y}\mathrm{W}^{\mathrm{T}}$$
$$= -1 + [1 - 1 \ -1 \ -1] \begin{bmatrix} -2 \\ -2 \\ 0 \\ 2 \end{bmatrix}$$
$$= -3$$

$$y_3 = f(NET)$$
$$= f(-3)$$
$$= -1$$

따라서, 출력 패턴 Y=[1 -1 **-1** -1]이다.

출력 패턴 : 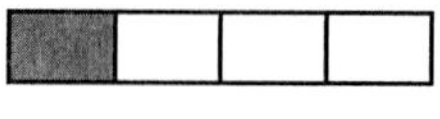

③ 출력층의 두 번째 뉴런 y_2의 갱신

마찬가지 방법으로 입력 가중치 합 NET와 출력 y_2를 구할 수 있다.

$$\begin{aligned} NET &= x_2 + \mathrm{YW}^{\mathrm{T}} \\ &= -1 + [1 -1 \ -1 \ -1] \begin{bmatrix} 2 \\ 0 \\ -2 \\ -2 \end{bmatrix} \\ &= 5 \end{aligned}$$

$$\begin{aligned} y_2 &= f(NET) \\ &= f(5) \\ &= 1 \end{aligned}$$

따라서, 출력 패턴 Y=[1 **<u>1</u>** -1 -1]이다.

출력 패턴 : 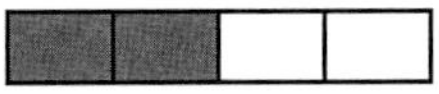

④ 출력층의 네 번째 뉴런 y_4의 갱신

마찬가지 방법으로 입력 가중치 합 NET와 출력 y_4를 구할 수 있다.

$$\begin{aligned} NET &= x_4 + \mathrm{YW}^{\mathrm{T}} \\ &= -1 + [1 \ 1 \ -1 \ -1] \begin{bmatrix} -2 \\ -2 \\ 2 \\ 0 \end{bmatrix} \\ &= -7 \end{aligned}$$

$$\begin{aligned} y_4 &= f(NET) \\ &= f(-7) \\ &= -1 \end{aligned}$$

따라서, 출력 패턴 Y=[1 1 -1 <u>-1</u>]이다.

출력 패턴 : 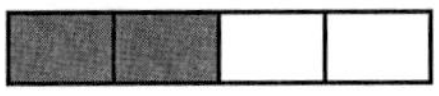

연습 문제 다음과 같은 3개의 패턴들을 저장할 수 있는 순환 연상 메모리를 설계하여 보자.

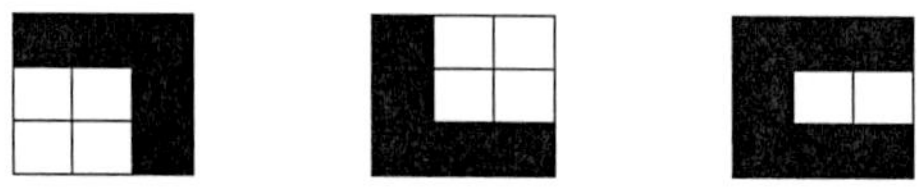

다음과 같은 패턴이 입력될 경우의 출력 패턴을 구해 보자.

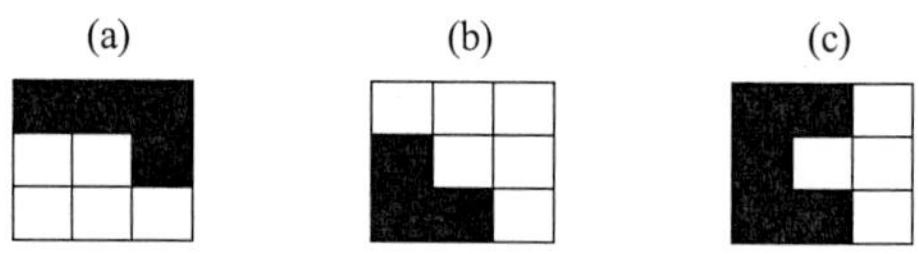

다음은 이 문제를 Visual Basic을 이용한 프로그램으로 입력 패턴을 6×6로 3개의 패턴에 대해 구현한 입력화면이다. 이 화면에서 노이즈가 있는 패턴을 입력하면 아래와 같은 출력결과를 보여준다.

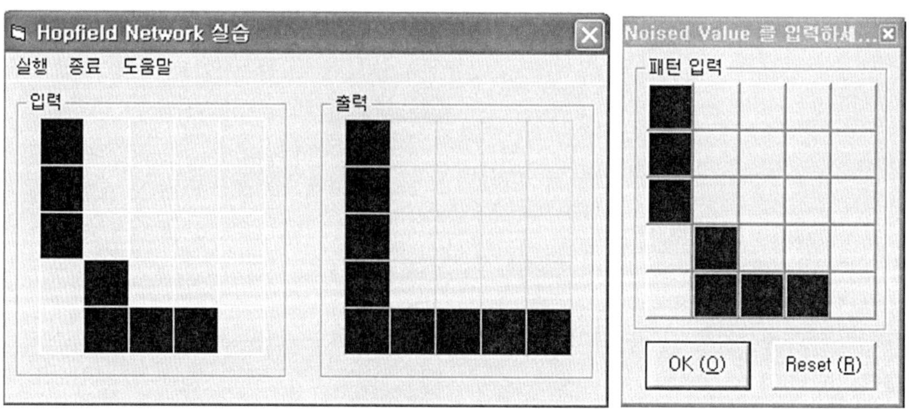

이 문제에 대해 프로그래밍 언어, 시뮬레이션 방법 등에 따라 각자 구현해 보길 바란다.

3.6.3 오픈 소스코드 예제

신경회로망을 구현해볼 수 있는 오픈 소스코드 사이트(http://lcn.epfl.ch/tutorial/english/) 의 내용을 소개하고자 한다.

이 사이트에서 소개하는 Neural Java는 연습용 프로그램들이다. 각 연습용 프로그램은 간단한 예제, 자바 애플릿(Java applet)으로 작성된 간단한 데모 프로그램으로 구성되어 있다. 또한 프로그램들을 실행시키기 위한 목적으로 몇 가지 간단한 질문들도 제시하고 있다. 여기 제시된 자바 애플릿들은 서로 다른 신경회로망의 다이나믹한 성질을 보여주기 위한 것으로 시각적 효과와 상호 인터페이스를 증진시키려는데 목적으로 설계되었다. 자바 애플릿들은 큰 규모의 응용에는 적합하지 않을 것이지만 사용자가 관심을 갖고 다른 시뮬레이터를 이용하여 문제에 응용할 수 있을 것이다.

이 사이트에는 신경회로망의 기본 모델은 물론 지금까지 배웠던 홉필드 모델, 퍼셉트론 모델, 다층 퍼셉트론 모델, 코호넨 모델 등 교사학습 신경회로망 모델과 무교사학습 신경회로망 모델 등을 소개하고 있어서 실제적 구현시 도움을 주고 있다. 이 사이트의 주요 내용은 <표 3.4>에 제시한다.

〈표 3.4〉 신경회로망 튜토리얼 내용

구분	신경회로망 모델
Single Neurons (단일뉴런)	Artificial Neuron McCulloch-Pitts Neuron Spiking Neuron Hodgkin-Huxley Model Axons and Action Potential Propagation
Supervised Learning (교사학습)	Single-layer networks (simple perceptrons) Perceptron Learning Rule Adaline, Perceptron and Backpropagation
Multi-layer networks (다층 네트워크)	Multi-layer Perceptron (with neuron outputs in {0;1}) Multi-layer Perceptron (with neuron outputs in {-1;1}) Multi-layer Perceptron and C language Generalization in Multi-layer Perceptrons (with neuron outputs in {0;1}) Generalization in Multi-layer Perceptrons (with neuron outputs in {-1;1}) Optical Character Recognition with Multi-layer Perceptron Prediction with Multi-layer Perceptron

〈표 3.4〉 신경회로망 튜토리얼 내용(계속)

구분	신경회로망 모델
Support Vector Machine(SVM)	Support Vector Machine with a polynomial kernel
Density Estimation and Interpolation (밀도 측정 및 보강)	Radial Basis Function Network Gaussian Mixture Model / EM Mixture model, using unlabeled data
Unsupervised Learning (무교사 학습)	Principal Component Analysis PCA for Character Recognition Competitive Learning Methods
Reinforcement Learning (강화 학습)	Blackjack and Reinforcement Learning
Network Dynamics (네트워크 다이나믹스)	Hopfield Network Pseudoinverse Network Network of spiking neurons. (Requires Swing) Retina Simulation.(Runs very slow with some netscape versions)
프로젝트들	Miniproject 및 Miniproject for Postgraduate Training

이 사이트에 소개된 여러 신경회로망 모델 중 몇 가지를 소개하면 다음과 같다.

(1) Spiking Neuron Models 책

'Spiking Neuron Models'는 W. Gerstner와 W. Kistler에 의해 Cambridge University Press에서 2002에 출판한 책(http://lcn.epfl.ch/~gerstner/BUCH.html)으로 신경회로망 모델의 가장 기본형인 뉴론의 설계에 관해 집중적으로 소개한 책이다. 이 책은 e-Book 으로도 제공되고 있다. 목차는 <그림 3.54>와 같다.

이 책에서는 뉴론들은 펄스(pulses) 즉, 활성전위(action potentials 또는 spikes)에 의해 뇌에서 상호작용한다고 하였다. 또한 신경회로망의 여러 가지 문제들을 제기하고 있다. 예를 들면, 어떻게 우리가 활성전위의 프로세스를 이해할 수 있을까? 어떻게 우리가 뉴런에 의한 정보교환을 이해할 수 있을까? 만약 몇 천개의 뉴론들이 임의적으로 짝을 짓는다면 무슨 일이 일어날 것인가? 어떻게 네트워크 연결정도가 활성화 패턴들을 결정할 수 있는가? 그리고 반대의 경우도. 어떻게 활성전위가 가중치 값에 영향을 주고 있는가? 또한 이러한 문제들은 2002년부터

Table of Contents
Preface
Chapter 1 : Introduction

Part I : Single Neuron Models
Chapter 2 : Detailed Neuron Models
Chapter 3 : Two-Dimensional Neuron Models
Chapter 4 : Formal Spiking Neuron Models
Chapter 5 : Noise in Spiking Neuron Models

Part II : Populations of Spiking Neurons
Chapter 6 : Population Equations
Chapter 7 : Signal Transmission and Coning
Chapter 8 : Oscillations and Synchrony
Chapter 9 : Spatially Structured Networks

Part III : Models of Synaptic Plasitity
Chapter 10 : Hebbian Models
Chapter 11 : Learning Equations
Chapter 12 : Plasticity and Coding

Bibliography and Index

〈그림 3.54〉 Spiking neuron models 소개

제기되었는데 문제에 대한 답을 얻으려면 생물학적 이론, 생물물리학, 신경회로망, 뉴로 사이언스 등의 과목들을 공부해야 한다고 하였고, 생물학자들은 수학적 모델링에 관심을 가져야 할 것이라고 하였다. 아울러 이 책은 많은 예제들을 통해 이 문제에 대한 답을 제공하고 이해를 더 넓게 하려는 점이 특징이다.

(2) Supervised Learning for Neural Networks: a tutorial with JAVA exercises

이것은 W. Gerstner가 신경회로망의 교사 학습에 대해 자바 프로그램의 예제를 통해 튜토리얼로 제공한 자료로 매우 유용한 정보를 많이 담고 있다.

저자는 뉴론을 다음 <그림 3.55>와 같이 표시하였다. 먼저 입력값들인 x_j는 가중치 w_{ij}를 가지고 가중치 합(weighted sum) 연산을 수행한 후 활성화함수인 비선형 함수(nonlinear function) $g(\Sigma_j w_{ij} x_j)$을 통해 뉴론을 통과한다.

이 튜토리얼 자료는 신경회로망의 기본을 잘 알기 쉽게 설명하고 있고, 신경회로망의 여러 가지 모델들을 수학적으로 분석하고 설명하고 있어서 신경회로망의 원리를 깊이 있게 이해하는 데 도움이 될 것이다.

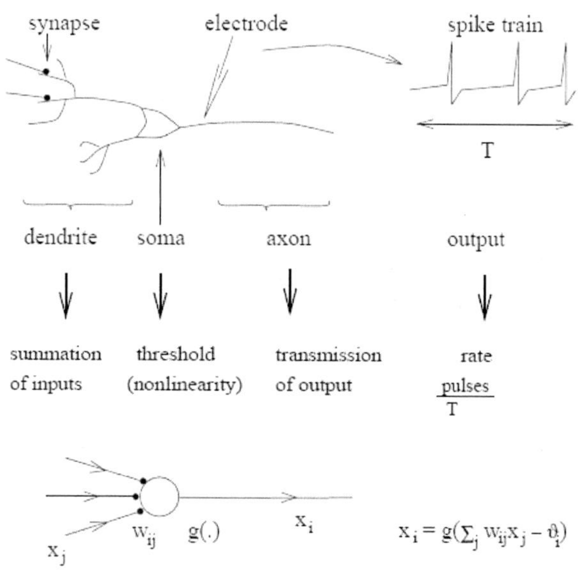

〈그림 3.55〉 단일 뉴론의 인공적 모델

(3) 몇 가지 중요한 동영상

The Next Generation of Neural Networks :

http://www.youtube.com/watch?v=AyzOUbkUf3M&feature=channel

Single Layer Perceptron :

http://www.youtube.com/watch?v=eDYOH9q2QdA&feature=fvw

Probabilistic Neural Network :

http://www.youtube.com/watch?v=uAKu4g7lBxU

Perceptron Training :

http://www.youtube.com/watch?v=h1Y48mPXaEw

위의 사이트에 가면 이외에도 신경회로망에 관한 YouTube 동영상들이 많이 소개되었으므로 유용할 것이다.

(4) 인공뉴런(artificial neuron)

여기에 소개된 인공뉴런은 1943년 McCulloch와 Pitts에 의해 제안되어 개발되었다. 이 인공뉴런은 McCulloch와 Pitts의 이론을 근거로 개발되어 유사하며 다음 <그림 3.56>과 같이 모두 5개의 요소로 구성되었다. 여기서 i는 i번째 입력값이나 가중치를 의미한다. 5개의 요소는 입력값 x_i의 집합, 가중치 w_i의 집합, 쓰레숄드 u, 활성화함수 f, 뉴론의 출력값 y이다. 사이트에 접속해서 애플릿을 직접 사용해보는 것이 좋을 것이다.

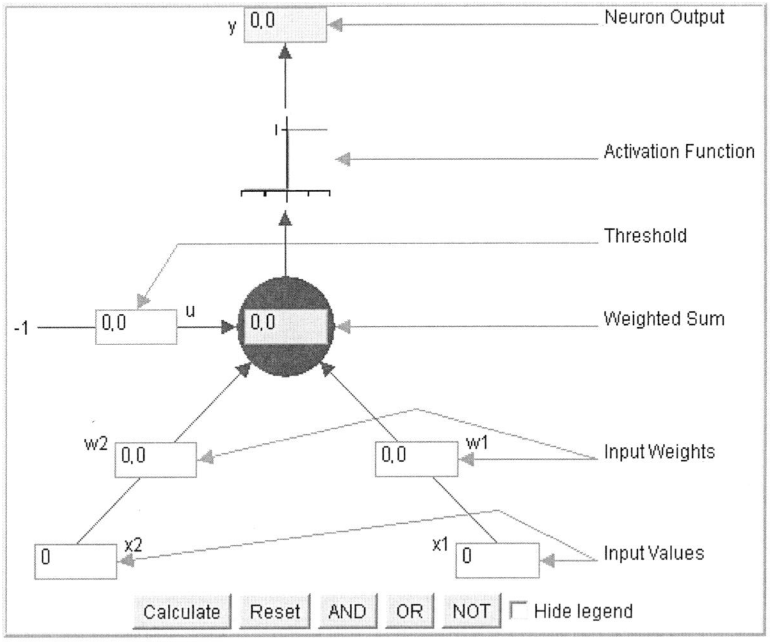

〈그림 3.56 〉 인공뉴런의 애플릿

이 사이트에서 다음의 데이터를 넣고 출력결과가 이와 같이 나오는지를 테스트 해본다.

x1	x2	output
−0.2	0.5	0
0.2	−0.5	0
0.8	−0.8	1
0.8	0.8	1

(5) McCulloch-Pitts 뉴런(McCulloch-Pitts neuron)

여기에 소개된 뉴런은 McCulloch와 Pitts가 개발한 바로 그 모델이며, 인공뉴런과의 차이점은 absolute inhibitory input의 사용을 한다는 데에 있다. 이 뉴런은 nonmonotonic logic functions에 의해 구현될 수 있다.

입력과 출력값들은 이진값(exclusively ones 또는 zeros)을 사용한다. 노드들은 이진결과값을 산출한다. 여기에는 가중치가 없고, 활성화 함수는 항상 단조로운 계단형 함수(unit step function)를 사용한다. 따라서 McCulloch-Pitts neuron의 요소들은 다음과 같다.

- 흥분성 입력값 집합 x_i (a set of n excitatory inputs)
- 억제성 입력값 집합 x_{n+j} (a set of m inhibitory inputs)
- 쓰레숄드 값 u (threshold)
- 활성화 함수 (a unit step activation function)
- 뉴런의 출력값 y (a single neuron output)

다음의 <그림 3.57>에서 쓰레숄드 값 u를 갖는 원으로 McCulloch-Pitts neuron을 나타내었다. 억제성 입력값 들은 작은 원으로 표시되었다.

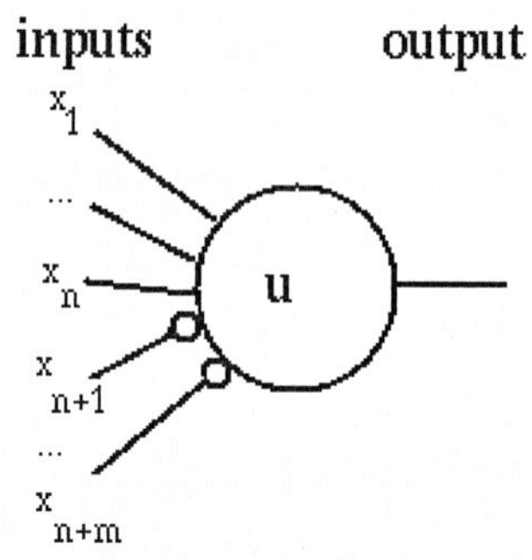

〈그림 3.57〉 McCulloch-Pitts 뉴런

이 튜토리얼 자료는 신경회로망의 기본을 잘 알기 쉽게 설명하고 있고, 신경회로망의 여러 가지 모델들을 수학적으로 분석하고 설명하고 있어서 신경회로망의 원리를 깊이 있게 이해하는데 도움이 될 것이다.

<그림 3.58>은 McCulloch-Pitts 뉴런의 애플릿이다. 사용자들은 버튼을 클릭하면서 입력값들을 변화시켜보고, 원 내부의 필드에 새로운 값들들 써봄으로써 쓰레숄드값을 변화시켜보자. 이때 억제성과 흥분성 입력값들을 차례로 변화시키기 위해서는 화살표 머리부분을 클릭해야 하는데, 이 경우 화살표 머리부분이 원으로 바뀌게 되며 이러한 과정은 상호 반복된다.

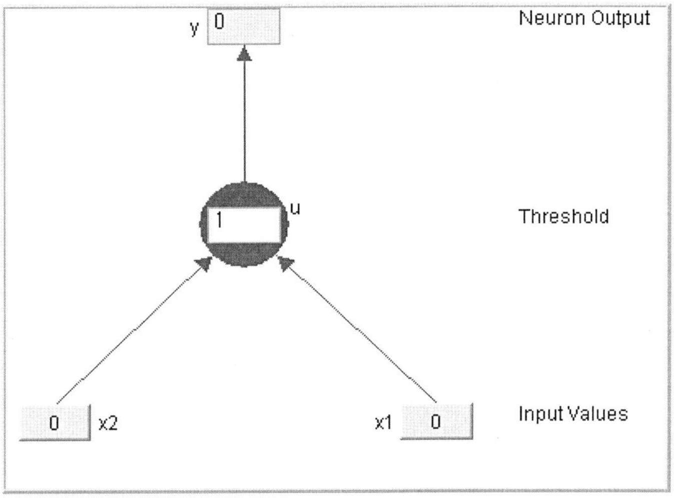

〈그림 3.58〉 인공뉴런의 애플릿

여기서 다음의 문제를 풀어본다.

1. 2개의 입력 이진 논리함수 중 어느 것이 McCulloch-Pitts와 같이 계산되는 것인가? 뉴런인가 네트워크인가?
2. 우리는 2종류의 억제(inhibition)를 정의할 수 있다. 첫째 상대 억제(relative inhibition)로 이는 인공뉴런에서 사용하는 것과 같은 종류이며 계단형 활성화 함수(unit step function)를 사용한다. 이것은 음의 가중치값으로 구현된다. 둘째 절대 억제(absolute inhibition)로 이는 McCulloch-Pitts 뉴런에서 사용하는 것과 같은 종류이다. 여기서 McCulloch-Pitts 뉴런이 상대 억제를 갖는 네트워크와 동일하다는 것을 증명해 보아라. 일반적으로 상대 억제 네트워크안에서의 뉴런은 하나 이상의 절대 억제 뉴런으로 구성된 것과 동일한 네트워크 회로를 가진다.

이 외에도 Spiking neuron. Hodgkin-Huxley model. Axons and Action Potential Propagation 등이 소개되어 있다.

(6) 단층 퍼셉트론(single-layer perceptron)

단층 퍼셉트론은 하나 이상의 뉴런이 병렬적으로 구성된 네트워크 형태이다. 뉴런들은 모두 인공뉴런에서 본 것과 동일한 타입들이다. 각 뉴런은 하나의 네트워크 출력값을 제공하며 모든 외부 입력노드들과 연결되어 있다. 이 튜토리얼에서 보여주는 애플릿은 단일 뉴런이며 두 개의 입력값을 갖는 단층 퍼셉트론의 예이다.

퍼셉트론 학습규칙(perceptron learning rule)은 퍼셉트론 신경회로망의 트레이닝을 위한 단순한 알고리즘을 제공하고 있다. 그러나 단층 퍼셉트론 네트워크는 모든 것을 학습할 수 없고 계산상 완벽하지 못하다. 두 개의 입력값을 갖는 네트워크는 XOR(또는 XNOR) 함수를 풀 수 없다.

퍼셉트론 학습알고리즘은 원래 1950년대에 Frank Rosenblatt에 의해 개발되었다. 트레이닝 패턴들이 네트워크의 입력들로써 들어가면 출력이 계산된다. 그러면 가중치 w_i는 실제출력값(actual output) y와 교사출력값(desired output) d와의 차이에 의해 수정된다.

퍼셉트론 학습 알고리즘의 프로세스는 다음과 같다.

a. 가중치와 쓰레숄드를 작은수로 초기화한다.
b. 뉴런에 입력벡터 X를 입력하고 출력값을 계산한다.
c. 가중치를 다음 식에 의해 업데이트한다.

$$w_j(t+1) = w_j(t) + \eta(d-y)x$$

여기서 d는 교사출력값, t는 반복횟수, η는 이득률(gain) 또는 증가폭(step size)로서 $0.0 < \eta < 1.0$ 범위에 있다.

d. b와 c의 과정을 다음 단계에 도달할 때까지 반복한다. 즉, 반복에 의한 오차의 한계가 사용자가 정의한 범위내에 있거나 미리 정의한 반복횟수에 도달할 때까지 반복한다.

학습은 오차(교사출력값-실제출력값)가 만들어질 때 이루어지며 오차가 없으면 가중치는 변하지 않음을 꼭 기억해야 한다. 이러한 규칙은 Hebb의 학습규칙의 수정된 형태가 된다. 트레이닝 동안, 최적의 가중치 집합을 찾기 위한 시도로써 네트워크의 성능을 측정하는 것이 유용하다. 일반적으로 사용되는 오류 측정이나 비용함수는 다음 식과 같은 sum-squared error 함수이다. 이것은 트레이닝 집합에서 모든 입력벡터와 출력벡터를 계산한다.

$$E = \frac{1}{2}\sum_{i=1}^{p} \|y^i - d^i\|^2$$

여기서, p는 트레이닝 집합에 있는 입출력 벡터쌍의 개수를 말한다.

(7) 다층 퍼셉트론(multi-layer perceptron)

다층 퍼셉트론은 다음 <그림 3.59>와 같이 몇 개의 뉴론층으로 구성되어 있다. 각 층은 다른 층과 완전하게 연결되어 있다. 또한 각 뉴론은 부가적인 바이어스 입력값을 받는다.

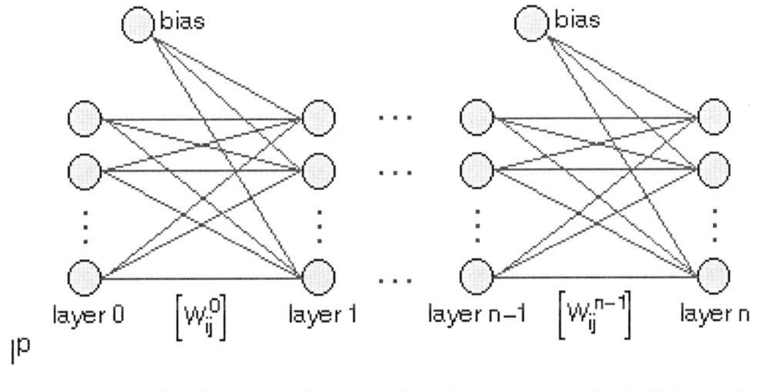

〈그림 3.59〉 완전연결된 바이어스 노드를 갖는 n층의 오류역전파 네트워크 구조

여기서

w_{ijk} = weight from unit i (in layer v) to unit j (in layer v+1).

I_p = input vector (pattern p) = $(I_1^p, I_2^p, \ldots\ldots, I_b^p)$

A_p = Actual output vector (pattern p) = $(A_1^p, A_2^p, \ldots\ldots, A_b^p)$

여기의 애플릿에서는 출력값이 {0, 1}로 되어 있다고 가정한다.

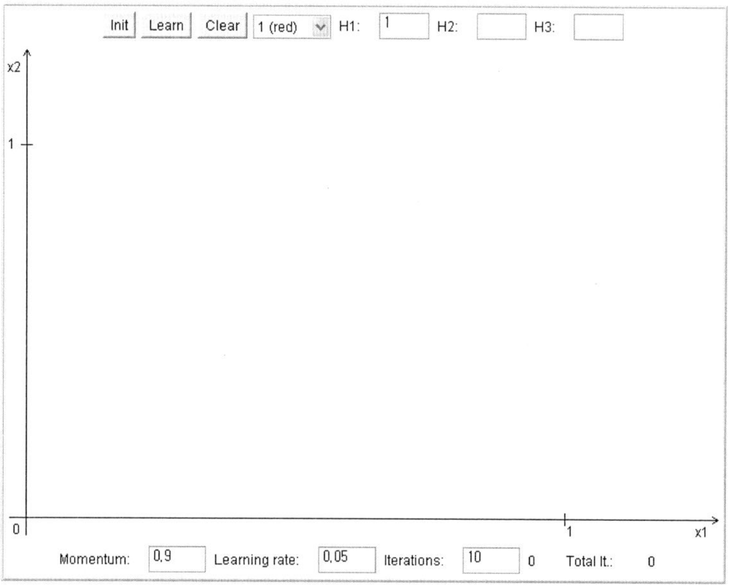

〈그림 3.60〉 다층 퍼셉트론의 애플릿

이 애플릿을 실행시키기 위해서는 각각 첫 번째 중간층(hidden layer) H1, 두 번째 중간층 H2, 세 번째 중간층 H3에 있는 노드들의 수를 변화시켜 보자. 만약 H3이 0이라면 두 개의 중간층만이 생성되었다는 것을 의미한다. 만약 H3과 H2가 0이면 중간층이 1개 생성되었다는 것을 말하며, H1, H2, H3이 모두 null 이거나 0이면 단층 퍼셉트론과 동일하다는 것을 의미한다. 먼저 이 그림에서 Init 버튼을 눌러서 원하는 구조를 생성하고 가중치를 초기화한 후 애플릿을 실행해보자.

(8) 홉필드 네트워크 모델

홉필드 모델은 연상메모리의 분산된 모델을 말한다. 뉴런들은 픽셀들이며 -1 (off) 또는 +1(on)의 값을 가진다. 네트워크는 임의의 픽셀 패턴들의 수를 저장한다. 패턴인식 동안 네트워크는 주어진 값을 이용하여 초기화 구성을 하기 시작하고 이때 네트워크 다이나믹스는 이렇게 구성된 초기화 구성과 가장 가까운 이미 저장된 패턴쪽으로 점점 진화해 나가면서 연상을 해 나간다.

홉필드 모델에서는 각 뉴런은 모든 다른 뉴런들과 완전연결 되어 있다. 연결

매트릭스는 다음 식에 의해 계산된다.

$$w_{ik} = (\frac{1}{N})\sum_{m} X_i^m X_k^m$$

여기서, N은 뉴런들의 개수이며, X_k^m은 패턴 m에 있는 뉴런 k의 값을 말한다. 이 과정은 모든 패턴들에 대해 $(m = 1..p)$ 수행된다. 이것은 단순한 상관관계 기반 학습규칙이며 이것을 Hebbian 학습(Hebbian learning)이라고 한다. 이것은 여러 번 반복되는 규칙이 아니라 한 번에 끝나는 학습방법이다. 이 학습규칙은 저장된 패턴들이 +1과 -1에 대해 동일한 확률을 갖는 랜덤 패턴들일 경우 가장 잘 작동한다. 즉, 저장된 랜덤 패턴들의 수가 약 $0.14 \times N$일 경우 가장 잘 작동한다.

여기에 소개된 애플릿은 on, off 버튼을 클릭함으로써 패턴을 넣을 수 있다. 그리고 나서 네트워크는 'Memorize' 버튼에 의해 입력한 패턴들을 저장한다. 몇 개를 저장한 후 테스트 패턴을 넣어서 테스트 해보자. 이때 'Test' 버튼을 반복적으로 눌러서 네트워크가 안정화되는 것을 살펴보자.

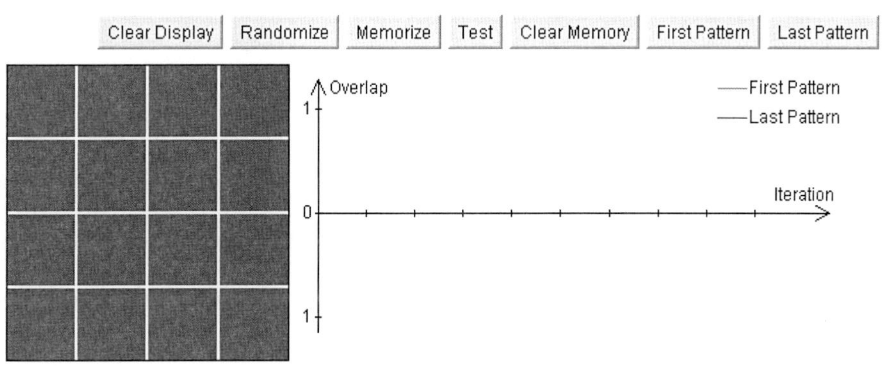

〈그림 3.61〉 4x4 nodes 예

애플릿을 실행하면서 다음의 문제를 생각해보자.

a. 실험상 이 네트워크가 기억할 수 있는 최대 크기의 클래스 수는 얼마인가? 더 많은 랜덤 패턴들을 저장하고 테스트 해보자.
b. 이론상 이 네트워크가 기억할 수 있는 최대 크기의 클래스 수는 얼마인가?

c. 실험결과가 이론과 일치하는가? 이것을 위해 실험을 몇 번 더 해보자.
d. 이론상 이 네트워크가 기억할 수 있는 최대 크기의 직교 클래스(orthogonal classes)는 무엇인가? 얼마나 많은 orthogonal states(=vectors)가 크기 N의 네트워크안에 있는가?
e. 실험상 이 네트워크가 기억할 수 있는 최대 크기의 직교 클래스(orthogonal classes)는 무엇인가? 시스템적으로 직교 패턴들(orthogonal patterns)을 구성해보자.
f. 실험결과가 이론과 일치하는가?

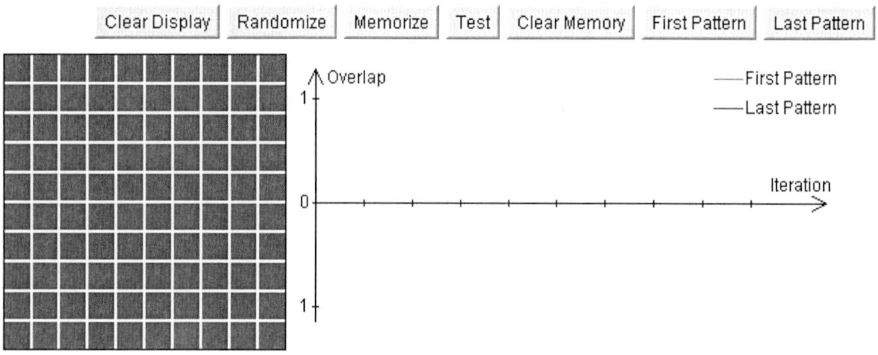

〈그림 3.62〉 10x10 nodes 예

이 애플릿을 실행하면서 다음의 문제를 생각해 보자.

a. 이론상 이 네트워크가 기억할 수 있는 최대 크기의 랜덤 클래스 수는 얼마인가?
b. 실험상 이 네트워크가 기억할 수 있는 최대 크기의 랜덤 클래스 수는 얼마인가?
c. 이론과 실험이 일치하는가?
d. 랜덤 패턴들의 수를 고정하여 저장하자(예, 8개). 초기와 상태에서 얼마나 많은 오류 픽셀들이 결함내구성을 갖고 올바른 패턴으로 인식되는가? 즉, 인식률을 얼마이며 어느 정도의 오류 픽셀 갯수까지 허용되는가? 여러 개의 패턴들에 대해 실험해보자. 무엇이 가장 좋은가? 왜 그런가?

3.6.4 신경회로망 시뮬레이터

신경회로망 시뮬레이터는 아래의 사이트에 가면 구할 수 있다.
(http://www.mathworks.com/products/neuralnet/index.html?s_cid=adw_neuralnet_cat1)

이 사이트에서 제공하는 신경회로망 Toolbox는 The MathWorks사가 개발한 것으로, MATLAB을 확장하여 신경회로망 시뮬레이션을 위해 확장 구축한 것이다. 이 신경회로망 Toolbox 소프트웨어는 지금까지 나온 많은 신경회로망 알고리즘을 편리한 사용자 인터페이스와 그래픽 환경으로 구현해 놓은 것으로 신경회로망의 알고리즘을 사용자가 직접 구현하지 않고도 몇 개의 변수입력만으로도 좋은 시뮬레이션 결과를 얻을 수 있는 잘 알려진 시뮬레이터이다.

이 사이트에 가면, 15일용 무료 다운로드를 받을 수 있고 여러 가지 데모 프로그램을 볼 수 있으므로 직접 방문해보는 것을 적극 추천한다.

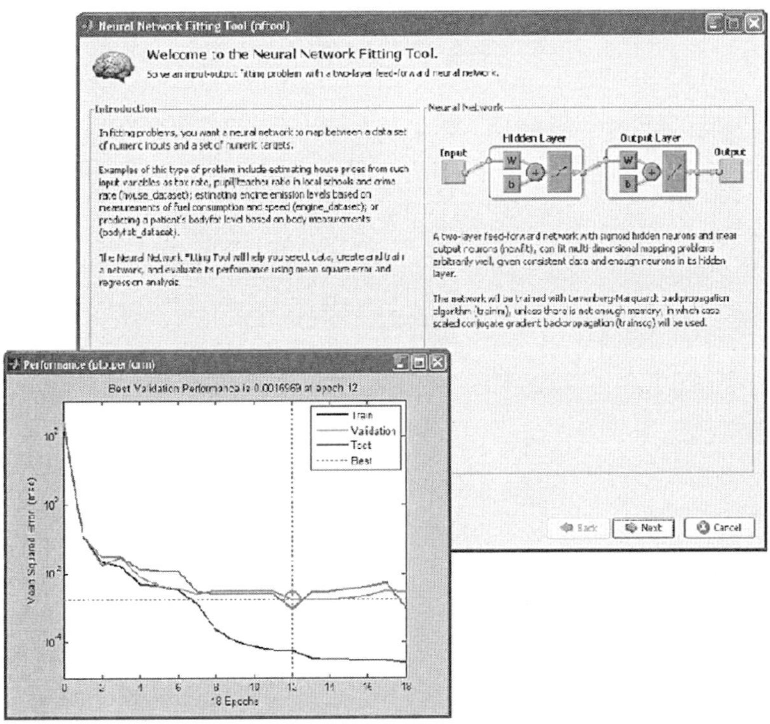

(a) 초기 및 실행화면 예

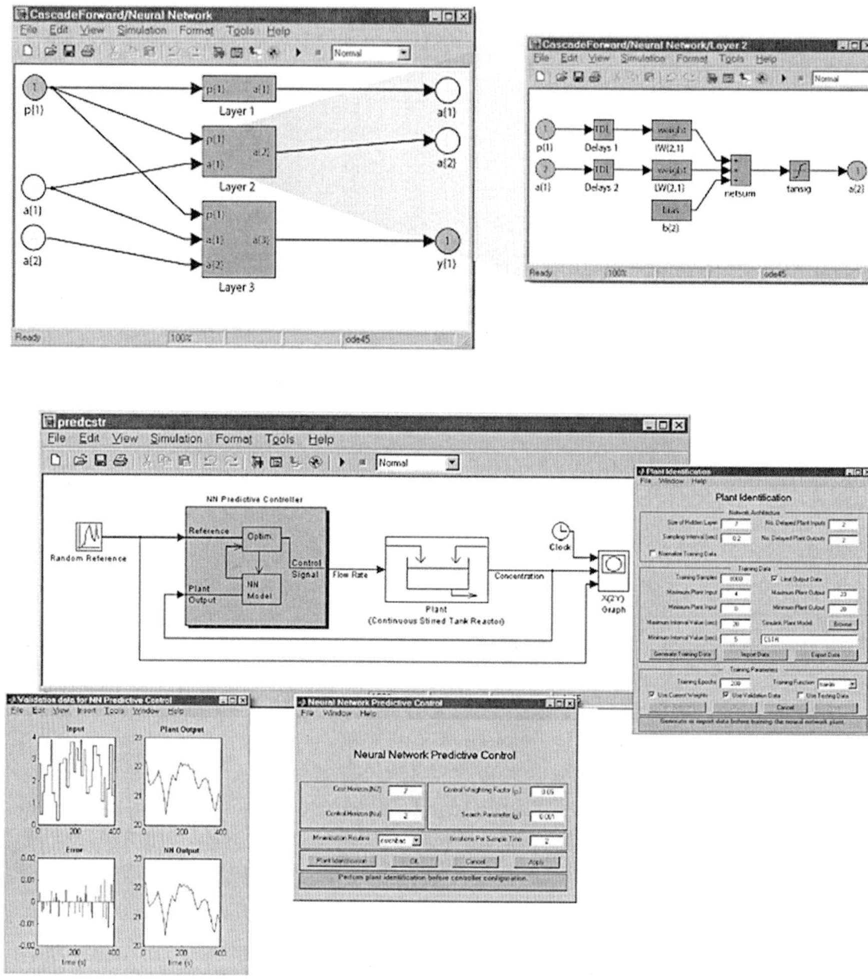

(b) 실행화면 예

〈그림 3.63〉 Neural network Toolbox 실행화면 예

연 · 습 · 문 · 제

1. 생물학적으로 뉴런이란 무엇인지 간단히 설명하고, 이것을 최초로 모델링한 사람은 누구인가?

2. Rumelhart와 McClelland가 제시한 컴퓨터에서의 신경 회로망의 기본 구성요소를 그림과 함께 설명하시오.

3. 신경 회로망이 1960년에서 1980년대까지 한동안 침체기를 맞이하게 되었는데, 그 이유가 무엇인지 설명하고, 이것을 어떻게 극복하였으며 그 계기는 무엇인지 설명하시오.

4. 신경 회로망과 기존 패턴분류기와는 어떻게 다른지 설명하시오.

5. 신경 회로망에서 학습이란 무엇인가? 또 학습의 종류에는 무엇이 있는가?

6. 홉필드 모델과 다층 퍼셉트론 모델의 유사점과 차이점을 신경 회로망의 모델 관점에서 설명하시오.

7. 이 책에서 설명하고 있는 다층 퍼셉트론 신경 회로망 예제를 직접 구현해 보시오. 또한 이것과 The MathWorks사가 개발한 신경 회로망 ToolBox를 이용한 결과를 비교하여 설명해 보시오.

8. 다음 그림과 같은 3층의 퍼셉트론 모델에서 입력값과 원하는 출력값이 주어져 있을 때, 다층퍼셉트론 알고리즘인 오류 역전파 학습 알고리즘을 적용하여 패턴 분류를 하고자 한다. 실제로 전방향 과정과 역방향 과정을 한 번만 수행하되 $\eta = 1$, $\alpha = 1$, 활성화 함수로는 $f(x) = x$, 초기 가중치 값은 전부 1로 가정하고 계산과정을 자세히 설명하시오.

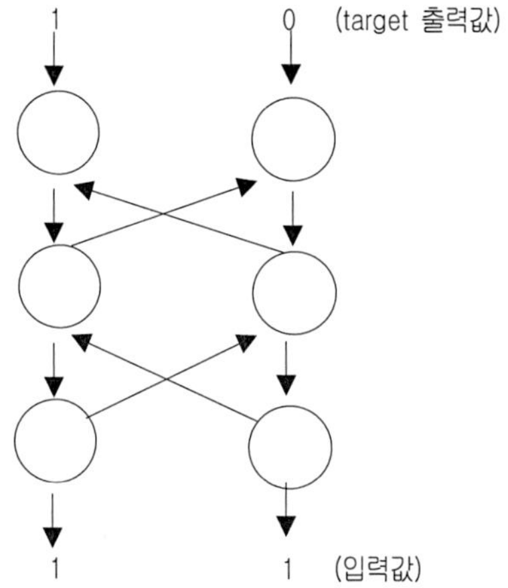

제 4 장

유전자 알고리즘

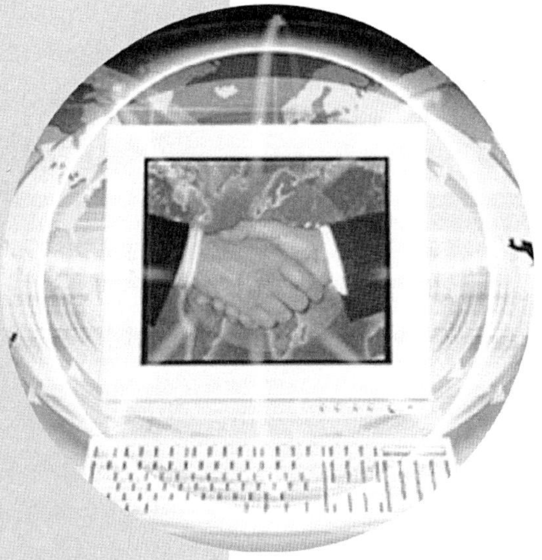

4.1 개요 및 원리

유전자 알고리즘(genetic algorithm, GA)은 1975년 미국 미시간 대학의 Holland 교수가 세포의 작용을 연구하던 중 제안한 알고리즘으로 초기에는 컴퓨터 분야에 응용되지는 않았으나 1980년대 후반에 들어서면서 또 다른 신경 회로망의 한 모델로써 각광받기 시작하여 2000년대 상당한 붐을 일으키고 있는 알고리즘이다. 유전자 알고리즘은 잡 샵 스케쥴링(job shop scheduling), 훈련 신경 회로망, 이미지 특징 추출 및 인식, 최적화 문제 등 여러 분야에 응용되고 있다. 유전자 알고리즘은 생물의 유전과 진화 메커니즘을 공학적으로 모델화하여 문제해결이나 시스템의 학습 등에 응용하려고 한 것이다.

유전자 알고리즘은 적자생존과 유전의 메커니즘을 바탕으로 하는 탐색 알고리즘이다. 다시 말해 주어진 환경에 잘 적응하는 유전자만을 선택(selection)하고 교배(crossover)하고 때에 따라서는 돌연변이(mutation)도 하며 다음 세대에 우수한 유전 형질이 전달(reproduction)되게 된다. 따라서 진화(evolution)가 거듭될수록 주어진 환경에 더 적합한 유전자들만이 남아있게 될 것이다.

유전자 알고리즘을 처음 제안한 Holland 교수의 연구 목표는 자연시스템의 적응적 과정을 추상화시키며 철저하게 분석하여, 그러한 시스템을 소프트웨어적으로 디자인하는 것이었다. 유전자 알고리즘은 그러한 배경에서 만들어졌으며, 근본적으로 다른 탐색이나 최적화 알고리즘과는 다음이 다르다.

첫째, 유전자 알고리즘은 하나의 개체(변수 등)가 아닌 개체들의 군(pool, population) 단위로 탐색한다.
둘째, 유전자 알고리즘은 적합성 함수(fitness function)를 사용한다.
셋째, 유전자 알고리즘은 확률적인 변이 규칙을 사용한다.

유전자 알고리즘은 다음 <그림 4.1>에서 보는 바와 같이 Salvatore Mangano는 1995년에 유전자 알고리즘을 인생의 긴 여정 속에서 최적의 해를 찾아가는 과정이라고 설명하면서 탐색공간이 크고 복잡할 때 효과적이라고 설명하였다.

〈그림 4.1〉 유전자 알고리즘의 이해

"Genetic Algorithms are good at taking large, potentially huge search spaces and navigating them, looking for optimal combinations of things, solutions you might not otherwise find in a lifetime."

- Salvatore Mangano
Computer Design, May 1995

여기서는 공학적인 유전자 알고리즘을 근본적으로 이해하기 위해서 생물의 유전과 진화를 설명하고 예를 통하여 유전자 알고리즘의 원리를 습득하고자 한다.

유전자 알고리즘은 생물의 유전과 진화 메커니즘을 공학적으로 모델화하여 문제 해결이나 시스템의 학습 등에 응용하려고 한 것이다. 여기서는 공학적인 유전자 알고리즘을 근본적으로 이해하기 위해서 생물의 유전과 진화를 설명하고 예를 통하여 유전자 알고리즘의 원리를 습득한다.

4.1.1 진화적 연산

유전자 알고리즘 또는 진화적 알고리즘(evolutionary algorithms)은 자연세계의 진화 과정을 컴퓨터상에서 시뮬레이션 함으로써 복잡한 실세계의 문제를 해결하고자 하는 계산 모델이다. 진화적 알고리즘은 염색체를 표현하는 방법과 사용되는 유전 연산자의 종류 및 특성에 따라서 다시 여러 가지 모델로 구분된다. 그 하나는 흔히 GA라고 하는 협의의 유전자 알고리즘으로서 여기서는 보통 고정된 길이의 이진 스트링을 염색체로 사용한다. 이에 반해 진화적 전략(evolutionary strategy, ES)은 실수의 값을 취하는 유전자들로 구성된 벡터를 염색체로 사용한다. 그 밖에도 그래프와 트리를 염색체 표현에 사용하는 진화적 프로그래밍(evolutionary programming, EP)과 유전자 프로그래밍(genetic programming, GP) 등이 있다. 사용되는 연산자로 EP와 ES는 돌연변이(mutation), GA와 GP는 교차(crossover) 연산자를 주로 사용한다. 역사적으로 EP, ES, GA는 1960년대와 70년대에 개발되었으며 GP는 90년대에 들어와 연구되기 시작한 분야이다.

진화적 알고리즘은 풀고자 하는 문제에 대한 가능한 해들을 정해진 형태의 자료구조로 표현한 다음, 이들을 점차적으로 변형함으로써 점점 더 좋은 해들을 생성한다. 각각의 가능한 해를 하나의 유기체 또는 개체(individual)로 보며 이들의 집합을 개체군(population)이라 한다. 하나의 개체는 보통 한 개 또는 여러 개의 염색체(chromosomes)로 구성되며 염색체를 변형하는 연산자들을 유전 연산자라 한다. 진화적 알고리즘은 탐색, 최적화 및 기계학습을 도구로 많이 사용한다. 진화적 연산(evolutionary computation)은 주로 다음의 문제해결 전략에 의해 특징지울 수 있다(<표 4.1 참조>).

- 유전자 알고리즘(Genetic Algorithm : GA)
- 유전자 프로그래밍(Genetic Programming : GP)
- 진화적 프로그래밍(Evolutionary Programming : EP)
- 진화적 전략(Evolutionary Strategy : ES)

이상의 기원은 19세기의 찰스 다아윈(Charles Darwin)의 진화론에 의한 것으로 자연선택과 적자생존(natural selection and survival of fittest)을 기초로 한 생물학적 관찰 제안이다. 따라서 현재 이와 같은 알고리즘을 진화적 알고리즘(evolutinary algorithm : EA)이라 부른다. 진화적 연산 중에는 개체의 집단에 관한 유전의 변화의 모델에 기초한 다수의 방법론과 기술이 포함되어 있다.

〈표 4.1〉 진화적 알고리즘의 종류 비교

	진화적 전략 (ES)	진화적 프로그래밍 (EP)	유전자 알고리즘 (GA)	유전자 프로그래밍 (GP)
기원	Rechenberg, I. (1963)	Fogel, L.J.	Holland, J.H. (1975)	Koza, J.(1990)
표현 방식	실수. 길이 고정	실수, 이산치. 크기 고정	이진 문자열 실수형도 가능(0/1). 길이 고정	기본 함수. 크기 가변
자기 적응성	표준 편차와 상호 분산	표준 편차(메타-진화프로그래밍의 경우)	없음(메타-유전자 알고리즘의 경우는 가능)	없음(메타-유전자 알고리즘의 경우는 가능)
적합도	목적함수값	비율에 의해 조정된 목적함수값	비율에 의해 조정된 목적함수값	비율에 의해 조정된 목적함수값
문제표현 방식	벡터	그래프	스트링	트리
돌연변이	주요 연산자	유일한 연산자	보조 연산자	보조 연산자
교배	자기-적응성에 중요	없음	주요 연산자	주요 연산자
선택	결정론적이며 소멸성 있음	승자승 원리를 통한 확률적 선택 소멸성 있음	확률적이지만 보존성이 있음	확률적이지만 보존성이 있음
특징 및 응용 분야	종에 속한 개체의 수준에서 진화를 모방한 것으로 다양한 교배 과정이 있을 수 있음. 실수치 탐색	종의 수준에서 진화를 모방한 것으로 교배 과정이 없음. 오토마타 합성	종에 속한 개체의 수준에서 진화를 모방한 것으로 다양한 교배 과정이 있을 수 있음. 자연 진화 원리에 가장 가까움. 문자열 벡터열 탐색	프로그램 합성

이와 같이 유전자 알고리즘, 진화적 연산, 진화적 전략이라는 세 개의 비슷한 알고리즘이 독자적으로 나오게 되었지만 최근 진화적 알고리즘이라는 이름으로 통일되고 있는 추세이다. 또한 유전자에 숫자가 아닌 심볼을 사용한 것을 진화적 프로그래밍이라고 불린다. 재미있는 것은 진화적 알고리즘 역시 컴퓨터 과학 분야와 가깝기 때문에, 연구자들은 알고리즘의 변형을 만들어 새 이름 짓기에 열중하고 있고 그 결과 매일 새로운 이름의 알고리즘이 전 세계의 인터넷을 통해 쏟아져 나오고 있는 현실이다. 개미 식민지 모델(ant colony model), 스웜(swarm),

미메틱 알고리즘(memetic algorithm) 등이 그 예이다.

진화적 연산에 있어서 중심으로 되는 것은 거의 다아윈 이론(Darwinian)의 단순화된 메커니즘의 응용이다. 특히 대부분의 응용은 다음 세 가지의 기본적인 구성요소를 갖고 있다.

- 적응도(fitness) : 개체가 장래의 세대에 영향을 주는 범위를 결정한다.
- 생식 오퍼레이터(reproduction operator) : 개체가 다음 세대에 자손을 생성한다.
- 유전자 오퍼레이터(genetic operator) : 부모의 유전자 정보로부터 자손의 유전자 정보를 결정한다.

진화적 연산은 컴퓨터를 사용한 문제해결 시스템의 설계와 실행에 진화적 프로세스를 사용한다. 현재까지 여러 가지 진화적 프로세스의 연산 모델이 제안되어 있다. 이들은 주로 세 가지의 진화적 프로세스, 즉 선택(selection), 돌연변이(mutation), 생식(reproduction)을 사용한다.

진화적 알고리즘과 종래의 최적화 방법의 차이점은 진화적 알고리즘은 포인트로부터 포인트로의 해를 구하는 국소 탐색법이 아니고 개체군으로 해를 구하는 최적해 탐색법이라는 점이다. 진화적 알고리즘은 목적함수의 연속성과 미분가능성에 관계없이 적용하고 진화적 알고리즘은 결정법칙이 아닌 확률적으로 변화하는 법칙을 사용한다.

4.1.2 생물의 유전과 진화의 원리

유전자 알고리즘이란 자연계에 있어서 생물의 유전과 진화의 메커니즘을 공학적으로 모델화하는 것에 의해 생물이 갖는 환경에서 적응 능력을 취급하는 것이고, 1970년대 초기에 미국의 미시간 대학 교수인 John Holland에 의해 제안된 자연도태의 원리를 기초로 한 최적화 방법이다. 즉, 유전자 알고리즘은 자연계의 진화 현상을 기반으로 만들어진 계산 모델로서 풀고자 하는 문제에 대한 가능한 해들을 정해진 형태의 자료구조로 표현한 다음, 이들을 점차적으로 변형함으로써 점점 더 좋은 해들을 생성하게 된다. 유전자 알고리즘은 탐색 및 최적화, 기계 학습의 도구로 많이 사용되고 있다. 그러므로 공학적인 유전자 알고리즘을 근본적으로 이해하기 위해서 우선 생물의 유전과 진화에 대해서 설명한다.

일반적으로 생물은 환경에 잘 적응할 수 있다면 생명의 존속과 생식이 가능하다. 생식을 할 때에는 자기 자신이 가지고 있는 생물로서의 설계 정보를 몇 가지의 형태로 자손들에게 전수해야만 한다. 이러한 설계 정보는 유전자에 기록되어 있다.

단세포 생물과 같은 하등 생물에 있어서는 생식은 체세포 분열에 의해 행해진다. 이 경우 유전자는 복사되어 후손에게 전달된다. 하등 생물은 후천적으로 획득된 것이 매우 적기 때문에 자손은 원리적으로 아주 같은 성질을 가진다. 그 결과 많은 세대를 거쳐도 거의 변화하지 않은 생물이 만들어져 간다.

고등 생물에서는 생식은 적자생존에 의해서 행해지기 때문에 아버지와 어머니 쪽의 유전자가 혼합이 되게 된다. 따라서 똑같은 개체는 생성되지 않고 조금씩 다른 개체가 생성되므로 이 세대에 자신과 똑같은 인간은 만들어지지 않는 것이다(일란성 쌍둥이는 유전적으로는 똑같지만 후천적인 개체 형성의 과정에 있어서 차례로 개체 사이에 차이가 생긴다).

고등 생물은 <표 4.2>에 나타낸 바와 같이 개체 기능의 종합적 제어를 수행하는 뇌신경계로부터 내분비계, 효소계, 면역계 등의 우수한 제어 기구를 가지고 있다. 특히 뇌신경계는 후천적인 경험이나 학습에 의해 크게 발달한다.

〈표 4.2〉 고등 생물의 제어 기구

제어계	제어 내용
뇌신경계	개체 기능의 종합적 제어
내분비계	호르몬에 의한 제어
효소계	생체 반응의 제어
면역계	외부로 부터의 방어

그러나 경험이나 학습을 받아들이는 기구는 태어날 때부터 구비되어 있다. 즉, 고등 생물은 선천적인 유전자에 의한 정보 전달과 후천적인 경험이나 학습, 적응 등의 2가지 요소에 의해 형성되는 것이다. 그 때문에 같은 종류의 생물도 각각 미묘하게 다르고, 보다 우수한 개체가 생성될 가능성이 높다.

또한 고등 생물, 하등 생물에 관계없이 유전자의 복사를 수행할 때에는 미묘한 오류가 생길 가능성이 있다. 이것에 대해 돌연변이(mutation)가 생기고, 생물의 다양성이 확대된다.

이상을 정리하면, 우선 부모로부터 유전자에 의해 생물로서의 정보 전달이 행해진다. 다음 세대에는 각 개체 중에서도 보다 우수한 즉, 환경에 적합도가 높은 개체의 유전 정보가 우선적으로 전해진다. 적합도가 낮은 개체는 수명이 짧고, 생식할 수 없게 되기 때문이다. 동시에 적합도가 낮은 종족도 자연 도태되어 간다. 이러한 원리에 기초하여 세대를 거듭해 가면 차례로 환경에 적합도가 높은 개체가 많아진다. 이것이 유전과 진화의 기본적인 원리이다.

4.1.3 유전자의 의미

여기서는 알고리즘의 이해에 도움이 되는 생물학적인 배경에 대해 설명한다. 생물은 세포로 구성되고, 그 세포에는 핵이 있으며 그 핵 중에는 염색체(chromosome)라는 것이 있다. 사람의 체세포의 경우에는 46개의 염색체가 있고, 염색체는 주로 DNA로 구성되어 있다.

이 DNA는 4종류의 염기라고 부르는 화학 물질이 중요한 구성 요소며, DNA가 가지는 정보는 이들 4종류의 염기의 구성 방법에 있다. DNA는 2중 나선구조로 되어 있으며, 이들이 복잡하게 겹쳐져서 염색체를 구성하고 있다.

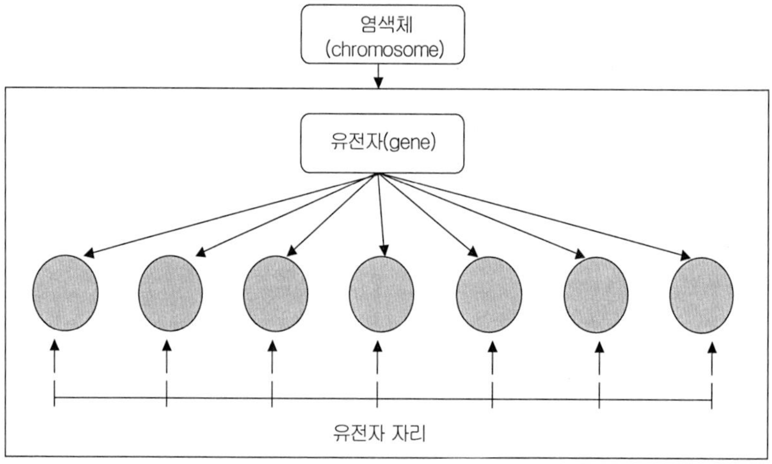

〈그림 4.2〉 염색체, 유전자, 유전자 자리

<그림 4.2>에 나타낸 바와 같이 유전자(gene)란 유전정보를 담당하는 DNA를 말한다. 특정의 유전자는 염색체의 특정 위치에 존재하고, 그 장소를 그 유전자의 자리(locus)라고 부르는 일종의 좌표에 의해 규정되며 유전자가 취하게 되는 유전자의 후보를 대립 유전자(형질, allele)라고 한다.

결국 유전 정보는 염색체상에서의 위치(유전자 자리)와 염기의 배열에 의해 표현되는 것이다. 하나의 유전자 위치에 관한 유전자의 조합을 유전자형(genotype)이라고 한다. 또한 어느 형질이 어떤 유전자에 의해서 대개 결정될 때, 그 형질을 유전자의 표현형(phenotype)이라고 한다. 표현형은 실제로는 다른 유전자나 환경 등에서 어느 정도 변하는 것도 있다. 유전자 알고리즘에서는 염색체를 1차원으로 간단화 한다. 결국 기호(symbol)나 수치를 1차원으로 나열하고, 그것을 염색체로 취급한다. 그리고 1차원 상에서의 위치를 유전자의 자리로서 취급한다. 표현형을 유전형으로 바꾸는 것은 코딩(coding), 그 역을 디코딩(decoding)이라고 한다.

〈표 4.3〉 생물학과 유전자 알고리즘의 용어비교

생물학	유전자 알고리즘
개체(individual)	염색체에 의해 특징지어지는 자율적인 하나의 작은 집단
집단(population)	집단 내의 개체의 수로 염색체가 클수록 커진다.
유전자(gene)	개체의 형질을 규정하는 기본 구성 요소 즉, 특성(feature), 형질(character)
염색체(chromosome)	복수의 유전자 모임. 문자열(string)로 표현
대립 유전자(allele)	유전자가 갖는 특성값(feature value)
유전자 자리(locus)	염색체상의 유전자의 위치 즉, 문자열의 위치(string position)
적합도 또는 적응도(fitness)	유전자의 각 개체의 환경에 대한 적합의 비율을 평가하는 값. 즉, 평가치로 최적화 문제를 대상으로 하는 경우 목적함수 값이나 제약조건을 고려하여 페널티 함수값의 적합도로 설정된다.
코딩(coding)	표현 디코딩에서 유전자형으로 매핑하는 것
디코딩(decoding)	유전자 형에서 표현형으로 역 매핑하는 것
유전자형(genotype)	형질의 염색체에 의한 내부적으로 표현하는 방법으로 구조체(structure)로 표현
표현형(phenotype)	염색체에 의해 규정된 형질을 외부적으로 표현하는 방법으로 파라메터 집합(parameter set), 대체해(alternative solution), 디코드화를 위한 구조체(decoded structure)로 표현

최근 유전자 공학의 진보에 의해 인간의 염색체의 해명이 이루어지고는 있지만, 염색체가 가지는 정보량은 매우 많기 때문에 전체로 보면 아직 많은 발전이 있어야 할 것이다.

대부분 유기체는 단일 염색체로 구성되어 있다. 길이가 n인 염색체는 다음 형태의 벡터로 표시된다.

$$\text{염색체 벡터} = < x_1,\ x_2,\ \dots,\ x_n >$$

여기서, x_i는 유전자(gene)를 말한다. x_i가 선택된 값들이 있던 영역을 문제에 대한 알파벳(alphabet)이라 한다. 대개 알파벳은 이진수 {0,1}로 구성되어 있다. 여기서 우리는 많은 패턴을 나타내고 있는 염색체에 관심을 가져야 한다.

염색체가 문자열로 표현되는 경우 우수한 형질의 생성에 공헌하는 문자열의 집합을 패턴화한 것을 스키마(schema)라 한다. 만약 #를 'don't care'라고 한다면 이진 알파벳에 대한 각 패턴 또는 스키마(schema)는 <##110>이 될 것이다. 이때 염색체 <111100>과 <101100>가 될 것인데 이것은 또 다른 스키마 <1##100>의 예가 되기도 할 것이다. 스키마의 순서는 #가 아닌 심볼의 개수를 말하며, 스키마의 길이는 첫 번째 #가 아닌 심볼의 위치에서부터 마지막 #가 아닌 심볼의 위치까지의 총 길이를 말한다. 예를 들어, 스키마 <#1#0#1>의 길이는 4가되며, 순서는 3이다.

또 한 예를 들면, 염색체 길이를 5비트로 할 때 스키마 (*111*)은 {01110, 01111, 11110, 11111}에 해당하는 것을 의미한다. 여기서 *는 변수를 나타낸다. 스키마 중의 최초의 정수와 최후의 정수 거리를 스키마 H의 길이라 하면 δ(H)로 나타낸다. 예를 들면 δ(*1*01)=3이다. 스키마 중의 정수의 개수를 차수(order)라 하고 O(H)로 나타낸다. 즉, O(*1*01)=3이다.

유전자 알고리즘은 기존의 탐색 알고리즘과는 다음 몇 가지 점에서 차이가 난다. 첫째, 탐색 공간에서 새로운 점을 탐구(exploration)하는 것과 이미 발견된 정보를 이용(exploitation)하는 것과의 시행착오를 가장 적절히 수행한다. 둘째, 암시적 병렬성(implicit parallelism)을 가진다. 암시적 병렬성이란 직접적으로 모든 영역(hyperplane)의 값을 테스트하지 않고 주어진 공간의 영역을 확장 탐색하는 것을 말한다. 각 스키마는 영역을 의미한다. 셋째, 무작위화된 알고리즘(randomized algorithm)이다. 즉, 각 결과가 확률에 의해 통제받는 연산을 사용한다. 이러한 연산의 결과는 무작위 수(random number)값에 근거한다. 넷째, 현재의 탐색점에서부터 직접적으로 계속적인 서열의 탐색에 이르기까지의 모든 정보를 모음으로써 동시에 몇 개의 유기체 혹은 솔루션상에서 동작하기도 한다. 이러한 능력은 입력 패턴의 노이즈에 덜 민감하게 한다.

다음 <그림 4.3>는 초기의 느리고 영리하지 못한 토끼집단이 진화되어 영리한 토끼집단이 되는 것을 도식적으로 나타낸 그림으로, 유전자 알고리즘의 기본 개념을 잘 나타내고 있다.

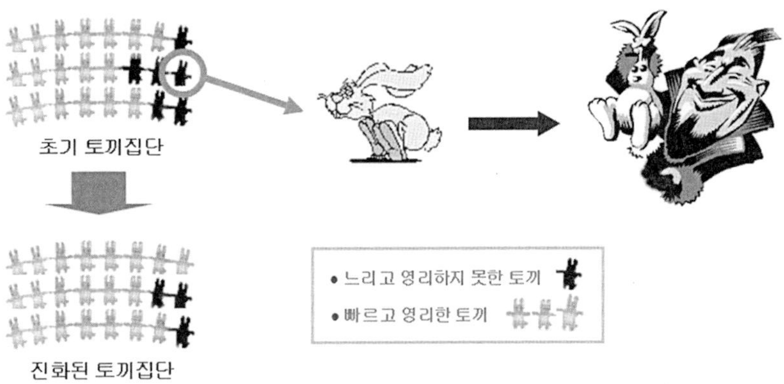

〈그림 4.3〉 유전자 알고리즘의 기본개념

유전자 알고리즘은 잘 정의된 알고리즘이 존재하는 문제이거나 최단 경로 탐색 문제, 소팅 등의 문제에는 적합하지 않으나, 순회판매원 문제(traveling salesman problem), 함수 값을 최대화하는 변수, NP Complete 문제 등에 적용하면 효과적인 알고리즘이다.

4.1.4 유전자 알고리즘의 프로세스

유전자 알고리즘은 유전자 공학과는 달리 실제 생물을 취급하는 것이 아니며 유전자에 어떤 조작을 첨가하여도 위험하지 않다. 예를 들면, 우수하지 못한 개체를 바로 도태시키거나 돌연변이를 많이 수행해도 관계는 없다. 그런데 실제 자연계에서 과격한 돌연변이를 수행하는 것은 매우 위험하다. 모처럼 우수한 종이 생겨도 머지않아 멸종될 수도 있기 때문이다. 사람의 경우에도 돌연변이에서 우수한 개체가 발생하는 것보다도 염색체 이상에 의한 병에 약한 개체가 될 수 있는 가능성이 높다. 따라서 자연계에서 유전자의 돌연변이의 비율은 작아진다. 그러나 돌연변이의 비율이 작아져도 유전자 전체의 양이 많아진다면 어떻게 될까? 돌연변이를 하는 유전자의 수는 많게 되고, 그 종류의 존속이 위험하게 된다.

사람의 뇌는 성장과 함께 신경 세포(뉴런)끼리의 결합이 증가해 가고 많은 것은 하나의 신경 세포가 20만개의 결합을 가지고 있다고 한다. 이러한 결합 정보를 모두 유전자로써 전하도록 하면 어떻게 될까? 유전자 전체의 정보량은 매우 많게 되고, 돌연변이를 하는 유전자의 수도 그것에 따라서 매우 많아지고 만다. 그 결과 신경 세포의 결합부의 많은 오류가 생겨버리고 회복 불가능하게 된다. 이것에 의해 많은 개체는 멸종하게 된다. 신경 세포끼리의 결합은 후천적인 학습에 의해 행해지도록 된 것이다. 이것을 '뇌의 가소성'이라 한다.

유전자 알고리즘은 유전자를 갖는 가상적인 생물의 집단을 컴퓨터 내에 설정하여 미리 정해진 환경에 적응하고 있는 개체가 자손을 남길 확률이 높게 되도록 세대교체 시뮬레이션을 실시하여 유전자 및 생물집단을 '진화'시킨다. 유전자 알고리즘의 기본적인 조작에는 다음의 세 가지가 있다. 유전자 알고리즘은 진화와 그것을 구성하고 있는 유전조직의 정보 처리 모델이다.

① 선택(selection) : 집단 중에서 적합도의 분포에 따라서 다음의 단계로 교배를 행하는 개체의 생존 분포를 결정한다. 적합도의 분포에 기초하고 있기 때문에 적합도가 높은 개체일수록 보다 많은 자손을 남기기 쉽게 된다.
② 교배(crossover) : 2개의 염색체 사이에서 유전자를 바꾸어 넣어 새로운 개체를 발생시킨다.
③ 돌연변이(mutation) : 유전자의 어떤 부분의 값을 강제적으로 변화시킨다.

각 유전자 조작 방법에 대한 자세한 내용은 4.1.7절에서 설명한다.
유전자 알고리즘은 <그림 4.4>과 같은 흐름으로 처리가 수행된다.

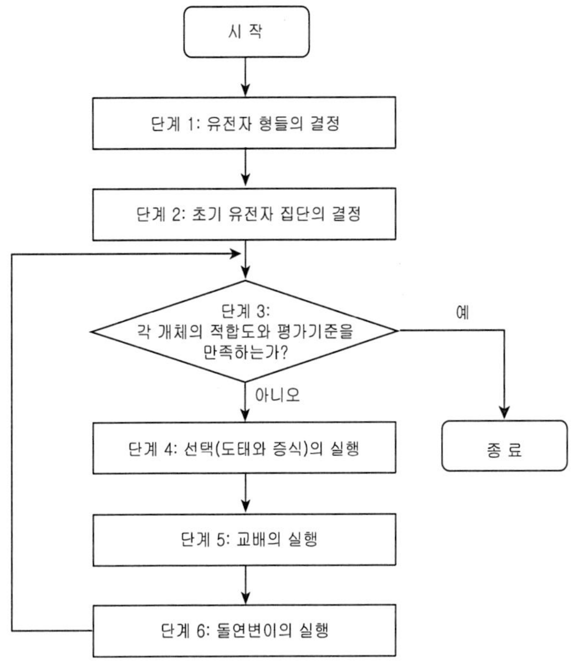

〈그림 4.4〉 유전자 알고리즘의 흐름도

유전자 알고리즘의 프로세스

[단계 1] 유전자형의 결정 단계

유전자 알고리즘의 큰 특징으로 많은 개체에 의한 상호적인 처리를 들 수 있다. 우선 단계 1에서 결정된 유전자형에서 요소가 다른 다양한 개체를 발생시킨다. 개체의 수는 문제의 난이도나 성질에 의존하지만 일반적으로 수십개 이상 발생시킨다. 너무 적으면 병렬적 처리를 특징으로 하는 유전자 알고리즘의 장점이 발휘되지 않는다. 반대로 너무 많으면 한세대 당 연산량이 많아지기 때문에 낭비가 많아진다. 이것도 설계자의 숙달과 경험에 의존한다.

[단계 2] 초기 유전자 집단의 결정 단계

유전자 알고리즘에서 유전자 요소는 DNA가 아니라 기호열이다. 따라서 우선 대상으로 하는 문제를 유전자형으로 표현해야만 한다. 유전자의 어디에 어떤 수치, 문자를 배당하여 가는가를 결정하는 것이다. 역시 "대상으로 하는 문제"로부터 '기호열'이라고 하는 변환을 수행하는 것이다. 이것을 코딩이라고 한다. 유감스럽게도 이 일반적 방법은 아직 확립되어 있지 않고, 설계자의 숙달이나 경험에 의존한다.

[단계 3] 각 개체의 적합도의 평가

지금부터 유전자 알고리즘의 핵심적인 내용에 관하여 설명한다. 유전자 알고리즘에서는 '적합도'가 매우 중요한 요소가 된다. 여기서는 각 개체의 적합도를 미리 결정한 방법으로 연산한다. 집단 중에 미리 결정한 기준을 만족하는 개체의 유무를 체크하고 있으면 종료하고, 그렇지 않으면 다음 단계로 간다.

[단계 4] 선택 단계

단계 3에서 결정한 적합도에 기초하여 다음 단계에서 교배를 수행하는 개체의 생존 분포를 결정한다. 단계 4는 '도태 처리'와 '증식 처리' 단계로 생각할 수 있다. 도태 처리란 각 개체의 평가에 기초하여 각 개체마다의 삭제 처리하는 것이고, 증식 처리란 도태 처리에 의해 감소한 집단수를 랜덤 샘플링에 의해 개체를 증식시켜 집단 수를 증가하는 처리 방식을 말한다.

[단계 5] 교배 처리 단계

2개의 염색체 사이에서 유전자를 바꾸어 넣음으로써 새로운 개체를 발생시킨다.

[단계 6] 돌연변이 처리 단계

유전자의 어떤 부분의 값을 강제적으로 바꾸고, 유전자 집단으로서의 다양성, 결국 흩어짐을 크게 한다. 즉, 이렇게 함으로써 보다 좋은 해를 가지는 개체의 발생을 기대하는 것이다. 물론 이 돌연변이의 비율을 너무 크게 하면 나쁜 방향으로 변이의 확률도 크게 되고, 해를 좀처럼 구할 수 없게 된다.

[단계 7] 반복 단계

단계 3으로 되돌아가고, 각 개체의 적합도를 평가한다.

이상의 단계를 그림으로 나타내면 다음 <그림 4.5>와 같다.

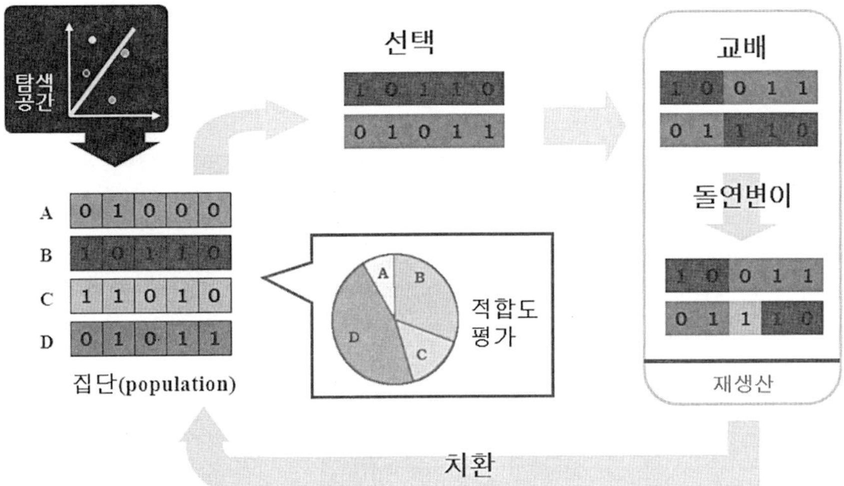

〈그림 4.5〉 유전자 알고리즘의 프로세스

유전자 알고리즘의 예제 1

해결하려고 하는 분명히 정의된 문제와 후보 해들에 대한 기호 문자열 표현이 주어졌을 때의 예를 위의 단계에 따라 설명하면 다음과 같다. 간단하게 유전자 알고리즘의 동작 과정을 요약하면 다음과 같다.

① 랜덤하게 생성된 n 개의 l−비트 염색체들의 개체 집단(문제에 대한 후보해들)을 가지고 시작한다.
② 개체 집단에서 각 염색체 x의 적합도 $f(x)$를 계산한다.
③ n 개의 자손이 생성될 때까지 다음 단계를 반복한다.

① 현재 개체집단으로부터 한 쌍의 부모 염색체를 선택하고 선택확률이 적합도 함수를 증가시키도록 한다. 선택은 교체로 끝나는데, 이것은 염색체가 한 번 이상 선택되어 부모가 되었다는 것을 의미한다.
② 확률 P_c('교배확률' 또는 '교배율')을 가지고 랜덤하게 선택된(균일한 확률을 가지고 선택된) 점에서 그 쌍을 교배하여 두 개의 자손을 형성한다. 만

일 교배가 이루어지지 않았다면 그대로 부모를 복제한 두 자손을 형성한다 (여기서 교배율은 두 부모가 한 점에서 교배되는 확률로 정의된다는 것을 주목하라. 한 쌍의 부모에 대한 교배율이 교배가 일어나는 점들의 수인 '복수 교배' 버전의 유전자 알고리즘도 또한 존재한다).

③ 확률 P_m(돌연변이 확률 또는 돌연변이율)으로 각 위치에서 두 자손을 돌연변이 시키고 얻어진 염색체를 새로운 개체집단에 포함시킨다. 만일 이 홀수이면 한 개의 새로운 개체는 임의로 버릴 수 있다.

④ 현재 개체집단을 새로운 개체집단으로 교체한다.

⑤ ②로 간다.

이 과정에서 각 반복을 세대(generation)라고 한다. 유전자 알고리즘은 50에서 500 또는 그 이상의 세대만큼 반복되는 것이 보통이다. 모든 세대들의 전체집합을 실행(run)이라고 한다. 한 실행이 끝나면 보통 개체 집단에서 하나 이상의 아주 적합한 염색체가 존재한다. 각 실행에서 임의성이 매우 중요한 역할을 하기 때문에 다른 랜덤값을 갖는 초기값을 가지고 두 번 실행하면 일반적으로 다른 세부적인 행동이 생긴다. 유전자 알고리즘 연구자들은 같은 문제에 대해 다른 조건을 가지고 유전자 알고리즘을 많이 실행시키고 이것을 평균한 통계값(한 실행에서 발견되는 가장 높은 적합도와 가장 낮은 적합도를 가진 개체가 발견되는 세대 등)을 보고하기도 한다.

위에서 설명한 간단한 과정은 유전자 알고리즘의 대부분의 응용에 대한 기초이다. 개체 집단의 크기와 교배 및 돌연변이 확률과 같이 충족시켜야 할 많은 세부사항들이 존재하고, 알고리즘의 성공은 이러한 세부사항에 크게 좌우되기도 한다. 또한 더욱 복잡한 유전자 알고리즘(예를 들어 문자열이 아닌 다른 표현에서 작용하는 유전자 알고리즘 또는 다른 형태의 교배와 돌연변이 연산자들을 갖는 유전자 알고리즘)들이 존재한다.

유전자 알고리즘의 예제 1

간단한 유전자 알고리즘의 보다 상세한 예로서 L(문자열 길이)이 8, $f(x)$가 비트 문자열 x에서 1들의 수(여기서 예를 들기 위해 사용한 아주 간단한 적합도 함수), n(개체집단의 크기)은 4, $P_c=0.7$, $P_m=0.001$이라고 가정하자(적합도 함수처럼 이들 L과 n의 값들도 간단히 선택되었다. 보다 전형적인 L과 n의 값은 50~1000의 범위 내에 있다. P_c와 P_m의 값은 상당히 전형적인 값이다).

랜덤하게 발생된 초기 개체 집단은 다음과 같다.

염색체 라벨	염색체 스트링	적합도
A	00000110	2
B	11101110	6
C	00100000	1
D	00110100	3

유전자 알고리즘에서 흔한 선택방법은 적합도 비례 선택(fitness-proportionate selection)인데, 여기서 어떤 개체가 재생산된다고 기대되는 횟수는 그 적합도를 개체 집단의 평균 적합도로 나눈 것과 같다.

적합도 비례 선택을 구현하는 간단한 방법 중 하나는 4.1.5절에서 설명할 룰렛휠 선택법인데, 이것은 개념적으로 면적이 각 개체의 적합도에 비례하도록 각 개체에게 순환성의 룰렛휠의 한 조각을 부여하는 것과 동일하다. 룰렛휠이 돌려지면, 구슬이 쐐기 형태의 조각에 정지하게 되고, 그에 해당하는 개체가 선택된다. 앞의 $n=4$인 예에서 룰렛휠이 4번 돌려졌다고 했을 때, 첫 번째 두 회전에서는 염색체 B와 C가 부모로 선택되고, 두 번째 두 회전에서는 염색체 B와 C가 부모로 선택될 수 있다. A가 선택되지 않을 수도 있으나 룰렛휠이 여러 번 회전된다면, 평균 결과는 기대값에 가까워질 것이다.

일단 한 쌍의 부모가 선택되면, 확률 P_c로 교배되어 두 자손을 구성한다. 만일 교배되지 않으면, 자손은 각 부모의 그대로의 복제이다. 위의 예에서 부모 B와 D가 첫 번째 비트 위치이후에서 교배되어 자손 E = 10110100과 F = 01101110을 형성하였고, 부모 B와 C는 교배되지 않아서 B와 C의 그대로의 복제인 자손들을 형성하였다고 가정하자. 다음에 각 자손은 확률 P_m으로 각 로커스에서 돌연변이 된다. 예를 들어 자손 E가 여섯 번째 위치에서 돌연변이 되어 E' = 10110000을 만들어 내었고 자손 F와 C는 돌연변이 되지 않았고, 자손 B는 첫 번째 위치에서 돌연변이 되어 B' = 01101110을 형성하였다고 가정하자.

새로운 개체 집단은 다음과 같을 것이다.

염색체 라벨	염색체 스트링	적합도
E'	10110000	3
F	01101110	5
C	00100000	1
B'	01101110	5

새로운 개체 집단에서 가장 좋은 문자열(적합도값이 6인 개체)을 잃어 버렸지만, 평균 적합도는 12/4에서 14/4로 올라갔다는 것을 주목해야 한다. 이 과정을 반복하면 궁극적으로 모두 1인 문자열을 얻게 될 것이다.

4.1.5 여러 가지 선택법

앞에서 설명한 바와 같이 유전자 알고리즘에는 선택, 교배, 돌연변이 세 가지의 기본적인 연산 방법이 있다. 여기에서는 선택 방법에 대해 자세히 설명한다. 선택은 집단 중에서 적응도의 분포에 따라 다음 단계로 교배를 수행하는 개체의 생존 분포를 결정하는 것이다. 기본적인 선택 방법은 다음과 같으며, 이들이 조합되어 사용되기도 한다.

(1) 적합도 비례 룰렛휠 선택법(proportionate selection roulette selection)

선택 중에서도 가장 기본적인 방식으로, 각 개체의 자손은 그 적합도(또는 적응도, fitness degree)에 비례한 확률로 선택될 수 있다. 각 개체 si의 적합도 $f(si)$ (>0), $i = 1, N$의 총합을 구해, 각 개체 s_i의 선택 확률을 $p_i = \frac{f(s_i)}{\sum_{j=1}^{n} f(s_j)}$와 같이 정하는 방법을 말한다. 따라서 적합도가 큰 개체일수록 선택되기 쉽고, 다음 단계의 교배에 참가할 수 있는 가능성이 높아진다. 즉, 각 해의 품질을 평가한 다음 가장 좋은 해의 적합도가 가장 나쁜 해의 적합도보다 k 배가 되도록 조절한다.

임의의 비용 최소화 문제를 예로 들어 설명해 보자. 해집단 내의 해 i의 적합도는 다음과 같이 계산된다.

$$f_i = (C_w - C_6) + (C_w - C_b)/(k - a),\ \ k > 1$$

C_w : 해집단 내에서 가장 나쁜 해의 비용
C_b : 해집단 내에서 가장 좋은 해의 비용
C_i : 해 i의 비용

여기서, k값을 높이면 선택압이 높아진다. 일반적으로 가장 흔히 쓰는 k값은 3~4이다. 이 적합도 값을 기준으로 룰렛휠 선택을 하게 된다.

위와 같이 계산한 각 염색체의 적합도를 모두 합한 값 만큼의 크기를 가진 룰렛휠을 가정한다. 각 염색체는 이 룰렛휠 상에 자신의 적합도 만큼의 공간을 배정받는다. <그림 4.6>는 8개의 염색체가 $f_1 \sim f_8$까지의 적합도에 비례해서 룰렛휠 상의 공간을 배정받은 모양의 예를 보인다. 여기에 활을 쏘면 각 염색체의 선택 확률은 배정된 공간의 크기에 비례하게 된다. 룰렛휠 선택은 다음 알고리즘과 같이 간단히 구현할 수 있다.

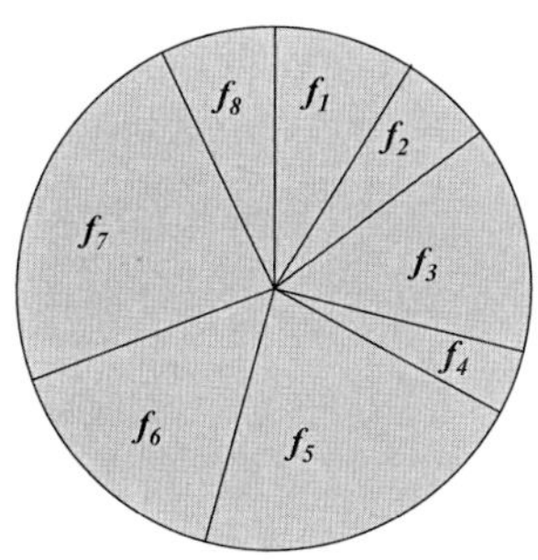

〈그림 4.6〉 룰렛휠 공간 배정의 예

```
point = random (0, SumOfFitnesses) ;
sum = 0 ;
for i = 0 to n-1 {
        sum = sum + f_i ;
        if (point < sum) return i ;
}
```

여기서, f_i는 염색체의 i의 적합도이고, SumOfFitnesses는 모든 염색체들의 적합도 값을 더한 수치이다. random(0, SumOfFitnesses)은 (0, SumOfFitnesses) 구간에서의 임의의 값을 의미하는 함수이다.

유전자 알고리즘을 처음 구현할 때 흔히 범하는 실수는 위와 같이 k를 사용해서 적합도를 조정하지 않고 주어진 문제에서의 해의 품질을 그대로 적합도로 사용하는 것이다. 이렇게 하면 대부분의 경우 해집단에서 가장 좋은 해와 가장 나쁜 해의 품질이 너무 차이가 나서, 적합도에 비례해서 선택 기회를 갖게 되면 나쁜 해들은 거의 선택될 기회를 잃게 된다. 결과적으로 엄청나게 큰 선택압을 주어 해의 다양성을 급속히 떨어뜨리는 결과를 초래하게 된다.

예를 들어, 룰렛휠 선택방법에서 다음 <표 4.4>와 같으면 룰렛휠 선택법에 의한 결과는 다음과 같다.

〈표 4.4〉 룰렛휠 선택법 결과

	염색체	적합도	전체에서의 % 비율
A	01000	64	5.5
B	10011	361	30.9
C	01101	169	14.4
D	11000	576	49.2

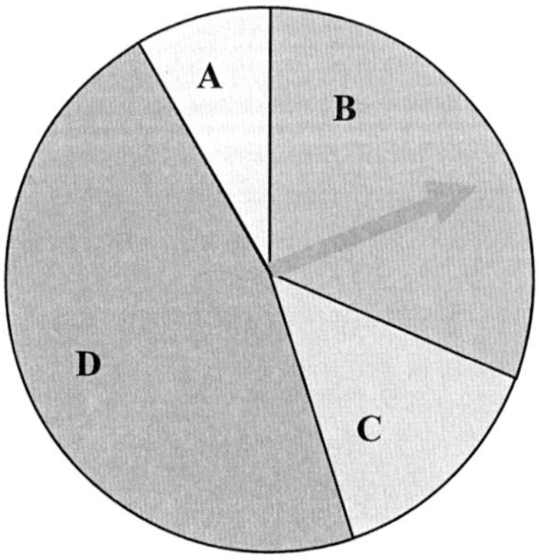

(2) 엘리트 보존 선택법(elitism)

확률에 따라 개체를 선택하여 교배 및 돌연변이의 결과로 특별히 좋은 해가 소실되는 것을 막기 위해 가장 좋은 해를 보존하여 다음 세대에 남기는 방법으로 일반적으로 다른 선택 방법과 융합하여 사용가능하다.

엘리트 보존 방식은 개체 중에서 가장 적응도가 높은 개체는 그대로 다음 세대에 남는 방법이다. 어떤 세대에서의 개체는 교배나 돌연변이에 의한 변형을 받지 않고 다음 세대에 전달된다. 그러나 경우에 따라서 원래는 아주 질이 좋지 않은 유전자가 집단 중에 널리 퍼져 버릴 위험성이 있다. 그 때문에 다른 방식, 예를 들면 다음에 설명하는 기대치 방식 등과 조합하여 사용할 수 있다.

(3) 기대치 선택법(expected-value selection)

앞에서 설명한 적합도 비례 선택법은 적합도로부터 구해진 확률에 기초하는 선택 방식이므로 적합도 비례선택의 문제점은 개체군의 크기가 크지 않을 경우에 적합도가 정확히 반영되지 않을 가능성이 있다. 이 경우 만일 개체수가 적으면 선택된 개체 분포가 원하는 분포로부터 크게 멀어져 버릴 가능성이 있다. 예를 들면, 주사위를 6회 던져 1부터 6까지의 눈금이 모두 1회씩 나온다는 것은 좀처럼 발생하지 않을 것이다. 이런 문제점의 대안으로 제안된 것이 기대치 선택법이다. 적합도에 대한 각 개체의 확률적인 재생 개체수를 구하여 선택하는 것이 기본적인 방법이다.

기대치 선택법에서는 적합도의 분포에 기초하여 각 개체가 선택될 기대치(개수)를 계산한다. 그리고 어떤 개체가 선택될 때에 그 개체의 기대치를 작게 하여 가는 것이다. 이렇게 하는 것에 의해 선택된 개체는 선택되기 어렵고, 적합도 비례 방식에서의 확률에 의한 오차를 가능한 한 작게 할 수 있다.

(4) 순위 선택법(ranking selection)

순위 방식에서는 미리 순위와 선택할 개체수와의 관계를 결정해 둔다. 그리고 각 개체를 적응도 순으로 나열하고, 선택할 개체를 결정해 가는 것이다. 적합도의 대소관계만이 고려되기 때문에 적합도 그 자체의 값은 무시된다.

룰렛휠 선택 방법에서 k값을 조정함으로써 좋은 품질의 해와 나쁜 품질의 해가 지나치게 적합도의 차이를 갖게 되는 것은 막을 수 있다. 그러나 해들의 적합도의 분포는 조절할 수 없다. 순위 기반 선택은 해집단 내의 해들을 품질 순으로 '순위'를 매긴 다음 가장 좋은 해부터 일차 함수적으로 적합도를 배정하는 방법이다. <그림 4.7>는 순위 기반 선택의 적합도 배정 함수를 그림으로 보여 준다. n개의 염색체 중 i번째 순위를 가진 염색체의 적합도는 다음과 같은 식으로 계산할 수 있다.

$$f_i = \max + (i-1) \times (\min - \max)/(n-1)$$

이 식에서 max와 min값의 차이를 바꿈으로써 선택값을 조절할 수 있다. 해들의 적합도는 max와 min 사이에서 균일한 간격으로 분포하게 된다.

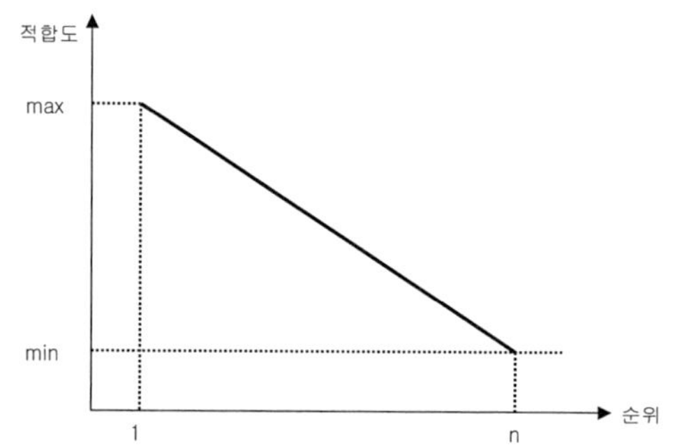

〈그림 4.7〉 순위 기반 선택의 적합도 배정 함수

(5) 토너먼트 선택법(tournament selection)

가장 간단한 토너먼트 선택은 두 개의 염색체를 임의로 선택하여 [0, 1] 범위의 랜덤수를 발생시킨 다음 이것이 t 보다 적으면 두 염색체 중 품질이 좋은 것을 선택하고 그렇지 않으면 품질이 나쁜 것을 선택하는 것이다. 여기서 t는 파라미터화 할 수 있는 것으로 t 값이 높을수록 선택압이 높아진다. t가 0.5 근처이거나 이보다 작은 것은 비합리적이다. 두 개의 염색체를 선택하는 대신 2^r개의 염색체를 선택한 다음 이들을(위와 같은 랜덤수 발생에 의해) 토너먼트 형식으로 비교하여 마지막으로 남은 것을 선택하는 방법도 있다. 여기서도 r값이 클수록, 즉 토너먼트에 참가하는 염색체가 많을수록 선택압이 높아진다. 토너먼트 선택은 대체로 수행에 필요한 시간이 매우 짧다는 매력이 있다.

4.1.6 스케일링

앞 절에서 설명한 선택은 교배를 행할 때의 생존 분포를 집단 중에서 적합도의 분포에 따라 결정하는 것이었다. 그런데 특히 초기 세대에 있어서 해에 어느 정도 가깝다면 해로서는 아직 불충분한 적합도를 가지는 유전자가 집단 중에 버져버리게 되는 경우가 있다. 마치 '우물안의 개구리'와 같은 것이 집단 중에서 일어나고 있는 상태이다. 이렇게 되면 보다 적응도가 높은 유전자를 탐색하는 것이 어려워져 간다. 이러한 현상을 방지하기 위해서 고안된 것이 스케일링(scaling)이다. 스케일링은 적합도의 값을 선택에 직접 반영시키는 것이 아니라 함수를 이용하여 변환한 후에 선택에 반영시키려고 하는 것이다. 따라서 적합도의 차이가 확대 혹은 축소되게 된다.

스케일링에 이용되는 함수로서 <표 4.5>과 같은 함수가 지금까지 제안되었다. <표 4.5>에서 f는 스케일링 전에 적합도의 값을, f'는 스케일링 후의 적응도의 값을 보여주고 있다. 시그마 절단에서 이용되는 σ는 집단의 표준 편차이다. 선형 스케일링은 1차 함수가 사용되고 멱승 스케일링에서는 지수 함수가 사용되고 있다.

〈표 4.5〉 스케일링에 이용되는 함수

스케일링	함수
선형 스케일링	$f' = af + b$
거듭제곱 스케일링	$f' = fk$
시그마 절단	$f' = f - (f' - c \times \sigma)$

선형 스케일링을 사용할 경우 스케일링 후의 적합도의 값이 음수가 되지 않도록 주의해야 한다. 거듭제곱 스케일링의 경우는 적합도 값이 음수가 될 수 없다는 것은 수학적으로도 증명되어 있다. 시그마 절단으로 스케일링 후의 적응도의 값이 음수가 될 경우는 강제적으로 0으로 한다.

4.1.7 유전 연산자

기본적인 유전 연산자(genetic operator)로 교배(crossover)와 돌연변이(mutation)가 있으며 문제에 따라 역위(inversion), 치환(displacement), 중복(duplication), 추가(addition), 제거(deletion) 등의 연산자를 사용하는 경우도 있다.

(1) 교배(crossover)

교배는 2개의 염색체 사이에서 유전자를 바꾸어 넣어 새로운 개체를 발생시키는 것이다. 여기서 교배에 대해 좀 더 자세히 설명한다.

앞의 예제에서는 가장 간단한 교배법을 이용했다. 교배하는 위치를 임의로 결정하여 그들의 위치를 경계로 2개의 염색체 사이에서 유전자를 교환하였다. 그 외에는 다음과 같은 교배법이 있다.

① 단순 교배(simple crossover)

다음과 같이 부모 1, 2가 있고 교배점(crossover site)을 3으로 했을 때 생성되는 자식은 자식 1, 2와 같이 된다.

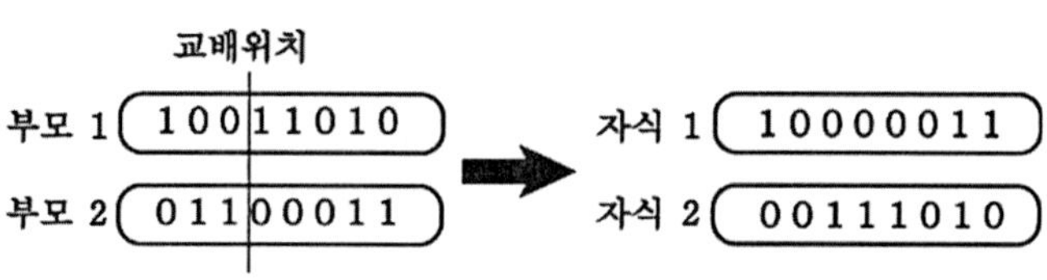

$$p_1 = a_1a_2a_3a_4a_5a_6a_7a_8a_9a_{10} \qquad s_1 = a_1a_2a_3b_4b_5b_6b_7b_8b_9b_{10}$$

$$\updownarrow \qquad \rightarrow$$

$$p_2 = b_1b_2b_3b_4b_5b_6b_7b_8b_9b_{10} \qquad s_2 = b_1b_2b_3a_4a_5a_6a_7a_8a_9a_{10}$$

〈그림 4.8〉 단순 교배

② 복수점 교배(multipoints crossover)

지금까지의 교배법에서는 교배 위치는 한 군데였지만 복수점 교배에서는 <그림 4.9>와 같이 교배 위치가 복수 개이고, 그들의 위치를 경계로 유전자의 교환이 수행된다.

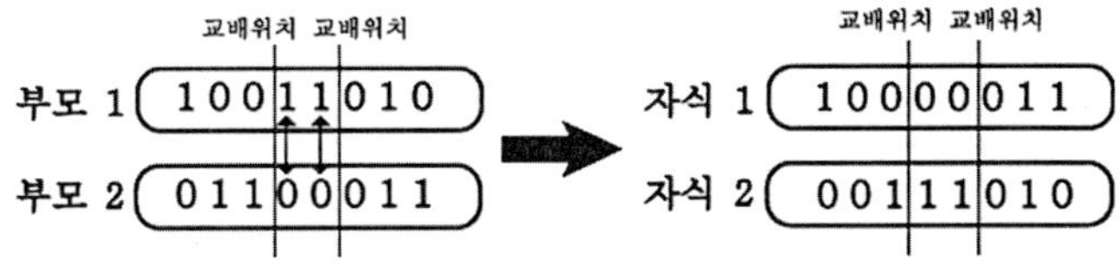

$$p_1 = a_1a_2a_3a_4a_5a_6a_7a_8a_9a_{10} \qquad s_1 = a_1a_2a_3b_4b_5b_6b_7b_8b_9b_{10}$$
$$\updownarrow \quad \updownarrow \; \updownarrow \qquad \rightarrow$$
$$p_2 = b_1b_2b_3b_4b_5b_6b_7b_8b_9b_{10} \qquad s_2 = b_1b_2b_3a_4a_5a_6a_7a_8a_9a_{10}$$

〈그림 4.9〉 복수점 교배

교배점이 복수 개(이 경우는 2군데)가 있고 그들의 위치를 경계로 유전자를 교환한다.

③ 균등 교배(uniform crossover)

균등 교배는 복수점 교배의 일종으로 생각할 수 있다. 우선 <그림 4.10>과 같은 교배 위치를 정한 표인 마스크를 준비해 둔다. 그리고 자식 1에 대해 마스크의 값이 0인 부분에는 부모 1의 값을 복사하고, 마스크의 값이 1인 부분에는 부모 2의 값을 복사한다. 그리고 자식 2에 대해서는 그 반대이다. 즉, 마스크의 값이 0인 부분에는 부모 2의 값을 복사하고, 마스크의 값이 1인 부분에는 부모 1의 값을 복사하는 것이다.

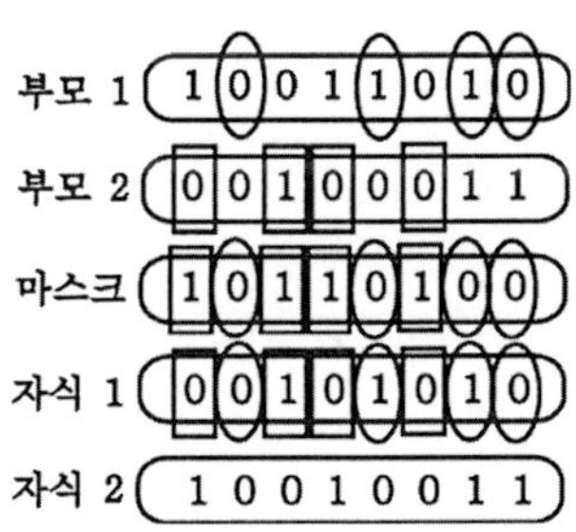

$$p_1 = a_1a_2a_3a_4a_5a_6a_7a_8a_9a_{10} \qquad s_1 = a_1b_2b_3a_4a_5a_6b_7b_8b_9b_{10}$$
$$m = 1\ 0\ 01\ 1\ 1\ 0\ 10\ 0 \quad \rightarrow \quad m = 1\ 0\ 01\ 1\ 1\ 0\ 10\ 0$$
$$p_2 = b_1b_2b_3b_4b_5b_6b_7b_8b_9b_{10} \qquad s_2 = b_1\underline{a_2a_3}b_4b_5b_6\underline{a_7}b_8\underline{a_9a_{10}}$$

〈그림 4.10〉 균일 교배

자식 1에 있어서는 마스크가 0인 부분은 부모 1을, 마스크가 1인 부분은 부모 2의 유전자를 복사한다. 자식 2에 있어서는 역으로 한다.

④ 부분일치 교배(partially matched crossover)

보통 순회 세일즈맨 문제(TSP) 아래와 같이 A와 B의 두 개의 염색체(도시의 방문순서를 의미함)를 교배할 경우 2개의 교배점을 잡고 그 사이의 중간부분을 일치시켜 교환한 후 나머지 부분의 그 결과에 따라 중복되는 부분을 피하여 조정한다.

A = 9 8 4 | 5 6 7 | 1 3 2 10 → A' = 9 8 4 | 2 3 1 0 | 1 6 5 7
B = 8 7 1 | 2 3 10 | 9 5 4 6 → B' = 8 10 1 | 5 6 7 | 9 2 4 3

〈그림 4.11〉 부분일치 교배

⑤ 순서 교배(ordered crossover)

TSP 문제에서 순서 교배의 예는 다음과 같다.

A = 9 8 4 | 5 6 7 | 1 3 2 10
B = 8 7 1 | 2 3 10 | 9 5 4 6
→ B = 8 H 1 | 2 3 10 | 9 H 4 H
→ B = 2 3 10 | H H H | 9 4 8 1
A' = 5 6 7 | 2 3 10 | 1 9 8 4
B' = 2 3 10 | 5 6 7 | 9 4 8 1

〈그림 4.12〉 순서 교배

⑥ 주기 교배(cycle crossover: CX)

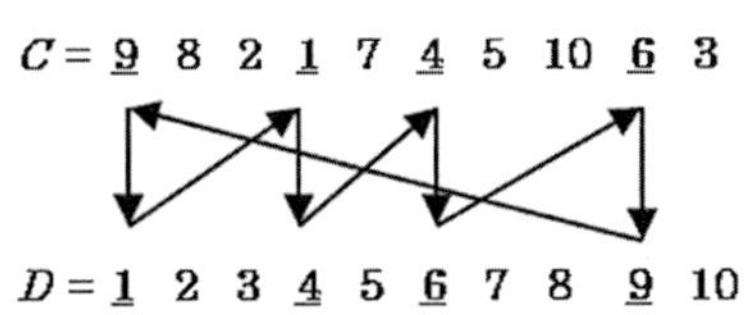

→ C' = 9 - - 1 - 4 - - 6 -
→ C' = 9 2 3 1 5 4 7 8 6 10
D' = 1 8 2 4 7 6 5 10 9 3

〈그림 4.13〉 주기 교배

교배 연산자 이외의 기타 연산자는 다음과 같다.

(2) 돌연변이(mutation)

개체의 각 유전자좌의 유전자에 대하여 일정한 돌연변이 확률을 적용하여 대립 유전자의 값으로 바꾸는 것이다. 개체에 근접한 새로운 개체를 생성하는 국소적인 랜덤 탐색의 일종이다. 또한 집단에서 잃어버린 유전형질을 복구하여 다양성을 유지하기 위한 수단으로도 사용된다. 이때 전형적인 돌연변이 확률은 0.05 이하이다.

다음은 돌연변이의 적용 예이다. 세 번째 비트인 a_3가 A_3로 바뀌었다.

$$p = a_1a_2a_3a_4a_5\,\underset{\uparrow}{a_6}a_7a_8a_9a_{10} \quad \rightarrow \quad s = a_1a_2\underline{A_3}a_4a_5a_6a_7a_8a_9a_{10}$$

〈그림 4.14〉 돌연변이

(3) 치환(displacement)

염색체의 일부분을 다른 염색체의 일부분으로 대치하는 방법을 말한다.

(4) 역위(inversion)

$$p = a_1a_2\,\underset{\uparrow}{a_3}a_4a_5a_6\underset{\uparrow}{a_7}\,a_8a_9a_{10} \quad \rightarrow \quad s = a_1a_2a_3\underline{a_8a_7a_6a_5a_4}a_9a_{10}$$

〈그림 4.15〉 역위

(5) 중복(duplication)

염색체상의 코드의 일부분을 중복시킨다.

(6) 추가(addition)

염색체상에 어떤 길이의 부분 문자열을 삽입시킨다. 이 결과 염색체의 길이가 길어지게 된다.

(7) 제거(deletion)

염색체상에 어떤 길이의 부분 문자열을 제거시킨다. 이 결과 염색체의 길이가 짧아지게 된다.

4.1.8 유전자 알고리즘의 장단점

여기서는 유전자 알고리즘의 장점과 단점을 정리해 보기로 하자. 우선 유전자 알고리즘의 장점으로서 다음과 같은 점을 들 수 있다.

첫째, 복수 개의 개체 사이의 상호 협력에 의한 해의 탐색이 가능하다. 유전자 알고리즘은 복수의 개체 사이에서 선택이나 교배 등의 유전적 조작에 의해서 상호 협력적으로 해의 탐색을 수행하고 있다. 따라서 단순한 병렬적 해의 탐색과 비교하여 보다 좋은 해를 발견하기 쉽다.

둘째, 번거로운 미분 연산 등이 불필요하다. 신경 회로망, 특히 오류 역전파 알고리즘 등에서는 평가 함수의 미분값을 필요로 하였으나 유전자 알고리즘에서는 현재 적응도를 분별할 수 있으면 되기 때문에 알고리즘이 단순하고, 평가 함수가 불연속인 경우에도 적용이 가능하다.

한편 유전자 알고리즘은 다음과 같은 문제점을 가진다.

첫째, 대상으로 하는 문제를 유전자 알고리즘으로 해결하기 위한 일반적인 방법이 없다. 특히 유전자형으로의 표현(코딩)은 설계자의 숙달로 되어 있다.

둘째, 개체수, 선택 방법이나 교배법의 결정, 돌연변이의 비율 등 파라미터의 수가 너무 많다.

지금까지 설명한 유전자 알고리즘의 형태는 매우 간단하지만, 이 기본적인 형태의 변형들이 많은 과학 및 공학 문제와 모델들에 있어서 사용되어 왔다. 그중 몇몇 예는 다음과 같다.

(1) 최적화(optimization)

유전자 알고리즘은 수치최적화와 회로의 레이아웃이나 직무분배계획과 같은 조합 최적화 문제를 포함한 다양한 최적화 문제들에 사용되어 왔다.

(2) 자동 프로그래밍(automatic programming)

유전자 알고리즘은 특정한 문제에 대한 컴퓨터 프로그램을 진화시키고, 셀룰러 오토마타(cellular automata)와 정렬망(sorting network)과 같은 다른 계산 구조를 설계하는데 사용되어 왔다.

(3) 기계 학습(machine learning)

유전자 알고리즘은 날씨나 단백질 구조의 예측과 같은 분류와 예측 과제를 포함한 많은 기계 학습 응용에 사용되어 왔다. 또한 유전자 알고리즘은 신경망의 가중치, 분류 시스템이나 기호생성 시스템을 위한 학습 규칙, 그리고 로봇의 센서 등과 같은 특정한 기계 학습 시스템의 형태를 진화시키는데 사용되어 왔다.

(4) 경제학(economics)

유전자 알고리즘은 기술 혁신, 입찰전략의 발전, 그리고 경제 시장의 발현 과정을 모델하는데 사용되어 왔다.

(5) 면역체계(immune systems)

유전자 알고리즘은 개체의 일생동안의 신체 면역과 진화기간 동안의 다유전인자 과들의 발견을 포함한 자연적인 면역 체계의 여러 관점을 모델하는데 사용되어 왔다.

(6) 생태학(ecology)

유전자 알고리즘은 생물학적 무기경쟁, 숙주-기생체의 공진화, 공생, 그리고 자원의 흐름과 같은 생태학적 현상을 모형화하는데 사용되어 왔다.

(7) 집단 유전학(population genetics)

유전자 알고리즘은 '어떤 조건하에서 재결합을 위한 유전인자가 진화적으로 생존할 수 있는가?'와 같은 집단 유전학에서의 문제들을 연구하는데 사용되어 왔다.

(8) 진화와 학습(evolution and learning)

유전자 알고리즘은 개체의 학습과 종의 진화가 서로 어떻게 영향을 주는지 연구하는데 사용되어 왔다.

(9) 사회적 시스템(social systems)

유전자 알고리즘은 곤충 집단에서 사회적인 행동의 진화, 그리고 보다 일반적으로 다개체 시스템에서의 협조와 통신의 진화와 같은 사회 시스템의 진화적인 관점을 연구하는데 사용되어 왔다.

이상은 유전자 알고리즘의 응용 분야를 총망라한 것은 아니지만 유전자 알고리즘이 문제해결에 있어서 그리고 과학의 관점에서 어떤 종류의 대상에 사용되어 왔는지를 알 수 있다. 그리고 다른 분야에 있어서의 성공 때문에 유전자 알고리즘에 대한 관심이 많은 분야의 연구자들 사이에 최근 여러 해 동안 빠르게 증가하고 있다. 유전자 알고리즘의 분야는 학술회의, 학술 논문지, 그리고 과학계에서 컴퓨터 과학의 한 학문 분야로 자리 잡고 있다.

4.2 유전자 알고리즘의 응용 예

4.2.1 단순한 이해 문제

간단한 예제를 이용하여 유전자 알고리즘의 원리를 이해하도록 한다. 염색체의 길이는 10비트로 한다. 적합도를 앞의 5비트에 대해서는 0의 요소 수, 나머지 5비트에 대해서는 1의 요소 수의 합으로 한다. 예를 들면, '10101 11011'인 유전자에서는 전반 5비트에 0이 2개, 나머지 5비트에는 1이 4개이기 때문에 적합도는 2+4로 6이 된다. 문제는 가능한 한 적합도가 큰 염색체를 발견하는 것이다. 이 예는 매우 간단하기 때문에 적합도의 연산법으로부터 해를 즉시 구할 수 있다. 유전자가 0000011111이면 적응도가 10으로 최대가 된다. 그러나 먼저 해는 미지수로 하여 유전자 알고리즘에 의해 해를 발견하게 된다. 이것으로 일단 유전자형이 결정되고 [단계 1]이 끝난다.

다음에 초기 유전자 집단의 결정인 [단계 2]이다. 여기서는 유전자 집단 수를 6으로 한다. 각 유전자의 각 요소는 임의로 결정된다.

[단계 3]에서는 각 개체의 적합도를 구한다. <그림 4.16(a)>에 적합도가 높은 순서로 나열한 유전자를 나타낸다. 한편 순위는 적합도가 같은 경우에 위쪽을 높은 순서로서 번호를 붙인다.

[단계 4]는 선택 단계이다. 여기서는 간단하기 때문에 엘리트 보존 선택법을 단

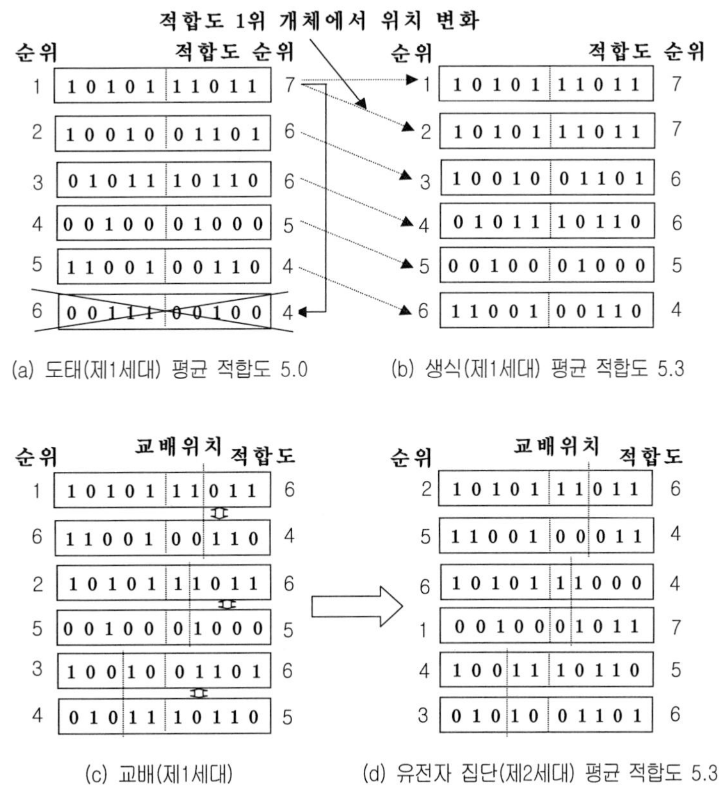

〈그림 4.16〉 유전자 알고리즘 예 1

순화시킨 것을 이용하기로 한다. 엘리트 보존 선택법이란 적합도가 제일 낮은 개체를 적합도가 제일 높은 개체로 치환하는 것이다. 이 조작을 수행하여 적합도가 큰 순서로 나열하면 <그림 4.16(b)>와 같이 된다.

[단계 5]의 교배에서는 2개의 유전자를 한 조로 하여 <그림 4.16(c)>에 나타낸 바와 같이 교배 위치를 임의로 결정한다. 그것을 경계로 유전자의 요소를 상호 교환하는 것이다. 여기서 순위 1의 유전자와 순위 6의 유전자, 순위 2의 유전자와 순위 5의 유전자, 순위 3의 유전자와 순위 4의 유전자를 각각 한 조로 하여 교배를 행하기로 한다.

[단계 6]의 돌연변이에 대해서 여기에서는 생략한다.

그런데 여기에서 <그림 4.16(d)>에 보여주는 것과 같은 제2세대 유전자가 6개 갖추어져 있다. 제1세대 유전자 집단은 <그림 4.16(a)>에 보여주는 것과 같이 평균 적응도가 5.0으로 최대값이 6이 되는데 비해 제2세대에서는 <그림 4.16(d)>에 의해 평균 적응도가 5.3으로 최대값은 7로 각각 향상되는 것을 알 수 있다.

유전자 알고리즘은 이러한 세대 교대의 조작을 반복해 간다. <그림 4.17>에 다음 세대에서의 반복을 나타낸다. 교배위치는 매회 임의로 선택하기 때문에 <그림 4.16>의 경우와 다르다.

<그림 4.16(d)>에 의해 제3세대 유전자 집단에서는 최대값은 7로써 제2세대와 같지만, 평균 적합도는 5.8로 향상된 것을 알 수 있다.

이러한 조작을 반복하면 적합도는 향상되어 가고, 최대값을 얻을 수 있으나 불가능한 경우도 발생한다.

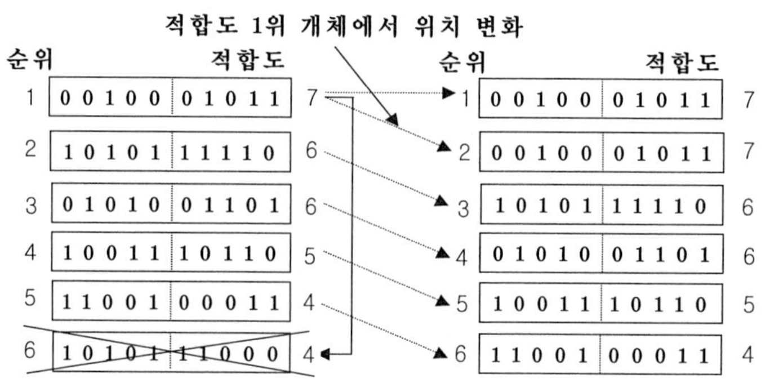

(a) 도태(제2세대) 평균 적합도 5.3 (b) 생식(제2세대) 평균 적합도 5.8

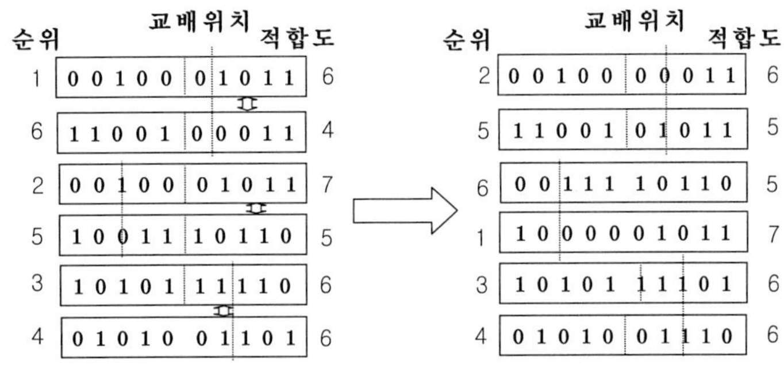

(c) 교배(제2세대)　　(d) 유전자 집단(제3세대) 평균 적합도 5.8

〈그림 4.17〉 유전자 알고리즘 예 2

4.2.2 순회 판매원 문제

이 절에는 순회 판매원 문제(traveling salesman problem)에 어떻게 유전자 알고리즘을 적용하는지 설명하고자 한다. 순회 판매원 문제는 조합 최적화 문제이고 여러 가지의 응용 분야에서 제기된다. 이 문제에 접근하는 여러 가지의 가지 경계 알고리즘, 근사 알고리즘, 그리고 경험적인 탐색 알고리즘들이 존재한다.

순회 판매원 문제는 n개의 도시와 도시사이의 거리가 주어졌을 때, 어떤 도시에서 시작하여 모든 도시를 단 한 번만 방문하고 원래의 출발지로 되돌아오는 최단 길이의 여행을 찾는 문제를 말하며, 도시들의 가능한 방문의 모든 순열이 주어질 때 각 도시와 다음 도시와의 유클리드 거리의 합이 최소가 되는 여행을 선택하는 것에 관한 문제이다.

만약 탐색 공간 = $\{T_1, T_2, \cdots, T_n\} = n!$이라 하면 대전, 광주, 부산, 서울 등 4개 도시사이의 직선거리는 다음과 같이 그릴 수 있다.

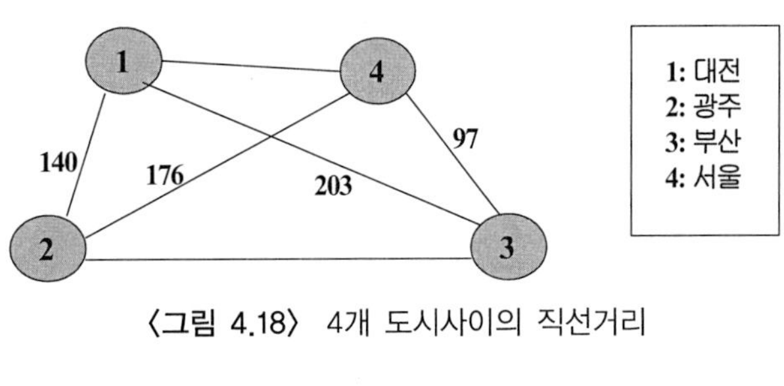

〈그림 4.18〉 4개 도시사이의 직선거리

경로를 T_i라고 하면 24(=4!)가지의 경로가 발생할 수 있다.

T_1 = 1-2-3-4 D1=555

T_2 = 1-2-4-3 D2= 617

...

T_{24} = 4-3-2-1 D24 = 555

이중에서 유클리드 거리에 의한 최단 경로는 $T_1 = T_6 = T_8 = T_{10} = T_{15} = T_{17} = T_{19} = T_{24} = 555$가 된다. 여기서 유클리드 거리(euclidian distance)는 다음의 공식에 의해 계산한다.

$$D = \sum_{j=1}^{n} \sqrt{(x_j - x_{j-1})^2 + (y_j - y_{j-1})^2}$$

순회 판매원 문제를 다음의 세 가지 경우에 대해 실험을 했는데 결과는 다음의 그림들과 같다.<http://cs.felk.cvut.cz/~xobitko/ga/tspexample.htm>

(1) 도시들간 돌연변이 없고 10,000세대(generations) 갖는 경우

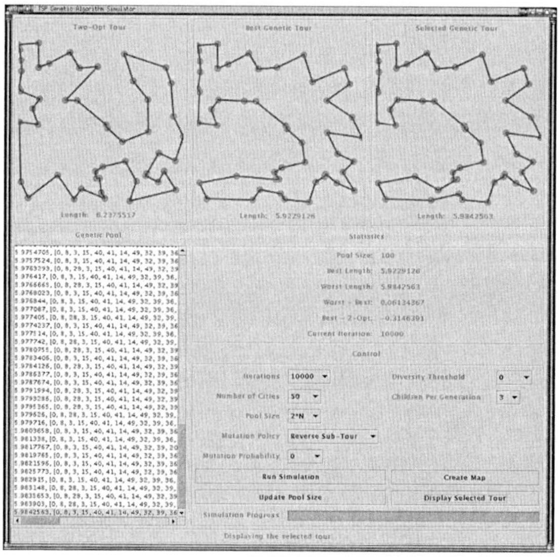

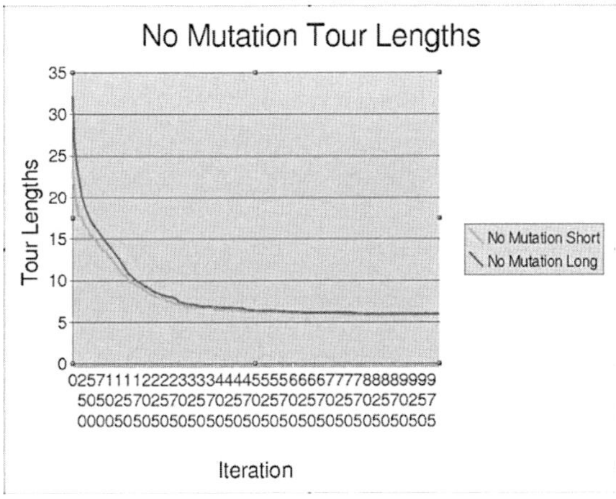

〈그림 4.19〉 도시들간 돌연변이 없고 10,000세대(generations) 갖는 경우

이 실험은 도시들간의 돌연변이가 없고 10,000번 반복을 했을 경우인데 반복을 할수록 여행 거리가 점점 작아지게 된다.

(2) 두개의 도시를 스와핑하여 돌연변이 발생하고 10,000세대를 갖는 경우

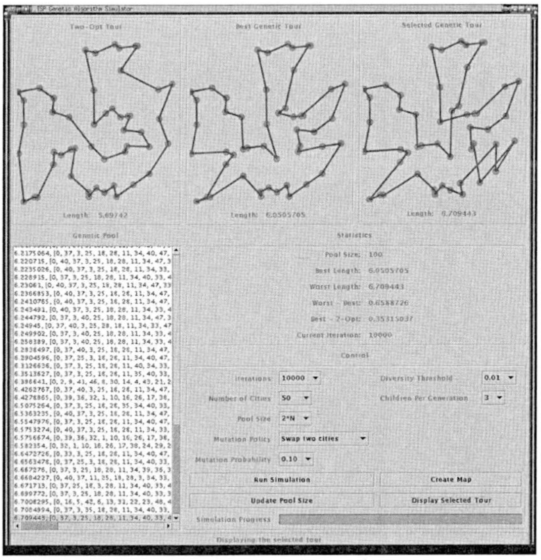

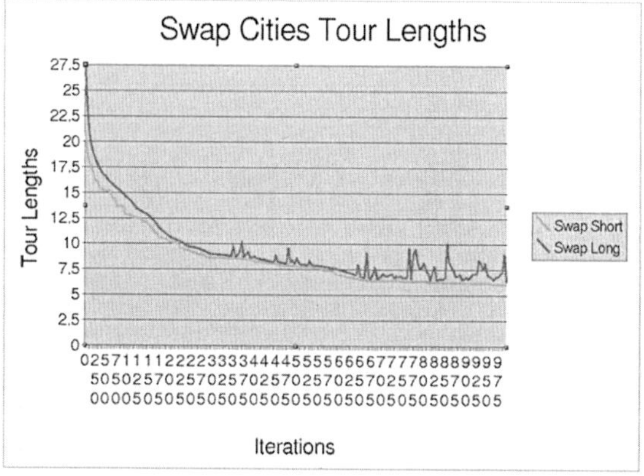

〈그림 4.20〉 두개의 도시를 스와핑하여 돌연변이 발생하고 10,000세대를 갖는 경우

이 실험은 두개의 도시를 스와핑하여 돌연변이를 발생시키고 10,000번 반복을 했을 경우인데 반복을 할수록 여행 거리가 점점 작아지게 되지만 여행 거리에 다소 변이가 있다.

(3) 역위와 돌연변이를 갖고 30,000세대 갖는 경우

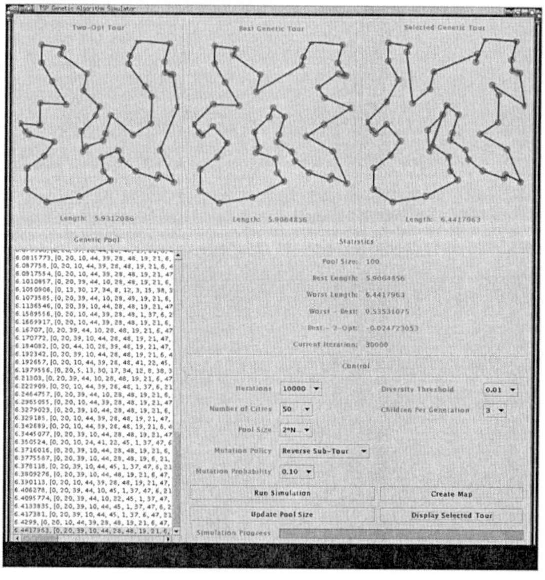

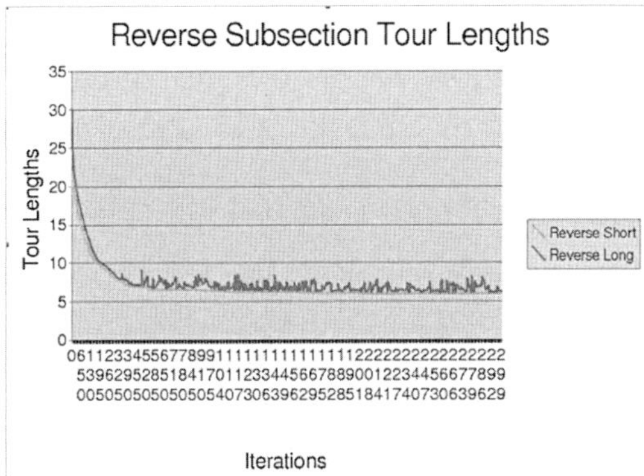

〈그림 4.21〉 역위와 돌연변이를 갖고 30,000세대 갖는 경우

이 실험은 도시들간의 역위와 돌연변이를 갖고 30,000번 반복을 했을 경우인데 반복을 할수록 여행 거리가 점점 작아지게 되지만 마찬가지로 여행 거리에 변이가 발생한다.

4.2.3 단순한 함수의 최적화 문제

한 개의 변수를 갖는 간단한 함수의 최적화 문제를 위한 유전자 알고리즘의 응용 예를 살펴보기로 한다. 간단한 함수의 예로써 다음과 같은 식을 생각해 보자.

$$f(x) = x \cdot \sin(10\pi \cdot x) + 1.0$$

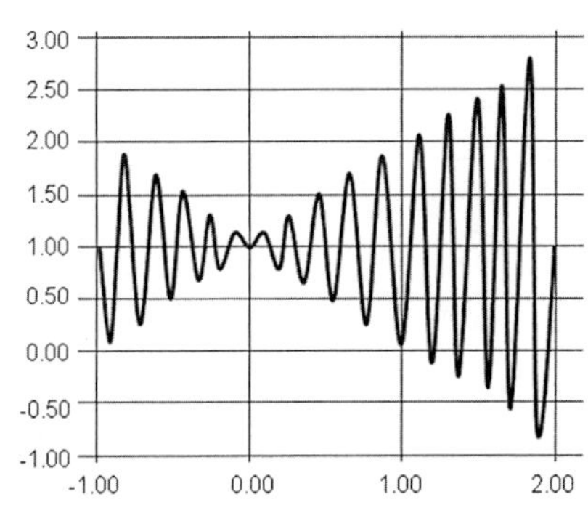

〈그림 4.22〉 $f(x) = x \cdot \sin(10\pi \cdot x) + 1.0$의 그래프

이 문제는 구간 [-1, 2]에서 함수 f를 최대화하는 즉, 다음 조건을 만족하는 x를 찾아내는 것이다. 여기서 함수 f를 해석하는 것은 비교적 쉬운데, 먼저 다음과 같은 1차 도함수 $f' = 0$을 만족하는 값을 결정하면 된다.

$$f'(x) = \sin(10\pi \cdot x) + 10\pi x \cdot \cos(10\pi \cdot x) = 0$$

이 식은 다음과 같이 된다.

$$\tan(10\pi \cdot x) = -10\pi x$$

위의 방정식은 다음과 같이 무한히 많은 수의 해를 가진다.

$$x_i = \frac{2i-1}{20} + \epsilon_{i,} \quad i = 1,2,...$$

$$x_0 = 0$$

$$x_i = \frac{2i+1}{20} - \epsilon_{i,} \quad i = -1,-2,...$$

여기서 $\epsilon_i (i = 1, 2, ...$ 그리고 $i = -1, -2, ...$에 대해) 0으로 감소하는 실수의 수열을 나타낸다. 만일 i가 홀수이면 x_i에서 함수 f의 국소 최대값(local maximum)에 도달하고 만일 i가 짝수이면 x_i에서 함수 f의 국소 최소값(local minimun)에 도달한다. 문제의 정의 영역이 $x \in [-1,2]$이므로 이 함수는 $x_{19} = \frac{37}{20} + + \epsilon_{19} = 1.85 + \epsilon_{19}$에서 최대값에 도달하는데 여기서 $f(x_{19})$는 $f(18\pi + \frac{\pi}{2}) f(1.85) = 1.85 \times \sin + 1.0 = 2.85$보다 약간 더 크다. 위의 문제를 풀기 위하여 즉, 함수 f를 최대화하기 위해 유전자 알고리즘을 이용하여 해결하기로 한다. 이를 위해 유전자 알고리즘의 주요 요소들에 대하여 생각해 보자.

(1) 표현 방법

변수 x의 실수값을 표현하기 위한 염색체로서 이진 벡터를 사용한다. 벡터의 길이는 요구되는 정밀도에 의해 좌우되는데, 이 예제에서는 소수점 이하 6번째 자리를 사용한다고 가정한다.

변수 x의 정의 영역은 길이 3이다. 정확도에 대한 요구 조건은 정의 영역

[-1,2]가 최소한 3×1000000개의 동일한 크기의 영역으로 나뉘어져야 한다는 것을 암시한다. 이것은 이진 벡터(염색체)로서 22비트가 필요하다는 것을 의미한다.

$$2097152 = 2^{21} < 3000000 \leq 2^{22} = 4194304$$

이진 스트링 $< b_{21}b_{20}...b_0 >$를 정의 영역 [-1,2]사이의 실수 x로 매핑하는 것은 직접적으로 다음의 두 단계에서 완결된다.

[단계 1] 이진 스트링 $< b_{21}b_{20}...b_0 >$을 이진수로부터 10진수로 변환한다.

$$(< b_{21}b_{20}...b_0 >)_2 = \sum_{i=0}^{21} b_i \cdot 2^i)_{10} = x'$$

[단계 2] 이에 해당하는 실수 x 를 구한다.

$$x = -1.0 + x' \cdot \frac{3}{2^{22}-1}$$

여기서 -1.0은 정의 영역의 왼쪽 경계값이고 3은 정의 영역의 길이를 의미한다.

예를 들어 염색체

(1000101110110101000111)

는 숫자 0.637197을 나타낸다. 왜냐하면,

$$x' = (1000101110110101000111)2 = 2288967$$

이고,

$$x = -1.0 + 2288967 \cdot \frac{3}{4194303} = 0.637197$$

이기 때문이다. 물론 염색체들(000000000000000)과 (111111111111111)는 각각 정의 영역의 경계값들인 -1.0과 2.0을 의미하는 값들이다.

(2) 초기 개체 집단

초기화 과정은 매우 간단한데, 각 염색체가 22비트의 이진 벡터인 염색체의 개체 집단을 만들어 내면 된다. 각 염색체에 대한 모든 22비트들은 임의로 초기화 된다.

(3) 평가 함수

이진 벡터 v에 대한 평가 함수 $eval$은 함수 f와 동일하다.

$$eval(v) = f(x)$$

여기서, 염색체 v는 실수값 x를 나타낸다.

앞에서와 같이 평가 함수는 적합도의 관점에서 해가 될 가능성이 있는 것들을 평가하는 환경의 역할을 수행한다. 예를 들어 세 개의 염색체,

$$v_1 = (1000101110110101000111)$$
$$v_2 = (0000001110000000010000)$$
$$v_3 = (1110000000111111000101)$$

은 값 $x_1 = 0.63719$, $x_2 = -0.958973$, $x_3 = 1.627888$을 각각 나타낸다. 결과적으로 평가 함수는 다음과 같이 평가할 것이다.

$$eval(v_1) = f(x_1) = 1.586345$$
$$eval(v_2) = f(x_2) = 0.078878$$
$$eval(v_3) = f(x_3) = 2.250650$$

분명히 염색체 v_3는 평가 함수의 값이 가장 크므로 세 염색체 중에서 가장 좋다.

(4) 유전자 알고리즘 연산자

유전자 알고리즘 중 가장 많이 사용되는 돌연변이와 교배 연산을 이용하여 계산해 보자. 돌연변이는 돌연 변이율과 동일한 확률을 가지고 하나 또는 그 이상의 유전 인자들(한 염색체 내에서의 위치들)을 변화시킨다. 염색체 v_3로부터 다섯 번째 유전 인자가 돌연변이를 위해 선택되었다고 가정하자. 이 염색체에서의 다섯 번째의 유전 인자가 0에서 1로 바뀌어진다. 그래서 돌연변이 후에 염색체 v'_3는 다음과 같이 된다.

$$v_3' = (1110100000111111000101)$$

이 염색체는 값 $x_3' = 1.721638$과 $f(x_3') = -0.082257$을 나타낸다. 이것은 돌

연변이가 염색체 v_3의 값을 상당히 감소시켰다는 것을 의미한다. 반면에 만일 염색체 v_3에서 10번째 유전자가 돌연변이를 위해 선택되었다면,

$$v_3'' = (1110000000111111000101)$$

이 된다. 이것에 해당하는 값 $x_3'' = 1.630818$ 그리고 $f(x_3'') = 2.343555$가 되어 원래의 값 $f(x_3) = 2.250650$보다 개선되었다.

염색체 v_2와 v_3에 대한 교배 연산자의 예를 들어 보자. 교배 위치가 임의로 5번째 유전자 이후에 선택되었다고 가정하자.

$$v_2 = (00000|01110000000010000)$$
$$v_3 = (11100|00000111111000101)$$

이로부터 생성된 두 개의 자손 세대는 다음과 같다.

$$v_2' = (00000|00000111111000101)$$
$$v_3' = (11100|00000111111000101)$$

이들 자손 세대는 다음과 같이 평가된다.

$$f(v_2') = f(-0.998113) = 0.940865$$
$$f(v_3') = f(1.666028) = 2.459245$$

두 번째 자손이 부모들보다 더 좋은 평가값을 가지고 있다.

(5) 매개 변수

이 문제에서는 다음과 같은 매개변수들이 사용되었다. 개체 집단의 크기 $pop_{size} = 50$, 교배 확률 $p_c = 0.25$, 돌연변이 확률 $p_m = 0.01$ 등이 실험을 위해 사용된 매개변수들이다.

(6) 실험 결과

다음 <그림 4.23>은 평가 함수의 값이 개선된 세대 번호를 그때의 함수값과 함

께 나타낸 것이다. 150세대 이후의 최적의 염색체는

$$v_{\max} = (1111001101000100000101)$$

이며 이것은 $x_{\max} = 1.850773$에 해당한다. 기대했던 바와 같이 $x_{\max} = 1.85 + \epsilon$이고 $f(x_{\max})$는 2.85보다 약간 더 크다.

세대 번호	평가 함수값
1	1.441942
6	2.250003
8	2.250283
9	2.250284
10	2.250363
12	2.329077
39	2.344251
40	2.345087
51	2.738930
99	2.849246
137	2.850217
145	2.850227

〈그림 4.23〉 150세대 이후의 결과 비교

4.2.4 함수예제

간단한 예를 들어보자. $f(x) = x^2 (0 \le x \le 31)$이라는 환경이 있으며, 환경에 살아가는 개체(유전자)가 x인 셈이다. 그리고 환경에 잘 적응하는 정도를 함수값으로 정의하고 이를 적합도 함수라 하자.

만약 이러한 환경에서 다음과 같은 4개의 개체 (01101, 11000, 01000, 10011)가 살고 있는 군(집단)에서 과연 누가 더 잘 적응할 것인가? 이 문제에 대한 답은 이 4개의 개체가 살고 있는 군(집단)에서 개체를 나타내는 이진수를 십진수로 바꾸어 생각하면 쉽게 알 수 있다. 01000은 십진수로 8이므로 적합도 함수값은 64, 11000은 24이므로 576이 된다. 따라서 01000보다는 11000이 이 환경에 훨씬 더 적합한 개체이다. 다시 말하면 01000은 살기 어렵고, 11000은 그나마 가장 잘 적응할 것이다. 그러므로 다음 세대에서는 01000은 도태를 하고, 11000은 자손을 생산하게 된다. 이와 같은 과정을 거친 먼 훗날의 개체는 바로 11111이라는 개체가 탄생하게 될 것이고, 이 개체가 주어진 환경을 지배할 것이다. 따라서 4개의 개체는 모두 11111인 값을 갖게 될 것이다.

유전자 알고리즘의 기본적인 구조는 다음과 같으며 이는 이미 설명을 하였다.

```
Procedure Genetc_Algorithm;
begin
  t := 0;
  P(t)의 초기화(초기모집단 생성)
  P(t)의 적합도 평가
while(종료조건이 만족되지 않으면) do
begin
  t := t + 1;
  P(t-1)로부터 P(t)를 선별
  P(t)의 유전자 연산(교차와 돌연변이)
  P(t)의 적합도 평가
end;
end;
```

여기서 P(t)는 t세대에서의 모집단을 나타낸다. 다음의 간단한 문제를 풀어보자.

f(x) = | 10*x-100 |이고, 0 <= x <= 31일 때 함수 f(x)를 최대로 하는 x를 찾아라. 단 x는 정수이다.

[1단계] 초기 모집단을 생성

초기모집단을 0~31까지 나타내기 위해서는 이진수로 5비트가 필요하다. (10101) = 21, (11111) = 31, (01100) = 12가 된다. 이러한 내용을 바탕으로 초기 집단은 랜덤하게 만든다. 20개의 염색체로, 초기 집단이 다음과 같이 만들어졌다고 가정하자.

$v[1]:(01101)$
$v[2]:(01111)$
$v[3]:(10100)$
$v[4]:(01101)$

$v[5]:(10101)$
$v[6]:(01011)$
$v[7]:(10111)$
$v[8]:(10000)$
$v[9]:(01101)$
$v[10]:(01011)$

[2단계] 적합도 평가

적합도 평가 단계에서 각 염색체를 해독하고, 해독된 값으로 부터 적합도 함수 값을 계산하면 다음과 같은 결과를 얻는다. $f(x)=10x-100$일 경우는 다음과 같다.

$eval(v[1])=f(13)=30$
$eval(v[2])=f(15)=50$
$eval(v[3])=f(20)=100$
$eval(v[4])=f(13)=30$
$eval(v[5])=f(21)=110$
$eval(v[6])=f(11)=10$
$eval(v[7])=f(24)=130$
$eval(v[8])=f(16)=60$
$eval(v[9])=f(13)=30$
$eval(v[10])=f(11)=10$

이중에서 몇 개의 염색체를 선택해야 하는데, 이미 배운바와 같이 선택하는 방법은 여러 가지가 있으나 여기에서는 룰렛휠 선택을 적용한다. 룰렛휠 선택은 적합도에 비례해서 선택될 확률이 높아지는 특성이 있다. 룰렛휠 선택 방법은 다음과 같다.

① 개체집단의 총 적합도를 계산한다.

$$F=eval(v[1])+eval(v[2])+.....+eval(v[10])$$

② 각 염색체에 대한 선택 확률 $p[i]$를 계산한다.

$$p[i] = \frac{eval(v[i])}{F}$$

③ 각 염색체에 대한 누적 확률 $q[i]$를 계산한다.

$$q[i] = p[1] + p[2] + ... + p[i]$$

선택과정은 유전자의 개수만큼 새로운 개체집단을 위해 하나의 염색체를 선택한다. 이를 위해 범위 0..1사이의 난수 r을 발생시킨다. $q[i-1] < r \le q[i]$인 i번째 염색체를 선택한다. 여기에 위와 같은 방법으로 룰렛 선택을 한다. 개체집단의 총 적합도는 다음과 같다.

$$F = eval(v[1]) + eval(v[2]) + ... + eval(v[10]) = 560$$

각 염색체가 선택될 확률 $p[i]$는 다음과 같다.

$$p[1] = \frac{eval(v[1])}{F} = 0.0535714286$$

$$p[2] = \frac{eval(v[2])}{F} = 0.0892857143$$

$$p[3] = \frac{eval(v[3])}{F} = 0.1785714286$$

$$p[4] = \frac{eval(v[4])}{F} = 0.0535714286$$

$$p[5] = \frac{eval(v[5])}{F} = 0.1964285714$$

$$p[6] = \frac{eval(v[6])}{F} = 0.0178571429$$

$$p[7] = \frac{eval(v[7])}{F} = 0.2321428571$$

$$p[8] = \frac{eval(v[8])}{F} = 0.1071428571$$

$$p[9] = \frac{eval(v[9])}{F} = 0.0535714286$$

$$p[10] = \frac{eval(v[10])}{F} = 0.0178571429$$

그러면 각 염색체의 누적 확률 $q[i]$는 다음과 같다.

$q[1] = 0.0535714286$
$q[2] = 0.1428571429$
$q[3] = 0.3214285714$
$q[4] = 0.3750000000$
$q[5] = 0.5714285714$
$q[6] = 0.5892857143$
$q[7] = 0.8214285714$
$q[8] = 0.9285714286$
$q[9] = 0.9821428571$
$q[10] = 1.0000000000$

[3단계] 개체 선별

지금부터는 0부터 1사이의 난수를 10(유전자의 개수)개 발생시켜 유전자를 선택한다. 만약 난수가 0.45772737743이라면 $q[4]$ < 0.45772737743 <= $q[5]$를 만족하기 때문에 유전자 $v[5]$를 선택한다. 이때 난수가 다음과 같이 발생된다.

0.4572273774 0.6205325316 0.2902582685 0.3707185990 0.6674934615
0.5626070339 0.7364188557 0.9917080770 0.6376504887 0.9917636998

그러면 선택된 개체들은 최종적으로 다음과 같을 것이다.

$v'[1] = (10101)$
$v'[2] = (10111)$
$v'[3] = (10100)$
$v'[4] = (01101)$
$v'[5] = (10111)$
$v'[6] = (10101)$
$v'[7] = (10111)$
$v'[8] = (01011)$
$v'[9] = (10111)$
$v'[10] = (01011)$

[4단계] 유전자 연산가

이러한 단계를 거친 후 유전자 연산을 한다. 유전자 연산은 교배와 돌연변이가 있는데 우선 교배부터 한다. 교배하는 방법은 우선 교배 확률에 의해 교배시킬 염색체를 선택한다. 교배 확률은 0.25로 가정한다. 다음과 같은 난수를 10개 발생시켜서 다음과 같은 수를 얻는다.

0.5725024704 0.0490196129 0.8726333449 0.3486277370 0.3863749911
0.8044754410 0.8187371953 0.5160406448 0.0951179727 0.6477678808

이 결과 선택된 것은 $v'[2]$와 $v'[9]$이다. 운좋게도 짝수개가 선택되어서 모두 교배시킬 수 있다. 만약에 홀수개가 선택되었다면 하나를 빼던지 추가하던지 해야 한다. 교배하는 방법을 설명하면, 염색체 $x=(x1\ x2\ x3\ x4\ x5)$와 염색체 $y=(y1\ y2\ y3\ y4\ y5)$가 있다면 우선 1~4(5-1) 사이의 수 중 난수 r을 발생시킨 후, 만약 r이 3이라면,

$$x'=(x1\ x2\ x3\ |\ y4\ y5)$$
$$y'=(y1\ y2\ y3\ |\ x4\ x5)$$

와 같이 r번째 다음에 있는 유전인자들을 바꿔주어서 새로운 유전자를 만든다.

$v'[2]=(10111)$와 $v'[9]=(10111)$을 교배시키기 위해 난수 r를 발생시킨다. r은 1이 발생 되었고 그러면 다음과 같이 된다.

$$v'[2]=(1|0111)$$
$$v'[9]=(1|0111)$$

$v'[2]$와 $v'[9]$ 서로 같아서 아무런 변화가 없다. 여기에서는 2개의 유전자가 선택 되었는데 만약 4개 또는 6개 이상이 선택 되었다면 임의로 2개씩 짝지어서 교배 시켜야 된다. 교배이후에 개체집단은 다음과 같다.

$v'[1]=(10101)$
$v'[2]=(10111)$
$v'[3]=(10100)$
$v'[4]=(01101)$
$v'[5]=(10111)$

$v'[6] = (10101)$
$v'[7] = (10111)$
$v'[8] = (01011)$
$v'[9] = (10111)$
$v'[10] = (01011)$

이제 돌연변이 연산을 적용한다. 돌연변이 확률은 0.1로 가정한다. 돌연변이는 각 염색체에 대해서 난수를 발생시켜 (돌연변이 확률) < (난수)이면 유전인자를 바꾸어 준다. 즉, 1이면 0으로 0이면 1로 바꾼다. 돌연변이를 시킨 다음에 개체집단은 다음과 같다. 바뀐 염색체는 위에 '_' 표시한다.

$\bar{v}'[1] = (11001)$
$\bar{v}'[2] = (00111)$
$\bar{v}'[3] = (10101)$
$\bar{v}'[4] = (00101)$
$\bar{v}'[5] = (10111)$
$\bar{v}'[6] = (10111)$
$\bar{v}'[7] = (10111)$
$\bar{v}'[8] = (01011)$
$\bar{v}'[9] = (10111)$
$\bar{v}'[10] = (00011)$

그러면 v'에서 $'$표시를 지우고 다시 쓰면 다음과 같다.

$v[1] = (11001)$
$v[2] = (00111)$
$v[3] = (10101)$
$v[4] = (00101)$
$v[5] = (10111)$
$v[6] = (10111)$
$v[7] = (10111)$

$v[8] = (01011)$
$v[9] = (10111)$
$v[10] = (00011)$

[5단계] 적합도 평가

이 개체의 적합도를 계산하면 다음과 같다.

$eval(v[1]) = f(25) = 150$
$eval(v[2]) = f(7) = 30$
$eval(v[3]) = f(21) = 110$
$eval(v[4]) = f(5) = 50$
$eval(v[5]) = f(23) = 130$
$eval(v[6]) = f(23) = 130$
$eval(v[7]) = f(23) = 130$
$eval(v[8]) = f(11) = 10$
$eval(v[9]) = f(23) = 130$
$eval(v[10]) = f(3) = 70$

대체적으로 이전세대 보다 더 좋은 값을 갖는 개체집단이 생겼다. 이런 방법을 반복하면은 좋은 해를 찾아 나갈 수 있다. 10세대까지 진행시킨 결과는 다음과 같다.

$v[1] = (11111)$
$v[2] = (11011)$
$v[3] = (11011)$
$v[4] = (11100)$
$v[5] = (10111)$
$v[6] = (11100)$
$v[7] = (11111)$
$v[8] = (11111)$
$v[9] = (11100)$
$v[10] = (11111)$

이것을 평가하면 다음과 값을 얻을 수 있다.

$$eval[2] = f(27) = 170$$
$$eval[3] = f(27) = 170$$
$$eval[4] = f(28) = 180$$
$$eval[5] = f(23) = 130$$
$$eval[6] = f(28) = 180$$
$$eval[7] = f(31) = 210$$
$$eval[8] = f(31) = 210$$
$$eval[9] = f(28) = 180$$
$$eval[10] = f(31) = 210$$

이 예제에서는 마지막 세대에서 최적값 210을 얻을 수 있었으나 마지막 세대에 최적값을 얻지 못하는 경우가 생길수도 있으므로 그럴 경우를 대비하여 지금까지 출현했던 염색체 중에서 가장 좋은 평가값을 갖는 염색체를 따로 저장해 두는 것이 좋다.

4.2.5 등반과 시뮬레이티드 어닐링

이 절에서는 단순한 최적화 문제에 적용된 세 가지 알고리즘들, 등반(climbing), 시뮬레이티드 어닐링(simulated annealing), 그리고 유전자 알고리즘에 관하여 설명한다. 이 예제는 유전자 알고리즘 접근 방식의 독특함을 강조하고 있다.

탐색 공간은 길이 30의 이진 스트링 v의 집합이다. 최대화되어야 할 목적 함수 f는 다음과 같이 주어진다.

$$f(v) = |11 \times one(v) - 150|$$

여기서, 함수 $one(v)$는 스트링 v내의 1의 개수를 알려준다. 예를 들어, 다음과 같은 세 개의 스트링,

$$v_1 = (110110101110101111111011011011)$$
$$v_2 = (111000100100110111001010100011)$$

$$v_3 = (000010000011001000000010001000)$$

은 다음과 같이 평가된다.

$$f(v_1) = |11 \times 22 - 150| = 92$$
$$f(v_2) = |11 \times 15 - 150| = 15$$
$$f(v_3) = |11 \times 6 - 150| = 84$$

$$one(v_1) = 22,\ one(v_w) = 15,\ one(v_3) = 6)$$

함수 f는 선형이고 최적화 과제로서 아무런 어려운 문제를 가지고 있지 않지만 이들 세 알고리즘의 배후의 아이디어를 보이기 위해 사용한다. 함수 f의 흥미로운 특징은 v_g에 대해 하나의 전역 최대값을 가지고 있다는 것이다.

$$v_g = (111111111111111111111111111111)$$

$f(v_g) = |11 \times 30 - 150| = 180$이고 v_l에 대해 하나의 국소 최대값을 가지고 있다.

$$v_l = (000000000000000000000000000000)$$

$f(v_l) = |11 \times 0 - 150| = 150$이다.

몇 개의 등반 알고리즘들이 있는데, 새로운 스트링이 현재의 스트링과 비교되기 위하여 선택되는 방식에서 차이점이 있다. 다음에 주어진 간단한 순환적인 등반 알고리즘을 보자. 초기에 모든 30개의 이웃들이 고려되고, 가장 큰 $f(v_n)$값을 제공하는 v_n이 선택되어 현재의 스트링 v_c와 경쟁한다. 만일 $f(v_c) < f(v_a)$이면, 새로운 스트링이 현재의 스트링이 된다. 그렇지 않으면 국소적인 개선이 불가능한데, 알고리즘은 국소 또는 전역 최적값에 도달한다($local$ = TRUE). 그러한 경우에 알고리즘의 다음 순환 ($t \leftarrow t+1$)이 임의로 선택된 새로운 현재 스트링을 가지고 수행된다.

간단한 순환적인 등반 알고리즘

```
procedure interated hillclimber
begin
t ←0
repeat
   local←FALSE
   select a current string v_e
   repeat
select 30 new strings in the neighborhood of v_e
      by flipping single bits of v_e
select the string v_n from the set of new strings
      with the largest value of objective function f
if f(v_c) < f(v_n)
      then v_e←v_n
      else local←TRUE
   until local
   t ←t+1
until t = MAX
end
```

이상의 등반 알고리즘의 한 번의 순환(전역 또는 국소 최적값의 계산)의 성공 또는 실패가 초기 스트링에 의하여 결정된다는 것은 흥미있는 일이다. 만일 초기 스트링이 13 또는 그 이하의 1들을 가지고 있다면 그 알고리즘은 분명히 항상 국소 최적점에서 끝나게 된다(실패). 그 이유는 13개의 1을 가진 스트링이 목적 함수의 값 7을 주고, 전역 최적값을 향한 한 단계 개선이 1의 개수를 14로 증가시키고 목적 함수의 값을 4로 감소시키기 때문이다. 반면에 1의 수의 감소는 함수의 값을 증가시키는데, 12개의 1을 가진 스트링은 18의 값을 제공하고 11개의 1을 가진 스트링은 29의 값을 제공한다. 이것은 탐색을 '잘못된' 방향, 즉 국소 최대값 쪽으로 밀어낸다.

국소 최적값들이 많은 문제에 대해서 전역 최적값을 찾아내기 위한 기회는 단 한 번의 순환에서는 적다.

시뮬레이티드 어닐링 과정의 구조를 나타내면 다음 알고리즘과 같다.

시뮬레이티드 어닐링 알고리즘

```
procedure interated hillclimber
begin
t ←0
repeat
   local←FALSE
   select a current string v_e
   repeat
select 30 new strings in the neighborhood of v_e
      by flipping single bits of v_e
select the string v_n from the set of new strings
      with the largest value of objective function f
if f(v_c) < f(v_n)
       then v_e←v_n
       else local←TRUE
   until local
   t ←t+1
until t = MAX
end
```

앞서 언급한 대로 시뮬레이티드 어닐링 알고리즘은 국소 최적값들로부터 탈출할 수 있다. 12개의 1로 구성되어 있는 다음 스트링을 고려하자.

$$v_4 = (111000000100110111001010100000)$$

이때 $f(v_4) = |11 \times 12 - 150| = 18$이다. 시작 스트링으로 v_4를 고려하면 등반 알고리즘은 13개의 1을 가진 어떤 스트링(전역 최적값을 '향한' 한단계)도 7(18 이하)로 평가되므로 다음의 국소 최대값으로 접근할 것이다.

$$v_l = (000000000000000000000000000000)$$

반면에 시뮬레이티드 어닐링 알고리즘은 13개의 1을 가진 스트링을 다음 확률에 의거하여 새로운 현재 스트링으로 받아들일 것이다.

$$p = \exp(f(v_n) - f(v_c)/T = \exp(7-18)/T$$

여기서, 어떤 온도, 예를 들면 T = 20에 대해서 다음과 같이 된다.

$$p = e - \frac{11}{20} = 0.57695$$

즉, 받아들여질 확률은 50% 이상이다.

앞의 4.2.3절에서 논의한 것처럼 유전자 알고리즘은 스트링의 개체집단을 유지한다. 두 개의 비교적 나쁜 스트링들,

$$v_5 = (111110000000110111001110100000)$$
$$v_6 = (000000000001101110010101111111)$$

은 각각 16으로 평가되고, 훨씬 더 좋은 자손을 생산할 수 있다. 만일 교배 위치가 5번째와 12번째 위치 사이에 어느 곳이라고 하면,

$$v_7 = (111110000000110111001110100000)$$

새로운 자손 v_7 은 다음과 같이 평가된다.

$$f(v_7) = |11 \times 19 - 150| = 59$$

4.2.6 Holland의 ESCAPE BRITTLENESS 문제

1986년 Holland가 발표한 논문 "ESCAPE BRITTLENESS: The Possibilities of General-Purpose Learning Algorithms Applied to Parallel Rule-Based Systems"을 보면 다음 <그림 4.24>에서와 같은 유전자 알고리즘의 응용 예를 나타내고 있다.

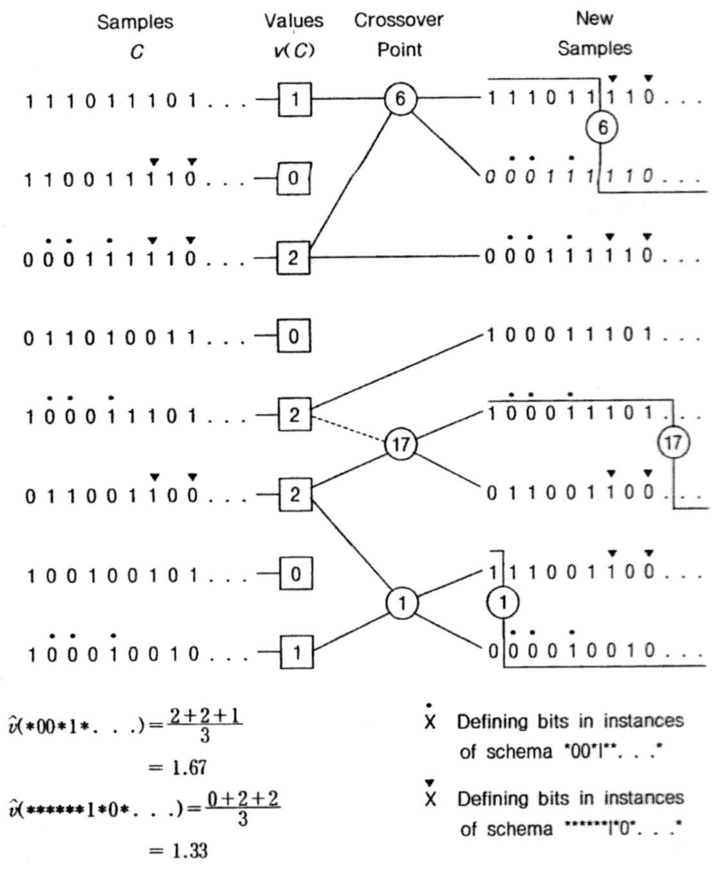

〈그림 4.24〉 유전자 알고리즘의 응용 예

이 그림의 자세한 설명은 다음과 같다.

[단계 1] $t=0$에서 m개 스트링으로 구성된 임의의 집합 $B(t)$를 생성한다.

[단계 2] $B(t)$ 내의 각 스트링 C에 대해 적합도 $v(C)$를 계산한다.

[단계 3] $B(t)$ 내의 m개 스트링의 평균 길이 $\hat{}v$를 계산하고 각 스트링 C에 대해 정규화된 적합도 $v(C)$를 부여한다.

[단계 4] $B(t)$ 내의 각 스트링에 정규화된 적합 정도에 따라 확률값을 부여하고 이 확률 분포를 이용하여 $B(t)$로부터 스트링 순서쌍 $n(n \ll m)$를 선택한다.

[단계 5] 각 스트링 순서쌍에 유전 연산(예를 들면, 교배 연산)을 적용함으로써 새로운 $2n$개의 스트링을 생성한다. 이때 스트링에 따른 위치는 임의로 선택되며, 연산에 참여한 순서쌍은 교배점을 중심으로 왼쪽 부분이 교환된다. 또한 돌연변이나 역위 연산도 사용할 수 있다.

[단계 6] $B(t)$로부터 $2n$개의 스트링을 선택하고 [단계 4]에서 생성된 $2n$개의 새로운 스트링과 대치할 수도 있으나 스트링 선택시 기술적인 문제점이 따른다.

[단계 7] $t+1$ 에 대해서도 [단계 2]로 이동함으로써 반복한다.

4.2.7 죄수의 딜레마

고대 그리스의 궤변론에서 유래한 죄수의 딜레마(prisoner's dilemma)라는 이야기가 있다. 경찰이 두 명의 도둑을 잡았는데 증거가 없다. 경찰은 이들을 각각 다른 취조실로 데려간다. 이들에게는 3가지의 선택이 있다. 자백하기, 다른 용의자에게 죄를 전가하기, 침묵하기이다. 자백하면 감형을 받지만 죄를 인정하게 되고, 침묵하면 증거가 없으므로 가벼운 벌 정도로 끝날 수 있는 일이다. 그러나 두 죄수는 모두 자백을 하는데, 이때 죄수의 딜레마란 서로에게 이익이 되는 좋은 결론이 있는데도 자신의 이익을 위해서 서로에게 불리한 결정을 내리는 것을 말한다. 자신만 생각한다면 솔직히 침묵하는 것이 낫다. 그러나 다른 죄수가 어떻게 행동할지 모르기 때문에 용의자들은 침묵할 수 없다. 자신은 침묵하는데 다른 용의자가 자백하거나 자신에게 덮어씌울 경우, 자신의 침묵은 더 큰 벌을 초래하기 때문이다. 죄수의 딜레마는 인간이 관계 속에 있는 존재임을 전제로 한다.

이것을 프로그래밍하기 위해 다음의 예를 들어보자. 각각 상대방의 범행을 알고 있는 두 범인이 있다고 하자. 이들은 구속되기 전에 서로의 범행에 대해 입을 다물기로 합의했다. 범인들은 다른 증거가 없기 때문에 상대의 범행에 대해 입을 꾹 다물고 있으면 둘 다 무죄 석방될 수 있다는 것을 알고 있다. 경찰은 이들이 입을 다물고 있자 상황 타개용으로 하나의 미끼를 던진다. 경찰은 상대의 범죄를 증언하는 자에게 포상금을 약속한다. 범인은 침묵(협동), 자백(배반) 중 어떤 행동을 취하게 될까? 약간 복잡하기 때문에 여기에 점수를 부여해서 상황을 단순화시키자. 둘이 같이 침묵을 지켰을 때는 무죄 방면되는데 여기에는 각자 3점을 부여한다. 둘이 같이 상대의 범행을 증언했을 때는 둘 다 구속된다. 그러나 증언으로 죄가 약간 가벼워진다고 보고 여기에 1점을 준다. 한 사람이 침묵하고 다른 사람이 증언했을 때는 증언한 사람은 무죄 방면되고 포상금도 받게 되어 5점의 최고점수를 얻게 되는데 대해 침묵한 사람은 구속되기 때문에 최악의 점수 0점을 받는다. 각 전략에 대한 점수는 두 범인의 점수의 합으로 한다. 이것을 도식화하면 다음 표와 같다.

〈표 4.6〉 죄수의 딜레마

죄수 B / 죄수 A	협동	배반
협동	A(3), B(3)	A(0), B(5)
배반	A(5), B(0)	A(1), B(1)

범인들은 협동, 배반 중 과연 어떤 것을 선택할까? 가장 높은 점수는 둘 다 협동해서 침묵을 지키는 것이다. 이때 둘 다 자유를 얻고 합 6점을 득점한다. 그러나 이것은 일어나기 어렵다. 왜 그럴까?

내가 협동 카드를 내는데 상대방이 배반 카드를 낸다면 나는 구속되고(0점) 상대는 자유를 얻으면서 보상금까지 받게 될 것이다(5점). 내가 배반 카드를 내는데 상대가 협동 카드를 낸다면 이번에는 내가 자유와 보상금을 받게 되고(5점) 상대는 구속된다(0점). 상대가 나와 같이 배반 카드를 낸다면 둘 다 1점을 얻게 된다. 내가 협동할 경우 최고 3점, 최저 0점이고 내가 배반할 경우 최고 5점, 최저 1점을 얻을 수 있다. 나는 당연히 배반 카드를 내게 된다. 결국 상호 배반으로 치닫는 최악의 선택을 하게 되어 전체계의 득점은 최하인 2점에 그치게 된다.

4.2.8 반복적 죄수의 딜레마

위의 4.2.6의 설명이 자연의 논리라면 협동의 과정은 생겨날 여지가 없는 것처럼 보인다. 그러나 장기적으로 이것이 협동을 유도하는 시발점이 된다는데 자연의 심오성이 있다. 악셀로드는 이것을 보여주기 위해 '반복적 죄수의 딜레마(iterated prisoner's dilemma)' 게임을 개발했다. 이제 이 게임을 1회에 그치지 않고 반복한다. 그래서 나는 상대가 나를 배반한데 대해 다음번에 통쾌하게 복수할 수도 있고(협동 → 배반 → 배반), 너그럽게 용서할 수도 있다(협동 → 배반 → 협동). 물론 상대도 마찬가지로 여러 전략을 선택할 수 있다.

1979년 악셀로드는 게임이론을 전공하는 학자들에게 부탁하여 라운드로빈 방식으로 죄수의 딜레마 게임에 참가할 각종 정책을 제출하여 여러 정책이 상호작용하는 동안 최고의 점수를 딸 수 있도록 해보라고 하였다. 이 정책들은 컴퓨터 프로그램을 만들어 다른 정책들이 C(협동)나 D(배반)를 택할 때 동일한 정책을 쓰는 상대를 다시 만날 때 상대의 과거 행위를 기억하도록 하여 그에 대응하는 행동으로 쓸 수 있게 하였다. 이 프로그램은 항상 C나 D로 밖에 반응할 수 없으나 어떤 제약도 주지 않았는데 예를 들어, 주사위를 던져 C나 D를 골라 반응에 이용할 수 있게 하는 것도 허용하였다. 처음 악셀로드의 토너먼트에 14종의 정책이 참가하였는데 악셀로드는 여기에 RANDOM(무작위)이라는 프로그램을 하나 더 첨가하였다. 이 게임에 출전한 프로그램들은 다양해서 베이직 컴퓨터 언어로 4줄에 불과한 것에서부터 77줄에 이르는 프로그램까지 있었다. 악셀로드는 이 프로그램들끼리 200회씩 각각 대전하도록 하였는데 이 토너먼트를 5번 반복하여 통계적 오류를 제거하였다.

우승을 따낸 프로그램은 토론토 대학의 심리학자이자 철학자인 아나톨 라포로트(anatol rappoport)가 내어 놓은 것인데, 이것은 프로그램 중 가장 짧은 것으로 TIT FOR TAT라고 불렀다. 이것은 아주 단순한 기법으로 탁포르틱(눈에는 눈)이라고 불러도 좋을 것이다. 이 정책은 '첫 번째 만남에서 우선 협동하고, 그 다음부터는 상대가 바로 직전에 한 수대로 따라 한다.'는 것이다. '이게 뭐야'할 정도로 단순한 것인데 세상에 이런 것이 내노라 하는 쟁쟁한 전문가들이 만들어낸 복잡한 전략의 프로그램들을 이기게 될 줄은 아무도 몰랐었다.

(1) 몇 가지 전략소개

반복적 죄수의 딜레마에서 사용되는 몇 가지 전략을 소개하면 다음과 같다.

1) 협동(cooperate)

상대의 수에 관계없이 항상 C(협동) 카드를 낸다.

2) 배반(defect)

상대의 수에 관계없이 항상 D(배반) 카드를 낸다.

3) 정의(tit-for-tat)

일단 C 카드를 내고 다음부터는 상대의 수를 따라한다. 즉 상대가 C를 내면 C를 내고 D를 내면 D를 낸다.

4) 불신(mistrust)

일단 D 카드를 내고 다음부터는 상대의 수를 따라한다.

이것은 바로 상대의 직전의 카드만을 보고 결정하는 전략이다. 그러나 상대가 한 앞의 몇 수를 참고로 자신의 카드를 결정할 수도 있다. 이 메모리의 단계를 높임으로써 가능한 전략의 수는 엄청나게 늘어나게 되는데 예컨대 앞의 두 수를 보고 결정한다면 2의 제곱 즉 16가지 전략이 가능하다. 일반적으로 2의 2의 n 제곱의 전략이 가능하다(여기서 n은 메모리의 단계이다). 이 가운데 토너먼트에 제시된 몇 가지 전략을 소개하면 다음과 같다.

5) 임의(random)

0.5의 확률로 C와 D 카드를 낸다. 상대에게 다음 전략이 노출되지 않는 장점이 있다.

6) 원한(spite)

일단 C 카드를 내지만 상대가 D 카드를 내면 그 후로는 상대의 수에 관계없이 계속 D 카드를 낸다. 상대의 배반을 억제하는 효과가 있다.

7) per-kind

상대의 수에 관계없이 C, C, D를 주기적으로 반복한다.

8) per-nasty

상대의 수에 관계없이 D, D, C를 주기적으로 반복한다.

9) per-CD

C에서 시작해서 C, D, C, D..를 반복한다.

10) 균등(soft-major)

상대가 많이 사용하는 수를 사용하고 똑같으면 C를 낸다(선수일 경우는 C를 낸다).

예를 들면, 균등(soft-major)과 임의(random)의 대결을 생각해 보자.

〈표 4.7〉 균등과 임의 1

회수 / 전략	1	2	3	4	5	6	7	8	9	10	11	12	13	14	15	16	17	18	19
임의	C	C	D	D	C	C	D	C	D	D	C	D	D	C	D	D	D	C	C
균등	C	C	C	C	C	C	C	C	C	C	C	C	C	D	C	C	D	D	D

카드는 동시에 제출됨으로 판단은 당회 직전까지의 결과를 토대로 이루어진다. 3회전에서 균등은 C를 낸다. 왜냐하면 2회전까지 임의의 수는 C, C였기 때문이다. 14회전에서 균등은 D가 되는데 그 직전 13회전까지의 임의의 수를 보면 C가 6번, D가 7번 나왔다. 그러므로 14회전에서 균등의 수는 D이다.

11) 시험(prober)

일단 시작되면 C, D, D를 순서대로 낸다. 상대가 둘째, 셋째 수에서 C를 낸다면 계속 D를 내고 그렇지 않으면 그 때부터 정의의 전략을 택한다.

〈표 4.8〉 균등과 임의 2

회수 / 전략	1	2	3	4	5	6	7	8	9	10	11	12	13	14	15	16	17	18	19
임의	C	C	C	C	C	C	D	C	D	D	C	D	D	C	D	D	D	C	C
균등	C	D	D	D	D	C	C	D	C	D	D	C	D	D	C	D	D	D	C

12) 온건응징(gradual)

다음의 경우를 제외하고는 정의(tit-for-tat)의 전략을 택한다. 상대의 첫 번째 D에 대해서는 1번 D를 내고 이어서 2번 C를 낸다(D, C, C). 두 번째 상대의 D에 대해서는 2번 D를 내고 이어서 2번 C를 낸다(D, D, C, C). 세 번째 D에 대해서는 3번 D를 내고 2번 C를 낸다(D, D, D, C, C).

〈표 4.9〉 온건응징

전략＼회수	1	2	3	4	5	6	7	8	9	10	11	12	13	14	15	16	17	18	19
온건응징	C	C	D	C	C	C	D	D	D	C	C	C	D	D	D	D	D	D	C
per-CD	C	D	C	D	C	D	C	D	C	D	C	D	C	D	C	D	C	D	C

2회전에서 per-CD가 D를 냈다. 3회전의 온건응징의 수는 D이고 그 다음 상대의 수에 관계없이 C, C를 연달아 낸다. 5회전에서 per-CD의 수가 C이기 때문에 온건응징의 6회전의 수는 정의(tit-for-tat)의 전략에 따라 C이다. 그런데 6회전에서 per-CD의 수가 D이다. 온건응징은 지금까지의 per-CD의 배반 횟수(D의 수)를 계산해서 그만큼 연속해서 D를 낸다. 그래서 7, 8, 9회전은 연달아서 D, D, D가 된다. 그런 다음 10회전에서 C로 돌아와 11회전까지 C를 낸다. 11회전에서 per-CD의 수가 C이므로 12회전의 온건응징의 수는 C이다. 그런데 12회전에서 다시 per-CD의 배반수 D가 나왔다. 13회전에서 온건응징은 다시 앞의 D를 합산해서 6번의 D로써 응징한다. 그 다음 협동으로 다시 돌아가 2번의 C를 반복한다.

13) 눈치(pavlov)

첫 수는 C를 내고 직전 회전에서 상대와 자기가 같은 수를 내었을 때는 C를 내고 다른 수를 내었을 때는 D를 낸다.

즉 C, C나 D, D일 경우는 C이고 C, D나 D, C일 경우는 D이다. D, D의 경우 대결국면을 피해 다시 C로 돌아가고 C, C의 경우 상대를 착취하기 위해 다시 D로 돌아간다.

14) 훈계(slow_tft)

C를 내고 상대방이 2번 연속 D를 낼 경우만 D를 낸다. 그러나 일단 배반이 발생하면 상대가 2번 연속 C를 내지 않는 한 C로 돌아오지 않는다.

〈표 4.10〉 훈계

전략＼회수	1	2	3	4	5	6	7	8	9	10	11	12	13	14	15	16	17	18	19
임의	C	C	D	D	C	C	D	C	D	D	C	D	D	C	D	D	D	C	D
훈계	C	C	C	C	D	D	C	C	C	C	D	D	D	D	D	D	D	D	D

3, 4회전에서 임의의 연속적 D, D가 발생했다. 5, 6회전의 훈계의 수는 D, D이다. 그러나 5, 6회전에서 임의의 수가 C, C이므로 7회전에서 훈계는 화를 풀고 C로 돌아갔다. 7, 9회전에서 임의가 배반수를 띄우고 있지만 연속 배반이 아님으로 참고 C로 응답하고 있다. 그러나 9, 10회전에서 연속 D가 일어났고 그래서 11회전에서 훈계는 다시 D로서 응징한다. 20회전에서 훈계는 C로 되돌아올 것이다.

이 전략은 정의처럼 쉽게 화를 내지 않지만 일단 화를 내면 정의(tit-for-tat) 보다 풀기 어렵다.

15) 성마른 훈계(hard_tft)

일단 상대의 수에 관계없이 2번의 C로서 시작한다. 상대의 D가 나오면 D로 D로 응징하는데 상대가 연속적인 C, C를 보여주지 않는 한 계속 D를 낸다.

16) 온건한 정의(tf_2t)

첫 수는 C를 내고 상대가 연속해서 두 번 D를 낼 경우에만 D를 내고 그렇지 않을 경우는 C를 낸다.

훈계(slow_tft), 성마른 훈계(hard_tft), 온건한 정의(tf_2t) 모두 정의(tit-for-tat)를 응용한 전략인데, 배반에 대한 응징의 강도에서 보면 성마른 훈계(hard_tft)가 가장 높고 온건한 정의(tf_2t)가 가장 낮다. 정의(tit-for-tat)와 훈계(slow_tft)의 응징의 강도는 단순 비교하기 어려운데 응징을 쉽게 시작하지 않는다는 점에서는 훈계(slow_tft)가 온건하지만 응징을 쉽게 푼다는 점에서는 정의(tit-for- tat)가 온건하다. 이 두 전략의 강도는 상대의 특정 전략에 따라 강경한 것이 되기도 하고 온건한 것이 되기도 할 것이다.

(2) 각 전략의 비교

간단히 생각하면 악한 전략이 유리할 것으로 보인다. 단기적으로는 그렇지만 장기적으로는 선한 전략이 유리해진다. 그것은 선한 전략이 직접적으로 이익을 취득해서가 아니고 다른 여러 전략들과 잘 어울릴 수 있기 때문이다. 그러나 지나치게 선한 전략은 그런 발판을 마련하기 전에 악한 전략에 의해서 몰락하기 쉽다. 그래서 선하면서 악한 전략에 대해 어느 정도의 응징의 수단을 가진 전략이 유효한 전략이 된다.

여기서는 이 전략들을 컴퓨터상에서 실행해 볼 수 있는 소프트웨어를 소개하고자 한다. Philippe Mathieu와 Fredderic Grignion이 만든 winpri라는 소프트웨어이다(http://chaos.inje.ac.kr/BBS/cwb-pe/CrazyWWWBoard.cgi?db=AlifeFtp&mode=read&num=19&page=3&ftype=6&fval=&backdepth=1).

winpri.exe를 클릭하면 다음과 같은 메뉴 화면이 나온다.

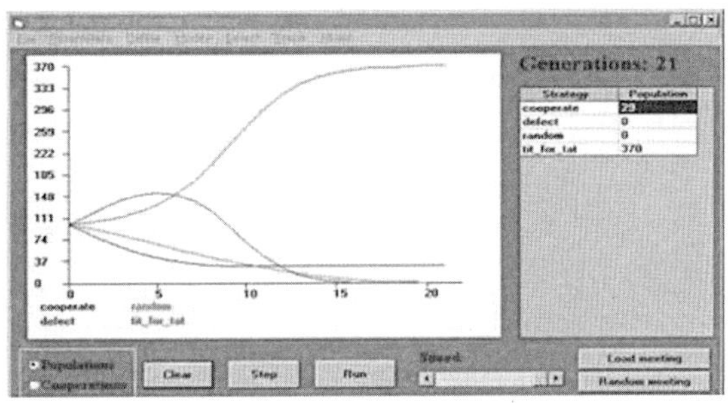

〈그림 4.25〉 Philippe Mathieu와 Fredderic Grignion의 winpri 소프트웨어

우선 전략들의 의미를 익히기 위해서 메뉴판의 'trace'의 'meeting'을 클릭하면 아래와 같은 'confrontation visualization'이라는 화면이 나타날 것이다.

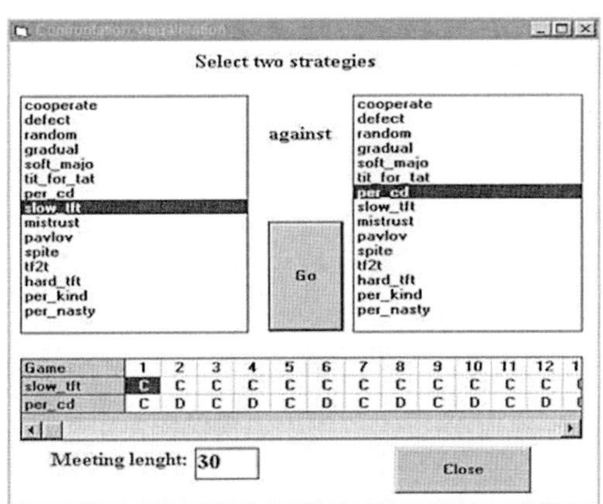

〈그림 4.26〉 winpri의 confrontation visualization

대결시키기를 원하는 두 전략을 좌, 우에서 각 선택한 다음 'go'를 클릭하면 된다. 지금은 'slow_tft'와 'per_cd'가 선택되었다. 그들간의 라운드 진행 과정에서 협조와 배반의 관계가 하단 표에 정리되어 나타난다. 이 결과들을 자세히 보면 앞서 설명한 전략들의 의미가 보다 분명해질 것이다.

간 전략들을 대결시켜 보기 위해서는 메뉴판의 'select'를 클릭하면 다음 화면이 나타난다.

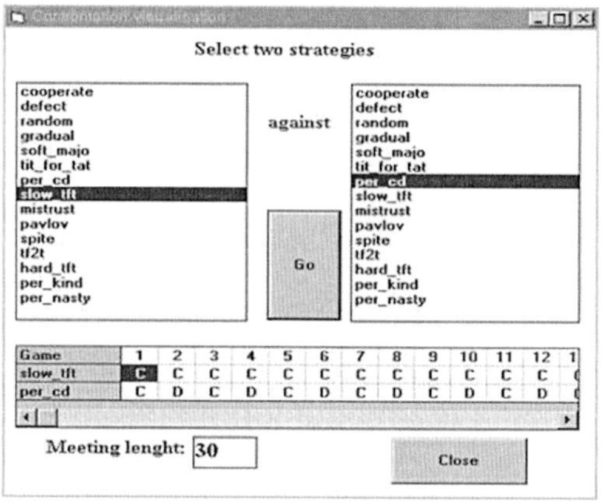

〈그림 4.27〉 winpri의 select

좌측의 원하는 전략들을 클릭한 다음 Add를 클릭하면 우측으로 이동한다. 다음 OK를 클릭하면 그 전략들간의 경쟁의 결과가 메인 화면에 도표로 나타난다.

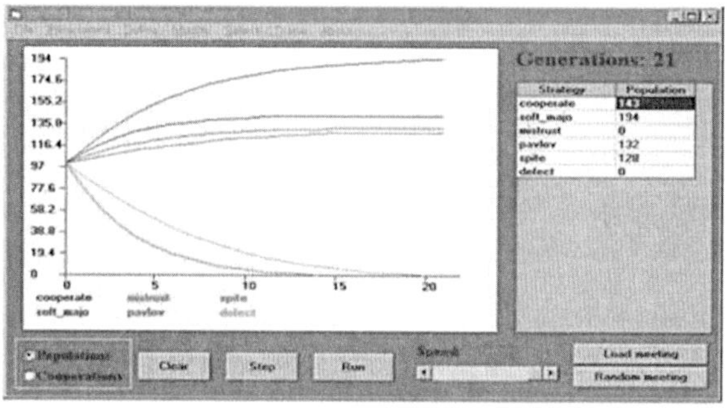

〈그림 4.28〉 winpri의 Add

그래프의 y축은 개체수를 나타내고 x축은 라운딩의 수를 나타낸다. 우측에 있는 표는 21회의 라운딩의 결과 각 전략당 살아남은 개체수이다. 이 그래프에서 보면 6개의 전략이 경합에 들어간 결과 균등(soft-major)이 가장 득점이 높고 불신(mistrust)과 패배(defect)가 가장 득점이 낮다는 것을 알 수 있다. 경합 결과 선한 전략들만 살아남고 악한 전략들은 다 소멸해버렸다. 여러 전략들의 경합의 흥미있는 결과들이 많이 저장되어 있다. 'file'의 'load meeting'을 선택하면 저장되어 있는 파일들을 볼 수 있을 것이다. 어느 하나를 클릭해서 그것이 만들어내는 도표를 보고 그것의 의미를 생각해 보자.

C, D에 할당되는 득점은 둘 다 협조(C)의 경우 각 3점, 둘 다 배반(D)의 경우 각 1점, 한 쪽이 배반 다른 쪽이 협조일 경우 배반에 5점, 협조에 0점을 할당하는 표준점수로 초기화되어 있다. 물론 이것은 바꿀 수 있다. 'parameters'의 'point matrix'를 클릭하면 다음 테이블이 나타난다.

우측 단추를 누르면 값이 바뀐다. 표준 점수는 'Classical'에 해당한다. 물론 이 세 종류의 점수표에 한정될 필요는 없다. 점수표를 직접 쳐 넣어 바꿀 수 있다.

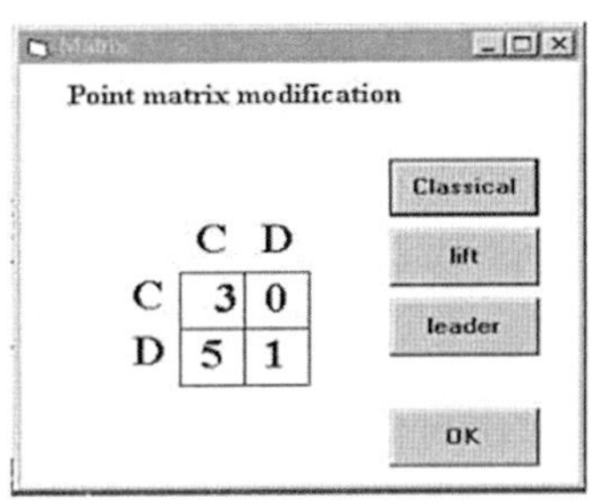

〈그림 4.29〉 parameters의 point matrix

여기에 로드되어 있지 않은 새로운 전략도 직접 만들어 넣을 수 있다. 'define'을 클릭하면 새로운 전략을 만들어 넣을 수 있는 박스가 나온다. 그 빈칸을 적절한 값으로 채움으로써 새로운 전략을 실험해 볼 수 있다.

나머지 버튼들에 대해서는 여기서 생략하기로 한다.

(3) 죄수의 딜레마 유전자 프로그램

죄수의 딜레마는 두 명의 죄수가 독립된 방에 수감되어 있어서 서로 통신할 수가 없는 상태에 놓여 있고, 각 죄수들은 각각 상대방을 이탈하고 배신(죄를 시인하는 것) 하도록 요구된다. 예를 들면, 다음 <표 4.11>과 같이 죄수의 징역정도가 있다고 하자.

〈표 4.11〉 죄수의 딜레마의 징역정도

나 \ 상대방	협동	배반
협동	각각 2년형	나만 5년형
배반	상대방만 5년형	각각 4년형

위의 표와 같이 징역을 살게 된다면, 상대방이 협동 했을 경우에 내가 협동하면 2년형을 살지만 배반하면 5년형이고, 상대방이 배반했을 때도 협동하면 5년형을 살지만 배반하면 4년형을 살게 되기 때문이다. 그러나 둘 다 배반하면 둘 다 협동했을 때보다 결과가 나쁘게 되므로, 죄수의 딜레마는 협동할 것인가 배반할 것인가를 선택하는 문제이다.

만약 단, 한 번의 기회만 주어진다면 어떤 선택을 해야 될까? 이것을 여러번 시행하게 만들면 다음 <표 4.12>와 같이 점수를 주자.

〈표 4.12〉 죄수의 딜레마의 점수

선수1	선수2	선수1의 점수	선수2의 점수
배반	배반	1	1
배반	협동	5	0
협동	배반	0	5
협동	협동	3	3

위의 표대로 점수를 주면서 게임을 해보자. 예를 들어 게임이 (협동, 협동), (협동, 배반), (협동, 배반)이 되었다면 선수1은 $3+0+0=3$점을 얻게 되고, 선수 2는 $3+5+5=13$점을 얻게 된다. 이제부터 유전자 알고리즘을 적용해보자.

① 초기 전략

전략은 최근에 했던 세 개의 게임을 가지고 현재의 행동을 선택한다. 예를 들어 최근에 했던 게임이 (배반, 배반), (배반, 협동), (협동, 배반)이었고, 염색체 내의 이것에 해당되는 유전인자가 협동이었다면 그 염색체의 다음 행동은 협동이 될 것이다. 이런 방법으로 표현하면 한 게임에 대해 4개의 가능한 결과가 존재하므로 4 * 4 * 4 = 64개의 서로 다른 이전 행동들이 존재하게 된다.

64개의 서로 다른 행동에 대한 다음 행동이 협동이냐 배반이냐에 따라 2가지 경우가 존재하므로 비트 또는 D와 C로 표현할 수 있다. 그리고 게임시작 이전의 세 가설적인 행동에 관한 초기 가정을 규정할 필요가 있으므로 추가로 6개의 유전인자가 필요하다. 따라서 총 70개의 유전인자가 하나의 염색체를 표현하게 된다.

② 유전자 알고리즘의 실행과정

죄수의 딜레마에 대한 전략을 학습하기 위한 Axelrod의 유전자 알고리즘은 다음과 같은 네 가지 과정으로 이루어진다.

a. 초기 개체집단을 선택한다. 각 선수들은 위에서 언급된 것처럼 하나의 전략을 나타내는 70비트의 임의의 스트링에 할당된다.
b. 각 선수들을 테스트하여 유효성을 결정한다. 각 선수들은 자신의 염색체에 의해 정의된 전략을 사용하여 다른 선수와 게임한다. 그 선수의 점수는 그가 하는 모든 게임에 있어서의 평균값이다.
c. 자손을 생산할(증식) 선수를 선택한다. 평균점수를 가진 선수에 한 번의 증식 기회를 부여한다. 평균점수보다 하나의 표준편차 이상의 점수를 가진 선수에게는 두 번의 증식기회를 부여한다. 평균점수보다 하나의 표준편차 이하의 점수를 가진 선수는 증식기회를 갖지 못한다.
d. 성공적인 선수는 임의로 짝을 지어 교배당 두 명의 자손을 만들어 낸다. 각 자손의 전략은 그의 부모의 전략으로부터 결정된다. 이것은 두개의 유전 연산자인 교배와 돌연변이에 의해 이루어진다.

③ 유전자 알고리즘의 실행결과

이상과 같이 프로그램을 실행하고 나서 Axelrod는 놀랄만한 결과를 얻었는데, 이 중 일부를 소개하면 다음과 같다. 여기서 C는 협동, D는 배반이라고 하자.

a. 배를 흔들지 말라: 세 번의 상호협동 이후에는 계속 협동한다.
((CC)(CC)(CC) 이후에 C).
b. 화를 내라: 다른 선수가 배반하였을 때는 같이 배반하라.
((CC)(CC)(CD) 이후에 D)
c. 사과를 받아들여라: 협동관계가 다시 정립되었을 때 계속 협동하라.
((CD)(DC)(CC) 이후에 C)
d. 잊어버리라: 배반 후에 협동관계가 재정립되었을 때 협동하라.
((DC)(CC)(CC) 이후에 C)
e. 일반적 원칙을 받아들이라: 세 번의 상호배반 이후에 배반하라.
((DD)(DD)(DD) 이후에 D)

이상의 내용들을 참고할 사이트는 다음과 같다.

J. Koza, *Genetic programming On the Programming of Computer by Means of Natural Selection*, MIT Press, 1992

http://cs.felk.cvut.cz/~xobitko/ga/
http://www.cs.may.ie/~trenaman/nnets/GP/
http://www.geneticprogramming.com/Tutorial/tutorial.html

4.3 진화적 전략

1963년에 독일 베를린기술대학(TUB)의 두 학생이 공기저항을 최소화하는 물체의 형상을 찾기 위해 풍동 실험을 하였다. 기존의 경사법에 의한 탐색이 실패하였을 때, 두 학생 가운데 한명이었던 I. Rechenberg는 형상을 정의하는 파라메타를 돌연변이와 같이 랜덤하게 변화시킬 생각을 하였다. 이것이 바로 진화 전략이 탄생하게 된 계기다. 1973년에 I. Rechenberg는 2개의 개체로 된 진화 전략을 발표하였고 이를 다수의 개체로 확장할 것을 제안하였다.

진화적 전략을 발전시킨 또 다른 사람인 H. P. Schwefel은 1977년에 진화적 전략과 수치 최적화라는 논문을 발표하였다. 진화적 전략은 목적 함수를 해석적 형태로 만들 수 없어서 기존의 최적화 방법을 사용할 수 없었던 기술적인 최적화 문제를 해결하기 위해 고안되었다. 두 개의 개체로 구성되는 초기의(1 + 1) 진화적 전략에서는, 매 세대마다 하나의 부모 개체에 표준 정규 분포를 이용한 돌연변이를 적용해서 부모보다 우수한 자식 개체가 발생하면, 이것으로 부모 개체를 대체한다.

이처럼 단순한 구조를 갖는 초기의 진화적 전략에 대해서는 돌연변이 양의 제어와 수렴 속도와 같은 이론적인 연구가 수행되었다. 이 연구에 따르면, 모든 돌연변이 가운데 성공적인 돌연변이 비율은 1/5이다. 이를 흔히 "1/5 성공 규칙"이라 한다. 돌연변이만을 사용하는 초기의 진화적 전략은 μ개의 부모 개체를 사용함으로써 재결합 과정을 포함할 수 있는 $(\mu+\lambda)$ 진화적 전략으로 발전하게 되었다. 돌연변이 체계와 그 크기를 제어하는 방식은 (1 + 1) 진화적 전략과 차이가 없다. Schwefel은 다수 개체를 갖는 진화적 전략을 $(\mu+\lambda)$ 진화적 전략과(μ, λ) 진화적 전략으로 일반화시켰다. 여기서 μ는 집단의 크기를 말하며 λ는 매 세대에서 발생하는 자식 개체의 수이다.

이 일반화된 진화적 전략은 다수 개체로 구성된 집단이라는 개념을 도입함으로써 랜덤 교배, 돌연변이와 선택이라는 자연계 진화 원리를 모방할 수 있게 되었다. 진화적 전략은 많은 시험 사례에서 반복적인 다른 방법에 비해 성공적임이 입증되었다. 진화적 전략은 개체의 평가 방법 외에는 문제에 대한 정보를 거의 필요로 하지 않기 때문에, 거의 모든 종류의 최적화 문제에 적용될 수 있다. 진화적 전략은 선형 및 비선형 제약 조건을 갖는 고차원, 멀티모달의 비선형 문제를 해결할 수 있다. 목적 함수는 해석적 형태일 필요는 없으며, 시뮬레이션 결과가 목적 함수로 사용될 수도 있다.

진화적 전략은 무성생식에서 유기체의 발달을 시뮬레이션한 것이다. 유전자 알고리즘이 교배 방법에 의한 해의 재결합인 것에 대하여 진화적 전략은 돌연변이와 선택 방법만을 사용한다. 진화적 전략은 유전자 알고리즘과 다른 실제 파라미터를 사용한다. 여기서 진화적 전략에 관하여 보다 깊게 이해하기 위하여 Schwefel에 의해 제안된 $(\mu-\lambda)$ 진화적 전략에 대하여 설명한다.

$(\mu-\lambda)$ 진화적 전략 알고리즘

[단계 1] 초기화
부모 벡터의 초기화된 개체 집단 $X_i(i=1, \cdots, \mu)$는 실행 범위로부터 랜덤하게 선택된다.

[단계 2] 돌연변이
자손 벡터 $X_j(j=1, \cdots, \mu)$는 각각의 X_i의 구성에 대한 Gaussian의 랜덤인 변화를 기하는 것에 의해 각각의 부모 X_i로부터 만들어진다.

[단계 3] 평가
X_i와 X_j의 적합도를 평가한다.

[단계 4] 선택
다음 세대의 새로운 부모를 그들의 적합도로 기초한 개체 집단으로부터 선택한다.

[단계 5] 반복
[단계 2]로부터 [단계 4]까지를 해가 수렴할 때까지 반복한다.

1960년대에 Lawrence J. Fogel에 의해 만들어졌고, David B. Fogel에 의해 개선된 진화적 프로그래밍은 유전자 알고리즘과 유사한 확률적 최적화 방법이지만, 자연계에서 볼 수 있는 특정한 유전자 연산을 모방하는 대신에 부모와 자식간의 관계를 강조하는 돌연변이만을 사용한다. 비록 서로 독립적으로 발전했지만, 진화적 프로그래밍은 진화적 전략과 매우 유사하다. 다른 진화적 알고리즘처럼 진화적 프로그래밍은 해석적 접근이 불가능하거나 최적화 평면의 굴곡이 심해 다수의 국부 최적점을 갖는 최적화 문제에 적합하다.

4.4 진화적 프로그래밍

진화적 프로그래밍에서는 유전 연산자로 교배 연산을 사용하지 않는다. 돌연변이의 강도는 최적한 해에 가까워질수록 감소하도록 할 수 있는데, 최적해를 사전에 알지 못하면 해가 최적한 값에 접근하는지를 모르기 때문에 돌연변이 강도를 줄일 수 없다. 이를 해결하기 위해 가장 널리 사용되는 방법은 메타 진화프로그래밍이다. 이 방법은 해의 돌연변이에 사용되는 표준편차 값을 돌연변이 시킨다. 즉, 해에 대한 돌연변이 강도를 조정하는 표준편차를 해와 함께 진화시켜서, 진화 과정에서 해에 대한 돌연변이 강도를 스스로 조정할 수 있도록 한다. 따라서 메타 진화프로그래밍은 진화적 전략의 자기적응성과 유사한 특성을 가진다.

진화적 프로그램은 $(\mu+\mu)$ 진화적 전략과 유사하다. 그러나 확률적인 토너먼트를 사용한 해의 변화를 강조하고 있다. 확률적인 토너먼트에서는 개체가 서로 다음 세대에 선택된 과정을 직접 연산한다. 따라서 하나의 낮은 적합도를 가진 개체는 만일 상대방 개체의 적합도가 낮으면 선택될 가능성이 높게 된다. 진화적 프로그램을 사용한 최적해를 얻는 방법은 다음과 같다.

진화적 프로그래밍의 알고리즘

[단계 1] 초기 집단을 임의의 값으로 초기화한다. 집단에서 개체(해)의 숫자는 최적화 속도에 큰 영향을 주지만, 집단 크기를 얼마로 해야 적당한지에 대한 답은 없다.

[단계 2] 개체는 새로운 집단으로 복제되고, 이 개체가 돌연변이 된다. 돌연변이의 강도는 부모 개체에 할당된 변화 요구에 의존한다. 메타 진화프로그래밍에서는 목적 변수의 돌연변이에 앞서 표준편차를 먼저 돌연변이 해야 한다. 돌연변이 연산자로는 표준 정규 분포 돌연변이, 로그 정규 분포 돌연변이, 평균 돌연변이 및 자기적응성을 갖는 평균 돌연변이 가운데 하나를 사용한다.

[단계 3] 자식 개체는 적합도 평가를 받고, 확률적인 승자승 선택을 사용하여 다음 세대 집단을 구성한다.

진화적 프로그래밍은 몇 가지 응용분야가 있다.

첫째, 패턴분류 분야로 시계열 데이터의 패턴 분류, 환자의 나이와 방사선 사진의 특징으로부터 특정암을 찾는 선형 식별 모델과 신경 회로망을 학습시키는 분류 시스템의 설계에 응용된다.

둘째, 모델링 및 제어 분야로 수술 중인 환자의 혈압 제어, 바다 음향의 모델링, 진화에 의한 시스템 동정, 카오스 모델을 만들고, 이를 활용하여 관측된 시계열 데이터에 카오스 신호의 존재 유무를 확인, 비선형 시스템의 퍼지 모델링 및 제어를 위해 퍼지 규칙 베이스를 동정, 최적 제어에 응용된다.

셋째, 최적화 분야로, VLSI 채널의 라우팅 설계, 여행 일정 최적화, 연료 분배 최적화에 응용된다.

넷째, 의사 결정 분야로 게임에서 지능적인 의사 결정, 지진 발생 진원지 결정, 재고 문제 등에 응용되며 기타 음성 신호의 특징 해석, 신경 회로망의 진화, 모의 DNA 칩으로부터 DNA 순서 정보 구성, 유한 요소 문제에 응용, 다국적 언어로 된 정보를 복구할 수 있도록 질문을 번역하는 것에 응용될 수 있다.

4.5 유전자 프로그래밍

유전자 프로그래밍은 컴퓨터 과학 분야에서 Arthur Samuel에 의해 제기된 의문 가운데 하나인 "문제해결 방법을 명확하게 지시 받지 않은 컴퓨터가 스스로 문제해결 방법을 학습할 수 있는 방법이 없을까"를 다루고자 하는 시도에서 비롯되었다. 즉, 유전자 프로그래밍은 컴퓨터가 인간에 의해 프로그램 되지 않은 상태에서 스스로 문제해결을 위한 프로그램을 자동으로 생성할 수 있도록 하는 연구인 것이다. <그림 4.30>은 일반적인 유전자 프로그래밍의 문제풀이 과정을 흐름도로 나타낸 것이다.

유전자 프로그래밍은 두 가지 접근법을 통해 발전해왔다. 하나는 Koza가 제안한 LISP에 기초한 방법으로 그는 자신의 책에서 문제에 독립적인 방법을 통해 다양한 분야의 문제를 자동으로 해결할 수 있는 컴퓨터 프로그램을 진화시킬 수 있다는 놀라운 결과를 보여주었다. 다른 하나는 Perkis가 제안한 스택 기반의 표현 방식이다. 이 장에서는 일반적으로 널리 쓰이는 Koza의 방법을 설명하기로 한다.

유전자 프로그래밍은 유전자 알고리즘에 그 근본을 두고 있으며 이 둘 사이의 가장 큰 차이는 유전자 프로그래밍이 프로그램으로 해석되는 동적인 트리 구조를 진화시키는데 있다. 즉, 유전자 알고리즘의 출력이 정량적인데 비해 유전자 프로그래밍의 출력은 컴퓨터 프로그램이다. 유전자 프로그래밍은 스스로 프로그램 할 수 있는 컴퓨터 프로그램의 시초라 할 수 있다. 유전자 프로그래밍은 특히 이상적인 해가 없는 문제에서 그 우수성을 발휘한다. 그 예로 자동차를 운전하는 프

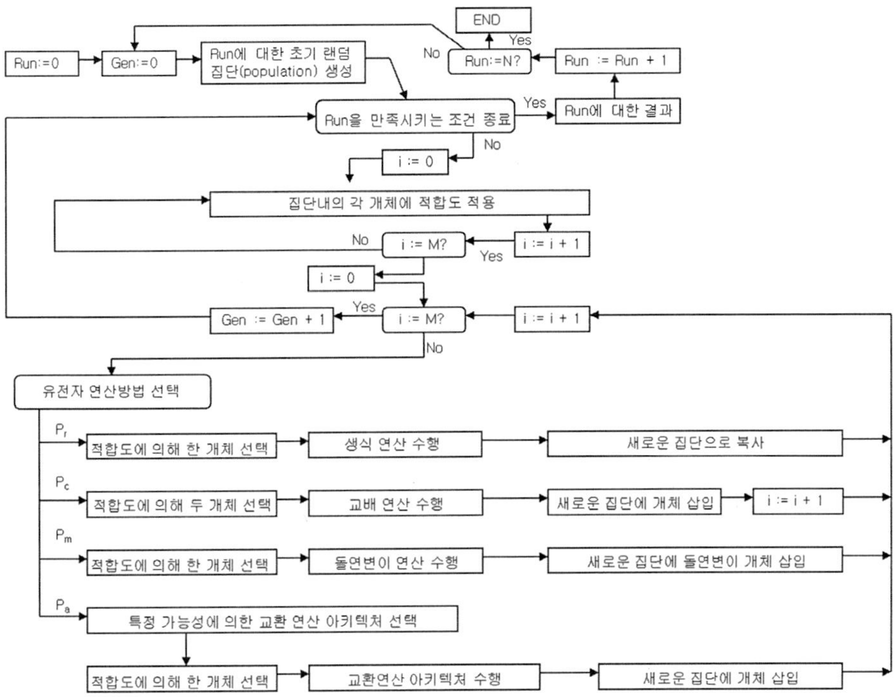

〈그림 4.30〉 유전자 프로그래밍의 일반적 문제해결 흐름

로그램을 생각해보자. 차를 운전하는 방식에 대한 해는 존재하지 않는다. 일부 해는 시간이 좀 더 걸리지만 안전 운행을 중시할 수 있고, 다른 해는 위험이 따르지만 빨리 운전하려 할 수 있다. 따라서 차를 운전하는 것은 안전과 속도뿐만 아니라 다른 관련 변수들을 포함해서 절충점을 찾는 것이다. 이 경우에 유전자 프로그래밍은 많은 변수를 고려한 후 절충을 통해 가장 효율적인 해를 찾을 수 있다. 잘 정리된 콘크리트 고속도로를 주행할 때와 비포장인 거친 도로를 주행할 때 운전 방식이 완전히 다른 것처럼 변수가 계속 변화하는 동적인 상황에서도 유전자 프로그래밍은 유용한 해를 찾을 수 있다.

유전자 프로그래밍을 정의하기 위해서는 먼저 프로그램을 구성할 원시 함수와 터미널 집합을 정의해야 한다. 트리 구조에서 잎사귀 노드는 터미널에 대한 심볼을 포함하며 내부 노드는 함수에 대한 심볼을 포함한다. 프로그램 트리의 전체 구조는 함수 노드와 함수 노드에 대한 입력 파라메타의 수에 의해 결정된다. 만약, 하나의 함수가 3개의 인수 파라메타를 갖는다면 자신의 함수 노드 아래에 3개의 관련 하위 트리를 갖게 된다.

유전자 프로그래밍에서 자식 개체를 발생하기 위한 주요 메커니즘은 이들 하위 트리를 서로 교환하는 하위 트리 교배 연산이고, 교배를 통해 발생된 자식 개체는 부모와 다른 구조를 갖게 된다. 유전자 알고리즘에서 돌연변이는 주로 배경 연산자로 사용되지만 유전자 프로그래밍에서는 주요 연산자로 사용된다. 개체 프로그램의 적합도를 평가하고 선택을 통해서 목표한 해가 얻어질 수 있도록 진화를 유도한다. 프로그램의 가장 기본적인 구조는 모듈화된 특성을 갖도록 하는 것이다. 모듈 구조를 갖는 프로그램을 진화시키기는 위해서 프로그램 트리가 계층 구조를 가져야 하고 이를 구현하는 방법으로 자동정의 함수, 적합 표현체계 및 유전자 라이브러리 등이 있다.

단순 유전자 프로그래밍의 알고리즘

// 시간을 초기화하고 시작

t = 0;

// 임의의 값으로 개체 집단을 초기화. 개체는 함수 집합과 터미널 집합의

// 원소로 구성된 가변 길이의 문자열을 갖는 프로그램을 표시

InitPopulation $P(t)$, $P(t) = \{a_1(t),\ a_2(t), \cdots a_\mu(t)\}$;

// 모든 개체를 실행하고 문제를 잘 해결하는 정도에 따라 적합도를 평가

evalPopulation $P(t)$: $\Phi(a_1(t)), \cdots, \Phi(a_\mu(t))$

$\Phi(a_k(t)) = F(x_{1k}, \cdots\ x_{nk})$

// 종료 조건 (시간 또는 적합도)을 만족하지 않으면 계속 수행

while (not 종료조건) do {

  // 개체 집단에 재결합 적용

  recombine : $a'k = r'(p(t))_{n'}$는 재결합 연산자

  // 개체 집단에 돌연변이 적용

  mutate : $a''_k = m'(a)(x'_{nk}, \sigma'_{1k}, \cdots \sigma'_{nk}, \alpha'_{1k}, \cdots \alpha'_{nk})$

    k = 1, 2, μ, x''_{nk} 돌연변이 연산자

  // 새로운 개체 집단의 적합도를 평가

  evaluate $P'(t) : \{\Phi(a'_1(t)), \cdots, \Phi(a''_\mu(t))\}$

$\Phi a''_k(t)) = F(x''_{1k}, \cdots, x''_{nk})$

```
        // 실제 적합도로부터 확률적으로 생존 개체의 선택
```
$P(t)+1 = select\{s_{(\mu,\ \lambda)}(P'(t)\ \text{or}\ s_{(\mu+\lambda)}(P(t) \cup P'(t))\}$

$s_{(\mu,\lambda)}$와 $s_{(\mu+\lambda)}$는 각각 $(\mu,\ \lambda)$ 와 $(\mu+\lambda)$ 선택

```
        // 세대 수의 증가
        t = t + 1;
}
end;
```

단순한 유전자 프로그래밍은 유전학적 학습 모델(유전자 알고리즘)을 프로그램 공간으로 확장한 것으로 유전자 프로그래밍의 개체(해)는 컴퓨터 프로그램을 나타낸다. 따라서 유전자 프로그래밍에서 개체는 유전자 알고리즘에서와 같은 비트 문자열이 아닌 트리 구조에 의해 표현된다. 좀 더 정확히 말하면, 이는 프로그램 언어인 LISP에서 사용되는 것과 같은 서로 연계된 데이터 구조이다. 많은 유전자 프로그래밍 사용자가 프로그래밍 언어로 LISP을 사용하는 이유도 여기에 있다. 그러나 유전자 프로그래밍을 LISP이 아닌 다른 프로그램 환경에서도 구현할 수 있기 때문에, LISP 언어를 반드시 사용해야 하는 것은 아니다. 프로그램은 터미널 및 함수 집합의 원소로 구성되므로 터미널과 함수 집합이 프로그램을 구성할 문장이라 할 수 있다. 이들 집합은 문제를 풀기에 적합하도록 선택된 기호 집합으로 고정되어 있다. 터미널 집합은 프로그램의 변수와 상수로 구성되고, 함수 집합은 프로그램의 기능을 구현하는 것으로 표준적인 산술 연산, 수학 연산, 논리 연산 또는 문제에 따른 특수 함수를 가질 수 있다. 함수 집합은 인수를 갖는 프로그램으로 작용하기 때문에 트리의 내부 노드로 표시되며, 터미널은 인수를 갖지 않는 프로그램으로 작용하기 때문에 트리의 말단 노드로 표현된다.

유전자 프로그래밍에서 가장 구현하기 어렵고 중요한 개념이 적합도 함수이다. 적합도 함수는 프로그램이 문제를 얼마나 잘 해결할 수 있는지를 평가하며 문제에 따라 달라진다. 보통 유전자 프로그래밍에서는 개체 컴퓨터 프로그램이 다수의 적합도 평가 사례에 대해 실행되기 때문에 프로그램의 최종 적합도는 대표적 사례에 대한 적합도를 모두 합하거나 이들을 평균한 것으로 계산된다. 적합도 계산을 위한 대표적 사례에는 흔히 독립 변수가 다른 값을 갖거나 시스템이 다른 초기값으로 시작하는 경우를 포함하지만, 무작위 또는 특정한 방식 에 의해 선택

되기도 한다.

예를 들어, 사격 및 미로 찾기 문제에 유전자 프로그래밍이 어떻게 적용될 수 있는지 알아보자. 움직이는 표적을 총으로 맞히는 프로그램을 만든다고 생각해 보자. 적합도 값은 탄환이 표적에서 벗어난 거리일 것이다. 풍속, 사용된 총의 종류, 표적과의 거리, 표적의 높이, 표적의 속도와 가속도 등 고려해야 할 변수가 많다. 많은 변수를 갖고 있지만 간단한 적합도 함수를 사용할 수 있는 이런 문제는 유전자 프로그래밍이 가장 잘 풀 수 있는 형태이다. 여기서 터미널 집합은 탄환, 총 및 표적의 속도와 가속도 등과 같은 변수이며, 함수 집합은 덧셈, 뺄셈, 곱셈, 나눗셈과 다른 복잡한 연산을 포함한다. 미로의 탈출구를 찾는 프로그램을 만들고 싶으면 우선 몇 개의 알려진 미로 문제를 가지고 프로그램을 학습시켜야 할 것이다. 출발점에서 미로의 탈출구까지 가장 이상적인 해를 점의 경로로 표시한다면 다음 선택한 경로에 대한 적합도는 프로그램이 찾아낸 점의 숫자를 통해 계산할 수 있다. 즉, 점의 수가 많으면 적합도는 높다. 프로그램이 미로에서 영원히 방황하는 것을 방지하기 위하여 적합도에 시간제한을 도입할 수 있다. 이 경우 터미널 집합은 '직진', '우측'과 '좌측'이라는 3개의 명령어를 포함할 것이고 함수 집합은 "만약 '점'이면 실행 x, 아니면 실행 y"와 같은 문장을 포함한다.

교배는 유전자 프로그래밍에서 가장 중요한 연산자로 두 개의 개체를 교배하여 두 개의 새로운 자식 개체를 발생한다. 부모 개체는 일반적으로 서로 다른 크기와 형태를 갖으며, 교배 후 자식 개체도 부모 개체와 다른 형태와 크기를 갖게 된다. 교배에 의한 자식 개체 1은 부모 개체 1의 교배 부분을 제거하고 부모 개체 2의 교배 부분을 삽입함으로써 생성된다. 자식 개체 2는 자식 개체와 대칭적으로 구성된다. 예제 1 과 예제 2 를 살펴보자. 부모 개체 가운데 그림에서 굵은 선으로 표시된 부분이 자식 개체 생성을 위한 교배에서 교환될 부분이다. 교배 과정에서 하위 트리 전체가 교환되기 때문에 선택된 교배 지점에 상관없이 자식 개체로 문법적으로나 의미론적으로 항상 유효한 프로그램이 생성된다. 이 멤버십에서 유전자 프로그래밍의 특징을 하나 발견할 수 있다. 유전자 프로그래밍에서는 동일한 부모 개체가 교배해서 서로 다른 자식 개체를 발생할 수 있지만, 유전자 알고리즘에서는 그럴 수 없다. 다시 말해, 유전자 알고리즘은 동일한 해로부터 새로운 해를 만들 수 없기 때문에 개체의 다양성 측면에서 보면 유전자 프로그래밍이 유리하다.

예제 1 부모 개체가 다른 경우의 교배

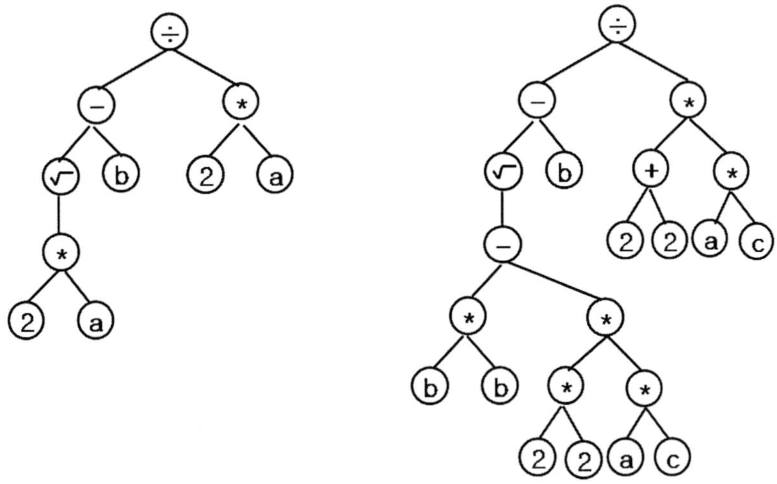

(÷(-√(*2a)b)(*2a))　　　(÷(-√(-(*bb)(*(*22)(*ac)))b)(*(*22)(*ac)))

(가) 서로 다른 크기와 구조를 갖는 부모 개체

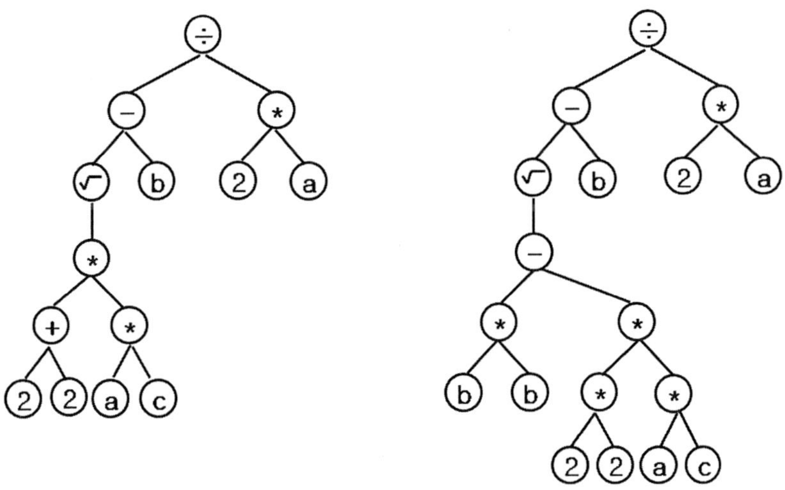

(나) 교배에 의해 생성된 자식 개체

〈그림 4.31〉 부모 개체가 다른 경우의 교배의 예

예제 2 부모 개체가 동일한 경우의 교배

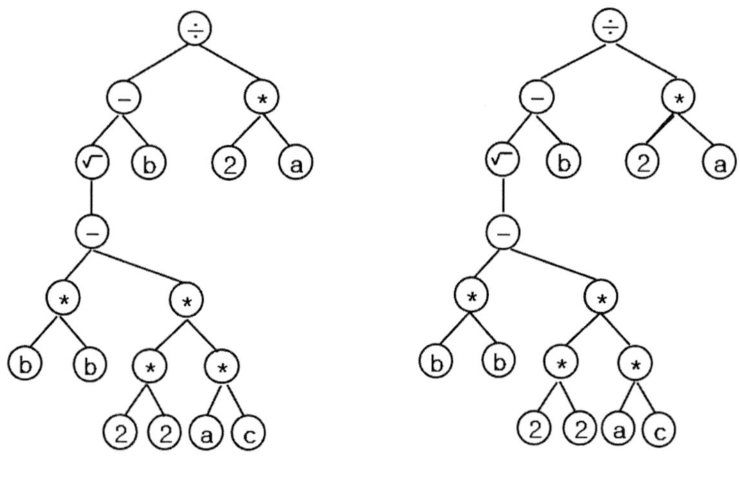

(가) 동일한 부모 개체

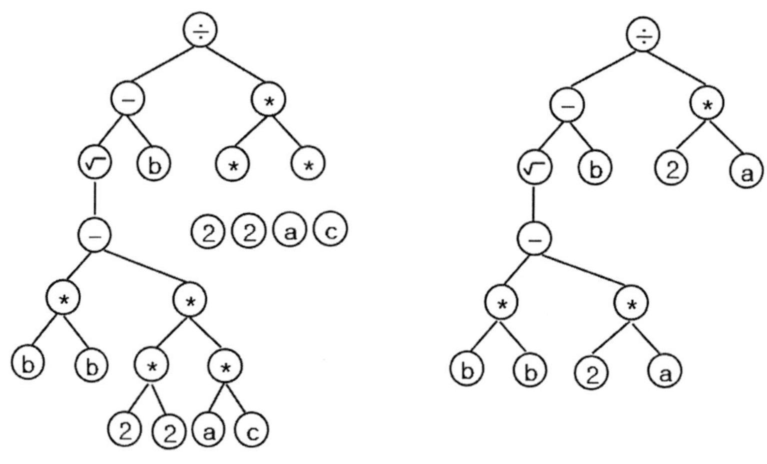

(나) 교배에 의해 발생된 자식 개체

〈그림 4.32〉 부모 개체가 동일한 경우의 교배

돌연변이에는 함수간의 교체, 터미널간의 교체와 하위 트리간의 교체가 있다. 예제 3 에 이들 돌연변이의 예가 보여진다. 터미널 돌연변이에 의해 그림 (가)의

'2'가 (나)의 왼편 그림에서 'a'로 교체되었다. 함수 돌연변이에 의해 그림 (가)의 '-'가 (나)의 왼편 그림에서 '+'로 교체되었다. 하위 트리 교체 돌연변이에 의해 그림 (가)의 하위 트리가 (나)의 오른편 그림과 같이 다른 트리로 대체되었다.

예제 3 단일 터미널의 돌연변이

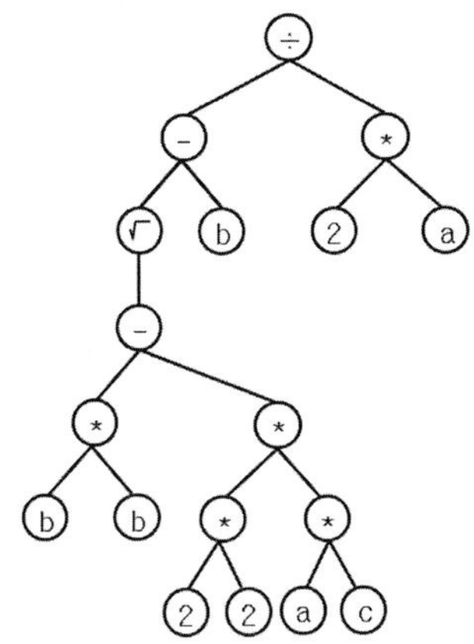

(÷(-√(-(*bb)(*(*22)(*ac)))b)(*(*2a))

(가) 원본 개체

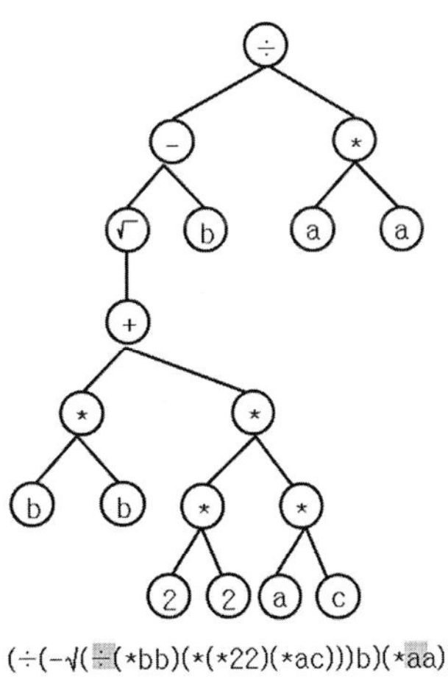

(÷(-√(+(*bb)(*(*22)(*ac)))b)(*aa))

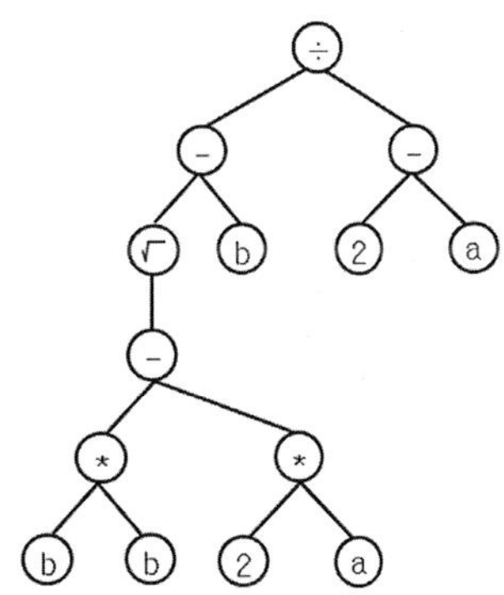

(÷(-√(-(*bb)(*2a))b)(*2a))

(나) 돌연변이 된 개체

〈그림 4.33〉 단일 터미널의 돌연변이의 예

구조 변경 연산은 초기 집단의 생성 및 교배에서 유전자 프로그래밍의 구현에 영향을 미친다. 단순 유전자 프로그래밍에 구조 변경 연산자를 도입하면, 단순 유전자 프로그래밍 알고리즘은 다음과 같이 변경된다.

구조 변경 연산을 포함한 유전자 프로그래밍의 알고리즘

```
t=0; // 시간을 초기화하고 시작
// 임의의 값으로 개체 집단을 초기화. 개체는 함수 집합과 터미널 집합의
// 원소로 구성된 가변 길이의 문자열을 갖는 프로그램을 표시.
InitPopulation P(t), P(t) = {a_1(t), a_2(t), ··· a_μ(t)};
  a_k = (x_1k,···, x_nk, σ_1k, ···, σ_nak, α_1k, ···, α_nak)
// 모든 개체를 실행하고 문제를 잘 해결하는 정도에 따라 적합도를 평가
evalPopulation P(t) : Φ(a_1(t)),···, Φ(a_μ(t))
Φ(a_k(t)) = F(x_1k, ··· x_nk)
// 종료 조건 (시간 또는 적합도) 을 만족하지 않으면 계속 수행
while (not 종료조건) do {
     // 개체 집단에 재결합 적용
     recombine : a'_k = r'(p(t))_n'는 재결합 연산자
     // 개체 집단에 돌연변이 적용
     mutate : a''_k = m'_(a)(x'_1k, CDOS, x'_nk, σ'_1k, ···, σ'_nk, α'_1k,···, α'_nk)
                 k = 1, 2, μ, m'_(a) 돌연변이 연산자
     // 개체 집단에 구조 변경 연산자를 적용하여 새로운 자식 개체
     // 발생
     branch duplication;            //가지 복제
     argument duplication;          //인수 복제
     branch deletion;               //가지 제거
     argument deletion;             //인수 제거
     branch creation;               //가지 생성
     argument creation;             //인수 생성
     // 새로운 개체 집단의 적합도를 평가
     evaluate P'(t) : {Φ(a'_1(t)), ···, Φ(a''_μ(t))}
Φa''_k(t)) = F(x''_1k, ···, x''_nk)
      // 실제 적합도로부터 확률적으로 생존 개체의 선택
P(t)+1 = select{s_(μ, λ)(P'(t) or s_(μ+λ)(P(t) ∪ P'(t))}
s_(μ,λ)와 s_(μ+λ)는 각각 (μ, λ)와 (μ+λ) 선택
     t = t + 1;      // 세대 수의 증가
}
end;
```

모든 다른 진화적 알고리즘의 병렬 처리에서와 같이 대부분의 노력은 부모를 선택하고 자식을 발생하는 메커니즘을 병렬 처리 하는데 집중된다. 개체에 대한 평가를 병렬 처리하는 것은 쉬우며 모든 병렬 처리는 개체 수준에서 병렬 처리와 하위 집단상에서 병렬 처리로 구분될 수 있다. Andre와 Koza는 유전자 프로그래밍의 병렬 처리 구현을 위한 시스템 기준으로 2,500점까지 포함할 수 있는 다수 가지로 구성되는 프로그램을 선택했다. 점당 한 바이트의 기억용량을 사용하기 때문에 한 점은 함수, 터미널과 임의의 상수를 합하여 총 256개를 나타낼 수 있다. 집단의 크기가 1,000점당 한 바이트를 사용하고, 2,500점을 갖는 개체 프로그램 집단을 생각하면 2.5메가바이트의 기억용량이 필요하다. 개체의 구조가 다양하다면 실제 기억용량은 3메가바이트에 달할 것이다. 개체 하나의 적합도를 평가하는데 1초가 걸린다면 집단에 대한 적합도 평가에는 1,000초가 걸리고 이를 100세대 진화시킨다면 그 처리에 하루 정도가 걸린다. 따라서 유전자 프로그래밍을 병렬 처리해야 할 필요성을 느낄 수 있다. 이들은 트랜스퓨터를 사용하여 병렬 유전자 프로그래밍을 구현하였다. 고정된 길이의 문자열을 사용하는 유전자 알고리즘을 트랜스퓨터 네트워크상에서 병렬 처리한 사례는 많이 있다. 병렬 처리를 위해 트랜스퓨터를 사용한 이유는 트랜스퓨터가 충분한 통신 능력을 갖고 있기 때문이다. 병렬 처리 원리는 기본적으로 유전자 알고리즘의 경우와 차이가 없다.

유전자 프로그래밍의 활용 분야는 다음과 같다. Koza는 그의 논문에서 유전자 프로그래밍이 인간의 경험과 지식에 의한 결과보다 우수하고 성공적인 컴퓨터 프로그램을 자동으로 생성할 수 있는 대표적인 14가지 사례를 그 선정 기준과 함께 제시하였다. 이들 사례는 증폭기 설계, 필터 설계, 로봇 제어회로 설계, 계산회로 설계, 온도 감지회로 설계, 항목 분류 네트워크 생성, 외부 세포질과 세포막 단백질의 분류 등을 자동으로 할 수 있는 컴퓨터 프로그램을 다루고 있다. 유전자 프로그래밍은 계량 경제 분야에도 사용된다. 경험적으로 관측된 경제 변수 사이의 관계를 표현하는 계량 경제 모델을 찾는 문제는 독립 변수값이 입력으로 주어질 때 출력인 종속 변수값을 발생하는 컴퓨터 프로그램을 찾는 문제로 볼 수 있다. 보통 이런 문제는 가장 잘 맞는 모델 형태를 먼저 결정하고 나서 선정된 모델의 최적 수치 계수를 구하는 것으로 해결된다. 유전자 프로그래밍을 사용하면 최적의 함수 형태에 대한 사전 지식이 없어도 최적의 함수 형태와 수치 계수를 동시에 찾을 수 있다. 이는 주어진 입력하에 목표 출력을 생성할 수 있는 컴퓨터 프로그램을 탐색하는 것이다. 입출력 데이터로부터 입출력 관계를 정의하는 모델 형태와 모델의 계수를 찾아내는 것은 적용 분야와 사용 목적에 따라 차이는 있겠지만, 보통 모델링, 예측, 데이터 마이닝 또는 기호 회귀라 불리며 유전자 프로그래밍뿐만 아니라 다른 진화적 알고리즘도 이 분야에 대한 적용 사례가 많이 있다.

연·습·문·제

1. 유전자 알고리즘에서 개체 표현 방식은 어떤 것이 좋은지 설명하고, 이유를 설명하시오.

2. 개체군의 크기는 어느 정도로 정하는 것이 좋은지 설명하시오.

3. 적합도 함수는 어떻게 정의하는지 설명하시오.

4. 유전자 알고리즘의 연산을 설명하시오.

5. 죄수의 딜레마를 직접 구현해서 실제로 실험해보고 결과를 제시하시오.

제 5 장

퍼지 이론

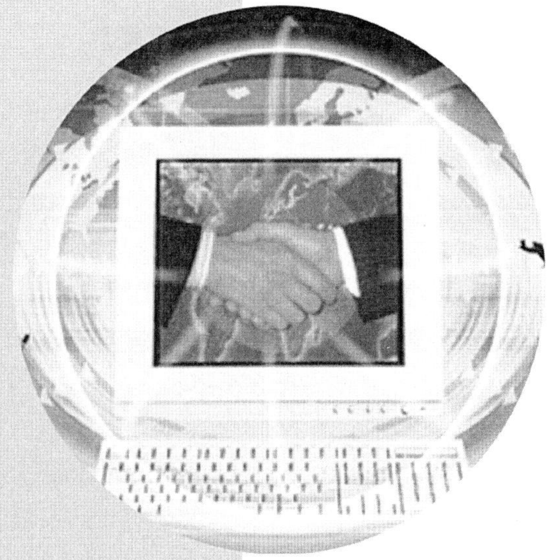

5.1 퍼지 이론의 개요
5.2 확장된 퍼지 집합
5.3 퍼지 집합의 연산
5.4 퍼지 관계
5.5 확장 원리
5.6 퍼지 추론
5.7 Max-Min CRI 방법

5.1 퍼지 이론의 개요

5.1.1 퍼지 이론의 등장

인간의 지적인 기능을 컴퓨터로 표현하는 것은 인류의 오랜 꿈이다. 오늘날 인공지능이나 로봇 공학 등이 각광을 받고 있는 것도 당연히 그와 같은 배경에서이며, 연구 성과로 전문가 시스템, 지능형 에이전트 시스템, 지능형 로봇 시스템 등이 연구개발 되고 있는 것이다. 이러한 기계를 보다 인간답게 하기 위한 연구들이 계속되었는데 그 중 오늘날 컴퓨터 분야에서 획기적인 이론으로 등장한 것이 1965년 미국 버클리 대학의 Zadeh 교수에 의해 처음 소개된 퍼지 이론(fuzzy theory)이다. 'fuzzy'라는 형용사는 'fuzz'라는 '솜털, 잔털, 보풀'을 뜻하는 명사에서 나왔고 '흐릿한, 명확하지 않은, 애매한' 등의 의미를 가진다. 중국에서는 '모호'라고 하고 프랑스에서는 'flou'라고 한다. 애매하다는 것은 별로 좋은 의미로 사용되지는 않고 있으며, 'fuzzy-headed'라고 하면 '바보같은, 머리가 이상한'이라는 의미를 갖는다고 한다.

이러한 퍼지 개념이 공학에 도입된 것은 Zadeh 교수가 퍼지 집합(fuzzy set) 이론을 제창한 이후이며 그것은 종래의 집합 이론의 틀에서 벗어난 확장 개념이었다. 퍼지 개념은 '언어의 애매성의 수학적 표현' 또는 '주관성을 도입한 집합론' 또는 'soft computing' 등으로 표현되기도 하였다.

Zadeh는 1921년 당시 소비에트 연방의 아제르바이젠의 수도인 바쿠에서 태어났다. 1942년 그는 테헤란 대학에서 전기공학 학사를 받고 미국의 페르시아만 사령부와의 인연으로 미국으로 이민을 가게 되어, 1944년에 미국에서 MIT에 입학하여 전기공학 석사를 받았다. 그후 그는 1951년 뉴욕의 컬럼비아 대학에서 전기공학 박사를 받게 되었으며 컬럼비아 대학에서 교수로 있다가 1959년에 버클리의 캘리포니아 대학으로 옮기게 되었다.

버트런드 러셀, 얀 루카시에비치, 막스 블랙 같은 사람들이 '애매한' 또는 '다치'라고 불렀던 것에 관심을 가지기 시작한 것은 1950년대 초 컬럼비아 대학에 있을 무렵부터이며 그는 그것을 나중에 '퍼지(fuzzy)'라고 불렀던 것이다. 그는 동료들이 물리학 및 공학 문제를 표현하기 위해 진보된 수학에 더욱 깊이 달려드는 것을 보면서, 시스템이 점점 더 복잡해질수록 정확한 명제는 의미가 더 적다는 것을 알았다. 나중에 그는 이것을 '상반의 원리(principle of incompatibility)'라고 불렀다. 즉, 정확성이 증가하면 관련성은 줄어든다는 것이다.

이렇게 해서 등장한 퍼지 이론은 전통적인 컴퓨터 프로그램과는 매우 다르다.

전통적인 컴퓨터 프로그램은 정확성(on-off, 예-아니오, 옳고-그름 등)을 필요로 하고 있지만 우리 인간은 이러한 방식으로 세상을 살아가지는 않는다는 점이다. 우리는 "영상 50°는 뜨겁고, 영하 40°는 차다"고 말할 수 있다. 그러나 '영상 25°'는 '뜨겁다, 따뜻하다, 알맞다, 차다' 중 어느 것이 맞겠는가? 그 대답은 온도에 대한 각자의 경험, 바람, 습도, 입고 있는 옷, 기대 등의 요인에 따라 다를 것이다.

예를 들어, '젊은이들의 모임'이라는 것이 있다고 하자. 그렇다면 '젊다'는 도대체 어느 정도를 의미하는가? 정확한 젊은 나이의 구간은 있는가? 우리들이 무심코 쓰는 용어를 보면 상당히 모호한 것들이 많아 정보의 손실을 초래하는 경우가 많다. 또 "사과 두 서너 댓개 사오너라", "대략 5개 정도 된다", "키가 크다", "온도를 조금만 올려라" 등 무수히 많은데, '사과 두 서너 댓개'란 도대체 몇 개를 말하는가? 또 '대략 5개'란 몇 개인가? 또 '키가 크다'는 것은 어느 정도를 말하는가? 또 '온도를 조금 올린다'는 것은 어느 정도의 양인가? 등 예를 들면 무수히 많음을 알 수 있다.

이처럼 인간들은 애매모호한 표현을 사용하면서 생활하고 있다. 인공지능은 바로 이러한 인간의 불확실하고 모호한 표현까지도 이용하여 보다 지능적이면서도 인간에 가까운 기계를 만들어 내는 것이 목적이다. 그러므로 퍼지 이론이란 한마디로 인간의 언어를 컴퓨터로 표현하고 처리하고자 제안된 새로운 형태의 인공지능 이론이라고 정의할 수 있다.

L.A. Zadeh 교수의 추론의 예를 보면, '만약 토마토가 붉다면 그 토마토는 잘 익은 것이다', '이 토마토는 매우 붉다. 따라서 이 토마토는 매우 잘 익었다'라는 결론을 얻는 예를 들고 있다. 이것은 일상에서 보통 행하고 있는 추론이다. 이와 같은 추론을 종래의 이치논리에 기초한 기호논리학으로 설명하는 것은 곤란하다. 전제 자체가 애매하며 동시에 붉다거나 매우 붉다고 하는 말은 퍼지한 의미로 쓰여지고 있기 때문이다.

L.A. Zadeh 교수는 이들 언어에 퍼지집합을 적용시켜 그 의미에 상당한 것을 멤버십함수를 사용하여 표현함으로써 컴퓨터로도 이같은 애매한 추론이 가능하

다는 방법을 제안하고 있다. 이것을 특히 퍼지추론이라고 부르고 있다.

'미인박명'을 논리학의 방법으로 표기한다면 '만약 그녀가 미인이라면 그녀는 박명하다'가 된다. 이것은 퍼지집합을 사용하여 '만약 X가 F라면 Y는 G이다.'와 같이 적는다. 이 표현에 대해 약간의 설명이 필요하다. X라고 하는 것은 변수로서 어떤 특정한 여성의 집합을 전체집합으로 하여 기호 U로 나타내기로 한다. 예를 들면 'U = 진희, 선희, 미희'와 같은 것이다. X는 이 중 누군가를 나타내고 있다. 다음으로 F는 U의 각자에 대해 미인의 정도에 상당하는 0과 1과의 사이의 어느 값을 매기고 있는 멤버십 함수 $\mu F(x)$를 가지고 있다. 즉 F는 U의 퍼지집합인 것이다. '진희'의 미인도 $\mu F(x)$는 0.8인지 1인지는 물론 사용자의 주관에 의해 자유로이 결정해도 된다.

어쨌든 이와 같은 U의 각자에게 수치를 주는 멤버십함수 μF가 F = 미인이란 퍼지집합의 의미를 나타내고 있다고 생각하는 것이다. 한편, Y는 그녀가 죽게 될 듯한 연령을 나타내는 변수이다. 사람의 수명으로는 통상 0세에서 100세 정도까지를 생각해 두면 충분하기 때문에 Y는 0과 100사이의 어떤 값을 취하는 변수이다. Y가 값으로써 취할 수 있는 전체집합, 이 경우엔 [1, 2, 3, ..., 100]을 V로 나타내기로 한다.

이렇게 하면 G는 V상의 퍼지집합으로 박명을 나타내고 있다. G의 멤버십함수 $\mu G(y)$는 Y가 V의 어떤 수명을 취했을 때의 박명, 즉 단명의 정도를 나타내고 있다. 이것도 주관적으로 정하면 되는 것이다.

우리가 하는 활동 가운데 상당 부분은 반드시 정확성을 필요로 하지는 않는다. 인공지능 분야 중 규칙을 기반으로 한 비교적 새로운 퍼지 이론(fuzzy theory)은 부정확성을 허용하고, 심지어 이를 이용하여 과거에는 풀 수 없었던 문제들을 해결한다. 퍼지 이론은 부정확하고, 불확실하고, 신뢰할 수 없는 지식을 표현하고 추론하기 위한 다양한 개념과 기법들로 구성되어 있다. 퍼지 이론은 대략적 혹은 주관적인 가치와 모호하고 불완전한 데이터를 사용하는 규칙을 만들어 낼 수 있다. 퍼지 이론은 논리를 부정확하게 표현함으로써, 기존의 IF-THEN 규칙보다 실제로 인간이 생각하는 방식에 더 가깝다.

포드 자동차는 트레일러가 달린 모형 트럭을 뒤로 물리어 주차장에 넣는 퍼지 이론 응용장치를 개발하였는데, 이 응용장치는 다음과 같은 세 가지 규칙을 사용하고 있다고 한다.

- 만약 트레일러와 트럭이 이루는 각도가 90°에 가깝게 구부러지면, 핸들 각도를 줄인다.
- 만약 트럭이 주차 공간으로부터 멀어지면, 주차 공간 쪽으로 핸들을 돌린다.
- 만약 트럭이 주차 공간에 가까워지면, 트레일러를 주차 공간과 일직선이 되도록 한다.

이러한 논리는 우리가 이와 같은 트럭을 주차 공간에 주차할 때 하는 방식과 유사하기 때문에, 이러한 논리는 우리 인간에게는 의미가 통한다. 그러나 컴퓨터에게는 과연 어떻게 이와 같은 프로그래밍이 의미가 통할 수 있을까? 그 해답은 비교적 간단하다. 먼저, 멤버십 함수(membership function)로 일컬어지는 구간이 정의되는데, 예를 들어 '시원한' 온도의 구간은 '10°에서 20° 사이'라고 정의할 수 있다. 그러나 좀 더 정확히 말하자면 '시원한' 온도는 '13°에서 18°사이'이다. 여기서 '시원한' 온도 구간은 '차가운' 구간, '적당한' 구간에 의해 겹쳐진다는 점에 주목해야 한다.

이러한 논리를 사용하여 방안 온도를 조절하기 위해, 프로그래머는 습도와 그 외 다른 요인들, 예를 들면, 집밖의 바람과 온도 등에 대해 마찬가지로 대강 정의를 내려야 한다. 규칙 중에는 "만약 온도가 시원하거나 차갑고, 습도가 낮으면, 그리고 집밖에는 바람이 세게 불고 온도가 낮으면, 그렇다면 방안의 온도와 습도를 올려라"와 같은 명령을 내리는 규칙이 포함될 수 있다. 컴퓨터는 멤버십 함수를 이해하고 추론하는 내용들을 가중치를 두어 결합하고, 모든 규칙들을 사용하여 온도와 습도를 올리거나 낮춘다.

일반적으로 이러한 불확실성을 처리하는 이론들이 많으나 그 중에서도 퍼지이론은 성능이 우수하기 때문에 다른 불확실성 처리 이론보다 많이 사용된다. 또한 퍼지 이론은 모호하게 표현된 자료를 이용하여 우리에게 유용한 자료로 만들기 위해 퍼지 집합(fuzzy set), 퍼지 논리(fuzzy logic), 퍼지 숫자(fuzzy number), 퍼지 관계(fuzzy relation) 등의 개념을 포함하고 있으며 수학적인 계산 방법도 잘 발달되어 있다.

먼저 퍼지이론의 여러 개념들에 관해 설명하기 전에 '가능성(possibility)'과 '확률(probability)'간의 차이점에 대해서 살펴보기로 하자. 예를 들면, "내일 비가 올 확률이 0이다"라는 말이 있을 때 문자 그대로 내일 비가 올 확률은 0이지만, 그렇다고 해서 비가 올 가능성마저 0이라고는 말할 수 없다. 일기예보가 틀릴 경우가 종종 있기 때문이다. 이로부터 확률은 어떤 통계적인 근거에 의해 예측된 수치라면 가능성이란 확률을 바탕으로 추측되는 느낌 또는 개연성 또는 인간의 경험적 심증 등을 말한다고 할 수 있을 것이다.

따라서 퍼지 이론은 확률에 전적으로 의존하는 이론이 아니라 가능성에 바탕을 두기 때문에 '가능성 이론(possibility theory)'이라고도 불린다.

<표 5.1>에서 보듯이 퍼지 이론은 제안된 이후 오늘날에 이르기까지 매우 다양하게 발전되어 왔고 앞으로도 발전할 것이다. 따라서 이 장에서는 이러한 퍼지 이론의 자세한 내용들에 대해 살펴보기로 한다.

〈표 5.1〉 퍼지 이론의 발전 분야

년도	발표한 학자	주요 발전 내용
1965	Zadeh	퍼지 집합론 제창
1968	Zadeh	퍼지 알고리즘 제안
1970	Bellman & Zadeh	퍼지 의사결정, 최적화 연구
1972	Sugeno	퍼지 척도(measure), 퍼지 적분 제창
1972	Zadeh	퍼지 제어의 가능성 제시
1973	Zadeh	언어변수(linguistic) 연구
1974	Mamdani & Assidian	증기기관(steam engine) 제어
1975	Zadeh	근사추론(approximate reasoning)
1976	Sanchez	퍼지 관계방정식 해법
1977	Ostergaard	시멘트 킬른(cememt kiln) 제어 연구
1978	North-Holland 사	전문 논문지 Fuzzy Sets and Systems 창간(SCI)
1980	Smidth 사	퍼지 제어(시멘트 킬른) 실용화
1983	Yasunobu & Miyamoto	예측(predictive) 퍼지 제어(자동열차운행 시스템)
1984	IFSA	국제퍼지학회(International Fuzzy Systems Association) 창립
1985	Togai & Watanabe	퍼지 칩(fuzzy chip) 개발
1986	Yamakawa	퍼지 컴퓨터, 제어기(controller) 개발
1990	KFMSS	한국 퍼지 시스템 연구회(KF Mathematics and System Society) 창단(1996년 한국퍼지 및 지능시스템 학회로 명칭 변경)
1994	국내외	신경 회로망과의 융합연구(뉴로-퍼지 시스템)
1999	국내외	패턴인식, 로봇, 멀티미디어 등 각종 시스템에 응용
2003	국내외	에이전트 등 지능형 퍼지 융합 시스템 활발
2009	국내외	그린 IT와 더불어 지능시스템의 한 요소로 융합 연구 활발

5.1.2 퍼지 집합과 크리스프 집합

고전적 술어 논리식(predicate calculus)은 하나의 명제를 술어와 객체로 분리하여 표현하는 것을 말한다. 만약 'x is a flower', 'y is a tree', 'z는 정수이다'와 같은 술어 논리식을 표현한다면, 변수(또는 객체) x, y, z의 특성을 나타내는 술어(predicate) 'flower', 'tree', '정수이다'는 명확한 의미를 갖기 때문에 크리스프 집합 즉, 일반 집합이 된다.

그러나 술어에서 변수(또는 객체)의 성질을 나타내는 술어가 퍼지 집합일 때 퍼지 술어(fuzzy predicate)가 된다. 만약 'x is beautiful', 'y is long', 'z는 작은 수이다'와 같이 술어에 퍼지 단어를 포함하여 나타내고 있는데 이것을 퍼지 술어라 하고 이들 'beautiful', 'long', '작은 수이다' 등은 퍼지 집합이 된다. 만약 변수 z에 20이 주어지고 20이 작은 수라는 퍼지 집합에 포함될 가능성을 0.3이라 하면, 이 명제의 진리값은 다음과 같이 표현되어 해석된다. 즉, 20이 '작은 수'에 포함될 가능성은 0.3이고 명제의 진리값도 0.3이 된다는 뜻이다.

$$\mu_{\text{작은수}}(20) = 0.3$$

이와 같이 퍼지 술어에 포함될 퍼지 단어의 종류에는 '작다', '크다', '젊다', '늙다', '비싸다', '높다', '낮다' 등 우리가 일상적으로 사용하는 많은 단어들이 포함되므로 그 수와 종류 또한 매우 다양하다.

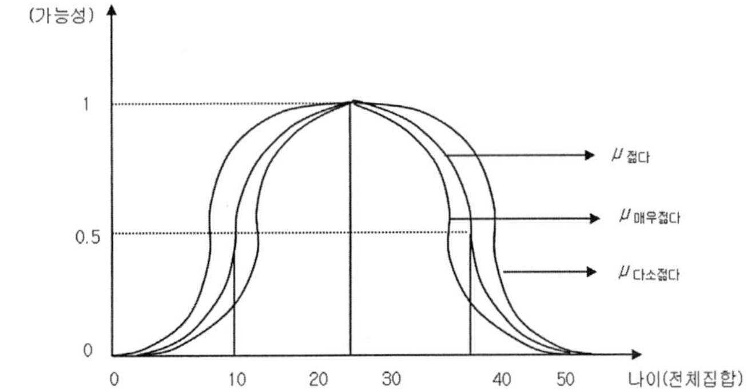

〈그림 5.1〉 '젊다'의 퍼지 집합 표현

앞의 예처럼 '젊은이들의 모임'이란 것이 있다고 하자. 이때 과연 '젊다'는 것이 어느 정도인지에 관해서 의문이 생길 것이다. 이를 위해 미리 '젊다'는 것의 정도를 정의할 필요가 있다. 다음 <그림 5.1>은 우리가 보통 '젊다'라고 했을 때의 젊은 정도를 나타내는 그래프이다.

이 그림에서 '젊다', '매우 젊다' '다소 젊다'와 같은 모호한 표현을 퍼지 집합이라 하고 이것의 의미를 개념적으로 그래프화하여 나타낸 것을 멤버십 함수(membership function)라고 한다. 위 그림의 예에서는 지수 형태의 곡선으로 표현된 멤버십 함수를 가진다. 또한 X 축의 (0, 50)까지의 범위를 전체집합(universe of discourse 또는 total space)이라 하며 이 범위 내의 각 원소를 전체 집합의 한 원소(element)라고 한다. 또한 Y 축의 [0, 1] 사이의 값을 멤버십값(membership value)이라 하는데 전체 집합 중의 한 원소가 '젊다'의 퍼지 집합에 속하는 가능성 정도값을 말하고 μ로 표시한다. 예를 들면, '나이'라는 전체집합의 한 원소인 나이 25세인 경우 '젊다'의 퍼지 집합에 속하는 가능성 정도는 $\mu = 1$이 되고, 나이 12세인 경우는 $\mu = 0.5$가 된다. 이것을 좀 더 퍼지 집합적인 표현으로는, '젊다'의 퍼지 집합에 나이 25세가 속하는 정도를 $\mu_{젊다}(25)=1$로 표현하고, 나이 12세가 속하는 정도를 $\mu_{젊다}(12)=0.5$라고 표현한다.

일반 집합과 퍼지 집합과의 차이점을 설명하면, 일반 집합인 경우는 어떤 원소 x가 집합 A에 속하느냐(1) 속하지 않느냐(0)만을 나타낸다. 즉,

$$x \in A, \text{ 또는 } x \notin A$$

이때 일반 집합을 퍼지 집합에 반해 크리스프 집합(crisp set)이라고 하는데, 그래프로는 <그림 5.2>와 같다.

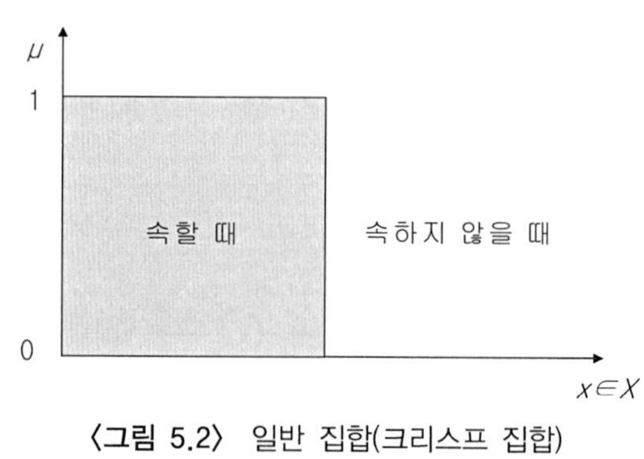

〈그림 5.2〉 일반 집합(크리스프 집합)

그러나 퍼지 집합은 이미 살펴보았듯이 속하느냐 속하지 않느냐 외에 속할 때의 정도값을 0과 1 사이의 실수값으로 나타낼 수 있는 장점이 있다. 이를 컴퓨터로 표현할 때는 기존의 0과 1만의 논리로만 가능했던 부울논리에 도전하는 결과가 된다. 즉, 참이냐 거짓이냐 외에도 참인 정도 거짓인 정도가 컴퓨터로 표현 가능하다는 것이다. 이러한 퍼지 집합론적 접근 방법은 차후에 컴퓨터에 인공지능화에 대단한 공헌을 하게 된다.

<그림 5.1>과 <그림 5.2>에서 살펴보았듯이 일반 집합이 집합 A에 대해 전체 집합 X의 모든 원소를 집합 [0, 1]에 대응시키는 데 반해, 퍼지 집합은 [0, 1]사이의 값으로 대응시킨다.

$$\mu_A : X \rightarrow (0,\ 1)\ (\text{일반 집합})$$
$$\mu_A : X \rightarrow [0,\ 1]\ (\text{퍼지 집합})$$

그런데 퍼지 집합을 표현할 때는 전체 집합의 원소가 이산적(discrete)인가 연속적(continuous)인가에 따라 표현법이 약간 다르다.

또한 퍼지 이론에서는 <그림 5.2>에서와 같이 퍼지 집합은 '매우 젊다'라는 퍼지 집합의 그래프로 확장할 수 있다. 즉, 기존의 퍼지 집합 그래프에 '매우(very)'라는 퍼지 한정사(fuzzy qualifier)가 붙은 경우는 전체 집합의 각 요소에 대해 멤버십값을 제곱한 값으로 구한다. 또한 '다소(more or less)'는 제곱근으로 구하고, '~가 아니다(not)'는 1에서 멤버십값을 뺀 값으로 구한다. 이외에도 퍼지 한정사에 대해서는 퍼지이론에서 정한 규칙에 따라 멤버십값을 계산한다. 이렇게 함으로써 기존의 퍼지 집합 표기만으로도 확장된 의미로 연산이 가능하기 때문에 퍼지이론은 매우 융통성이 크다고 볼 수 있다.

예를 들면, 식 (1)과 같은 경우 각 원소에 대한 멤버십값은 다음과 같은데, 식 (2)와 비교해 보면 값이 더 작아졌음을 알 수 있다. 이것은 '매우 젊다'라는 퍼지 집합에 속하려면 같은 원소에 대해서도 그만큼 더 멤버십값이 작아진다는 것이다. 이는 같은 원소에 대해서도 매우 젊을 정도가 좀 더 강화된다는 뜻이기도 하다.

$$\text{젊다} = \{(0,0)\ (10,0.4)\ (20,0.9)\ (25,1)\ (30,0.9)\ (40,0.4)\ (50,0)\} \qquad (1)$$

$$\mu_{\text{매우젊다}}(0) = \mu_{\text{매우젊다}}(50) = 0 \qquad (2)$$
$$\mu_{\text{매우젊다}}(10) = \mu_{\text{매우젊다}}(40) = 0.16$$

$$\mu_{매우 젊다}(20) = \mu_{매우 젊다}(30) = 0.81$$
$$\mu_{매우 젊다}(25) = 1$$

이것을 다음과 같은 순서쌍 또는 덧셈 기호로 나타낼 수 있다.

매우 젊다 = {(0,0) (10,0.16) (20,0.81) (25,1) (30,0.81) (40,0.16) (50,0)}

또는

매우 젊다 = 0/0 + 0.16/10 + 0.81/20 + 1/25 + 0.81/30 + 0.16/40 + 0/50
다소 젊다 = {(0,0) (10,0.64) (20,0.95) (25,1) (30,0.95) (40,0.64) (50,0)}

또는

다소 젊다 = 0/0 + 0.64/10 + 0.95/20 + 1/25 + 0.95/30 + 0.64/40 + 0/50
젊지 않다 = {(0,1) (10,0.6) (20,0.1) (25,0) (30,0.1) (40,0.6) (50,1)}

또는

젊지 않다 = 1/0 + 0.6/10 + 0.1/20 + 0/25 + 0.1/30 + 0.6/40 + 1/50

이상에서 설명한 바와 같이 퍼지 집합으로부터 여러 한정사가 붙은 퍼지 집합의 각 원소에 대한 멤버십값을 추론해 낼 수 있다. 이러한 특징은 지능형 시스템에서 지식 베이스를 크게 유지할 필요가 없으며 기본적인 퍼지 집합의 함수식만으로도 충분히 여러 입력에 대해 추론이 가능하다는 것을 의미한다. 따라서 퍼지 이론으로부터 지능형 시스템의 구현이 가능하게 되어 오늘날 인공지능의 주류를 형성하게 된 강력한 이론으로 사용되고 있다.

5.2 확장된 퍼지 집합

이번 절에서는 퍼지 집합에서 사용되는 좀 더 확장된 용어들에 대해 정리해 보도록 한다. 예를 들기 위해 다음 <표 5.2>를 생각해 보자.

〈표 5.2〉 퍼지 집합의 예

전체 집합(나이) \ 퍼지 집합	어리다(유아정도)	젊다	성숙하다	늙다
5	0	0	0	0
15	0	0.2	0.1	0
25	0	1	0.9	0
35	0	0.8	1	0
45	0	0.4	1	0.1
55	0	0.1	1	0.2
65	0	0	1	0.6
75	0	0	1	1
85	0	0	1	1

위의 표로부터 몇 가지 용어를 정리해 보자.

① 지지 집합(support set)

전체 집합의 원소들 중에서 퍼지 집합 A에 조금이라도 포함되어 있는, 다시 말해, 멤버십값이 0이 아닌 원소들로 이루어진 집합을 퍼지 집합 A의 지지 집합이라고 한다. 예를 들면, '나이'를 의미하는 전체집합 X의 원소들 중에서 퍼지 집합 '젊다'의 지지 집합은 다음과 같다.

$$\text{support(젊다)} = \{15,\ 25,\ 35,\ 45,\ 55\}$$

위의 표에서와 같은 경우 퍼지 집합 '어리다(유아정도)'의 지지 집합은 공집합이 된다.

② 정규화(normalization)

전체 집합에 대해 주어진 퍼지 집합의 멤버십 함수값(혹은 멤버십값) 중에서 최대값을 이 퍼지 집합의 높이(height)라고 하는데, 높이가 1일 경우를 정규화 되었다고 한다. 위의 <표 5.2>에서 퍼지 집합 '젊다', '성숙하다', '늙다'는 모두 정규화 된 멤버십값을 갖고 있다.

예를 들어, 다음과 같은 퍼지 집합 A가 있다고 하고 이것을 정규화하면 다음과 같다. 즉, A의 집합 중 가장 멤버십값이 큰 0.8로 전체 멤버십값들을 나누면 된다.

A={(5,0) (15,0.2) (25,0.4) (35,0.6) (45,0.8) (55,0.6) (65,0.8) (75,0) (85,0)}
정규화된 A={(5,0) (15,0.25) (25,0.5) (35,0.75) (45,1) (55,0.75) (65,1) (75,0) (85,0)}

③ α-수준 집합(α-cut set)

퍼지 집합에 포함된 원소들 중에서 일정한 멤버십값 이상인 원소들로만 이루어진 집합을 α-수준 집합이라고 한다. 이때 α-수준 집합은 일반 집합이 된다. 예를 들어, 위의 표에서 $\alpha=0.2$로 하면,

$$젊다_{(\alpha=0.2)} = \{15, 25, 35, 45\}$$

가 되어 0.2 이상의 가능성으로 볼 때 젊다고 말할 수 있는 나이를 의미하는 일반 집합이 된다. 또한 $\alpha=0.4$로 하면,

$$젊다_{(\alpha=0.4)} = \{25, 35, 45\}$$

가 된다. 이 의미는 위와 같다. 여기서 α는 임의로 선택된다.
위의 두 식에 대해 다음의 관계가 성립한다.

$$\alpha=0.2 \supseteq \alpha=0.4 \Leftrightarrow 젊다_{(\alpha=0.2)} \supseteq 젊다_{(\alpha=0.4)}$$

④ 레벨 집합(level set)

퍼지 집합 A의 멤버십값을 나타내는 α는 [0, 1]사이에 포함된 값으로서, α로 이루어진 집합을 레벨 집합이라고 한다.

$$\Lambda A= \{\alpha \mid \mu_a(x)=\alpha,\ \alpha \geq 0\ ,x \in X\}$$

'젊다'라는 퍼지 집합의 레벨 집합은 다음과 같다.

$$\Lambda'젊다' = \{0,\ 0.1,\ 0.2,\ 0.4,\ 0.8,\ 1.0\}$$

⑤ 볼록 집합(convex set)

전체 집합 X의 임의의 원소 $r,\ s$가 퍼지 집합 A에 대해 다음의 관계를 만족하는 집합을 볼록 집합이라고 한다.

$$\mu_A(\lambda r+(1-\lambda)s) \geq Min(\mu_A(r),\mu_A(s)),\ \ r,s \in X,\ \ \lambda \in [0,1]$$

여기서, Min은 두 값 중 작은 값을 취하는 함수를 말한다. 예를 들면, $Min(1, 2) = 1$이 된다. 일반적으로 레벨 집합 내의 모든 α값에 대하여 α-수준 집합이 볼록하면 그 퍼지 집합도 볼록하다.

다음 <그림 5.3>은 위의 식에 따라 볼록 집합인 경우와 아닌 경우를 나타낸 그림이다.

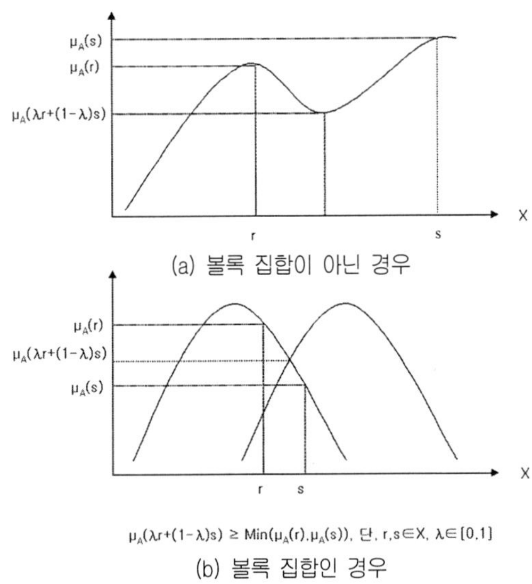

〈그림 5.3〉 볼록 집합인 경우와 볼록 집합이 아닌 경우

⑥ 퍼지 숫자(fuzzy number)

어떤 퍼지 집합이 볼록하고 정규화되어 있으며 실수공간에서 정의될 때 그 멤버십 함수가 연속적이면, 이 퍼지 집합을 퍼지 숫자라고 부른다. 즉, 퍼지 숫자란 일정한 구간에 있는 실수들을 말하는데, 각 숫자가 퍼지 숫자에 포함되는 가능성은 일정하지 않다. 경우에 따라 정규화되어 있지 않은 숫자의 집합도 퍼지 숫자라고 부르기도 한다.

예를 들면, 집합 '0에 가까운 숫자'라든가 집합 '10에 가까운 양수' 등과 같이 0 또는 10을 중심으로 볼록한 곡선 형태의 멤버십 함수를 가진 퍼지 집합이 퍼지 숫자에 해당된다.

⑦ 퍼지 집합의 크기(cardinality)

퍼지 집합에서도 일반 집합에서와 같이 집합의 크기를 나타낼 수 있다. 일반적으로 다음의 세 가지 방법이 사용된다.

첫째, 스칼라값을 이용하는 방법이다. 이것은 퍼지 집합 A에 있는 모든 멤버십 함수값을 더하여 하나의 스칼라값으로 나타내는 방법이다.

$$|A| = \sum_{x \in X} \mu_A(x)$$

예를 들면, <표 5.2>에서 '늙다'의 퍼지 집합의 크기는 모든 멤버십값을 전부 더하면 2.9(0+0+0+0+0.1+0.2+0.6+1+1)가 된다.

둘째, 상대적 값을 이용하는 방법이다. 이것은 퍼지 집합 A의 크기를 전체집합 X의 크기와 비교하여 나타내는 방법이다.

$$\|A\| = \frac{|A|}{|X|}$$

예를 들면, '늙다'의 경우, $\|\text{늙다}\| = \frac{2.9}{9} = 0.32$가 된다.

셋째, 퍼지 집합의 크기로 나타내는 방법이다. 이것은 $\alpha-$수준 집합을 구하여 해당 원소의 개수를 하나의 숫자로 표시한다. 예를 들면, '늙다'의 경우 $\alpha = 0.1$로 하면,

$$\text{늙다}_{(\alpha = 0.1)} = \{45,\ 55,\ 65,\ 75,\ 85\}$$

가 되어 $|\text{늙다}_{(\alpha = 0.1)}| = 5$가 된다.

⑧ 동치(equivalence)

두 퍼지 집합 A와 $2B$의 멤버십값이 서로 일치하면 두 퍼지 집합 A와 B는 서로 '동치'라고 한다. 즉,

$$A = B,\ \text{if}\ \mu_A(x) = \mu_B(x), x \in X$$

이 성립한다.

⑨ 부분 집합(subset)

만약 전체 집합 내의 어느 한 원소에 대해서도 두 퍼지 집합 A와 B의 멤버십

값이 서로 다르다면 퍼지 집합 A는 B의 부분집합이라고 한다. 즉,

$$\mu_A(x) \leqq \mu_B(x), \quad x \in X$$

이때 등호(=)가 없는 관계일 때를 진부분 집합(proper subset)이라고 한다.

<표 5.2>에서 모든 멤버십값을 비교해 볼 때, '늙다'는 '성숙하다'의 진부분 집합임을 알 수 있다.

5.3 퍼지 집합의 연산

퍼지 집합은 일반 집합과 마찬가지로 여집합, 합집합, 교집합, 조건 집합과 같은 기본 연산이 존재한다.

① 여집합(compliment)

퍼지 집합 A의 여집합은 $\overline{A}$ 로 나타내고, 일반 집합과 마찬가지로 1에서 모든 멤버십값을 빼서 구한다. 그러나 여집합 $\overline{A}$ 는 경계가 명확하지 않은 퍼지 집합이 된다.

$$\mu_{\overline{A}}(x) = 1 - \mu_A(x)$$

예를 들면, 퍼지 집합 '젊다'의 여집합을 '젊지 않다'라고 하면, '젊지 않다'에 속하는 모든 원소의 멤버십값은 다음과 같은 방법으로 구할 수 있다.

$$\mu_{\text{젊지 않다}}(x) = \{(5,1)(15,0.8)(25,0)(35,0.2)(45,0.6)(55,0.9)(65,1)$$
$$(75,1)(85,1)\}$$

② 합집합(union)

두 퍼지 집합 A와 B의 합집합은 $A \cup B$로 나타내고 전체집합 내의 각 원소에 대해 두 집합 A와 B의 멤버십값 중에서 큰 것으로 구성한다.

$$\mu_{A \cup B}(x) = Max(\mu_A(x), \mu_B(x)), \quad x \in X$$

예를 들면, '젊다'와 '성숙하다'의 합집합은 다음과 같다.

$$'젊다' \cap '성숙하다' = \{(0,0))(15,0.1)(25,0.9)(35,0.8)(45,0.4)(55,0.1)(65,0)(75,0)(85,0)\}$$

③ 교집합(intersection)

두 퍼지 집합 A와 B의 교집합은 $A \cap B$로 나타내고 전체 집합 내의 각 원소에 대해 두 집합 A와 B의 멤버십값 중에서 작은 것으로 구성한다.

$$\mu_{A \cap B}(x) = Min(\mu_A(x), \mu_B(x)), \ \ x \in X$$

예를 들면, '젊다'와 '성숙하다'의 교집합은 다음과 같다.

④ 조건 집합(implication)

두 퍼지 집합 A와 B의 조건 집합은 조건 연산자(→)를 이용하여 $A \rightarrow B$로 나타내고 다음과 같이 계산한다.

$$\mu_{A \rightarrow B}(x) = Min(1, 1 - \mu_A(x) + \mu_B(x)), \ \ x \in X$$

이외에도 여러 가지 퍼지 집합간의 연산 방법이 있는데 자세한 것은 여기서는 생략하기로 한다. 한 가지 중요한 점은 퍼지 집합간의 연산이 대부분 Max, Min 연산자를 기본으로 하여 이루어진다는 것이다. 따라서 이 두 가지 연산자를 표준 연산자라고 부른다.

그런데 퍼지 집합은 일반 집합에서 만족하던 모든 성질이 대부분 만족되나 두 가지의 표준 연산자를 이용하기 때문에 다음의 두 가지 성질이 만족되지 않음에 주의해야 한다.

$Law\ of\ contradiction$ $\quad A \cap \overline{A} = \phi$(공집합) (성립 안함)

$Law\ of\ excludedmiddle$ $\quad A \cup \overline{A} = X$(전체집합) (성립 안함)

지금까지 설명한 퍼지 연산에 관한 예제를 몇 개 들어 설명하고자 한다.

예제 1 $\mu_A = 1,\ \mu_B = 0$인 경우

(1) $\mu_{\overline{A}} = 1 - 0 = 0$

(2) $\mu_A \cap \mu_B = Min(1,0) = 0$

(3) $\mu_A \cup \mu_B = Max(1,0) = 1$

(4) $\mu_A \rightarrow \mu_B = Min(1, 1 - 1 + 0) = 0$

예제 2 $\mu_A = 1,\ \mu_B = 1$인 경우

(1) $\mu_{\overline{A}} = 1 - 1 = 0$

(2) $\mu_A \cap \mu_B = Min(1,1) = 1$

(3) $\mu_A \cup \mu_B = Max(1,1) = 1$

(4) $\mu_A \rightarrow \mu_B = Min(1, 1 - 1 + 1) = 1$

예제 3 $\mu_A = 0.6,\ \mu_B = 0.3$인 경우

(1) $\mu_{\overline{B}} = 1 - 0.3 = 0.7$

(2) $\mu_A \cap \mu_B = Min(0.6, 0.3) = 0.3$

(3) $\mu_A \cup \mu_B = Max(0.6, 0.3) = 0.6$

(4) $\mu_A \rightarrow \mu_B = Min(1, 1 - 0.6 + 0.3) = 0.7$

5.4 퍼지 관계

일반적으로 집합 A, B에 대하여, A의 원소 x와 B의 원소 y 사이에 어떤 관계가 있을 때 이 관계를 순서쌍 (x,y)로 표시하고 퍼지 관계(fuzzy relation)라고 한다. 이때 x, y가 $x \in X$, $y \in Y$라 하면 (x,y)의 모임을 관계(relation) R로 표시한다. 이 경우 R은 이항 관계(binary relation)가 되고 $A \times B$의 부분 집합이 된다. 이때를 $(x,y) \in R$ 또는 xRy라고 표시하며, $R \subseteq A \times B$가 성립한다. 이 관계는 n 차원으로 확장시킬 수 있다. $(x_1, x_2, \ldots, x_n) \in R$ 그리고 $R \subset A_1 \times A_2 \times \ldots A_n$이

가능하다.

일반 집합에서의 관계 R은 순서쌍 (x,y)가 R에의 소속 여부가 명확한 경우이다. 속하느냐 속하지 않느냐, 다시 말해서 $\mu_R : A \times B \rightarrow \{0,1\}$인 경우이다. 그러나 퍼지 집합에서의 관계 R은 집합에 대한 소속 정도라기보다는 관계의 정도(strength of relation)를 의미한다. 즉, $\mu_R : A \times B \rightarrow [0,1]$인 경우이다. 그러므로 $\mu_R(x,y) \geqq \mu_R(x',y')$이면 (x,y)는 (x',y')보다 좀 더 강하게 연결되어 있다고 볼 수 있다. 일반적인 관계에서와 마찬가지로 퍼지 관계도 n차원으로 확장시킬 수 있다.

<그림 5.4>와 같은 퍼지 관계 R을 생각해 보자.

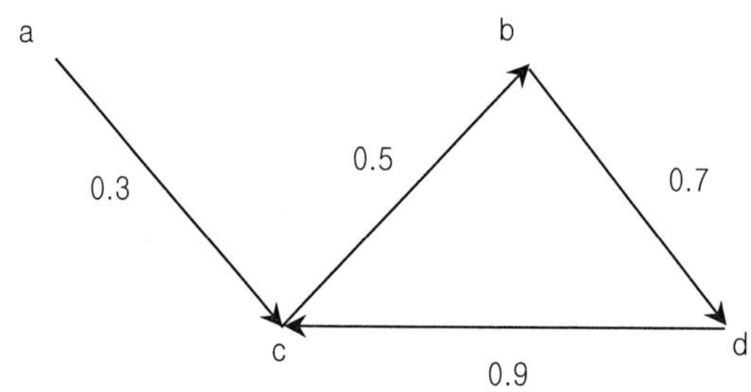

〈그림 5.4〉 퍼지 관계 R

이 그림에서 $a, b, c, d \in X$(전체 집합)이며 각 연결선에 표시된 숫자는 퍼지관계의 정도를 나타낸다. 만약 이 그림에서 연결선에 숫자가 없는 경우는 일반집합으로 생각할 수 있는데, 각 점간에 연결선이 있으면 소속정도를 1로 하고, 아니면 0으로 할 수 있다.

위의 그림에 나타난 퍼지 관계의 내용을 표현하면 다음과 같다.

$$\mu_R(a,c) = 0.3, \mu_R(b,d) = 0.7, \mu_R(c,b) = 0.5, \mu_R(d,c) = 0.9$$

이 식은 a와 c사이에는 퍼지 관계가 0.3 정도 있고, b와 d사이에는 퍼지 관계가 0.7 정도 있고, c와 b사이에는 퍼지관계가 0.5 정도 있고, d와 c사이에는 퍼지 관계가 0.9 정도 있다는 것을 의미한다.

퍼지 관계는 컴퓨터에서 문제 해결에 필요한 지식을 표현하는데 많이 이용된다. 즉, 지식 베이스 시스템에서 지식은 'IF A THEN B' 형태의 규칙으로 표시되는데 이때 조건부 A와 결론부 B와의 관계를 나타낼 때 퍼지관계로써 나타낸다. 퍼지 관계는 여러 가지 표현 형태가 있으나 가장 많이 사용되는 방법은 행렬(matrix) 표기법에 의한 것이다.

위의 예에서의 퍼지 관계를 행렬 형태로 표기하면 다음과 같이 될 것이다.

X \ X	a	b	c	d
a	0	0	0.3	0
b	0	0	0	0.7
c	0	0.5	0	0
d	0	0	0.9	0

〈그림 5.5〉 행렬에 의한 퍼지 관계 R

일반 연산에서와 마찬가지로 퍼지 관계끼리도 연산이 가능하다.

① 퍼지 합집합 관계(union relation)

퍼지 관계 R, S가 각각 퍼지 집합 A에서 B로의 관계를 나타낸다고 하자. 이때 두 개의 퍼지 집합간의 합집합 관계는 다음과 같은 멤버십 함수에 의해 정의된다. 여기서 $\vee$는 Max를 의미하는 기호로 사용된다.

$$\forall (x,y) \in A \times B,$$

$\mu_{R \cup S}(x,y) = Max(\mu_R(x,y), \mu_S(x,y))$ 또는 $\mu_R(x,y) \vee \mu_S(x,y)$

이것을 n개의 퍼지관계에 대하여 확장시키면 다음과 같다.

$$\mu_{R_1 \cup R_2 \cdots R_n} = \breve{R}_i \, \mu \, R_i(x, y)$$

퍼지 관계를 두 개의 퍼지 관계 행렬 M_R, M_S로 나타내면 퍼지 합집합 관계의 행렬 $M_{R \cup S}$는 두 퍼지 행렬의 합으로 얻어진다.

$$M_{R \cup S} = M_R + M_S$$

② 퍼지 교집합 관계(intersection relation)

퍼지 관계 R, S가 각각 퍼지 집합 A에서 B로의 관계를 나타낸다고 하자. 이

때 두 개의 퍼지 집합간의 교집합 관계는 다음과 같은 멤버십 함수에 의해 정의된다. 여기서 $\wedge$는 Min을 의미하는 기호로 사용된다.

$$\forall (x,y) \in A \times B,$$
$$\mu_{R \cap S}(x,y) = Min(\mu_R(x,y), \mu_S(x,y)) \text{ 또는 } \mu_R(x,y) \wedge \mu_S(x,y)$$

이것을 n개의 퍼지 관계에 대하여 확장시키면 다음과 같다.

$$\mu_{R_1 \cap R_2 \cdots R_n}(x,\ y) = \widehat{R_i}\ \mu\ R_i(x,\ y)$$

퍼지 관계를 두 개의 퍼지 관계 행렬 M_R, M_S로 나타내면 퍼지 합집합 관계의 행렬 $M_{R \cup S}$는 두 퍼지 행렬의 합으로 얻어진다.

$$M_{R \cap S} = M_R \times M_S$$

③ 퍼지 여집합 관계(complement relation)

퍼지 관계 R이 있을 때 이 R의 퍼지 여집합 관계 R'는 다음과 같은 멤버십 함수로 정의된다.

$$\forall (x,y) \in A \times B,$$
$$\mu_{R'}(x,y) = 1 - \mu_R(x,y)$$

④ 퍼지 역관계(inverse relation)

퍼지 관계 $R \subset A \times B$가 주어지면 이 관계의 역관계 R^{-1}은 다음과 같은 멤버십 함수에 의해 정의된다.

$$\forall (x,y) \in A \times B$$
$$\mu_{R^{-1}}(y,x) = \mu_R(x,y)$$

⑤ 퍼지 관계의 합성(composition)

두 개의 퍼지 관계 R, S가 다음과 같이 집합 A, B, C에 대하여 정의되었다고 하자.

$$R \subseteq A \times B,\ \ S \subseteq B \times C$$

두 개의 관계 R과 S의 합성 $S \cdot R = SR$은 집합 A에서 C로의 관계를 나타내고, 이 합성된 관계는 다음과 같은 멤버십 함수에 의해서 정의된다.

$$S_{S\cdot R}(x,z) = MaxMin(\mu_R(x,y), \mu_s(y,z))$$
$$= \bigvee_y (\mu_R(x,y) \wedge \mu_s(y,z))$$

이로부터 $S \cdot R \subseteq A \times C$가 성립된다.

퍼지 관계 R과 S를 관계 행렬 M_R과 M_S로 표현하며, 이 두 관계의 합성 $S \cdot R$에 대응되는 행렬 $M_{s \cdot r}$은 M_R과 M_S의 곱으로부터 얻을 수 있다. 즉, 다음과 같은 관계가 성립한다.

$$M_{S\cdot R} = M_R \cdot M_S$$

이러한 퍼지 관계의 합성은 뒤에서 다룰 퍼지 추론의 기본을 형성하는 매우 중요한 개념이다. 즉, 규칙 R에 의해서는 조건부 A에 대해 결론부 B를 추론할 수 있다. 따라서 규칙의 합성 $S \cdot R$에 의해서는 조건부 A에 대해 결론부 C를 추론해 낼 수 있는 것이다. 이와 같은 형식의 추론방법을 '추론 규칙들의 합성법(compositional rule of inference)'이라고 한다.

이상에서 설명한 여러 가지 퍼지 관계 연산들의 예를 살펴보기로 하자. 만약 다음과 같이 퍼지 관계 R과 S를 퍼지 관계 행렬 M_R과 M_S로 나타낸다고 하면 $M_{R\cup S}$, $M_{R\cap S}$, $M_{R'}$는 <그림 5.6>과 같이 구해질 것이다.

M_R	a	b	c
a	0.4	0.3	1
b	0.9	1	0
c	0.2	0.6	0.5

M_S	a	b	c
a	0	1	0.8
b	0.3	0.2	1
c	0.5	0.7	0.6

$M_{R'}$	a	b	c
a	0.6	0.7	0
b	0.1	0	1
c	0.8	0.4	0.5

$M_{R\cup S}$	a	b	c
a	0.4	1	1
b	0.9	1	1
c	0.5	0.7	0.6

$M_{R\cap S}$	a	b	c
a	0	0.3	0.8
b	0.3	0.2	0
c	0.2	0.6	0.5

$M_{S\cdot R}$	a	b	c
a	0.5	0.7	0.6
b	0.3	0.9	1
c	0.5	0.5	0.6

〈그림 5.6〉 퍼지 관계 연산의 예

$M_{S \cdot R} \rightarrow (a,a) = 0.5$가 나오는 이유를 퍼지 관계의 계산 순서대로 설명하면 다음과 같다.

M_R	a	b	c
a	0.4	0.3	1
b	0.9	1	0
c	0.2	0.6	0.5

M_S	a	b	c
a	0	1	0.8
b	0.3	0.2	1
c	0.5	0.7	0.6

$M_{S \cdot R}$	a	b	c
a	0.5		
b			
c			

위의 그림에서 문제 풀이 순서는 다음과 같다.

① 퍼지 관계의 합성 공식에 의해 각 셀들의 최소값을 먼저 구한다.

$Min(0,\ 0.4) = 0$

$Min(0.3,\ 0.3) = 0.3$

$Min(0.5,\ 1) = 0.5$

② 그 다음 이들 중 최대값을 구한다.

$Max(0,\ 0.3,\ 0.5) = 0.5$

나머지 다른 셀들도 같은 방법대로 구한다.

연습문제

(1) 다음 두 퍼지 집합의 합집합, 교집합, 부정을 각각 구해 보자.

A = {(2,0.5) (3,0.4) (5, 0.3) (6, 0.2)}

B = {(5,0.9) (6,0.1) (8,0.4)}

<정답> 합집합 = {(2,0.5) (3,0.4) (5,0.9) (6,0.2) (8,0.4) }

교집합 = {(5,0.3) (6,0.1) }

A의 부정 = {(2,0.5) (3,0.6) (5,0.7) (6,0.8) }

B의 부정 = {(5,0.1) (6,0.9) (8,0.6) }

(2) $A\ :\ x_1 = 0.4,\quad B\ :\ x_2 = 0.6$일 때 $A \rightarrow B$의 진리값을 구하라.

<정답> $Min(1,\ 1\text{-}0.4\text{+}0.6) = 1$

(3) 다음의 두 퍼지 명제 A, B가 있다.

A : 내일 비가 온다.

B : 우산을 준비한다(0.5). 그런데 일기예보를 보니 내일 비가 올 가능성이 0.6이라고 한다. 다음 문제에서 조건 명제의 진리값을 구해 보자.

<문제> 내일 비가 오면 우산을 준비한다.

<정답> Min(1, 1-0.6+0.5) = 0.9

5.5 확장 원리

기존의 퍼지 집합으로부터 새로운 퍼지 집합을 유도해 내는 것을 '확장 원리(extention principle)'라고 하는데 퍼지 추론에서 매우 중요한 의미를 갖는 원리이다. 다음의 예를 통해 확장 원리의 기본 개념을 이해하도록 하자.

감기 환자를 나타내는 퍼지 집합 S가 다음과 같은 순서쌍으로써 개념이 정의되어 있다고 하자. 이것은 S_1이 감기에 걸릴 가능성이 0.3, S_2는 0.8, S_3는 0.5, S_4는 0.6임을 의미하는 퍼지집합이다.

$$S = \{(S_1, 0.3)\ (S_2, 0.8)\ (S_3, 0.5)\ (S_4, 0.6)\}$$

또한 구하고자 하는 퍼지 집합 Q는 S와 만난 적이 있는 사람들로써, 만남으로 인해 감기에 걸릴 가능성을 알고자 하는 퍼지집합이다.

$$Q = \{Q_1, Q_2, Q_3\}$$

이때 감기 환자 집합 S와 만난 사람들의 집합 Q와의 관계 R이 다음과 같이 주어졌다고 하자. 여기서 순서쌍 관계는 만났던 적이 있으면 순서쌍으로 나타냈다.

$$M_{S \cdot Q} = \{(S_1, Q_1)\ (S_3, Q_1)\ (S_2, Q_2)\ (S_4, Q_2)\ (S_1, Q_3)\ (S_4, Q_3)\}$$

다음 식과 같은 확장 원리에 의해 퍼지 집합 Q는 퍼지 관계 R과 퍼지 집합 S로부터 얻어진다.

모든 $x \in S$, $y \in Q$에 대하여 $y = f(x)$ 또는 $x = f^{-1}(y)$가 성립된다고 하면, 다음 식이 성립한다.

$$\mu_{Q(y)} = Max \mu_{S(x)},\ \forall \in f^{-1}(y),\ \text{if } f^{-1}(y) \neq \phi$$

이것이 확장 원리인데 n차원으로도 확장시킬 수 있다. 위의 경우는 2차원인 경우의 예이다. 이상과 같은 확장 원리에 의해 퍼지 집합 Q를 유도해 내면 다음과 같다.

$$f^{-1}(Q_1) = \{(S_1,\ 0.3)\ (S_3,\ 0.5)\}$$

그러므로 $Max(0.3,\ 0.5) = 0.5$가 되고, $\mu_Q(Q_1) = 0.5$가 구해진다. 마찬가지의 방법으로 나머지를 모두 계산하면 $\mu_Q(Q_2) = 0.8$, $\mu_Q(Q_3) = 0.6$이 구해진다. 이로부터 다음과 같은 퍼지 집합 Q를 얻을 수 있다.

$$Q = \{(Q_1,\ 0.5)\ (Q_2,\ 0.8)\ (Q_3,\ 0.6)\}$$

이렇게 얻은 퍼지 집합은 Q_1이 감기에 걸릴 가능성이 0.5, Q_2는 0.8, Q_3는 0.6임을 각각 의미하는 퍼지 집합이다.

5.6 퍼지 추론

5.6.1 퍼지 추론 유형에 따른 분류

퍼지 추론 방법은 <그림 5.7>에서와 같이 추론유형에 따라 GMP(Generalized Modus Ponens)와 GMT(Generalized Modus Tolens)로 분류되며, 각 추론 유형은 퍼지 관계의 정의 방식에 따라 여섯 가지 추론 방법으로 분류된다. 이 그림에서 Max-Min CRI 방법이 많이 사용되는 방법이다.

하나의 입력 변수인 프로세스 상태 변수 (x)와 출력 변수인 제어 변수 (y)를 갖는 퍼지 규칙 베이스가 있을 때 GMP와 GMT는 다음과 같다. 이때 A, B는 언어적 변수 x, y를 나타내는 언어적 값으로 퍼지 집합으로 표현되며, A', B'는 퍼

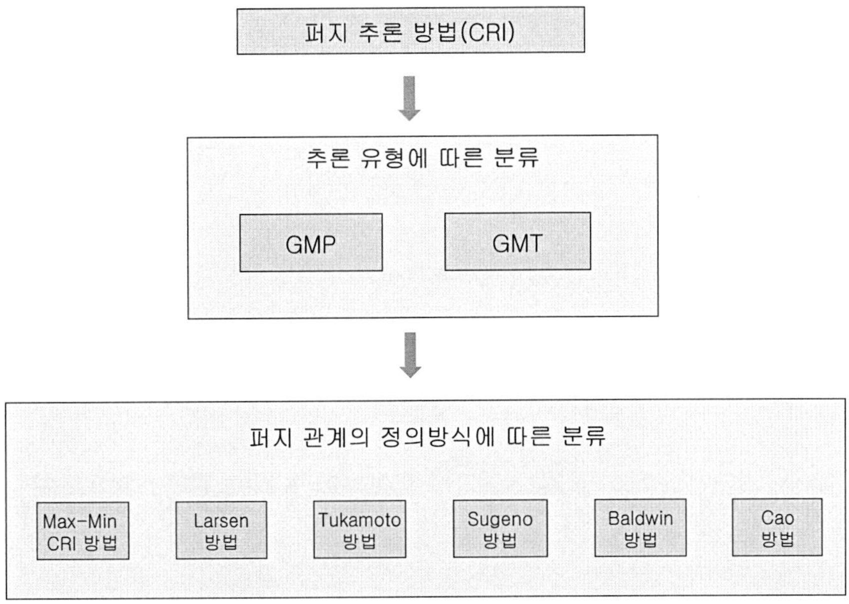

〈그림 5.7〉 퍼지 추론 방법의 분류

지 추론 유형에 따라 언어적 변수 x, y의 입출력을 나타내는 언어적 값으로 역시 퍼지 집합으로 표현된다.

① 퍼지 추론 유형 1 : GMP ⇨ 자료 제공방식(data-driven method)

퍼지 조건문 : $IF\ x\ is\ A\ THEN\ y\ is\ B$

입력정보 : $x\ is\ A'$

$y\ is\ B'$

② 퍼지 추론유형 2 : GMT ⇨ 목표 제공방식(goal-driven method)

퍼지 조건문 : $IF\ x\ is\ A\ THEN\ y\ is\ B$

입력정보 : $x\ is\ B'$

$x\ is\ A'$

퍼지 추론 유형 1인 GMP는 여러 조건들에 따라 행동을 결정짓는 전진 추론 방식(forward inference method)이며, 퍼지 추론 유형 2인 GMT는 이미 결론을 안

생태에서 조건을 찾아내는 후진 추론 방식(backward inference method)이다. GMP와 GMT는 문제 성격에 따라 적절히 선택된다. GMP는 여러 원인에 따른 결과를 추론하기 위한 문제 영역에서 주로 이용되며, GMT는 의학 전문가 시스템이나 고장진단 시스템 등 원인 규명을 위한 문제 영역에서 이용되고 있다.

이러한 GMP를 CRI 방법으로 표현하면 <그림 5.8>과 같다.

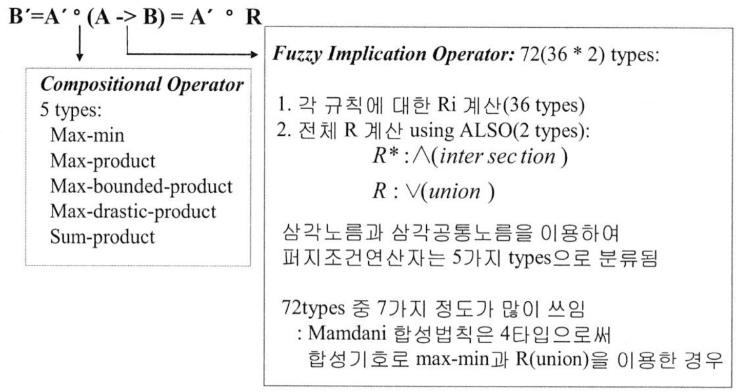

〈그림 5.8〉 GMP와 연산 기호

GMT도 같은 방법으로 $A' = B' \circ (A \rightarrow B) = B' \circ R$으로 표현되며 합성 기호 및 퍼지 관계를 나타내는 기호는 동일한 의미를 가진다.

<그림 5.8>에서 합성 기호는 max-min 연산, max-product 연산, max-bounded-product 연산, max-drastic-product 연산, sum-product 연산의 다섯 종류가 있으나 방법의 간결성으로 인해 max-min 연산과 max-product 연산이 가장 많이 사용된다.

퍼지 조건연산자는 규칙 베이스의 한 퍼지 조건문에 대한 퍼지 관계 R_i를 얻은 후 문장 연결사 $'ALSO'$ 연산에 의해 전체 퍼지 조건문(또는 규칙 베이스)에 대한 퍼지 관계 R을 구하는 과정으로 이루어져 있다. 그러나 이 책에서는 편의상 다음의 1단계에서의 퍼지 관계 R_i를 퍼지 조건연산자라 하고, 2단계에서의 퍼지 관계 R을 퍼지 관계라고 구분하기로 한다.

[단계 1] 한 퍼지 조건문에 대한 퍼지 관계 R_i는 다음과 같이 구한다.

$$R_i = \int \mu_{Ai}(x) \times \mu_{Bi}(y) / (x,\ y), \quad (i = 1,\ 2,\ ...,\ n)$$

이 식에는 '×'는 퍼지 조건 연산자를 의미하며 정의 방식에는 36종류가 있다.

[단계 2] 1단계에서 얻은 R_i로부터 전체 퍼지관계 R을 구하기 위해 $ALSO$ 연산을 적용한다. $ALSO$에는 ∧ (곱 연산)과 ∨ (합 연산)의 두 가지가 존재하므로 퍼지 조건연산자의 정의방식에는 72(36×2)종류가 있게 된다. 이것을 72종류의 퍼지관계 (R 혹은 R^*)라 한다. 퍼지 조건 연산자에 합 연산이 적용될 경우는 R로 표기하고 곱 연산이 적용될 경우는 R^*로 표기한다.

퍼지 조건 연산자 $A \rightarrow B$의 정의 방식은 다음과 같다. 퍼지 논리곱(fuzzy conjunction)과 퍼지 논리합(fuzzy disjunction)은 근사추론에서 이용되는 정의인데, 퍼지 조건 연산자 $A \rightarrow B$에 대해 퍼지 논리곱은 삼각 노름(* : triangular norm)을 이용하여 정의하며 퍼지 논리합은 삼각 공통 노름(+ : triangular co-norm)을 이용하여 정의한다.

삼각 노름 * 은 $[0,1] \times [0,1] \rightarrow [0,1]$인 함수를 말하며, 모든 $x, y \in [0,1]$에 대해 다음과 같은 종류의 연산을 포함한다.

① 교집합(intersection) : $x \wedge y = Min\{x, y\}$

② 산술곱(algebraic product) : $x \cdot y = xy$

③ 경계곱(bounded product) : $x \odot y = Max\{0, x + y - 1\}$

④ 근본곱(drastic product) : $x \cap y = \begin{cases} x\ ,\ y = 1 \\ y\ ,\ x = 1 \\ 0\ ,\ x, y < 1 \end{cases}$

삼각 공통 노름 +은 $[0,1] \times [0,1] \rightarrow [0,1]$인 함수를 말하며, 모든 $x, y \in [0,1]$에 대해 다음과 같은 종류의 연산을 포함한다.

① 합집합(union) : $x \vee y = Max\{x, y\}$

② 산술합(algebraic sum) : $x + y = x + y - xy$

③ 경계합(bounded sum) : $x \oplus y = Min\{1,\ x + y\}$

④ 근본합(drastic sum) : $x \uplus y = \begin{cases} x \ , \ y=0 \\ y \ , \ x=0 \\ 1 \ , \ x,y>0 \end{cases}$

⑤ 분리합(disjoint sum) : $x \triangle y = Max\{Min(x,\ 1-y),\ Min(1-x,\ y)\}$

삼각 노름과 삼각 공통 노름의 정의로부터 퍼지 조건 연산자의 정의 형태는 일반적으로 다음의 유형으로 분류된다.

① 제1 퍼지 조건 유형 : $(\neg A)+B$
② 제2 퍼지 조건 유형 : $(\neg A)+(A \times B)$
③ 제3 퍼지 조건 유형 : $(\neg A \times \neg B)+B$
④ 제4 퍼지 조건 유형 : $Max \in \{c \in [0,1],\ A * c \leq B\}$
⑤ 제5 퍼지 조건 유형 : $Min\{t \in [0,1],\ B+t \leq A\}$

예를 들어, Mamdani의 퍼지 조건 연산자는 퍼지 논리곱 정의를 위해 삼각노름 중 교집합 연산을 이용해서 얻은 것이며 제4 퍼지 조건 유형에 속하고, Larsen의 퍼지 조건 연산자는 대수곱 연산을 이용해서 얻은 것이며 역시 제4 퍼지 조건 유형에 속한다. 이들로부터 생성된 72종류의 퍼지 조건 연산자(퍼지 관계) 중 다음의 일곱 가지가 퍼지 추론에 이용되고 있다. 이들은 '$ALSO$' 연산을 모두 합 연산으로 했을 경우이다.

① 표준 서열 법칙(standard sequence fuzzy implication)

$$R_2 = A \times V \rightarrow U \times B$$
$$= \int_{U \times V} (\mu_A(u) > \mu_B(v)) \ / \ (u,v)$$
$$where\ \mu_A(u) > \mu_B(v) = \begin{cases} 1, & \mu_A(u) \leq \mu_B(v) \\ 0, & \mu_A(u) > \mu_B(v) \end{cases}$$

② Goguen의 퍼지 관계

$$R_4 = A \times V \rightarrow U \times B$$
$$= \int_{U \times V} (\mu_A(u) \gg \mu_B(v)) / (u,v)$$

$$where \ \mu_A(u) \gg \mu_B(v) = 1, \quad \mu_A(u) \le \mu_B(v)$$

$$\frac{\mu_{B(v)}}{\mu_{A(u)}}, \quad \mu_A(u) > \mu_B(v)$$

③ 산술 법칙(arithmetic rule of fuzzy implication)[Zadeh]

$$\begin{aligned} R_5 &= (\neg A \times V) + (U \times B) \\ &= \int_{U \times V} 1 \wedge (1 - \mu_A(u) + \mu_B(v)) \ / \ (u,v) \end{aligned}$$

④ 최대 최소 법칙(maxmin rule of fuzzy implication)[Zadeh]

$$\begin{aligned} R_7 &= (A \times B) \cup (U \times B) \\ &= \int_{U \times V} (\mu_A(u) \wedge \mu_B(v) \vee (1 - \mu_A(u)) \ / \ (u,v) \end{aligned}$$

⑤ 최소 연산 법칙(mini-operation rule of fuzzy implication)[Mamdani]

$$\begin{aligned} R_8 &= A \times B \\ &= \int_{U \times V} (\mu_A(u) \wedge \mu_B(v)) \ / \ (u,v) \end{aligned}$$

⑥ 부울대수 법칙(boolean fuzzy implication)

$$\begin{aligned} R_{22} &= (\neg A \times V) \cup (U \times B) \\ &= \int_{U \times V} (1 - \mu_A(u)) \vee (\mu_B(v)) \ / \ (u,v) \end{aligned}$$

⑦ 곱 연산 법칙(product operation rule of fuzzy implication)[Larsen]

$$\begin{aligned} R_{25} &= A \times B \\ &= \int_{U \times V} (\mu_A(u)\mu_B(v)) \ / \ (u,v) \end{aligned}$$

예제 전체집합 $\cup = \{1,2,3,4,5\}$에서 다음과 같은 퍼지 집합을 정의하고 퍼지 관계를 <그림 5.8>에 따라 정의한 후 퍼지 추론의 GMP 방식을 이용하여 추론을 해보자.

small = {1/1, 0.8/2, 0.6/3, 0.4/4, 0.2/5}

large = {0.2/1, 0.4/2, 0.6/3, 0.8/4, 1/5}

very small = {1/1, 0.64/2, 0.36/3, 0.16/4, 0.04/5}

not very large = {0.96/1, 0.84/2, 0.64/3, 0.36/4, 0/5}

GMP 방식에서 규칙과 입력사실 그리고 추론 결과는 다음과 같다.

① 규칙 베이스

규 칙: IF x is small, THEN u is large ELSE not very large

입력 사실: x is very small

추론 결론: $u = B'$

② 퍼지 관계

$$R(x, u) = A \times B + (\sim A \times C) = \begin{bmatrix} 0.2 & 0.4 & 0.6 & 0.8 & 1.0 \\ 0.2 & 0.4 & 0.6 & 0.8 & 0.8 \\ 0.4 & 0.4 & 0.6 & 0.6 & 0.6 \\ 0.6 & 0.6 & 0.6 & 0.4 & 0.4 \\ 0.8 & 0.8 & 0.64 & 0.36 & 0.2 \end{bmatrix}$$

로 계산된다.

③ 추론 과정

B'는 GMP식에 따라 다음의 순서대로 계산할 수 있다.

$B' =$ very small OR

$$= [1,\ 0.64, 0.36,\ 0.16,\ 0.04] \circ \begin{bmatrix} 0.2 & 0.4 & 0.6 & 0.8 & 1.0 \\ 0.2 & 0.4 & 0.6 & 0.8 & 0.8 \\ 0.4 & 0.4 & 0.6 & 0.6 & 0.6 \\ 0.6 & 0.6 & 0.6 & 0.4 & 0.4 \\ 0.8 & 0.8 & 0.64 & 0.36 & 0.2 \end{bmatrix}$$

$$= [0.36,\ 0.4,\ 0.6,\ 0.8,\ 1.0] = B'$$

여기서, x = 5, u = 3인 경우,

$R(5,3) = \mu_R(5,\ 3)$

$$= \{\mu_{small}(5) \wedge \mu_{large}(3)\} \vee \{(1 - \mu_{small}(5)) \wedge \mu_{very\ large}(3)\}$$

$$= \max(0.2 \wedge 0.6,\ 0.8 \wedge 0.64) = 0.64$$

따라서 B'는 0.64가 결론으로 추론된다.

이 관계를 그림으로 나타내면 다음 <그림 5.9>와 같다.

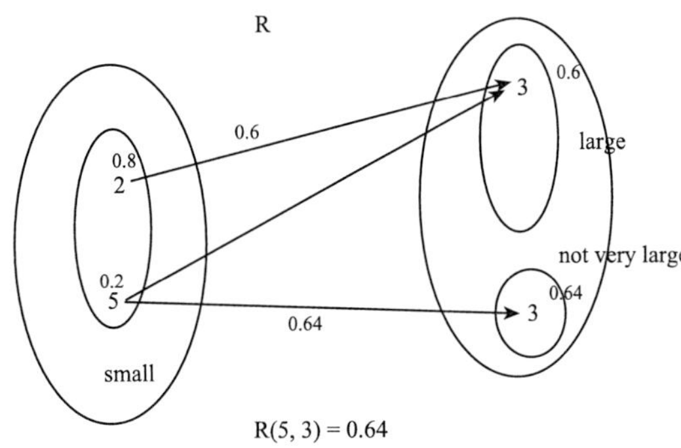

〈그림 5.9〉 예제 수행 결과

5.6.2 퍼지 관계의 정의 방식에 따른 분류

36종류의 퍼지 조건 연산자로부터 퍼지 관계(넓은 의미의 퍼지 조건 연산자)는 총 72종류가 생성되기 때문에 이들 72종류의 퍼지 관계와 다섯 종류의 합성 기호를 어떤 방법으로 조합하는가가 퍼지 모델이 적용될 문제 영역의 성능에 있어서 매우 중요한 문제가 된다. 그러나 합성 기호는 퍼지 관계의 정의에 영향을 받기 때문에 결국 퍼지 관계의 정의가 성능에 있어서 가장 결정적인 영향을 미치게 된다.

따라서 이러한 퍼지 관계와 합성 기호를 적절히 사용하여 효율적인 퍼지 추론이 되도록 여러 퍼지 추론 방법들이 제안되었는데, 퍼지 관계 정의방식에 따라 대략 여섯 가지 유형으로 분류할 수 있다. 방법 1에서부터 방법 3까지는 퍼지 관계 정의시 생성된 72종류의 퍼지 조건 관계 중 어느 것을 사용했느냐에 따른 분류이며, 방법 4에서부터 방법 6까지는 퍼지 관계 정의시 72종류가 아닌 다른 방법으로 정의한 경우에 해당된다.

방법 1은 위에서 제시한 일곱 가지 퍼지 관계 중 Mamdani가 제안한 R_8을 이용하여 추론하는 방법으로 직접법이라 불리는 Max-Min CRI 방법이다(자세한 내용은 5.7절 참조). 이 방법은 간결하고 구현이 용이하다는 장점이 있다.

방법 2는 Larsen이 제안한 R_{25}를 이용하는 추론 방법으로, 방법 1과 더불어 많이 사용되나 계산 과정이 방법 1보다 다소 복잡하다.

방법 3은 Tuskamoto가 제안한 추론 방법으로 방법 1과 방법 2를 단순화시켜 간접적으로 추론하려는 방식인데, 멤버십 함수가 단조 함수가 되어야 하므로 멤버십 함수 결정이 어렵다는 문제점을 가진다.

방법 4는 Takagi와 Sugeno가 제안한 추론 방법으로, 결론부 퍼지 명제가 조건부 퍼지 명제에 대한 함수 관계인 것이 특징인 추론 방법이다. 그러나 이 방법은 결론부 퍼지 명제의 각 계수값을 최적으로 할 뿐 아니라 함수 관계를 잘 정의해야 하는 문제점이 있다. 따라서 신경 회로망을 이용해 최적인 계수값을 찾는 방법이나 유전 알고리즘을 이용한 방법 등이 연구 제안되고 있다.

방법 5는 Baldwin이 제안한 추론 방법으로, GMP에 진리값을 부여함으로써 3단계의 과정을 통한 추론 방법이다. 그러나 이 방법은 진리값 결정이 용이하지 못할 뿐 아니라 다단계 사상 과정을 통해야 하기 때문에 추론 시간이 많이 소모된다.

방법 6은 Cao와 Kandel이 제안한 퍼지 추론 방법으로, 퍼지 관계 R을 나타내는 행렬 결정이 중요한 문제가 된다.

비퍼지화 과정은 퍼지화된 결과를 추론 결과들의 가능성 분포를 가장 잘 나타내고 있는 비퍼지값으로 전환시켜 주는 방법을 적용하는 과정으로, 어느 추론 방법에서나 반드시 필요하다.

$$y = \text{비퍼지화 방법}(x)$$

여기서, x는 각 규칙의 추론 결과를 조합한 퍼지 추론의 결과를 의미하고, y는 임의의 비퍼지화 방법에 의해 생성된 비퍼지값을 의미한다.

여러 비퍼지화 방법 중 최대기준법(Max Criterion Method), 최대평균법(Mean of Maximum Method), 무게중심법(Center of Area Method), 그리고 최대무게중심법(Centroid of Largest Area)이 많이 사용된다. 최대기준법은 퍼지 추론 결과들의 가능성 분포 중 최대값을 취하는 방법이고, 최대평균법은 멤버십 함수가 최대인 모든 값들의 평균값을 취하는 방법이며, 무게중심법은 생성된 멤버십 함수의 무게중심 값을 취하는 방법으로 가장 많이 사용되고 있는 비퍼지화 전략이다. 최대무게중심법은 생성된 멤버십 함수의 최대무게중심 값만을 취하는 방법으로 성능이 우수하다.

5.7 Max-Min CRI 방법

효율적인 퍼지 시스템 모델 구축을 위해 어떤 퍼지 조건 연산자(퍼지 관계)를 사용하느냐가 매우 중요하다. 대다수의 공학자들이 여러 퍼지 조건 연산자 중 Max-Min CRI 방법을 많이 사용하고 있기 때문에 이 책에서 이를 설명하고자 한다.

Max-Min CRI 방법은 GMP 연산을 위한 퍼지 추론 방법으로, 퍼지 관계 생성을 위해 Mamdani가 제안한 최소 연산법칙(mini-operation)을 사용하며, 합성 기호로 Max, Min 연산을 이용한다. Max-Min CRI 방법은 직접법(direct method) 또는 Zadeh의 추론 방법이라고도 하며 기존의 많이 사용되어 온 퍼지 추론방법이다.

Max-Min CRI 방법은 규칙 베이스에 규칙이 다음과 같은 형태로 있을 때, 임의의 입력 사실에 대해 적당한 결과를 산출하기 위한 퍼지 추론 방법이다.

$$
\begin{array}{l}
\text{IF } X \ is \ A_1 \ \text{ THEN } Y \ is \ B_1 \\
ALSO \text{ IF } X \ is \ A_2 \ \text{ THEN } Y \ is \ B_2 \\
\quad\quad\quad \cdot \quad\quad\quad\quad\quad \cdot \\
\quad\quad\quad \cdot \quad\quad\quad\quad\quad \cdot \\
ALSO \text{ IF } X \ is \ A_n \ \text{ THEN } Y \ is \ B_n
\end{array}
$$

Max-Min CRI 방법의 실제적 추론 방법은 다음과 같다. 다음과 같이 규칙 베이스의 모든 규칙들은 Π_X, Π_Y 형태의 가능성 분포로 표현된다. 이 규칙 베이스에서 입력 사실 A'에 대한 추론 결과 B'를 구하기 위해 CRI 방법에 따라 표현하면 다음과 같다.

$$IF \ X \ is \ A \ THEN \ Y \ is \ B \Rightarrow IF \ \Pi_X = \mu_A \ THEN \ \Pi_Y = \mu_B$$

$$
\begin{aligned}
B' &= A' \circ (A \rightarrow B) \\
&= A' \circ R
\end{aligned}
$$

이 식은 한 규칙에서 추론 결과 B'를 생성하는 의미를 가진 표현이지만 동시에 퍼지 추론 방법의 전체적 개요를 보여주는 식이기도 하다. R은 Zadeh가 제안한 행렬 형태로 나타내기도 하는데 대부분 행렬 형태가 아닌 경우로서 다음의 과정에 의해 결정된다. 이 식의 $A \rightarrow B$ 연산을 위해 위에서 설명한 두 단계의 과정을 거치는데 퍼지 관계 R_8을 이용한다.

제1단계를 위해 1989년 Takefuji가 정의한 일치도 α를 이용한다.

$$\alpha = Max \ \ Min(\mu_{A'}(u), \ \mu_A(u))$$

이로부터 CRI의 합성순서를 결정하는데, 이때 $\mu_{B'}(v)$가 생성됨으로써 R_i가 결정된다.

$$\begin{aligned} \forall v \in V, \ u \in U, \ \mu_{B'}(v) &= Max \ \ Min(\mu_{A'}(v), \ \mu_R(u, \ v)) \\ &= Min(\alpha, \ \mu_B(v)) \end{aligned}$$

제2단계에서는 위의 식에서 생성된 $\mu_{B'}(v)$로부터 전체 R을 구하기 위해 합 연산의 '$ALSO$' 연산을 적용하여 조합한다.

조합된 규칙 베이스의 모든 규칙들로부터 새로운 결론부 함수를 생성한 후 비퍼지화 과정에 의해 수치화된 비퍼지값을 산출한다.

이것이 다음 <그림 5.10>에 있는 Max-Min CRI 방법의 개요이다.

Max-Min CRI(=Direct Method 또는 Zadeh의 추론 방법)

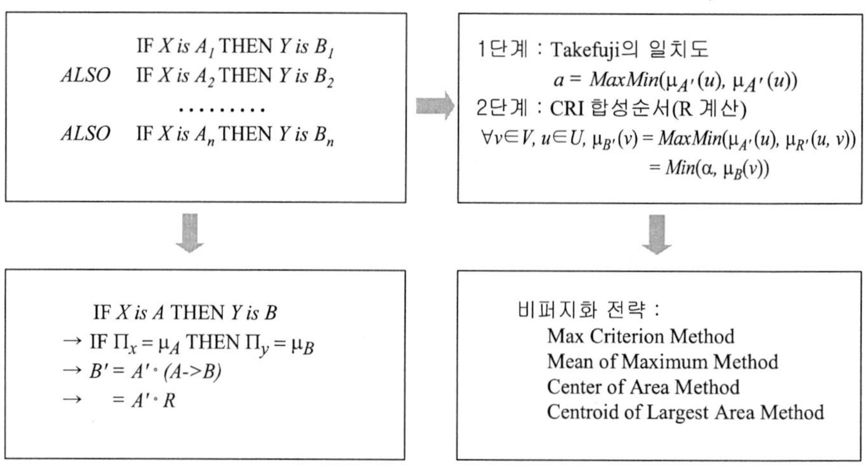

〈그림 5.10〉 Max-Min CRI 방법의 개요

퍼지 시스템의 개념 및 구체적인 시스템 구현에 관해서는 제6장에서 계속해서 설명하고자 한다.

연·습·문·제

1. 다음 주어진 표를 보고 답하시오.

전체집합 \ 퍼지집합	어리다(유아정도)	젊다	성숙하다	늙다
5	0.8	0	0	0
15	0.6	0.6	0.4	0
25	0.4	1	0.8	0
35	0.2	1	1	0
45	0	0.4	1	0.1
55	0	0.1	1	0.3
65	0	0	0.7	0.6
75	0	0	0.8	1
85	0	0	0.5	1

(1) '어리다'와 '성숙하다'의 합집합과 교집합을 구하시오(소수점 첫째까지만 구할 것).

(2) '젊다'의 α-cut과 레벨집합을 구하시오.

(3) 퍼지집합 '늙다'의 크기를 스칼라와 상대적인 값을 이용하여 각각 구하시오.

(4) 45세에 대하여 '성숙하다 → 젊다'의 진리값을 구하시오.

2. 다음과 같은 퍼지 관계 M_R과 M_S로부터 $M_{S \cdot R}$을 구하시오. 아래 표의 오른쪽 빈칸을 채우고 과정을 쓰시오.

M_R	a	b	c
a	0.1	0.2	0.3
b	0.7	1	0.6
c	0.2	0.5	0.9

M_S	a	b	c
a	0	1	0.2
b	0.4	0.1	0.4
c	0.8	0.7	0.5

$M_{S \cdot R}$	a	b	c
a			
b			
c			

3. convex set이란 무엇인가?

4. GMP를 Max-Min CRI 방법으로 표현한 것을 참고하여 GMT를 Max-Min CRI 방법으로 전개해 보시오.

5. 가능성이론과 확률이론을 비교하여 설명하시오.

제 6 장

퍼지 시스템

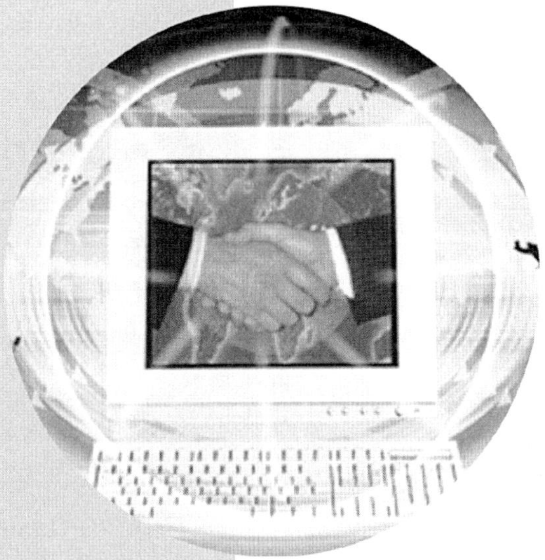

6.1 퍼지 시스템 모델의 개요

퍼지 시스템 모델이란 기존의 수학적 방법으로는 설명될 수 없는 시스템 행동을 퍼지 이론에 근거해서 설명하기 위한 모델이다. 퍼지 시스템 모델은 아래의 식과 같은 퍼지 제어 규칙 베이스(또는 퍼지 규칙 베이스 또는 규칙 베이스)를 기본으로 구성된다.

퍼지 제어 규칙 베이스에는 한 규칙을 나타내는 'IF A THEN B' 형태의 퍼지 조건문(fuzzy conditional statement), 문장 연결사(connectives) 'and'와 '$ALSO$' 그리고 시스템 상태를 설명하는 변수들과 그에 대한 퍼지 집합이 정의된다. 여기서 A, B는 각각 규칙의 조건부 퍼지 명제와 결론부 퍼지 명제를 의미하는데, 각 퍼지 명제가 하나 또는 아래 식과 같이 여러 개로 구성된다. 여러 개인 경우 퍼지 제어 규칙 베이스 형태에서 A는 '$X = F(i)\ AND ... AND\ Y = G(i)$'를 의미하고 B는 '$Z = H(i)$'를 의미한다.

$$\begin{array}{l} \text{IF } X = F(1) \text{ and...and } Y = G(1) \text{ THEN } Z = H(1) \\ ALSO \text{ IF } X = F(2) \text{ and...and } Y = G(2) \text{ THEN } Z = H(2) \\ \quad\cdot \qquad\qquad\qquad\qquad\qquad \cdot \\ \quad\cdot \qquad\qquad\qquad\qquad\qquad \cdot \\ ALSO \text{ IF } X = F(n) \text{ and...and } Y = G(n) \text{ THEN } Z = H(n) \end{array}$$

이때 $F(k), \cdots, G(k),\ H(k)\ (k = 1...n)$는 물리적 변수 X, Y, Z에 대한 언어적 표현으로 퍼지 집합으로 표현한다.

위 식에서 시스템의 상태를 나타내는 시스템 제어를 집합 X, Y 시스템 출력을 집합 Z라 하면,

$$X = \{x_i\} \subset (-\infty,\ \infty)$$
$$Y = \{y_i\} \subset (-\infty,\ \infty)$$
$$Z = \{z_i\} \subset (-\infty,\ \infty)$$

가 된다.

시스템의 상태를 나타내는 퍼지 집합은 물리적 변수를 [0, 1]의 유한 공간 내로 매핑시키는 함수(ξ)에 의해 다음과 같이 표현된다.

$$\xi(X) = \{X \mid X \to [0,1]\} = F(k)$$
$$\xi(Y) = \{Y \mid Y \to [0,1]\} = G(k)$$

$$\xi(Z)=\{Z \mid Z \rightarrow[0,1]\}=H(k)$$

이때 퍼지 모델에서는 입력 변수 X와 Y로부터 시스템 출력 변수 Z를 유도하는 퍼지 관계(fuzzy relation) R를 구하기 위해 다음과 같은 퍼지 조건 연산(fuzzy implication) 과정을 수행한다.

$$R=\xi(X) \times \ldots \times \xi(Y) \rightarrow \xi(Z)$$

여기서 '×'는 카티션 곱이고 '→'는 퍼지 조건 연산자(fuzzy implication operator)를 의미한다. 퍼지 관계 R는 퍼지 조건 연산자 '→'에서 유도되므로, 넓은 의미에서 퍼지 조건 연산자를 퍼지 관계라고도 한다.

퍼지 관계 R가 정의되면 추론 결과를 알고자 시스템에 주어진 입력 변수 X', Y'로부터 출력변수 Z를 구하기 위해 퍼지 추론 방법인 CRI 방법을 이용한다. CRI 방법은 최대곱(max-star) 합성법에서 곱(star)대신 최소(Min)를 취한 결과와 같으며, '∘'는 주어진 입력 변수와 미리 정의된 퍼지 관계와의 합성을 의미하는 합성 기호(composition operator)이다.

$$\begin{aligned} Z' &= (X', \ldots, Y') \circ (X, \ldots Y \rightarrow Z) \\ &= (X', \ldots, Y') \circ R \end{aligned}$$

Z는 시스템 행동을 결정짓는 단일 수치(crisp value)로서, 여러 비퍼지화 과정(defuzzification process)으로 구한다. 비퍼지화 과정은 추론 결과의 가능성 분포를 가장 잘 나타내는 비퍼지 결과값을 산출해 준다.

이와 같은 퍼지 시스템 모델의 기본 구조를 요약하면 <그림 6.1>과 같다.

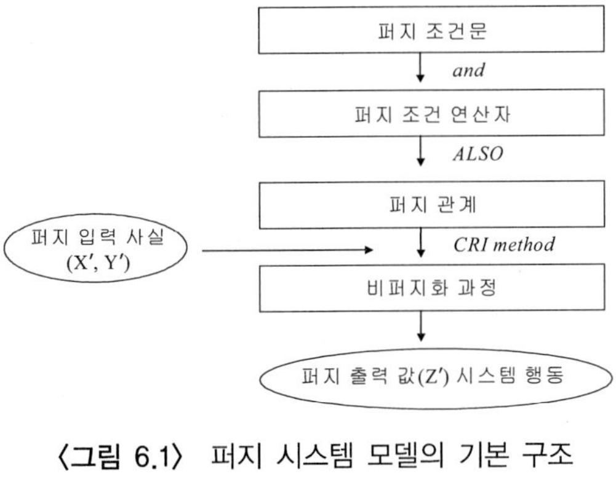

〈그림 6.1〉 퍼지 시스템 모델의 기본 구조

6.2 진보된 퍼지 시스템 모델

6.2.1 적응적 퍼지 시스템 모델

퍼지 시스템 모델에 인공지능적 기법을 결합시킴으로써 문제점을 해결하고자 접근, 시도된 모델로는 적응적 퍼지 시스템 모델(adaptive fuzzy system model), 자기 조정 퍼지 시스템(self-organizing fuzzy system model), 뉴로 퍼지 시스템 모델(neuro-fuzzy system model)이 있는데 이들을 진보된 퍼지 시스템 모델(improved fuzzy system model)이라 한다.

Max-Min CRI 방법은 시스템 공학자들이 복잡한 제어 시스템에 이용하고 있는 대표적인 퍼지 추론 방법으로, 퍼지 논리의 최대(Max), 최소(Min)연산만을 이용하여 추론에 이용하고 있다. 이 방법을 이용하는 대표적 퍼지 시스템 모델인 FLC는 기존의 모델 기반 제어 시스템이 다루기 어려웠던 비선형, 동적 시스템 등에 적용되어 좋은 성능을 보여 주었다. 또한 의학이나 생물학 분야에서도 좋은 성능을 보여 주었다.

그러나 Max-Min CRI 방법은 멤버십 함수들의 주관적인 결정, 오류 발생 가중치 전략, 추론 규칙들의 비합리적인 조합이라는 세 가지 문제점 때문에 추론 결과에 상당한 오류 영역을 발생시킨다. 이 세 가지 문제점은 외부 환경 변화에 동적으로 적응하지 못했기 때문에 발생된다. 따라서 외부 환경 변화에 적응함으로써 보다 정확한 시스템 행동을 결정하고자 제안된 개념이 적응적 퍼지 시스템이다. 여기서 '적응적(adaptive)'이란 어떻게 주어진 목표에 빨리 도달할 수 있는가를 고려해 규칙의 특성, 퍼지 집합의 형태, 비퍼지화 방법 등을 변경 및 수정하는 것을 의미한다. 적응적 퍼지 시스템 모델과 퍼지 시스템 모델과는 외부 환경 변화에 대한 적응 능력의 유무로써 구별된다.

다음 <그림 6.2>는 퍼지 시스템 모델을 나타낸 것이며, <그림 6.3>은 적응적 퍼지 시스템 모델을 나타낸 그림이다.

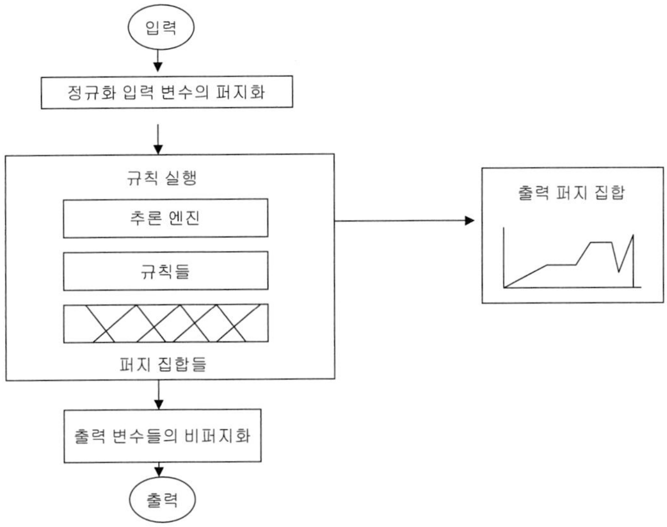

〈그림 6.2〉 퍼지 시스템 모델

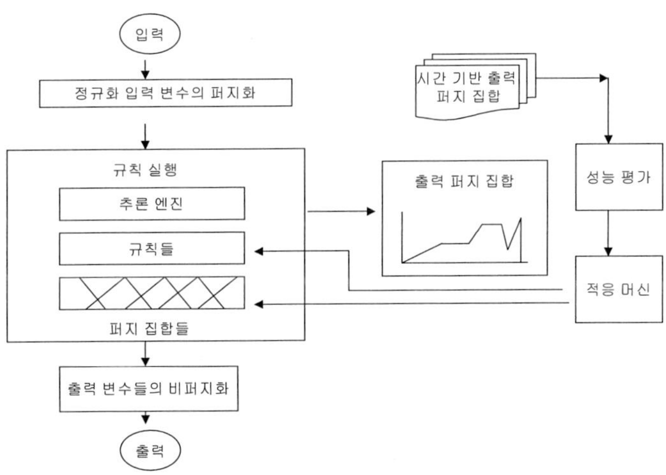

〈그림 6.3〉 적응적 퍼지 시스템 모델

<그림 6.2>의 퍼지 시스템 모델은 입력값이 퍼지화된 규칙에 적용되어 병렬적으로 출력값(해)을 산출하는 과정을 보인 것으로 외부 환경에 전혀 적응하지 못하고 있다. 반면 <그림 6.3>의 적응적 퍼지 시스템 모델은 시간에 따라 출력값의

성능을 평가해서 규칙이나 퍼지 용어 집합 등을 수정해 줌으로써 외부 환경에 적응하는 인공지능적 기법을 채택하고 있다. 적응적 퍼지 시스템의 예로 1992년 Kang은 리아프노프(Lyapunov) 안정 기준에 바탕을 둔 적응적 퍼지 제어 시스템을 제안하였다. 그러나 적응적 퍼지 시스템 모델은 새로운 자극에 대해 잘 적응하기 위해 스스로 재구성하는 능력이 부족하므로 이를 보완하여 최적인 처리(near-optimal processing)를 할 수 있도록 개선한 방법이 자기 조정(self-organizing) 퍼지 시스템 모델이다.

6.2.2 자기 조정 퍼지 시스템 모델

자기 조정 퍼지 시스템 모델은 적응적 퍼지 시스템 모델에 인공지능적 기법으로 학습 기능과 룩업 테이블(look-up table) 변경 기능이 첨가된 모델로, 학습과 테이블 변경 기능을 통해 새로운 자극에 대해 적응한다.

자기 조정 퍼지 시스템 모델의 개념은 <그림 6.4>에 나타나 있다.

자기 조정 퍼지 시스템 모델에는 신경 회로망과 알고리즘적 방법(룩업 테이블 변경)의 자기 조정 기법이 있다. 간략하게 살펴보자.

자기 조정 퍼지 시스템 모델의 공동 특성은 첫째, 적응적 퍼지 시스템 모델이 새로운 자극에 대해서도 끊임없이 잘 적응하기 위해 학습 기능을 도입했고 둘째, Max-Min CRI 방법의 세 가지 문제점 중 멤버십 함수와 퍼지 규칙의 생성 및 조절 문제만을 해결하려 했다는 점이다.

자기 조정 퍼지 시스템 모델이 적응적 퍼지 시스템 모델로부터 유도되었다면, 뉴로 퍼지 시스템 모델은 자기 조정 퍼지 시스템 중 특히 학습 신경 회로망을 도

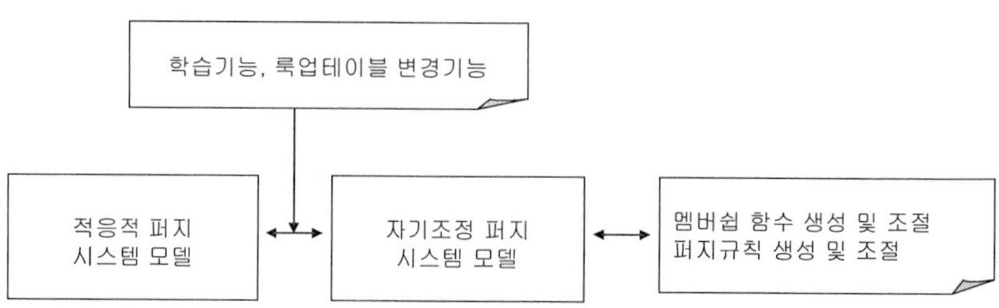

〈그림 6.4〉 자기 조정 퍼지 시스템

입하여 자기 조정 기능에 지능을 부여하고자 한 시스템을 말한다. 적응적이나 자기 조정 퍼지 시스템 모델이 주로 제어 문제에만 응용된 반면, 뉴로 퍼지 시스템 모델은 신경 회로망과 퍼지 이론을 융합한 시스템으로 제어 문제만 아니라 여러 문제 영역에 다양하게 응용되고 있다.

6.3 뉴로 퍼지 시스템 모델

6.3.1 개요

뉴로 퍼지 시스템 모델은 신경 회로망과 퍼지 이론의 장점만을 융합한 시스템 모델로 <그림 6.5>와 같은 기능을 가진다. 즉, 인간의 사고 작용과 같이 학습하고 추론하며 기억하고 인식하는 등의 기능을 하는 보다 지능적인 시스템을 만드는 것을 목표로 하는 시스템 모델이다.

뉴로 퍼지 융합의 개념을 확립한 대표적인 학자로는 Kosko와 Takagi를 들 수 있다. Kosko는 지식의 형태를 구조적 지식(structured, rule-like)과 비구조적 지식(unstructured)으로 나누고 지식 표현 형태(framework)도 심볼적(symbolic)과 수치적(numerical)으로 나누어 여러 시스템들의 지식 처리 형태를 분류하였다. 그는 전문가 시스템은 구조적 지식을 심볼적으로 처리하고, 퍼지 시스템은 구조적 지

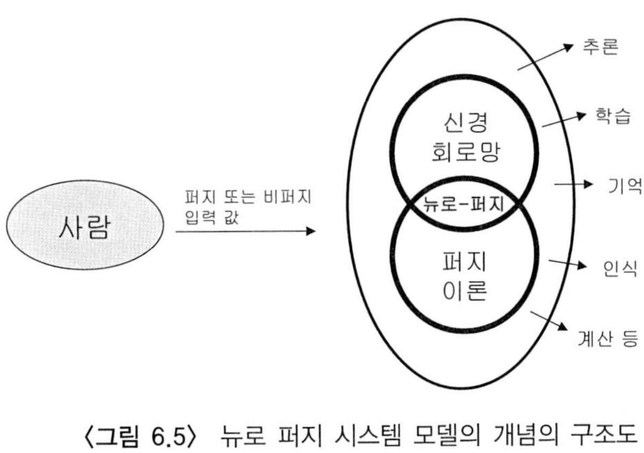

〈그림 6.5〉 뉴로 퍼지 시스템 모델의 개념의 구조도

식을 수치적으로 표현하며, 신경 회로망 시스템은 비구조적 지식을 수치적으로 표현하는 시스템이라고 하였다. 그러나 인간의 지식 정보 처리 과정은 전문가 시스템이나 퍼지 시스템, 신경 회로망 시스템도 아닌 여러 지식 정보 처리의 통합체이므로 신경 회로망과 퍼지 시스템의 융합은 매우 중요하다고 하였다.

6.3.2 신경 회로망과 퍼지 이론의 비교

1990년에 Takagi는 뉴로 퍼지 시스템은 신경 회로망과 퍼지 이론의 장점과 유사점들을 융합하려는 노력에서부터 시작되었다고 하였다. <표 6.1>에 신경 회로망과 퍼지 이론의 장단점 및 유사점들을 비교 정리하였다.

〈표 6.1〉 신경 회로망과 퍼지 이론의 비교

특성 분류 기준	신경 회로망	퍼지이론
지식 표현	가중치값에 의한 분산 표현	멤버십 함수에 의한 표현
결함내구성	있음	있음
불완전한 자료 처리 능력	있음	있음
추론	학습 함수에 의한 자기조정 능력 반복 학습	추론 규칙들의 조합에 의한 방법 (CRI)
연산	뉴런들의 다중합 연산	멤버십 함수의 Max-Min연산
기능	특성 추출 능력 최적화 기능 연상 기억 기능 다중센서 오토마타 비선형적 매핑	단순 계산 과정 언어적 또는 수치적 값의 처리 능력 비퍼지화 기능 비선형적 멤버십 함수
단점	학습시간 소모	주관적인 멤버십 함수
응용 영역	패턴 인식(문자, 이미지, 음성 등), 제어, 비전, 의사 결정 시스템, 전문가 시스템, 에이전트 시스템 등	

<표 6.1>에서 알 수 있듯이 신경 회로망의 학습 기능은 기대 이상의 훌륭한 문제 해결책을 제시해 줄 수 있으나 학습 시간이 오래 걸린다는 단점을 가진다. 반

면 퍼지 이론은 신경 회로망이 갖지 못한 독특한 추론 기능이 있어서 절차적 추론이 가능하나 멤버십 함수가 주관적으로 결정된다는 단점을 가진다.

6.3.3 형태 분류

뉴로 퍼지 시스템 모델은 기존의 순수한 신경 회로망 모델이나 퍼지 시스템 모델과는 그 구조나 기능면에서 구분된다.

(1) 융합 구조에 따른 분류

뉴로 퍼지스템 모델의 기본 구조를 신경 회로망을 기본 틀로 볼 것이냐 퍼지 이론을 기본 틀로 볼 것이냐에 따라 두 가지 형태로 분류할 수 있다.

① 신경 회로망 중심 형태 분류

신경 회로망을 분류하면, <그림 6.6>과 같이 비퍼지 뉴로 시스템 모델(신경 회로망 모델)과 퍼지 뉴로 시스템 모델로 분류된다.

<그림 6.6>의 (a)는 McCulloch과 Pitts가 1943년 제안한 모델로, N개의 입력을 가진 뉴런들이 노드로 전달되어 가중치 합 연산 후 비선형 방정식을 통해 결과가 전달되는 모델을 나타낸 순수한 비퍼지 뉴로 시스템 모델이다. 여기서 $x_1, \ldots, x_n$은 입력값이고, y는 출력값을 의미한다. 각 뉴런들은 미리 정의된 내부 임계값(threshold)을 갖는데 이 값을 넘어야 뉴런이 출력값을 가진다.

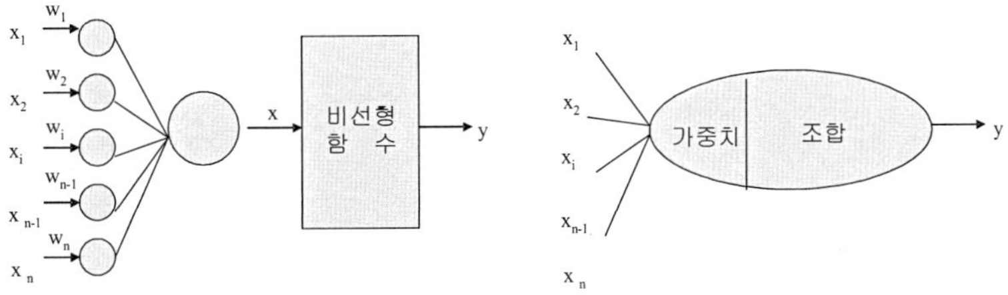

(a) 비퍼지 뉴로 시스템 모델 (b) 퍼지 뉴로 시스템 모델

〈그림 6.6〉 비퍼지 뉴로 시스템 모델과 퍼지 뉴로 시스템 모델

<그림 6.6>의 (b)는 <그림 6.6>의 (a)와 기능은 같으나 뉴런값이 퍼지한 값을 갖는다는 점과 가중치 합이 더해지는 것이 아니라 조합(aggregation)된다는 점이 차이점인 퍼지 뉴로 시스템 모델이다. 퍼지 뉴로 시스템 모델은 뉴로 퍼지 시스템 모델과 동일한 의미를 가진다.

② 퍼지 이론 중심 형태 분류

퍼지 이론을 중심으로 분류하면, <그림 6.7>과 같이 비뉴로 퍼지 시스템 모델(퍼지 시스템 모델)과 뉴로 퍼지 시스템 모델로 분류된다. 이때 x, y 변수는 각각 입력과 출력 변수를 의미한다.

비뉴로 퍼지 시스템 모델은 퍼지 시스템 모델을 의미하며 뉴로 퍼지 시스템 모델은 입출력 관계를 학습한 뒤 추론을 행하는 모델을 의미한다.

(2) 융합 방식에 따른 분류

뉴로 퍼지 시스템 모델은 융합 방식에 따라 크게 제1형태와 제2형태의 두 가지로 분류되며 각 융합 방식은 융합 측면에 따라 다시 세분된다.

제1형태는 <표 6.2>와 같이 신경 회로망 기반 퍼지 논리 구조를 갖는 뉴로 퍼지 시스템 모델(neural network based neuro-fuzzy system: N-NFS)이다. 이 모델은 기존의 신경 회로망 구조를 유지하면서 신경 회로망의 각 노드에 퍼지 개념을 갖는 퍼지값을 부여하고 있는 형태를 가진다. 제2형태는 <표 6.2>와 같이 퍼지 추론 기반 신경 회로망 구조를 갖는 뉴로 퍼지 시스템 모델(Fuzzy Inference Based Neuro-Fuzzy System: F-NFS)이다. 이 모델은 패턴을 처리하기 전에 퍼지 논리 자체에 학습 기능을 부여하고 있는데 현재 많이 사용되는 융합 전략이다. 좀 더 개념적으로 설명하면 <그림 6.8>의 (b)와 개념적으로 동일하다.

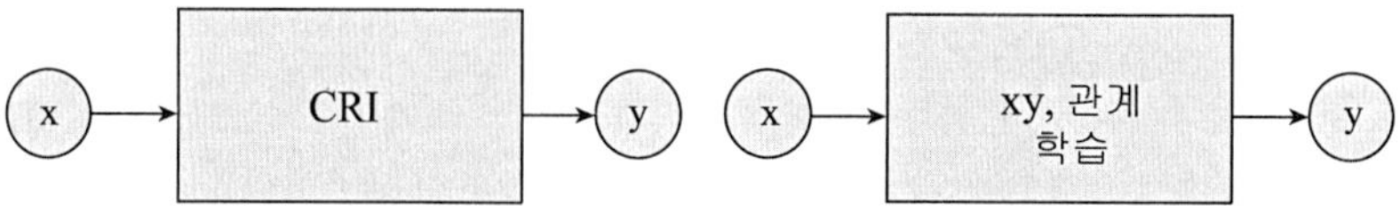

(a) 비뉴로 퍼지시스템 모델　　(b) 뉴로 퍼지 시스템 모델

〈그림 6.7〉 비뉴로 퍼지 시스템 모델과 뉴로 퍼지 시스템 모델

(a) 제 1형태(N-NFS)　　(b) 제 2형태(F-NFS)

〈그림 6.8〉 개념적인 뉴로 퍼지 융합 모델

〈표 6.2〉 뉴로 퍼지 시스템 모델의 분류

형태 구분	시스템 융합 방식	융합 방식에 따른 융합 측면
제1형태	신경 회로망 구조에 퍼지 이론을 도입한 형태 (N-NFS)	지식표현시 멤버십 함수 적용
		신경 회로망의 출력 결과를 퍼지 추론이 이용
		신경 회로망의 일부 기능을 퍼지 추론 체계로 대체
제2형태	퍼지 추론 구조에 신경회로망을 도입한 형태 (F-NFS).	멤버십 함수 생성 및 적응적 조절
		규칙 획득, 규칙 베이스 구성 및 조절
		바람직한 입출력 벡터쌍을 찾음
		퍼지 추론 구조를 신경 회로망으로 표현

각 융합 방식은 융합 측면에 따라 부분적으로 기능이 융합되는데 이를 분류해 보면 <그림 6.9>와 같다.

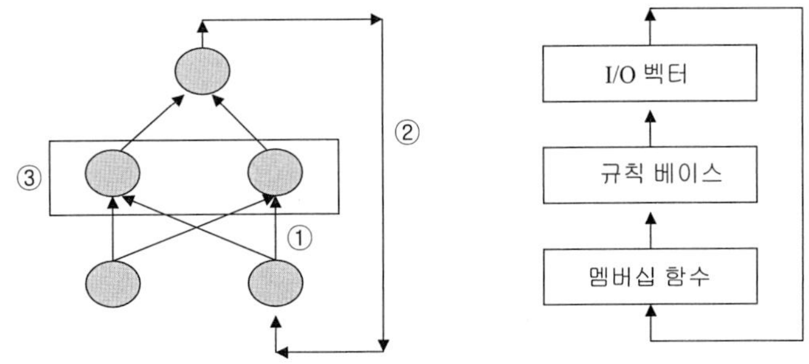

(a) 제1형태　　(b) 제2형태

〈그림 6.9〉 뉴로 퍼지 시스템 모델의 형태 분류

<그림 6.9> (a)의 제1형태인 N-NFS는 융합 측면에 따라 지식 표현시 연결 부분이나 가중치값에 멤버십 함수를 적용하는 연구(①)와 신경 회로망의 출력 결과를 퍼지 추론에 이용하는 연구(②), 그리고 신경 회로망의 일부 기능을 퍼지 논리 체계로 대체하려는 연구(③)로 구분된다.

<그림 6.9> (b)의 제2형태인 F-NFS는 융합 측면에 따라 멤버십 함수의 생성과 적응적 조절에 관한 연구, 규칙 획득 및 규칙 베이스의 구성과 조절에 관한 연구, 바람직한 입출력 벡터쌍을 찾아내는 연구, 그리고 신경 회로망 구조로써 퍼지 추론 구조를 표현하는 연구 등으로 구분된다. 멤버십 함수는 예제를 통한 학습에 의해 생성되며 바람직한 출력값을 고려해 멤버십 함수를 재조정하려는 연구가 대부분이다.

그러나 융합 방식 및 융합 측면은 서로 중복되기도 한다.

(3) 진보된 퍼지 시스템 모델 비교

지금까지 설명한 진보된 퍼지 시스템 모델(적응적 퍼지 시스템 모델, 자기 조정 퍼지 시스템 모델, 뉴로 퍼지 시스템 모델)간의 유사점과 차이점을 표로 나타내면 <표 6.3>과 같다.

〈표 6.3〉 진보된 퍼지 시스템 모델간의 유사점과 차이점

특성 모델 분류	유사점	차이점
적응적 퍼지 시스템 모델	• 퍼지 시스템 모델의 정형화된 문제점을 동적으로 개선하려 한 점 • 퍼지 시스템 모델에서 사용하는 Max-Min CRI 방법의 세 가지 문제점을 모두 해결해 주지는 못한 점	• 외부 환경 변화에 적응하기 위해 퍼지 규칙이나 멤버십 함수 또는 비퍼지화 방법 등을 변경함으로서 적용 • 주로 제어 시스템 분야에 응용
자기 조정 퍼지 시스템 모델		• 학습 기능 및 참조테이블 변경 방법을 통해 새로운 자극에 대해서도 끊임없는 적용 가능 • 진정한 의미의 적응적 퍼지 시스템 모델 • 주로 제어 시스템 분야에 응용
뉴로 퍼지 시스템 모델		• 신경 회로망과 퍼지 이론의 장점만을 융합한 진정한 의미의 자기 조정 퍼지 시스템 모델 • 다양한 융합 형태, 학습 알고리즘 및 응용 영역을 가짐

<표 6.3>으로부터 적응적 퍼지 시스템 모델 → 자기 조정 퍼지 시스템 모델 → 뉴로 퍼지 시스템 모델의 순으로 개선되고 있음을 알 수 있고, 응용 영역도 제어 분야뿐 아니라 패턴 인식, 전문가 시스템 등 다른 인공지능 분야에 다양하게 응용됨을 알 수 있다.

6.4 퍼지 제어기

6.4.1 퍼지 제어기의 구조

대표적인 퍼지 시스템 모델인 FLC(fuzzy logic controller)의 구조를 설명하면 <그림 6.10>과 같다.

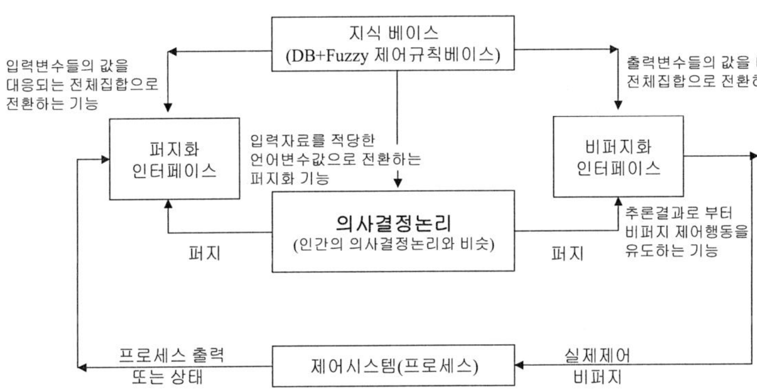

〈그림 6.10〉 FLC 구조

퍼지화 인터페이스는 입력 변수들의 값을 대응되는 전체 집합으로 전환하는 기능(scale mapping function)과 입력 자료를 적당한 언어 변수값으로 전환하는 퍼지화 기능을 수행한다. 지식 베이스는 데이터베이스와 퍼지 제어 규칙 베이스로 구성된다. 의사 결정 논리는 FLC의 핵심부로 인간의 의사 결정과 유사한 기능을 가진다. 비퍼지화 인터페이스는 출력 변수들의 값을 대응되는 전체 집합으로 전환하는 기능(scale mapping function)과 추론 결과로부터 비퍼지 제어 행동을 유도하는 비퍼지화 기능을 수행한다.

이번 절에서는 대표적인 FCL인 직류계열 모터를 제5장에서 배운 Max-Min CRI 방법을 이용하여 퍼지 추론하는 과정을 설명하고자 한다.

6.4.2 직류 계열 모터

(1) 직류 계열 모터의 수행 범위

직류 계열 모터(direct current series motor)는 이와 같은 FLC의 성능 평가를 위한 매체(vehicle)로서 제공되는 간단한 퍼지 제어기이다. 직류 계열 모터는 <그림 6.11>과 같은 구조를 가지며 일반적으로 모터의 수행 범위는 다음과 같다.

Power rating	: $P_N = 0.7Kw$
Voltage rating	: $U_N = 110\,V$
Related current	: $I_N = 8.84A$
Rated speed	: $n_N = 1500r.p.m$

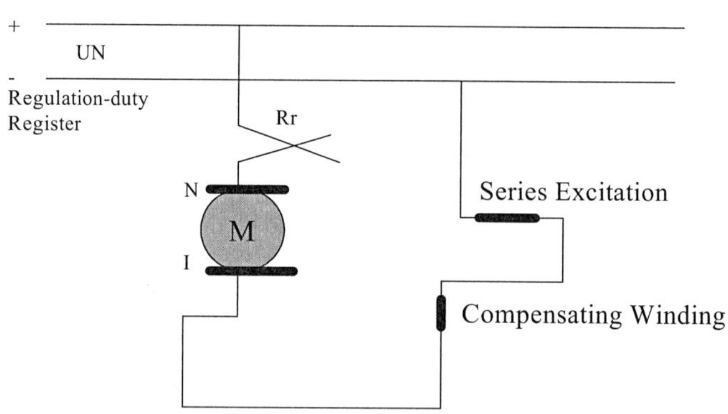

(I: 모터 현재값 N: 분당회전속도 UN: 제공된 볼트 M: Motor)

〈그림 6.11〉 직류 계열 모터

이 모터의 전자적 유입량은 변화하는 현재값 i 에 비례하며 i 와 속도 n 은 비선형적 관계를 가진다. 따라서 직류 계열 모터는 현재값 i 와 정지 상태에서의 회전 속도값 n 으로부터 식 $n = f(i)$ 에 의해 모터의 실제 상태를 측정한다. 이때 f 는 임의의 비선형 방정식이다.

(2) 직류 계열 모터의 지식 베이스 구성

직류 계열 모터의 지식 베이스를 구성하기 위한 규칙 베이스 환경은 다음과 같다.

		조건부		결론부
	IF	I = Null	THEN	N=Very Large
ALSO	IF	I= Zero	THEN	N=Large
ALSO	IF	I= Small	THEN	N=Medium
ALSO	IF	I= Medium	THEN	N=Small
ALSO	IF	I= Large	THEN	N=Zero
ALSO	IF	I= Very Large	THEN	N=Zero

〈그림 6.12〉 직류계열 모터의 지식 베이스

이 규칙 베이스에서는 전문가로부터 얻은 규칙으로 모터의 현재값 I와 시간당 회전 속도 N을 나타내는 퍼지 집합을 얻어 <표 6.4>와 같은 데이터베이스를 구성한다.

이 규칙 베이스와 데이터베이스로부터 <그림 6.13>과 같은 지식 베이스를 구성한다.

〈표 6.4〉 직류 계열 모터의 데이터베이스

(a) 모터 현재값 I에 대한 퍼지 집합

I	N	Z	S	M	L	VL
0.00	1.00	0.00	0.00	0.00	0.00	0.00
0.50	0.75	0.25	0.00	0.00	0.00	0.00
1.00	0.50	0.50	0.00	0.00	0.00	0.00
1.50	0.25	0.75	0.00	0.00	0.00	0.00
2.00	0.00	1.00	0.00	0.00	0.00	0.00
2.50	0.00	0.75	0.25	0.00	0.00	0.00
3.00	0.00	0.50	0.50	0.00	0.00	0.00
3.50	0.00	0.25	0.75	0.00	0.00	0.00
4.00	0.00	0.00	1.00	0.00	0.00	0.00
4.50	0.00	0.00	0.75	0.25	0.00	0.00
5.00	0.00	0.00	0.50	0.50	0.00	0.00
5.50	0.00	0.00	0.25	0.75	0.00	0.00
6.00	0.00	0.00	0.00	1.00	0.00	0.00
6.50	0.00	0.00	0.00	0.75	0.25	0.00
7.00	0.00	0.00	0.00	0.50	0.50	0.00
7.50	0.00	0.00	0.00	0.25	0.75	0.00
8.00	0.00	0.00	0.00	0.00	1.00	0.00
8.50	0.00	0.00	0.00	0.00	0.75	0.25
9.00	0.00	0.00	0.00	0.00	0.50	0.50
9.50	0.00	0.00	0.00	0.00	0.25	0.75
10.00	0.00	0.00	0.00	0.00	0.00	1.00

(N:null, Z:zero, S:small, M:medium, L:large, VL:very large)

(b) 시간당 회전 속도 N에 대한 퍼지 집합

N	Z	S	M	L	VL
400	1.00	0.00	0.00	0.00	0.00
500	0.75	0.25	0.00	0.00	0.00
600	0.50	0.50	0.00	0.00	0.00
700	0.25	0.75	0.00	0.00	0.00
800	0.00	1.00	0.00	0.00	0.00
900	0.00	0.75	0.25	0.00	0.00
1000	0.00	0.50	0.50	0.00	0.00
1100	0.00	0.25	0.75	0.00	0.00
1200	0.00	0.00	1.00	0.00	0.00
1300	0.00	0.00	0.75	0.25	0.00
1400	0.00	0.00	0.50	0.50	0.00
1500	0.00	0.00	0.25	0.75	0.00
1600	0.00	0.00	0.00	1.00	0.00
1700	0.00	0.00	0.00	0.75	0.25
1800	0.00	0.00	0.00	0.50	0.50
1900	0.00	0.00	0.00	0.25	0.75
2000	0.00	0.00	0.00	0.00	1.00

위의 표로부터 <그림 6.13>과 같은 지식 베이스를 구성한다.

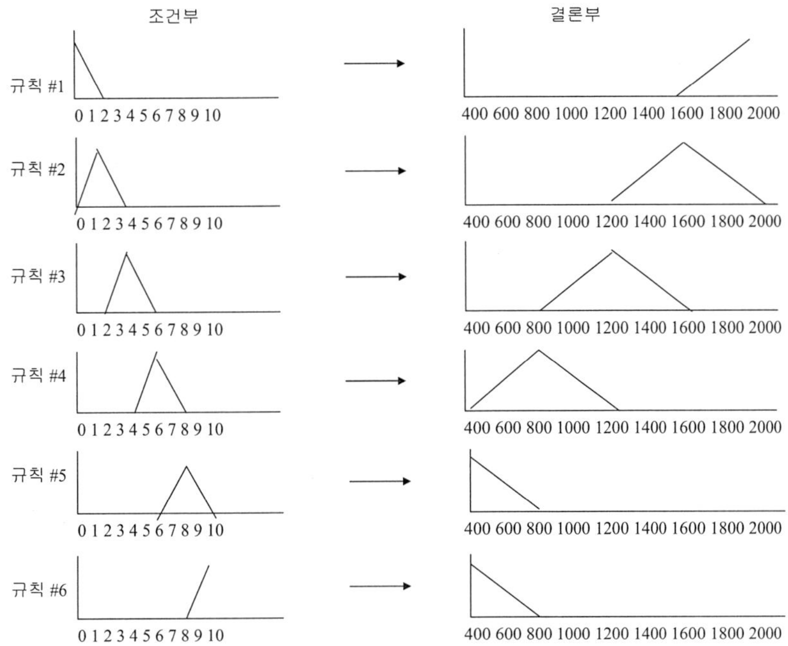

〈그림 6.13〉 직류 계열 모터의 지식 베이스 그림

(3) 임의의 입력 사실에 대해 Max-Min CRI 퍼지 추론 수행

직류 계열 모터에 임의의 입력 사실이 센서에 들어왔을 경우(점선으로 표시) 제5장에서 이미 설명한 Max-Min CRI 방법에 의해 수행되는 과정을 그림으로 나타내면 다음 <그림 6.14>와 같다.

이 그림에서 입력 사실은 점선 부분이며 빗금으로 된 부분이 각 규칙의 결론부에 해당되는 내용으로써 최종 추론시 반영될 부분들이다.

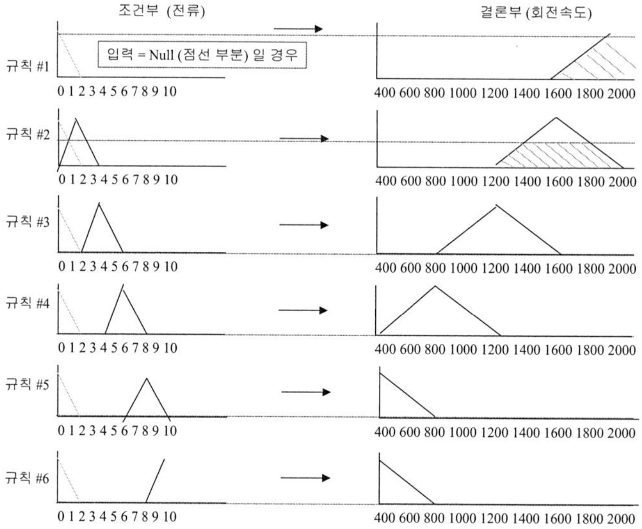

〈그림 6.14〉 Max-Min CRI 추론 과정에 대한 의미

다음 <그림 6.15>는 위의 <그림 6.14>에 의해 입력 사실에 의한 추론될 결과들을 찾아서 나타낸 그림이다. 규칙 베이스에서 규칙 #1, 규칙 #2가 선택되었다. 이 규칙들을 최종적으로 비퍼지화 하기 위해 *Max* 연산에 의해 무게중심을 구하면 되는 것이다.

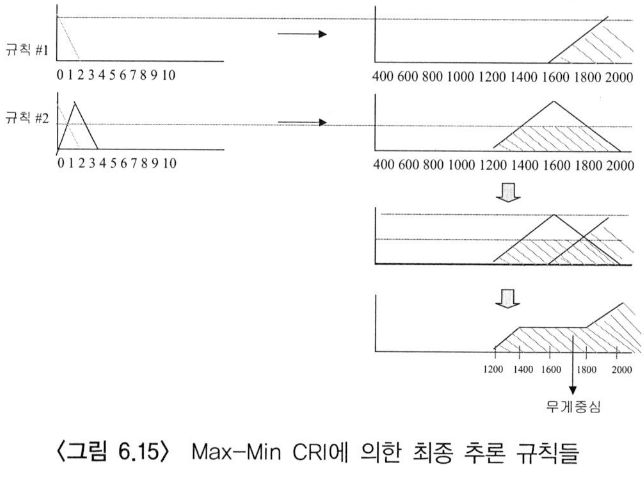

〈그림 6.15〉 Max-Min CRI에 의한 최종 추론 규칙들

위의 그림에서 무게중심을 구하는 과정은 다음 식에 따라 계산한다.

$$\frac{\sum_{i=1}^{n}\mu_i(x)\cdot x_i}{\sum_{i=1}^{n}x_i} \quad (x \in X)$$

만약, 각 x값에 대해 멤버십이 다음과 같이 순서쌍으로 되어 있다고 가정해 보자. 위의 그림에서 임의의 5개 점을 이용하여 계산해 보면 아래의 식과 같다.

(1200, 0)(1400, 0.5)(1600, 0.5)(2000, 1)이면 무게 중심은 위의 식을 이용해서

$$\frac{0*1200+0.5*1400+0.5*1600+0.5*1800+1*2000}{0+0.5+0.5+0.5+1}=1390$$

과 같이 계산된다.

결론적으로 직류 계열 모터에서 전류에 대한 입력 사실 I가 'null'이었을 경우 회전 속도 N은 1390rpm이 계산된다. 즉, 퍼지 입력값 'null'에 대하여 비퍼지 결과 값 1390이 산출되어 제어되는 것이다. 실제로 다양한 입력사실을 입력하여 제어기의 성능과 퍼지 추론 방법을 이해하는 것이 필요하다.

다음은 이상에서 설명한 퍼지 제어기의 성능을 이해하기 위해 다음 절에서 퍼지 제어기를 프로그램으로 구현하였다.

6.5 직류 계열 모터의 구현 사례

이번 절에서는 3가지 서로 다른 언어로 구현된 직류 계열 모터의 구현 사례를 소개하고자 한다.

6.5.1 구현 사례 1

다음은 직류 계열 모터를 C 스크립트 언어를 이용하여 구현한 것이다. 구현 과정을 설명하면 다음과 같다.

(1) 프로그램 흐름도

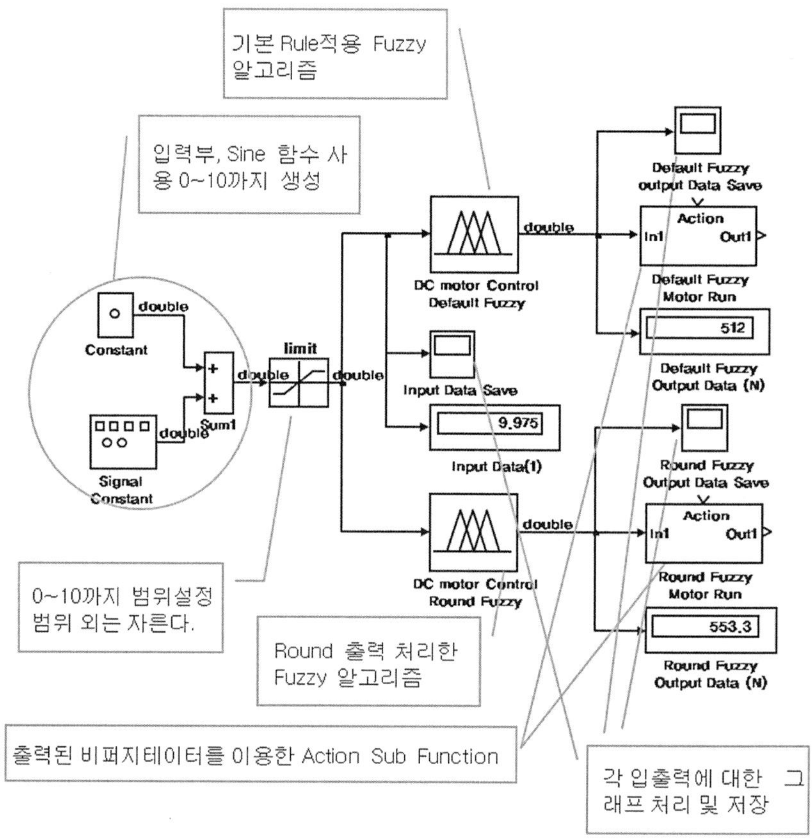

〈그림 6.16〉 프로그램 흐름도

(2) 퍼지 규칙 베이스 구성도와 추론 과정

퍼지 규칙 베이스에서 퍼지 집합을 다음 그림의 (a)는 삼각형 형태의 퍼지 집합을 이용하여 퍼지 규칙 베이스를 구성하였고, (b)는 시그모이드 형태의 퍼지 집합을 이용하여 퍼지 규칙 베이스를 구성하였다.

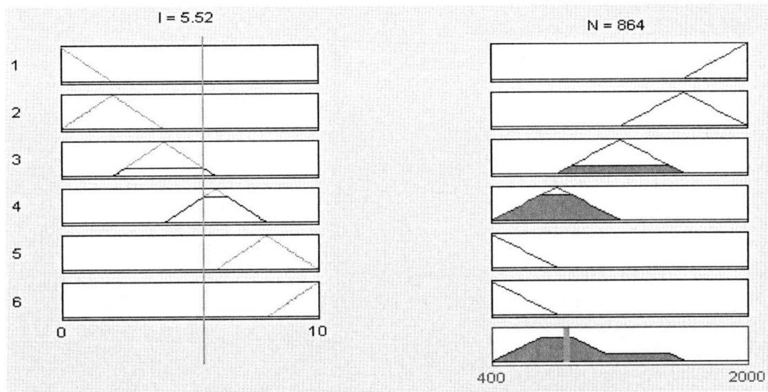

(a) 삼각형 형태의 퍼지 규칙 베이스 구성 및 추론 과정

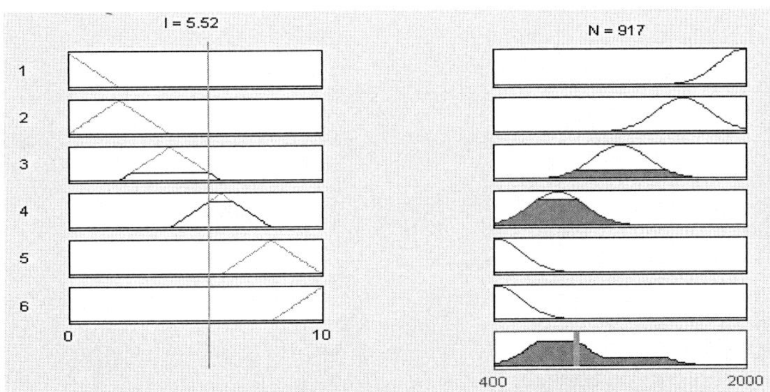

(b) 시그모이드 퍼지 규칙 베이스 구성 및 추론 과정

〈그림 6.17〉 퍼지 규칙 베이스 구성과 입력 사실의 수행 과정

삼각형 형태와 시그모이드 형태의 퍼지 집합을 나타내는 그림과 식은 각각 다음 <그림 6.18>과 같다.

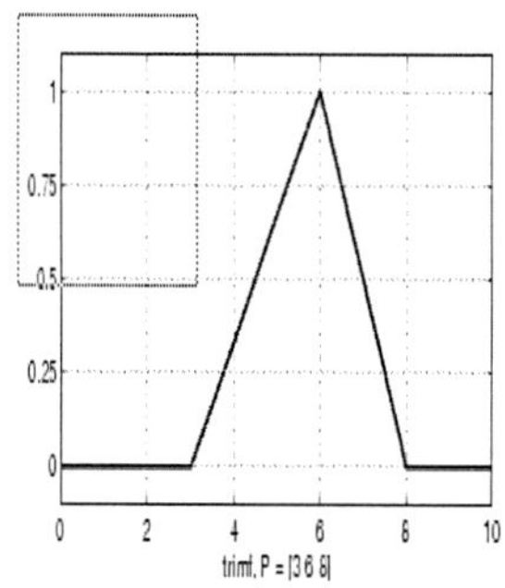

$$f(x;a,b,c) = \begin{cases} 0, & x \leqq a \\ \dfrac{x-a}{b-a}, & a \leqq x \leqq b \\ \dfrac{c-x}{c-b}, & b \leqq xc \leqq \\ 0, & c \leqq x \end{cases}$$

(a) 삼각형 형태의 퍼지 집합과 식

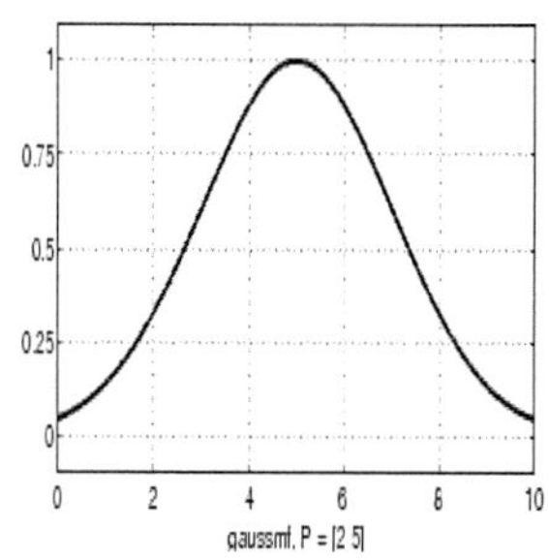

$$f(x;\sigma,c) = e^{\frac{-(x-c)^2}{2\sigma^2}}$$

(b) 시그모이드 형태의 퍼지 집합과 식

〈그림 6.18〉 다양한 퍼지 집합

이때 그림의 입력 사실에 대한 출력 결과를 모니터링하면 다음 <그림 6.19>와 같다. 즉, 입력값은 시간이 지남에 따라 0에서부터 10에 이르기까지 일정 시간간격으로 입력하였다.

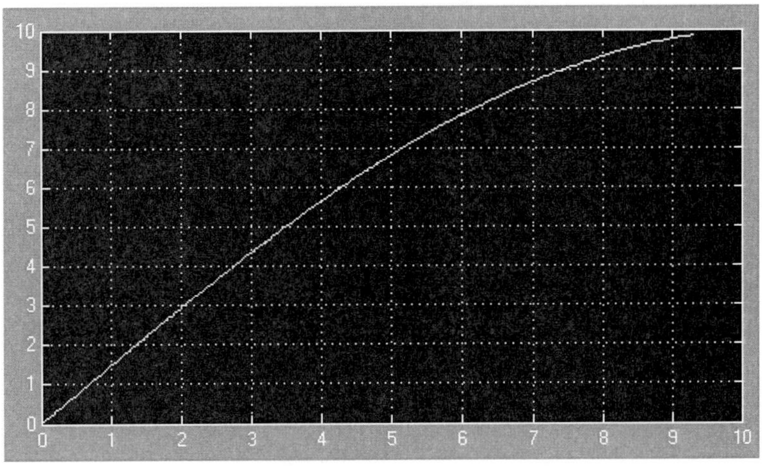

〈그림 6.19〉 입력 사실의 모니터링

(3) 추론 결과

다음 <그림 6.20>은 삼각형 퍼지 집합 형태의 퍼지 규칙 베이스와 시그모이드 퍼지 집합 형태의 퍼지 규칙 베이스에 각각 <그림 6.19>와 같은 입력 사실이 입력되었을 때 시간에 따른 출력 결과를 모니터링하여 나타낸 그림이다.

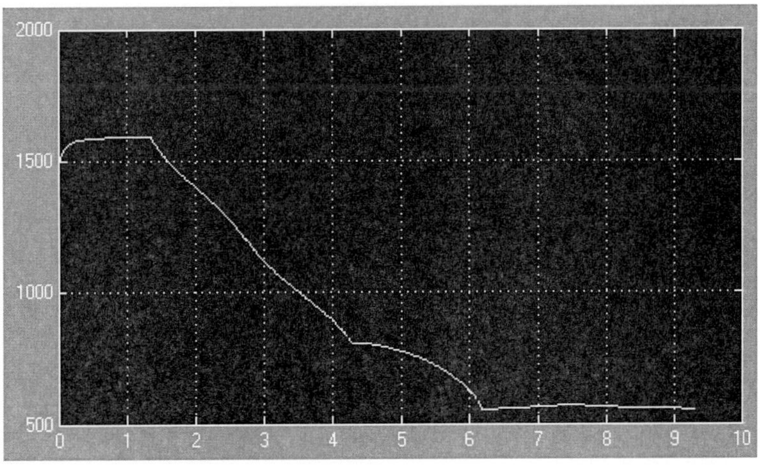

(a) 삼각형 퍼지 집합을 갖는 퍼지 규칙 베이스의 추론 결과

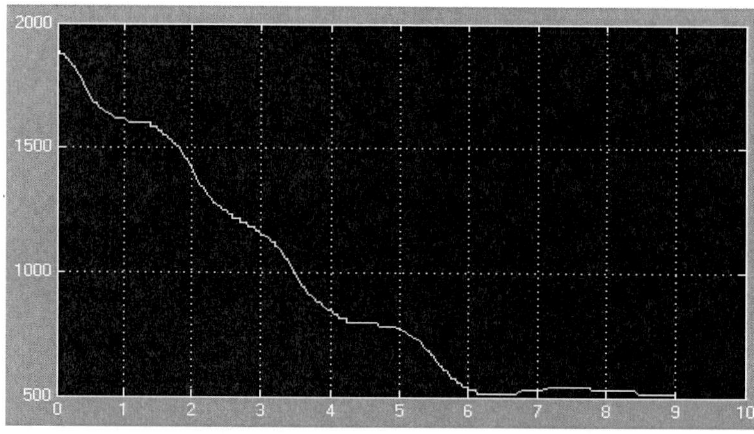

(b) 시그모이드 퍼지 집합을 갖는 퍼지 규칙 베이스의 추론결과

〈그림 6.20〉 퍼지 추론 결과의 모니터링

(4) 직류 계열 모터를 적용한 퍼지 규칙 베이스의 논리적 구성도

다음 <그림 6.21>은 직류 계열 모터를 적용한 퍼지 규칙 베이스에서 각 규칙과 입력 사실에 대한 결과를 추론하기까지의 논리적 구성도를 그림으로 나타낸 것이다.

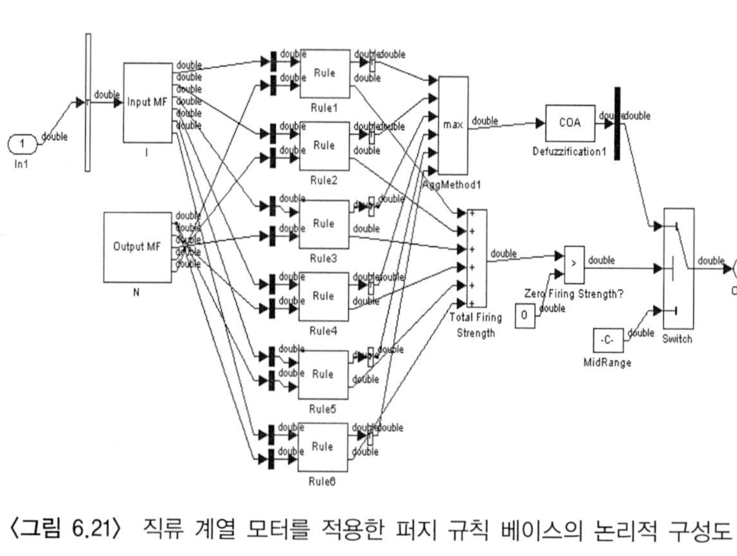

〈그림 6.21〉 직류 계열 모터를 적용한 퍼지 규칙 베이스의 논리적 구성도

6.5.2 구현 사례 2

비쥬얼 베이직 6.0으로 구현한 사례를 설명하고자 한다.

(1) 입력 및 출력 결과

먼저 규칙의 조건부와 동일한 순서대로 입력을 한다.

① Null
② Zero
③ Small
④ Medium
⑤ Large
⑥ Very Large

다음은 "not, very, more or less" 등 퍼지 한정사가 위의 ①-⑥까지의 퍼지 집합에 붙은 것을 차례대로 입력한다.

다음 <그림 6.22>는 이와 같은 순서대로 입출력을 했을 경우의 비퍼지화된 실행 결과를 나타낸 그림이다. 이 그림에서 'normal'은 위의 ①-⑥까지의 퍼지 집합을 말하며, 'not'은 각 멤버십 값을 1에서 뺀 퍼지 집합의 부정을 나타내며, 'few'는 각 멤버십 값의 루트 값을 구하는 'more or less'를 나타내며, 'very'는 각 멤버십 값을 제공하는 한정사를 나타낸다.

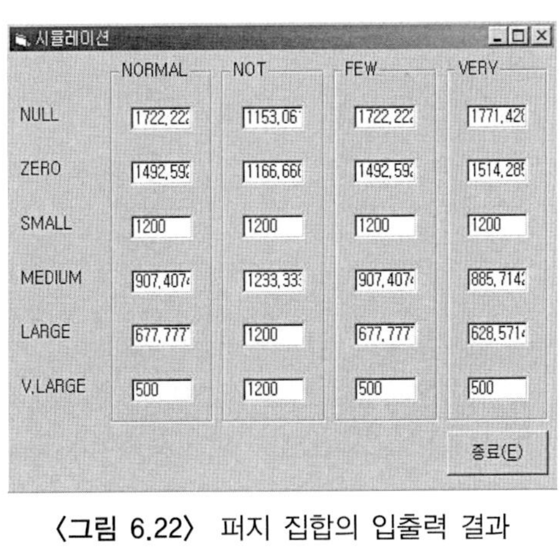

〈그림 6.22〉 퍼지 집합의 입출력 결과

(2) 입력 사실에 따른 실행 결과 화면

① 'Null'을 입력했을 경우

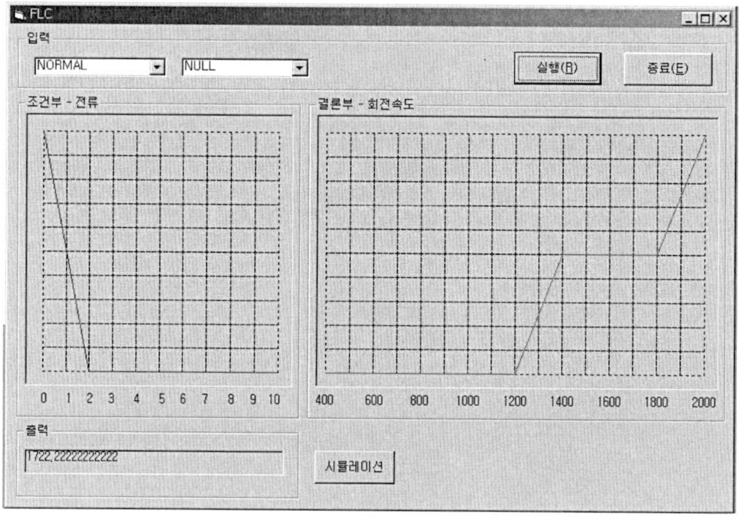

(a) 입력이 'Null' 일 경우의 결과 화면

② 'Medium'을 입력했을 경우

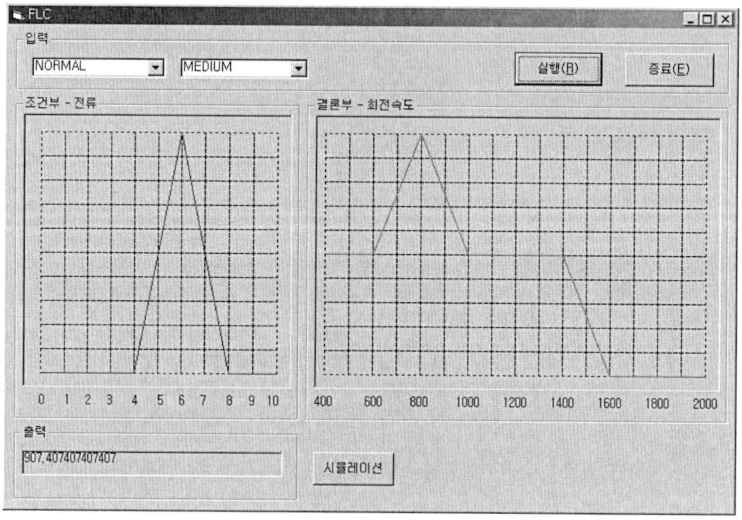

(b) 입력이 'Medium' 일 경우의 결과 화면

③ 'Small'을 입력했을 경우

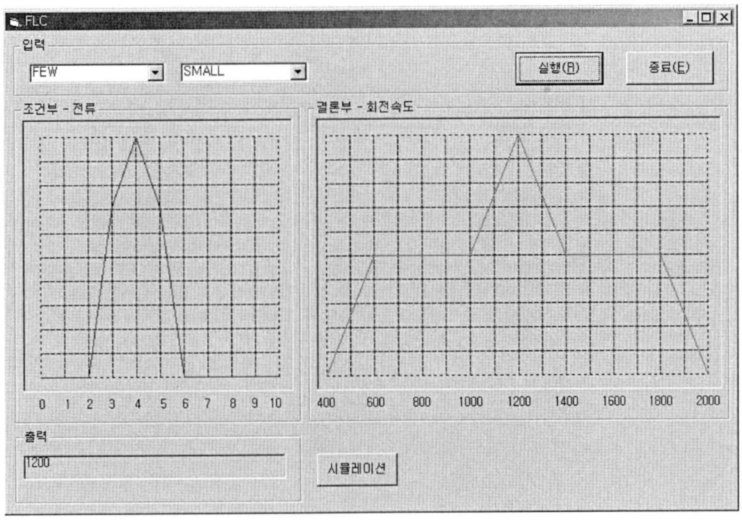

(c) 입력이 'Small' 일 경우의 결과 화면

④ 'Very Large'를 입력했을 경우

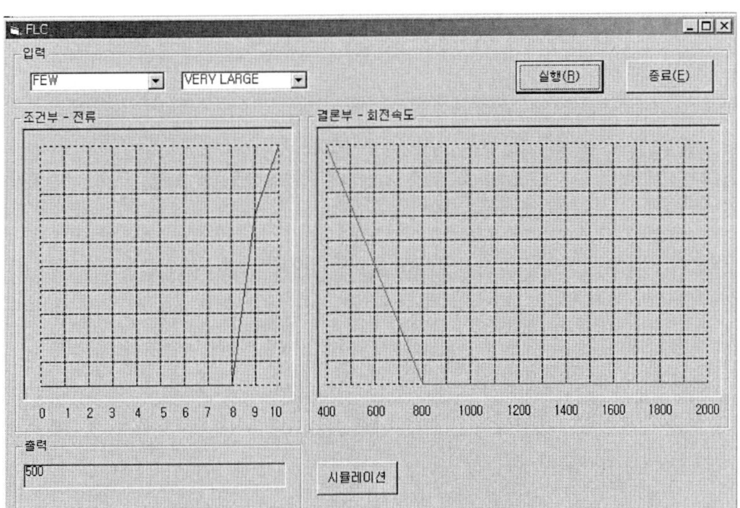

(d) 입력이 'Very Large' 일 경우의 결과 화면

⑤ 'Zero'를 입력했을 경우

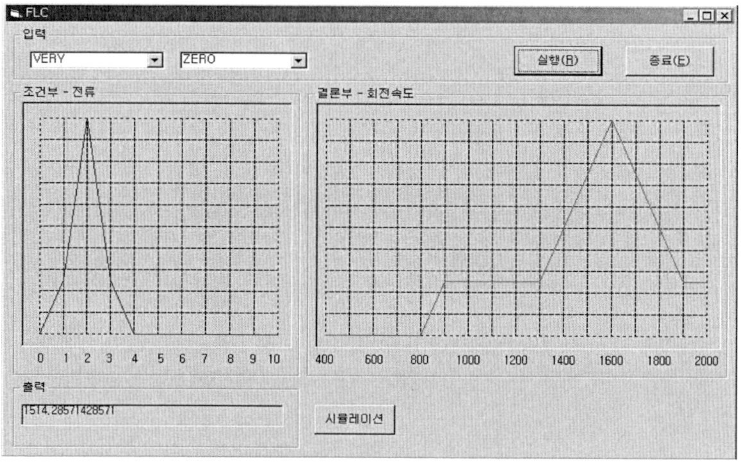

(e) 입력이 'Zero'일 경우의 결과 화면

〈그림 6.23〉 각 입력 사실에 대한 결과 화면

6.5.3 구현 사례 3

다음 프로그램은 Java 언어를 이용하여 프로그래밍한 것이다.

(1) 프로그램 개요

① 입력값으로 전류값이 들어오면 퍼지 추론을 통해 모터의 회전속도를 결정한다.
② 입력값으로 crisp한 값 또는 조건부와 같은 형태를 입력한다.
③ 입력값의 형태가 조건부와 동일할 경우 한정사를 붙여서 입력한다.

(2) 세부 알고리즘

① 퍼지엔진에 사용할 멤버쉽값과 규칙 베이스를 초기화한다.
② 입력값을 퍼지화한다. 한정사가 붙은 경우 이에 맞게 입력 부분을 변형시킨다.
③ Max-Min CRI를 적용하여 결과값을 구한다.
④ 구한 결과값을 비퍼지화 하기 위하여 알고리즘에 따라 무게중심법을 이용한다.

(3) 입력사실에 따른 실행결과

① crisp 형태의 입력값일 경우

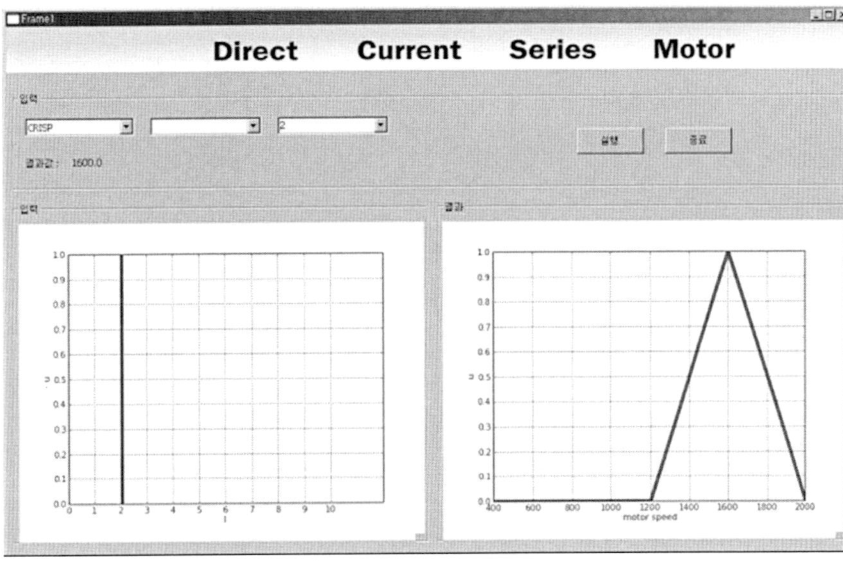

(a) 입력값이 2일 경우

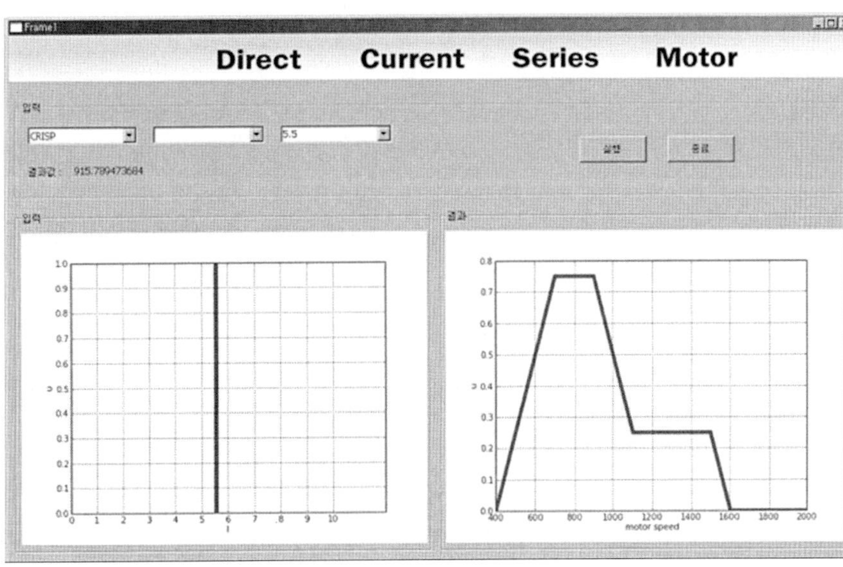

(b) 입력값이 5.5일 경우

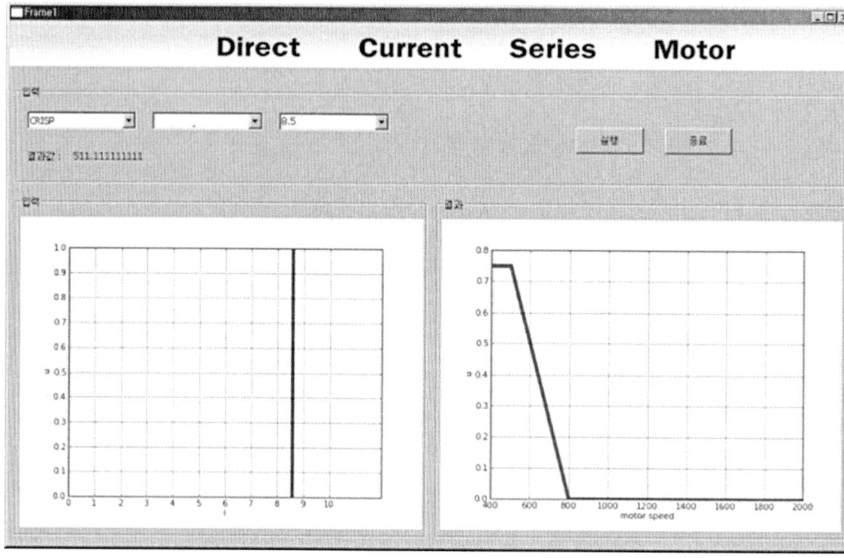

(c) 입력값이 8.5일 경우

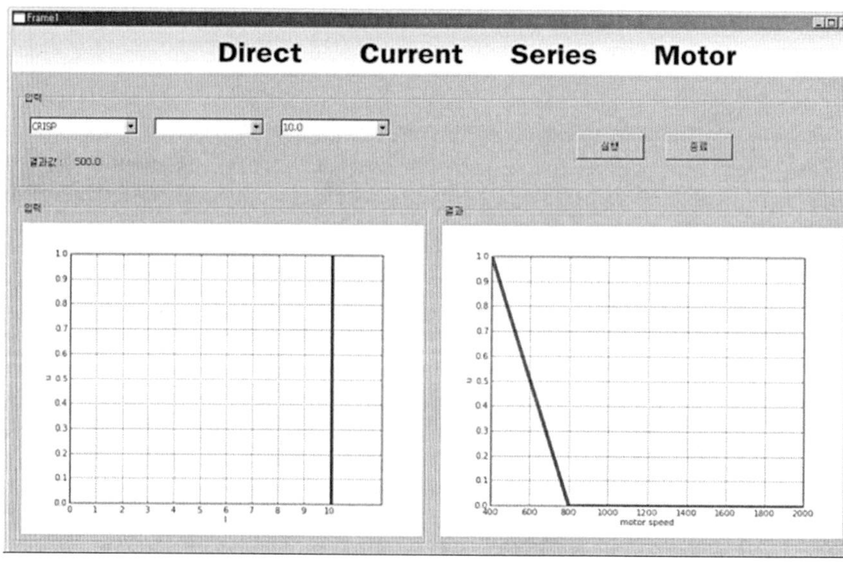

〈그림 6.24〉 crisp 입력값일 경우에 대한 결과

② 조건부와 같은 형태의 값일 경우

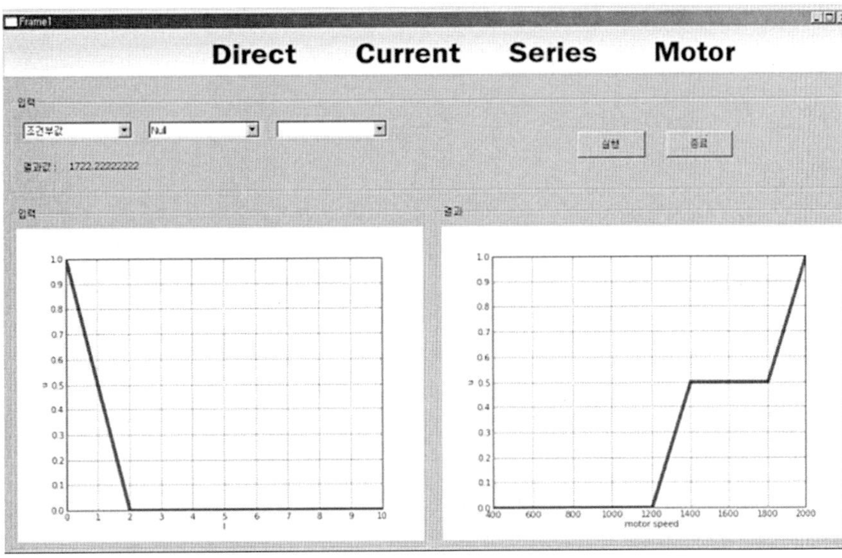

(a) 입력값이 Null일 경우

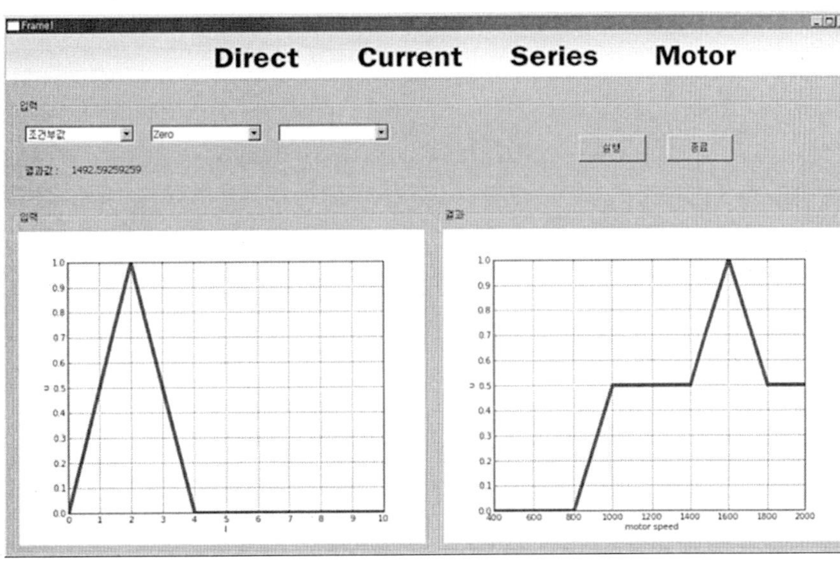

(b) 입력값이 Zero일 경우

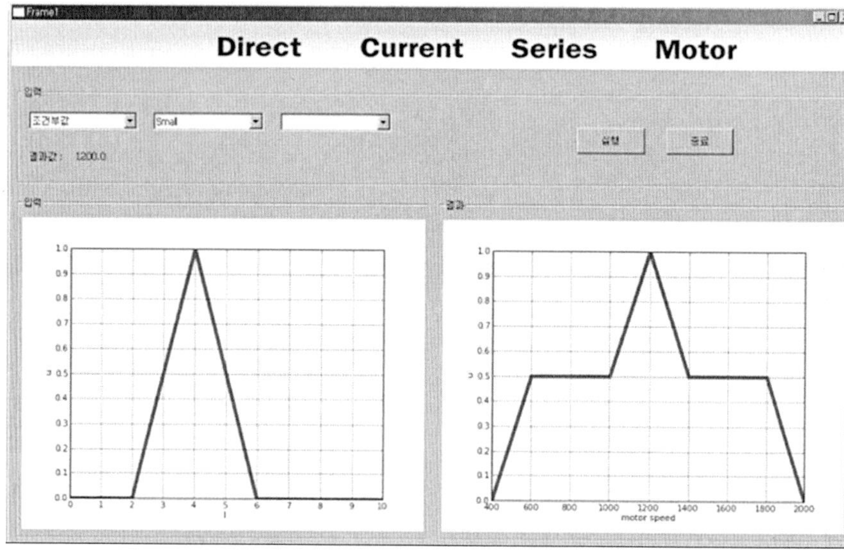

(c) 입력값이 Small일 경우

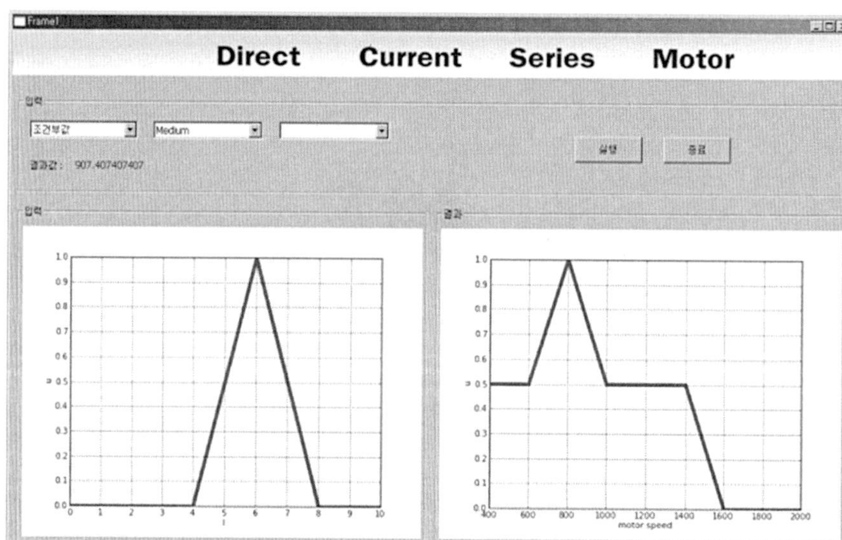

(d) 입력값이 Medium일 경우

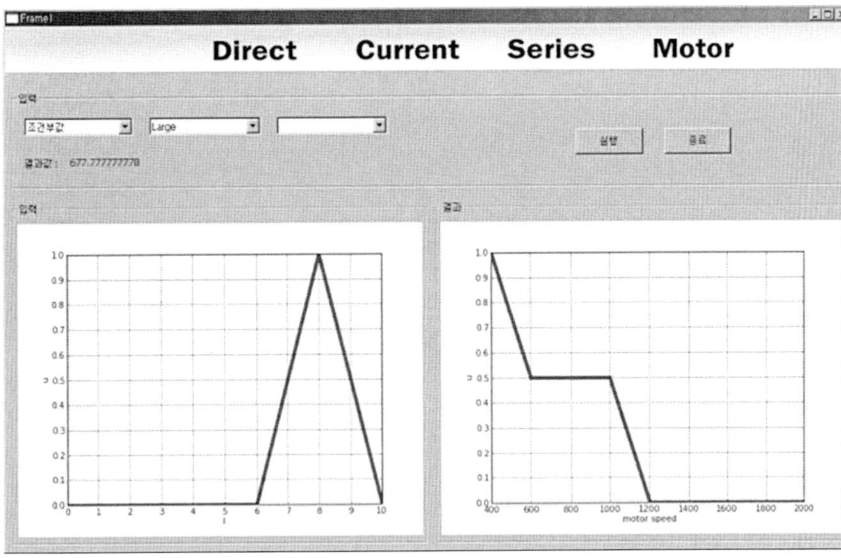

(e) 입력값이 Large일 경우

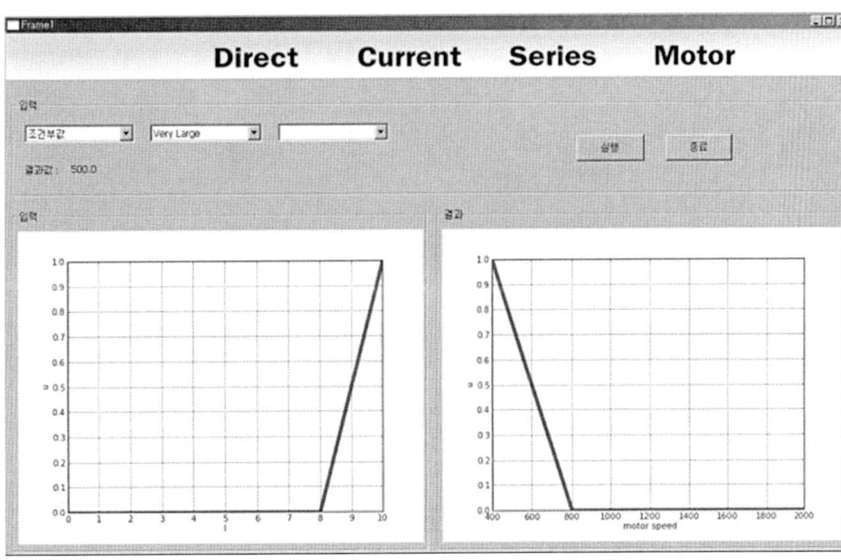

(f) 입력값이 Very Large일 경우

〈그림 6.25〉 조건부와 같은 입력값일 경우에 대한 결과

③ 입력값에 한정사가 붙은 경우

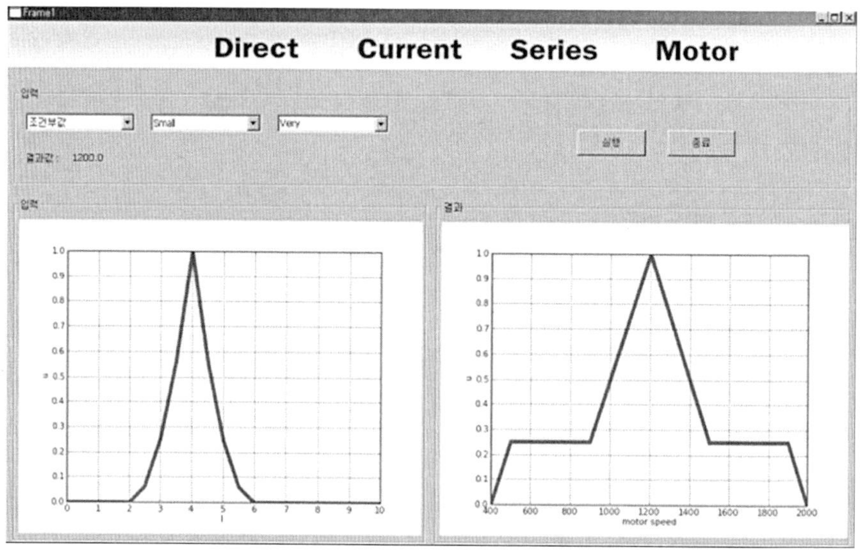

(a) 입력값이 Small이고 한정사로 Very가 붙은 경우

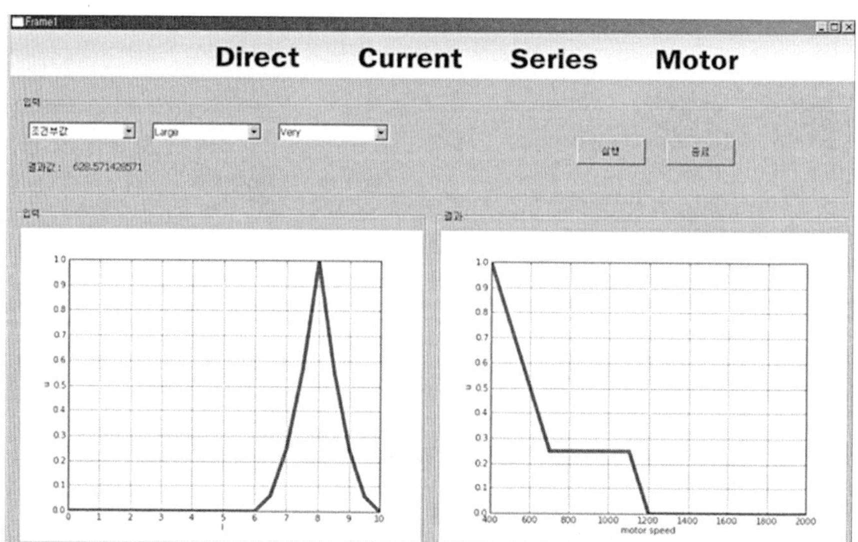

(b) 입력값이 Large이고 한정사로 Very가 붙은 경우

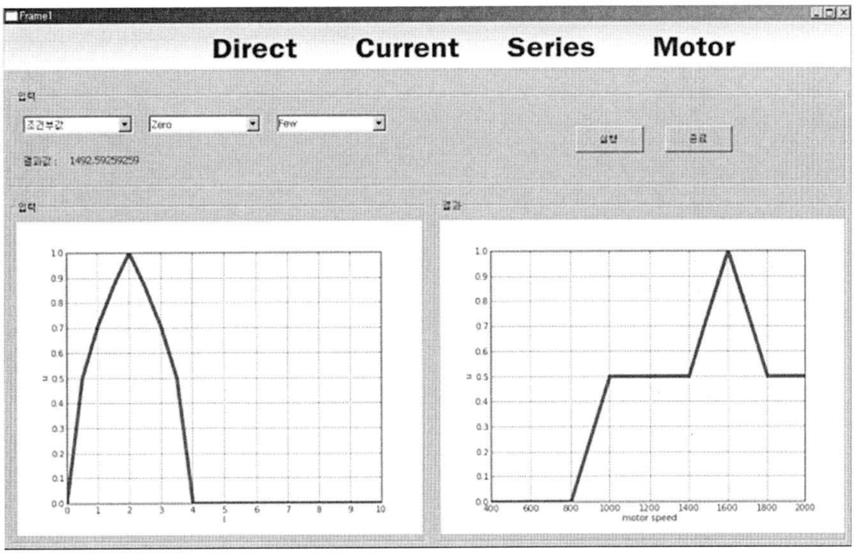

(c) 입력값이 Zero이고 한정사로 Few가 붙은 경우

〈그림 6.26〉 조건부에 한정사가 붙은 입력값일 경우에 대한 결과

④ 실험결과 정리

입력값으로 조건부와 같은 형태의 값이 들어갔을 경우

〈표 6.5〉 입력값 형태에 따른 실험결과

(a) 입력값으로 조건부와 같은 형태의 값이 들어갔을 경우

	없음	VERY	FEW	NOT
NULL	1722.222	1771.429	1722.222	1153.061
ZERO	1492.593	1514.286	1492.593	1166.667
SMALL	1200	1200	1200	1200
MEDIUM	907.4074	885.7143	907.4074	1233.333
LARGE	677.7778	628.5714	677.7778	1200
Very LARGE	500	500	500	1200

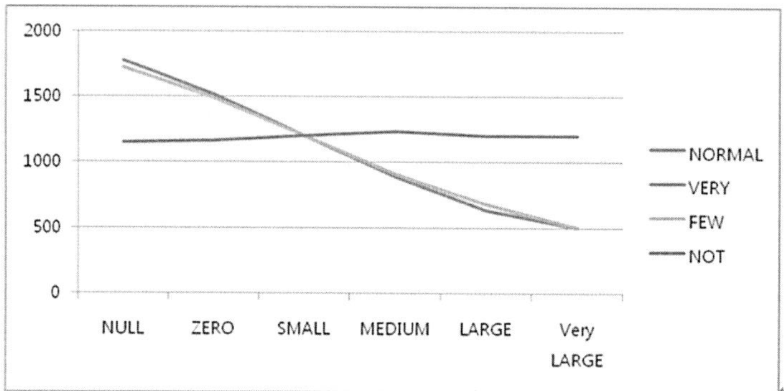

(b) 입력값으로 CRISP값이 들어갔을 경우

입력값	0	0.5	1	1.5	2	2.5	3
결과값	1900	1753.846	1673.333	1625	1600	1484.211	1400
입력값	3.5	4	4.5	5	5.5	6	6.5
결과값	1315.789	1200	1084.211	1000	915.7895	800	775
입력값	7	7.5	8	8.5	9	9.5	10
결과값	726.6667	646.1538	500	511.1111	528.5714	511.1111	500

6.6 퍼지교통제어기

6.6.1 퍼지교통제어기의 개념

퍼지이론을 응용한 예로써 퍼지교통제어기를 들 수 있다. 퍼지교통제어기는 다음과 같은 입력값에 대해 출력을 하는 시스템이다.

입력값 = {Arrival, Queue}, 출력값 = {Extension}

여기서 'Arrival'은 초록색 신호시에 진입한 차량의 수를 말하고 이 경우는 차가 통과해야 한다. 'Queue'는 빨간색 신호시에 진입한 차량의 수를 말하며, 이 경우는 차가 대기해야 한다.

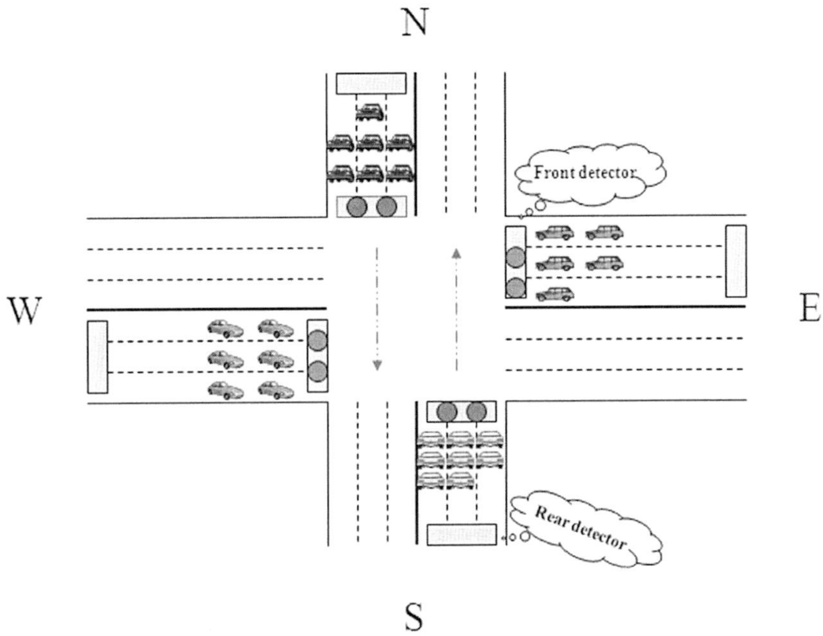

〈그림 6.27〉 퍼지교통제어기 예

위의 <그림 6.27>의 예에서와 같이 초록색 신호시 진입한 차량의 수가 북쪽(N)에서는 7대, 남쪽(S)에서는 8대이므로 모두 15대이고, 빨간색 신호시 진입하여 기다려야 하는 차량의 수는 서쪽(W)에서는 6대, 동쪽(E)에서는 5대가 되어 모두 11대가 된다고 하고, 기본적인 신호의 주기(primitive time)를 18초라고 했을 경우, 출력값의 의미는 기본적인 파란불의 신호의 주기(18초) 외에 출력값 만큼을 파란불 주기에 추가적으로 더 주어서 교통흐름을 원활하게 하게 하는 역할을 한다. 이와 같은 것이 퍼지교통제어기의 기본 개념이다.

6.6.2 퍼지교통제어기 구현 예제

퍼지교통제어기에서 사용되는 퍼지멤버십 함수와 퍼지규칙베이스는 각각 다음 <그림 6.28> <표 6.6>과 같다.

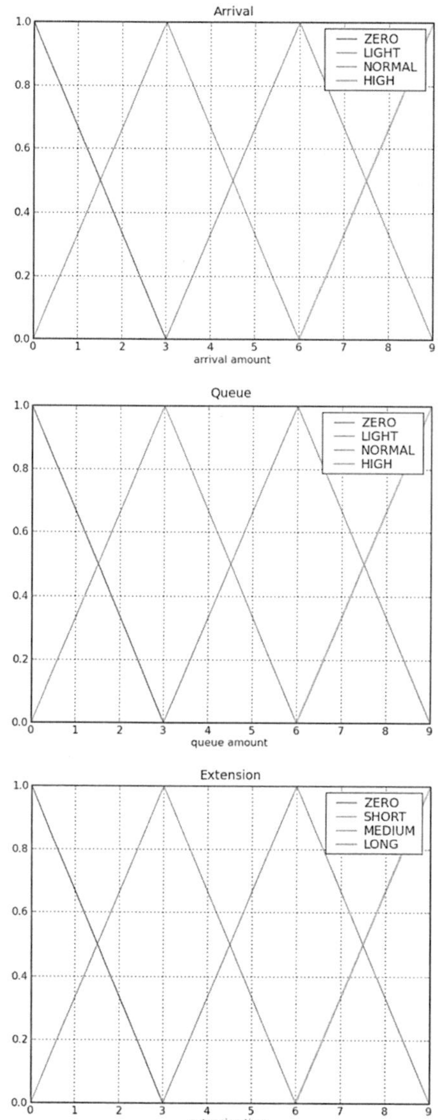

〈그림 6.28〉 퍼지입력값의 퍼지멤버십 함수

〈표 6.6〉 퍼지규칙베이스

Queue / Arrival	zero	light	normal	heavy
zero	zero	zero	zero	zero
light	short	zero	zero	zero
normal	medium	short	zero	zero
heavy	long	medium	short	zero

만약, 입력값으로 다음의 'Arrival=7, Queue=5'일 경우, 'Extension'은 얼마나 될 것인지 예를 들어 설명하면 다음과 같다. 이 입력값에 대해 규칙 16개의 결과는 다음과 같다.

R1 : if Arrival(Zero) = 0 and Queue(Zero) = 0 then Extension(Zero) = 0초
min(0, 0) = 0
R2 : if Arrival(Zero) = 0 and Queue(Short) = 0.2 then Extension(Zero) = 0초
R3 : if Arrival(Zero) = 0 and Queue(Medium) = 0.8 then Extension(Zero) = 0초
R4 : if Arrival(Zero) = 0 and Queue(Long) = 0 then Extension(Zero) = 0초
R5 : if Arrival(Short) = 0 and Queue(Zero) = 0 then Extension(Short) = 3초
R6 : if Arrival(Short) = 0 and Queue(Short) = 0.2 then Extension(Zero) = 0초
R7 : if Arrival(Short) = 0 and Queue(Medium) = 0.8 then Extension(Zero) = 0초
R8 : if Arrival(Short) = 0 and Queue(Long) = 0 then Extension(Zero) = 0초
R9 : if Arrival(Medium) = 0.7 and Queue(Zero) = 0 then Extension(Medium) = 6초
R10 : if Arrival(Medium) = 0.7 and Queue(Short) = 0.2 then Extension(Short) = 3초
min(0.7, 0.2) = 0.2
R11 : if Arrival(Medium) = 0.7 and Queue(Medium) = 0.8 then Extension(Zero) = 0초
R12 : if Arrival(Medium) = 0.7 and Queue(Long) = 0 then Extension(Zero) = 0초
R13 : if Arrival(Long) = 0.4 and Queue(Zero) = 0 then Extension(Long) = 9초
R14 : if Arrival(Long) = 0.4 and Queue(Short) = 0.2 then Extension(Medium) = 6초
R15 : if Arrival(Long) = 0.4 and Queue(Medium) = 0.8 then Extension(Short) = 3초
R16 : if Arrival(Long) = 0.4 and Queue(Long) = 0 then Extension(Zero) = 0초

이때 'Extention'은 다음의 식에 의해 구한다.

$$Extension = \frac{numerator}{deno\min ator}$$
$$numerator = 0\times0+0\times0+0\times0+0\times0+0\times3+0\times0+0\times0+0\times0+0\times6+0.2\times3...$$
$$deno\min ator = 0+0+0+0+0+0+0+0+0+0.2+0.7+0+0+0.2+0.4+0$$
$$Extension = \frac{0.2\times3+0.7\times0+0.2\times6+0.4\times3}{0.2+0.7+0.2+0.4} = 2(\text{sec})$$

따라서 위와 같은 교통상황(입력값)에 대해서는 기본적인 신호의 주기(18초)외에 2초를 더 연장하여 20초를 설정하면 교통소통이 원활하게 될 것이다.

6.6.3 퍼지교통제어기의 실습 예제

퍼지교통제어기에 입력값으로 여러 가지 상황을 발생시켜서 Extension을 구해보자.

(1) 구현 사례 1

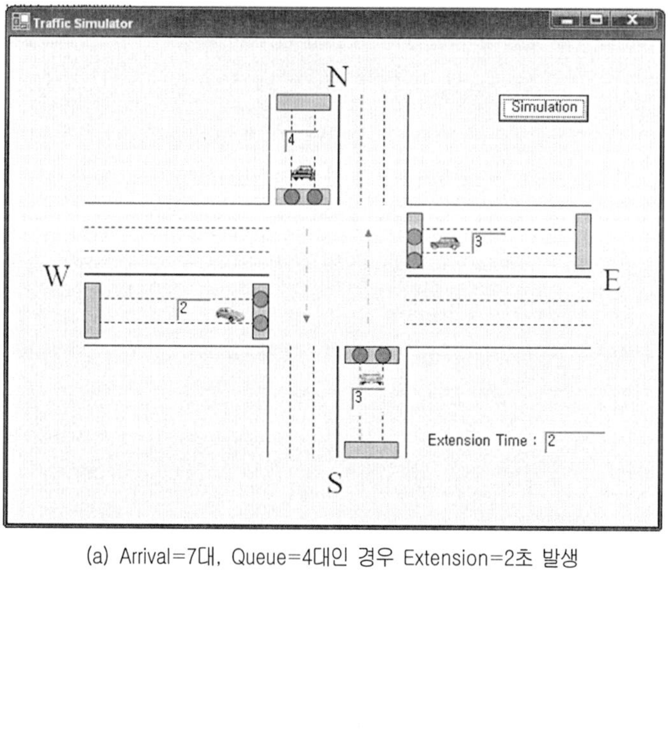

(a) Arrival=7대, Queue=4대인 경우 Extension=2초 발생

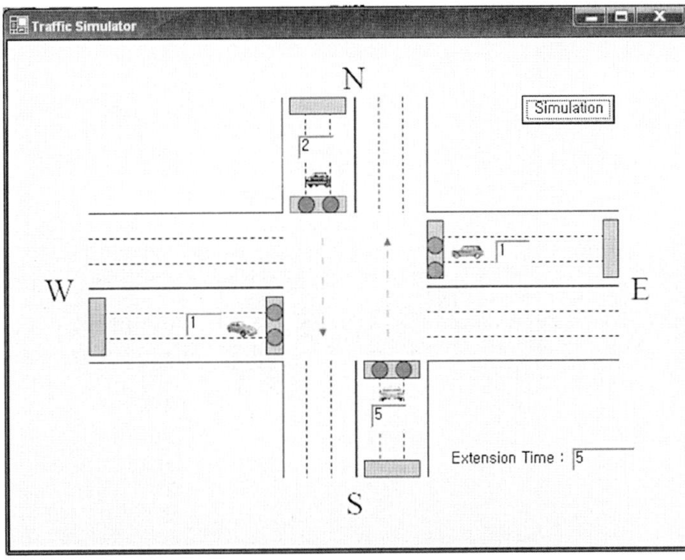

(b) Arrival=7대, Queue=2대인 경우 Extension=5초 발생

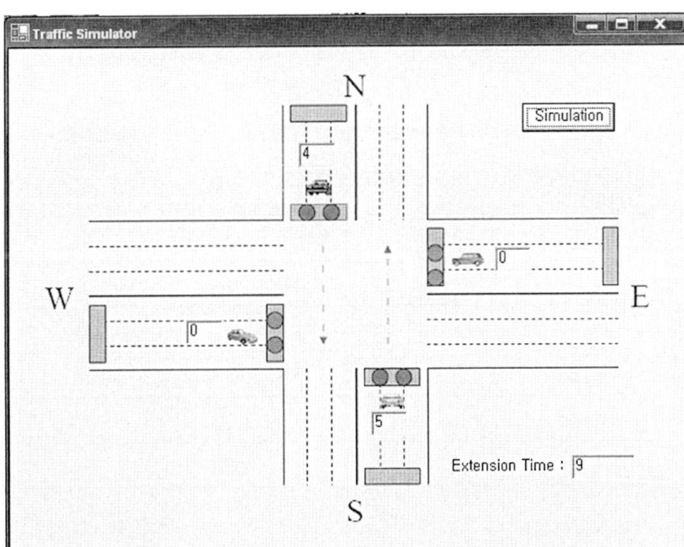

(c) Arrival=9대, Queue=0대인 경우 Extension=9초 발생

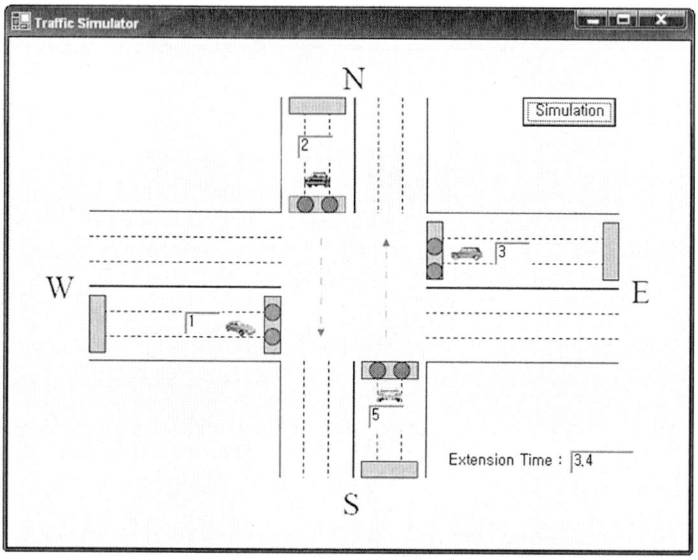

(d) Arrival=7대, Queue=4대인 경우 Extension=3.4초 발생

〈그림 6.28〉 퍼지교통제어기 구현결과 예

이때 Extension을 표로 나타내면 다음과 같다.

〈표 6.7〉 구현 사례 1에 대한 Extension 결과

Arrival \ Queue	0	1	2	3	4	5	6	7	8	9
0	0	0	0	0	0	0	0	0	0	0
1	1.09	0.8	0.4	0	0	0	0	0	0	0
2	1.91	1.4	0.4	0	0	0	0	0	0	0
3	3	2.4	0.6	0	0	0	0	0	0	0
4	4.09	3.4	2	1.09	0.8	0.4	0	0	0	0
5	4.91	4	2.6	1.91	1.4	0.4	0	0	0	0
6	6	5.4	3.6	3	2.4	0.6	0	0	0	0
7	7.09	6.4	5	4.09	3.4	2	1.09	0.8	0.4	0
8	7.91	7	5.6	4.91	4	2.6	1.91	1.4	0.4	0
9	9	8.4	6.6	6	5.4	3.6	3	2.4	0.6	0

(2) 구현 사례 2

1) 알고리즘

① 사거리에서 자동차의 소통을 원활히 하기 위해 교통제어기의 신호변경 시간을 어떻게 조절할 것인가의 문제

② 입력값으로 Green신호에 진입한 차량수와 Red신호에 대기하는 차량수가 들어가고 결과값으로는 신호변경 기준시간인 18초에 얼마를 더할 것인가에 대한 값이 나온다.

③ 퍼지추론을 위해 Max-Min CRI를 이용한다.

④ 두 개의 입력값을 사용한다.

⑤ 입력값으로 CRISP값 또는 조건부와 같은 형태의 값이 들어가며 이를 조합하여 실험한다.

⑥ 입력값의 형태가 조건부와 동일할 경우 한정사가 붙을 수 있다.

⑦ 세부 알고리즘

- 퍼지엔진에 사용할 멤버십 값과 규칙을 초기화 한다.
- 입력값을 퍼지화한다. 이때 한정사가 붙은 경우 입력값을 적절히 변형한다.
- 두개의 입력인 Arrival과 Queue의 각각의 alpha값을 구한다.
- 두 alpha값 중 min값을 취한다. 모든 규칙에 대해 같은 과정을 반복한다.
- Extension 계산식에 의해 결과 값을 산출한다.

2) 실험결과

① 두 입력값이 다음 표와 같이 주어져 있을 경우(crisp 입력값일 경우)

	0	1	2	3	4	5	6	7	8	9
arrival 0	0	0	0	0	0	0	0	0	0	0
arrival 1	1	0.6	0.6	0	0	0	0	0	0	0
arrival 2	2	1.2	0.6	0	0	0	0	0	0	0
arrival 3	3	2	1	0	0	0	0	0	0	0
arrival 4	4	3	2.4	1	0.6	0.6	0	0	0	0
arrival 5	5	3.6	3	2	1.2	0.6	0	0	0	0
arrival 6	6	5	4	3	2	1	0	0	0	0
arrival 7	7	6	5.4	4	3	2.4	1	0.6	0.6	0
arrival 8	8	6.6	6	5	3.6	3	2	1.2	0.6	0
arrival 9	9	8	7	6	5	4	3	2	1	0

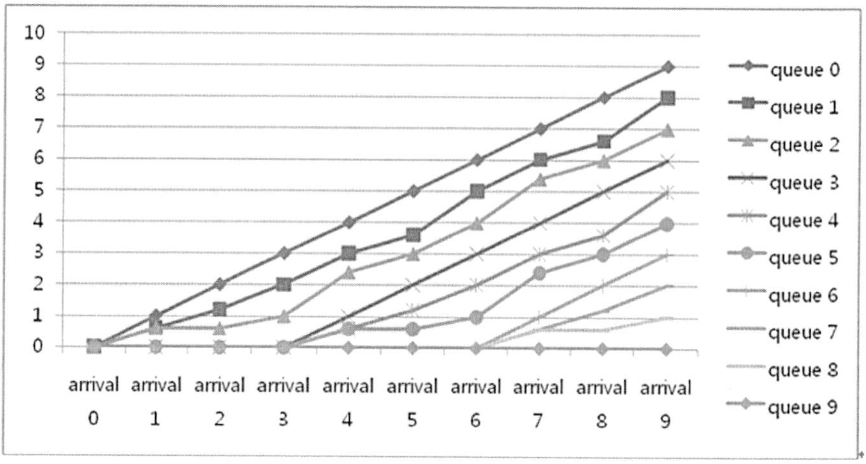

② Arrival이 crisp이고 Queue가 조건부와 같을 경우

	Q - Zero	Q - light	Q - normal	Q - heavy
A 0	0	0	0	0
A 1	0.6	0.428571	0	0
A 2	1.2	0.428571	0	0
A 3	2.25	0.6	0	0
A 4	3	1.714286	0.428571	0
A 5	3.6	2.142857	0.428571	0
A 6	5.25	3	0.6	0
A 7	6	4.285714	1.714286	0.6
A 8	6.6	4.714286	2.142857	0.6
A 9	8.25	6	3	0.75

* A = Arrival, Q = Queue

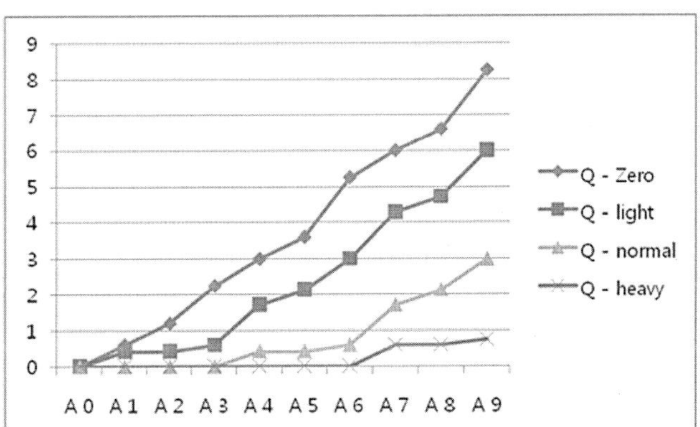

③ Arrival이 조건부와 같고 Queue가 crisp일 경우

	Q - 0	Q - 1	Q - 2	Q - 3	Q - 4	Q - 5	Q - 6	Q - 7	Q - 8	Q - 9
A - Z	0.75	0.6	0.6	0	0	0	0	0	0	0
A - L	3	2.142	1.714	0.6	0.428	0.428	0	0	0	0
A - N	6	4.714	4.285	3	2.142	1.714	0.6	0.428	0.428571	0
A - H	8.25	6.6	6	5.25	3.6	3	2.25	1.2	0.6	0

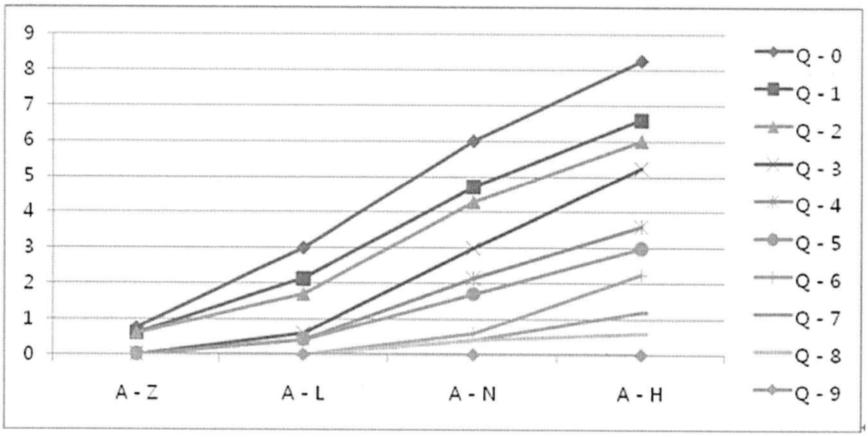

④ Arrival와 Queue가 조건부와 같을 때

	Q - Z	Q - L	Q - N	Q - H
A - Z	0.5	0.375	0	0
A - L	2.25	1.090909	0.272727	0
A - N	4.875	3.272727	1.090909	0.375
A - H	7	4.875	2.25	0.5

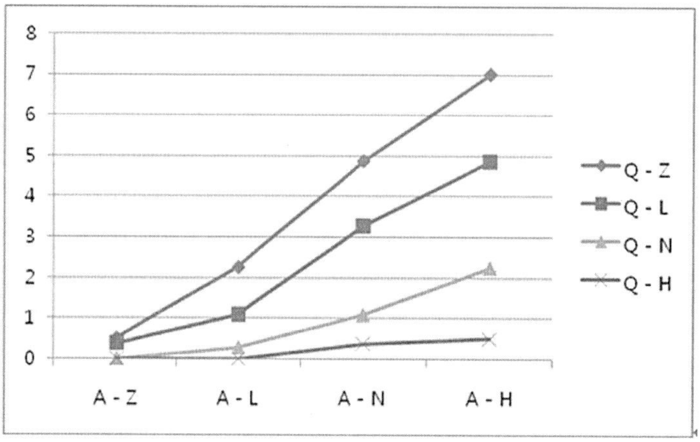

⑤ Arrival에 Very 한정사가 Queue에 'few' 한정사가 붙었을 경우

	Q – Z	Q – L	Q – N	Q – H
A – Z	0.445629	0.316987	0	0
A – L	2.061371	1.138963	0.240691	0
A – N	4.71781	3.240691	1.138963	0.343562
A – H	6.891259	5.049038	2.366025	0.771853

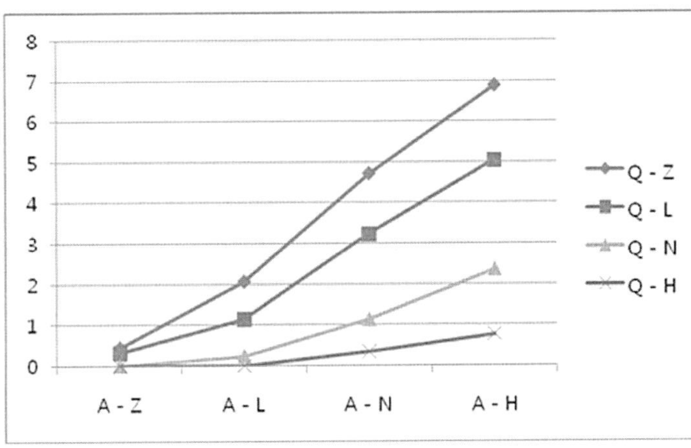

⑥ Arrival에 'few' 한정사가 Queue에는 'not' 한정사가 붙었을 경우

	Q – Z	Q – L	Q – N	Q – H
A – Z	0.185229	0.320826	0.320826	0.320826
A – L	0.633975	1	1.098076	1.098076
A – N	1.901924	2.366025	2.732051	2.830127
A – H	2.914035	3.42009	3.926146	4.296604

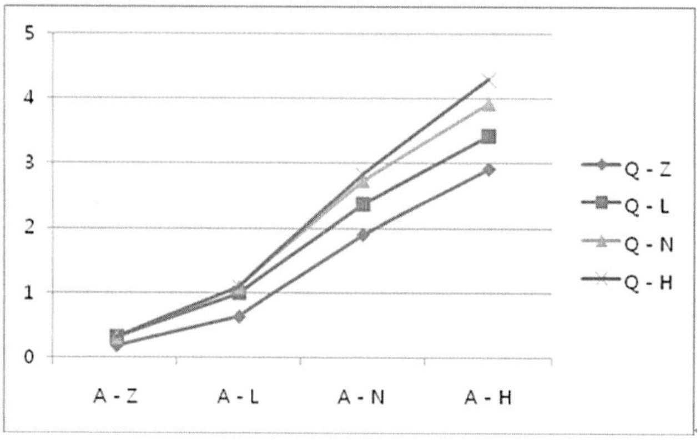

⑦ Arrival에 'not' 한정사가, Queue에는 'very' 한정사가 붙었을 경우

	Q – Z	Q – L	Q – N	Q – H
A – Z	4.5	2.666667	1	0.214286
A – L	4.071429	2.666667	1	0.214286
A – N	3.642857	2.333333	1	0.214286
A – H	3.214286	2	0.666667	0.214286

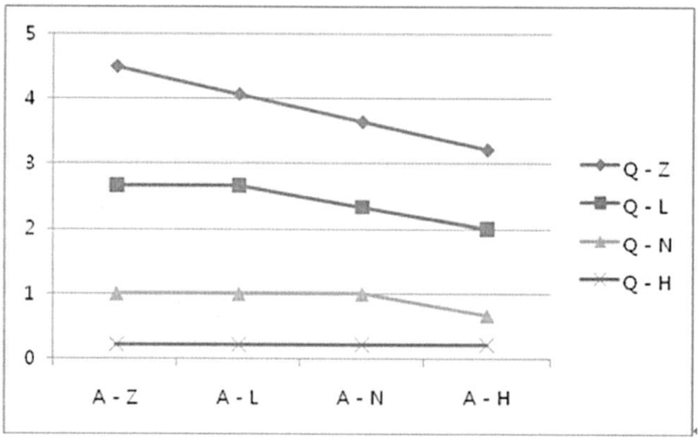

연·습·문·제

1. 진보된 퍼지시스템 모델에 대해 설명하시오.

2. 신경 회로망과 퍼지 시스템의 유사점과 차이점을 비교 설명하시오.

3. 뉴로 퍼지시스템 모델의 융합구조와 융합형태에 따른 분류를 설명하시오.

4. 다음 그림과 같은 퍼지 규칙베이스에 3개의 규칙이 있을 때 Max-Min CRI 방법을 이용하여 시스템의 행동을 결정하고자 한다.

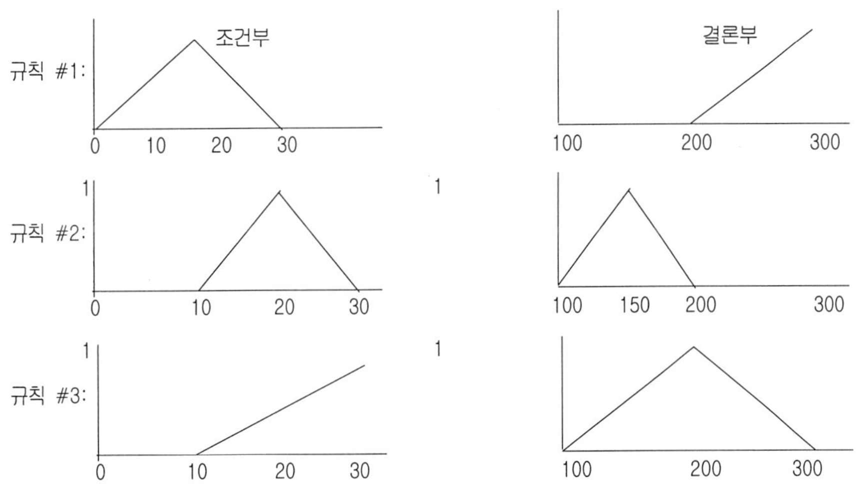

이때 입력값으로 다음 그래프 값이 입력되었을 때 비퍼지화 시키기 위해 추론된 결론부는 어떻게 될 것인가? 자세한 Max-Min CRI 추론 과정을 그림으로 나타내시오. 단, 결론부의 비퍼지화 과정시 멤버쉽 값을 임의로 주어서 간단히 계산하시오.

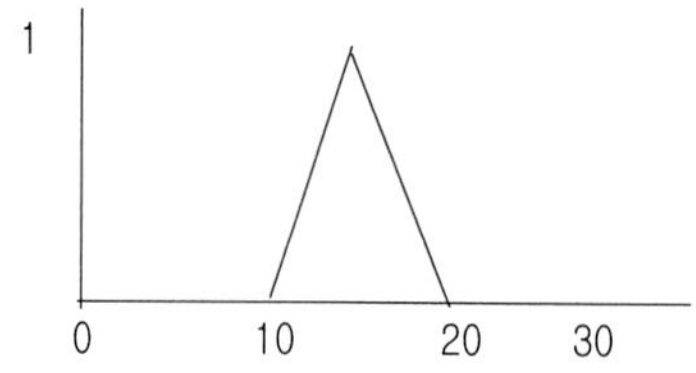

5. 뉴로 퍼지 시스템의 응용영역을 몇 가지 들고 설명하시오.

제 7 장

지능적 에이전트 시스템

7.1 기본 개념

7.1.1 에이전트의 일반적 정의 및 특징

이 장에서는 최근 인공지능 분야에서 가장 연구가 활발한 분야인 지능적 에이전트 시스템 혹은 지능적 에이전트(intelligent agents)에 관해 기본 개념, 작동 원리, 구조 및 기능, 형태 분류, 응용 분야 등을 중심으로 설명하고자 한다.

에이전트(agents)는 인공지능 분야에서 오래전부터 연구되어온 분야로서 1990년대 초부터 독립된 분야로 인식되기 시작한 분야이다. 특히, 에이전트는 최근 통신 및 컴퓨터의 보급이 증대됨에 따라 개인 비서 역할을 하기 위해 등장한 개념으로 특히 분산 환경에 적당한 모델이다. 에이전트에 관해서는 현재 AT&T, Apple, Hewlett-Packard, IBM, Microsoft 등에서 제품 개발에 박차를 가하고 있다.

에이전트는 여러 학자들에 의해 개념이 정립되었는데 대표적으로 Russell과 Norvig의 정의에 의하면 다음 <그림 7.1>에서와 같이 에이전트의 개략적인 상호작용을 나타내고 있다. 즉, 에이전트는 자신의 감각기관(sensor)을 통해 환경(environments)을 인지(percept)하여 작용기(effectors)를 통해 그 환경에 대해 반응(action)하는 시스템을 말한다.

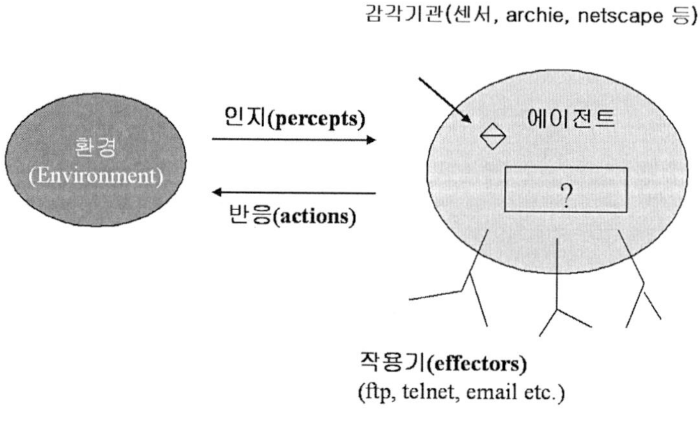

〈그림 7.1〉 에이전트 시스템

이 그림에서 '?' 부분은 가장 합리적인 에이전트를 의미하는 것으로 이 부분의 설계가 효과적인 에이전트 시스템을 구축하는 주요 요소가 된다.

또한 Wooldridge와 Jennings는 에이전트가 자동성이나 다른 에이전트간 통신 능력, 시간에 따른 환경 변화에 대응하고 목표 지향적인 특성을 갖는 하드웨어 또는 소프트웨어 기반 컴퓨터 시스템이라고 정의하였다. Takeda는 에이전트를 소프트웨어 에이전트와 하드웨어 에이전트로 나누고 소프트웨어 에이전트는 자동적으로 인간과 통신하여 작동하는 목표 지향적 시스템이라 정의하였고, 이에 학습 기능이 첨가되면 하드웨어 에이전트로 분류하였다.

이외에도 여러 학자들에 의해 정의된 에이전트의 공통적인 특징을 요약하면 다음과 같다.

① 에이전트는 사용자를 대신해서 사용자가 원하는 작업을 자동적으로 해결하는 자율적 프로세스로서 주로 분산 환경에서 동작하며 자신만의 일을 수행할 수 있는 독립된 기능을 가진 하나의 소프트웨어 시스템이다.
② 에이전트는 독립된 기능을 수행하기 위해 지식(knowledge)이라는 비절차적 처리 정보(non-procedural process information)가 저장된 데이터베이스를 이용하여 자신의 추론 방법을 통해 다른 에이전트와 상호 작용한다.
③ 또한 경험을 바탕으로 한 학습 기능 및 목적 지향적 능력을 가지고 지속적인 행동을 한다.

일반적인 관점에서 정의되는 에이전트는 소프트웨어 에이전트를 지칭하는 것으로, 자동적으로 사용자를 대신하여 수행되는 컴퓨터 엔티티를 의미한다. 이것은 기존의 소프트웨어들과 일련의 차별된 특성을 지닌 프로그램 코드이다. 에이전트에 대한 정의는 매우 다양하게 이루어질 수 있으며 연구 방향과 그 개발 목적에 따라 다양한 에이전트가 정의되고 개발되어진다. 기존에 논의된 에이전트에 대한 다양한 정의(reference)를 종합해 보면 에이전트의 일반적인 정의는 다음과 같이 나타낼 수 있다.

"Definition of an ideal rational agent : For each possible percept sequence, an ideal rational agent should do whatever action is expected to maximize its performance measure, on the basis of the evidence provided by the percept sequence and whatever built-in knowledge the agent has."

즉, 에이전트는 사용자를 대신하여(대리자) 특정 작업을 수행하는 자율적이며 지능적인 프로세스이며 자신의 고유한 목표를 가지고 능동적으로 동적인 환경과 상호 작용하는 프로세스이다. 에이전트는 독자적으로 존재하지 않으면 외부 운영체계, 네트워크 등의 일부 또는 그 안에서 동작하게 된다. 또한 에이전트는 자체로 지식 베이스와 추론 기능을 가지며 시스템 내의 자원 또는 다른 에이전트와의 정보 교환과 통신을 통해 문제 해결을 도모하며 환경의 변화를 인지하고 경험을 바탕으로 그에 대응하는 행동을 취하며 학습하는 기능을 가지게 된다.

앞서 살펴본 에이전트의 정의에는 기본적으로 에이전트라고 불리기 위해서 필요한 몇 가지 특성이 내포되어 있는데 대표적인 에이전트의 특성으로는 다음과 같은 것이 있다.

(1) 자율성(autonomy)

자율성은 사용자나 다른 에이전트의 직접적인 지시 또는 간섭이 없이 스스로 판단하여 행동하는 것을 의미한다. 이러한 특징은 에이전트와 다른 소프트웨어를 구분 지어주는 가장 중요한 특징이라 할 수 있다. 에이전트는 사용자를 대신해서 사용자가 원하는 작업을 자동적으로 해결하는 자율적 프로세스로서 주로 분산 환경에서 동작하며 자신만의 일을 수행할 수 있는 독립된 기능을 가진 하나의 소프트웨어 시스템이다. 에이전트는 이를 위해 자신의 작업 수행 상태 변화, 수행해야 할 동작에 대한 제어권을 가지게 된다. 자율성은 사용자로 하여금 상위단계 목적(high-level goal)에 집중을 하게 하고 그 목적을 달성하기 위한 세부 절차 등은 에이전트가 맡게 된다.

(2) 대신 수행성(delegation)

에이전트가 사용자 또는 다른 에이전트를 대신하여 일을 수행하는 성질을 말한다.

(3) 지능성(intelligence)

에이전트가 스스로 모니터링 된 이벤트를 해석하여 자율적 동작에 의해 적당한 행동을 함으로써 지능적으로 수행되도록 하는 성질을 말한다. 환경을 학습하는 능력도 포함된다.

(4) 사회성(social ability)

사회성은 에이전트 사이의 통신 능력을 의미한다. 즉, 하나의 에이전트로는 처리하지 못하는 작업의 수행을 위해 다른 에이전트의 도움을 필요로 할 때 에이전트 사이의 메시지 교환에 의해 이를 처리하게 된다. 에이전트는 독립된 기능을 수행하기 위해 지식(knowledge)이라는 비절차적 처리 정보(non-procedural process information)가 저장된 데이터베이스를 이용하여 자신의 추론 방법을 통해 다른 에이전트와 상호 작용한다. 에이전트 통신 언어(Agent Communication Language)를 이용한 에이전트 사이의 통신은 메시지 전달(message passing)이나 공유 메모리 등과 같은 방법을 이용하거나 다른 에이전트의 메서드를 불러들여 수행하기도 한다.

(5) 반응성(reactivity)

반응성은 하나의 에이전트가 자신이 놓여있는 환경 즉, 물리적인 실세계, 그래픽 인터페이스 등을 통해 접촉하는 사용자, 다수의 다른 에이전트들, 인터넷 환경 등의 변화를 감지하고 이에 적절한 반응을 취하는 능력을 말한다. 다시 말해 하나의 에이전트가 자신의 행동 결과 또는 기타 요인으로 인해 계속 변화해가는 환경을 모니터링하고 이에 반응하여 자신의 계획을 스스로 수정할 수 있는 특성을 말한다. 에이전트는 동적이면서 예측하지 못한 상황에서도 지능적이며 융통성 있게 반응하게 된다.

(6) 목표지향성(goal-oriented)

지능은 지식 베이스와 추론 능력을 갖추고 사용자의 의도를 파악하여 계획 을 세우고 학습을 통하여 새로운 지식을 스스로 터득하는 성질로 인공지능에서 많이 연구된 결과를 근거로 한다. 지능은 사실상 자율성과 밀접한 관계를 가지게 되며, 지능을 바탕으로 에이전트는 같은 작업이라도 계획과 경험을 통해 더 나은 효과를 기대할 수 있다. 따라서 목표지향성은 에이전트가 목표를 설정해서 그 목표를 이루어 나가도록 실행되는 특성을 말한다. 또한 경험을 바탕으로 한 학습 기능 및 목적 지향적 능력을 가지고 지속적인 행동을 한다.

(7) 이동성(mobility)

이동성은 사용자가 요구한 작업을 현재의 호스트에서 수행하지 않고 실제 그 작업을 처리하는 호스트로 이동시켜 수행함으로써 수행의 효율을 높이고 네트워크 부하를 줄이는 효과를 가져온다. 이동성은 기존의 클라이언트/서버의 개념과는 판이하게 다른 개념으로 서버의 내용을 클라이언트를 통해 전송받아 정보를 얻거나 작업수행을 하는 것이 아니고 클라이언트가 필요로 하는 작업을 위해 에이전트를 서버로 보내어 수행을 시킨다. 이동성은 특히 인터넷의 보급으로 컴퓨터 네트워크를 통해 제공되는 정보의 수가 급증하면서 그 중요성이 강조되고 있으며 원격 통신시에도 통신 라인이 항상 접속되어 있을 필요가 없기 때문에 무선 이동통신을 위한 작업수행 환경에서 큰 효과를 낼 수 있다.

(8) 합리성(rationality)

에이전트는 목표를 만족시키기 위해 행동하게 되는데 이것을 합리성이라 한다.

(9) 적응성(adaptability)

에이전트는 환경에 적응하면서 목표 지향적으로 행동하게 되는데 이것을 적응성이라 한다. 인공지능의 학습이나 추론 기능을 융합하여 환경에 적응하는 능력을 향상시키게 된다.

(10) 협동성(collaboration)

에이전트는 단일 에이전트가 아닌 멀티 에이전트로 문제해결하게 되는데, 이때 멀티 에이전트간 협동하면서 상호 작용해야 한다. 즉, 협상을 해야 할 경우도 있고 양보해야 할 경우도 있는데 이렇듯 여러 에이전트들이 협동적으로 행동해서 목표를 수행해 나가는 것을 협동성이라고 한다.

요약하면, 에이전트는 사용자를 대신해서 사용자가 원하는 작업을 자동적으로 해결하는 자율적 프로세스로서 주로 분산 환경에서 동작하며 자신만의 일을 수행할 수 있는 독립된 기능을 가진 하나의 소프트웨어 시스템이다. 에이전트는 독립된 기능을 수행하기 위해 지식(knowledge)이라는 비절차적 처리 정보(non-procedural process information)가 저장된 데이터베이스를 이용하여 자신의 추론 방법을 통해 다른 에이전트와의 상호 작용한다. 또한 경험을 바탕으로 한 학습 기능 및 목적 지향적 능력을 가지고 지속적인 행동을 한다. 현재 대다수의 에이전트는 사용자와 시스템이 자원들과 통신하며 반자동화된 방법으로 작동하기 때문에 이 때의 에이전트를 지능적 에이전트라고도 한다. 참고로 이 책에서 설명하는 에이전트는 지능적 에이전트이며 지능적 에이전트 시스템과도 동일한 의미로 사용하겠다.

에이전트는 앞의 <그림 7.1>에서와 같이 인지, 반응, 목표, 환경이 중요한 요소가 되며 이들간을 묶는 시스템 구성이 중요하다. 따라서 <그림 7.2>에서처럼 내부에 자신만의 지식 베이스와 추론 능력을 가지고 사용자, 시스템 자원, 다른 에이전트와 통신하는 능력이 에이전트의 기본 개념이다.

지능적 에이전트는 분산 인공지능, PDAs(Personal Digital Assistants), 사용자 인터페이스, 전자우편, 그룹웨어, CSCW(Computer Support for Co-operative Work), 작업 관리 시스템 등의 기술들이 영향을 미치고 있다. 즉, 이들의 개발로 지능적 에이전트의 성능이 점점 향상되고 있다.

좀 더 진보적인 지능적 에이전트가 되려면 다른 에이전트와의 통신이나 기능

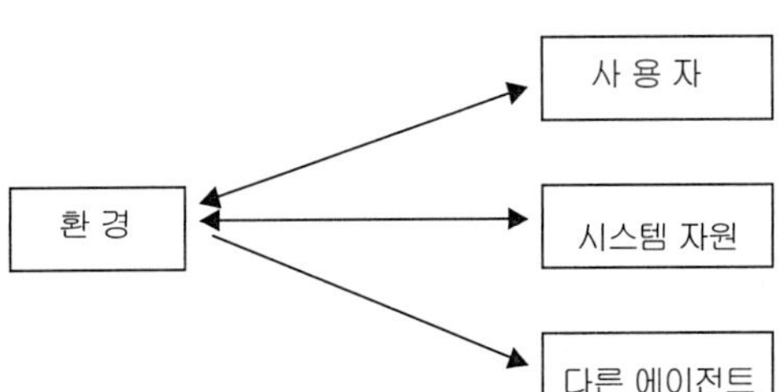

〈그림 7.2〉 지능적 에이전트의 개본 개념

분담 등의 특징이 추가되어야 하며 학습을 통한 지식 획득이나 진보된 추론 방법, 다중 에이전트로의 확장, 웹상에서의 에이전트 등 다양한 기술적 뒷받침이 필요하다.

7.1.2 에이전트 모델링 및 주요기술

(1) 에이전트에 영향을 주는 요인

다음 <그림 7.3>은 지능적 에이전트에 영향을 주는 요인을 그린 그림이다. 지능적 에이전트는 컴퓨터 기능의 지능화, 소프트웨어 공학의 발달 그리고 휴먼 인터페이스의 지능화 기능 등의 발달로 많은 영향을 받게 되었다.

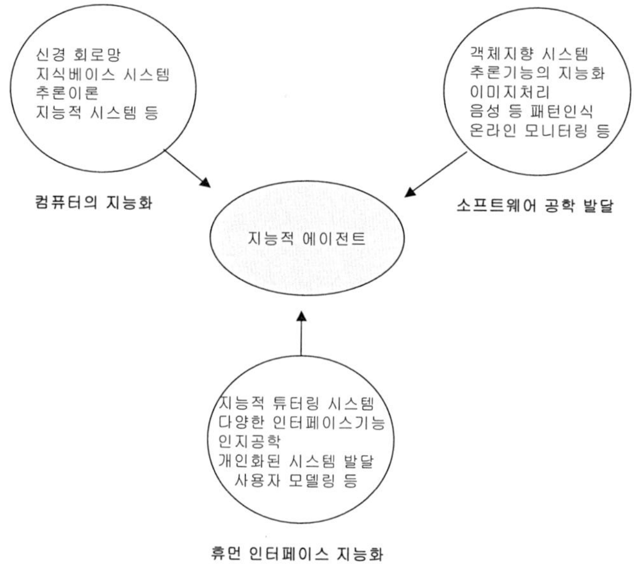

〈그림 7.3〉 지능적 에이전트에 영향을 주는 요인들

이외에도 다음과 같은 에이전트 컴퓨팅 환경 요소를 갖고 있다. 즉, 지능적 에이전트는 하나의 소프트웨어 에이전트로서, 사용자 선호도(user preference), 태스크나 프로세스 혹은 도메인 지식, 비용, 리소스 등의 영향을 받아 구축하게 된다.

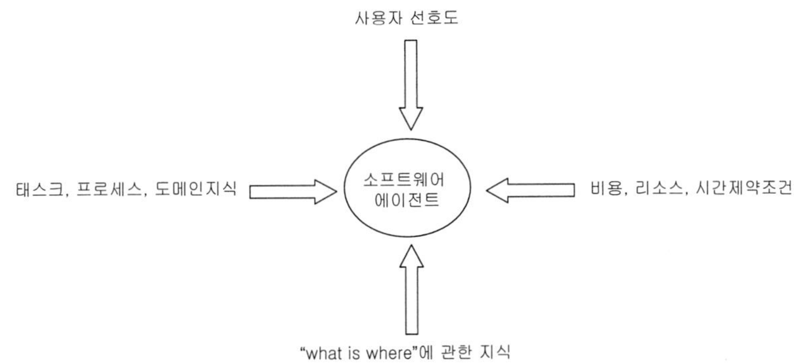

〈그림 7.4〉 에이전트 컴퓨팅 환경의 요소

(2) 에이전트 기능적 구조도

1990년대 에이전트가 등장한 이래 2000년대 활발할 에이전트 연구와 함께 에이전트 분류 또한 매우 다양하게 되었다. 에이전트를 분류하기 전에 에이전트의 기능적 구조도를 최상위 레벨에서 살펴보면 다음 <그림 7.5>와 같다.

에이전트는 태스크 레벨에서의 기술, 지식, 통신 기술 등을 갖추고 있어야 한다.

1) 태스크 레벨 기술(task level skills)

에이전트가 수행하는 태스크를 말하는데 웹이나 인터넷, 운영체제 등 환경을 인지하여 태스크를 수행하기 위해 환경에 반응하게 된다. 에이전트가 수행해야 할 태스크의 예로는 정보검색이나 정보 필터링 등의 기능이 있다.

2) 지식(knowledge)

지식이란 에이전트가 작업을 완성하기 위해 따라야 하는 규칙을 말한다. 어떤 에이전트는 자동적으로 사용자와 상관없이 반응하기도 하며, 어떤 에이전트는 반자동적으로 동작하기도 하는데, 어떤 경우든 에이전트들은 시스템 설계자가 구축한 환경에 관한 지식에 의존하게 된다. 따라서 지식을 얻는 방법은 다음과 같은 기술들에 의해 수행될 수 있다.

① 개발자 중심적 지식(developer specified knowledge): 애플리케이션 도메인과 특정 사용자를 위한 모델들은 에이전트의 추론 메커니즘에서 지식 베이스 구

축을 위한 근본 지식으로서 제공된다.

② 사용자 중심적 지식(user specified knowledge): 사용자가 정의한 태스크를 수행하기 위한 사용자 프로그래밍한 규칙들은 전형적으로 규칙기반 시스템이 된다. 어떤 시스템들은 사용자가 자신의 행동들을 기록하도록 하기도 한다. BeyondMail은 사용자가 받는 메일들을 서로 다른 폴더에 분류하여 보관하도록 하는 규칙들을 사용자가 정의한 규칙 기반 에이전트 시스템의 한 예이다.

③ 시스템 중심적 지식(system specified knowledge): 다른 지식 소스로부터 정의된 것이나 사용자나 환경으로부터 유도된 지식을 말한다.

④ 학습(learning): 신경 회로망이나 사용자와의 대화, 케이스, 메모리 등으로부터 학습된 것을 지식 베이스의 지식으로 구축할 수 있다.

3) 통신 기술들(communication skills)

통신 기술은 에이전트가 어떻게 사용자와 상호작용을 하는지에 관한 기술들을 말한다. 멀티 에이전트 시스템과 분산 환경에서는 통신 모듈이 서로 다른 에이전트들을 제어하기도 한다. 사용자 인터페이스는 에이전트가 통신 가능하도록 텍스트나 음성 등 다양한 통신 채널로써 제공된다. 에이전트간 통신을 위해서는 에이전트간 통신 언어(Agent Communication Language)를 사용하게 되는데, Telescript, SmallTalkAgents, Agent Tcl, KIF(Knowledge Interchange Format), KQML(Knowledge Query and Manipulation Language) 등이 있다.

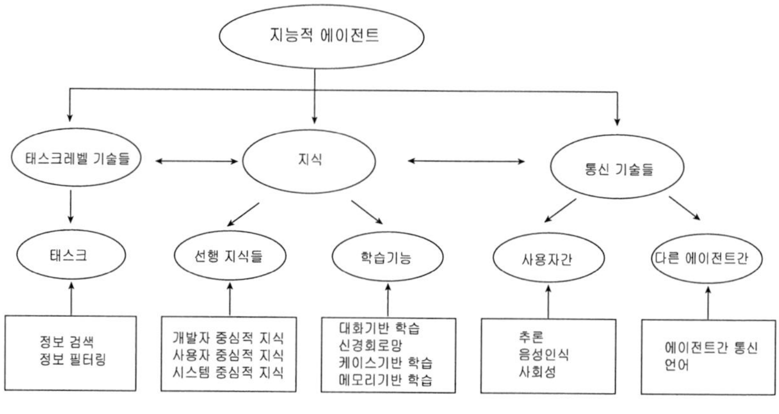

〈그림 7.5〉 지능적 에이전트의 기능적 구조도

(3) 에이전트 개발 기술

위에서 설명한 에이전트 개발 기술은 다음 <그림 7.6>과 같다.

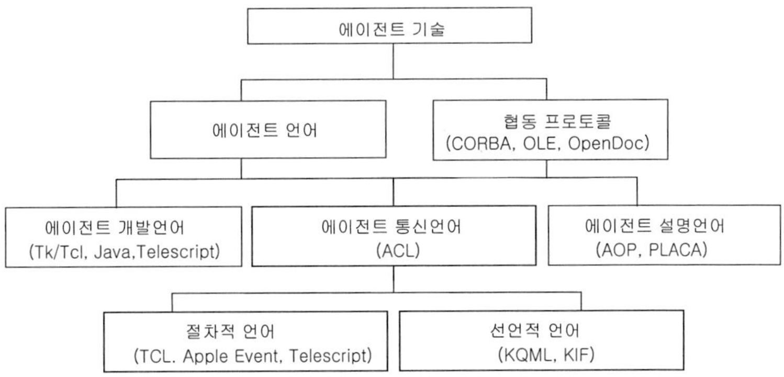

〈그림 7.6〉 에이전트 개발 기술 분류도

1) KQML(Knowledge Query and Manipulation Language)

KQML은 ARPA KSE(Knowledge Sharing Effort)에서 설계된 ACL로, FIPA에서 표준화 작업을 진행 중이다. KQML은 보내는 곳(sender)과 받는 곳(receiver)간의 대화 방식으로 메시지를 전달한다. 각 메시지는 괄호로 둘러쌓인 컴포넌트 리스트로 되어 있다. KQML의 구조를 설명하면 다음과 같다.

① 콘텐츠층(content layer): 전달될 지식이 들어가는 부분으로, KQML에서 콘텐츠에 해당한다. KIF(Knowledge Interchange Format)의 사용을 권장한다.

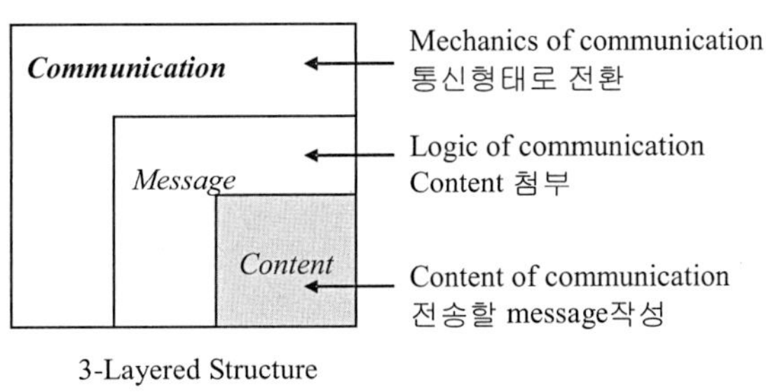

〈그림 7.7〉 KQML의 형태

② 메시지층(message layer): 전달할 내용의 특성을 나타내는 부분으로, KQML 에서 콘텐츠를 제외한 부분이다.

③ 통신층(communication layer): 통신을 위한 특성이 표현되는 부분으로, TCP/IP, HTTP 등의 통신 프로토콜에 해당한다.

만약 **"서울이 어디에 있지?"** 라는 질의에 대해 에이전트간 KQML을 이용한 통신 예를 들면 다음과 같다.

```
tell
        : sender ag1
        : receiver ag2
        : ontology foo
        : in-reply-to ag3
        : language kif
        : content ([and
                              [exist EV9 seoul]
                              [and [location X7]
                                   quant(wh X7
                                        [loc_at EV9 X7] )]])
```

여기서, **tell**은 performative라 하며, 그 종류는 매우 다양하다. ag1, ag2, ag3는 에이전트의 이름이며 위와 같은 형태로 KQML을 쓸 수 있다.

또 한 예를 들면, 만약 IBM의 주식값을 묻는 문제를 에이전트간 KQML을 이용하면 다음과 같다.

```
A to B : (perform (print "Hello!" t))
B to A : (reply done)
(ask-one
     :content      (PRICE  IBM  ?price)
     :receiver      stock-server
     :language      LPROLOG
     :ontology      NYSE_TICKS)
```

2) KIF(Knowledge Interchange Format)

KIF는 다른 프로그래머나 다른 시간, 다른 에이전트 등 분산된 컴퓨터 시스템 간의 지식 교환을 위해 설계된 하나의 형식이다. KIF는 인간과 상호작용을 하기 위한 언어가 아니며, 선언적인 언어 형태를 취한다. 또한 논리적으로 이해하기 쉽고 메타 지식에 관해서도 설명하기 쉽다. 이것은 포스트스크립트와 유사한 형식을 가진다. 예를 들면, x가 실수이고 n이 짝수이면 x의 n제곱을 계산하여 이 값이 0보다 큰 것인가를 나타내는 KIF 형식은 다음과 같다.

(=> (and (real-number ?x) (even-number ?n)) (> (expt ?x ?n) 0))

(4) 에이전트 모델링 및 사례

지능적 에이전트의 주요 기술은 크게 지능정도(intelligence)와 에이전트 성질(agency)의 구현 기술로 나눌 수 있다.

지능 정도는 에이전트에 의해 표현되는 추론과 학습 정도를 말하고, 에이전트 성질은 애플리케이션 구조와 설계에 관한 에이전트 행동 정도를 말한다. 위의 그림에서 지능 정도는 기관(machinery)과 콘텐츠(contents)에 의해 구현 가능하며, 에이전트 성질은 보안(security)과 접근(access)에 의해 구현 가능하다.

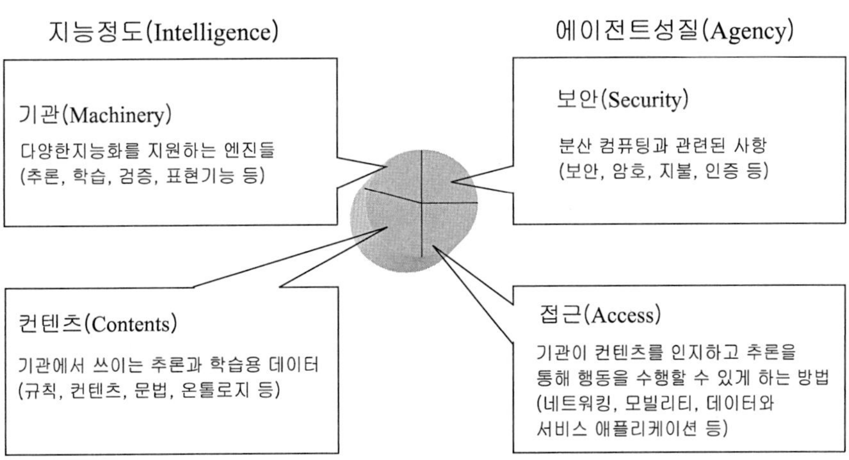

〈그림 7.8〉 지능적 에이전트의 주요 기술들

이상의 개념에 따라 에이전트의 개념적 모델링을 해보면 다음 <그림 7.9>와 같다. 즉, 지식과 이벤트들은 다음 행동을 수행하는 추론기관에 의해 조합된다. 에이전트는 보안에 의한 제약조건들에 따라 자동적으로 접근 메서드에 의해 수행된다. 마지막으로 학습기관은 에이전트의 세계에서 이벤트나 사용자의 행동으로부터 학습할 수 있는 능력을 말하는데, 이러한 일련의 과정으로부터 새로운 지식을 얻게 된다.

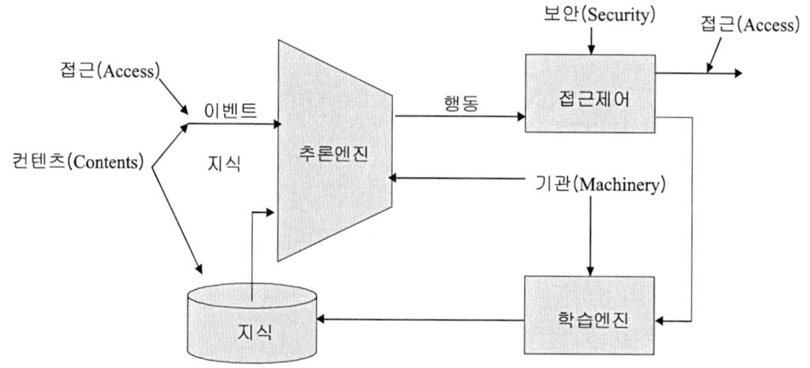

〈그림 7.9〉 개념적인 에이전트 모델링

다음 <그림 7.10>은 개념적인 지능적 에이전트 모델에 따른 에이전트의 한 예를 나타낸 그림이다. 이 그림은 뉴스 필터링 에이전트의 한 예인데 지능 정도와 에이전트 성질이 모두 포함된 구조를 가진다. 이 에이전트는 자신의 접근 메서드를 이용하여 지역은 물론 원격 데이터베이스의 콘텐츠 검색을 위해 작용한다. 이들 접근 메서드들은 새로운 뉴스 스트림을 에이전트로 가져오는 역할을 하기도 하거나 게시판으로부터 검색하거나 웹상에서 스파이더 하기도 한다. 이러한 방법으로 검색된 콘텐츠들은 아마 부분적으로 필터링되어 있을 수도 있다. 에이전트는 다시 자신의 검색 또는 언어 처리 기관 등을 이용하여 이미 검색된 콘텐츠로부터 키워드를 추출한다. 이렇게 축약된 콘텐츠 또는 이벤트는 다시 에이전트의 추론기관으로 들어가게 되어 새로운 콘텐츠를 가지고 무엇을 할 것인지 결정하게 된다. 이 과정에서 이벤트 콘텐츠와 사용자가 제공한 규칙 기반 또는 지식들을 총 동원하여 결정하는데 이용된다. 만약 이 과정에서 새로운 콘텐츠 안에 좋은 어떤 것이 발견되었다면 에이전트는 다른 기관을 이용하여 좀 더 세분화된 콘텐츠 검색을 하게 된다. 마지막으로 에이전트는 새로운 콘텐츠 기반으로 행동을 수행한다. 예를 들면, 사용자에게 중요한 이벤트가 발생했음을 알리는 기능 같은 것을 말한다. 이 과정은 보안 기능에 의해 수행되게 되며 사용자의 인증을 요구하게 된다. 에이전트는 사용자 접근 메서드를 이용하여 이 메시지를 사용자에게 전달한다. 만약 사용자가 이 이벤트에 대해 재빠른 반응을 보이는 것과 같이 이 이벤트가 매우 중요하다는 행동을 취하게 되면, 에이전트는 자신의 학습기관을 이용하여 이 이벤트의 가중치를 높여주는 기법을 이용할 수도 있다.

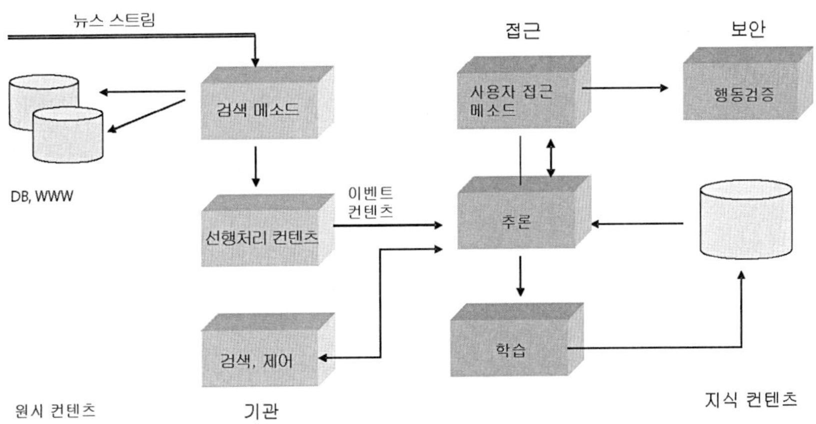

〈그림 7.10〉 뉴스 필터링 에이전트의 예

(5) 에이전트 평가

에이전트를 평가하기 위해 다음 <그림 7.11>은 앞의 <그림 7.8>에 따라 지능적 에이전트의 효율성 및 능력을 그림으로 나타내었다.

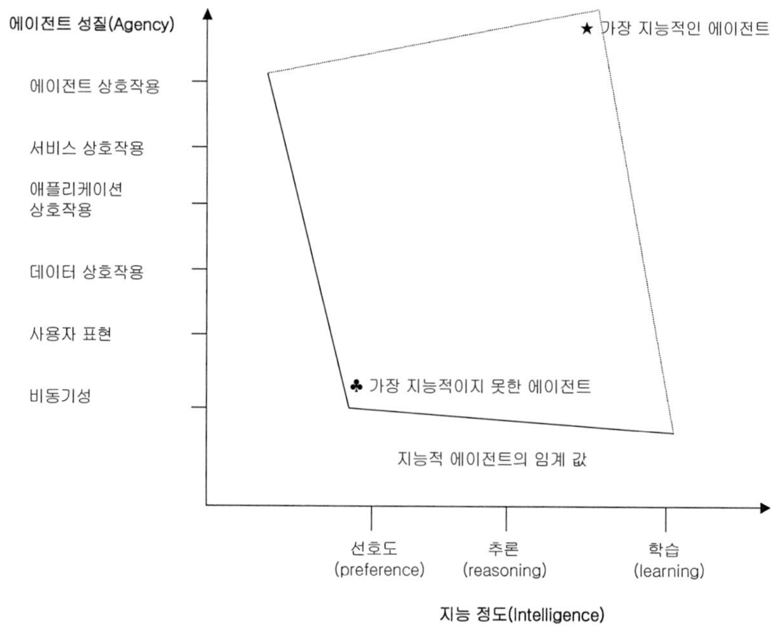

〈그림 7.11〉 지능적 에이전트에서 지능 정도와 에이전트 성질의 관계

위의 그림에서 지능적 에이전트의 임계값 범위내의 기능을 갖도록 해야 한다. 물론 다소 주관적일 수 있으나 객관적인 지표에 의해 평가하도록 해야 한다. 위의 그림에서 오른쪽 제일 윗부분(★)에 위치하는 에이전트가 가장 지능적이라고 볼 수 있고, 왼쪽의 가장 아랫부분(♣)에 위치한 에이전트가 가장 지능적이지 못한 에이전트라고 볼 수 있다.

<그림 7.12>는 <그림 7.11>에 따라 상용화되고 있는 지능적 에이전트를 분류하여 나타낸 그림이다. 이 그림에서 SNMP V2는 라우터나 스위치 등 네트워크 요소들의 상태를 모니터링하고 정보를 필터링하여 콘솔에 나타내주는 역할을 하는 에이전트인데 지능적 에이전트 관점에서 보면 가장 약한 개념의 지능적 에이전트를 나타낸다. 이 그림에서는 사용자 인터페이스 에이전트가 가장 강한 개념의 지능적 에이전트 성격을 갖는다고 볼 수 있다.

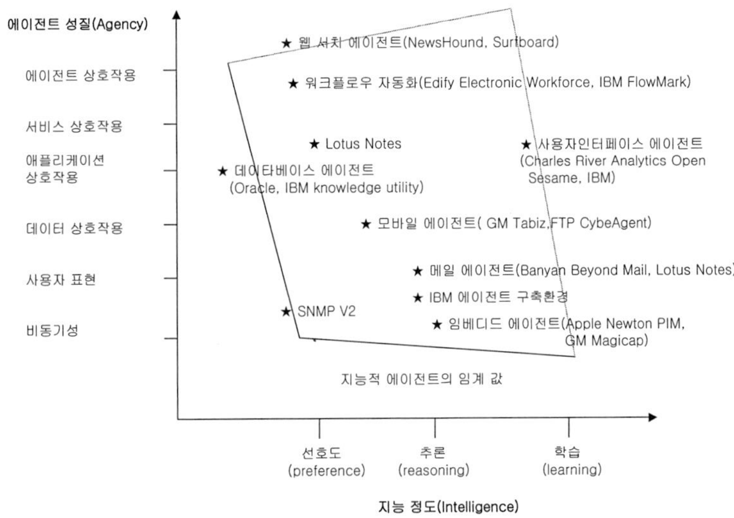

〈그림 7.12〉 상용화된 지능적 에이전트의 분포 예

7.1.3 에이전트 분류

(1) 에이전트 구조에 따른 분류

에이전트의 종류와 분류는 그 방식에 따라 여러 가지로 나뉠 수 있으나 이 책에서는 에이전트를 네트워크상에서의 구조와 역할에 따라 모바일 에이전트와 멀티 에이전트로 크게 나누어 분류하였다. 에이전트는 다음 <그림 7.13>과 같이 크게 여덟 가지 종류의 에이전트로 나눌 수 있고, 간단히 설명하면 아래와 같다.

1) 협력 에이전트(collaborative agent)

멀티 에이전트에서 공동의 목표를 가지고 통신을 통하여 서로 협력하여 자율적으로 일을 처리하는 에이전트를 말한다. 에이전트사이의 통신이 이뤄진다는 것은 정해진 규약에 따라 메시지를 주고받음을 의미하는데, 이를 위하여 KIF, KQML과 같은 에이전트 간 통신 언어(Agent Communication Language, ACL)를 이용한다. 협력 에이전트를 이용하면, 독립적으로는 해결할 수 없었던 보다 복잡한 일을 수행할 수 있다는 장점이 있다.

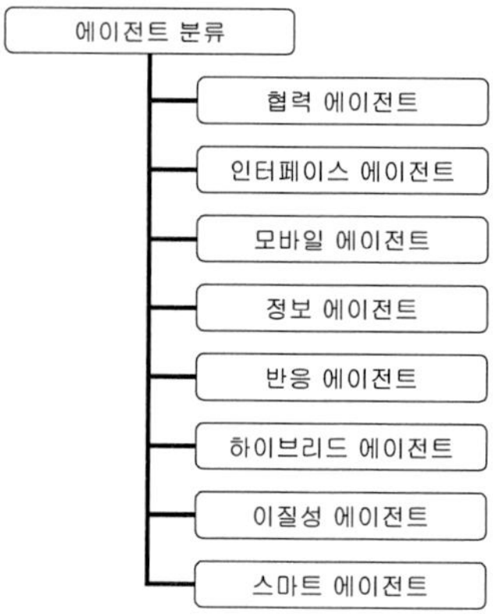

〈그림 7.13〉 에이전트의 분류

협력 에이전트는 협조 에이전트(cooperative agent, cooperation agent, coordinated agent)라고도 불리며, 다중 에이전트시스템(multi agent)을 구성하는 에이전트를 말한다. 협력에이전트는 에이전트 특성들 중에 서사회성이 강조된 에이전트로서, 특정작업을 수행하기 위하여 스스로 해결할 수 없는 부분은 다른 에이전트나 응용 프로그램의 도움을 받아 작업을 처리 하는 에이전트이다.

협력 에이전트에 대한 연구는 크게 다중 에이전트기반 구조에 대한 연구와 에이전트간 통신언어에 대한 연구로 나누어 생각할 수 있다. 다중 에이전트기반 구조는 다수의 에이전트들을 어떻게 구성하고 에이전트들이 어떻게 메시지를 주고받을 것인가를 정의하는 부분이다. 다중 에이전트기반 구조는 다시 조정에이전트(coordinating agent, broker, facilitator) 등을 통하여 메시지를 주고받는 중앙집중식구조와 조정에이전트 없이 각 에이전트들이 다른 에이전트에 대한 정보를 가지고 상호 메시지를 주고받는 분산식 구조로 나눌 수 있다. 전자의 예로는 7.6절에서 설명하고 있는 FIPA가 있고, 후자의 예로는 7.6절에서 설명하고 있는 DECAF와 QWE(Queen Mary and Westfield College)의 Archon 등이 있다.

중앙집중식 구조는 각 응용에이전트들이 다른 에이전트에 대해 에이전트 위치라든가 제공 서비스를 파악할 필요없이 원하는 서비스를 조정 에이전트에게 요청하기만 하면 그 이후의 일은 조정 에이전트가 처리해줌으로써 각 응용 에이전트의 구성이 간단해지고 조정 에이전트를 통하여 응용 에이전트들을 관리함으로써 에이전트들에 대한 관리가 용이해진다는 장점이 있다. 반면에, 조정 에이전트에 문제가 발생되면 응용 에이전트들이 작업을 정상적으로 수행할 수 없다는 문제점이 있다. 분산식 구조는 부가적인 에이전트 없이 작업을 수행할 수 있다는 장점이 있지만 에이전트들이 필요한 다른 에이전트의 서비스 정보뿐만 아니라 이를 제공할 에이전트들에 대한 정보도 파악하고 있어야 한다는 문제점이 있다.

2) 인터페이스 에이전트(interface agent)

사용자가 시스템을 사용하기 편하도록 지원하는 에이전트. 사용자를 대신하여 물건을 매매하거나, 전자우편 에이전트처럼 사용자에 대한 성향을 학습하여 메일을 필터링하는 기능을 수행하기도 한다.

인터페이스 에이전트는 사용자 인터페이스 에이전트라고도 불린다. 인터페이스 에이전트는 자율성과 학습능력 등이 강조된 에이전트로서, 컴퓨터에 대한 보다 편리한 사용 환경을 제공해주는 것을 목표로 한다. 인터페이스 에이전트는 사용자의 컴퓨터 사용방법을 관찰하여 사용자의 습관을 파악한 후 반복적인 일련의 과정을 간단히 처리할 수 있도록 사용자를 도와주는 역할을 한다.

인터페이스 에이전트에는 사람얼굴이나 동물형상을 통하여 사용자에게 보다 친근한 컴퓨터 사용방법을 제시하는 인터페이스 에이전트도 있다 이러한 인터페이스 에이전트는 3차원 애니메이션 기술과 음성합성, 입술 애니메이션 기술 등을 통하여 사용자에게 컴퓨터를 마치 다른 사람이 나의 인화된 동물과 대화를 하는 것 같은 환경을 제공해 줌으로써 보다 편리한 컴퓨터 사용 환경을 만들어 준다.

또한 인터페이스 에이전트는 멀티모달 기술을 통하여 사용자에게 보다 편리한 입력환경을 제공하기도 한다. 멀티모달 기술이란 하나 이상의 입력방식을 통하여 에이전트에게 작업을 지시할 수 있는 환경을 말한다. 예를 들면, 펜으로 지도상의 특정위치를 가리키며 '여기서부터 시청까지의 거리가 얼마지'라고 음성으로 물음으로써 화면상에 특징 위치를 지정하는데 가장 편리한 펜과 문장을 입력하는데 가장 편리한 음성을 동시에 활용함으로써 각 상황에서 사용자에게 가장 편리한 입력방식을 사용할 수 있도록 지원하는 인터페이스 기술이다.

국내 인터페이스 에이전트에 대한 연구는 학습을 기반으로 하는 인터페이스 에이전트분야와 자연어 처리를 기반으로 하는 인터페이스 에이전트분야 그리고 멀티미디어 출력과 멀티모달 입력을 기반으로 하는 인터페이스 에이전트 분야로 나누어 볼 수 있다.

3) 모바일 에이전트(mobile agent)

한 클라이언트 컴퓨터에서 다른 서버로 이동하면서 원격 실행을 하는 자율적인 소프트웨어 에이전트를 말한다. 이동 에이전트는 네트워크 에이전트, 순회 에이전트 등으로 불린다. 이동 에이전트는 에이전트의 특성들 중에서 이동성이 강조 에이전트로서, 에이전트가 자신의 판단에 의하여 컴퓨터 시스템을 이동하며 작업을 수행하는 에이전트이다. 이동 에이전트와 유사한 예로는 자바애플릿을 생각할 수 있다. 하지만 일반적인 자바애플릿은 사용자가 웹브라우저를 통하여 요구할 때 서버에 있는 애플릿이 웹브라우저로 이동되는 반면, 이동 에이전트는 상황에 따른 에이전트의 판단에 의하여 사용자 시스템으로부터 하나 이상의 서버로 이동하여 작업을 수행한다는 점이 다르다. 하지만 자바애플릿이나 이동 에이전트는 이동하는 프로그램이 시스템 독립적이어야 하고 수행되는 시스템 상에 인터프리터가 존재해야 한다는 측면에서 요구사항이 매우 유사하다. 최근에는 자바를 확장하여 이동 에이전트를 구현하려는 움직임이 강하게나타나고 있다. 보다 자세한 내용은 8장에서 설명하고자 한다.

4) 정보 에이전트(information agent)

많은 양의 정보를 찾아내어 분석하는 기능을 하는 에이전트로서, 네트워크에 접근하여 자신이 원하는 데이터들을 필터링하여 사용자에게 제공한다. 정보에 접근하기 위하여 주로 HTTP 프로토콜을 사용하며 KQML(Knowledge Query and Manipulation Language)을 통하여 에이전트 사이에 통신할 수 있다. KQML은 에이전트 간에 통신을 지원하기 위한 언어이며, 문법적인 구조와 통신 프로토콜을 포함한다.

5) 반응 에이전트(reactive agent)

주어진 입력에 대해 에이전트가 반응하여 결과를 산출하게 되는 에이전트로서, 실시간적 반응을 나타내는 시스템에 적당하다.

6) 하이브리드 에이전트(hybrid agent)

에이전트 형태들을 서로 융합하여 목적에 맞도록 재구축한 에이전트를 말한다.

7) 이질성 에이전트(heterogeneous agent)

이질성 에이전트란 두 개 이상의 서로 다른 구조를 가지는 에이전트들의 집합을 말한다. 하나의 에이전트 구조로는 다양한 애플리케이션이 존재하는 모든 문제 영역을 만족시킬 수 없기 때문에, 각각의 영역마다 최적의 에이전트를 선택하여 이질적인 시스템들이 통신과 협력을 통하여 일을 수행한다.

8) 스마트 에이전트(smart agent)

'스마트'란 지능 이상의 지능을 소유한 지능 시스템을 말한다. 따라서 스마트 에이전트란 지능 이상의 지능을 나타낼 수 있는 차세대 에이전트를 의미하는 것으로서, 우리 인체 내에 삽입할 수 있도록 생명 공학 기술 발전과 더불어 개발된 상위 개념의 에이전트를 말한다. 이것을 이용해서 질병 진단 및 체크, 위협 요인 제거 등이 가능하다.

(2) 에이전트 활동 영역에 따른 분류

또한 에이전트가 태스크를 수행하기 위해 어디서 활동하느냐 즉, 에이전트의 활동 영역에 따라 다음과 같이 데스크탑, 인터넷, 인트라넷 에이전트로 분류하기도 한다.

1) 데스크탑 에이전트(desktop agent)

- 운영체제 에이전트(operating system agent): 데스크탑 운영체제와 함께 사용자를 지원하는 인터페이스 에이전트를 말한다.
- 애플리케이션 에이전트(application agent): 특정 애플리케이션에서 사용자를 지원하는 인터페이스 에이전트를 말한다.
- 애플리케이션 적합 에이전트(application suit agent): 여러 애플리케이션들을 다루는데 있어서 사용자들을 도와주는 인터페이스 에이전트를 말한다.

2) 인터넷 에이전트(internet agent)

- 웹 서치 에이전트(web search agent): 사용자들에게 정보검색 서비스를 제공하는 인터넷 에이전트를 말한다.
- 웹 서버 에이전트(web server agent): 특정 웹 서버에 존재하면서 에이전트 서

비스를 제공하는 인터넷 에이전트를 말한다.

- 정보 필터링 에이전트(information filtering agent): 사용자의 특정 성향에 따라 수많은 정보들로부터 필터링해주는 기능을 갖는 에이전트를 말한다.
- 정보 검색 에이전트(information retrieval agent): 사용자의 성향에 따라 데스크탑에서 개인화된 정보들의 패키지를 전달하는 인터넷 에이전트를 말한다.
- 알림 에이전트(notification agent): 사용자의 개인적 흥미를 인식하여 이것에 이벤트가 발생할 때마다 사용자에게 알려주는 기능을 갖는 인터넷 에이전트를 말한다.
- 서비스 에이전트(service agent): 사용자들에게 특정 서비스들을 제공하는 기능을 갖는 인터넷 에이전트를 말한다.
- 모바일 에이전트(mobile agent): 사용자의 특정 태스크를 수행하기 위해 서버들을 이동하면서 태스크를 수행하는 독립된 인터넷 에이전트를 말한다.

3) 인트라넷 에이전트(intranet agent)

- 협동 적응 에이전트(collaborative customization agent): 한 비즈니스 단위별로 워크플로우 프로세스들을 자동적으로 수행하는 인트라넷 에이전트를 말한다.
- 프로세스 자동화 에이전트(process automation agent): 자동적으로 비즈니스 워크플로우 프로세스를 수행하는 인트라넷 에이전트를 말한다.
- 데이터베이스 에이전트(database agent): 사용자들이 데이터베이스를 잘 사용할 수 있도록 서비스를 지원하는 인트라넷 에이전트를 말한다.
- 리소스 브로커 에이전트(resource brokering agent): 클라이언트 서버 구조에서 리소스 할당을 수행해 주는 에이전트를 말한다.

(3) 지능형 에이전트

지능형 에이전트(intelligent agent)란 용어는 때로 일반적인 에이전트를 지칭하는 용어로 사용된다. 이와 같이 일반적인 에이전트를 지칭하는 용어로는 지능형 에이전트 외에 소프트웨어 에이전트(software agent), 보조 에이전트(assistant agent), 소프트봇(softbot) 등이 있다. 하지만 일반적 의미로써의 에이전트가 아니라 지능적 특성을 갖춘 에이전트로써의 지능형 에이전트는 학습(learning), 추론(inference), 계획(planning) 능력 중 하나 이상을 갖는 에이전트를 말한다. 그래서 지능형 에이전트는 학습 에이전트, 추론 에이전트, 계획 에이전트 등으로 분류되어 불리기도 한다.

지능형 에이전트의 예로는 코치(cognitive adaptive computer help, COACH) 시스템을 들 수 있다. COACH 시스템은 사용자가 LISP 프로그래밍을 하는 과정에서 사용자의 작업과 정을 관찰하여 사용자에 대한 적응 사용자 모델을 만들고 작업에 대한 지식과 적응 사용자 모델에 따라 사용자가 앞으로 하고자 하는 일을 추론하여 사용자의 능력에 맞게 도움말을 제시해 주는 역할을 한다. COACH 시스템은 학습기능과 추론기능을 갖는 지능형 에이전트이며 컴퓨터 작업환경을 돕는다는 측면에서 사용자 인터페이스 에이전트라고 볼 수도 있다. 이와 같이 지능형 에이전트는 사용자 인터페이스 에이전트와 밀접한 관계가 있다.

(4) 멀티 에이전트

지금까지 설명은 단일 에이전트를 중심으로 설명한 것으로 멀티 에이전트 시스템은 단일 에이전트 시스템이 해결하지 못한 복잡한 문제의 해결을 위해 에이전트간 협동 체제를 구축한 에이전트를 말한다. 멀티 에이전트는 중재자(facilitator)를 통한 메시지 전달 및 제어를 수행한다. 전체적인 구조는 다음 <그림 7.14>와 같다.

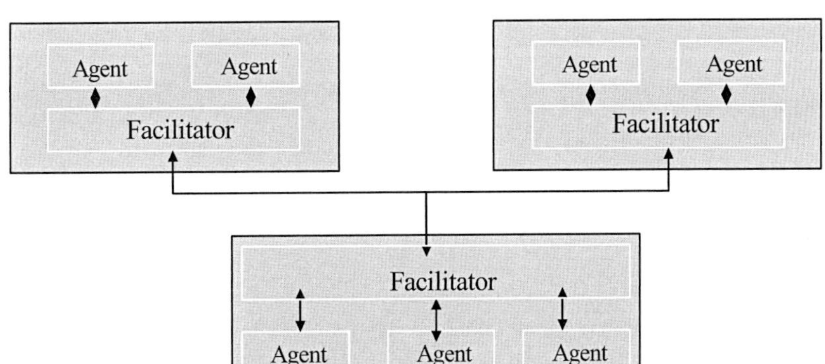

〈그림 7.14〉 멀티 에이전트의 개념적 구조

7.2 작동 원리

합리적인 에이전트는 올바르고 정확한 일 즉, 에이전트로 하여금 가장 성공적인 일을 하도록 하는 어떤 일을 수행한다. 그러므로 에이전트의 성공 여부를 평가하려면 'how'와 'when'을 결정하여야 한다.

에이전트가 얼마나 성공적이냐를 결정하는 기준인 'how'를 측정하기 위해 성능 평가 척도(performance measure)를 사용한다. 그러나 모든 에이전트들에 적당한 고정된 평가 척도가 없기 때문에 에이전트 자체의 만족여부로부터 성능 평가를 할 수밖에 없을 것이다. 그러나 이것 또한 주관적일 뿐 아니라 가능하지 않을 수도 있다. 그러므로 누가 봐도 알 수 있는 객관적이면서 표준이 되는 성능 평가 척도가 필요하다. 예를 들면, 진공청소기 역할을 하는 에이전트가 있다고 하자. 이 경우 성능 평가 척도는 단위시간당 청소한 먼지의 양, 전기 소비량 및 소음 정도 등이 될 것이다.

에이전트의 성능을 평가하는 시간 'when' 또한 중요하다. 이를 위해 비교적 긴 일정시간 간격으로 에이전트의 성능을 평가하는 것도 좋은 방법이 된다. 예를 들면, 에이전트에 따라 하루에 두 번 내지 세 번 정도 평가 시간을 정해놓는 것도 좋은 방법이라고 한다. 또한 실제의 출력값을 알고 그대로 행동하는 에이전트도 있겠으나 이론적으로는 가능한데 실제로는 불가능하다.
일반적으로 에이전트는 다음 네 가지 정보에 따라 작동한다.

- 성공의 정도를 평가하는 성능 평가 척도
- 에이전트가 지금까지 인지한 사실들 즉, 인지 서열(percept sequence)
- 에이전트가 환경에 관해 아는 모든 것
- 에이전트가 수행할 수 있는 가능한 행동

따라서 가장 이상적인 에이전트는 각 인지서열에 의해 제공된 사실들과 에이전트가 가진 지식들을 총동원하여 자신의 성능 평가 척도를 최대화 시킬 수 있도록 바람직한 행동을 하는 에이전트이다.

그러나 이때 에이전트가 행동을 하기 위해 유용한 정보를 얻지 못하면 즉, 인지서열이 적당하지 못하면 잘못된 결과를 초래할 수도 있다. 그러므로 에이전트의 행동결정에는 내부 처리 과정 못지않게 정보를 얻는 과정 또한 매우 중요하다. 에이전트는 외부 환경으로부터 정보를 얻어 내부에서 처리하는 과정이 에이전트의 행동 결정을 하기 때문이다. 그러나 모든 인지서열을 전부 인지할 수 있는 경우는 매우 드물기 때문에 앞으로는 적은 정보로도 바람직한 행동 결정을 할 수 있는 보다 지능화된 에이전트가 필요할 것이며 그러한 추세로 에이전트 시스템이 개발될 것이다.

에이전트는 실세계를 에이전트와 비에이전트로 구분하는 어떤 절대적 특성이 있는 것이 아니라 단지 시스템을 분석하는 도구일 뿐이다. 예를 들어, '시계'라는 에이전트를 생각해보자. 시계는 인지서열도 없고 외부 환경과도 무관한 낮은 수준의 한 에이전트 예이지만, 단지 크고 작은 두 개의 바늘이 움직임으로써 시계 에이전트 고유의 올바른 일을 수행하고 있는 것이다.

에이전트의 행동은 지금까지 인식한 인지서열에 의해서만 좌우되기 때문에 각 인지서열에 반응하는 행동양식을 테이블 형식으로 만듦으로써 특정 에이전트를 설명할 수 있다. 이러한 인지(percept)와 행동(action)간의 연결 관계를 매핑(mapping)이라고 하는데, 매핑 관계를 정확히 기술하는 것이 중요하다. 왜냐하면 임의의 주어진 인지서열에 반응하여 수행하는 에이전트의 행동을 기술하는 것이 합리적인 에이전트 설계의 핵심사항이 되기 때문이다. 그렇다고 해서 가능한 모든 인지서열과 행동과의 관계를 모두 테이블로 작성해야 함을 의미하는 것은 아니다. 일일이 나열하지 않아도 매핑 관계를 잘 나타낼 수 있다. 예를 들어 제곱근 함수(mean square function)를 계산하는 단순한 에이전트를 생각해 보자. 여기서 만약 인지된 입력값이 양수 x이면, 에이전트는 행동으로 $z=\sqrt{x}$ 값을 산출한다. 이때 시스템 설계자는 인지와 행동간의 관계를 매핑시킬 필요가 없게 된다. 다음 <그림 7.15>는 제곱근 함수 문제를 인지와 행동과의 관계를 뉴턴 방법을 이용하여 매핑시킨 프로그램의 일부로써 행동은 소숫점 이하 15자리까지 정확하게 나타낸 그림이다.

```
function SQRT(x)
    z ← 1.0        /* 초기값 */
  repeat until |z^2 − x| < 10^−15
        z←z − (z^2 − x)/(2z)
  end
  return z
```

인지된 값 x	행동 z
1.0	1.000000000000000
1.1	1.048808848170152
1.2	1.095445115010332
1.3	1.140175425099138
1.4	1.183215956619923
1.5	1.224744871391589
1.6	1.264911064067352
1.7	1.303840481040530
1.8	1.341640786499874
1.9	1.378404875209022
:	:
:	:

〈그림 7.15〉 제곱근 함수

이 제곱근 함수 문제는 매핑과 에이전트 설계와의 관계를 보여주는 좋은 예이다. 위의 사상 테이블은 매우 크지만 이를 의미하는 에이전트는 간결하고 함축된 프로그램이다. 그러므로 가장 좋은 에이전트는 무한 환경에서 무한 행동을 할 수 있도록 간결하고 함축적으로 작성된 프로그램이라고 정의할 수 있다.

에이전트의 행동 결정에서는 내장된 지식이 또한 매우 중요하다. 그러나 에이전트의 행동이 인지된 값에만 전적으로 의존한다면 에이전트는 자동성이 없는 시스템이 될 것이다. 에이전트의 행동은 에이전트 자신의 경험과 에이전트가 동작하는 특정 환경에 대한 에이전트 구축시 사용된 내장된 지식에 의해 결정된다. 만약 한 시스템이 어느 정도 자동성이 있다는 것은 시스템의 행동이 자신의 경험에 의해 결정된다는 것을 의미한다. 한 에이전트가 자신의 내장된 지식과 일치하는 인지값에 대해서는 성공적으로 행동할 것이나 융통성이 부족하게 되므로 자동성이 없는 시스템이 될 것이다. 진정으로 자동적이며 지능적인 에이전트가 되려면 조정할 충분한 시간이 주어졌을 때 다양한 환경에서 성공적으로 동작해야 할 것이다.

7.3 구조 및 기능

지금까지는 에이전트의 기본 개념과 동작 원리에 대해 설명하였는데, 이 절에서는 에이전트의 내부 구조와 기능에 대해 설명하고자 한다.

최근 인공지능 분야에서는 에이전트 프로그램(agent program) 즉, 인지와 행동 간의 사상 관계를 구현한 함수의 설계에 관심을 집중하고 있다. 이 에이전트 프로그램은 특정 컴퓨터 장치나 아키텍처 상에서 수행된다. 예를 들면, 일반 컴퓨터 또는 카메라 이미지, 오디오 입력 등 특수 목적 하드웨어를 가진 컴퓨터가 될 수 있다. 일반적으로 아키텍처는 그 프로그램에서 사용가능한 감각기관을 이용하여 정보를 인지하게 해주며 프로그램을 실행시켜 주며 작용기를 통해 프로그램의 행동 선택을 하게 해주는 역할을 한다. 그러므로 에이전트와 프로그램과 아키텍처와는 다음과 같은 관계를 가진다.

에이전트 = 아키텍처 + 프로그램

다음 <표 7.1>은 몇 개의 에이전트 형태와 해당 인지, 행동, 목표, 환경 등과의 관계를 보여주는 표이다.

〈표 7.1〉 에이전트 형태별 비교

에이전트 형태	인 지	행 동	목 표	환 경
의학 진단 시스템	증상, 환자의 대답, 흔적	질문, 테스트, 처방	환자의 건강, 비용최소화	환자, 병원
인공위성 이미지분석시스템	여러 색깔, 강도 등을 나타낸 픽셀	사진 출력	정확한 분류	인공위성으로부터 전송된 사진
단순작업용 로보트	여러 강도의 픽셀	일부분을 선택해 적당한 장소에 분류	정확한 장소에 분류	부분을 가진 컨베이어 벨트
제련소 조절기	온도, 압력	밸브의 개폐동작, 온도조절	순도, 생산량, 안전도의 최대화	제련소
대화형 영어 튜터기	입력된 단어	연습문제, 조언, 정답의 출력	학생의 시험 성적 향상	학생집단

이 표에서 실제 환경과 인공 환경 간에는 분명 차이가 있을 것이다. 그러나 문제는 이들의 차이가 아니라 에이전트 행동과 환경에 의해 생성된 인지서열, 에이전트가 수행해야 할 목표 등과의 복잡성이다. 몇몇 실제 환경은 아주 단순한 것들도 있기 때문이다. 예를 들면, 제품 검색용 로봇인 경우 제품을 받아들이던지 반품하던지 둘 중의 하나만 행동으로 나타내면 된다. 그러나 소프트웨어 에이전트인 경우(예, 시뮬레이터)는 환경이 매우 복잡하고 다양하다.

지능적 에이전트는 대개 구조적 형태가 유사한데, 앞서 설명했듯이 환경으로부터 인지하여 행동하는 시스템을 말한다. 초기의 에이전트 프로그램은 매우 단순하게 설계되었는데, 입력되는 새로운 인지 사실에 따라 갱신되는 내부 데이터를 가진다. 이들 데이터 구조는 에이전트가 행동을 선택하기 위한 의사 결정 과정시 작동하며 아키텍처에 전달된다. 여기서는 두 가지 특징이 있는데 첫째, 에이전트의 입력값으로 인지서열이 아닌 단일 인지값만을 받아들였다는 점이다. 물론 메모리에 인지서열을 만드는 것은 전적으로 에이전트에 달려있다. 그러나 인지서열의 저장없이도 성공적으로 동작하기도 하고 완전한 서열의 저장이 불가능한 경우도 종종 존재한다. 둘째, 성능 평가 척도 또는 목표가 초기 에이전트 프로그램의 한 부분이 아니라는 점이다. 성능 평가 척도는 외적으로 에이전트 행동을 평가하기 위한 것이기 때문에 제곱근 문제처럼 성능 평가 척도에 대한 기준이 없어도 매우 좋은 성능을 보이기도 한다.

일반적으로 환경에 대한 제한을 많이 둘수록 에이전트 프로그램의 설계는 쉬워진다.

7.4 형태 분류

이번 절에서는 실제로 에이전트 프로그램의 설계 방법에 따른 네 가지 형태의 에이전트에 관해 살펴보고자 한다.

(1) 단순 반사형 에이전트(simple reflex agents)

단순한 반사형 에이전트는 다음 <그림 7.16>에서와 같이 자신의 지식 베이스에

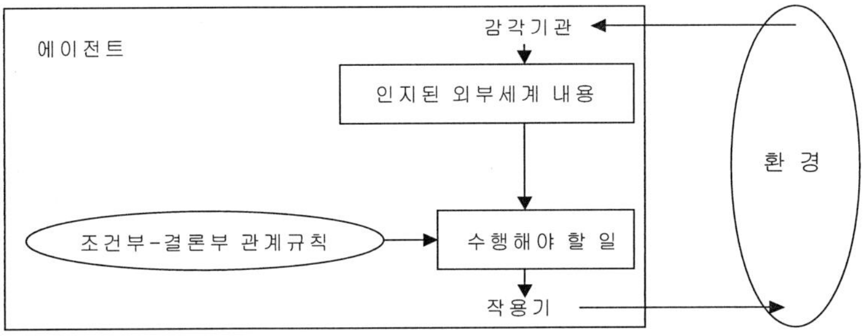

function SIMPLE-REFLEX-AGENT(*percept*) ***returns*** *action*
  static: *rules, a set of condition-action rules*
  state ← INTERPRET-INPUT(*percept*)
  rule ← RULE-MATCH(*state, rules*)
  action ← RULE-ACTION[*rule*]
return *action*

〈그림 7.16〉 단순 반사형 에이전트

서 인지된 상태와 정확히 일치하는 반응만을 수행한다. 즉, '조건부-결론부 관계규칙'의 관계가 명확해야 한다는 것이다. 그러나 일반적으로 인지할 수 있는 환경은 비결정적이고 동적이기 때문에 항상 이 관계가 성립된다고 볼 수 없으므로 응용 범위가 매우 좁은 단점을 가진다.

(2) 외부 지식 기억형 에이전트(agent that keep track of the world)

외부 지식 기억형 에이전트는 인지된 상태의 범위에 관한 내부 지식을 계속적으로 기억하고 있는 에이전트를 말한다. 즉, 인지된 상태가 지식 베이스와 조건부와 정확히 일치하는 것이 없더라도 인지된 상태의 범위로부터 유사한 결론부를 찾아낼 수 있게 된다. 따라서 거대한 지식 베이스를 필요로 한다. 예를 들면, 자동차의 뒷 범퍼모양이 자동차마다 다양하므로 인지된 것으로부터 조금씩 변형된 모양을 찾아내어 반응하게 된다. 그러나 내부 지식에 대한 유지 또한 메모리나 크기면에서 많은 오버헤드를 필요로 한다.

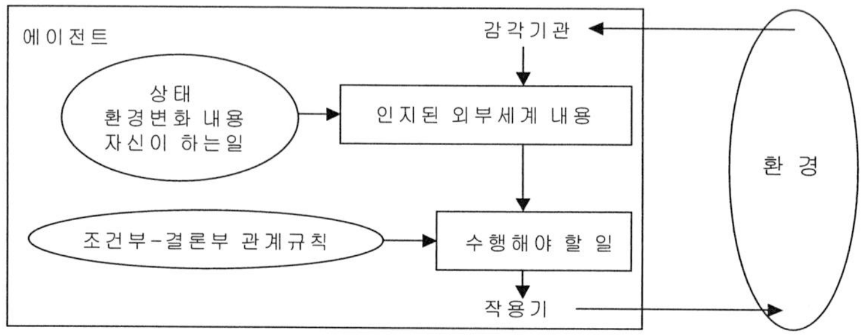

function REFLEX-AGENT-WITH-STATE(percept) ***returns*** *action*
static: *state,* s description of the current world state
rules, a set of condition-action rules
state ← UPDATE-STATE(*state, percept*)
rule ← RULE-MATCH(*state, rules*)
action ← RULE-ACTION[*rule*]
state ← UPDATE-STATE(*state, action*)
return *action*

〈그림 7.17〉 외부 지식 기억형 에이전트

(3) 목표 기반 에이전트(goal-based agent)

목표 기반 에이전트는 인지에 대한 반응은 목표가 주어졌을 경우 보다 정확히 수행할 수 있다는 것을 기본 전제로 하는 에이전트로서, 탐색(search) 문제나 계획(planning) 문제 등에 적용되는 에이전트를 말한다. 예를 들면, 비가 오는 경우 자동차의 브레이크는 보통 때와는 다른 정도로 밟아야 안전한 운행이 될 수 있을

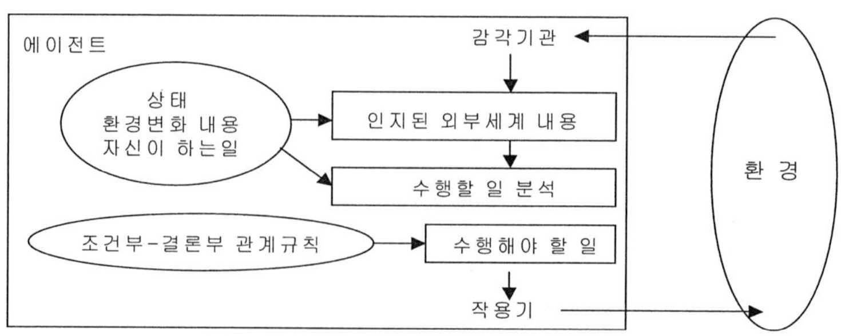

〈그림 7.18〉 목표 기반 에이전트

것이기 때문에 이러한 것을 조절할 수 있는 에이전트가 목표 기반 에이전트이다. 그러나 모든 인지가능한 환경 자체가 비결정적, 동적 특성 외에는 접근하기 쉽지 않다는 특성을 갖고 있으므로 항상 목표를 기반으로 수행되지는 않는다는 점에서 어려운 문제점을 가진다.

(4) 함수 기반 에이전트(utility-based agent)

목표 기반 에이전트가 수행할 목표들간의 선택시 문제가 발생하기 때문에 이를 해결하기 위해 제안된 에이전트로서, 에이전트가 인지한 반응을 목표에 대해 얼마만큼 만족하는지를 사용자 중심으로 그 목표에 대한 만족도를 수치화하는 에이전트를 말한다. 여기서 'utility'란 어떤 상태의 만족도를 하나의 수치로 나타내는 사상 함수를 말한다. 그러나 수치화 척도 등에 대한 객관성 등이 해결해야 할 과제라고 생각한다.

이로부터 동적인 환경에서부터 인지하여 내부 추론을 통해 사용자의 목표 또한 최대한으로 만족시킬 수 있으며 외부 환경에 대해서도 융통성 있게 반응할 수 있는 지능형 에이전트가 바람직한 시스템이라고 생각된다.

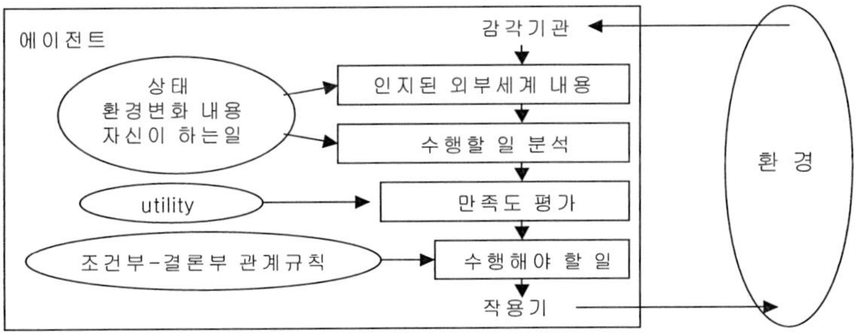

〈그림 7.19〉 함수 기반 에이전트

7.5 환경

이 절에서는 에이전트가 환경에 의해 작동되기 때문에 에이전트와 환경과의 관계를 설명하고자 한다. 우선, 여러 가지 다른 환경에 대해 설명하고 에이전트 설계에 어떻게 영향을 미치는지에 관해서도 설명하고자 한다.

다음은 다섯 가지 서로 다른 환경의 특성을 간단히 설명한 것이다.

(1) 접근 가능과 접근 불가능한 환경

만약 에이전트의 감각기관에서 복잡하고 다양한 여러 환경 상태에 접근 가능하다면 이때의 환경을 에이전트에 대해 접근 가능(accessible)하다고 하고, 반대인 경우는 접근 불가능(inaccessible)하다고 한다. 접근 가능한 환경은 에이전트의 감각기관이 그의 행동 선택과 관련된 모든 측면을 감지할 수 있으므로 효과적이다. 또한 접근 가능한 환경은 에이전트가 외부 세계의 정보를 내부 상태로써 유지할 필요가 없기 때문에 편리한 장점이 있다.

(2) 결정적과 비결정적 환경

만약 다음 단계의 환경상태가 현재 상태와 에이전트에 의해 선택된 행동에 의해 완전히 결정될 수 있다면 이때의 환경을 결정적(deterministic)이라고 하고 반대인 경우는 비결정적(nondeterministic)이라고 한다. 일반적으로 에이전트는 접근 가능과 결정적 환경에서는 불확실성(uncertainty)에 대해서는 걱정할 필요가 없다. 만약 환경에 접근 불가능하면 비결정적인 것처럼 보일 것이다. 특히, 환경이 복잡하고 접근 불가능한 모든 측면을 유지하기 어렵다면 더욱 그럴 것이다. 따라서 환경을 에이전트 관점에서 결정적이거나 비결정적으로 보는 것이 더욱 타당하리라 본다.

(3) 에피소드적과 비에피소드적 환경

에피소드적(episodic) 환경에서는 에이전트의 경험은 에피소드(episode)로 나누어진다. 각 에피소드는 에이전트가 인지한 것과 그때의 행동으로 구성되어 있다. 각 행동의 질은 에이전트 자체의 에피소드에 전적으로 의존한다. 왜냐하면 계속되는 서브 에피소드는 앞의 에피소드에서 일어났던 행동에 의존하지 않기 때문이다. 에피소드적 환경에서는 에이전트가 미리 생각하여 결정할 필요가 없기 때문에 매우 단순한 구조를 가진다.

(4) 정적과 동적 환경

만약 에이전트가 수행되는 동안 환경이 변화할 수 있다면 이때의 환경을 동적(dynamic)이라 하고 반대인 경우는 정적(static)이라 한다. 정적 환경은 동적 환경에 비해 훨씬 다루기가 쉬운데, 이유는 에이전트가 그의 행동을 결정하는 동안 외부 세계의 정보를 계속 조사 및 유지하지 않아도 될 뿐 아니라 시간의 경과에 대해서도 걱정하지 않아도 되기 때문이다. 만약 환경이 시간 경과에 대해 에이전트의 성능 척도화 외에는 변화하지 않는다면 이때의 환경을 준동적(semidynamic)이라고 한다.

(5) 이산적과 연속적 환경

만약 명백히 정의된 인지와 행동들이 한정될 수만큼 있으면 이때의 환경을 이산적(descrete)이라 하고 반대인 경우는 연속적(continuous)이라고 한다. 체스 문제는 이산적인 경우의 한 예이다. 왜냐하면 한 번에 이동할 수 있는 수가 제한되어 있기 때문이다. 택시운전자 문제는 연속적인 경우의 예이다. 왜냐하면 택시와 다른 차들의 속도와 위치가 연속적인 값 범위 내에서 변화하기 때문이다.

지금까지 에이전트에 영향을 미치는 여러 환경들의 특성을 분류해 보았다. 이들 중 에이전트가 가장 다루기 힘든 환경은 접근 불가능하며 비 에피소드적, 동적, 연속적 환경인 경우라고 한다. 대부분의 실제 상태는 비록 동적인 환경으로 설정한다 해도 너무 복잡한 것이 사실이기 때문에 문제가 된다. 그러므로 실제로 구현시 비결정적으로 간주하기도 한다.

다음 <표 7.2>는 우리에게 친숙한 여러 다양한 환경에 관한 성질을 지금까지 분류한 특성에 따라 정리한 것이다. 이 그림에서 주의할 점은 동일한 환경이라도 어떻게 개념을 정의하느냐에 따라 달라진다는 점이다. 예를 들면, 포커 문제인 경우 에이전트가 카드 순서를 유지할 수 있으면 결정적이고 그럴 수 없으면 비결정적이다. 또한 많은 환경들이 에이전트 각 행동보다 좀 더 높은 수준에서는 에피소드적이다. 예를 들면, 체스는 게임서열로 구성되었는데 각 게임은 하나의 에피소드를 구성한다. 왜냐하면 에이전트 전체 성능에 있어서 한 게임에서 이동하는 정도가 다음 게임에서 이동할 때에는 별로 영향을 미치지 않기 때문이다. 즉, 한 게임에서의 이동은 확실히 상호관련이 있기 때문에 따라서 에이전트는 미리 몇 번의 움직임을 예측해야 한다는 것이다.

〈표 7.2〉 에이전트 환경에 따른 예

환경 종류	접근 가능	결정적	에피소드적	정적	이산적
시계가 있는 체스	O	O	X	△	O
시계가 없는 체스	O	O	X	O	O
포커	X	X	X	O	O
서양 주사위 놀이	O	X	X	O	O
택시 운전자	X	X	X	X	X
의료 진단 시스템	X	X	X	X	X
이미지 분석 시스템	O	O	O	△	X
부분적 채집 로보트	X	X	O	X	X
제련소 제어기	X	X	X	X	X
상호 작용 영어 튜터기	X	X	X	X	O

(△ : 준동적)

일반적으로 에이전트 프로그램은 에이전트와 환경과의 기본 관계를 나타낸다. 시뮬레이터는 입력으로써 하나 이상의 에이전트를 받아들여서 반복적으로 각 에이전트에 올바른 인지를 주어 올바른 행동을 나타낼 수 있도록 에이전트를 재배열하는 역할을 한다. 그리고 나서 시뮬레이터는 이 행동에 근거하여 환경을 수정한다. 그러므로 환경은 내부 상태와 갱신 함수에 의해 정의된다고 볼 수 있다. 물론 한 시뮬레이터에서 작용하는 에이전트가 같은 인지와 동작을 제공하는 실제 환경에서도 작용해야 함을 기본 전제로 한다.

다음 <그림 7.20>은 기본적인 환경 시뮬레이터 프로그램과 환경 평가 함수를 나타낸 그림이다.

```
procedure RUN-ENVIRONMENT(state, UPDATE-FN, agents, termination)
  inputs: state, the initial state of the environment
          UPDATE-FN, function to modify the emvironment
          agents, a set of agents
          temination, a predicate to test when we are done
  repeat
     for each agent in agents do
        PERCEPT[agent] ← GET-PERCEPT(agent, state)
     end
     for each agent in agents do
        ACTION[agent] ← PROGRAM[agent](PERCEPT[agent])
     end
     state ← UPDATE-FN(actions, agents, state)
    until termination(state)

function RUN-EVAL-ENVIRONMENT(state, UPDATE-FN, agents, termination,
                               PERFORMANCE-FN) returns scores
  local variable: scores, a vector the same size as agents, all 0
  repeat
     for each agent in agents do
        PERCEPT[agent] ← GET-PERCEPT(agent, state)
     end
     for each agent in agents do
        ACTION[agent] ← PROGRAM[agent](PERCEPT[agent])
     end
     state ← UPDATE-FN(actions, agents, state)
     scores ← PERFORMANCE-FN(actions, agents, state)
    until termination(state)
    return scores
```

〈그림 7.20〉 기본적인 환경 시뮬레이터 프로그램과 평가 함수

RUN-ENVIRONMENT 프로시저는 정확하게 한 환경 내에서 에이전트를 훈련시킨다. 자연어 처리와 같은 종류의 에이전트들에 대해 이들 행동을 관찰하기가 충분하다. 에이전트 성능에 관한 좀 더 많은 언어 처리 정보를 얻기 위해 성능 평가코드를 삽입하였는데, 이것이 RUN-EVAL-ENVIRONMENT 함수이다. 이 함수는 각 에이전트에 성능 평가를 하여 해당 점수를 리턴하는 함수이다 이때의 점수 변수(score)는 각 에이전트의 점수를 유지하는 변수이다.

일반적으로 성능 평가는 프로그램 동작도중 생성된 환경 사태의 전체 서열에 의존할 수 있다. 보통 성능 평가는 합, 평균, 혹은 최대값 구하기 등의 함수를 이용하여 간단히 측정할 수 있다. 예를 들면, 진공청소 에이전트의 경우 한 번에 청소한 먼지의 양을 측정하여 score 변수에 지금까지 청소한 총 먼지량을 유지하도록 할 수 있다.

RUN-EVAL-ENVIRONMENT는 단일 내부상태와 특정 갱신 함수로 정의된 단일 환경에 대한 성능 평가를 하여 리턴하는 함수이다. 보통 에이전트는 환경 클래스, 즉 서로 다른 환경 집합에서 동작하도록 설계한다. 예를 들면, 체스 프로그램은 서로 다른 사람들과 기계들에 대해 작동하도록 설계할 수 있다. 만약 단일 적수 프로그램으로 설계한다면 이 상대편 적수의 특별한 약점을 이용하여 이길 수도 있을 것이나 이것은 좋은 프로그램이라 볼 수 없다. 엄밀히 말하면 한 에이전트의 성능 평가를 위해서는 에이전트를 수행시킬 특정 환경을 선택하는 환경 생성기(environment generator)가 필요하다. 여기서는 환경 클래스 내에서 에이전트의 평균 성능에 주목해야 한다.

7.6 에이전트 개발 플랫폼

7.6.1 FIPA 에이전트 플랫폼

에이전트 플랫폼의 국제 표준화 규격을 정의하는 에이전트 기술표준화 기구인 FIPA(Foudation for Intelligent Physical Agents: http://www.fipa.org)에서 제안한 구조로서 에이전트 플랫폼(agent [latform, AP)이 시스템의 기본 단위가 된다. 에이전트는 하나이상의 플랫폼에 등록되어 자신이 속한 플랫폼에 소속한 에이전트에 대한 서비스를 제공하게 된다.

FIPA 에이전트 관리 참조 모델(FIPA agent management reference model) 구성요소는 다음 <그림 7.21>과 같다. 에이전트 관리 시스템(agent management system, AMS)은 에이전트 사회 내의 에이전트의 등록, 동적 구동, 그리고 종료 등의 전반적인 에이전트의 관리를 수행한다. AMS는 각 에이전트에 대한 상태 정보를 유지하는데, 각각의 상태 정보는 해시 테이블의 형태로 저장된다. AMS가 유지하는 에이전트 상태 정보에는 등록된 에이전트의 리스트, 연결 상태, 주소 정보 등이 포함된다. AMS는 사용자 인터페이스 에이전트(user interface agent, UIA)로부터 전달된 메시지를 분석하여 작업의 종류에 따라 처리가 가능한 에이전트를 DF를 통해 파악하고, 그 에이전트를 구동시켜 메시지를 전달해 준다. 만일 작업 수행 중인 에이전트가 또 다른 에이전트의 협조가 필요한 경우도 AMS를 통해 에이전트 사이의 접속을 요청하게 된다.

디렉터리 중재자(directory facilitator, DF)는 각 태스크 에이전트(task agent, TA)들이 수행할 수 있는 능력이나 서비스 정보를 에이전트 이름과 서비스 이름의 순서쌍으로 저장한다. 이러한 정보들은 TA들이 AMS에 등록을 할 때 보내는 등록 정보를 바탕으로 자동적으로 유지된다. DF는 UIA나 TA들이 요청한 작업에 적합한 에이전트를 알려주는 역할을 하는데, 각 TA가 직접 DF에게 요청하지 않고 항상 AMS를 통해서 서비스를 제공한다.

이러한 FIPA가 제안한 에이전트 플랫폼(AP) 구조를 바탕으로 멀티 에이전트 시스템을 구축하고자 할 때 몇 가지의 문제점이 있다. 우선 현재의 AP 구조 하에서는 에이전트를 처음 구동시키고 생성시키는 작업을 AMS를 통하여 사용자가 직접 해야 한다는 것이다. 물론 적은 수의 에이전트로 구성된 간단한 멀티 에이

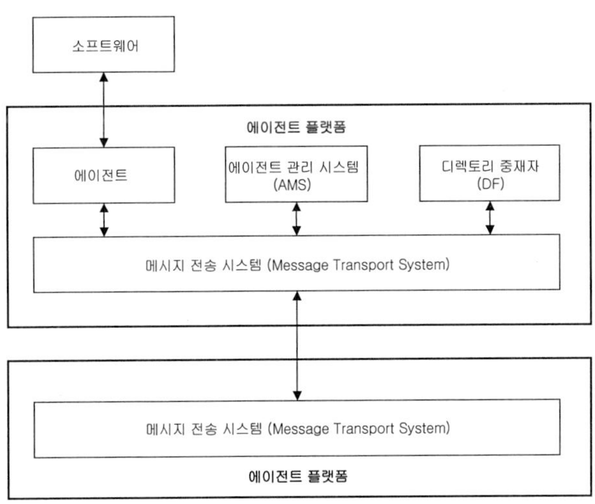

〈그림 7.21〉 FIPA 에이전트 관리 참조 모델

전트 시스템에서는 문제가 없지만 다수의 에이전트가 필요한 문제 영역에서는 상당히 번거로운 일이고 시스템이 복잡하면서 구현하기도 어렵다. 또한 상호 협력을 요하는 작업을 수행할 때 개별 에이전트간의 통신 과정이 상대적으로 증가하므로 전체 시스템의 과부하를 야기시킬 수 있다. AP 구조는 AMS 모듈을 통한 에이전트의 모든 관리가 이루어지는 중앙 집중식 작업 구조를 가지고 있으므로 병목 현상이 일어날 수 있고 시스템의 분산 처리가 효율적으로 이루어진다고 할 수 없는 구조상의 문제점이 있다.

따라서 다음에 설명할 DECAF 에이전트 개발 도구가 분산 환경에 적합하기 때문에 많이 사용되고 있다.

7.6.2 DECAF 에이전트 플랫폼

DECAF(Distributed Environment Centered Agent Framework)는 미국의 University of Delaware에서 개발된 지능적 에이전트를 신속하게 설계할 수 있는 소프트웨어 개발 도구이다. DECAF는 에이전트 통신, 플래닝(planning), 스케쥴링(scheduling), 모니터링(monitoring), 협동(coordination), 진단, 학습 등을 평가하고 생성하기 위한 모듈화된 플랫폼을 제공하는 등 일종의 에이전트 운영체제 역할을 수행한다. 또한 DECAF는 스스로 소켓 프로그램을 생성하고 메시지를 포맷하여 에이전트 통신을 수행하는 빌딩 블록(building block)을 제공하는 등 기존의 자바 기반 에이전트 프레임워크인 JAF(Java based Agent Framework)와는 차별된 기능을 가진다. 따라서 사용자나 프로그래머는 API 접근 방법에 대한 지식이 없이도 에이전트를 생성할 수 있게 되며 프로그래머는 직접 통신 코드를 작성할 필요가 없는 장점이 있다.

DECAF는 크게 에이전트 이름 서버, 플랜 편집기, DECAF 프레임워크의 세부분으로 구성되어 있다.

(1) 에이전트 이름 서버(agent name server, ANS)

ANS는 도메인에서의 DNS(domain name server)와 유사한 개념으로 멀티 에이전트 시스템 내의 미들웨어 역할을 담당한다. 작업 도메인 내에 속한 에이전트를

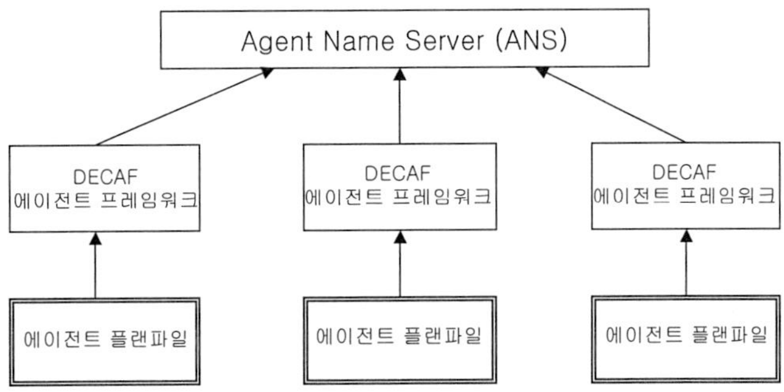

〈그림 7.22〉 ANS의 구조

식별하는 역할을 한다. DECAF 프레임워크에서 새로 생성된 에이전트는 모두 ANS에 등록되게 되며 에이전트 사이의 통신시 ANS가 에이전트의 존재 여부를 알려준다. 새로운 에이전트의 등록은 에이전트의 소켓 넘버와 호스트 네임을 필요로 한다.

(2) 플랜 편집기(plan editor, PE)

멀티 에이전트 프레임워크를 제공하는 DECAF는 도메인에 속한 전체 작업을 세부 작업과 최하위 메서드로 분할하게 되는데 이때 GUI 형태의 플랜 편집기 PE를 제공한다. 플랜 파일의 기본적인 구조는 최종 하위 메서드들을 최종 태스크 목표(task goal)를 향한 계층적 태스크 네트워크로 분할한 트리 구조를 지닌다. 완성된 플랜은 ASCII 코드 형식의 플랜 파일로 생성된다.

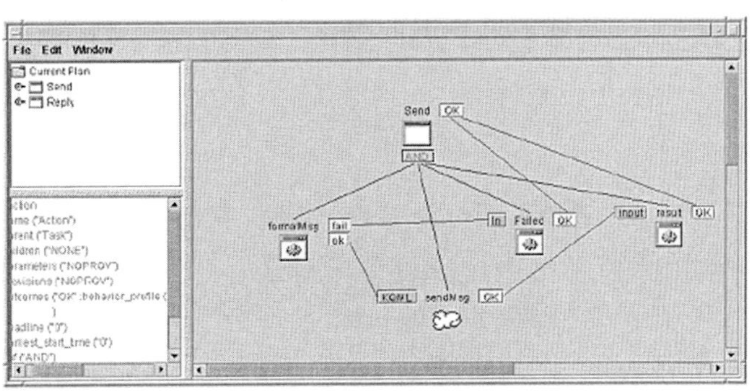

〈그림 7.23〉 플랜 편집기

(3) DECAF 프레임워크

ANS와 플랜 편집기가 멀티에이전트 실행 환경에서 시스템 에이전트로서 에이전트간 통신과 태스크 분할의 역할을 담당하고 있다면 DECAF 프레임워크는 에이전트를 생성하고 결과를 저장하며 외부 환경과 상호작용하는 핵심 부분이다.

DECAF는 자체적으로 스케줄링 모듈을 내장하고 있으며 이를 이용한 실시간 스케줄링이 가능하다. 내부 모듈과 외부와의 통신은 KQML 메시지를 사용한다. 크게 작업 수행 순서를 보면 에이전트 초기화 과정(agent initiation) - 디스패처(dispatcher) - 플래너(planner) - 스케줄러(scheduler) - 실행기(executor)순의 내부 모듈을 거친다.

<그림 7.24>는 DECAF 프레임워크의 전체 구조와 내부 모듈을 나타낸 것이다.

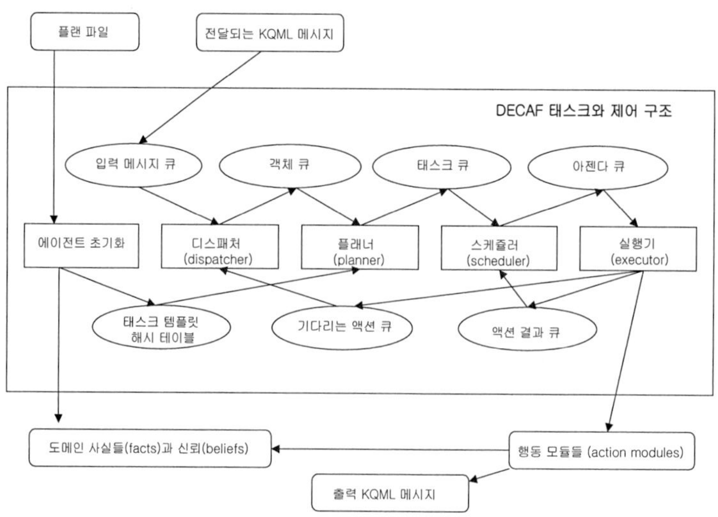

〈그림 7.24〉 DECAF 시스템 구조도

위의 그림에서 나타나 있듯이 내부 모듈은 순차적으로 수행될 수 있도록 위치해 있으며 각 모듈 사이에는 임시 저장소인 큐가 자리하고 있다. 작업 순서에 따른 모듈의 동작은 다음과 같다.

DECAF 동작 과정

[단계 1] 에이전트 초기화(agent initialization)

DECAF가 실행되고 가장 먼저 실행하는 것으로 디렉터리 내의 플랜 파일을 읽어 들여 해시 테이블 내에 저장하고 ANS에 에이전트를 등록한다. 이때 모든 소켓과 네트워크 연결을 초기화 하고 확인한다.

[단계 2] 디스패처(dispatcher)

입력 메시지 큐(incoming message queue)에 KQML 메시지를 받아 메시지의 내용을 확인하고 처리한다. 외부에서 에이전트 통신에 필요한 메시지는 KQML 형태로 입력 메시지 큐에 저장되게 된다.

[단계 3] 플래닝(planning)

객체 큐(object queue)에 저장되어 있는 새로운 플랜 파일과 태스크 템플릿 해시 테이블(task template hashtable)에 저장되어 있는 플랜을 함께 짝을 지어주며 활성화된 플랜은 태스크 큐(task queue)에 저장된다.

[단계 4] 스케줄링(scheduling)

태스크 큐(task queue)에 쌓여있는 작업을 어떤 순서로 수행할 것인지 결정하고 배치한다. 선택된 작업은 선입선출(FCFS) 형태로 아젠다 큐(agenda queue)로 옮겨진다.

[단계 5] 실행(execute)

최종적으로 플래닝되고 스케줄링된 메서드를 실행시키는 모듈이다. 아젠다 큐에 있는 내용은 역시 선입선출 형태로 실행되며 에이전트의 실행 결과는 액션 결과 큐(action result queue)에 저장되며 다른 에이전트가 사용할 파라미터 또는 결과값으로 사용된다. 또한 부분 수행 절차를 거친 작업은 기다리는 액션 행동 큐(pending action queue)로 보내지게 된다.

DECAF를 이용하여 멀티 에이전트 시스템을 구축함에 있어 장점으로는 에이전트 생성, 제어에 필요한 기본적인 모듈을 갖추고 있으며 에이전트 상호간의 조정, 중재, 협력, 전략 등을 태스크 분할과 처리에 반영하고 있다는 것이다. DECAF에서는 또한 에이전트가 처리해야 할 각각의 태스크를 협상 알고리즘의 일종인 GPGP 알고리즘을 반영한 TAEMS 구조를 이용해 다수의 에이전트를 분할 처리할 수 있다.

(4) GPGP(generalizing the partial global planning)

GPGP는 이전의 Victor R. Lesser 교수가 제안한 PGP(partial global planning algorithm)을 보다 일반적인 상황에 맞도록 수정한 알고리즘이다. 멀티 에이전트 시스템에서 개별 에이전트들은 상호 협동해서 하나의 큰 문제를 해결한다. 물론 각 에이전트는 공통의 업무를 나누어서 수행할 수도 있고, 각기 다른 일을 맡아서 수행한 후 그 결과를 분석하여 문제를 해결할 수도 있는 것이다. 이 때 해결하고자 하는 문제를 목표(goal)라고 말할 수 있다. 그리고 각 에이전트가 업무를 처리하는 순서를 정하는 것을 스케쥴링이라고 한다.

이처럼 여러 개의 에이전트가 각기 자신의 업무 처리 순서를 따라서 행동할 경우, 전체적인 관점에서 보면 같은 시스템 자원을 동시에 접근하는 시간적 충돌 등의 문제에 도달하여 더 이상 에이전트가 업무를 수행하지 못하는 상황이 발생할 수도 있다. 혹은 최적이 아닌 비효율적인 결과를 산출할 수도 있을 것이다. 그것은 각 에이전트의 스케쥴링 과정에서 지역적인 상황, 다시 말해서 자신만의 효율을 고려하고 전체적인 관점에서의 효율을 생각하지 않은 것에서 비롯되는 것이다.

이런 문제점을 해결하기 위해 고안된 초기 알고리즘이 PGP이다. 이것은 수행할 작업의 전체적인 관점 안에서 부분적인 스케쥴링을 생성하는 절차를 일컫는다. 즉, 전체적인 문제의 해결을 위해서 각각의 에이전트의 스케쥴링을 상호 협조할 수 있도록 생성하는 것을 말하는 것이다. 하지만, 이것은 에이전트들간의 통신이 과도해지는 문제점을 가지고 있는데 이것을 해결한 것이 GPGP이다. 이것은 PGP가 가지고 있는 과부하를 줄일 수 있다는 장점을 가지고 있다. 그리고 GPGP에서는 여러 에이전트가 있을 때 한 에이전트의 결과가 다른 에이전트의 처리 과정에 유리하게 작용하는 상황이 발생할 때가 있다. 이때 사용하는 용어가 중재자이다. 전체적인 계획 과정에서 중재자가 발생하게 된다면 에이전트의 지역적인 계획에 변화가 오게 된다. 그렇게 해야 시스템의 성능이 향상되기 때문이다. 그리고 중재자는 <그림 7.25>에서 보는 바와 같이 일반화된 조정 과정 중의 한 가지이다.

<그림 7.25>에서 에이전트 1과 에이전트 2의 목표는 각각 태스크 A_1, A_2를 수행하는 것이다. 그리고 태스크 A_1의 서브 태스크는 B_1, C_1이고, A_2의 서브 태스크는 D_2, B_2이다. 이때 A_1의 서브 태스크인 C_1이 A_2를 수행하는데 도움이 되고 있음을 나타내고 있다. 이러한 사실은 에이전트 2의 계획 과정에 영향을 주게 된

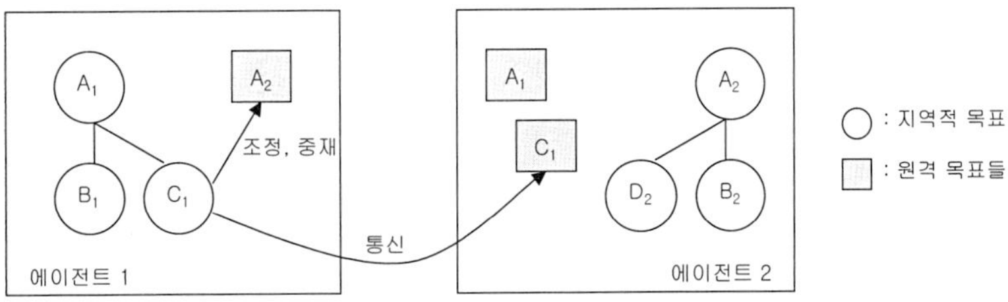

〈그림 7.25〉 GPGP 에이전트 레벨 조정 관계

다. 그리고 에이전트 1은 C_1에 대한 정보를 A_2에게 미리 알려주고, C_1의 결과가 생성되면 A_2에게 전송한다. 또한, 에이전트 1의 계획 과정에서 C_1을 다른 서브 태스크들보다 우선시해서 수행하도록 조정할 것이다. 각 자신의 목표를 수행하도록 계획을 하지만 전체적인 목표의 수행을 위해서 각 에이전트의 계획에 수정을 가하게 되는 것이다.

GPGP는 에이전트 상호간의 중복 작업을 줄이기 위해 발생한 과다한 통신문제와 그로 인해 발생한 시스템의 과부하를 감소시키는 것과 특정 멀티 에이전트 시스템이 문제 영역에 종속적이지 않게 하는 것이 특징이다. 결론적으로 GPGP는 서로 다른 기능을 가지는 이질적 에이전트로 구성된 멀티 에이전트 시스템의 구성을 가능하게 하였다.

(5) TAEMS(task analysis environmental modeling and simulation)

DECAF는 TAEMS라는 태스크 구조를 형성함으로써 전체 시스템의 목표를 수행해 나가기 때문에 TAEMS는 이때 매우 중요한 자료 구조를 제공한다. TAEMS는 분산 목표 트리(distributed goal tree)를 구성하고 이 구조의 수행을 위해 DTC (design-to-criteria) 스케쥴링 방법을 이용해서 에이전트가 수행해야 할 목표 태스크를 분류한다. 루트 태스크는 작은 서브 태스크로 분류할 수 있고 서브 태스크는 더 이상 분해할 수 없는 메서드로 분해된다. 메서드가 실제적으로 행동을 수행하는 리프 노드 역할을 한다. 태스크와 메서드간에 서로 영향을 미치는 상호의존성(interdependency) 관계의 예를 나타내면, <그림 7.26>과 같이 결정된다. 이 그림에서 에이전트가 수행해야 할 목표인 Task-Group이 루트 태스크이며 Task-1,

Task-2, Task-3과 같은 서브 태스크로 분류될 수 있고, 각 서브 태스크들은 메서드들로 분류된다. 점선 박스는 메서드와 서브 태스간의 관계를 나타내며(이 관계는 미리 정의되어 있어야 한다) 역삼각형 모양은 리소스를 의미한다.

Enables는 서로 영향을 미치는 관계이며, Facilitate는 조정하는 관계, Consume은 소비하는 관계, Limits는 제한하는 관계, Produce는 생산하는 관계를 나타낸다. Con-Rsrc는 소비가능한 리소스를 말하며, NCon-Rsrc는 소비 불가능한 리소스를 말한다. q-min, q-max, q-sum은 TAEMS 구조에서 연산 방법을 나타내는 것으로 각각 최소, 최대, 합을 구하는 연산을 말한다.

다음 <그림 7.27>는 TAEMS에 의해 구성된 멀티 에이전트 태스크 구조를 나타낸 것이다. 이 그림에서 G는 목표를 의미하며 화살표는 서로 다른 에이전트에 존재하는 목표나 데이터간의 상호 의존성을 의미한다. d는 각 목표가 필요로 하는 자료를 의미하는데 화살표로서 어느 목표가 어느 자료를 필요로 하는지를 나타낸다.

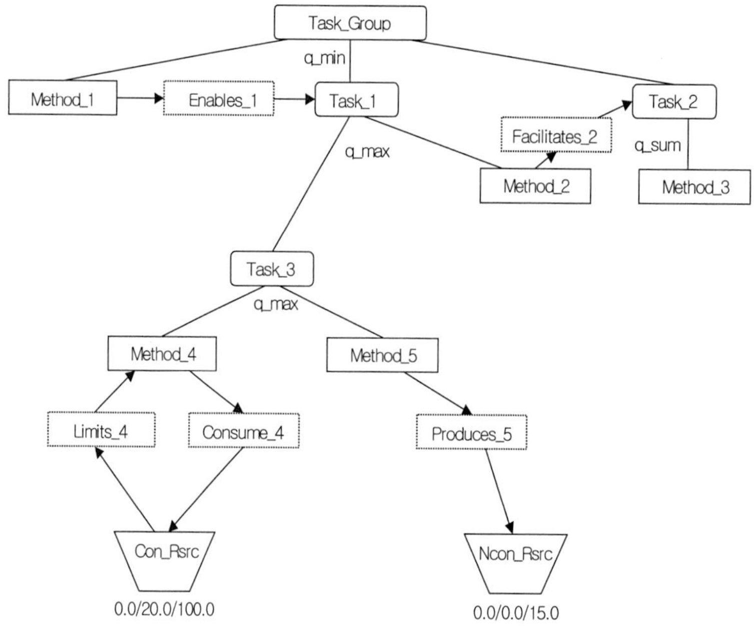

〈그림 7.26〉 TAEMS 태스크 구조

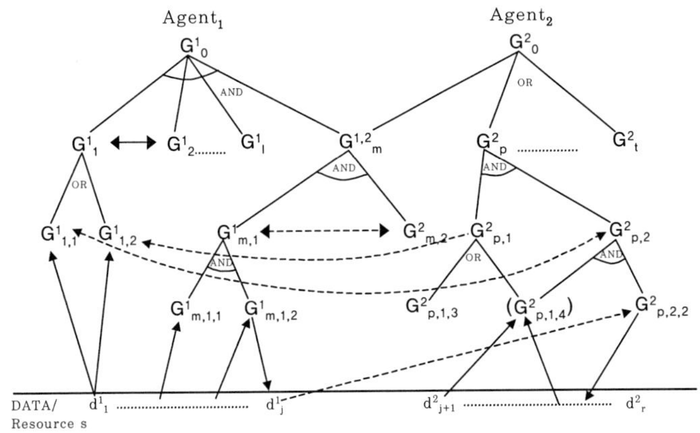

〈그림 7.27〉 분산 목표 트리

7.6.3 기타 에이전트 개발 도구

FIPA 구조 이외에도 멀티 에이전트의 기반 구조로 많이 쓰이는 프레임워크에는 JATlite, ZEUS, Bond 등이 있다. 특히 JATLite는 미국 스탠포드 대학에서 제작한 에이전트 기반 구조를 위한 개발용 자바 패키지로서, 자바 언어를 사용하며, 에이전트간의 KQML을 이용한 메시지 교환 방식의 통신 툴을 제공한다. 또한 전체 프레임워크 구조에서 에이전트간의 협력 작업을 조정하기 위한 에이전트 라우터를 제공하지만 이런 라우터를 통한 중앙집중형 구조를 채택하고 있기 때문에 전체 작업의 분산 처리가 어렵다는 단점이 있다. 즉, 작업량이 증가하면 프레임워크에서 데드락 현상이 일어나는 것이다. 또한 에이전트의 자동 생성과 종료를 지원하지 않기 때문에 많은 에이전트를 포함하는 복잡한 시스템에서는 개별 에이전트의 관리가 어렵다는 문제가 있다.

<표 7.3>은 이외에도 현재까지 기업에서 상품화되어 있는 상용화된 에이전트 개발 도구를 나타낸 표이다(http://www.paichai.ac.kr/~habin/research/agent-dev-tool.htm). <표 7.4>는 이 책에서 분류한 방법에 의한 에이전트의 기능과 구조에 따른 에이전트 도구를 나타낸 것으로 현재 개발 되어 있는 주요 에이전트 개발도구 대부분을 나타내고 있다. 이들은 자바를 기반으로 한 분산 환경에 적합하고 모바일 구조와 멀티 에이전트 구조로 확장이 용이한 에이전트들이다.

〈표 7.3〉 상품화되고 있는 에이전트 개발 도구

제품	사이트	개발 회사	사용 언어	설명
AgentBuilder®	AgentBuilder® Site	Reticular Systems, Inc.	Java	Integrated Agent and Agency Development Environment
AgenTalk	AgenTalk Site	NTT/Ishida	LISP	Multi-agent Coordination Protocols
Agent Development Environment(ADE)	ADE Site	Gensym		Agent Development Environment
Agentx	Agentx Site	International Knowledge Systems	Java	Agent Development Environment
Aglets	Aglets Site	IBM Japan	Java	Mobile Agents
Concordia	Concordia Site	Mitsubishi Electric	Java	Mobile Agents
DirectIA SDK	DirectIA SDK Site	MASA-Adaptive Objects	C++	Adaptive Agents
Gossip	Gossip Site	Tryllian	Java	Mobile Agents
Grasshopper	Grasshopper Site	IKV++	Java	Mobile Agents
iGEN™	iGEN™ Site	GHI Systems	C/C++	Cognitive Agent Toolkit
Intelligent Agent Factory	Intelligent Agent Factory Site	Bits & Pixels	Java	Agent Development Tool
Intelligent Agent Library	Intelligent Agent Library Site	Bits & Pixels	Java	Agent Library
JACK Intelligent Agents	JACK Intelligent	Agent Oriented Software Ptv.	JACK Agent	Agent Development Environment
	Agents Site	Ltd.	Language	
JAM	JAM Site	Intelligent Reasoning Systems	Java	Agent Architecture
Jumping Beans	Jumping Beans Site	Ad Astra Engineering, Inc.	Java	Mobile Components
LiveAgent	LiveAgent Site	Alcatel	Java	Internet Agent Construction

〈표 7.3〉 상품화되고 있는 에이전트 개발 도구(계속)

제품	사이트	개발 회사	사용 언어	설명
MadKit	MadKit Site	Madkit Development Group	Java, Scheme, Jess	Multiagent Development Tool
Microsoft Agent	Microsoft Agent Site	Microsoft Corporation	Active X	Interface creatures
Network Query Language	Network Query Language Site	NQL Solutions		Programming Language
Swarm	Swarm Site	Swarm Development Group	Objective C, Java	Multiagent Simulation
UMPRS	UMPRS Site	Intelligent Reasoning Systems	C++	Agent Architecture
Via: Versatile Intelligent Agents	Via Site	Kinetoscope	Java	Agent Building Blocks
Voyager	Voyager Site	Object Space	Java	Agent-Enhanced ORB

〈표 7.4〉 모바일 에이전트로 확장 가능한 주요 에이전트들

제품	회사	언어	설명
Agent Builder	Reticular Systems.Inc	Java	Integrated Agent
AgenTalk	NTT/Ishida	LISP	Multi-agent Coordination Protocol
Aglets	IBM Japan	Java	Mobile Agents
Concordia	Mitsubishi Electronic	Java	Mobile Agents
Gossip	Tryllian	Java	Mobile Agents
Grasshopper	LKV++	Java	Mobile Agents
iGENtm	CHI SYSTEMS	C/C++	Cognitive Agent Toolkit
JAM	Intelligent Reasoning System	Java	Agent Architecture
LiveAgent	Alcatel	Java	Internet Agent Construction
Madkit	Madkit	Java	Multi Agents
Swarm	Swarm Development Group	Object C, Java	Multi Agent Simulation

〈표 7.4〉 모바일 에이전트로 확장 가능한 주요 에이전트들(계속)

제품	회사	언어	설명
UMPRS	Intelligent Reasoning Systems	C++	Agent Architecture
Voyager	ObjectSpace	Java	Agent-enhanced ORB
Agent-Tcl	Dartmouth Univ.	Tcl	Mobile Agents
DECAF	Univ. of Delaware	Java	Agent Framework
Gypsy	Technical University of Vienna	Java	Mobile Agents
JAFMAS	Univ. of Cincinnati	Java	Multi Agent Framework
JATLite	Stanford Univ.	Java	Java package for multiagents
JIAC	Technische Universitat Berlin	Java	Agent Architecture
MOLE	University of stuttgart	Java	Mobile Agents
MAML	Central European Iniv.	MAML	Programming Language
MAST	Techinical Univ. of Madrid	C++	Multiple Heterogeneous Agents
RETSINA	Carnegie Mellon Univ.		Communication Agent
ZEUS	British Telecommunication Labs	Java	Agent Building Environment

이상에서 본 바와 같이 에이전트의 연구 방향은 크게 에이전트 이론, 에이전트 구조, 에이전트 언어, 에이전트 응용 등으로 구분된다.

에이전트 이론은 에이전트의 정의와 특성에 대한 상세 규정(specification)을 명확하게 결정하는 것으로, 에이전트가 무엇이며 어떤 기능을 수행하는가에 대한 정형화(formalism) 작업이 주를 이룬다. 에이전트 이론에서는 에이전트를 믿음(belief), 지식(knowledge), 소망(desire) 등의 인지 요소에 바탕을 둔 의도적 시스템(intentional system)으로 간주하고 에이전트의 행동에 따라 인지 요소들이 어떻게 변하는지에 대한 추론 모델을 제시한다.

에이전트 구조는 이론에서 정형화한 특성들을 구현하기 위한 에이전트 구성요소와 제어 및 통신 프로토콜 등을 연구한다. 에이전트의 특성상 분산 멀티 에이전트 환경 하에서의 에이전트간 상호작용에 대한 고려가 많이 이루어지고 있으며 시스템 자원과의 연계성 연구와 사용자와의 인터페이스에 대한 연구도 이 범주에 속한다. 이밖에 에이전트 라이프사이클과 에이전트 네임서버, 보안, 이동성 등에 대한 연구가 이루어지고 있다.

에이전트 언어는 에이전트를 개발하기 위해 에이전트 특성을 고려한 특정 프로그래밍 언어를 개발하는데 초점을 맞춘다. 에이전트 언어의 기원은 Actor와 같은 병렬 객체 언어(concurrent object language)라고 간주하며 에이전트 기반 프로그래밍(agent oriented programming)에서는 에이전트 이론에서 제시된 인지요소를 직접 이용하여 에이전트를 프로그램하는 기반 구조와 언어를 연구하였다. 에이전트 언어는 크게 AOP, PLACA, ABLE와 같은 에이전트 기술언어와 Java, Tcl, Telescript와 같은 에이전트 개발 언어로 구분된다.

에이전트 응용은 이론과 구조 등을 기반으로 실제 사용할 수 있는 응용 소프트웨어를 개발하는 것이다. 인터넷 정보검색, 온라인 쇼핑, 메시징, 네트워크 관리 등 에이전트가 필요로 하는 분야는 매우 많다.

7.7 에이전트 응용

7.7.1 검색 엔진(Search Engine)

검색 엔진은 서치 로봇에 의해 자동 데이터베이스를 구축해 주는 엔진을 말하는 것으로 정보검색에서 매우 중요하다.

서치 로봇(search robot)은 사용자가 원하는 주제에 대한 키워드를 입력받아서 관련 웹 사이트를 출력해주는 것으로 엄밀한 의미에서는 에이전트는 아니다. 왜냐하면, 사용자의 검색 요구에 따라 정보검색을 하므로 실시간 정보 등에 대한 효과적인 검색이 어렵고, 흩어져 있는 정보형태가 텍스트, 이미지, 음성 등 다양한 멀티미디어 정보이므로 관련 주제에 대한 정보를 모두 습득하기 어렵기 때문이다. 또한 사용자의 관심, 기호, 습성 등을 고려하지 않았으므로 복잡한 질의를 반복적으로 수행해야 하므로 수동적이라 볼 수 있고, 여러 의미를 지닌 단어에 대한 효율적인 검색이 어렵기 때문이며, 사용자가 검색 엔진의 기능이나 형식에 적응해야 하는 단점을 갖기 때문이다.

서치 로봇의 일반적인 구조는 다음 <그림 7.28>과 같다. 즉, 서치 로봇의 기능은 인터넷으로부터 정보를 수시로 찾아서 검색 엔진의 인덱스 DB에 넣어놓기만 하면 되고, 사용자의 질의에 적당한 문서를 찾아 반응하면 되는 것이다.

정보검색 에이전트는 사용자가 원하는 정보를 찾아주는 역할을 수행하며 검색 엔진이 대표적인 예가 된다. 검색엔진은 서치 로봇(search robot), 인덱스(index), 질의 서버(query server)의 요소로 구성된다. 서치 로봇은 주기적으로 웹 공간에 존재하는 문서를 수집하여 인덱싱할 수 있도록 도와준다. 인덱스는 서치 로봇이 모아준 문서를 데이터베이스에 저장하는 작업을 한다. 질의서버는 사용자의 질의 검색어를 입력으로 받아서 인덱스를 참조하여 검색결과를 출력해준다.

검색엔진을 구성할 때 다음과 같이 몇 가지 고려해야 할 이슈가 있다.

첫째, 서치 로봇의 항해 전략이다. 인터넷에 존재하는 문서는 대부분 하이퍼링크를 이용하여 다른 정보 사이트와 연결되어 있는데 인덱싱을 위해서는 하나의 문서에서 출발하여 그 문서 내에 있는 여러 링크를 어떠한 순서로 검색할지 결정하여야 한다. 대표적으로 깊이우선, 너비우선, 최적우선 등의 방법을 사용한다. 최적우선 방법은 휴리스틱을 이용하여 다음 인덱스 할 링크를 결정하는 것으로 많이 쓰이는 휴리스틱 중의 하나는 링크 URL의 길이를 비교하여 작은 길이의 URL을 가진 링크를 우선으로 검색하는 방법이다. 그 이유는 URL의 길이가 작을수록 한 호스트의 최상위 레벨의 위치를 나타낼 가능성이 많으므로 좀 더 광범위한 인덱싱이 될 수 있기 때문이다.

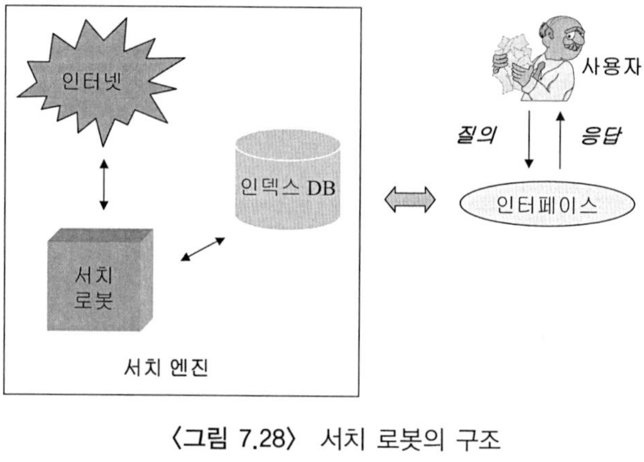

〈그림 7.28〉 서치 로봇의 구조

둘째, 이슈는 서치 로봇 문제로써 근본적으로 로봇 자체가 링크 URL의 특성을 인식하지 못하는 데서 발생한다. 즉, CGI에 관계된 URL이나 임시로 만들어 놓은 링크에 대한 URL은 인덱싱을 할 필요가 없지만 로봇이 이를 판단하기는 어렵다. 이에 따른 부수적인 결과로는 같은 CGI URL을 무한히 반복적으로 접근하기도 하고 한 호스트의 URL만을 계속적으로 접근하여 그 호스트의 기능을 마비시키기도 한다. 이를 해결하기 위해서 로봇 제외 표준(robot exclusion standard)이 제안되기도 하였다. 이것은 각 웹 호스트에 robots.txt라는 파일을 저장하여 로봇이 인덱스할 필요가 없는 문서에 대한 정보를 미리 제공하는 것이다. 즉, 서치 로봇은 각 호스트로부터 robots.txt라는 파일이 있는지를 먼저 확인하고 그 파일을 참조하여 CGI나 임시 문서에 대한 인덱싱은 피할 수 있는 것이다. 하지만 이 방법의 문제점은 서치 로봇의 개발자가 아닌 각 웹 정보 사이트의 관리자가 robots.txt 파일을 만들고 수시로 검사해야 하기 때문에 이 표준을 따르지 않는 정보 사이트에는 적용되지 못한다는 것이다. 실제로 통계적으로 이 표준을 따르는 곳은 얼마 안 된다는 조사도 있다.

(1) MetaCrawler(http://www.metacrawler.com)

검색 엔진 예로 다음과 같은 MetaCrawler를 들 수 있다.

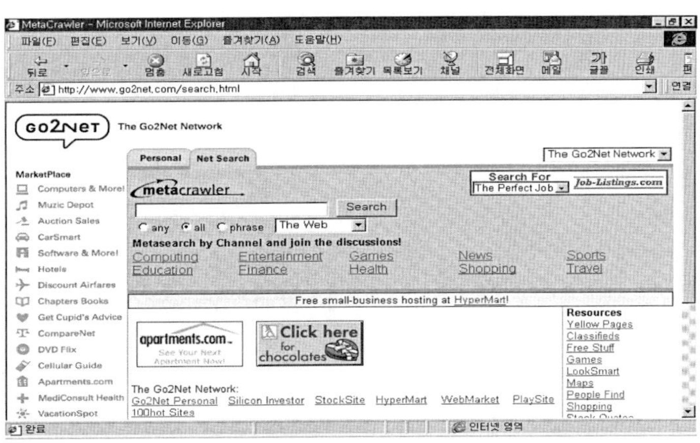

〈그림 7.29〉 MetaCrawler

(2) SAIRE(http://sair.ivy.nasa.gov)

미국의 NASA에서 개발한 것으로 EOSDIS 데이터 접근이 가능하도록 설계된 검색 엔진이다.

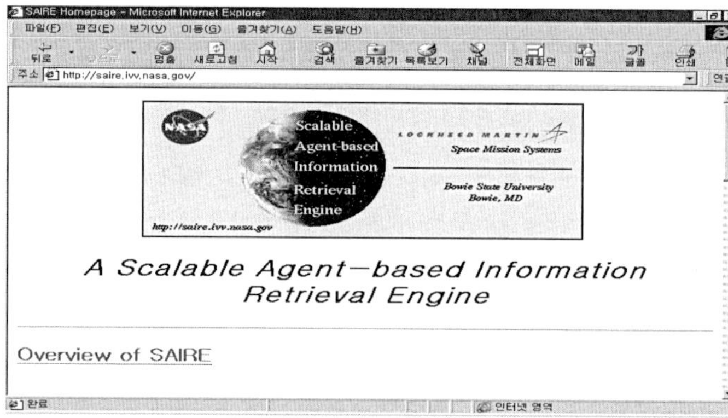

〈그림 7.30〉 SAIRE

(3) RETSINA(http://www.sics.se/isl/abc/survey.html)

카네기 멜론 대학에서 개발한 지능형 소프트 에이전트인 RETSINA는 다음과 같다.

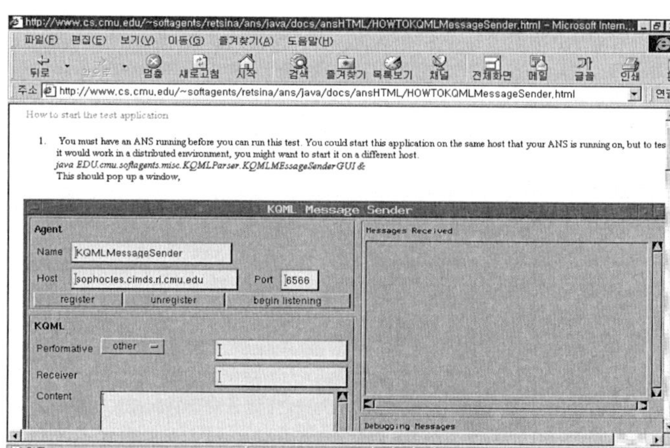

〈그림 7.31〉 RETSINA

기타 다른 검색엔진은 다음 사이트를 참조하길 바란다.

(4) Shopbot(http://www.cs.washington.edu/research/shopbot/)

(5) Harvest(http://mordor.transarc.com)

(6) WebAnts(http://polarbear.eng.lycos.com/webants)

(7) WAIBA(http://www.osf.org/www/waiba)

(8) IWAH(http://rbse.jsc.nasa.gov/agents)

(9) CIIR(http://ciir.cs.umass.edu/info/ciir.html)

(10) DISA(http://www.tisl.ukans.edu/sgauch/agents.html)

(11) WAIBA(http://www/osf.org/www/waiba)

7.7.2 인터넷 쇼핑 에이전트(Internet Shopping Agent)

초고속망과 가상현실 기술의 보편화로 기술적 기반이 구축되어 있고 사용자에게 다양한 온라인 정보를 실시간으로 제공해 줌으로써 편안하게 쇼핑할 수 있도록 도와주는 에이전트를 말한다.

사용자는 각 정보 사이트의 입력에 맞는 형태로 질의하고 각 사이트에서 처리한 결과를 통합한 후 사용자에게 필요한 정보만을 보여주게 된다. 사용자는 출력된 정보를 바탕으로 해당 정보 사이트로의 재접근이 가능하다.

그러나 인터넷 쇼핑 에이전트에서는 신용카드 등 보안 문제가 시급히 해결해야 할 중요한 문제이다.

(1) Netbot Jango(http://www.jango.com)

전자상거래를 위한 쇼핑 에이전트이다.

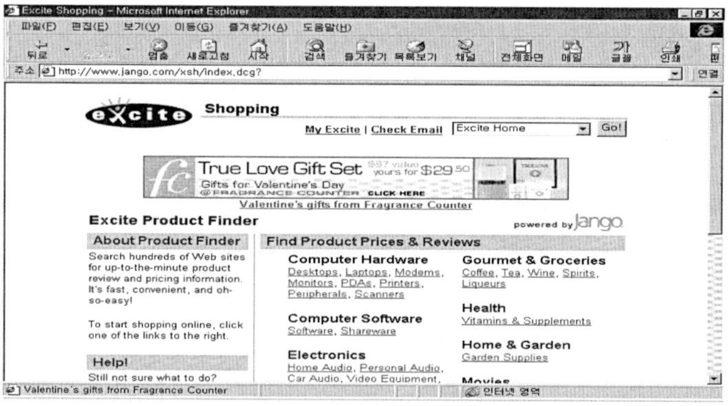

〈그림 7.32〉 Netbot Jango

(2) BargainFinder(http://bf.cstar.ac.com/bf/)

(3) Internet Shopping Netwopk(http://www.internet.net)

(4) Market Plaza Shopping(http://bank.marketplaza.com)

(5) 사이버 스토어(http://korea.directory.co.kr/shopping/cyber.html)

(6) 가상서점(http://www.bookshop.co.kr)

(7) 롯데쇼핑(http://internet.shopping.co.kr)

7.7.3 정보 필터링 에이전트(Information Filtering Agent)

정보 필터링 에이전트는 인터넷으로부터 사용자 프로파일을 구성하여 사용자의 관심있는 정보를 검색하여 사용자에게 제공해 주는 기능을 하는 에이전트이다. 정보검색의 목적이 정보를 찾는데 있다면 정보 필터링은 정보를 제거하는데 있다고 볼 수 있다. 이때 문제점은 같은 관심 분야라도 사람마다 표기법이 다르고 문서 구조화가 되어있지 않아 정보 교환시 어려울 뿐 아니라 사용자의 피드백이나 습성을 학습하기 쉽지 않다는 점이다.

정보 필터링 에이전트는 사용자의 구미에 맞도록 정보를 가공하고 걸러준다. 정보 필터링은 기본적으로 끊임없이 유입되는 정보 중에서 필요한 것이 무엇이고 필요 없는 것이 무엇인지를 판단하여 필요하지 않은 것은 무시하는 개념이다. 정보 필터링에서는 사용자가 관심을 가지는 사항에 대한 정보를 가지고 있는 사용자 프로파일이 중요한 역할을 한다. 정보 필터링 과정은 이메일이나 뉴스그룹의 정보와 같은 정보스트림을 사용자의 프로파일과 비교하여 관심이 있는 정보만을 걸러서 저장한 후 사용자가 볼 수 있게 한다. 사용자는 정보 필터링 과정을 거친 결과를 본 후 그것이 실제로 자신이 원하는 것이었는지를 알려주게 되는데 이를 관련성 피드백이라 하며 이 과정을 거치면서 사용자 프로파일을 재구성한다.

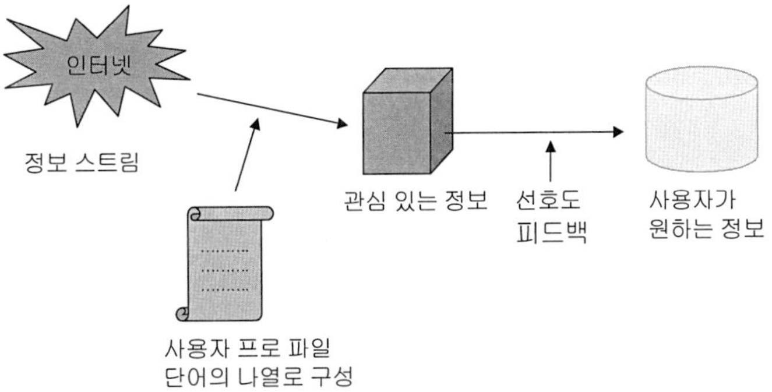

〈그림 7.33〉 정보 필터링 에이전트

정보 필터링에 수반하는 문제점은 다음과 같다.

첫째, 단어선택 문제인데 정보검색이나 정보 필터링 모두에 해당하는 문제이다. 대부분 관심도를 단어로 표현한다고 할 때 같은 관심분야라고 하더라도 사람마다 선택하는 단어가 다를 수 있고, 심지어는 같은 사람이라도 시간 경과에 따라 다른 형태로 표현할 수 있는 것이다.

둘째, 문서 구조화가 되어 있지 않거나 일부만 되어 있다는 문제이다. 가령 전자우편의 경우 보낸 사람이나 제목 등의 경우는 구조화되어 있다고 볼 수 있지만 내용의 경우는 일반 텍스트의 나열이기 때문에 내용을 통해 필터링 작업을 하는 것은 매우 어려운 일이다. 또 사용자에게 유입되는 정보의 종류가 다양하고 각각 서로 다른 구조를 가지고 있기 때문에 이를 모두 고려하는 작업이 중요한 이슈로 대두된다.

셋째, 정보 필터링 에이전트를 훈련시켜야 한다는 것이다. 사용자의 프로파일은 처음부터 사용자의 의도를 완벽하게 나타낼 수 없기 때문에 점진적으로 만족스러운 상태로 재구성해야 하는데 이를 위해 사용자의 피드백이나 사용 습성에 따라 정보 필터링 에이전트를 훈련시켜야 한다. 이 과정은 오랜 시간이 걸리기 마련이며 또한 중간에 사용자의 의지에 의해 관심도가 급격히 바뀌었을 경우는 다시 오랜 기간에 걸쳐 훈련이 되어야 한다.

다수의 정보 필터링 에이전트 시스템이 연구용 또는 상용으로 제시되었다. 정보 필터링 에이전트는 어떤 정보를 대상으로 필터링 작업을 하는가에 따라 분류될 수 있는데 크게 웹문서 필터링 에이전트, 상용뉴스 필터링 에이전트, 유즈넷뉴스 필터링에이전트로 나눌 수 있다. 웹문서 필터링 에이전트의 예로는 WebFilter, Webcatcher, PointSubscription, Smart Marks 등이 있고, 상용뉴스 필터링 에이전트에는 NewsHound, Farcast, PointCast Network 등이 있으며, 유즈넷뉴스 필터링 에이전트에는 NewsClip과 SIFT 등이 있다.

상용화되어 있는 정보 필터링 에이전트의 특징을 설명하면 다음과 같다.

(1) Webfilter(http://ils.unc.edu/webfilter)

NCSA의 'What's new page' 사이트를 모니터링하여 새로 추가되는 웹 페이지를 인덱스하는 작업을 수행하는 에이전트를 말한다.

〈그림 7.34〉 Webfilter

(2) Webcatcher(http://www.netscape.com/comprod/smartmarks.html)

관심 분야로 구분하여 토픽과 서브토픽 등 계층적 입력에 의한 필터링 방법을 지원한다.

(3) Smart Marks(http://www.netscape.com/comprod/smartmarks.html)

북마크에 기록된 웹 페이지의 내용이 바뀌었을 경우 알려주는 기능을 한다.

(4) Point Subscription(http://www.pointcom.com)

웹 페이지 중 특정 분야에서 가장 권장할 만한 사이트를 추천해 주는 뉴스필터링 에이전트이다.

(5) Newshound(http://www.sjmercury.com/hound.html)

뉴스와이어나 신문에서 제공되는 2000여건의 기사를 필터링하고 e-메일을 통해 결과를 전달한다.

(6) NewsClip(http://www.clarinet.com/newsclip.html)

Clarinet에서 제공하는 뉴스를 필터링한다.

(7) SIFT(http://sift.stanford.edu)

미국의 스탠포드 대학에서 제공하는 것으로 사용자 프로파일을 분석하여 관련 단어의 출현 빈도수에 따라 필터링한다.

7.7.4 대학교 연구 사이트

아카데미 분야에서 에이전트 시스템에 대해 연구를 활발히 하는 해외 사이트 두 곳을 소개하고자 한다.

(1) Software agent
(http://www.cs.umbc.edu/agents/)

(2) Intelligent software agent
(http://www.sics.se/isl/abc/survey.html)

7.7.5 에이전트 패키지 JATlite

JATlite는 미국의 스탠포드 대학에서 개발한 자바 기반의 패키지로, KQML 메시지나 통신 에이전트 템플릿을 제공한다(http://java.stanford.edu). TCP/IP 기반이나 다른 프로토콜로도 확장이 가능하며 서버 소켓과 멀티 리시버 소켓을 지원한다. JATlite는 <그림 7.35>와 같이 네 개의 층으로 구성되어 있다.

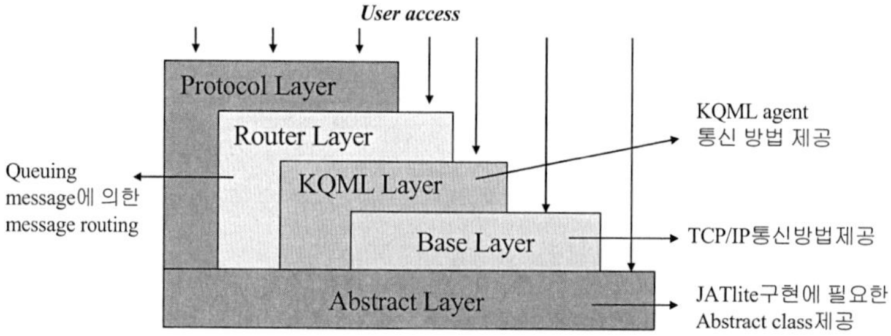

〈그림 7.35〉 JATlite 구조

JATlite를 이용한 예로써 포항공대에서 개발한 AIR-Web은 한국어 자연어 처리를 기반으로 하는 정보검색용 멀티 에이전트 시스템이다. 이 그림에서 두 개의 에이전트 간에 KQML API에서 JATlite를 이용하여 통신을 하고 있다.

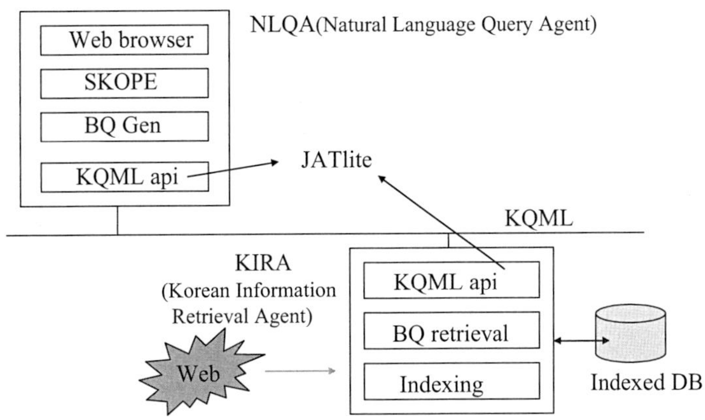

〈그림 7.36〉 AIR-Web 구조

7.7.6 정보통합 에이전트

정보통합 에이전트는 인터넷에서 제공되는 다수의 정보 사이트에서 사용자가 원하는 정보를 추출하여 하나의 형태로 제공하는 기능을 수행한다. 정보통합 에이전트의 필요성은 여러 가지로 기술할 수 있지만 그 중에서도 다수의 정보소스를 사용자가 하나하나 접근하여 검사하는 노력을 줄여주고 각 정보 사이트에서 사용자에게 불필요하다고 판단되는 것을 걸러주는 점을 들 수 있다. 따라서 앞장에서 기술한 정보검색 에이전트와 정보 필터링 에이전트의 개념을 가지고 있으며 메타검색 엔진과 같은 개념도 정보통합 에이전트와 맥락을 같이 한다고 볼 수 있다. 정보통합 에이전트는 각 정보소스에 대한 정보추출 규칙을 가지고 있어서 사용자의 질의가 각 정보 사이트의 입력에 맞는 형태로 변환되고 각 사이트에서 처리한 결과를 통합한 후 사용자에게 필요한 정보만 보여준다. 사용자가 출력된 정보를 바탕으로 더 자세한 사항을 파악하기 위해서 해당 정보 사이트로 다시 접근할 수 있는 기능도 지원한다.

정보통합 에이전트의 또 다른 예로는 비교쇼핑 시스템을 들 수 있다. 최초의 비교쇼핑 시스템인 BargainFinder는 온라인으로 음악 CD 정보를 파악하여 주문할 수 있는 여러 개의 CD 정보 사이트를 연결하여 사용자의 구매편의를 도모한다. 사용자는 앨범의 제목이나 가수 이름을 입력하게 되는데 BargainFinder에서 이를 각 정보 사이트의 입력 형태로 변환한 후 각 정보 사이트에서 돌아온 결과 중에서 CD의 판매가가 나온 부분만 모아서 사용자에게 보여주고 사용자는 이 결과를 보고 한 곳을 결정한 후 더 자세한 사항을 보기 위해서는 해당 정보를 클릭함으로써 개별적인 사이트로 접근할 수 있다.

7.7.7 정보추출 에이전트

정보추출은 한 문서에서 그 문서의 중심적 의미를 나타내는 특정 구성요소를 인식하여 추출하는 작업을 가리킨다. 정보추출의 예로는 날씨정보를 제공하는 웹 문서로부터 지역, 날짜, 최고온도, 최저온도, 습도 등의 정보를 뽑아내거나, 또는 아파트 정보 문서로부터 방의 개수, 매매가, 전세가, 전화번호 등을 추출하는 것을 들 수 있다.

정보추출의 성능은 확장성(scalability)의 정도에 달려 있다. 정보추출 시스템은 대부분 특정 문서에 대해서 의미 정보를 뽑아낼 수 있는 추출규칙(extraction rule)을 이용하게 된다. 서로 다른 문서에 대해서 이러한 추출규칙이 어떠한 역할을 하는가에 따라 확장성의 정도가 결정된다. 만일 특정 문서마다 일일이 새로운 규칙을 만들어야 하는 경우 같은 규칙을 다른 문서에는 적용할 수 없기 때문에 확장성이 떨어진다. 수동적으로 규칙을 구성하는 대부분의 시스템이 이 부류에 속한다. 확장성을 가지기 위해서는 일반적인 프로시저 또는 프로그램이 존재해서 처음 접하는 문서에 대해서도 이 프로그램을 통해 자동적으로 추출규칙을 얻어낼 수 있어야 한다. 확장성을 위한 프로그램은 대부분 기계학습(machine learning) 기법을 이용한다.

(1) 인터넷 정보추출

정보추출은 인터넷을 다루는 여러 가지 전략을 가능하게 만드는 기술로서, 이런 전략의 한 예로는 이형질(heterogeneous)의 인터넷 정보소스에 대해 단일화된

뷰(unified view)를 보여주는 정보통합 시스템을 들 수 있다. 예를 들면, 영화에 대한 정보를 제공해주는 통합 시스템에서는 인터넷에 여러 사이트에서 제공하는 영화평이나 출연자, 상영스케쥴 등에 대한 서로 다른 형태의 영화에 대한 정보들에 대한 단일한 질의 인터페이스(query interface)를 제공하게 된다. 사용자는 이 인터페이스에 질의를 하게 되고, 통합 시스템은 이 질의를 각 정보 소스에 맞도록 변화시켜 보낸 후 얻어진 결과를 통합하여 사용자에게 보여준다.

정보통합 시스템은 인터넷 사이트를 일반 텍스트로 해석하지 않고 데이터베이스와 유사한 구조적 지식소스(structured knowledge source)로 간주한다. 사이트의 문서로부터 관련 텍스트 부분을 추출하기 위해 정보통합 시스템은 HTML 태그나 광고와 같은 부수적인 정보는 제거하고 내용을 이루는 텍스트만을 대상으로 동작한다. 정보통합시스템은 wrapper라고 부르는 추출규칙을 사용하는데, wrapper는 한 정보소스마다 하나씩 존재하며 그 정보 소스로부터 원하는 정보를 추출하는 규칙이나 프로그램으로 구성되어 있다.

인터넷의 정보추출 작업은 본질적으로 확장성이 없는데, 그 이유는 다음 세 가지로 요약할 수 있다.

첫째, 정보 소스의 문서들은 원칙적으로 사람들이 읽기 편하도록 작성되었기 때문에 프로그램이 쉽게 처리할 수 있도록 문서 구성시의 포맷 관행 등에 대한 정보를 제공해주는 사이트는 거의 없다.

둘째, 한 사이트에서 사용된 독특한 포맷 관행이 다른 사이트에도 적용될 가능성이 거의 없기 때문에 사이트가 추가되는 경우 새로운 wrapper가 구성되어야 한다.

셋째, 사이트들이 자주 포맷을 바꾸기 때문에 이전에 만들었던 wrapper가 동작하지 않게 된다. 이러한 어려움에도 불구하고 최근의 연구 결과들을 보면 확장 가능한 정보추출시스템을 구성할 수 있다는 가능성을 보여주고 있다. 이를 달성하기 위한 열쇠가 되는 기법은 바로 기계학습을 이용하여 자동적으로 사이트에 독특한 추출 규칙을 생성하는 것이다.

여기서 기술하는 인터넷 정보추출 기법의 대상이 되는 것은 주로 HTML로 작성된 문서이다. <h1>이나 <p>와 같은 대부분의 HTML 태그는 의미가 있기보다는 단순히 화면에 출력되는 포맷을 지정하기 위한 것이기 때문에 정보추출에 별로 도움이 되지 못한다. 따라서 HTML 문서로부터의 정보추출은 상당히 어려운 작업임에 틀림없다. 만일 현재 부상하고 있는 XML로 문서가 작성된다면 인터넷 정보추출 작업은 한결 쉬워질 수 있다. 왜냐하면 XML의 태그는 <name>이나 <booktitle> 등과 같이 의미를 가지고 있기 때문에 태그만 인식하여도 어느 정도 필요한 내용을 추출할 수 있기 때문이다. 하지만 아직은 XML을 표준으로 간주하는 사이트가 아직은 별로 많지 않기 때문에 HTML 문서에 대한 현재의 정보추출 기법은 당분간은 매우 중요한 역할을 할 것이다. 또한 XML에 대한 정보통합 시스템은 XML 태그의 의미를 인식하기 위해 도메인 지식을 포함하는 온톨로지(ontology)를 가지고 있어야 한다는 제약사항이 존재한다.

우리가 관심을 가지고 있는 정보추출 작업은 인터넷 페이지에 내포되어 있는 데이터베이스와 유사한 구조를 찾는 것이며, 이것은 주로 자연어 처리 분야에 뿌리를 두고 언어적 자질(품사나 어휘적 정보 등)에 의존해온 전통적인 정보추출 시나리오와는 여러 면에서 다르다. 인터넷 정보추출은 단순한 통사적 정보(syntactic information)만 가지고도 원하는 텍스트를 인식할 수 있는 경우가 많다. 특히 대부분의 추출 항목은 시각적으로 구별되는 특성을 가지고 있다. 예를 들면, 영화제목을 항상 빨간색으로 출력하는 사이트의 경우 HTML 문서에서 <FONT color=red>와 </FONT> 사이에 있는 텍스트가 바로 영화제목이 될 것이다.

당연히 이러한 규칙성에만 의존하는 wrapper는 일반적이라고 할 수 없다. 그럼에도 불구하고, 이러한 접근 방법은 상당히 많은 수의 인터넷 사이트에 대해 적용가능하며 실제로 Jango나 Junglee와 같은 상용 인터넷통합서비스에서 사용되고 있다. 하지만 이러한 통사적 규칙만 가지고는 인터넷 정보추출이 어려울 수 있으며, 확장성이 더욱 중요하게 대두된다. 인터넷 사이트가 선택할 수 있는 포맷 스타일의 수는 매우 많으며 그 스타일 중에서 임의로 하나를 선택했기 때문에 그 선택 자체는 추출 작업에 별 도움을 주지 못한다. 예를 들어, 어떤 사이트는 영화제목을 빨간색의 볼드체로 출력할 수 있고, 다른 사이트에서는 영화제목을 녹색의 이탤릭체로 출력할 수 있다. 또한 같은 스타일이라고 하더라도 여러 가지 다른 방법으로 기술할 수도 있다. 예를 들어, <FONT color=red><BIG>은 <FONT size=+1 color=#ff0000>와 똑같은 효과를 얻는다.

(2) 인터넷 정보 추출을 위한 학습

이렇게 아주 다양하고 임의적인 스타일 선택이 있기 때문에 일반적으로 모든 사이트를 커버할 수 있는 확장성을 가진 정보통합 또는 정보추출 시스템을 구성하기 위해서는 필수적으로 wrapper induction이라고 불리는 기계학습 기법을 이용해야 한다. wrapper induction 단계는 오프라인으로 수행되며, 추출을 원하는 텍스트 부분(textfragment)이 개발자에 의해서 표시된 몇 개의 예제 페이지를 바탕으로 wrapper를 학습하여 구축하게 된다. 학습된wrapper는 온라인으로 실제 페이지의 내용을 추출하는데 이용된다.

모든 기계학습 응용에서와 마찬가지로 학습되는 표현방법의 복잡도에 따라 학습이 가능한지가 결정된다. 이 문맥에서표현방법의 복잡도는 wrapper의 정교함과 관계가 있다. wrapper를 연구하는 사람들은 단순한 wrapper로부터 아주 복잡한 wrapper까지 다양한 범위의 wrapper에 대한 학습 알고리즘을 개발하였다. 가장 단순한 wrapper는 문서페이지가 각 속성의 처음과 끝을 가리키는 신뢰할 수 있는 구별자(delimiter)가 있다고 가정한다. 이 환경에서의wrapper induction은 추출하고자 하는 텍스트 부분의 바로 앞에 나타나는 텍스트의 공통 접두부(commonprefix) 또는 바로 다음에 나타나는 텍스트의 공통 접미부(common suffix)를 찾아내는 것이다. 이런 단순한 접근방법만으로도 많은 실제 사이트에 대해 성공적으로 wrapper가 만들어졌다.

단순한 wrapper로 처리가 되지 않는 사이트는 좀 더 복잡한 형태의 접근방법이 필요하다. 예를 들어 영화 제목을 표시할 때 큰 사이즈의 빨간색 폰트나 녹색 폰트를 사용하지만, 큰 사이즈의 빨간색 폰트를 영화제목과 관련 없는 다른 항목을 표시할 때도 사용하는 사이트가 있다면 단순한 규칙만 가지고는 영화제목의 내용을 추출하기 어렵다. 복잡한 wrapper는 이러한 어려움을 다음과 같은 방법으로 해결한다.

첫째, 추가적인 구별자를 도입하여 페이지의 내용과 관계되는 부분과 그렇지 않은 부분(예를 들어 <TABLE> 태그의 앞에 나타나는 텍스트)을 구별한다.

둘째, 논리합(disjunction)을 허용한다. 예를 들어 영화제목의 추출 규칙이 “큰 사이즈의 빨간색 폰트 혹은 큰 사이즈의 녹색 폰트”에서와 같이 “혹은”을 포함할 수 있다.

셋째, 구별자의 개념을 더 일반화하여 구별자만을 검사하는 것이 아니라 추출될 텍스트 자체도 검사하는 것이다. 예를 들어, 큰 사이즈의 빨간색 폰트가 영화제목이 되려면 제목이 대문자여야 한다는 추가 제한을 둘 수 있다.

넷째, 자동으로 페이지를 일차식표현(first-order representation)으로 바꾸고 귀납적 논리 프로그래밍을 이용하여 임의의 일차식 이론을 학습한다.

Wrapper 생성과 인터넷 문서의 정보추출에 대한 대표적인 연구로는 ShopBot, HLRT], ARIANDNE, WHIRL 등이 있다. 이 중 ShopBot은 wrapper induction을 비교쇼핑 도메인에 적용하여 자동으로 쇼핑몰 사이트의 상품정보 추출을 위한 wrapper를 학습한다. 하지만 규칙성이나 바이어스를 강하게 사용하기 때문에 다룰 수 있는 쇼핑몰이 제한된다. Kushmerick은 여러 wrapper class를 제안하였고 HLRT는 이 class 중의 하나이다. 이 기법은 웹 문서에 국한하지 않고 여러 도메인의 문서에서의 정보추출을 가능하게 하고 있지만 wrapper class들이 단순하기 때문에 속성이 없는 노이즈 포함문서를 다룰 수 없다.

7.7.8 지능적 에이전트

지능적 에이전트 시스템의 한 예로, 지능적인 지식 기반 다중 에이전트 시스템에 관해 설명하고자 한다.

(1) 시스템의 개요

이번 절에서는 지식 기반 시스템과 에이전트 이론에 지능적인 추론 방법과 에이전트간 통신 방법을 융합한 지능적인 지식 기반 다중 에이전트 시스템(Intelligent Knowledge-based Multi Agent System, IKMAS)에 관해 설명하고자 한다. 여기서 제시한 IKMAS는 기존의 지식 기반 시스템에 지능적 추론 기능과 다중 에이전트 시스템이 상호 협력하여 동작함으로써 보다 목적 지향적인 지능형 시스템을 말한다.

IKMAS의 개요는 다음 <그림 7.37>과 같다.

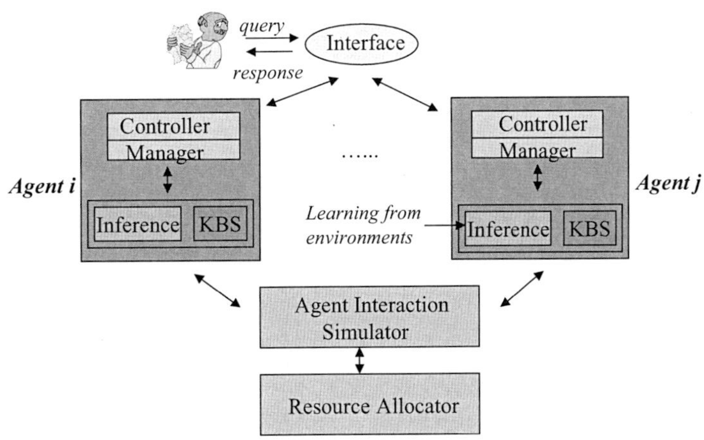

〈그림 7.37〉 IKMAS 개요

<그림 7.37>의 IKMAS의 에이전트내의 각 모듈 기능은 다음과 같다.

① 제어기와 관리기: 에이전트 i 에 도달된 정보를 수집 분석하여 추론할 수 있도록 추론 모듈을 호출하는 부분으로 지식 기반 시스템(Knowledge-Based System, KBS)과 상호작용한다.

② 추론: 제어기와 관리기로부터 보내온 정보와 외부 환경에서 학습한 내용을 바탕으로 KBS를 통해 주어진 사실에 대해 결론을 도출할 수 있도록 하는 모듈이다.

③ KBS: 'IF A THEN B' 형태의 규칙들로 이루어져 있으며 외부에서 학습한 내용이 저장되는 지식 기반 시스템이다. 이때 A와 B는 퍼지 또는 비퍼지 데이터들로 구성되어 있다.

④ 에이전트간 통신 시뮬레이터: 에이전트들이 상호 데이터를 송수신할 수 있도록 해주는 모듈로서 에이전트 i가 에이전트 j를 호출하였을 때 에이전트 j가 준비될 수 있도록 하는 큐 형태로 구성되어 있다.

⑤ 자원 분배기: 에이전트간 통신 시뮬레이터에 따라 각 에이전트가 활성화될 수 있도록 분배하는 역할을 담당하는 모듈이다.

⑥ 사용자 인터페이스: 사용자 인터페이스로서 사용자의 질의에 따라 응답을 보여주는 부분이다. 이때의 인터페이스는 에이전트에 의한 질의 응답관계이므로 지능형 사용자 인터페이스라고 한다.

여기서 중요한 것은 각 에이전트 구축 방법과 에이전트간의 통신방법이다. 그러나 다른 다중 에이전트에서는 에이전트를 n개 둠으로써 메모리와 데이터를 유지하는데 많은 오버헤드가 발생한다는 점이다. 따라서 이 책에서 소개하는 IKMAS는 기존의 다중 에이전트에서 보다 훨씬 적은 메모리와 데이터로도 의사 결정이 가능한 지능형 시스템이라는 점이 특징이다. 이것은 추론시 학습 기법을 통해 추론을 하는 개선된 Max-Min CRI 방법을 이용하기 때문이다. IKMAS의 또 하나의 특징은 에이전트들이 메인 에이전트와 서브 에이전트들로 기능 및 역할이 세분화되어 있어 상호 협력함으로써 보다 목적지향적이 된다는 점이다.

(2) 에이전트 설계 알고리즘

1) 지식 기반 시스템의 설계

IKMAS의 지식 기반 시스템은 주어진 도메인에 대해 다음 두 단계에 따라 구축된다.

[단계 1] 지식 표현

에이전트가 현재 알고 있는 것이 무엇인지를 서술하는 단계로 링크 형태로 표현한다. 예를 들면, 노드 X와 노드 Y가 연결되어 있음을 의미 표현 방법(semantic representation)에 의해 나타내면 다음 <그림 7.29>와 같다. 이 그림은 "노드 X와 노드 Y가 연결되어 있으며 링크에는 네트워크 컴포넌트가 있다"는 것을 의미한다.

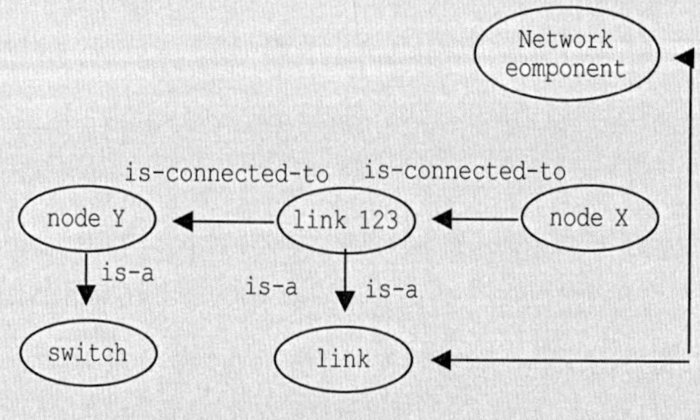

<그림 7.38> 의미 표현 방법

[단계 2] 논리적 표현 단계

지식을 하나의 문장으로 코드화하여 지식 기반 시스템에 저장하는 단계로 내장된 지식(built-in knowledge)에 해당된다. 위의 〈그림 7.38〉의 표현을 하나의 문장으로 코드화하여 논리적 표현으로 규칙화하여 나타내면 다음과 같다.

IF network component='what' THEN switch='how'

즉, 'network component'가 'what'일 때 switch는 'how'하라는 규칙으로 작성할 수 있으며 이러한 형태를 내장된 지식으로써 저장할 수 있게 되는 것이다.

위의 두 단계에 따라 지식 기반 시스템에 도메인 지식이 저장된다. 이것을 함수 형태로 정의하면 다음과 같다. 이 형태에서 인지(percept)는 외부 환경에서 인지한 입력 사실이고 행동(action)은 그에 따른 추론 결과를 의미한다.

```
function: IKMA(percept) returns an action
 static: KBS, a knowledge based system
         t, a counter, initially 0, indicating time
 TELL(KBS, Make-Percept-Sentence(percept, t))
 if each action in KBS then
   for each action in the list of possible action do
   if ASK(KBS, Make-Action-Query(t, action)) then
     TELL(KBS, Make-Action-Sentence(action,t))
      t ← t+1
     return action
 else ASK(KBS, INFERENCE(percept, t))
 return action
 end
```

IKMAS는 다른 에이전트와 마찬가지로 인지된 사실을 입력으로 받고 행동을 반환한다. 지식 기반 시스템은 초기에 내장된 지식을 담고 있으며 호출될 때마다 IKMAS 시스템은 다음 두 가지 일을 한다.

첫째, 인지된 사실에 해당하는 문장을 찾아 지식 기반 시스템에 저장한다.

둘째, 수행해야 하는 행동을 찾아낸다. 이때 추론 방법이 사용된다.

각 인지된 사실에 대해 IKMAS는 최대 성능을 낼 수 있는 행동을 하도록 구성한다.

2) 추론 방법

IKMAS는 지식 기반 시스템의 내장된 지식으로부터 인지된 사실에 대해 행동을 수행할 때 인지된 사실과 일치하는 내장된 지식이 없을 경우 개선된 Max-Min CRI 방법(New Max-Min CRI, NCRI)을 이용한다.

NCRI 방법을 간단히 설명하면 'IF A THEN B'와 같은 형태의 규칙에 대해(이때 A, B는 퍼지 또는 비퍼지 인지값임) 인지된 사실 A'와 A와의 유사도(similarity measure) η를 측정하여 η에 따라 행동 B'를 추론해 내는 방법이다. 이때 유사도 η은 Takefuji나 Turkson의 방법보다 성능이 우수하다.

Turksen의 유사도 SM은 다음 식과 같다.

$$SM = \frac{1}{1+DM}$$

$$where\ DM = 1 - Max\mu_{A \cap B(x)},\ A, B : fuzzy\ set$$

Takefuji의 유사도 σ는 다음 식과 같다.

$$\sigma = 1 - \frac{d}{a+a'}$$

$$where\ d = \sum_{i=1}^{m}(Max(A(x_i), A'(x_i)) - (Min(A(x_i), A'(x_i))$$

$$a = \sum_{i=1}^{m} A(x_i),\ b = \sum_{i=1}^{m} A'(x_i),\ A : \text{규칙의 조건부},\ A' : \text{입력사실}$$

NCRI 방법에서의 유사도 η는 [0,1] 사이의 값을 갖고 1에 가까울수록 유사성이 높고 0에 가까울수록 유사성이 없다는 특성을 가진다. i 번째 유사도 η_i의 계산 방법은 다음 식과 같다. 이때 A, A'는 각각 i 번째 규칙의 조건부와 입력사실을 의미하는 퍼지 또는 비퍼지 인지값이어야 한다.

$$\eta_i = \frac{\sum Min(A_i,\ A')}{\sum Max(A_i,\ A')}, (1 \leq i \leq n, n\text{은 규칙의 수})$$

위의 식에 의해 계산된 η에 따라 KBS에서 추론하기 위해 우선 i번째 규칙의 행동인 a_i는 다음 식에 의해 구할 수 있다. B_i는 i 번째 규칙의 결론부를 말한다.

$$a_i = Min(\eta_i{}^* A_{i,} B_i)$$

이로부터 n개의 규칙에 대해 모두 적용했을 경우 주어진 인지된 사실에 대한 최종 행동은 다음 식에 의해 산출된다.

$$\text{인지된 사실에 대한 최종 행동} = Max(a_i)$$
$$(1 \leq i \leq n,\ n\text{은 규칙의 수})$$

여기서 Max와 Min은 퍼지 이론의 계산 원리에 따른다.

이로부터 IKMAS 시스템은 n개의 내장된 지식 기반의 규칙에 대해 정확히 일치하는 규칙이 없더라도 퍼지 추론 방법에 의해 행동을 생성해 낼 수 있다.

유사도의 성능 분석을 위해 Takefuji, Turksen, NCRI 방법을 제6장에서 설명한 직류 계열 모터에 동일 문제 영역과 입력 사실에 대해 적용하면, 다음 <그림 7.39>와 같은 결과를 얻을 수 있다.

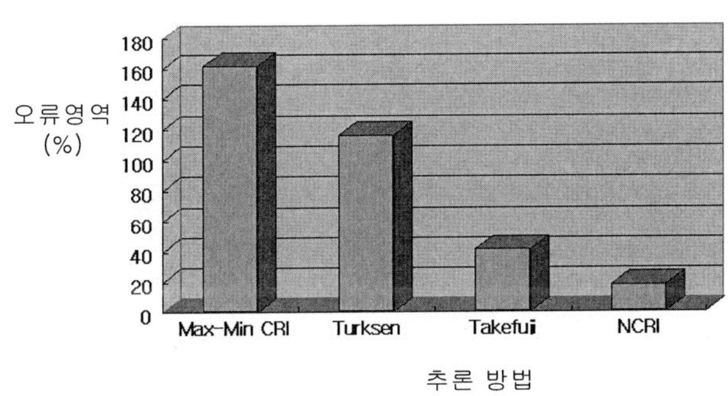

〈그림 7.39〉 추론 결과 비교

이 그림에서 Max-Min CRI 방법은 기존의 퍼지 추론 방법이며 Turksen, Takefuji는 Max-Min CRI 방법에 각각 제안된 유사도를 적용한 추론 방법이며 NCRI는 η에 의한 퍼지 추론 방법을 나타낸다. y축의 오류 영역(%)은 입력 사실과 규칙의 조건부와의 관계에 따라 결론부가 생성되었을 때 나타날 수 있는 규칙의 결론부와의 오류 정도를 의미한다. 시뮬레이션 결과 NCRI 방법은 Max-Min CRI 방법보다 오류 영역을 약 94%, Turksen, Takefuji 방법보다는 각각 91%, 75% 감소한 결과를 보여주어 매우 우수한 성능을 나타내고 있음을 알 수 있다.

연·습·문·제

1. 에이전트에 대해 시스템을 정의하시오.

2. 에이전트를 구조에 따른 분류와 활동영역에 따른 분류를 각각하여 설명하시오.

3. 에이전트에서 협력(coordination)이란 무엇이며, 이것의 의미는 무엇인가?

4. 에이전트와 자바 애플릿이 어떻게 다른지 설명하시오.

5. 에이전트를 설계 방법에 따라 분류하고 설명하시오.

6. 에이전트의 두 가지 플랫폼에 대해서 설명하시오.

7. 정보추출 에이전트, 정보검색 에이전트, 정보통합 에이전트를 비교 설명하시오.

제 8 장

모바일 에이전트

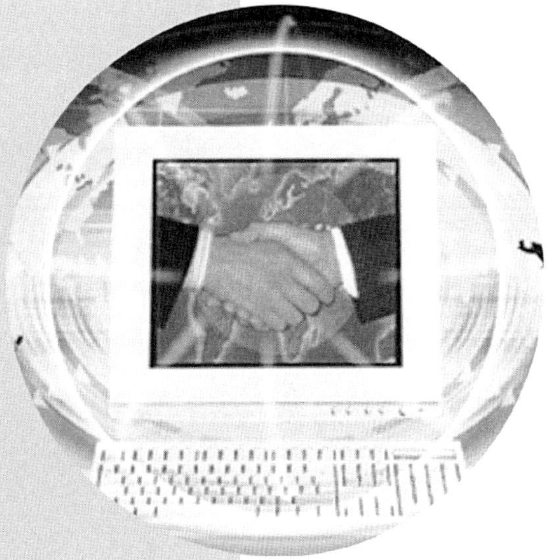

8.1 분산 인공지능과 멀티 에이전트 시스템

분산 인공지능(distributed artificial intelligence)에서의 에이전트 연구 방향은 멀티 에이전트, 모바일 멀티 에이전트로 구분할 수 있다. 이들의 관계를 설명하면 다음과 같다.

분산 인공지능이란 1970년대 말부터 등장하기 시작한 개념으로 그 개념이 확장되어 오늘날은 인공지능의 일반화된 의미로 사용되고 있고, 다른 분야 즉, 사회학, 정치학, 경제학, 경영학, 철학 등과 접목을 함으로써 함께 발전되고 있다.

분산 인공지능에 대해서 Gerhard Weiss는 다음과 같이 정의하고 있다.

Distributed Artificial Intelligence is the study, construction, and application of multiagent systems, that is, systems in which several interacting, intelligent agents pursue, some set of goals or perform some set of tasks.

- Gerhard Weiss, Multiagent Systems -

분산 인공지능은 크게 보면 두 가지 형태로 발전하고 있는데, 멀티 에이전트 시스템과 분산 문제 해결 시스템(distributed problem solving system)이 그것이다. 멀티 에이전트 시스템은 위에서 언급했듯이 에이전트 협동(coordination)에 관심을 두고 있고 분산 문제 해결 시스템은 태스크 분해(task decomposition)와 솔루션 합성(solution synthesis)에 관심을 두고 있는 시스템이기 때문에 관점이 서로 다르다. 그러나 최근에는 이 둘의 형태가 결합되는 경향을 보이고 있으며 점차로 '**분산 인공지능 = 멀티 에이전트 시스템**'이라는 공식이 성립되어가고 있다.

분산 인공지능에서는 에이전트 개념을 이용하여 하나의 큰 작업을 수행함에 있어서 단일 에이전트로 처리하기 보다는 여러 에이전트가 상호 협력하면서 전체의 작업을 효율적으로 처리하는가에 중점을 두고 있다. 이것은 기존의 분산 처리(distributed processing) 개념에서 한 단계 더 발전시킨 기법으로 앞서 언급한 분산 문제 해결 시스템으로 가능해졌다.

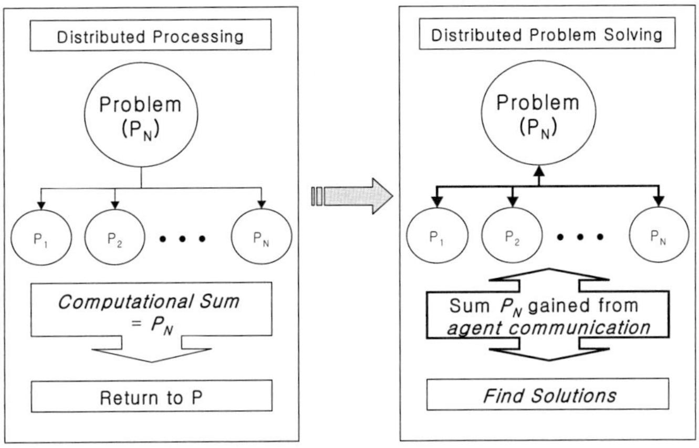

〈그림 8.1〉 분산 처리 방식(DP)과 분산 문제 해결 방식(DPS)의 비교

분산 처리는 에이전트와 같이 서로 독립적이고 반자동적인 서브 문제로 분해하는 것을 의미하고, 문제 해결(problem solving)이란 서브 문제들이 상호 작용함으로써 지역적, 전역적으로 얻어진 결과가 서로 유효한 것을 의미하는 말이다. 따라서 멀티 에이전트 시스템에서 사용하는 방식은 분산 처리와 문제 해결 방식을 서로 결합한 분산 문제 해결 방식이다. 즉, 각 에이전트는 부분적으로 결과를 수행하고 서로 상호 작용함으로써 전체적인 목표가 만족되는 것이다. 따라서 한 에이전트의 중간 결과는 다른 에이전트에 의해 바뀔 수도 있는데, 이것을 처리하는 방법은 전체 결과 합성 시점에서 서로 상호 작용하면 되고 에이전트가 문제 해결을 시작하기 전에 상호 작용해서 전체 목표와 통신을 하면 되는 것이다. 이때 상호 작용의 정도가 약하면 이 시스템은 분산 처리 방식과 유사하게 되고 반대로 강하면 분산 문제 해결 방식과 비슷하게 된다. 상호 작용은 문제 해결의 동적 특성 정도에 의존하게 된다. 이러한 상호 작용 조절의 대표적 패러다임이 FA/C (Functionally Accurate Cooperative paradigm)이다.

분산 인공지능은 병렬 인공지능과는 근본적으로 다른데, 병렬 인공지능은 병렬 컴퓨터 아키텍처 개발과 관계된 인공지능 개념이므로 추론이나 개념적인 인공지능과는 상관없다.

분산 인공지능에서는 에이전트가 자동적으로 행동하면서 환경을 인지하고 반응하는 컴퓨터 엔티티 역할을 하게 된다. 따라서 분산 인공지능의 궁극적인 목표는 이러한 에이전트가 사람만큼 또는 그보다 더 다른 엔티티와 상호 작용하고 이해하는 지능적인 시스템 또는 메서드를 개발하는 것이므로 "when and how to interact with"가 중요한 이슈가 되고 있다.

멀티 에이전트 시스템은 분산 환경에 적합한 에이전트 시스템으로 에이전트(agent), 지능(intelligent), 상호 작용(interacting)으로 구성되어 있으며 현재 이들 요소를 효율적으로 갖추기 위해 연구되고 있다.

에이전트란 자동성을 가진 것으로 프로그램 형태로 존재하여 컴퓨터상에서 동작하는 하나의 엔티티를 말하는데, 이때 사람의 간섭 없이도 행동의 통제가 되고 목표를 수행할 능력을 갖춘 시스템을 말한다. 지능이란 실제로 주어진 목표를 최대한으로 수행하는 에이전트의 행동을 말하는데, 에이전트가 모든 것을 알고 있다기 보다는 융통성을 가지고 있다는 것을 의미하는 용어로 해석해야 한다. 상호 작용은 다른 에이전트나 사람 또는 사용자와 태스크 수행을 위해 정보를 교환하는 행동을 의미한다. 이러한 상호 작용을 위해서 에이전트끼리 협동(coordination)을 하는 형태가 있는데 협력(cooperation)과 경쟁(competition)이 그것이다.

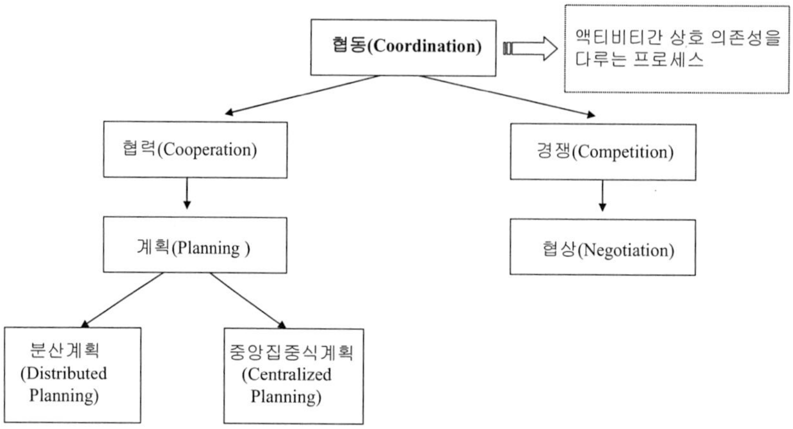

〈그림 8.2〉 에이전트간 협동 분류표

협력은 에이전트들이 몇 개 모여서 팀을 구성하여 각 에이전트가 수행할 수 없는 목표를 위해 서로 협력하는 형태를 의미하는데 이를 위해서 중앙집중식 계획 및 분산 계획 방법 등이 존재한다. 또한 경쟁 방식으로 에이전트가 협동하기 위해서는 서로 다른 목표를 가졌거나 목표가 서로 상충되는 에이전트(self-interested agent)끼리 협상을 해야 하는데 이것을 위해서도 현재까지 여러 가지 전략이 존재한다.

분산 인공지능 환경에서의 멀티 에이전트 시스템을 구현했을 경우 장점은 다음과 같다.

첫째, 속도 증가 및 효율성(speed-up and efficiency). 멀티 에이전트 시스템에서의 각 에이전트는 비 동기적으로 병렬 방식으로 수행되기 때문에 속도가 증가할 뿐 아니라 매우 효율적이다.

둘째, 안정성 및 신뢰성(robustness and reliability). 몇몇 에이전트의 실패가 전체 시스템의 안정성에 심각한 영향을 미치지 않기 때문에 시스템이 매우 안정적이고 따라서 신뢰도가 높다.

셋째, 확장 가능성과 융통성(scalability and flexibility). 멀티 에이전트 시스템은 문제의 크기에 따라 다른 에이전트에 영향을 주지 않고 에이전트의 추가 삭제가 가능하다.

넷째, 비용(costs). 멀티 에이전트 시스템은 낮은 비용을 가진 유니트로 분해해서 문제를 해결하기 때문에 중앙집중식 시스템보다 비용이 매우 절감된다.

다섯째, 개발 및 재사용성(development and reusability). 각 에이전트는 다른 객체지향 프로그래밍 언어와 마찬가지로 서로 다른 프로그래머가 각기 작성할 수 있고 또한 전체 시스템이 쉽게 테스트되고 유지될 수 있다. 따라서 한번 작성된 프로그램은 계속적으로 재사용이 가능하다.

다음 <표 8.1>은 멀티 에이전트 시스템이 가질 수 있는 실제적인 특성과 기능 및 수행 능력에 따라 연구되고 있는 관련된 내부 범위를 정리한 것이다.

〈표 8.1〉 멀티 에이전트 시스템의 특성에 따른 연구 범위

비교 / 멀티에이전트	애트리뷰트	연구 범위
에이전트 (Agents)	개수	2개 이상
	통일성	동질성 ························ 이질성
	목표	배타적 ························ 보완적
	구조	역행적 ························ 협조적
	능력(센서, 작용기, 인지)	단순 ························ 복잡
상호작용 (Interaction)	빈도수	낮음 ························ 높음
	지속성	단기 ························ 장기
	레벨	단일 패싱 ························ 지식 보유
	페턴(데이터와 제어흐름)	분산 ························ 계층적
	다양성	고정 ························ 이동
	목적	경쟁적 ························ 협동적
환경 (Environment)	예측	예측 가능 ························ 예측 불가능
	접근성과 인지성	무제한 ························ 제한
	동적	고정 ························ 다양
	다양성	없음 ························ 많음
	리소스 활용성	제한적 ························ 다양

따라서 멀티 에이전트 시스템이 분산 인공지능 환경에 잘 적응해서 효율적인 문제 해결시스템이 되기 위해서는 언제(when) 어떻게(how) 에이전트들이 상호작용(interaction)을 할 것인가? 에이전트간 협동을 경쟁적으로 할 것인가 아니면 협력적으로 할 것인가를 시스템 구현시 결정하는 것이 매우 중요하다.

8.2 모바일 에이전트 시스템

8.2.1 기본 개념

모바일 에이전트는 스크립트 언어로 써진 하나의 프로그램으로 한 클라이언트 컴퓨터에서 디스패치하여 원거리에 있는 원격 서버로 이동하여 실행하는 독립된

하나의 프로그램을 말한다. 이 개념은 클라이언트/서버 컴퓨터와는 다른 개념으로 자발적으로 이동하는 것을 말한다. 그러므로 모바일 에이전트에서는 보안 문제가 매우 중요한 문제가 된다.

원격 프로그래밍에서는 컴퓨터 사이의 통신에 상대가 가지고 있는 프로시저의 호출 뿐 아니라 수행해야 할 프로시저까지 제공하는 것으로 확장한 것이다. 클라이언트 컴퓨터로부터 요구사항을 받아들여 먼 거리에 있는 원격 서버로 이동하여 실행한다. 이것은 기존의 클라이언트/서버 모델과는 차이가 있는데, 클라이언트/서버 모델에서는 컴퓨터가 네트워크상에 연결이 되어있어야만 한다는 것을 전제로 하는데 모바일 에이전트 시스템에서는 반드시 그럴 필요는 없다. 기존의 정적인 형태의 멀티 에이전트가 아니라 동적으로 동작하는 동적인 에이전트 형태이기 때문에 클라이언트의 요구사항을 실시간적으로 해결하기 위해 네트워크를 자신의 상태 정보를 가지고 여러 서버들을 돌아다니게 된다. 각 서버는 자신의 데이터베이스와 센서가 있어서 자신의 정보를 필요로 하는 에이전트를 인식하고 정보를 제공하게 된다.

모바일 에이전트는 분산 인공지능을 수행하기 위해 알맞은 구조를 갖고 있다. 즉, 분산 인공지능의 가장 큰 특징은 목표 수행을 위해 태스크를 분해해서 각 태스크가 병렬적으로 수행되어 수행 속도와 비용 등 여러 가지 장점을 공유하고자 하는데 있다. 모바일 에이전트 시스템은 기존의 클라이언트/서버 모델의 확장 형태로서 구현될 수 있다.

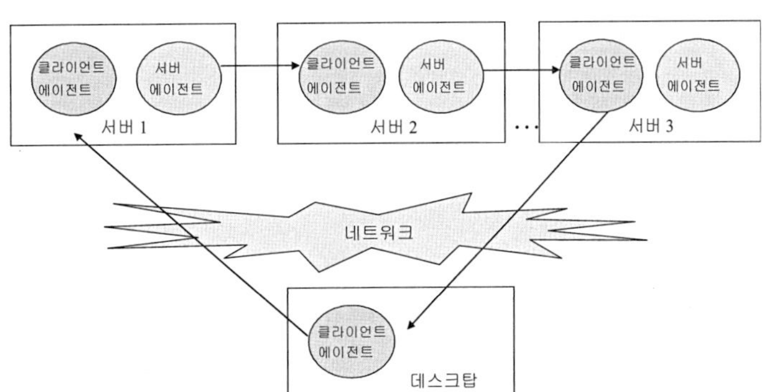

〈그림 8.3〉 모바일 에이전트 환경

모바일 에이전트가 등장하게 된 배경은 현재의 CPU의 계산 능력의 한계성 때문이며, 낮은 대역폭을 가진 무선 네트워크 환경에서 모바일 클라이언트를 위한 네트워크에 효율성을 주기 위한 목적에서이다.

다음 그림은 클라이언트와 서버 컴퓨터를 위한 컴퓨팅 모델을 나타낸 그림이다. 여기서 에이전트 플랫폼은 에이전트들이 생성, 등록, 시작, 실행 등을 하는 에이전트 실행 환경이 된다. 이때 보안은 모바일 에이전트의 보내는 에이전트를 인식하고 인증하여 서버에서 실행할 수 있도록 하기 위해 필요한 문제이다.

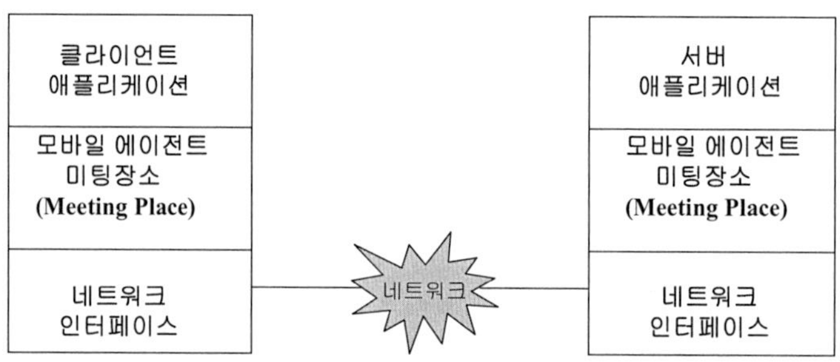

〈그림 8.4〉 모바일 에이전트 컴퓨팅 모델

모바일 에이전트는 네트워크를 이동할 에이전트의 행동을 정의하고 다른 에이전트들과 통신해야 하기 때문에 에이전트 통신 언어가 필요하다. 몇 가지 통신 언어를 소개하면 다음과 같다.

- Tcl과 Safe-Tcl: 1994년 에이전트 프로시저를 전송하기 위해 이메일 메시지 콘텐츠로써 이메일을 사용하는 기계 독립적인 스크립트 언어를 말한다.
- Telescript: 1995년 General Magic에서 개발한 객체 지향적 에이전트 언어이다.
- KIF(Knowledge Interchange Format): 1995년 ARPA Knowledge Sharing Effort에서 1995년에 개발한 것으로 에이전트-서버간 또는 에이전트-에이전트간 통신을 위한 제1 서술 언어를 확장한 형식을 말한다.
- 자바: SUN에서 개발한 객체 지향적이며 플랫폼 독립적인 에이전트 애플리케이션에 적당한 언어이다. 자바는 1995년 네트워크 디바이스를 위한 운영체제를 개발하면서 개발된 언어이다.

다음 <표 8.2>는 사용자 입장에서 모바일 에이전트의 애트리뷰트를 설명한 것으로 요소와 관련 설명을 나타낸 표이다.

〈표 8.2〉 사용자 입장에서의 모바일 에이전트 애트리뷰트

요소(Element)	설명(Description)
환경(Environment)	인터넷, 무선 네트워크
태스크 기술 (Task Skill)	여행, 정보검색, 트랜잭션 서비스
지식 기술 (Knowledge Skill)	에이전트 플레이스(agent place) 협상(negotiation)
통신 기술 (Communication Skill)	• Safe-Tcl: 에이전트 프로시저를 전달하기 위해 e-mail을 사용하는 기계독립적인 스크립트 언어 • Telescript: 에이전트 운영환경(general magic에서 개발) • KIF(Knowledge Interchange Format): 에이전트와 서버간, 에이전트와 에이전트간 통신을 위한 확장된 일차 서술논리 • Java: 객체지향, 플랫폼독립적인 에이전트 응용을 위한 언어

모바일 에이전트는 무선 네트워크와 같은 낮은 대역폭을 갖는 모바일 클라이언트에 이점을 제공한다. 그러나 이것은 무선 네트워크 패킷 스위칭에 대한 접근 문제와는 별개의 것이다. 마찬가지로 서버 컴퓨터 능력은 PDAs와 같은 경량 디바이스에게 이점을 제공한다. 에이전트 기능이 있는 전자상거래 시스템인 경우 에이전트 미팅장소는 바이어와 구매자 에이전트가 사용자 대신 직접 만나서 상거래를 할 수 있는 오픈 마켓을 제공해 준다. 그러나 각 모바일 에이전트 프레임워크는 네트워크 서비스의 개인화를 구현하기 위한 일반화된 프레임워크를 제공한다.

모바일 에이전트 시스템을 사용했을 경우 장점을 설명하면 다음과 같다.

첫째, 모바일 에이전트는 네트워크 부하를 줄일 수 있다. 분산 시스템은 주어진 작업을 성취하기 위해 다중 상호 작용을 포함한 통신 프로토콜에 의존하며 그 결과 많은 네트워크 부하를 발생시킨다. 모바일 에이전트는 대화나 상호 작용이 지역적으로 발생하는 목적 호스트까지의 디스패치를 허용하며 굉장히 많은 데이터 분량을 원격 호스트에 저장할 때 이 데이터들은 네트워크를 통해 전송되는 것보다는 데이터의 국부성에 의해 수행되어진다. 즉, 데이터를 계산하기 위한 이동이 계산을 하기

위한 데이터보다 이동하기 쉽다는 것이다.

둘째, 네트워크의 지연을 극복할 수 있다. 실시간으로 변하는 네트워크 시스템에서 정확한 지연 시간을 포함한 본질적인 크기의 네트워크 인자를 통해서 시스템을 조절할 필요성이 있으며 모바일 에이전트는 이를 조절자의 지시를 직접적으로 수행하고 중앙 조절자는 지역적으로 행동함으로써 해결한다.

셋째, 프로토콜을 요약한다. 데이터가 분산 시스템에서 변화했을 때 각 호스트는 입력 데이터를 해석하고 적당한 출력 데이터를 만드는데 필요한 프로토콜을 구현하게 된다. 프로토콜은 효과나 보안의 새로운 조건을 기존의 프로토콜 코드에 중첩함으로써 업그레이드된다. 결과적으로 프로토콜은 상속의 성질을 가지게 되는 반면 모바일 에이전트는 원거리 호스트에 이동할 때 특성 프로토콜에 기반을 둔 채널을 수립한다.

넷째, 비동기적으로 자율적으로 실행한다. 네트워크에서의 작업은 연속적으로 이루어져야 하며 이동 장치와 고정된 네트워크 사이의 연결은 항상 이루어져 있지 않다. 모바일 에이전트는 이러한 문제를 에이전트 생성 후에 자율적으로 실행되는 코드로써 해결한다. 즉, 모바일 에이전트는 네트워크간 지속적인 통신을 요구하지도 않고, 연결 채널을 숨기게 되며 클라이언트와 서버 모두 각자의 프로그래밍에 의해 서로의 기능을 확장할 수 있도록 허용하는 등의 장점을 가진다. 이때 이동 장치는 에이전트를 모으기 위해 나중에 다시 연결할 수 있어야 한다.

다섯째, 동적으로 적용한다. 이동 에이전트는 그들의 실행 환경을 감지하는 능력과 변하기 위해 자율적으로 재실행할 수 있어야한다. 다중 이동 에이전트는 특별한 문제를 풀기 위한 최적 환경을 유지하기 위해 네트워크상에서 분산된 호스트간의 단일한 능력을 가지고 있다.

여섯째, 본질적으로 이질적이다. 네트워크 컴퓨팅은 하드웨어 측면이나 소프트웨어 측면에서나 기본적으로 이질적이다. 왜냐하면 이동 에이전트는 일반적으로 컴퓨터와 전송 계층에 독립적이다. 그리고 실행 환경에 의존적이고 시스템 최적에 적합한 조건을 제공한다.

이상에서 설명한 모바일 에이전트의 장점을 요약하면 다음 <표 8.3>과 같다.

〈표 8.3〉 모바일 에이전트의 장점

특성	장점	이점
원격 프로그래밍	네트워크 대역폭(bandwidth)의 효율적 사용	낮은 대역폭과 무선 네트워크를 위한 네트워크 트래픽 감소
서버 컴퓨팅	계산이 요구되는 작업을 위해 서버용 CPU 사용	경량 모바일 디바이스를 위한 기능 증대(예) PDAs
서버 커스터마이즈	개인 사용자용 서버 에이전트를 커스터 마이즈	사용자 경험의 향상
에이전트 미팅 장소	에이전트가 트랜잭션을 하기 위해 만나는 미팅장소 제공	협상-기반 전자상거래 (buyer-seller간 협상 장소 제공)
인트라넷 관리	인트라넷 상에서 시스템 유지보수	협력적 태스크를 위해 사용되는 서버 CPUs

8.2.2 RP와 RPC와의 차이점

(1) 원격 프로시저 호출(Remote Procedure Call)

분산 환경에서의 고전적이고 일반적인 처리 방법으로 널리 자리 잡고 있는 것은 원격 프로시저 호출인 RPC(Remote Procedure Call) 개념이다. RPC 방법은 1970년대 고안된 방식으로 컴퓨터간 통신을 '한 컴퓨터에서 다른 컴퓨터의 프로시저를 호출한 것'이란 시각에서 출발한 것을 말한다. RPC에서는 다음 <그림 8.5>와 같다. 모든 메시지가 네트워크를 타고 이동하며, 각 메시지는 프로시저를 요청하거나 확인할 수 있다.

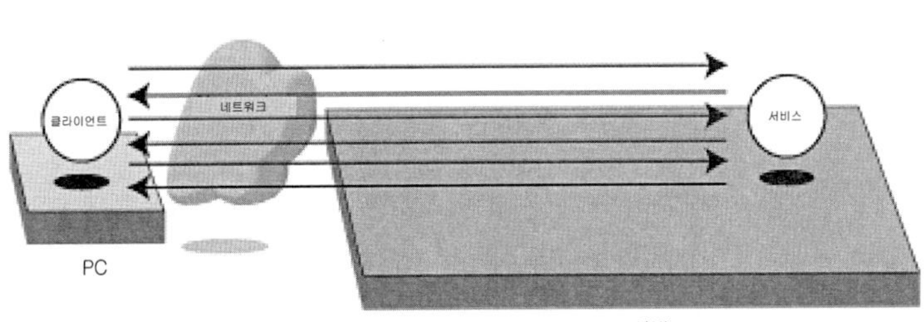

〈그림 8.5〉 RPC 기반의 클라이언트/서버 컴퓨팅 모델

클라이언트가 쿼리 실행을 위해 서버 클러스터내의 한 노드를 선택하면 이 노드는 DDB에 쿼리를 하고 NFS을 통해 일치하는 도큐먼트를 패치 하여 클라이언트에게 모두 스트리밍 해준다. RPC 메커니즘을 사용하는 프로그램은 네트워크를 직접 건드리지 않아도 된다는 장점을 가지고 있다. 따라서 프로시저를 호출하는 쪽에게 하부의 네트워크가 어떤 것인지 알리지 않아도 네트워크 서비스를 할 수 있다. 즉, 투명성 있는 프로시저 호출을 가능하게 함으로써 분산 프로그래밍을 효율적으로 할 수 있는 것이다. 전송되는 메시지들은 프로시저의 성능을 요구하거나 전달한다. 그러나 네트워크 트래픽의 증가가 발생하는데 이유는 호스트가 서버에게 어떤 프로시저를 수행해줄 것을 요구하면 서버는 수행 후 그 결과나 사실을 다시 호스트에게 알려주게 되는데 이러한 과정이 반복될 경우 네트워크를 오가는 프레임의 양이 많아지기 때문이다. RPC는 단방향 서비스 즉, 호스트가 서버에게 서비스를 제공해 줄 것을 메시지로 요청한다. 클라이언트와 서버 모두 C++ 코드로 작성되어 있다.

(2) 원격 프로그래밍(Remote Programming)

원격 프로그래밍인 RP(Remote Programming)는 RPC의 단점을 보완한 기법으로 컴퓨터들 간의 프로시저 호출뿐 아니라 다른 컴퓨터(호스트)에서 수행할 수 있도록 서버에 있는 프로시저를 제공하는 개념이다. 네트워크를 통해 전송되는 각 메시지들은 목적지 호스트에서 사용될 프로시저를 구성하게 되고 전송되는 데이터들은 그 프로시저의 현재 상태를 나타내는 인자가 된다. 이 과정에서 필요한 것이 프로시저에서 사용되는 명령어와 프로시저의 상태를 나타내는 데이터의 타입에 대한 상호간의 협약이다.

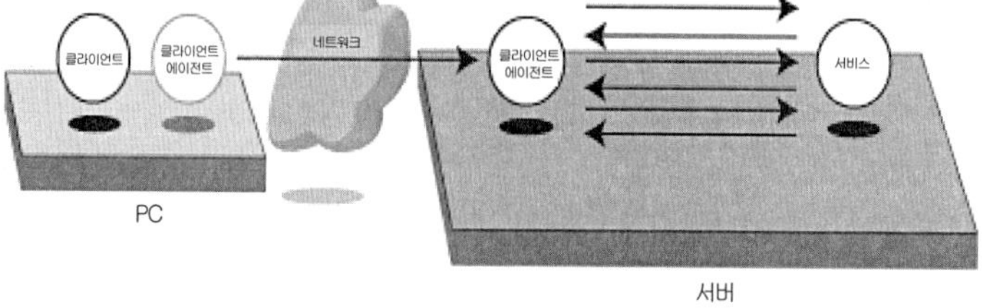

〈그림 8.6〉 RP 기반의 클라이언트/서버 컴퓨팅 모델

RP는 양방향 서비스 전송 즉, 호스트가 서버가 될 수 있고 반대가 될 수 있다. 그러므로 호스트와 서버 간에는 고정된 구분이 없고 서로 호스트와 서버가 될 수 있다. RP는 수행해야 할 업무가 많으면 많을수록 RPC보다 효율적인 방법이다. RPC는 또한 커스터마이즈 구현가능성이 높다. 즉, 사용자 요구에 맞도록 서버의 정보를 다시 수정할 수 있다.

(3) 모바일 에이전트(mobile agent)

그러나 이러한 RPC를 사용한 방법에는 한계가 있는데 가장 큰 것은 클라이언트와 서버가 네트워크를 통해 이동하는 데이터를 사용한다는 것이다. 이러한 분산 컴퓨팅에 대한 대안이자 새로운 패러다임을 형성하고 있는 것이 바로 모바일 에이전트이다.

일반적으로 네트워크를 통해 이동하는 각 메시지에 메시지를 받는 컴퓨터가 수행할 프로시저와 그 프로시저의 매개변수로 사용될 데이터를 넣어놓는데, 이 프로시저와 프로시저의 상태를 합한 것을 모바일 에이전트이다. 모바일 에이전트는 RP에서 수신측 컴퓨터 혹은 서버에서 수행중인 프로시저와 그것의 상태를 말한다. 이유는 수행중인 프로시저가 수신측 컴퓨터(호스트)에 있기는 하지만 송신측 컴퓨터 즉, 호스트를 대표해서 독자적인 업무 처리를 수행하고 있음을 나타내기 위한 것이다. 따라서 에이전트가 자율적으로 업무를 수행하므로 한번 에이전트가 전송되면 호스트와 서버사이에는 더 이상 지속적인 네트워크의 사용 없이도 통신이 가능하게 되는 것이다. 즉, 전송된 에이전트는 서버에 상주하면서 그곳(서버)을 관리하는 에이전트와 거래 혹은 대화를 통해서 자신의 업무를 수행한다. 그런 후 생성된 결과는 다시 사용자에게 전송하게 된다. 클라이언트는 에이전트를 생성해, 모든 노드에게 쿼리를 보낼 수 있는 클러스터내의 임의의 한 노드에게 보낸다.

모바일 에이전트는 자신이 이동할 때만 네트워크를 사용하므로 네트워크 대역폭(bandwidth)을 많이 차지하지 않으며, 자신이 이동하고 난 후 호스트와의 네트워크 연결이 끊어졌을 경우도 계속적인 실행이 가능하다. 즉, 지속적인 상호작용이 지속적인 통신을 요구하지 않는다는 것이다.

(4) RPC, RP, 모바일 에이전트 비교

다음과 같이 <표 8.4>에 클라이언트/서버 모델에서의 다양한 모바일 개념을 나타내었다.

〈표 8.4〉 클라이언트/서버 모델에서의 모바일 코드 패러다임의 예

패러다임	실행 전		실행 후	
	클라이언트	서버	클라이언트	서버
원격 프로시저 호출 (RPC)	A	Know-how Resource B	A	Know-how Resource B
원격 프로그래밍 (RP)	Know-how A	Resource B	A	Know-how Resource B
모바일 에이전트	Know-how A	Resource		Know-how Resource A

- A, B : 실행 주체(에이전트)
- Know-how : 해당 서비스의 처리 방식(logic code, procedure)
- Resource : 데이터베이스, 시스템 자원 등

RP는 클라이언트에서는 실행 주체가 이동하지 않고 해당 서버에 이동 가능한 객체나 리소스 그리고 해당 서비스의 처리 방식(know-how)만 전달하는 방식이고, 모바일 에이전트는 클라이언트에서 실행 주체와 해당 서비스나 업무의 처리방식, 객체 전부가 해당 서버로 이동하여 실행된다.

위의 표에 대한 예를 들어보자. 만약 A와 B 두 사람이 각기 다른 집에 사는데 즉, 서로 다른 사이트에 존재하며 초코릿 케이크를 만들고 싶다고 해보자. ‘Know-how’는 어떻게 초코릿 케이크를 만들 것인가에 대한 요리방법이고, ‘Reaource’는 케이크를 만드는 재료들이며 이동 가능한 것들이다. 그러나 오븐은 이동할 수 없는 유일한 리소스이다. 누구든 케이크를 만들기 위해 요리방법을 보고 순서대로 재료들을 혼합해야 할 것이다. 이것을 컴퓨터에서는 ‘계산 컴포넌트’라고 하며 프로그래밍에 의해 수행된다. 자, 케이크 만들 준비가 모두 완료되어 서비스를 할 준비가 끝났다면 케이크를 만드는 것이다. 이와 같은 일련의 과정은 같은 집에서

즉, 동일 사이트에서 반드시 수행되어야 한다. 만약 서로 다른 집에서 수행한다면 원하는 케이크가 안 만들어질지도 모른다.

위의 표에 따라 클라이언트/서버 모델, 즉 RPC에서는 B가 Know-how와 Resource를 모두 가지고 있으므로 서버가 되어 A는 B에게 케이크를 만들어 달라고 요청을 보내면 B는 자신의 사이트에서 케이크를 만들고 다 만들었음을 A에게 알려주면 된다. RP에서는 A가 Know-how를 가지고 있고 B가 Recource를 가지고 있으면, A가 클라이언트가 되고 B가 서버가 되어 A가 Know-how를 B에게 보내어(왜냐하면 Resource는 재료들이므로 이동하기가 매우 번거롭기 때문이며 RP에서는 클라이언트와 서버는 서로 바뀔 수 있다.) B에서 케이크를 만들게 되고 결과를 A에게 알려주면 된다. 모바일 에이전트에서는 A가 Know-how를 가지고 있으면 Resource가 있는 곳으로 본인이 직접 이동하여 그곳에서 A가 직접 케이크를 만들면 된다. 즉, 프로세스와 수행 가능한 데이터를 갖고 다니면서 독립적으로 수행하는 방식을 말한다.

위의 모바일 코드 패러다임은 좀 더 요약하면 <그림 8.7>과 같다. 모바일 에이전트 패러다임의 주요 특성은 네트워크상의 어떤 호스트에서도 Know-how, Resource, 프로세서의 혼합체를 소유하기 위한 적합성을 허락한다는 것이다. Know-how는 단일 호스트뿐만 아니라 네트워크 전체를 포함한다.

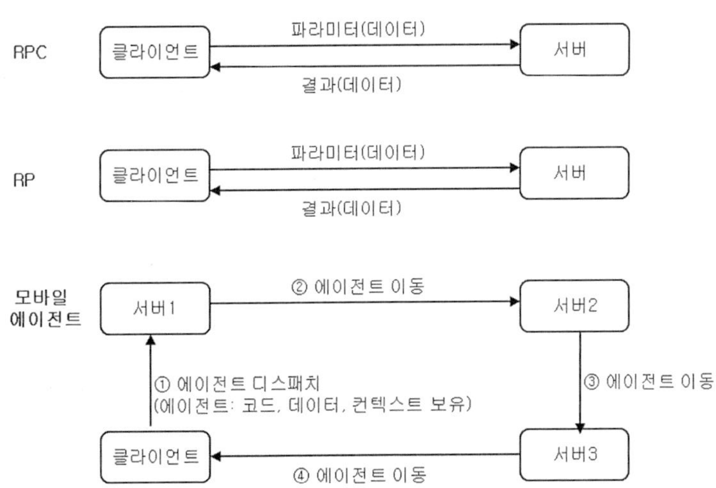

〈그림 8.7〉 클라이언트/서버 모델에서의 모바일 패러다임 요약

8.2.3 모바일 에이전트 시나리오

다음은 모바일 에이전트의 동작 시나리오를 설명하고자 한다. 다음 <그림 8.8>과 같이 모바일 에이전트 상에서 에이전트 프레임워크의 다양한 특성을 갖는 여행 예약 시나리오를 보자. 만약 어떤 회사의 한 영업사원이 뉴욕에서 텍사스 오스틴으로 목요일 저녁에 비행기를 타고 가야할 일이 생겼다고 해보자. 그의 일은 금요일 밤에 끝날 것이다.

그러나 만약 요금이 저렴한 조건이 생긴다면 토요일까지 텍사스 오스틴에 머무를 수 있다고 가정해보자. 그는 노트북 컴퓨터를 가지고 있어서 언제 어디서든지 인터넷을 통해 자기 회사의 LAN에 접속할 수 있다. 그는 웹 브라우저에서 생성되는 자바 애플릿을 사용하여 자신의 요구사항을 나타낼 수 있는데, 애플릿은 그의 이러한 요구사항을 에이전트 통신언어(ACL)에서 표현되는 하나의 태스크 형태로 변환시킬 수 있다.

먼저, 이렇게 정의된 태스크는 사용자의 노트북 컴퓨터에서 트랜잭션 에이전트의 한 인스턴스를 생성하는데 사용된다. 트랜잭션 에이전트는 스크립트 언어로 작성된 하나의 프로그램인데 트랜잭션 서버와 에이전트 미팅장소(Agent Meeting

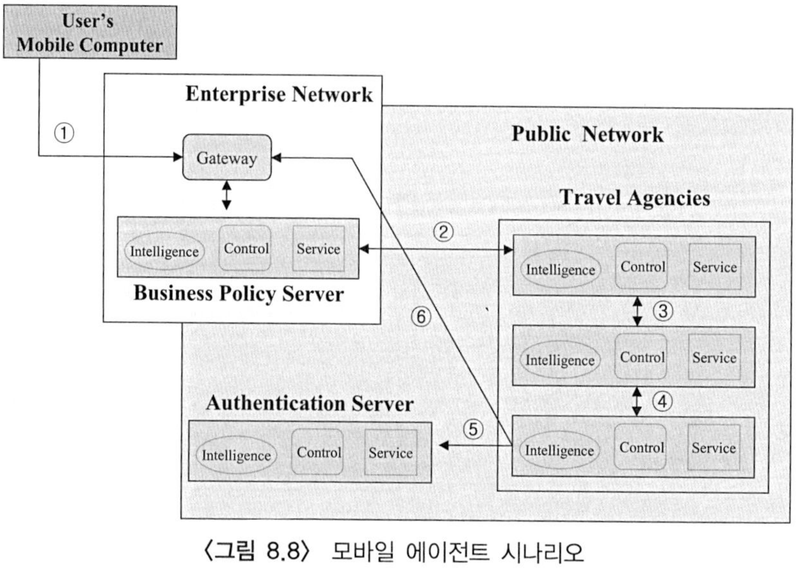

〈그림 8.8〉 모바일 에이전트 시나리오

Place, AMP)에서 트랜잭션의 결과를 확인하거나 의사결정을 하거나 구매를 하는 등의 상호작용을 할 수 있다. 트랜잭션 에이전트에는 여행 예약(규칙으로 표현됨)을 위한 사용자의 선호도 또한 주어진다. 에이전트는 사용자의 확인을 위해 디지털로 사인을 받는다.

그럼, 위의 그림 순서대로 시나리오를 설명하면 다음과 같다.

① 사용자 요구 사항 입력

회사 고용주는 여행 규정과 여행 서비스의 몇 가지 좋은 조건을 제공하는 곳을 가지고 있다고 가정한다. 따라서 에이전트는 초기에 노트북에서 회사의 고용주의 비즈니스 규정 서버(Business Policy Server)로 보내어진다. 이것을 수행하기 위해 에이전트는 부분적으로 비즈니스 규정 서버에 암호화되어 접근하여 서버로 LAN 게이트웨이를 통해 메시지를 전달한다.

그 후 이 영업사원은 자신의 컴퓨터를 네트워크로부터 접속 종료해도 된다. BPS의 AMP에서는 지금 들어오는 에이전트의 암호화를 풀어서 AMP의 프라이비트 키를 이용하여 인증절차를 받도록 한다. 에이전트는 에이전트의 태스크인 비행기 좌석을 얻는 트랜잭션을 수행하는 일을 하기 위해 AMP에서 서로 대화를 하게 된다. BPS의 AMP는 태스크가 표현한 사실이 이 회사의 규정을 위반하는지 아닌지를 알기 위한 추론 시스템을 동작시킴으로써 이 태스크가 현재 규정을 위반하지 않음을 확인한다.

② 모바일 에이전트 이동

모든 것이 잘 되었다면 여행 규정의 한 서브셋이 에이전트에 붙게 되며, 적당한 여행 에이전트들과 그들의 공개 키들의 리스트가 주어지게 되며, 이 에이전트는 첫 번째 에이전트의 AMP의 키와 함께 암호화되게 된다. 이 에이전트는 메세징 시스템으로 패스되어 지금 방문할 첫 번째 서버로 이동한다. 첫 번째 서버에서는 AMP가 자신의 프라이비트 키를 이용하여 에이전트의 암호를 해독한다. 그리고 나서 AMP는 여행 에이전트의 공개 서비스 중의 하나를 수행하여 이 에이전트의 신임장을 조사함으로써 에이전트의 인증 과정을 거친다. 이 에이전트와 AMP는 각자 부과된 태스크를 대화를 나눔으로써 비행기 좌석을 얻게 된다. 이것을 위해 여행 에이전트의 AMP는 트랜잭션의 상세설명을 받아들여서 온라인 예약 시스템으로 전달하게 되는데, 이때 에이전트 통신언어로 표현된 태스크를 예약 시스템의 의미망으로 파싱하게 된다. 이러한 과정을 거쳐 트랜잭션 대화가 수행되는 것이다.

③ 모바일 에이전트 상호 협동

예약 시스템은 금요일과 토요일에 해당되는 몇 개의 후보 좌석과 금액을 리턴해준다. 에이전트는 지역 추론 엔진을 이용하여 각 후보 좌석과 금액이 사용자의 선호도와 외사의 여행 규정과 어느 정도 일치하는지를 계산한다. 이것들을 순서를 정한 후 에이전트는 가장 좋은 후보를 선택하여 AMP에서 특정 시간동안 예를 들면, 약 10분 정도 좌석을 보류해 달라고 요청한다.

④ 모바일 에이전트간 협력 혹은 경쟁

그리고 나서 에이전트는 다시 암호화하여 자신에게 할당된 에이전트 리스트 들 중 하나의 서버로 이동하여 같은 과정을 반복한다. 에이전트가 만약 더 좋은 후보를 발견했다면 바로 전에 가장 좋은 후보로 선택한 서버로 메시지를 보내서 보류한 것을 해지한다는 것을 통보한다. 에이전트가 최소한의 후보 또는 방문한 서버의 수만을 갖고 있을 경우 에이전트는 이들 중 가장 좋은 후보를 선택하여 트랜잭션을 완료한다.

⑤ 인증 과정

가장 좋은 후보를 낸 서버의 AMP는 사용자의 공개키를 이용하여 암호화되었으며 공개 보안 서비스로부터 얻어진 티켓 에이전트를 발생시켜 사용자에게 전달한다.

⑥ 결과 전달

그리고 나서 계산서 에이전트(이것 역시 암호화 됨)를 보안 서비스에 보낸다. 사용자가 네트워크와 연결이 되지 않고 있다면, 티켓 에이전트는 사용자가 다시 연결할 때까지 게이트웨이에서 기다리면 된다.

이 시나리오는 모바일 에이전트 프레임워크의 주요한 특징들을 보여주고 있다.

- 사용자가 비동기적으로 태스크를 주고받을 수 있는 모바일 사용자의 편리성
- AMP에서 태스크 실행을 위해 주어진 여러 다양한 지식을 수집하는 모바일 에이전트의 능력
- 자신의 태스크를 완성하지 않은 채 임무 완성할 때까지 한 지역에서 다른 지역으로 이동하는 에이전트의 능력
- 에이전트 자신의 보호와 서버의 보호 및 지불방법 등을 위한 공개 보안 서비스를 활용하는 에이전트 프레임워크의 능력
- 에이전트 자신의 실행 목적(즉, 가장 좋은 좌석 선택)을 위해 방문한 AMP를 이용하는 것 뿐 아니라 서버의 리소스들 또는 정적 에이전트들과 상호작용하는 에이전트의 능력

8.3 모바일 에이전트 사례

이 절에서는 지금까지 개발된 모바일 에이전트 시스템의 사례를 설명하고자 한다.

8.3.1 개발 및 연구 현황

일본의 IBM Japan에서 1997년에 자바 기반의 자동적 소프트웨어 에이전트인 Aglet(Java-based autonomous software agent)를 개발하였는데 이것은 자바 애플릿에 의해 만든 네트워크 모바일 코드 모델의 확장 형태이다. Aglet은 자바 애플릿과 마찬가지로 네트워크상을 돌아다닐 수 있는 실행중인 자바 프로그램이지만 애플릿과는 달리 Aglet은 자신의 상태에 관한 정보를 유지하면서 다니기 때문에 호스트와 다른 네트워크를 자유롭게 이동할 수 있는 점이 차이점이다. Aglet은 호스트 자바 애플리케이션 컨텍스트 내에 쓰레드(또는 다중 쓰레드)로서 수행하는 자바 애플릿과 마찬가지로 Aglet 호스트라는 호스트 자바 애플리케이션을 필요로 한다. 현재 IBM Japan에서는 Aglet을 이용한 자바 모바일 에이전트 개발에 관한 책들과 Aglet 관련소프트웨어를 무료로 IBM에서 다운로드 받을 수 있도록 하고

있다.

미국에서는 University of Massachusetts at Amherst의 Victor R. Lesser 교수팀의 멀티 에이전트 시스템 연구실은 1990년부터 멀티 에이전트의 기본적인 프레임워크, 프로토콜, 협동, 협상, 경매, 플래닝, 스케줄링, 정보 습득(information gathering), 정보 필터링 등에 관해서 깊이 있는 연구를 하고 있는 대표적인 연구실이다. 이 연구실에서 박사학위를 받은 Keith Decker, Edmond Durfee, Thomas Wagner, Tim Oates 등이 University of Delaware, University of Michigan, University of Mein, MIT 등에서 교수를 하면서 계속적으로 Victor 교수와 공동 연구를 수행하고 있고 스탠포드 대학의 Katia Sycara와도 공동 연구를 수행하고 있다.

또한 미국의 University of Connecticut과 University of Dartmouth에서는 모바일 에이전트에 대한 연구를 하고 있다. University of Connecticut에서는 1998년 8월부터 이 분야에 대한 연구비를 지원 받아 연구를 하고 있는데 주로 distributed collaborative imaging system, agent dynamic load balancing, aglets, virtual machine, MPI 등 모바일 에이전트의 주변 환경에 관한 연구를 하고 있으며 Aglet을 이용한 간단한 모바일 에이전트의 구현을 하고 있다.

반면, University of Dartmouth는 University of connecti쳐t보다는 좀 더 일찍인 1995년경부터 관심은 가졌고 본격적으로는 1995년 solaris 2.6 machine에서 동작하는 Agent-Tcl로 더 알려진 에이전트인 D'agent 1.1을 발표하였고 1998년 3월에 후속으로 Agent tcl을 지원하는 D'agents 2.0을 일반에게 배포함으로써 모바일 에이전트의 연구 및 프로그램에 더욱 활기를 띠게 되었다. 현재로는 모바일 에이전트의 전반적인 프레임워크에 관해서는 가장 많이 연구하고 있다.

그 외 University of Kaiserslautern에서도 ARA(Agent for Remote Action) 모바일 에이전트 플랫폼을 발표하였고 기타 미국의 다른 대학에서도 관심을 갖고 있지만 아직은 이렇다 할 큰 성과가 없는 것으로 분석된다.

IBM Japan, University of Dartmouth, University of Connecticut을 비롯한 대학 및 연구소 등에서의 모바일 에이전트에 관한 연구는 주로 모바일 에이전트의 외적인 요소에 관한 연구에 치중되고 있다. 즉, 네트워크 및 하드웨어 관련으로 모바일 에이전트의 동작 환경에 관한 연구를 주로 하고 있다. 반면에 University of Massachusetts at Amherst의 멀티 에이전트 시스템 연구실에서는 멀티 에이전트의 내적인 요소 즉, 프레임워크, 프로토콜, 스케줄링, 플래닝 등 멀티 에이전트 시스템이 잘 동작하기 위한 첨단 과학 기술에 관해 주로 연구하고 있다.

따라서 최근 추세에 맞는 분산 인공지능 환경에 적합한 모바일 멀티 에이전트 시스템을 구성하기 위해서는 모바일 에이전트와 멀티 에이전트 시스템의 내 외적인 두 요소의 적절한 이용이 반드시 필요할 것으로 생각한다.

현재 국내 몇몇 대학에서 에이전트에 관한 연구를 하고 있는데 주로 인터페이스 에이전트에 관한 연구들이 주류를 이루고 있고 에이전트 개발 툴(예를 들면 JATlite)을 이용한 에이전트 시스템 구축 및 멀티 에이전트 형태만을 모방한 에이전트 개발에 치중하고 있다. 또한 모바일 에이전트에 관해서도 관심은 많지만 아직 정확한 정의 없이 모바일 컴퓨팅(mobile computing)과 유사하게 사용되는 경우가 발생하고 있다.

에이전트는 1990년대 인공지능의 한 분야로써 독립되어 서서히 발전하다가 특히 멀티 에이전트 관련 분야는 1990년대 말부터 컴퓨터 네트워크와 분산 환경의 발달에 따라 활기를 띠게 되었기 때문에 아직 국내에서는 그 개념이 확실히 정의되지 않을 뿐 아니라 기존의 소프트웨어와의 차이점에 대해서도 명확하지 않은 채 시대적 편승에 따라 모든 시스템에 단순히 명명되는 경향도 없지 않다.

또한 멀티 에이전트의 형태를 갖춘 사용자의 기호를 고려한 정보 검색 및 정보 필터링 시스템을 개발한 사례가 있으나 멀티 에이전트 시스템적인 요소를 갖추지 않고 단순한 구현 차원에 그치는 경우가 많다. 그 이유는 멀티 에이전트와 소위 다중(multiple) 에이전트와의 혼돈에 있다고 보는데, 멀티 에이전트는 여러 에이전트가 병렬적으로 처리되어야 하지만 다중 에이전트는 순차 처리되는 에이전트의 집합체라고 볼 수 있기 때문에 진정한 의미의 멀티 에이전트 시스템은 아니고 오히려 단일 에이전트라고 해야 할 것이다. 따라서 에이전트의 수치적인 증가 및 기능의 분류 등이 멀티 에이전트를 구성하는 요소가 되지 않고 에이전트 처리 방법, 협상(negotiation), 협력(cooperation), 협동(coordination) 방법과 에이전트간 스케줄링 방법 등이 그 요소가 되기 때문에 좀 더 깊이 있는 멀티 에이전트의 구성에 관해 연구를 해야 할 것으로 생각된다.

모바일 에이전트에서 사용하는 언어별로 구분하여 분류하면 다음과 같이 크게 세 가지로 나뉜다.

〈표 8.5〉 사용 언어에 따른 모바일 에이전트 분류

사용 언어에 따른 모바일 에이전트	에이전트와 사이트
다중 언어 시스템	Ara: http://www.uni-kl.de/AG-Nehmer/Ara/ D'Agents(Agent Tcl): http://www.cs.dartmouth.edu/~agent/ Tacoma: http://www.tacoma.cs.uit.no:8080/TACOMA/
자바 기반 시스템	Aglets: http://www.trl.ibm.co.jp/aglets Concordia: http://www.concordia.mea.com/ Jumping Beans: http://www.JumpingBeans.com/
기타 시스템	Messengers: http://www.ics.uci.edu/~bic/messengers/ Obliq: http:// www.cc.gatech.edu/gvu/people /Phd/Krishna/VO/VOHome.html Telescript: http://www/genmagic.com/technology/mobile_agent.html

이들 중 몇 가지 소개하면 다음과 같다.

8.3.2 Telescript

최초로 상용화된 모바일 에이전트 시스템은 1995년 General Magic사의 Telescript이다. Telescript는 플레이스(places), 에이전트(agents), 트래벌(travel), 미팅(meetings), 연결(connections), 인증(authorities), 허가(permits) 등의 일곱 가지 개념으로 정의되어 있다. 그 후 등장한 Aglet, Agent-Tcl 등도 위의 개념에 그 기반을 두고 있다. 먼저 일곱 가지 기본 개념에 대해 간단히 설명하면 다음과 같다.

(1) 플레이스(places)

플레이스는 서버 측에 있으며 접근하는 모바일 에이전트들에게 서비스를 제공하는 역할을 한다. 그리고 컴퓨터 네트워크는 플레이스들의 집합으로 볼 수 있다. 서버나 호스트는 여러 개의 플레이스들을 가질 수 있으며 각 플레이스들마다 관리 에이전트를 둔다. 관리 에이전트는 자신의 플레이스로 접근하는 에이전트에게 거래를 통해 자신의 플레이스에 있는 정보를 제공한다.

(2) 에이전트(agents)

멀티 모바일 에이전트 시스템에서 통신 애플리케이션은 에이전트들의 집합으로 구성된다. 서버 내부의 에이전트는 자신의 플레이스를 점유한 후 서비스를 요청하는 호스트 에이전트와 거래한다. 호스트측면에서의 에이전트는 한 플레이스에서 다른 플레이스로 이동할 수 있다.

(3) 트래벌(travel)

모바일 에이전트 시스템은 하나의 원격 프로그래밍 시스템(RP)이라고 할 수 있으며, 트래벌은 RP 시스템의 주요 특징이다. 트래벌이 가능하기 때문에 에이전트는 원격으로 제공되는 서비스를 획득한 후 자신의 출발지로 복귀할 수 있다. 트래벌하기 전에 컴퓨터는 에이전트의 프로시저와 상태를 패키지화한 후 다른 원격지 시스템으로 전송한다.

(4) 미팅(meetings)

미팅은 같은 컴퓨터에 존재하는 에이전트들이 상호간의 프로시저를 호출할 수 있도록 한다. 그리고 미팅은 에이전트가 트래벌 하도록 하는 동기가 된다. 이것은 에이전트가 트래벌하는 것은 다른 에이전트를 만나 거래를 하기 위한 것이기 때문이다.

(5) 연결(connections)

연결은 서로 다른 컴퓨터에 위치하는 에이전트들이 상호 통신할 수 있도록 하는 기능이다. 트래벌이나 미팅의 실행 이전에 연결이 이루어져야 한다. 연결은 모바일리티 기능 부여의 가장 기초단계이다.

(6) 인증(authorities)

우리가 생성한 에이전트가 다른 서버들로부터 악성 프로그램으로 인식되어서는 안 된다. 그러므로 각 시스템에서는 자신의 에이전트에게 고유한 인증을 주어 서비스 요청과 제공에 안전을 고려한다. 그리고 익명성은 허용되지 않는다.

에이전트나 플레이스의 인증을 결정하면 telename이 생성된다. 이것은 엔티티의 인증과 식별자를 포함한다. 식별자는 똑같은 인증을 가지는 에이전트들이나 플레이스들을 구별하는데 사용된다. 이 기능은 하나의 시스템이 다수의 에이전트들을 생성할 수 있으므로 각각의 에이전트에게 독특한 인증을 부여할 수 있음을 의미한다.

(7) 허가(permits)

허가는 에이전트에게 에이전트 능력(capability)을 제공한다. 즉, 에이전트 또는 플레이스의 인증이 에이전트 또는 플레이스에게 허가를 할당함으로써 그들이 서버에 접근하거나 또는 서버 내에서 실행할 수 있는 범위를 제한하는 것이다. 기능에는 두 가지가 있다. 하나는 서버 내에서 어떤 명령을 실행할 권한이고, 다른 하나는 서버 내 자원을 임의의 양만큼 사용할 권한이다.

위에서 에이전트가 네트워크를 통해 서버 내의 에이전트와 만난 후 거래를 통해 서비스를 제공받기 위한 일련의 기본 기능들을 설명하였다. 에이전트가 여러 플레이스들을 방문해 다양한 서비스를 제공받게 되면 모바일 에이전트의 기능과 역할이 더욱 명확하고 강력하게 되며, 고품질의 복합 서비스 제공이 가능하게 된다.

8.3.3 Aglet

Aglet은 1997년 IBM 도쿄 연구소에서 개발된 최초의 인터넷 에이전트 시스템 중의 하나이다. Aglet은 'agent'와 'applet'의 합성어이며 애플릿에 모바일리티를 부여하는 것이 목표이다. 애플릿은 이동 코드(moving code)로서, 코드가 한 서버에서 다른 클라이언트로 네트워크상에서 이동할 수 있는 것을 말하며 서버의 클래스 파일 형태로 있는 애플릿 코드는 클라이언트에서 호출할 경우 클라이언트로 전송(복사)되어 클라이언트에서 수행하게 된다.

그러나 Aglet은 코드와 상태를 갖는 자바 프로그램이므로 한 호스트에서 다른 호스트로 네트워크를 통해 이동할 수 있다. 이때 데이터와 프로그램을 모두 전달할 수 있으며, 실행하다가 잠시 중지하고 자신의 상태를 유지하면서 다른 호스트로 이동도 할 수 있으며 다시 돌아와서 실행을 계속할 수도 있다. Aglet은 단일 또는 다중 쓰레드 형태로 호스트 자바 애플리케이션의 컨텍스트 안에서 실행할 수 있다.

Aglet 이외에도 위에서 서술한 자바 언어의 특징을 이용하여 몇몇 모바일 에이전트 시스템이 개발되었다. IBM에서 개발한 Aglet은 그 중에서도 맨 처음 자바를 기반으로 한 완성된 모바일 에이전트를 구축했으며 다양한 애플리케이션을 성공적으로 개발했다. Aglet은 인터넷과 같은 개방 네트워크에서 모바일 에이전트를 구현하기 위하여 Aglet, 프록시(proxy), 컨텍스트(context), 메시지(message), 미래 응답(future reply), 식별자(identifier) 등과 같은 추상적인 개념을 정의한다.

(1) Aglet

Aglet은 컴퓨터 네트워크 호스트 상의 모바일 자바 객체이다. 이것은 호스트에 도착한 뒤에 자기 스스로의 쓰레드에 의해 작업을 수행하므로 자동적이고 새로 들어오는 메시지에 반응할 수 있는 능력이 있다.

(2) 프록시(proxy)

프록시는 Aglet의 대리자 역할을 한다. 프록시는 에이전트가 서로의 공용 메서드로 직접 접근하는 것을 막는 보호막 역할을 한다. 또한 프록시는 Aglet을 위해 투명성을 제공하기 때문에 Aglet은 실제의 물리적 위치를 숨길 수가 있다.

(3) 컨텍스트(context)

컨텍스트는 Aglet이 활동하는 추상적 공간이다. 이는 악의적인 Aglet 객체에 대응하기 위해 보호된 호스트의 수행 환경에서 유지되고 동작되는 수단을 제공한다.

(4) 메시지(message)

메시지는 Aglet사이에 교환되는 객체이다.

(5) 미래 응답(future reply)

미래 응답은 비동기 메시지 전송에 있어서 비동기적으로 결과를 나중에 받는 핸들러로 쓰인다.

(6) 식별자(identifier)

식별자는 Aglet의 생명주기를 통해서 전역적으로 유일한 표시체계이다.

Aglet의 요구/응답(request/response) 패러다임을 보면, 에이전트 서비스 A가 에이전트 서비스 B와 연결을 하고난 후 B로 A는 요구를 보낸다. 그러면 A는 요구를 보내는 에이전트(sender)가 되고 B는 응답을 하는 에이전트(recipient)가 된다.

위에 소개된 개념들을 바탕으로 한 Aglet의 생명주기를 나타내보면 <그림 8.9>와 같다.

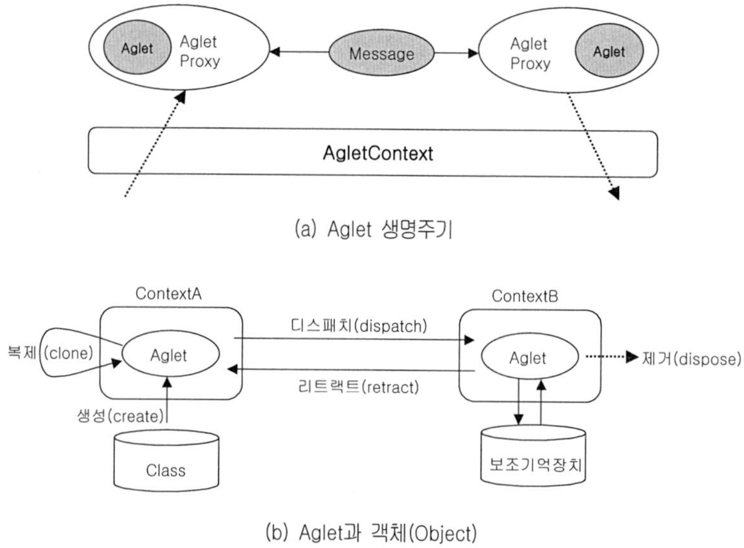

〈그림 8.9〉 Aglet 생명 주기 모델

위의 그림을 설명하면 그림 (a)에서 Aglet은 상대방의 메서드를 직접 호출하지 않고 AgletProxy 객체를 통해 호출한다. AgletProxy 클래스는 Aglet 표현을 대신 담당하고 있으며, 한 Aglet가 dispatch(), clone(), deactivate(), dispose() 등과 같은 행동을 수행하기 위해 다른 Aglet에게 요청할 메서드를 포함한다. AgletProxy는 Aglet으로 하여금 다른 Aglet에게 동기 또는 비동기적으로 메시지를 보낼 수 있게 한다. Agelt은 비록 동일한 Aglet 호스트에 있다 하더라도 프록시 객체를 통해서 반드시 다른 Aglet과 상호 작용해야 한다. 따라서 Aglet은 높은 수준의 보안을 요구한다.

Aglet 객체 모델에 의해 제공되는 메서드는 모바일에이전트의 '생성과 소멸'을 깊이 연구하여 생명주기 모델이 정의되는데, 다음과 같은 기본적인 Aglet의 동작 메서드가 정의되고 그림과 같이 생명주기가 표현되어질 수 있다.

- 생성(create)
  컨텍스트 기반에서 Aglet은 생성된다. 새로운 Aglet은 ID(identifier)를 할당받게 되고 컨텍스트에 삽입되며 초기화된다. 이때부터 Aglet은 성공적으로 초기화된 다음 실행을 시작한다.
- 복제(clone)
  복제는 같은 컨텍스트 내에서 원본 Aglet의 거의 같은 다른 하나의 Aglet을 생성하는 것을 의미한다. 복제된 Aglet과의 차이점은 부여된 식별자에 있으며 새로운 Aglet이 다시 수행을 시작했다는 것뿐이다. 참고로 실행되고 있는 실행 쓰레드는 복제되지 않는다.
- 디스패치(dispatching)
  Aglet을 어떤 컨텍스트에서 다른 컨텍스트로 디스패치 한다는 것은 Aglet을 현재의 컨텍스트에서 제거하고 새로운 목표지점의 컨텍스트에 Aglet을 삽입하고 그 곳에서 새로운 Aglet을 시동하는 것을 의미한다.
- 리트랙트(retract)
  이미 디스패치된 Aglet을 먼 거리 호스트로부터 가져와서 현재의 컨텍스트의 Aglet을 제거하고 리트랙트가 요청된 곳의 컨텍스트에 삽입하게 된다.
- 활성화와 비활성화(activation and deactivation)
  Aglet의 비활성화는 Aglet을 임시적으로 수행을 중지하고 2차적인 저장 공간에 저장하는 것을 의미한다. Aglet이 활성화되면 디스크로부터 다시 복귀되어 컨텍스트에 복구되면서 생명력을 가진다.

- 제거(dispose)

  Aglet을 제거하는 것을 말하며 현재 수행을 멈추게 하고 현재의 컨텍스트에서 영원히 제거시킨다.
- 메시징(messaging)

  Aglet 사이의 메시징은 Aglet끼리의 수신과 비동기적 또는 동기적인 메시지를 처리하는 능력을 포함한다.
- 페치(fetch)

  주어진 Aglet을 실행하기에 필요한 적당한 실행 코드를 찾아내는 과정을 말한다.

8.3.4 Agent-Tcl

Tcl은 본래 단일 CPU상에서 다중 태스크를 수행하는 스크립트 언어로 작성된 절차적 언어이다. Tcl은 1994년 SUN 마이크로 시스템 사에서 연구하였고, 후에 이것은 미국의 다트마우스 대학에서 1995년에 D'agent(Agent-Tcl)라는 이름으로 개발되어 무료로 배포할 뿐 아니라 배우기 쉽기 때문에 매우 인기를 끌게 되었다. Tcl은 또한 1995년 Borenstein에 의해 Safe-Tcl로 변형되어 개발되어 지능적인 메일 응용 시스템에 적용하게 되었다. 따라서 이들을 Tcl 그룹이라 부르기도 한다.

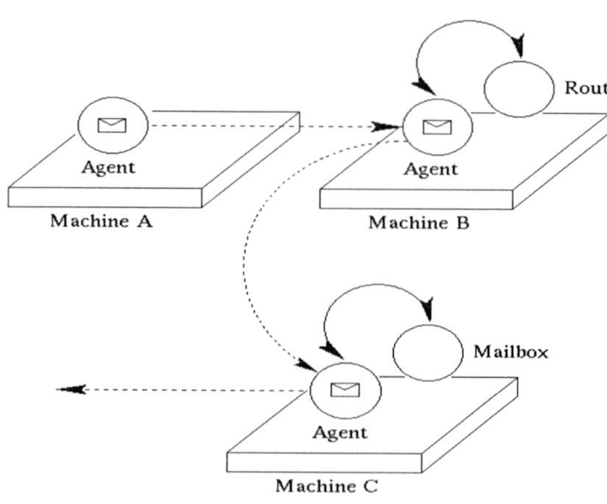

〈그림 8.10〉 Agent-Tcl

위 그림은 Agent-Tcl의 동작을 개념적으로 그린 그림이다. 서버에 클라이언트 태스크에 대한 적당한 해결책이 없을 때 서버에서 클라이언트로의 데이터 이동은 매우 비효율적이다. 따라서 클라이언트에서 서브프로그램을 보내면 서버에서 실행 후 다시 클라이언트로 리턴 하는 방식이 Agent-Tcl(transportable agent system) 시스템이다.

지금까지 설명한 모바일 에이전트를 자바와 비교하면 다음 <표 8.6>과 같다.

〈표 8.6〉 자바, Telescript, Tcl 비교

자바	Telescript	Tcl 그룹
완벽한 'safe' 인터프리트 언어	'safe' 인터프리트, 스크립트 언어	'safe'인터프리트, 스크립트 언어
웹브라우저 애플릿을 지원	모바일 에이전트를 위해 설계됨	스크립트 언어로부터 모바일 에이전트를 구축하기 위해 개발됨
애플릿은 시스템 자원에 접근가능	엔진은 보안이나 현재의 시스템으로부터 독립적	Safe-Tcl은 신뢰성이 없는 프로그램을 분리함
다양한 툴을 가진 벤더들에게 유용	General Magic에서만 유용함	많은 플랫폼에 유용하나 상품화되기에는 완벽하지 못함

General Magic사의 Telescript를 비롯한 몇 가지 모바일 에이전트 시스템들은 세 종류의 기본적인 기술들을 토대로 개발되었다.

첫째, 개발 언어이다. 이것은 에이전트의 기능을 구현하고 그 에이전트가 작동할 수 있는 환경을 만들어주어는 프로그래밍 언어이다. 현재는 일반적으로 자바를 사용한다. 자바는 객체 지향 프로그래밍과 네트워크 프로그래밍을 통해 에이전트의 생성 및 전송을 용이하게 한다. 무엇보다 플랫폼에 독립적이기 때문에 특정 운영체제에 구애받지 않고 프로그램을 실행할 수 있다.

둘째, 위의 프로그램 언어로 만든 에이전트를 실행할 엔진 또는 인터프리터다. 컴퓨터는 에이전트의 명령어를 직접 실행하는 것이 아니라 엔진을 통해서 실행한다. 에이전트는 엔진이 설치된 컴퓨터에만 접근하는 것이 가능하고, 이 엔진을 통해서 자신의 업무를 수행할 수 있으므로 상대방 컴퓨터의 프로세서, 메모리, 파일 시스템 등등의 자원은 보호를 받을 수 있다.

마지막으로 통신 프로토콜이다. 이것은 엔진들이 상호 에이전트를 송수신하는 것을 가능하게 해주는 하나의 약속이다. 일반적인 네트워크 통신을 할 경우에도 상호간의 통신 규약인 프로토콜이 있듯이 에이전트 시스템에서도 프로토콜이 필요하다.

다음 그림은 분산되어 있는 기술 보고서를 찾는 모바일 에이전트의 사례를 순서대로 설명한 것이다. 그림에서 ①~③까지를 따라가면서 모바일 에이전트를 이해하길 바란다.

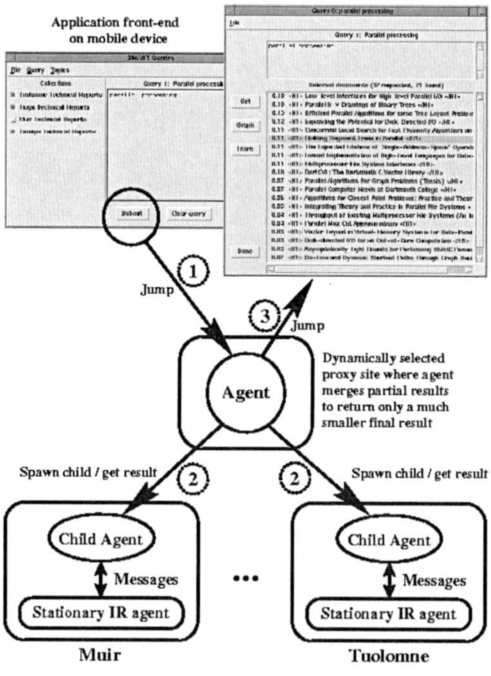

〈그림 8.11〉 분산된 기술 보고서를 찾는 모바일 에이전트의 예

8.4 모바일 멀티 에이전트

8.4.1 기본 개념

모바일 멀티 에이전트란 다음 그림과 같이 모바일 에이전트에 멀티에이전트를 혼합한 개념을 말한다.

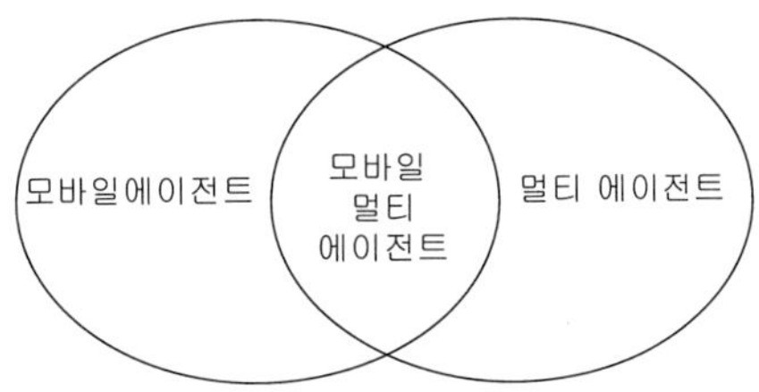

〈그림 8.11〉 모바일 멀티 에이전트 시스템의 개념

모바일 에이전트가 멀티 에이전트와 모바일 에이전트를 결합할 경우의 장점은 다음과 같다.

- 네트워크 개발과 개별화를 위한 오픈 형태의 일반화된 전역적 프레임워크를 지원한다.
- 각 개별 에이전트의 기능적 지원을 한다.
- 기존의 서비스는 물론 새로운 서비스와 새로운 비즈니스를 지원한다.
- 인터넷 사회에 대단히 긍정적인 효과를 제공한다.

멀티 에이전트와 모바일 에이전트는 에이전트 시스템의 기능과 구조에 따른 대표적인 분류로서, 에이전트를 이용한 문제 해결에 대한 접근 방법에서 그 차이를 보인다. 멀티 에이전트는 분산 환경에서의 효과적인 시스템 자원의 사용과 작업 분할과 할당, 그에 따른 에이전트들의 협동이 중요시 되는 반면에 모바일 에이전트는 프로시저를 가진 객체가 네트워크를 이동하여 네트워크의 안정성, 신뢰성에 구애 받지 않고 작업을 수행한다.

따라서 모바일 에이전트에서는 모바일 코드의 이동, 메시지 전달, API 설계 등이 관건이나 멀티 에이전트 환경에서는 작업 도메인 설정, 작업 도메인의 효과적인 태스크 분할(task decomposition), 조정 에이전트를 통한 도메인 내의 에이전트 간 통신의 해결이 중요한 관건이다.

모바일 시스템과 멀티 에이전트 시스템은 어느 정도 공유하는 영역을 지니고 개발되고 있으나 실제 모바일 멀티 에이전트에 대한 연구나 개발은 다양하게 이루어지지 않고 있다. 실제 현재 연구 중인 Norwegian University의 Javaspace를 이용한 시스템인 CAGIS DIAS를 소개하면 다음과 같다.

8.4.2 CAGIS DIAS

CAGIS DIAS는 Norwegian University에서 SUN에서 개발한 것으로, JavaSpace와 JINI를 기반으로한 모바일 멀티 에이전트 시스템이다. 에이전트 시스템 내부 언어(internal language)로서 KQML을 사용하며 외부 시스템과 메시지를 주고받는 외부 언어(external language)로서 ORBIX CORBA를 사용한다.

- JAVASPACE
  - Java RMI 와 JINI를 기반으로 Sun에서 개발
  - Network Resource Provider와 Requester 간의 virtual space
  - 4개의 primary operation이 존재한다.

〈표 8.6〉 JavaSpace에서의 기본 명령어

기본 명령어	설 명
Write	Java Object를 JavaSpace 에 넣는다.
Read	parameter에 적합한 entry를 JavaSpace로부터 읽어 들인다.
Take	parameter에 적합한 entry를 JavaSpace로부터 읽어 들인 후 지운다.
Notify	특정 parameter에 적합한 entry가 들어왔을 때 이를 통보한다.

  - JavaSpace는 동시에 여러 개의 Java Object를 read 하는 것이 가능하다.
  - mobile multi-agent system에 적합하다.

※ entry : Java Platform에 적합한 class로 표현된 objects

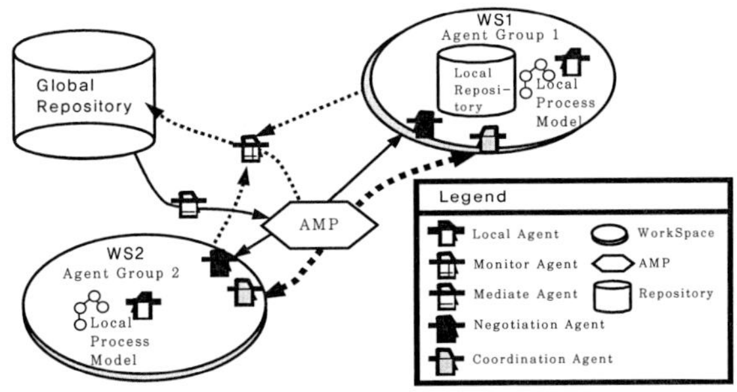

〈그림 8.12〉 CAGIS DIAS 구조도

CAGIS DIAS의 초기 시스템 구조는 위의 그림과 같으며 자바로 구현되어 있다. 기본 구성은 에이전트와 AMP, 도메인을 나타내는 워크스페이스, 그리고 정보 저장소(repository)로 구성되어 있다.

(1) 에이전트

세 종류의 에이전트가 존재하며 각각의 기능은 다음과 같다.

1) user agent : 사용자와 상호작용하며 정해진 태스크를 수행한다.
2) interaction agents : 워크스페이스간의 상호 협동 수행(협상 에이전트, 협동 에이전트)
3) system agents : 다른 에이전트와 AMP 지원(모니터링 에이전트, 중재 에이전트)

(2) 에이전트 미팅 장소(AMP)

에이전트들이 만나고 상호작용하는 장소이며 하나의 시스템 내에 서로 다른 용도에 의한 상이한 AMP들이 존재할 수 있다. 예를 들면, 워크스페이스 1을 위한 AMP, 워크스페이스 2에서 정보 교환을 위한 AMP 등으로 그 기능별 AMP가 구성된다.

(3) 워크스페이스(workspaces)

일시적인 에이전트 컨테이너 역할을 수행하며 세부 작업에 따라 분류된다. 하나의 에이전트가 워크스페이스에 속할 수도 있고 다수의 에이전트가 포함되어 정보를 공유할 수도 있다. 저장소에 저장된 정보를 워크스페이스에 속한 에이전트에 입출력 하는 것이 가능하다.

(4) 저장소(repositories)

전역(global), 지역(local), 분산(distributed)으로 구분되며 에이전트에게 필요한 정보 또는 결과를 저장하는 데이터 저장소이다.

Javaspace를 이용한 모바일 멀티 에이전트 시스템의 구성은 멀티 에이전트 시스템인 CAGIS DIAS의 모바일로의 확장으로 이루어진다. 즉, JavaSpace를 이용하여 다수의 호스트에 가상공간(virtual space)을 만드는 것이 가능하고 JavaSpace 내에서 자바 객체들은 읽기(read), 쓰기(write)가 가능해지므로 에이전트를 이동시키는 것이 가능하다.

8.4.3 Voyager

Voyager는 ObjectSpace Inc.에서 개발한 분산 시스템을 효율적으로 개발하는데 사용할 수 있는 자바 기반의 분산 컴퓨팅 플랫폼이다. 일반적으로 Voyager를 이용하여 기존의 멀티 에이전트 플랫폼에 모바일 성질을 부여하는데 사용하기도 한다.

Voyager는 RMI와 같이 자바 문법을 이용하여 원격 객체를 만들어 이동하게 할 수 있으며, 프로그램 사이에서 메시지를 이동시킬 수 있는 특징을 가지고 있다. 기본 구조의 분산 어플리케이션과 모바일 에이전트를 모두 만들 수 있는 플랫폼이며 ORB로서의 성능이 뛰어나다. ORB로서의 Voyager는 다음과 같은 장점을 가진다.

(1) 생산성(productivity)

Voyager는 코드를 전혀 수정하지 않고도 어떤 자바 클래스이든 원격에서 활성화시킬 수 있다.

(2) 호환성(compatibility)

IDL과 IIOP 등과 같은 CORBA 기능을 모두 완벽하게 지원한다. 따라서 코드를 전혀 고치지 않고도 자바 객체를 CORBA에서 동작하게 바꿀 수 있다는 것을 말한다.

(3) 원격 클래스 활성화(remote-enabling a class)

특정 자바 클래스를 원격 객체로 활성화시키고 싶다고 해서 별도의 수정 없이 실행 시에 활성화가 가능하다.

(4) 동적 통합(dynamic aggregation)

실행 시에 이미 실행되고 있는 주 객체(primary)에 보조 객체(facet)를 부착시켜 활성화시킬 수 있다.

Voyager 서버는 프롬프트에서 Voyager 명령어를 수행함으로써 실행한다. 이렇게 실행된 서버는 다른 프로그램과 메시지를 주고받으면서 동작할 수 있는 준비가 된다. Voyager 서버에서 프로그램을 수행하는 일반적인 방법은 프로그램 소스에서 관련 메서드를 직접 호출하는 것이다. 메서드는 다음과 같다.

〈표 8.7〉 Voyager 메서드

메서드	설 명
Voyager.startup()	Voyager를 클라이언트로 실행한다.
Voyager.startup(String url)	Voyager를 서버로 실행한다. 서버는 지정된 URL에서 메시지를 받아들인다. URL이 null로 지정되면 임의의 포트번호에서 연결을 받아들인다.

Voyager를 이용하여 분산 애플리케이션을 개발하는 단계는 다섯 단계로 나뉠 수 있다.

① 원격 인터페이스를 정의한다.
② 원격 인터페이스를 구현한다.
③ 원격 인터페이스를 사용하는 클라이언트를 만든다.
④ Voyager 서버를 실행한다.
⑤ 클라이언트를 실행한다.

Voyager를 이용하여 모바일 에이전트를 개발할 때 중요한 개념으로는 동적 통합이 있다. 이는 런타임시에 패싯(facet)이라 부르는 보조 객체를 주 객체에 부착시킬 수 있게 해주는 것으로서 주 객체와 보조 객체는 한 단위로 동작하게 되며, 이것을 <그림 8.13>에서의 통합체(aggregate)라고 한다.

패싯의 사용에 있어 일련의 규칙이 있는데 그 규칙과 성질은 다음과 같다.

(a) 패싯은 중첩될 수 없다. 즉, 패싯이 또 다른 패싯을 가질 수 없다.
(b) 패싯은 주 객체에 붙고 난 후 제거가 불가능하다. 통합체(aggregate)가 살아있는 동안 계속해서 그 성질은 유지된다.
(c) 주 객체와 패싯은 동일한 주기를 가진다. 주 객체에 대한 참조자나 패싯에 대한 참조자가 발견되지 않으면 하나의 단위로써 가비지 콜렉션에 의해 처리한다.
(d) 어떤 클래스를 주 객체나 패싯으로 동작하게 하고 싶다고 해서 소스 코드를 고칠 필요는 없다.

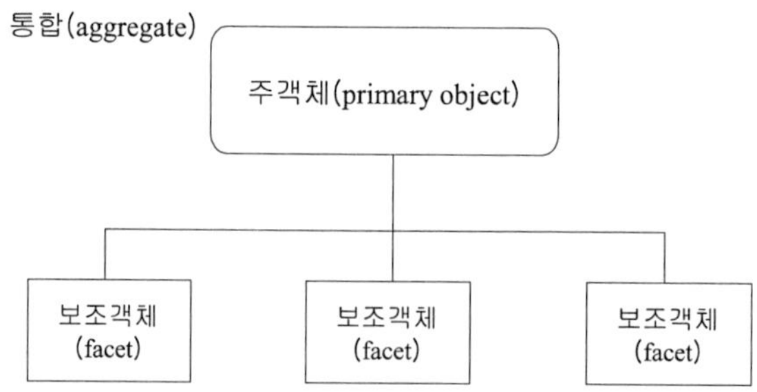

〈그림 8.13〉 통합체: 세 개의 facet을 가진 객체

패싯의 액세스에는 다음과 같은 함수가 사용된다.

〈표 8.8〉 패싯의 액세스 함수

액세스 함수	설명
get(Object obj)	주 객체에 붙은 패싯을 반환한다. null이 반환될 수도 있다.
of(Object obj)	주 객체에 붙은 패싯을 반환한다. null일 경우 초기화된 인스턴스로 다시 세팅된다.
get(String interfacename)	특정 인터페이스를 구현한 패싯 객체의 프록시를 반환한다. 이름에 맞는 것이 없을 경우 null을 반환한다.
of(String interfacename)	특정 인터페이스를 구현한 패싯 객체의 프록시를 반환한다. 이름에 맞는 것이 없을 경우 자동으로 프록시가 만들어진다.
getPrimary()	주 객체에 대한 프록시를 반환한다.
getFacets()	주 객체에 부착된 패싯에 대한 프록시를 반환한다.

8.4.4 전자상거래에서의 모바일 에이전트

전자상거래에서 모바일 에이전트의 개념을 다음과 같이 정리할 수 있다.

- Places
  서버에 있으면서 접근하는 모바일 에이전트에게 서비스 제공한다. 서버나 호스트는 여러 개의 place를 가질 수 있으며 각 place마다 관리하는 에이전트를 둔다. 자신의 place로 접근하는 호스트측의 에이전트와 대화나 거래를 하여 정보를 제공한다.
- Agents
  에이전트들은 자신의 place를 점유하면서 서비스를 제공받고자 하는 호스트측의 에이전트와 거래한다.
- Travel
  호스트 에이전트가 서로 이동해서 자율적으로 거래를 수행하는 것 즉, 모빌리티를 말한다.
- Meeting
  같은 컴퓨터에 존재하는 에이전트들이 상호간의 프로시저를 호출할 수 있도록 하는 것. 즉, 서로 다른 에이전트를 만나서 거래를 한다.

• Connections
서로 다른 컴퓨터에 위치하는 에이전트들이 상호 통신할 수 있도록 하는 기능. Travel, meeting 등은 connection이 이루어져야 실행할 수 있다.

• Authorities
호스트나 서버에서 자신의 에이전트에게 고유한 authority를 부여하여 안전을 기하기 위하기 위함이다.

• Permits
에이전트에게 서버에 접근하거나 또는 서버에서 실행할 수 있도록 한다.

8.5 상용화된 에이전트 소프트웨어 리스트

이번 절에서는 이미 상용화된 에이전트 소프트웨어를 주제별로 분류하여 각 리스트를 소개하고자 한다. 직접 사이트에 접속하여 여러 기능을 비교하길 바란다.

(1) 아카데미 리소스

① UMBC Intelligent Software Agents Resources
http://www.cs.umbc.edu/agents
② Software Agents Group at the MIT media Lab
http://agents.www.media.mit.edu/groups/agents/
③ Softbot research at University of Washington
http://www.cs.washington.edu/research/projects/softbots/www/softbots.html
④ Tranportable Agents at Dartmouth college
http://www.cs.dartmouth./edu/~agent
⑤ Interface Agent Info
http://www.cs.bham.ac.uk/~amw/agents

⑥ Distributed AI Research Unit at Queen Mary and Westfield College in UK
http://www.elec.gmw.ac.uk/dai
⑦ Nobotics Group at Stanford University
http://www.robotics.stanford.edu/groups/nobotics
⑧ OZ project at CMU
http://www.cs.cmu.edu/afs/cs.cmu.edu/project/oz

(2) 검색 엔진(search engines)

① Fulcrum Search Server
http://www.fulcrum.com
② SEARCH '97 Agent Server
http://www.verity.com
③ PLWeb from Personal Library Software
http://www.pls.com
④ Excalibur RetrievalWare
http://www.excalib.com
⑤ Dataware NetAnswer
http://www.dataware.com

(3) 웹 사용자 모니터링(web user monitoring)

① Interse Market Forcus
http://www.interse.com
② WebTrends by e.g.Software
http://www.egsoftware.com
③ net.Analysis Pro by net.Genesis
http://www.netgen.com

(4) 웹 사이트 개인화 도구(web site personalization tools)

① Broadvision One-to-One

http://www.broadvision.com

② ManageIT Imperative

http://www.imperative.com

③ Allaire cold Fusion

http://www.allaire.com

④ ParcPlace VisualWare

http://www.parcplace.com

⑤ WebObjects by Next Software

http://www.next.com

(5) 웹 학습 에이전트 도구(web learning agent tools)

① Digital Each-to-Each

http://www.each.com

② Firefly

http://www.firefly.com

③ Learn Sesame

http://www.opensesame.com

④ LikeMinds by Songline

http://www.songline.com

⑤ Net Perceptions GroupLens

http://www.netperceptions.com

(6) 오프라인 배달 도구들(off-line delivery tools)

① BackWeb

http://www.backweb.com

② Intermind Communicatior

http://www.intermind.com

③ WebCrawler by ForeFront

http://www.ffg.com

④ FreeLoadrer Individual
http://www.freeloader.com

⑤ OpenMarket Express
http://www.openmarket.com

⑥ Point Cast Network
http://www.pointcast.com

⑦ WebEx by Traveling Software
http://www.travsoft.com

(7) 전자 화폐(electronic money)

① ecash by DigiCash
http://www.digicash.com

② CyberCash
http:www.cybercash.com

③ VeriFone
http://www.verifone.com

(8) 보안(security)

① Netscape SSL
http://www.netscape.com

② Secure Electronic Transactions(SET)
http://www.mastercard.com

③ RSA
http://www.rsa.com

④ PGP
http://www.pgp.com

(9) 채팅룸(chat rooms)

① iChat ROOMS

http://ichat.com

② Worlds Chat

http://www.worlds.net

③ Virtual Places

http://www.vplaces.com

(10) 뉴스그룹(newsgroups)

① Robots Mailing list

http://info.webcrawler.com/mailing-lists/robots/info.html

② Software Agents Mailing Lists

http://www.cs.umbc.edu/agenlist/archive

연 · 습 · 문 · 제

1. 멀티에이전트의 특성에 따른 범위를 나열해 보시오.

2. 모바일 에이전트의 장단점을 설명하시오.

3. RP, RPC, 모바일 에이전트간의 차이점을 설명하시오.

4. Telescript, Aglet, Agent-Tcl의 공통적인 특징 및 차이점을 설명하시오.

5. 모바일 멀티에이전트의 기본개념을 설명하고, 멀티에이전트, 모바일 에이전트와의 관계에 대해서 설명하시오.

6. 이 책에 수록된 상용화된 에이전트 소프트웨어 리스트를 분야별로 실행해 보고 비교하시오.

제 9 장

전문가 시스템

9.1 전문가 시스템의 개요

9.1.1 정의

생각하는 기계를 만들기 위해 컴퓨터의 기억부분에 인간인 전문가가 갖고 있는 노하우(know-how) 즉, 지식을 기억시키게 되는데 이것이 지식 베이스(knowledge base)이다. 전문가의 판단이 필요한 일이 발생했을 경우에 이 지식 베이스를 갖고 있는 컴퓨터 즉, 인공지능 컴퓨터에 물어 보게 되면 그 해답을 얻게 된다. 이것이 전문가 시스템(expert system)이다.

'지능형 시스템'이란 말은 현재 이용되고 있는 인공지능기술에 기반을 둔 정보시스템에 대한 새로운 용어이다. 인공지능의 중요 응용분야로는 자연언어처리, 로보틱스, 신경망, 퍼지논리, 기계번역, 음성인식, 전문가 시스템을 들 수 있다. 이중에서 기업 정보처리의 입장에서 볼 때, 전문가 시스템이 가장 활용분야가 많다.

전문가 시스템은 전문가의 지식을 컴퓨터에 이식하여 전문가의 역할을 대신할 수 있도록 하는 것을 말하는 데, 이는 정보가 아닌 지식을 바탕으로 추론에 의한 대상 영역의 문제를 해결함으로써 전문가의 역할을 대신하는 시스템을 말한다.

인공지능은 컴퓨터에 지능을 부여하여 인간이 생각하고 판단하는 것과 같은 과정을 컴퓨터에 의해서 실현하려는 새로운 과학 분야로서, 인간지능 메커니즘을 규명하는 것을 목표로 한 언어학적 입장과 인간의 지적능력을 컴퓨터에 부가하려는 것을 목표로 하는 공학적 입장에서 연구되고 있다.

인공지능은 컴퓨터과학, 생물학, 심리학, 언어학, 수학, 공학과 같은 학문에 기초하여 지능을 기계로 실현하고자 하는 과학의 한 분야로서 1956년 Dartmouth 대학에서 열린 '기계의 지능화'에 대한 학술대회에서 H. Simon, A. Newell, J. McCarthy 등의 학자에 의해서 처음 소개되었다. 그후 지능을 구성하는 지식의 표현과 사고기능을 컴퓨터로 실현하고자 하는 노력이 새로운 연구 분야로 각광 받기 시작하였다. 그 후 인공지능은 여러 해 동안 유망한 기술로 여겨져 왔다.

이에 따라 인공지능에 대한 연구는 지속되었다. 지금까지 인공지능에 대한 주요 관심분야의 변천과정을 정리하면, 초기 인공지능시스템(1950~60년대)은 일반적 용도의 문제, 연역적 추론과 같은 일반적 해법, 모든 경로를 체크하여 목적지까지 가는 기법, 휴리스틱을 통한 탐색공간의 단축 등에 관해 연구하였다. 인공지능 응용단계(1970~1980년대 초)에서는 특정분야에 인공지능을 접목시킨 진보된 전문가 시스템, 표현방식, production system의 활용방법 및 개발 문제, 전문가로부터 지식 추출하는 방법 등에 관해 연구하였다. 최근의 인공지능시스템의 연구동향은 지식의 자동생성방법, 귀납적 추론, 선택적 추론방법, 지능화의 구현 등에 관해 주로 연구하고 있다.

전문가는 여러 가지 경우에 과거 경험한 노하우나 연구한 지식을 떠올려서 정확한 답을 추론하여 판단을 내린다. 문제가 발생한 경우에 정확한 판단을 내린다는 것은 문제로부터 얻어진 사실 즉, 데이터를 바탕으로 하여 인간의 지식 베이스에 있는 정보를 이용하여 추론을 행하고 정확한 답을 내고 있다. 현재의 컴퓨터에는 방대한 정보를 기억시킬 수가 있고, 이 기억 정보는 필요에 따라 실시간으로 불러 낼 수도 있게 되어 있다. 따라서 전문가가 갖고 있는 지식을 어떻게 기억시켜 둘 것인가라는 지식 베이스 속에 지식의 기술방법과 이것을 어떻게 이용할 것인가라는 지식의 추론기구가 되어 있으면, 전문가가 생각하여 판단하는 기능을 대행하는 '생각하는 기계' 즉, 전문가 시스템이 실현된다.

인공지능의 목표는 생각할 수 있는 컴퓨터 즉, 인간의 지능적 행동 과정을 모방한 컴퓨터를 완성하는데 있다. 전문가 시스템은 이러한 목표를 달성하기 위해 1960년대부터 시작하여 현재까지 계속적으로 발전하고 있는 분야로서, '전문가와 같은 지적 능력을 갖는 소프트웨어 체계'의 개발을 목표로 연구되고 있다. 전문가 시스템은 전문가의 지식을 컴퓨터에 입력하여 전문가를 찾아가지 않더라도 쉽고 저렴한 가격으로 원하는 서비스를 받을 수 있도록 하기위한 시스템이다. 전문가 시스템 관점에서 전문가를 '전문지식을 기억하고 있고, 논리적 추론능력에 따라 결론을 도출하며, 설득력 있는 설명능력이 있는 사람'으로 정의한다면, 전문가 시스템은 이와 같은 지식 관리 능력이 있는 소프트웨어를 모델로 삼게 될 것이다. 그러므로 전문가 시스템은 지식기반 시스템(knowledge-based system)과 동일한 시스템이 될 것이다.

전문가 시스템이란 전문지식의 특정 영역에 대한 전문가의 지식을 요약하고 그 영역 안에서 지적인 판단을 내릴 수 있는 하나의 소프트웨어 패키지이다. 전문가 시스템을 정의하는 다른 방법은, 이를 보통의 프로그램과 비교하는 것이다. 가장 기본적인 차이는, 보통의 프로그램이 데이터를 처리하는데 반하여 전문가 시스템은 지식(knowledge)을 처리하는 것이다. 1994년에 John Durkin은 인간과 전문가 시스템을 다음 <표 9.1>과 같이 비교하였다.

〈표 9.1〉 인간과 전문가 시스템의 비교

요소	인간	전문가 시스템
이용 가능한 시간	일하는 시간만 가능함	항상 가능함
이용 가능한 공간	제한적 이용 공간	어디서나 가능함
안전성	회복 불가능함	교체 가능함
사멸가능성	있음	없음
성능	변화가능, 다양함	항상 일정함
속도	변화가능, 다양함	보통 더 빠름
비용	비쌈	적당함

전문가 시스템의 역사를 보면, 1960년대에는 범용문제 해결을 위한 문제 해결 방법이 주류를 이루었고, 1970년대와 1980년대를 지나면서는 좀 더 문제 영역에 접근하여 특수 문제해결을 위한 방법들이 주류를 이루었다. 1990년대와 2000년대에 들어서는 지식 표현이나 지식 처리, 규칙 획득, 추론 방법 등에 중점을 두어 연구되고 있으며, 전문가 시스템이 인공지능이 다양한 연구 방법을 적용시킬 수 있는 하나의 도메인 시스템으로 발전하고 있다.

전문가가 갖고 있는 전문 지식을 이용하고자 하는 시도로 맨처음 성공한 것은 미국의 스탠포드대학에 있는 E.A. Feigenbaum 교수에 의해서였다. 그가 DENDRAL 이라는 것에 화학 분자식과 질량 스펙트럼을 입력시키면, 그 물질의 가장 가능성이 높은 화학 구조식을 추정하여 출력하는 컴퓨터 프로그램을 만든 것은 1971년이었다. 이에 자극되어 1976년경부터 의료진단 시스템을 중심으로 현재에 이르기까지 여러 가지 전문가 시스템이 개발되었다. 의료진단은 의사라는 전문가의 과거 경험, 직감, 지식 등이 필요하다는 의미에서 전문가 시스템을 이용하기에는 가장 적합한 분야이다. 이 분야 최초의 것은 전술의 Feigenbaum 교수팀이 개발한 MYCIN이다. 이것은 혈액 감염증과 수막염의 치료에 한정된 시스템이나 인공지능이 병의 진단에 이용한 최초의 사례이다. MYCIN은 의사가 환자를 진찰하여 그 결과와 검사 결과의 세균명 등을 입력시키면 진단 결과, 즉 병명을 결정하여 어떤 항생물질을 얼마 정도 복용시키면 좋을지 등과 같은 치료법을 나타내어준다. MYCIN의 성공은 전문가 시스템의 개발에 박차를 가하게 했다. 미국 지질연구소와 스탠포드연구소(SRI)가 공동으로 광물자원 탐사를 위한 전문가 시스템 PROSPECTOR를 개발했다. 이 시스템의 개발 도중인 1982년에 워싱턴주에서 몰리브덴 광맥을 찾아내는 성과로 인하여 전문가 시스템은 점점 주목을 끌게 되어 오늘날에 이르게 되었다. 보다 자세한 것은 다음 절에서 설명하기로 한다.

전문가 시스템의 문제풀이 능력은 시스템이 어떠한 지식을 소유하고 있느냐에 좌우되므로 전문가 시스템 구축 과정을 지식 공학(knowledge engineering)이라고도 하며, 이것은 전문가 시스템의 문제풀이 능력을 제공하는 기능을 한다. 지식 공학은 어떤 지식을 갖고 있느냐가 중요하므로 구축 과정이 매우 중요하다. 이때 지식 공학자가 시스템 구축을 하게 되는데, 주어진 분야에 정통한 전문가로부터 유용한 지식, 문제해결의 전략, 규칙 등을 도출해 내어 이것들을 체계적으로 표현하여 전문가 시스템을 완성하게 된다.

다음 <그림 9.1>은 이와 같은 일을 수행하는 지식 공학자의 역할을 나타낸 그림이다.

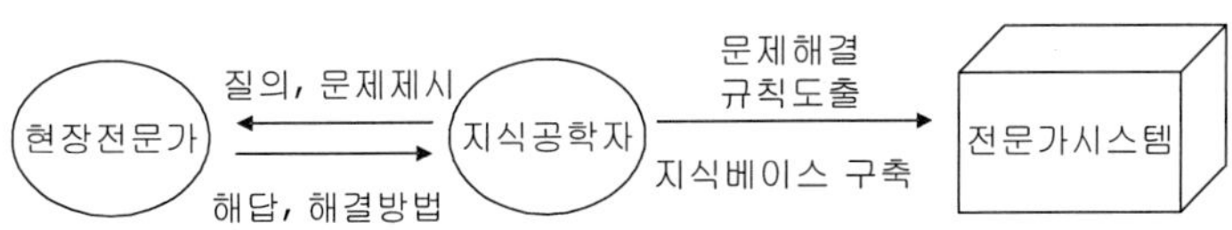

〈그림 9.1〉 지식 공학자의 역할

지식 공학자는 어떤 분야의 현장 전문가에게 질의와 문제제시를 통해 현장 전문가의 해결방법을 배우게 된다. 이로부터 지식공학자는 문제에 대한 해결방법에 대한 규칙을 도출하여 지식 베이스를 구축하게 되는데 이것이 전문가 시스템의 문제해결 규칙을 제공하는 매우 중요한 지식기반이 되는 것이다. 이와 같이 지식 공학자는 주어진 분야의 정통한 전문가로부터 유용한 지식, 문제해결 전략, 규칙 등을 도출해 내어 이것들을 체계적으로 표현하여 전문가 시스템을 구축하게 된다.

9.1.2 특징 및 주요 기능

전문가 시스템의 주요 특징을 살펴보면 다음과 같다.

(1) 전문 지식을 취급한다(knowledge)

전문가 시스템은 관련 분야의 전문가와 같은 정도의 성과를 발휘해야 하며, 또한 빠르게 좋은 해를 찾아내기 위해 효율적으로 구성되어야 한다. 또한 인간과 같이 넓고 깊은 지식을 제공할 수 있어야 한다. 실제에 있어서는 관련분야에 약 2년 정도 종사한 전문가의 지식구현에 만족하는 경향이며 또한 정확한 해를 구하기 위하여 문제를 축소시켜 좁은 부분에서 정확한 해를 추구하는 경향이다.

(2) 심볼에 의한 추론을 행한다(symbol)

전문가뿐 아니라 전문가 시스템의 사용자들은 인간이기 때문에 인간과의 상호작용을 통해 지식 교환을 하려면 인간의 애매한 표현들을 정량화하여 전문가 시스템에 구현하여 불확실성을 줄여 나가야 한다. 이러한 심볼 표현에 의한 불확실성은 확실성 인자(certainty factor)나 퍼지 이론으로써 구현하게 된다.

(3) 휴리스틱을 이용한다(heuristic)

'휴리스틱'의 의미는 "자기 힘으로 알아내는 자기 발견적인"이라는 것을 의미한다. 따라서 항상 옳은 것은 아니지만 대부분의 경우에 옳은 정보를 제공한다. 그래프 탐색 과정에서의 넓이 우선, 깊이 우선 탐색은 목표의 위치에 무관한 블라인드 탐색(blind search)이다. 그러나 휴리스틱 탐색은 가장 가능성이 있는 목표의 위치에 대하여 탐색을 행하여 불필요한 자원 낭비를 줄이게 된다. 이때 가장 가능성이 있는 위치를 찾아내기 위하여 전문가의 경험에 의한 규칙(rules of thumb)을 이용하거나 또는 각 단계에서의 바람직한 정도를 평가하기 위한 척도로써 평가 함수를 사용하기도 한다.

(4) 자기 지식을 사용한다(metaknowledge)

이는 시스템이 갖는 자신의 사고에 관한 지식을 말한다. 이는 지식에 대한 지식을 의미한다. "이순신 장군의 신발은 몇 문인가"하는 질문에 대하여 인간은 쉽게 '모른다'는 답을 하지만 컴퓨터는 자기의 지식을 모두 검색한 후에야 답을 얻는다. 그러나 전문가 시스템은 규칙으로써 문제의 성격을 파악하여 결론의 정확성, 일관성, 가능성들을 검토하여 추론한다. 이를 위해서 설명 요소(explanation facility)를 가지게 되며 why(왜 전문가 시스템이 그런 질문을 하는가를 보여준다), how(어떻게 해서 전문가 시스템이 그런 결론을 내렸는가를 보여준다) 등의 자문에 대답하게 된다.

전문가 시스템은 다음 <표 9.2>과 같은 주요 기능들을 갖고 있다.

〈표 9.2〉 전문가 시스템의 주요 기능

주요 기능	설명
제어	주어진 시스템의 행동을 통제하는 역할, 미래예측 또는 판단
설계	주어진 제약 조건 내에서 가능한 설계를 구상
진단	관찰 가능한 정보로부터 시스템의 고장을 추론
교육	주어진 주제에 관해 학생들을 교육시킴. 진단, 디버깅을 통한 교육
해석	센서, 도구, 테스트 결과 등으로부터 어떤 상황을 도출
모니터링	기대되는 결과와 관찰 결과를 비교하는 시스템
계획	문제의 제약 조건 내에서 주어진 목표를 달성하기 위한 계획 구상
예측	주어진 상황으로부터 발생가능 결과를 추론해내는 시스템
서술	주어진 시스템의 결함에 대한 해결책을 설명하는 시스템
선택	가능한 여러 리스트로부터 가장 좋은 것을 인식하여 선택하는 것
시뮬레이션	여러 조건하에서 동작가능 문제들의 연구를 위한 시스템 모델화하는 것

각각의 주요 기능에 대한 설명 및 관련 응용 영역은 다음과 같다.

① 제어(control) : 제어 시스템은 주어진 시스템의 행동을 통제하는 역할을 하는 것으로, 시스템의 동작으로부터 데이터를 얻어서 시스템의 상태를 해석함으로써 미래 상태를 예측하거나 판단하게 된다.

② 설계(design) : 설계 시스템은 주어진 제약 조건 내에서 가능한 설계를 구상하게 된다. 이들 시스템은 각 단계마다 특정 조건을 가진 여러 단계들에 의해 임무를 수행하게 된다.

③ 진단(diagnosis) : 진단 시스템은 관찰 가능한 정보로부터 시스템의 고장을 추론하게 된다. 대부분의 진단 시스템은 발생 가능한 고장조건에 관한 여러 가지 지식을 갖고 있다.

④ 교육(instruction) : 교육 시스템은 주어진 주제에 관해 학생들을 교육시키는 안내 시스템 역학을 한다. 이 시스템은 학생들의 이해도에 관한 모델을 형

성함으로써 학생과의 대화를 통한 교육을 실시하게 된다.

⑤ 해석(interpretation) : 해석 시스템은 센서, 도구, 테스트 결과 등으로부터 어떤 상황을 도출해내는 시스템이다. 이때 시스템이 얻은 데이터를 원시 데이터(raw data)라 하며 원시 데이터는 상황을 설명하는 기호형태로 표현된다.

⑥ 모니터링(monitoring) : 모니터링 시스템은 기대되는 결과와 관찰 결과를 비교하는 것으로, 입력 센서로부터 신호를 해석하여 이미 알려진 시스템 동작의 결정적인 정보들과 비교하게 된다.

⑦ 계획(planning) : 계획 시스템은 문제의 제약 조건 내에서 주어진 목표를 달성하기 위한 계획 등을 구성하게 된다. 그러나 일부 계획 시스템에서는 이미 구성된 계획들을 융통성 있게 수정해 나가는 기능도 갖고 있다.

⑧ 예측(prediction) : 예측 시스템은 주어진 상황으로부터 발생 가능 결과를 추론해 내는 시스템이다. 이들 시스템은 유용한 정보와 문제에 대한 모델을 이용하여 미래에 일어날 사건을 예측하게 된다.

⑨ 서술(prescription) : 서술 시스템은 주어진 시스템의 결함에 대한 해결책을 설명하는 시스템이다. 이 시스템에서는 결함의 본질을 판단하는 진단 과정을 먼저 수행한 후 서술하게 된다.

⑩ 선택(selection) : 선택 시스템은 가능한 여러 리스트로부터 가장 좋은 것을 인식하여 선택하는 시스템이다. 이 시스템은 사용자에 의해 정의된 문제에 대한 명제로부터 작동하며 이들 명제와 가장 근접한 해를 찾게 된다.

⑪ 시뮬레이션(simulation) : 시뮬레이션 시스템은 여러 조건하에서 동작 가능한 문제들을 연구하기 위해 시스템을 모델화하는 것이다. 이 시스템은 시스템의 구성 요소와 상호 작용들을 모델화한다.

이상에서 설명한 전문가 시스템의 응용 분야를 전체 영역에서 차지하는 비율로 나타내면 다음 <그림 9.2>와 같다.

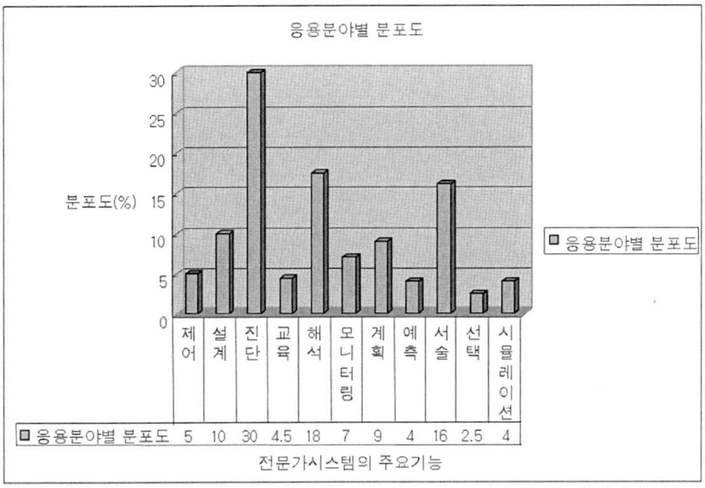

〈그림 9.2〉 응용 분야별 분포도

9.2 전문가 시스템의 구조

9.2.1 기본 구조

전문가는 특정 문제에 관한 지식을 가진 사람을 말하는데, 시스템 입장으로 해석해 보면 이러한 지식을 도메인 지식(domain knowledge)이라고 한다. 전문가는 장기 메모리(long term memory)에 이러한 도메인 지식을 저장한다. 만약 어떤 사람이 문제에 대한 조언을 필요로 한다면, 전문가는 문제에 관한 사실을 먼저 얻어서 이를 단기 메모리(short term memory)에 저장한 후 장기 메모리 지식과 단기 메모리 지식을 비교함으로써 문제에 대해 추론하게 된다. 이러한 과정을 거침으로써 전문가는 문제에 대한 결론에 점차적으로 도달할 수 있다.

마찬가지로 전문가 시스템도 이러한 전문가와 유사한 과정으로 결론을 추론하게 된다. 전문가 시스템은 전문가의 지식을 컴퓨터에 입력하여 전문가를 찾아가지 않더라도 쉽고 저렴한 가격으로 원하는 서비스를 받을 수 있도록 하기 위한 시스템이다. 특정 분야에 대한 전문지식은 사실(facts)과 규칙(rule)의 형태로 저장된 지식 베이스(knowledge base)와 이 지식 베이스를 토대로 어떤 결정을 행하는 추론 엔진(inference engine), 임시 사실을 저장하는 작업 메모리(working memory), 사용자에게 설명하는 해석 인터페이스, 사용자와 대화를 하는 사용자 인터페이스, 지식을 획득하는 지식 획득 모듈로 구성되어 있는데, <그림 9.3>은 전문가 시스템의 기본 구조를 나타낸 그림이다.

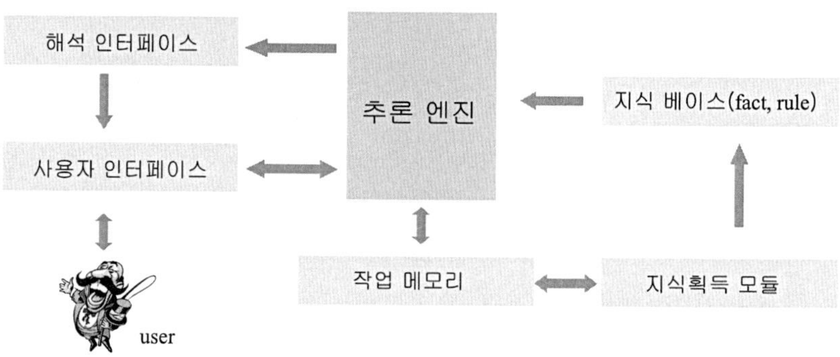

〈그림 9.3〉 전문가 시스템의 기본 구조

(1) 지식 베이스(knowledge base)

전문가 시스템에서 전문가의 지식은 지식 베이스에 저장한다. 이것은 앞서 설명한 LTM에 해당되는 모듈이다. 일반적으로 규칙은 'IF-THEN' 형태로 되어 있다. 전문가 시스템은 지식 베이스와 추론 기구를 갖추고 있으며 문제해결 시스템이라고도 불리운다. 추론 기구는 추론 엔진(inference engine)으로 불리며, 이것이 지식 베이스(knowledge base)가 기억하고 있는 지식을 이용하여 추론한다. 추론엔진과 지식 베이스는 지식 베이스 관리 시스템(knowledge-based management system)의 관리하에 있게 되고, 전문가의 지식이 지식 획득 기구(knowledge acquisition mechanism)를 거쳐서 지식 베이스에 기억된다. 로봇의 문제 해결 시스템의 경우도 문제의 정보가 이러한 지식 획득 기구를 통하여 지식 베이스에 주어진다.

자동 진단 시스템에서의 규칙의 예를 들면 다음과 같다.

규칙 1:

IF 자동차가 출발하지 않는다면

THEN 문제는 전기적 시스템에 있다.

규칙 2:

IF 문제가 전기적 시스템에 있고
AND 배터리가 10볼트 이하이면
THEN 고장원인은 배터리 수명에 있다.

지식 베이스는 다음과 같은 기본 기능이 필요하다.

(a) 지식의 표현과 축적, 관리
(b) 지식의 이용 및 그 지원
(c) 지식의 획득 및 그 지원

기존의 데이터베이스가 대상으로 하는 데이터는 비교적 낮은 레벨의 정보였으나 지식 베이스 시스템의 취급 지식은 '구조화된 데이터군을 단위로 하는 데이터'이며 대상 세계를 기술하는 능력이 높을 것을 필요로 한다. 그러나 그 구조가 복잡하고 이해하기 어려우면 취급상 어려운 시스템이 되어 버리기 때문에 위의 (a)의 지식 표현법에 요구되는 것은,

(a . 1) 표현 능력이 높을 것
(a . 2) 지식이 쓰기 쉬울 것
(a . 3) 이해하기 쉬운 표현일 것

이다. 또, 지식 베이스 시스템이 실용에 공급될 때에는 다종다량의 지식을 효율좋게 취급할 필요가 있게 된다. 즉,

(a . 4) 대량의 지식의 효율적인 축적
(a . 5) 대량의 지식의 고속 탐색 및 갱신

이 요구된다. 또한 위의 (b)에 관해서는,

(b . 1) 추론 기능
(b . 2) 유연한 지식 조작 기능
(b . 3) 고도의 인간-기계 인터페이스 기능

이 요구된다. 이들 중에서도 추론 기능은 중심적인 기능이다. 또 지식 베이스 시스템의 이용자는 인간-기계 인터페이스를 중개로 하여 지식 조작을 하거나 추론의 결과를 이용한다. 그것을 위해 (b . 2)와 (b . 3)이 필요하기도 하다.

또, 지식 베이스 시스템을 실용에 쓰기 위해서는 전문가의 지식을 지식 베이스에 축적시킬 필요가 있으나 이것은 현 상태로는 지식 공학자가 전문가로부터 지식

을 채취하여, 지식 기술을 하는 수가 많다. 이 지식 기술은 지식 획득 기구에 의해, 지식 공학자를 필요로 하지 않고 전문가로부터 직접 수행되는 것이 바람직하다. 지식 획득 기구에 요구되는 기능으로서는 다음과 같은 네 가지 형태가 있다.

(c . 1) 모순되는 또는 틀린 지식의 검출 및 제거
(c . 2) 부족되어 있는 지식의 검출 및 요구
(c . 3) 애매모호한 지식의 검출
(c . 4) 주어진 지식 또는 보유 지식으로부터 필요한 지식을 추출하고, 획득하는 능력이 있다.
(c . 1)~(c . 3)은 지식의 일관성이란 입장에서 지식의 추가 및 변경 시 요구되는 기본 기능이다. 일관성이 없는 지식 베이스는 유지의 불신을 초래하게 되고 시스템의 성능을 악화시키는 요인이 될 것이다

(2) 작업 메모리(working memory)

작업 메모리는 처리 과정 동안 발견된 문제에 관한 사실들을 모아 놓은 곳이다. 이것은 앞서 설명한 STM에 해당되는 모듈이다. 전문가 시스템에서의 처리 과정 동안 사용자는 작업 메모리로 현재 문제에 관한 새로운 정보들을 끊임없이 가져오게 된다. 이 시스템은 새로운 사실을 추론해 내기 위해 지식 베이스에 포함된 지식과 가져온 정보들과의 일치 여부를 확인하게 된다. 또한 작업 메모리는 문제에 관해 사용자에 의해 제공된 정보 또는 시스템에서 추론된 정보들을 포함한다. 이러한 처리 과정 동안 얻어진 지식들을 컨텍스트(context)라고도 한다.

(3) 추론 엔진(inference engine)

추론 엔진은 작업 메모리에 포함된 사실과 지식 베이스에 저장된 도메인 지식을 비교하여 일치 여부를 확인한 뒤 문제에 대한 해결책을 찾으려는 하나의 프로세서를 말한다. 추론 엔진은 작업 메모리에 있는 정보와 규칙의 조건부를 확인함으로써 해당되는 규칙을 찾아낸다. 만약 추론 엔진에서 일치되는 규칙을 찾는다면 그 규칙의 결론부를 작업 메모리에 첨부시키고 그렇지 않을 경우 퍼지 추론과 같은 다른 추론 방법을 적용하게 된다.

(4) 사용자 인터페이스(user interface)

사용자 인터페이스에서는 사용자의 자연어를 컴퓨터가 이해할 수 있도록 변환해주는 기능과 반대로 컴퓨터의 실행결과를 사용자가 이해할 수 있는 자연어로 변환시켜 주는 기능을 갖고 있는 모듈을 말한다.

(5) 해석 인터페이스(explanary interface)

이 모듈은 추론 엔진에서의 추론 결과를 사용자 인터페이스로 직접 보내기 전에 사용자가 원하는 언어로 변환시켜 주기 위해 필요한 모듈이다.

(6) 지식획득 모듈(knowledge aquisition module)

이 모듈은 문제 해결을 위해 필요한 지식을 학습이나 추론 방법을 통해 새로이 획득하는 기능을 갖는 모듈이다. 이러한 전문가 시스템을 쉽게 개발할 수 있도록 도와주는 프로그램을 전문가 시스템 개발 도구 또는 셀(shell)이라고 한다.

전문가 시스템에서 유의해야 할 사항이 있다. 일반적으로 수학적으로 정형화될 수 없는 문제의 경우에는 알고리즘적인 방법으로 문제를 해결하려는 것보다는 경험적 지식을 기반으로 문제에 접근하는 방식이 더 바람직하다고 할 수 있다. 그러나 이 경험적 지식이 옳은 판단을 한다는 보증은 없다. 그러므로 전문가 시스템을 구성하는 데 있어서 특정 분야의 전문가와 프로그래머간의 상호 긴밀한 이해와 협조가 전문가 시스템의 유용성을 결정짓는 가장 중요한 요소가 될 것이다.

9.2.2 휴리스틱 지식 표현

이제 지식이 어떻게 표현될 수 있는지 좀 더 자세히 알아보자. 지식은 사실(fact)과 규칙(rule)의 두 가지 형태가 있는데 예를 들면 다음과 같다.

사실 : 동물은 털이 있다.
　　　동물은 네 다리가 있다.
규칙 : 털이 있고 네 다리가 있는 것은 동물이다.

전문가 시스템의 지식을 구성하는 사실과 규칙이 항상 참 또는 거짓이 되는 것은 아니다. 때로는 사실의 확신에 대한 정도, 즉 확실성, 정확성 등을 나타내는 확률을 포함할 수도 있다. 이러한 확실성은 다음 예와 같이 나타낼 수 있다.

> 사실 : 내일 비가 올 확률은 0.7이다.
> 규칙 : 비가 올 확률이 0.5이상이면 우산을 들고 나간다.

일반적으로 사람은 많은 편집된 지식을 갖고 있다. 이것은 필요할 때에 언제든지 호출해서 이용할 수 있는 모양으로 기억되어 있는 지식을 말한다. 지식은 <그림 9.4>에 나타낸 바와 같이 심층지식(일반이론)과 표층지식(문제 영역 고유의 행동이론) 이라는 두 가지 형태로 기억되어 있다. 전자는 주로 공부해서 얻은 학문적 지식으로 공식이나 정리, 법칙 등을 말하며, 후자는 업무상의 경험이나 선배의 경험자로부터 배워서 얻은 지식으로서, 처음으로 문제 영역 고유의 사실군이 기억 되어서 그 중에서 자기가 일을 할 때 경험하거나 다른 사람이 일할 때 문제를 해결하는 것을 보고 학습함으로써 얻은 문제 영역 특유의 지식이다. 이와 같이

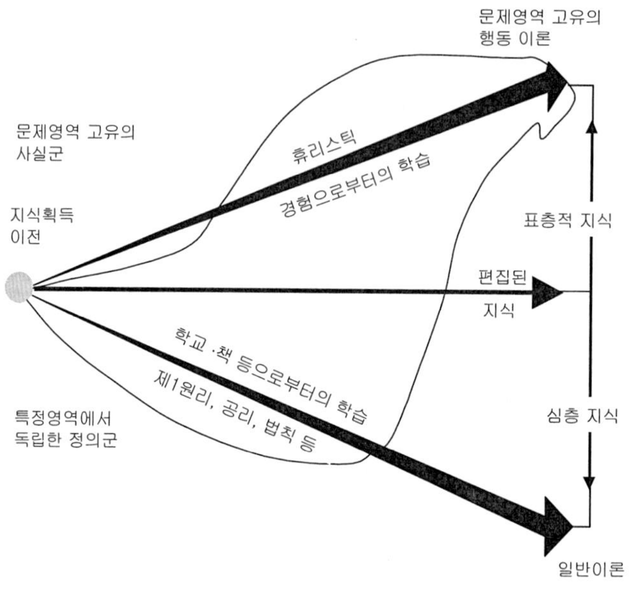

〈그림 9.4〉 전문 지식 발전의 일반적인 패턴

경험에 의해서 기억된 편집된 지식을 휴리스틱이라고 한다.

휴리스틱 지식이라는 것은 문제해결의 탐색 공간을 세분화해서 문제해결을 하기 쉽게 하는 지식이다. 사람들은 이 편집된 휴리스틱 지식을 장기 기억에 기억하고 있다가 문제를 해결한다고 생각하고 있다. 이 휴리스틱 지식으로 해결할 수 없는 문제를 만나면 심층의 지식 즉, 정리나 법칙을 이용해서 문제해결에 도전하는 것으로, 일상의 문제해결에는 대부분 이 심층의 지식을 이용하는 경우는 없다. 전문가 시스템의 규칙을 구축하는 지식 공학자는 현장 전문가와 상담을 해서 이 휴리스틱 지식을 획득하고 구조화해서 지식 베이스를 구축하게 된다. 일반적으로, 전문가는 휴리스틱 지식과 특정한 문제 영역의 고유한 사실을 사용함으로써 문제를 해결하고 있는 것으로 심층지식은 거의 쓰지 않고 있다. 따라서 지식 베이스에 기억되는 지식은 문제 영역 고유의 사실과 추론된 사실 그리고 휴리스틱인 지식을 말하는 것이다.

대부분의 전문가 시스템의 규칙은 휴리스틱하다. 즉, 경험적인 규칙 또는 제한된 조건하에서만 적용할 수 있는 단순화된 규칙이다. 이러한 규칙들은 알고리즘 방법과는 상반된 경우도 있다.

알고리즘 방법을 통해서는 문제의 뜻에 맞는 정확한 답 또는 최상의 답을 얻을 수 있지만, 휴리스틱 방법은 대부분 최상의 답은 아니지만 사용자가 받을 수 있는 정도의 답을 제공한다. 즉, 실용적인 답을 제공하는 것이 휴리스틱 방법에서의 답 제공 방식이다. 예를 들어, 비행기 납치 예방을 위한 납치범의 접근을 막는 방법은 무엇인가라는 질문에 대해 알고리즘적인 방법에서는 "모든 사람의 짐을 검사한다"라고 말할 수 있는데 이것은 시간낭비는 물론 비효율적이다. 반면 휴리스틱 방법에서는 "금속탐지기 결과 금속 소지자에 한해서 검사한다"라는 최상은 아니지만 효율적인 방법을 제공한다. 휴리스틱 방법에서는 납치를 완전히 배제하지는 못하지만 실용적이고 현실적인 방법을 제안하게 되는 것이다.

이상과 같이 알고리즘에 의한 자료 처리 프로그램과 지식 처리 전문가 시스템의 차이점을 비교하면 다음 <표 9.3>과 같다.

〈표 9.3〉 자료 처리 프로그램과 지식 처리 전문가 시스템의 비교

자료 처리 프로그램	지식 처리 전문가 시스템
자료의 표현과 이용	지식의 표현과 이용
알고리즘에 의한 문제해결	휴리스틱(heuristic)에 의한 문제해결방법
반복적 처리	추론적 처리
다량의 자료를 효율적으로 처리	다량의 지식 베이스를 효율적으로 처리
숫자 처리(numeric processing)	심볼 처리(symbol processing): LISP, PROLOG
데이터 + 알고리즘에 의한 절차 처리	지식 베이스 + 추론엔진에 의한 지식중심
전통적 프로그래밍 기법	진보된 개념의 한 프로그래밍 기법
절차적 언어 사용	객체지향 프로그래밍 언어 사용
프로그래머에 의해 유지관리	지식공학자에 의해 유지관리

전문가 시스템과 전통적인 자료 처리 시스템과의 차이점을 구체적으로 기술하면 다음과 같은 것들을 들 수 있다.

첫째, 전문가 시스템과 자료 처리 시스템과의 차이는 업무 처리가 이루어지는 순서에 있다. 즉, 자료 처리 시스템은 IF-THEN의 법칙이 업무 처리 과정 속에서 정해진 순서에 의해 실행되지만 전문가 시스템에서는 반드시 그렇지는 않다. 이러한 문제에서 프로그램 언어 문제가 발생하게 되고 따라서 전문가 시스템은 기존의 COBOL, FORTRAN 등의 절차식 언어로는 부적당하며 새로운 언어의 필요성이 대두되게 되었다.

둘째, 전문가 시스템에 의해 실행되는 업무는 반드시 해당 분야의 전문가에 의해 실행되었던 것이라는 점 즉, 지식 베이스에 기초한다는 점이다. 이것을 도식화하면 다음과 같다.

자료 처리 프로그램 = 데이터 + 알고리즘

전문가 시스템에서의 지식 베이스형 프로그램은 '지식 베이스+추론 엔진'으로 생각할 수 있다. 다시 말해서, 전통적인 자료 처리 시스템에서는 절차가 중심이 되나 전문가 시스템의 중심은 지식 베이스와 추론 엔진이라는 것이다.

셋째, 전문가 시스템은 지식 공학자라 불리는 전문가에 의해 유지, 관리되며 개선되지만, 자료 처리 시스템은 프로그래머에 의해 유지, 관리된다. 덧붙

여 전문가 시스템은 그 시스템의 일부분인 지식 베이스를 사용자가 첨가시킬 수도 제외시킬 수도 있는 반면, 자료 처리 시스템에서는 프로그래머가 아닌 사용자에 의한 프로그램의 변경은 불가능하다.

마지막으로, 전문가 시스템에서는 심볼 처리가 주류를 이루지만 자료 처리 시스템은 거의 모두 숫자 처리 위주로 이루어진다. 따라서 전문가 시스템은 종래의 프로그램 언어와는 달리 인공지능 도구나 심볼 처리가 가능한 LISP나 PROLOG를 주로 사용하여 개발되고 있다.

그 외에 전문가 시스템과 자료 처리 시스템은 시스템의 구조에 있어서도 차이점이 보이는데, 업무 처리 시스템은 대상이 되는 업무의 흐름을 쫒아가면서 해를 구하거나 결과를 출력시키지만 전문가 시스템은 일단 집합된 지식 베이스를 기초로 법칙과 추론기관에 의한 접근 방식을 택한다. 그러나 전문가 시스템도 자료 처리 시스템이 처리되는 같은 컴퓨터 시스템에서 처리되고 또한 전문가 시스템의 개발을 목적으로 고안된 컴퓨터 언어가 존재하지만 기존에 사용되던 많은 프로그래밍 언어를 사용하여 전문가 시스템을 개발할 수도 있기 때문에 전문가 시스템을 문제 해결을 위한 보다 진보된 개념의 한 프로그래밍 기법으로는 볼 수 있어도 전통적 컴퓨터 프로그램과 전혀 다른 차원의 컴퓨터 응용 분야로는 간주할 수 없을 것이다.

9.3 전문가 시스템의 활용 분야

9.3.1 발전 과정

전문가 시스템의 특징은 전문성(expertise)과 지식기반(knowledge-based), 합리화(rationalization)를 들 수 있는데 지식, 문제 해결을 위한 과정과 해결의 내용 및 해결에 대한 근거와 정당성을 유지하고 있다는 점에서 타 프로그램과 구별된다.

전문적인 성격이 강한 분야에 주로 널리 사용되었으나, 지식을 다루는 대부분의 분야로 확장되고 있다. 전문가 시스템은 크게 분석적인 것과 종합적인 것으로 나눌 수 있다. 분석적인 것은 해석(interpretation), 진단(diagnosis), 모니터링(monitoring) 분야에 사용되고 종합적인 것은 구성(configuration), 계획(planning), 설계(design) 분야에 사용된다. 이외에도 처방 및 치료(remedy), 예측(prediction), 통제(control), 교육(instruction) 등의 영역으로 확장되어 가고 있다. 인공지능 분야 중에서 실용성을 강조하며 발전해 온 전문가 시스템 분야는 특정 분야에 대한 전문지식을 추출하여 대규모의 지식 베이스를 구축하고 경험적인 추론을 통하여 문제해결이나 자문을 수행한다.

전문가 시스템의 발전 과정 및 활용 분야를 그림으로 표현하면 다음 <그림 9.5>와 같다.

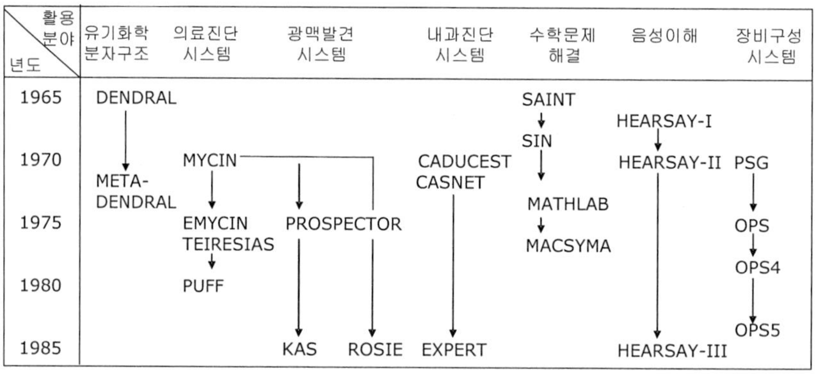

〈그림 9.5〉 전문가 시스템의 발전 과정 및 활용 분야

전문가 시스템은 발전 과정 및 다양한 활용 분야를 설명하면, 전문가 시스템은 농업, 제조, 화학, 수학, 컴퓨터, 고고학, 물리학, 제어, 정보 처리 등 다양한 분야에 응용가능하다.

전문가 시스템은 크게 연구용과 상업용으로 나뉠 수 있다. 위의 그림은 대체로 연구용 전문가 시스템을 나타낸 것이며 그밖의 상업용으로는 ACE, DELTA, SPE, XCON, YES/MVS 등이 있다.

화학 분야의 전문가 시스템 연구는 DENDRAL에서부터 시작되었다. DENDRAL은 미국의 스탠포드 대학에서 1960년대 중반에 시작된 혁신적 연구과제로, 유기물질의 구조분석을 위해 인공지능 기법을 개발하는데 공헌하였다. 현재 화학에서의 전문가 시스템 연구는 분자구조해석, 유기물 학성 및 분자생물학에서의 실험 계획 등이 있다.

1960년대 말 미국의 뉴욕주립 대학에서 개발한 SYNCHEM2는 화학전문가의 도움없이 유기화학식을 구성할 수 있는 시스템이다. 이 시스템은 기본이 되는 분자식을 이용하여 목표가 되는 분자식을 만들기 위해 화학 반응에 관한 지식을 이용한다. 기본물질로부터 목표가 되는 복합물의 분자식을 구성해 나가는 데는 문제의 제약조건을 반영한 휴리스틱 방법을 적용한다. 이 시스템의 지식 베이스는 1000개의 화학반응과 5000개의 화학복합물에 관한 지식을 갖고 있다.

미국의 MIT 대학에서 1960년대 중반에 개발한 MACSYMA 시스템은 수학의 대수식을 변환하고 제한된 범위 내에서 계산, 기호통합, 등식해결 등을 한다.

컴퓨터 시스템에서 전문가 시스템 연구를 상업용으로 최초로 성공한 시스템 XCON은 미국의 카네기 멜론 대학과 digital equipment사가 1970년대 공동으로 연구개발한 것이다. XCON은 VAX 컴퓨터 시스템 설계에 도움을 주고 있는데 각 부품 연결은 물론 세부사항까지 정의해 주므로 현장 전문가보다 훨씬 빠르고 정확하게 설계하는데 도움을 주고 있다.

기계공학에서의 대표적 전문가 시스템은 1980년대 중반 general electric사에서 개발한 DELTA가 최초의 시스템이다. 이 시스템은 디젤기관차의 고장 진단용으로 개발되었으며 현재 기계공학 분야에서 고장 진단 및 복잡한 공정제어 시스템을 위해 사용되고 있다.

지질학에서 대표적 전문가 시스템은 1970년대 개발한 PROSPECTOR인데, 이 시스템은 지질학자가 광석매장지를 찾는데 도움을 주도록 개발되었다. 실제로 1980년대에는 수억만 달러가 매장된 몰리브덴 광의 존재를 예언하기도 했다고 한다.

최근의 전문가 시스템들은 퍼지 논리를 기본으로 개발되고 있다. 1976년에 개발된 규칙기반 전문가 시스템인 MYCIN의 생성 규칙은 퍼지 논리를 기초로 하고 있으며, 확신도(certainty degree)라는 값은 결론에 부여하고 있다. 어떤 결과를 추론함에 있어 확률 추론(probabilistic reasoning), 질적 추론(qualitative reasoning)과 같은 방법을 사용할 수 있다. MYCIN은 1970년대 미국의 스탠포드 대학에서 개발한 시스템으로 가장 널리 알려진 시스템 중의 하나이다. 이 시스템은 포도상구균의 감염 여부에 관한 진단을 도와주고 있으며 의학교육과 연구를 위해 사용되고 있다. 의학에서 현재 전문가 시스템 연구는 의학실험, 자료의 분석, 질병진단,

질병치료, 진단과 관리 기술의 교육훈련에 대해서 활발히 진행되고 있다.

질적 추론은 상황논리를 기초로 하고 있으며, 상황논리는 특정상태가 일정기간 동안 참이었다가 다른 기간에는 거짓이고 다시 참으로 변할 수 있는 변화되는 상태에 대하여 상황의 전환 과정을 표현하는 것이다. 변화되는 상황을 변량과 변량 사이의 비례관계 및 영향 관계를 통하여 추론하는 것이 질적 추론이며, 그래프 형태로 표현된다. 트리는 지식을 계층적으로 분류하는 데 사용될 수 있다. 인공지능에서 네트워크를 사용하는 사례는 자연어 처리에서 의미망을 들 수 있다.

보다 진보된 사례로는 Quillian에 의하여 연구되기 시작한 연관망을 들 수 있다. 연관망은 개념노드와 링크로 구성된 네트워크 형태로 인간의 기억력을 모델화한 것으로 유명하다. 네트워크를 사용하여 지식을 표현한 연관망은 서술 논리에 비해 표현한 연관망은 서술 논리에 비해 표현력이 부족하고, 추론에 시간이 너무 많이 소요된다는 단점이 있다.

프레임 개념은 Minsky에 의해 처음 도입된 것인데, 프레임은 하나의 레코드 안에 선언적 지식과 절차적 지식을 모두 가질 수 있다. 프레임은 계층적 구조를 가지고 있어서 높은 프레임으로부터 낮은 프레임으로 특성 상속을 한다는 점에서 연관망의 특수형태라고 할 수 있으며 슬롯에 여러 값을 채울 수 있다는 점에서 스크립트와 같은 스키마 구조라고 말할 수 있다. 스크립트는 일련의 복잡한 사연을 설명하기 위하여 고안된 자료 구조이다. 스크립트 자료 구조를 이용하면 쉽게 전체 스토리를 표현할 수 있다.

9.3.2 지식 공학 언어와 프로그래밍 방법

<표 9.4>은 전문가 시스템 개발을 위한 지식 공학 언어에 관한 것을 요약한 표이다.

〈표 9.4〉 전문가 시스템 개발을 위한 지식 공학 언어

개발 도구	형식	특징	구현언어	개발자
EMYCIN	특수목적 시스템	규칙중심(rule-based) 후향추론 확신도 이용 설명기능 지식 습득	INTER LISP	스탠포드대학
EXPERT	특수목적 시스템	규칙중심(rule-based) 전진추론 확신도 이용 설명기능 지식습득 일관성 조사	FORTRAN	루트거스대학
OPSS	범용 시스템	규칙중심(rule-based) 전진추론 융통성 있는 제어방식 및 표현방식 채택	FRANZ LISP	카네기-멜론대학
ROSIE	범용 시스템	규칙중심(rule-based) 전진추론 절차지향언어 영어식 구문	INTER LISP	랜드회사

<표 9.5>는 전문가 시스템 도구에 의해서 제공되는 표현 기법과 프로그래밍 방법에 관해 요약해 놓은 표이다.

〈표 9.5〉 전문가 시스템 도구에 의해서 제공되는 표현 기법과 프로그래밍 방법

표현 기법	기법 설명	프로그래밍 언어
규칙중심 (rule-based)	전진추론이나 후진추론 수행을 위해 IF~THEN 규칙을 사용	EMYCIN
프레임중심 (frame-based)	절차적 부착과 상속을 위해 프레임 계측구조를 사용	SRL
절차중심 (procedure-oriented)	프로그래밍 수행을 조직화하고 제어하기 위해 네스티드 서브루틴을 사용	LISP
객체중심 (object-oriented)	메시지를 통해 다른 것과 통신하기 위해 객체(objects)라는 원소를 사용	SMALL-TALK
논리중심 (logic-based)	프로그램 지침 수행을 구성하는 계산방법의 예측에 사용	PROLOG
접근중심 (access-oriented)	데이터가 변동되거나 판독될 때 새로운 방법을 개시하는 탐사방법을 사용	LOOPS

추론은 이미 알고 있는 사실로부터 필요한 정보를 추출하는 과정이며, 후향추론은 목표로부터 초기 상태로 거꾸로 찾아가는 것으로, MYCIN과 같은 규칙 기반 추론 시스템이 대표적인 사례이다. 전향 추론은 초기 상태에서 목표 상태로 추론해 가는 것으로, OPSS가 대표적인 예가 된다. 자세한 내용은 제5장에서 이미 설명하였다.

다음 <표 9.6>은 영역 전문가로부터 지식을 추출하는 기법을 설명한 표이다.

〈표 9.6〉 영역 전문가로부터 지식을 추출하는 기법

지식 추출 방법	특징
즉시 관찰 (on-site observation)	일하는 중에 실제 문제들을 해결하는 전문가를 주목
문제 토의 (problem discussion)	특수한 문제해결에 필요한 절차, 지식, 데이터의 종류를 조사
문제 서술 (problem description)	어떤 영역에서 각 범주에 관한 해답을 위해 표준형 문제를 제시하는 전문가를 채용
문제 분석 (problem analysis)	이론적 설명을 위한 탐사를 해결하기 위해 일련의 실제적인 문제를 가진 전문가를 소개
시스템 정의 (system refinement)	면담을 통해 얻을 가치를 사용하여 해결한 일련의 문제를 제공해 줄 수 있는 전문가를 채용
시스템 관찰 (system examination)	표준형 시스템규칙과 제어구조를 검토하고 비판할 수 있는 전문가를 채용
시스템 타당성 (system validation)	다른 영역의 전 분야에 관한 표준형 시스템과 전문가에 의해 해결된 소송을 소개

전문가 시스템의 지식은 지식 베이스에 저장되며, 문제에 따라서는 지식 베이스의 수정이 필요하다. 지식 베이스의 수정은 전문가로부터 새로운 규칙의 획득 또는 수정, 지식 베이스의 수정, 수정된 지식 베이스를 기존의 데이터에 적용하여 이상이 있을 경우에는 새로운 지식들의 점검, 새로운 사례에 새로운 지식 베이스의 적용 등의 절차를 거치게 된다.

전문가 시스템은 새로운 패러다임 혹은 스타일 프로그램이다. 종전의 프로그램에 있어서는 처리 순서를 완전하게 작성해 주지 않으면 안 되었지만 전문가 시스템은 추론에서 이용되는 지식을 규칙과 같은 형태로 임의의 순서대로 주면 되는 것이 많다. 즉, 실행시에 추론 기구가 필요한 지식을 선택하여 적용해 주기 때문에 전문가 시스템은 전문가의 지성을 자극하여 고도의 전문지식을 이끌어

내는 펌프의 역할을 한다. 따라서 전문가 시스템과 전통적인 컴퓨터 프로그램의 차이는 전문가 시스템이 지식을 다루는 반면 전통적인 컴퓨터 프로그램은 데이터 처리를 다룬다는 점이다. 자세한 내용은 9.2절을 참조하길 바란다.

9.4 전문가 시스템의 개발 단계

전문가 시스템을 개발할 때 한꺼번에 완전한 시스템을 만드는 것은 매우 어려우므로 처음에는 기본적인 기능을 수행하는 시스템을 만들어 본 후 점차적으로 시스템 구성과 지식표현을 조직적으로 향상시켜 가면서 개선해 나가는 방법이 효과적인 방법이다.

전문가 시스템 개발자는 점차적으로 향상시켜 나가면서 다음 <그림 9.6>과 같이 몇 단계를 거쳐야 한다. 각 단계는 서로 독립적인 것이 원칙이지만 대부분 다른 단계와 중복되기도 한다. 예를 들면, 문제의 정의 단계와 개념 설명 단계는 어느 정도 중복되어 진행된다.

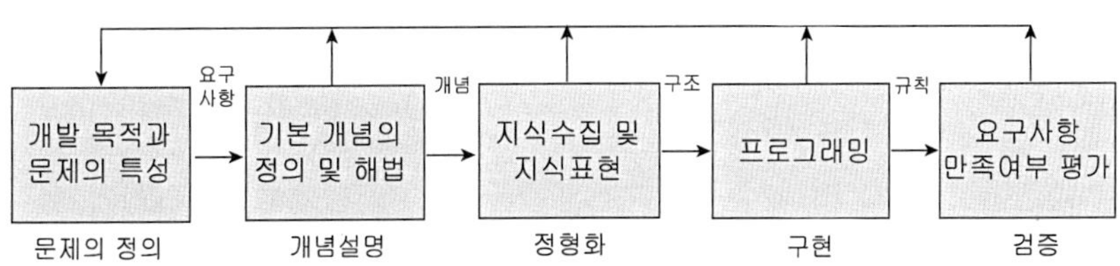

〈그림 9.6〉 시스템 개발 단계

(1) 문제정의 단계

지식 공학자는 개발할 시스템과 응용분야의 특성을 정의하여야 한다. 이때 주어진 문제의 유형과 범위, 개발 작업에 참여할 인력, 전문가, 소요될 시간, 컴퓨터 시설 등을 함께 고려해야 한다. 문제를 정의하는 단계에서는 큰 문제부터 작은 문제로 세분화해서 정의하는 하향식 방법과 반대로 작은 문제로부터 점차 큰 문제로 통합해 나가는 상향식 방법을 사용하게 된다. 이때 이 두 방법을 각각 독립적으로 적용할 수도 있고 병행해서 적용할 수도 있으므로 지식 공학자가 문제 영역과 응용 분야에 따라 융통성 있게 정의해야 한다.

(2) 개념 설명 단계

지식 공학자는 문제정의 단계에서 정의된 문제를 해결하기 위해 필요한 개념을 정립하고 각 개념 사이의 관계와 제어기능을 정의하는데, 세부 작업, 구체적인 전략, 제약조건 등도 함께 정의한다. 이 단계는 문제정의 단계와 병행해서 수행될 수 있다.

(3) 정형화

지식 공학자는 정형화 단계에서 중요한 개념과 지식을 일정 틀에 맞게 정형화해서 정의하고 표현한다. 규칙에 의한 지식 표현이 적합할 경우 지식 공학자는 이에 적합한 개발 도구를 선택하고 IF-THEN 규칙에 따라 자료를 수집하고 표현한다. 이 과정이 전문가 시스템의 의사결정 과정에서의 핵심이 되므로 현장 전문가의 조언과 도움이 매우 많이 필요한 단계이다.

(4) 구현

정형화 단계까지 거쳤을 경우 전문가 시스템의 중요한 틀은 어느 정도 완성되어 있다. 따라서 구현단계는 지금까지의 단계를 컴퓨터로 프로그래밍하는 단계가 된다. 일단 시제품을 만들어서 테스트 해 본 후 완성제품으로 가도록 데이터 타입, 하부 시스템 통합, 프로그래밍 언어 등을 재설정하면서 수행해 나가야 한다.

(5) 검증

구현에서 테스트 과정을 거쳐서 재 수행하면서 지식 공학자가 처음에 문제정의하고 설명한대로 프로그램화 되었는지, 시스템은 제대로 동작하는지, 현장 전문가의 의사가 반영되었는지 등을 구체적인 예를 통해 테스트 해보는 단계를 말한다. 이 과정에서도 전문가 시스템의 개발이 가능하므로 여러 가지 측면에서 충분히 분석하고 테스트해야 한다.

현장 전문가로부터 지식을 얻는 과정은 앞의 <그림 9.1>에서 지식 공학자의 역할과 동일하다. 지식 획득 방법을 세분화 하면 다음 <표 9.7>과 같다. 즉, 즉시 관찰, 문제 토의, 문제 서술, 문제 분석, 시스템 정의, 시스템 관찰, 그리고 시스템 타당성 측면에서 지식 획득을 할 수 있다.

〈표 9.7〉 지식 획득 방법 및 특징

지식 획득 방법	특징
즉시 관찰	일하는 중에 실제 문제들을 해결하는 전문가를 주목
문제 토의	특수한 문제해결에 필요한 절차, 지식, 데이터의 종류를 조사
문제 서술	어떤 영역에서 각 범주에 관한 해답을 위해 표준형 문제를 제시하는 전문가를 채용
문제 분석	이론적 설명을 위한 탐사를 해결하기 위해 일련의 실제적인 문제를 가진 전문가를 소개
시스템 정의	면담을 통해 얻을 가치를 사용하여 해결한 일련의 문제를 제공해 줄 수 있는 전문가를 채용
시스템 관찰	표준형 시스템 규칙과 제어구조를 검토하고 비판할 수 있는 전문가를 채용
시스템 타당성	다른 영역의 전문 분야에 관한 표준형 시스템과 전문가에 의해 해결된 소송을 소개

이상의 과정을 거쳐서 만든 전문가 시스템은 몇 차례 과정을 거쳐서 상업용 제품으로 탄생하게 된다. 먼저 시험적으로 몇 개의 사례를 해결할 수 있도록 테스트해본 후 계속 시스템을 개발할지를 결정하게 된다. 그런 다음 다양한 범용 사례에 대해서도 적용 가능하도록 약 500개의 규칙을 보강해서 시제품을 만든다. 그런 다음 약 1000개의 규칙을 적용하여 현장 문제에 관한 시스템이 되도록 보강한 후 프로그래밍의 완성도를 높여서 약 1500개 정도의 규칙을 포함한 시스템이 되도록 확장한다. 이 단계에서는 상용화가 가능한 바로 전 단계인데 XCON과 같이 상용화된 전문가 시스템은 약 1500개 정도의 규칙을 갖고 있으며 약 95% 정도의 신뢰도를 가지고 주어진 문제에 적응하여 행동한다. 이와 같은 상용화되어 완성도 높은 시스템을 개발하기까지 개발 과정과 프로그래머의 능력, 문제 영역 등에 따라 다르겠지만 약 2~6년 정도의 개발 기간이 소요될 것으로 예상한다.

전문가 시스템을 응용하여 개발하는데 있어서 문제정의 및 설명 단계가 매우 중요하다. <그림 9.7>에서 나타낸 ① '문제의 설정'과 ② '개발환경의 정비'는 이미 계획 단계에서 결정되어 있을 것이므로 그 개발환경이 적절하면 ⑧ '다른 시스템과의 통합화'를 도모할 뿐만 아니라 시스템의 개발은 매우 쉽게 된다. 실용 전문가시스템 의 구축은 시제품(프로토타입)을 구축하고 나서 본격적인 실용 시스템의 구축에 들어가야 한다. ③ '프로토타입 시스템의 개발'이나, ④ '실용 시스템 개발'의 어느 것이냐, 지식의 획득이 그 중심 과제가 된다.

<그림 9.7>에 지식 획득인 프로세스를 나타내고 있다. 지식 공학자와 전문가가 협력해서 지식 베이스를 구축하고 그 시스템을 검토해서 그 지식이 적절한가를 확인해서 그림에 나타낸 바와 같이 몇 번씩 지식 표현의 개념을 재편성하거나, 구조화된 지식을 재설계하여 규칙화된 지식의 재구성을 반복해야만 한다.

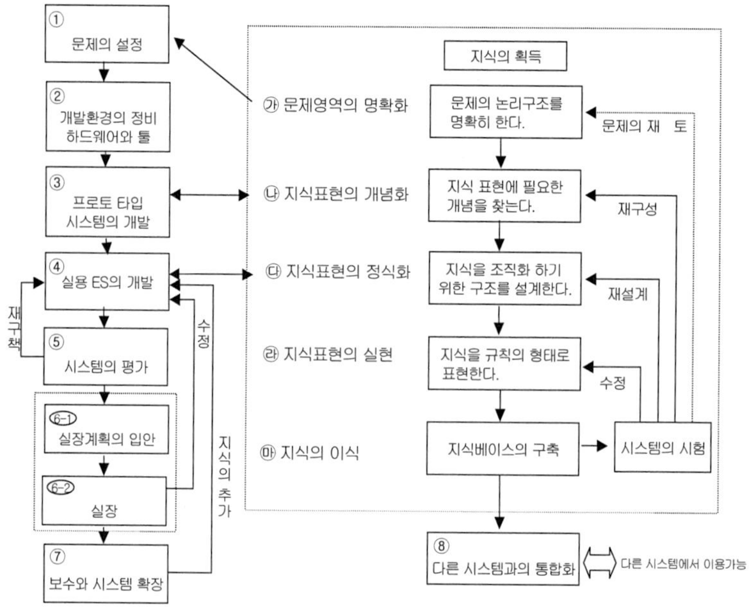

〈그림 9.7〉 전문가 시스템 응용 개발 단계

문제를 재검토해서 탐색 방법을 변경해야 할 경우도 있는데, 이 경우에 현장 전문가의 전문적 지식이 요구되며 이것이 전문가 시스템 구축의 성패에 크게 좌우되기도 한다.

9.5 사례연구 : TMYCIN

이번 절에서는 전문가 시스템 개발 도구로 많이 사용되는 교육용 TMYCIN에 관해 설명하고자 한다.

(1) 도입

TMYCIN은 'tiny EMYCIN'의 약자로서 미국의 스탠포드대학에서 EMYCIN 개발 이후 교육용으로 제작한 전문가 시스템 개발 도구이다. TMYCIN은 EMYCIN의 전체 사양을 전부 갖고 있지는 않고 간단한 부분만을 패키지로 갖고 있으므로 EMYCIN과는 좀 다르지만 크기가 비교적 작기 때문에 교육용으로 배우기에 매우 적합한 전문가 시스템 개발 도구이다.

(2) 데이터

데이터는 컨텍스트(context)라고 불리는 레코드 구조로 저장되어 있다. 현재의 컨텍스트는 전역 변수인 CNTXT로서, 규칙 내에서 참조가 가능하다.

```
(defcontext <context-name> <parameter> <initial-data> <goals>)
```

<context-name>은 컨텍스트 레코드의 이름(일반적으로 rock 또는 patiet 등과 같이 진단 혹은 증명되는 객체의 이름)을 말하고, <parameter>는 parameter에서 서술된 리스트이다. <initial-data>는 모든 참조의 시작에서 알게 된 매개변수 이름의 리스트이다. <goals>는 참조의 결과에서 찾은 매개변수 values의 리스트이다.

예를 들면, 다음과 같이 나타낼 수 있다.

```
(defcontext 'rock                                        ; 컨텍스트 이름
        '((color (brown black white))                    ; 매개변수
                (environment (igneous metamorphic sedimentary)
                "What is the type of geologic environment in which the
                 specimen was found?"
                 (identity atom)
```

```
(pretty nil))                    ; yes/no에 대한 nil
'(color)                         ; 초기데이터
'(identity)                      ; 목표
```

각 <parameter> 서술은 3가지 내용을 갖는 리스트로 구성될 수 있다. parameter name, type, reprompt string(선택 사항)과 같이 여기서 사용되는 type은 다음과 같다.

① EMYCIN에서 사용하는 타입

(예) POSNUMB(positive number) → 검사는 하지 않지만 ? input 응답에서 사용자에게 보여진다.

② 가능한 값의 리스트

(예) RED WHITE BLUE → 검사는 하지 않지만 ? input 응답에서 사용자에게 보여진다.

③ NIL(Yes 또는 No parameter)로 지시한 것

이 값은 input routine(type이 NIL이면 input 'no'를 (YES-1.0)으로 변화시켜 줄 것이다)에 의해 조사된 것이다. reprompt string은? input에 대한 대답을 사용자에게 보여 주는데, 이는 input에 대해 좀 더 자세히 대답하기 위해서이다.

TMYCIN에서 컨텍스트 사용의 예는 목록에 저장된 데이터값을 가진 LISP 원자로 구현된다. 이 경우 클래스는 고유이름 ISA에서 저장된다. 각 매개변수 값은 그의 값과 확신 인자(certainty factor, CF)로 저장되어 있다.
예를 들면,

COLOR ((RED 0.3)(WHITE 0.4)(BLUE 0.1))
인 경우, COLOR는 매개변수와 값의 리스트로서 표현된다.

(3) 규칙

① 규칙 형식

규칙은 DEFRULES 함수로서 다음과 같은 형식을 이용하여 정의된다.

(<rulename> <premises> <conclusion>)

여기서 <premises>는 call 함수에 의해 호출되는 그룹화된 규칙이 조건부를 말하고, <conclusuins>은 결론부를 말하는데 conclude 이후에 서술되어 있다.

규칙의 표현 예를 들면 다음과 같다.

```
(defrules
(rule101 ($and (same cntxt color black)
          (notsame cntxt pretty yes)
          ($or (between*(val cntxt gardness 3 5)
          (same cntxt environment sdimentary)))
          (conclude cntxt identity coal tally 400)
```

② $AND와 $OR

규칙의 조건부는 항상 매개변수값을 테스트함으로써 형성되고, $AND와 $OR의 작용에 의해서 결합된다. $AND는 그것의 각각의 조합들을 순서대로 평가한다. 만약 어떤 항목(clause)이 NIL을 리턴하거나 0.2보다 작은 CF값을 리턴한다면 $AND에서는 무조건 NIL을 리턴한다. $OR는 항목값 중에 참(true)이 하나라도 있으면 참값을 리턴한다.

③ 테이터값 테스트 과정

규칙에 있는 데이터값을 테스트하기 위해 몇 개의 함수들이 제공되는데, 이들은 조건부 참(true)을 생성하기 위해 필요한 CF와는 다르다. 각 함수들은 컨텍스트 변수 cntxt를 이용한다.

(SAME CNTXT <parameter> <value>) 함수

: 특정 매개변수가 특정값(CF>0.2)을 갖는지를 검사하여, 특정값을 가진다면 매개변수의 CF값을 리턴하는 함수이다.
(KNOWN CNTXT <parameter> <value>) 함수

: 특정 매개변수가 특정값(CF>0.2)을 갖는지를 검사하여, 특정값을 가진다면 1.0을 리턴하는 함수이다.
(NOTSAME CNTXT <parameter> <value>) 함수
: 특정 파라미터가 특정값을 항상 갖지 않거나 CF<0.2이라면 함수의 리턴값은 항상 1.0이다.

④ 수식 테스트(numeric test)

매개변수를 수식 테스트하려면 매개변수의 숫자값이 필요한데, 이것은 VAL1 함수에 의해 수행된다. VAL1 함수는 매개변수가 가지고 있던 CF값 중에서 가장 큰 값을 리턴한다.

(VAL1 CNTXT <parameter>)

이렇게 리턴된 값은 매개변수의 비교에 이용된다.

(4) 입력

TMYCIN에서 수행하는 도중 매개변수값을 물어볼 때, 사용자가 대답할 수 있는 몇 가지 응답 형태를 보면 다음과 같다.

① 사용자는 간단히 데이터값을 입력할 수 있다. 예를 들면, (BLUE 0.1)과 같이 하나의 항목으로 표현할 수 있다.
② 사용자는 단일값과 CF값을 동시에 입력할 수 있다. 예를 들면, (YES 0.6)과 같이 나타낼 수 있다.
③ 사용자는 단일값과 CF값을 다중 리스트 형태로 입력할 수 있다. 예를 들면, ((RED 0.5) (ORANGE 0.5))와 같이 나타낼 수 있다.
④ 사용자는 '?'를 다시 입력함으로써 매개변수와 값에 대해 다시 질문할 수 있다.
⑤ 사용자가 'WHY'를 입력하면 시스템은 현재 참조하고 있는 규칙을 프린트하여 나타낼 수 있고, 사용자는 다시 질문할 수 있다.

(5) 그밖에 유용한 함수들

① WHY/WHYNOT 함수

WHY 함수와 WHYNOT은 사용자가 시스템의 추론에 관해 물어볼 수 있도록 한 함수이다. WHY 함수는 (why <instance> <parameter>)의 구조를 갖고 있다. 여기서 <instance>는 특정 문맥을 말하고 <parameter>는 조사되고 있는 매개변수를 말한다. WHY 함수는 이 매개변수에 대한 값을 유도하는 규칙들을 프린트해 주기도 한다.

WHYNOT은 왜 특정 결론에 도달할 수 없는지를 보여 주는 함수이다. 특정 결론에 도달하기 위해 필요한 규칙들을 보여 주는 역할도 한다.

② ENGLRULE(규칙 번역) 함수

ENGLRULE 함수는 규칙을 영어 형태로 바꾸어 주는 함수를 말한다. 규칙 101을 바꾸려면 다음과 같이 사용한다.

```
(englrule 'rule101)
```

③ 다른 함수들

SHOWRULE 함수는 규칙을 internal LISP 형태로 보기 좋게 출력해 주는 함수이다. 만약, 규칙 101을 출력하려면 다음과 같이 사용한다.

```
(showrule 'rule101)
```

SHOWPROPS 함수는 특정 문맥 클래스에 대해 저장된 값을 보기 위해 사용된 함수이다.

```
(showprops 'rock37)
```

DOCONSULT 함수는 컨텍스트 클래스 이름을 가지고 새로운 추론을 행하기 위해 필요한 함수이다.

```
(doconsult 'rock)
```

(6) 프로그램 소스 코드

이 프로그램은 이상에서 설명한 TMYCIN 프로그램에 관한 것이다. 직접 사용해서 전문가 시스템을 개발해 보기 바란다.

```
/* TMYCIN 예제 프로그램
이 프로그램은 Hewlett Packard의 시스템 개발 과정에서 개발된 전문가 시스템 도구로서, 후진 추론 형태인 EMYCIN을 시뮬레이션하기 위한 프로그램이다. 물론 이 프로그램은
EMYCIN의 많은 부분들을 지원하지는 않으며 EMYCIN과는 다소 다르지만 학생들이 전문가 시스템을 공부하기에는 매우 좋은 프로그램이다. 이 프로그램은 융통성 및 이동성을 위해 고전적
LISP 프로그래밍 언어로 작성되어 있다.
TMYCIN에서 입력 변수들은 다음의 몇 가지 형태로 되어 있다.
    RED                                  CF=1.0을 갖는 단일값
    (RED 0.6)                              특정 CF를 갖는 단일값
    ((RED 0.3)(WHITE 0.4)(BLUE 0..3))  몇가지 CF값들을 갖는 값들로 구성
    ?                                     설명 및 기대값에 대한 요구시 사용
    컨텍스트(context): Class 원자에 대한 ISA 포인터를 갖는 Gensym 원자
                  상위 문맥에 대한 PARENT 포인터

 데이터값들은 다음의 파라메터 이름하에 적당한 리스트로 저장된다.
          (LISTOF (LIST Value CF)).
*/
;(in-package :user)

(defvar allrules nil)             ; Allrules is for use. Not used by system
(defvar cntxt nil)               ; Current data context
(defvar cntxtname nil)           ; Name of the top context
(defvar tally 0)                 ; For CF calculations
(defvar prevgoals nil)            ; Loop prevention in bc-goal
(defvar runrulerulename nil)      ; Used in answering why question

; Make a new data context of class CLASS, with a pointer to PARENT context.
; Example: CLASS = CULTURE and PARENT = PARENT1
(defun make-context (class parent)
  (prog (cntxt)
   (setq cntxt (glmkatom class))
   (setf (get cntxt 'isa) class)
   (cond (parent (setf (get cntxt 'parent) parent)))
   (return cntxt)
))

; Define a new rule, index on conclusions, add to ALLRULES.
; A rule looks like:
;    (RULE101 ($AND (...) ...) (CONCLUDE ...))
(defun defrule (rule)
  (prog (parms concpart rulename)
    (setq rulename (cond ((eq (car rule) 'if) (glmkatom 'rule))
                   (t (car rule))))
    (setf (get rulename 'rule) rule)
    (setq concpart (caddr rule))
   (cond ((eq (car concpart) 'conclude)
         (setq parms (list (caddr concpart))))
        ((eq (car concpart) 'do-all)
         (setq parms (mapcan (function (lambda (conc)
                               (cond ((eq (car conc) 'conclude)
                                      (list (caddr conc))))))
                             (cdr concpart))))
         (t (error  "Incorrect conclusion part of rule")))
   (mapc (function (lambda (parm)
           (or (member rulename (get parm 'rules))
               (setf (get parm 'rules) (cons rlename(get parm 'rules))))))
          parms)
   (or (member rulename allrules)
       (setq allrules (nconc allrules (cons rulename nil))))
))

; Get value of a parameter from a context, looking up parent chain
(defun cntxtget (cntxt parm)
      (cond ((null cntxt) nil)
      ((get cntxt parm))
      (t (cntxtget (get cntxt 'parent) parm)))
)

; Get a parameter value, backwardchaining for it if needed.
(defun parmget (cntxt parm)
      (or (cntxtget cntxt parm)
          (and (not (member parm prevgoals))
```

```
            (bc-goal cntxt parm (cons parm prevgoals))))
)
; Test for a specified value with CF>0.2, return CF.
(defmacro same (cntxt parm value)
    (sameexpr, cntxt (quote, parm) (quote, value)))
(defun sameexpr (cntxt parm value)
    (prog (vals pair)
       (setq vals (parmget cntxt parm))
       (return (and (setq pair (assoc value vals))
                    (> (cadr pair) 0.2)
                    (cadr pair)))
))
; Test for a specified value with CF<=0.2, return 1.0
(defmacro notsame (cntxt parm value)
   (notsameexpr, cntxt (quote, parm) (quote, value)))
(defun notsameexpr (cntxt parm value)
   (prog (vals pair)
      (setq vals (parmget cntxt parm))
      (return (cond ((or (null (setq pair (assoc value vals)))
                         (>= (cadr pair) 0.2))
                      1.0)
                    (t nil)))
))
; Test for a specified value with CF>0.2, return 1.0
(defmacro known (cntxt parm value)
   (knownexpr, cntxt (quote, parm) (quote, value)))
(defun knownexpr (cntxt parm value)
   (prog (vals pair)
      (setq vals (parmget cntxt parm))
      (return (and (setq pair (assoc value vals)))
                   (> (cadr pair) 0.2))
                   1.0)
))
; Get the value of a parameter. The value with highest CF is retured.
(defmacro vall (cntxt parm)
   (vallexpr, cntxt (quote, parm)))
(defun vallexpr (cntxt parm)
   (prog (parmvals maxpair)
      (setq parmvals (parmget cntxt parm))
lp (cond ((null parmvals) (return (and maxpair (car maxpair))))
        ((or (null maxpair) (> (cadar parmvals) (cadr maxpair)))
         (setq maxpair (car parmvals))))
  (setq parmvals (cdr parmvals))
  (go lp)
))

; EMYCIN-style comparisons
(defun greaterp* (x y)
  (cond ((and x y (numberp x) (numnerp y) (> x y)) 1.0)))

(defun greateq* (x y)
  (cond ((and x y (numberp x) (numnerp y) (>= x y)) 1.0)))

(defun lessp* (x y)
  (cond ((and x y (numberp x) (numnerp y) (< x y)) 1.0)))

(defun lesseq* (x y)
  (cond ((and x y (numberp x) (numnerp y) (<= x y)) 1.0)))

(defun between* (x low high)
  (cond ((and x low high (numberp x) (numnerp low) (numberp high)
               (<= low x) (< x high))
               1.0)))

; Run a rule
(defun runrule (cntxt rulename)
  (prog (tally rule runrulerulename)
    (setq runrulerulename rulename)
    (setq rule (get rulename 'rule))
    (setq tally (eval (cadr rule)))
    (cond ((and tally (numberp tally) (> tally 0.2))
       (return (eval (caddr rule)))))
))

; Basic rule conclusion function
;   (CONCLUDE CNTXT parm val TALLY cf)
(defmacro conclude (cntxt parm value tally rylecf)
   (concludeexpr, cntxt (quote, parm) (quote, value), tally, rulecf))
(defun concludeexpr (cntxt parm val tally rulecf)
```

```
    (prog (cntxt vals pair newcf)
      (setq newcf (* tally (/ (float rulecf) 1000.0)))
      (setq cntxtp (findparmctx cntxt parm))
      (setq vals (get cntxt parm))
      (cond ((setq pair (assoc val vals))
              (rplaca (cdr pair) (cfcombine (cadr pair) newcf)))
            (t (setf (get cntxtp parm) (nconc vals (list val newcf))))))
))

; Find proper level of context for a parameter
(defun findparmctx (cntxt parm)
  (prog (class)
    (cond ((null ntxt) (eror (list "Couldnt find context for parm" parm
                              "probably left out of defcontext")))
          ((not (setq class (get cntxt 'isa)))
            (eror "context has no Class")))
    (rturn (cond ((assoc parm (get class ' parametes))
                  cntxt)
                (t (findpamctx (get cntxt 'parent) parm))))
))

; Find description for a parameter
(defun findparmdes (cntxt parm)
  (prog (class)
    (cond ((null cntxt) (error "Couldnt find context fo parm"))
          ((not (setq class (get cntxt 'isa)))
            (error "Context has no Class")))
    (return (cond ((assoc parm (get class 'parameters)))
                  (t (findparmdes (get cntxt 'parent) parm))))
))

; Backchain though rules to try to conclude goal
(defun bc-goal (cntxt parm prevgoals)
  (prog (cntxtp rules asked)
    (setq cntxtp (findparmctx cntxt parm))
; If parm already traced, dont do it again.
 (cond ((get cntxtp parm))
       ((or (get parm 'askfirst)
           (null (setq rules (get parm 'rules))))
         (setq asked t)
         (setf (get cntxtp parm) (askuser cntxtp parm)))
       (t(mapc (function (lambda (rule)
              (runule cntxt rule)))
            rules) ))
  (cond ((get cntxtp parm))
        ((not asked) (setf (get cntxt parm) (askuser cntxtp parm)))
        (t (setf (get cntxtp parm) (copy-tree '((novalue 0.0))) ) ))
  (return (get cntxtp parm))
))

; AND together clauses so long as CF > .2, return minimum CF.
(defmacro $and (&rest conditions)
  ($andexpr (quote ,conditions)))
(defun $andexpr (clauses)
 (prog (result cr)
lp (cond ((null clauses) (return result)))
   (setq cr (eval (car clauses)))
   (setq clauses (cdr clauses))
   (cond ((null cr) (return nil))
        ((not (numberp cr)) (error "Bad result from antecedent Clause"))
        ((<=cr 0.2) (return nil)))
   (setq result (cond ((null result) cr)
                  (t (min result cr))))
   (go lp)
))

; OR together clauses, return maximum CF, stop on CF=1.0.
(defmacro $or (&rest conditions)
  ($orexpr (quote ,conditions)))
(defun $orexpr (clauses)
 (prog (result cr)
lp (cond ((null clauses) (return result)))
   (setq cr (eval (car clauses)))
   (setq clauses (cdr clauses))
   (cond ((null cr))
        ((not (numberp cr)) (error "Bad result from antecedent clause")))
   (setq result (cond ((null result) cr)
                  (t (max result cr))))
   (cond ((equal result 1.0) (return result)))
   (go lp)
))
```

```
; EMYCIN CF calculation algorithm.
; "It ain't perfect, but it's better than its inputs usually are."
(defun cfcombine (old new)
 (cond ((null old) new)
       ((null new) old)
       ((not (and (numberp old) (numberp new))) (error "Bad CF"))
       ((or (and (equal old 1.0) (equal new -1.0))
            (and (equal old -1.0) (equal new 1.0)))
            (error "Contadiction in CF values"))
       ((or (equal old 1.0) (equal new 1.0)) 1.0)
       ((or (equal old -1.0) (equal new -1.0)) -1.0)
       ((and (minusp old) (minusp new))
         (- (cfcombine (- old) (- new))))
       ((and (not (minusp old)) (not (minusp new)))
         (+ old (* new (-1.0 old))))
       (t (/ (+ old new) (-1.0 (min (abs old) (abs new))))))
)
; Print conclusion for a parameter
(defun printconclusion (cntxt parm)
 (prog ()
   (terpri)
   (print parm)
   (terpri)
   (pprint (cntxtget cntxt parm))
   (terpri)
))
; Define a context class. Args are context name, parameters,
; initialdata, goals. Each parameter specification is a lis of the
; parameter name, expected type, and reprompt string. The latter two
; are used mainly in response to "?" input. An expected type of NIL
; is used for YES/NO parameters.
; E.g.,(DEFCONTEXT 'PATIENT
;                   '((NNME STRING)
;                     (AGE POSNUMB "What is age of patient in years?")
;                     (RASH NIL "Is there an obvious rash?")
;                     (TEMPERATURE POSNUMB "What is temp in degrees F?")
;                     (DISEASE (MEASLES RUBELLA PIMPLES)))
                    '(NAME AGE)
;                   '(DISEASE))
(defun defcontext (context parms initialdata goals)
  (prog ( )
    (setq cntxtname context)
    (setf (get context 'paameters) parms)
    (setf (get context 'initialdata) initialdata)
    (setf (get context 'goals) goals)
))
; Ask the user for a data value
(defun askuser (cntxt parm)
  (prog (inp parmdes)
    (setq parmdes (findparmdes cntxt parm))
top (cond ((null (cadr parmdes))              ; Yes/no parameter
           (princ "Is") (princ cntxt) (prine "") (princ parm) (prine "?"))
          (t (princ "What is the") (princ parm) (princ "of")
            (princ cntxt) (princ "?")))
lp (terpri)
  (setq inp (read))
  (cond ((eq inp '?)
          (cond ((cddr parmdes) (princ (caddr parmdes)) (terpri)))
          (princ "Expected values are:")
          (princ (cadr parmdes))
          (terpri)
          (go lp))
       ((eq inp 'why) (terpri)
          (prine "We are examining the following rule:")
          (terpri) (terpri) (showrule runrulerulename) (terpri) (go top))

       ((member inp '(y n no))
         (setq pamdes (findparmdes cntxt parm))
         (cond ((null (cadr parmdes))               ; test for yes/no parm

               (setq inp (cond ((membe inp '(n no)) (list 'yes -1.0))
                               (t (list 'yes 1.0))))))) )
(return (cond ((and (consp inp) (consp (car inp))) inp)
            ((consp inp) (list inp))
            (t (list (list inp 1.0)))))
))
; Run a consultation. E.q., (DOCONSULT 'ROCK)
(defun doconsult (topclass)
  (prog (topctx goals)
```

```
    (terpri)
    (terpri)
    (setq goals (get topclass 'goals))
    (setq topctx (make-context topclass nil))
    (getinitialdata topctx)
    (mapc (funcion (lambda (goal)
            (bc-goal topctx goal nil)))
          goals)
   (terpri)
   (terpri)
   (princ "The conclusions for") (princ topctx) (princ "are as follows.")
   (terpri)
   (mapc (function (lambda (goal)
           (printconclusion topctx goal)))
         goals)
))
; Get initial data fo a class
(defun getinitialdata (cntxt)
  (prog (class)
    (setq class (get cntxt 'isa))
    (mapc (function (lambda (parm)
            (setf (get cntxt parm) (askuser cntxt parm))))
          (get class 'initialdata))
))
; Define a set of rules
(defmacro defrules (&rest lvarfordefrules)
   (and (mapc (function defrule) (quote ,lvarfordefrules)) t))
; Do a set of things in consequent
(defmacro do-all (&rest lvarfordoall)
   (mapc (function eval) (quote ,lvarfordoall) ))
; edited: 11-NOV-82 11:54 --- borrowed from GLISP.
; Make a variable for GLCOMP functions.
(defun glmkatom (name)
(prog (newatom)
  lp (setq neqatom (intern (symbol-name (gensym (symbol-name name)))))
; If an atom with this name has something on its poplist, try again.
     (cond ((or (get newatom 'rule) (get newatom 'isa))(go li))
           (t (return newatom)))))
; Show a rule in LISP form, e.g., (showrule 'rule 101).
(defun showrule (rulename) (pprint (get rulename 'rule)))
; Show properties of a context, e.g., (showprops 'rock3).
(defun showprops (atm) (pprint (cons atm (symbol-plist atm))))
(setq cntxt nil)
(setq tally nil)
(setq allrules nil)
; The following code is optional, to translate rules to English, answer Why.
; Uses CNTXTNAME, the last context given to defcontext.
;   Print out a rule in stylized English
(defun englrule (rulename)
  (prog (rule conse)
    (or (setq rule (get rulename ' rule)) (return nil))
(terpri) (terpri)
(princ "If:") (terpri)
(printpremises (cadr rule) 0 5 0)
(terpri) (princ "then:") (terpri)
(setq conse (caddr rule))
(cond ((eq (car conse) ' conclude) (printconc conse))
        (t (mapc (function (lambda (x) (printconc x)))
              (cdr conse))))
    (terpri)
))
; Print permises of a rule
(defun printpermises (clause numb spaces initapaces)
   (prog (junction)
     (cond ((null clause)(return nil))
         ((member (car clause)
              ' (same notsame know greaterp* great ' eq*
            lessp* lesseq* between*))
   (printclause clause) (return nil)))
     (setq junction (car clause))
lp (cond ((null (setq claues (cdr clause))) (return nil)))
    (spaces (- spaces initspaces))
(setq initspaces 0)
(setq numb (1+ numb))
(cond ((< numb 10) (princ " ")))
```

```
(princ numb) (princ ") ")
(printpremises (car clause) 0 (+ spaces 5) 9)
(cond ((cdr clause) (princ ", ")
         (princ (cond ((eq junction '$and) "and")
                             ((eq junction '$or) "or")
  (t junction)))
(terpri)))
(go lp)
))
(defun spaces (n) (cond ((> n 0) (princ " ") (spaces (1-n)))))
(defun printclause (clause)
(let ((pred (car clause)))
   (cond ((member pred '(same notsame))
             (cond ((eq (caddr clause) ' yes)
            (princ "the ") (princ cntxtname)
                   (princ (cond ((eq pred ' same) " is ")
           (t " is not ")))
         (princ (clauseparm clause)))
(t (princ "the ") (princ (clauseparm clause))
     (princ " of the ") (princ cntxtname)
     (princ (cond ((eq pred ' same) " is ")
           (t " is not ")))
     (princ (caddr clause)))))
  ((member pred '(greaterp* qreateq* lessp* lessq* between*))
   (princ "the ") (princ (clauseparm clause)) (princ " of the ")
              (princ cntxtname) (princ " is ")
 (princ (cadr (assoc pred
                        ' ((qreaterp* "greater than ")
      (qreateq* "greater than or equal to ")
      (lessp* "less than")
      (lesseq* "less than or equal to")
      (between* "between ")))))
 (princ (caddr clause))
 (cond ((eq pred ' between*) (princ " and ")
             (princ (cadddr clause)))))
          ((equal pred ' known)
      (princ "the ") (princ (clauseparm clause)) (princ " of the ")
         (princ cntxtname) (princ " is known")
         (cond ((cdddr clause) (princ " to be ")
  (princ (cadddr clause)))) ))
))
; Return the parameter name for a clause
(defun clauseparm (clause)
  (cond ((member (car clause) ' (same notsame known)) (caddr clause))
          ((member (car clause)
                 ' (greaterp* greateq* lessp* lesseq* between*))
      (caddr (cadr clause)))
     (t  ' ???))
)
 (defun printconc (conc)
    (prog (tally)
      (cond ((not (eq (car conc)  ' conclude)) (retrun nil)))
      (setq tally (cadr (oddddr conc)))
      (princ (cond ((< (abs tally) 500) "there is weakly suggestive evidence ")
                     ((< (abs tally) 800) "there is suggestive evidence ")
  ((< (abs tally) 1000)
   "there is strongly suggestive evidence ")
  (t "it is definite ")))
(princ "(") (princ (/ (float tally) 1000.0)) (princ ") that ")
(cond ((eq (cadddr conc)  ' yes)
          (princ "the ") (princ cntxtname)
   (princ (cond ((< tally 0) " is not ")
                      (t "is ")))
   (princ (caddr conc)) )
  (t (princ "the ") (princ (caddr conc)) (princ " of the ")
     (princ cntxtname)
     (princ (cond ((<tally 0) " is not ")
                     (t " is ")))
      (princ (cadddr conc)) ))
     (terpri)
))
;    (why contxt parm value) asks why a value was concluded. value is optional,
;    if unspecified, it defaults to the value concluded most strongly.
;    Example: (why rock34 identity)
(defmacro why (cntxt parm & optional value)
   (whyexpr (quote ,cntxt) (quote ,parm) (quote ,value)))
 (defun whyexpr (cntxt parm value)
  (prog (rules rulename rule tally concpart vals)
      (cond ((not (get cntxt  ' isa)) (princ cntxt) (princ " ??") (return nil)))
```

```
        (or value (setq value (vallexpr cntxt parm)))
        (setq rules (get pam ' rules))
     lp (cond (null rules) retrun nil)))
        (setq rulename (car rules))
        (setq rule (get rulename  ' rule))
        (setq rules (cdr rules))
 ;      See if this rule concluded the value of interest
        (setq concpart (caddr rule))
        (cond (eq (car concpart)  ' conclude)
        (setq vals (list (list (caddr concpart)
                                   (cadr (cddddr concpart))))))
((eq (car concpart)  ' do-all)
(setq vals (mapcan (function (lambda (conc)
                          (cond ((and (eq (car conc)  ' conclude)
                 (eq (caddr conc) parm))
            (list (list (cadddr conc)
                    (cadr (cddddr conc))))
    )) ))
            (cdr concpart) )))
(t (error "Incorrect conclusion part of rule")))
(cond ((not (assoc value vals)) (go lp)))
;       Evaluate the precondition and see if it workde.
        (setq tally (eval (cadr ruyle)))
(cond ((not (and tally (numberp tally))) (go lp)))
(terpri)
(terpri)
(princ "The following rule concluded that")
(terpri) (princ "the ") (princ parm)(princ " of ")
(princ cntxt) (princ "was ") (princ value) (princ " (")
(princ (* tally (/ (float (cadr (assoc value vals))) 1000.0)))
(princ ")") (terpri)
(terpri)
(showrule rulename)
(go lp)
))
;       (whynot cntxt parm value) asks why a value was not concluded.
;       Example. (whynot rock34 identity coal)
(defmacro whynot (cntxt parm value)
      (whynotexpr (quote , cntxt) (quote , parm) (quote , value)))
(defun whynotexpr (cntxt parm value)
  (prog (rules rulename rule tally concpart vals ante)
        (cond ((not (get cntxt  ' isa)) (princ cntxt) (princ  " ??") (return nil)))
(setq rules (get parm ' rules))
    lp (cond ((null rules) (return nil)))
        (setq rulename (car rules))
(setq rule (get rulename  ' rule))
(setq rules (cdr rules))
;       See if this rule concluded the value of interest
        (setq concpart (caddr rule))
(conc ((eq (car concpart)  ' conclude)
         (setq vals (list (cadddr concpart))))
 ((eq (car concpart)  ' do-all)
  (setq vals (mapcan (function (lambda (conc)
                   (cond ((and (eq (car conc)  ' conclude)
                        (eq (caddr conc parm))
     (list (cadddr conc)) )) ))
   (cdr concpart) )))
 (t (error "Incorrect conclusion part of rule")))
(cond ((not (member value vals)) (go lp)))
Evaluate the preconcition and see if it worked.
(setq tally (eval (cadr rule)))
(cond ((and tally (numberp tally) (>tally 0.3)) (go lp)))
(terpri) (terpri)
(princ "The following rule miqht have concluded that") (terpri)
(princ "the ") (princ parm) (princ " of ") (princ cntxt)
(princ " was ") (princ value) (terpri) (terpri)
(showrule rulename) (terpri)
(princ "but it failde on the following condition:") (terpri)
(terpri)
(setq ante (cadr rule))
(cond ((not (eq (car ante)  ' $and)) (pprint ante) (go lp)))
  lpb  (setq ante (cdr ante))
        (cond (null ante) (go lp)))
(setq tally (eval (car ante)))
(cond ((and tally (numberp tally) (> tally 0.2)) (go lpb)))
;       This clause failed.  Print it and its result.
        (pprint (car ante))
(princ "returned CF value was ") (princ tally) (terpri)
(go lp)
))
```

연·습·문·제

1. 인간과 전문가 시스템을 비교하여 설명하시오.

2. 전문가 시스템에서 지식공학자의 역할에 대해 설명하시오.

3. 전문가 시스템의 응용영역에서 많이 차지하고 있는 영역을 설명하고 왜 이 분야에 많이 응용되는지에 대해 설명하시오.

4. 전문가 시스템에서 지식 공학언어는 어떤 역할을 하는지 설명하시오.

5. 자료처리 프로그램과 지식처리 전문가 시스템의 차이점을 설명하시오.

6. 전문가 시스템의 개발단계에 따라 6장을 참조하여 퍼지 제어 전문가 시스템을 설계해 보시오.

제 10 장

컴퓨터 비전

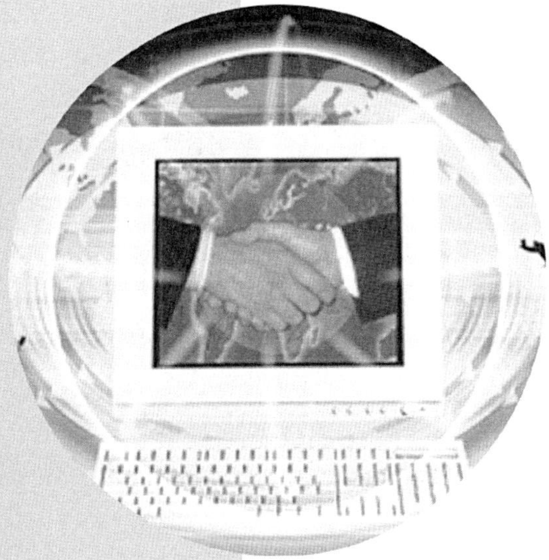

10.1 컴퓨터 비전 기술의 필요성

90년대 초반부터 21세기까지 멀티미디어의 개념은 점점 더 확장되어 가고 있다. 예전의 미디어는 TV나 오디오 등이었으나 현재는 인터넷이 새로운 미디어로 떠올랐다. 이것은 곧 멀티미디어의 확산을 뜻한다. TV방송에서도 많은 변화가 생기고 있는데 단순히 TV만 이용하는 것이 아니라 인터넷에서 동시에 문자 방송 및 실시간 기술을 도입하여 영상도 지원하고 있다. 물론 아직은 과도기적인 면이 없지 않지만 세계 어느 곳에서든지 동시에 정보를 얻을 수 있다는 데에서 큰 변화라고 하지 않을 수 없을 것이다.

물론 이 정보라는 것은 단일 문자나 영상이 아니라 그 모든 것이 한꺼번에 이용되고 있는 것이다. 인터넷을 접해본 사람이면 많이 느꼈겠지만 그림 파일 하나 얻는데도 많은 시간을 소비한 경험이 있을 것이다. 여기서 영상 처리의 필요성이 대두되어 많은 연구가 진행되고 있는 것이다.

〈그림 10.1〉 정보처리의 형태들

사람의 오감 중 시각이 차지하는 비중은 매우 크다고 할 수 있다. 인지 심리학자들의 이론에 따르면, 인간이 외부로부터 얻는 정보의 90%를 시각이 담당하고 있다고 한다. 이렇게 사람의 시각이 중요한 정보 취득 기관일 수 있는 것은 눈의 높은 해상도와 빠른 처리 능력 및 인식 능력에 기인한다고 할 수 있다. Film을 사용하는 카메라의 경우는 해상도가 4,000×4,000 정도이며, 머신 비전에서 널리 사용되고 있는 표준카메라의 해상도가 640×480 정도인 것에 비하여, 사람 눈의 해상도는 대략 1,000,000×1,000,000 정도의 높은 해상도를 가지고 있다고 한다. 즉, 인간의 눈과 같은 역할을 수행할 수 있는 기술이 바로 컴퓨터 비전(computer vision) 기술이다.

영상 처리(image processing) 기술은 1920년대부터 개발되기 시작한 것으로, 초기에는 화상전송과 관련되어 기술의 개발이 시작되었다. 1920년대에 미국과 유럽 간에 신문용 사진 전송에 화상 처리 기술을 이용하여, 사진 한 장 전송에 1주일이 소요되던 것을 영상 처리 기술을 이용하여 3시간 이하로 줄인 것이 그 실용화의 시초이다. 그 이후 1964년에 미국의 JPL(Jet Propulsion Laboratory)은 우주선에서 보내온 화상의 개선을 시도하면서 많은 대학들과 관련연구의 활성화 시대를 열었다.

의료 분야에 있어서는 1980년대 이후에는 컴퓨터 단층촬영(Computer Tomography, CT) 기술과 관련하여 CT의 발명자인 하운스필드 박사는 1979년 노벨상을 수상한 바 있으며, 최근의 핵자기 공명 촬영(Magnetic Resonance Imaging, MRI)은 선명한 인체내부의 단면화상이 취득가능한 수준의 기술을 보여주고 있다.

다른 응용 분야로서 축산 분야에서의 X선 화상의 이용, 측량 분야에서의 정밀 지형관측, 고고학 분야에서의 부장품 탐사, 생물학 분야에서 현미경을 통해 취득한 화상 속의 세포분리 등에도 영상 처리 기술이 폭 넓게 사용되고 있다.

이와 같은 비전 기술에 관련되어, 컴퓨터 비전, 화상 처리, 머신 비전, 로봇 비전 등 다양한 용어가 사용되고 있다. 화상 처리를 근거로 하여, 인간의 시각 능력에 유사한 지적 기계를 만들어 가고자 하는 것이 비전 분야의 중요 목표이다. 컴퓨터 비전이라고 하는 것은 일반적으로, 컴퓨터에 의하여 많은 계산을 하여, 화상 처리를 활용하고자 하는 분야이며, 주요대상의 3차원적인 문제로 귀결된다고 할 수 있다. 여기서 화상 처리라고 하는 것은 기존의 1차원적인 전기적인 신호 처리에 대비하여, 2차원적인 정보(화상, image)에 대한 다양한 컴퓨터 또는 회로적 처리를 수행하는 기술 분야를 통칭하여 이른다.

현재의 멀티미디어 환경에서 영상 처리가 쓰이지 않는 곳이 없을 정도로 이곳저곳에서 쓰이고 있으며, 특별히 분류하기도 모호한 상태이다. 다음에서는 컴퓨터 비전이 사용되는 몇 가지 분야를 살펴보기로 한다.

(1) 생물학 분야

DNA 검사나 세포의 분열, 증식 등을 연구하기 위하여 현미경을 사용하는 모습을 본적이 있을 것이다. 현미경의 고성능, 다기능으로 원하는 정보를 얻어내는 기술이 필요하게 되었다. 이러한 필요는 영상 처리 기술을 발전시켰다. 만약 세포관찰을 한다면 부각시키고 싶은 부분만 더욱 뚜렷하게 나타낼 수 있다. DNA의 분석, 분류, 정합 등의 작업을 할 수 있다.

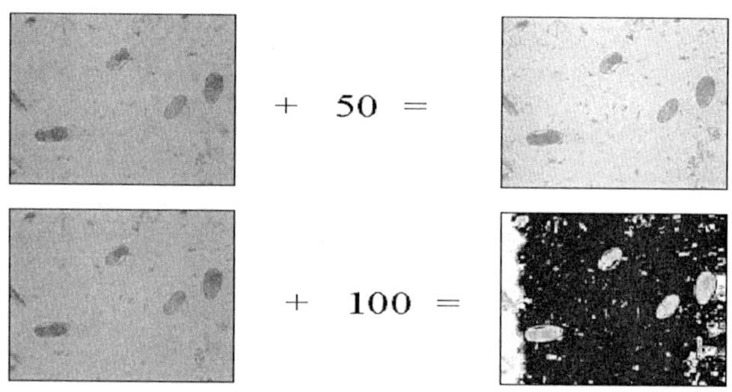

〈그림 10.2〉 생물학에서의 영상 처리 기법의 예

(2) 인공위성 분야

SF영화에서 위성을 통해 원하는 목표물을 포착한다거나 부각시키는 정보 처리 능력을 본 적이 있을 것이다. 이것은 단지 영화 안에서의 픽션만이 아닌 현재 많은 연구가 진행 중인 영상 처리의 다른 분야를 보여주는 것이다. 인공위성에 의한 위성사진을 이용하여 적진의 기지나 군사목표물을 포착하기 위한 작업을 할 수 있다. 인공위성을 이용해 지구의 기상을 측정할 수 있으며 태풍의 발견이나 부각 등에 많이 활용되고 있다.

사회 생태학자들은 이 기술을 석유 누출에 의해 미치는 위험을 연구하는 데 사용하고 있다. 해양 연구가들은 연안 오염이 어류에 미치는 영향을 감시하는 데 사용한다. 이 기술은 수자원을 관리하고 특히 가뭄의 경험이 있는 지역에 도움을 주는 연구가들이 산에 뒤덮여 있는 눈을 감시할 수 있도록 도와준다. 이 기술은 쿠웨이트 석유 지역에 가한 이라크의 공격에 의한 피해 정도를 산출하는데 사용되었다. 폭격기 조종사들은 집중 폭격의 영향을 알아냄으로써 어느 지점에 폭격해야 할지를 알아내는데 사용하였다.

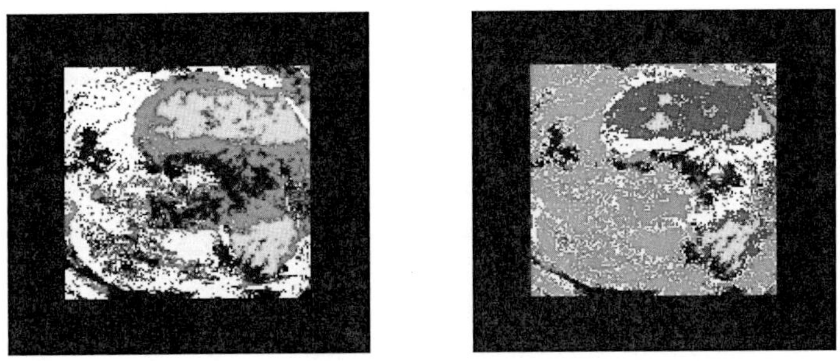

〈그림 10.3〉 인공위성에서 촬영한 지구 영상의 처리기법 예

(3) 의료 분야

병원에서 한 번쯤 X-ray를 촬영해 본 사람이라면 인체 속의 장기들이나 기타 여러 기관들보다도 뼈가 부각되어 나온 촬영사진을 본 적이 있을 것이다. 이것 역시 원하는 기관을 부각시킴으로서 좀 더 정확한 검진을 할 수 있도록 하여주는 영상 처리의 분야이다. 현재 많이 사용되고 있는 X-ray도 영상 처리에 의한 조작이 가능하다. 만약 갈비뼈가 부러졌는지 보기 위해서는 갈비뼈만 영상에서 추출해 낸다.

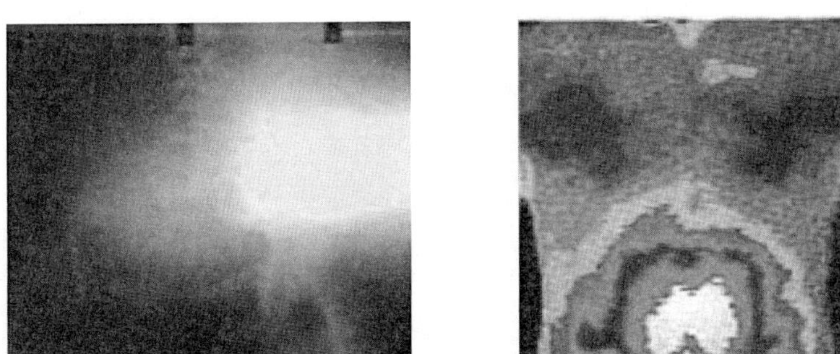

〈그림 10.4〉 X-ray 영상 처리 기법 예

의료 분야에서 다루는 디지털 영상으로 X-ray 외에 초음파 영상, CT, MRI 등이 있다. 의사들은 척추, 머리, 그리고 골반과 같은 뼈의 상태를 진단하기 위해 CT 스캐너를 사용하였다. MRI는 척추와 심장과 같은 얇은 조직을 볼 수 있게 해주었다. 이러한 의료 영상들은 컴퓨터에 저장되어 있으면서 의사들이 필요한 부분을 집중하여 볼 수 있도록 확장과 조작을 할 수 있다. 많은 의료 영상은 삼차원으로 만들어질 수 있다. 이로써 의사들은 스크린에 나타나는 영상의 특정 부분들을 연구를 위해 회전시키고 변형할 수 있게 된다.

의료 영상을 디지털화하는 또 다른 장점은 의사들이 환자를 오랫동안 지속적으로 진단할 수 있게 해준다는 것이다. 영상 데이터는 원거리에 있어도 수초 만에 의사에게 전송될 수 있다. 환자들은 그들이 살고 있는 지역 병원이 아니더라도 진단을 받을 수 있는 원격 진료 시스템이 조만간 현실화 될 것이다.

(4) 문서 처리 분야

정보의 바다, 정보의 홍수라는 현대 정보의 시대에서 문서의 폭주는 또 하나의 영상 처리 분야에서 연구 과제로 부각되었다. 많은 문서를 디지털화하는 과정에서 직접 손으로 작업을 하려면 불필요한 인력과 시간이 필요하게 된다. 문서 처리는 종이로 된 문서를 컴퓨터가 자동으로 디지털화하는 연구 분야로 현재 활발히 연구되고 있다. 문서를 컴퓨터가 저장할 수 있는 디지털 형태로 만들어 보관할 수 있게 하는 것이다. 수표나 세금 양식서 등의 뒷면에 기록한 문자를 자동으로 검출해 낼 수 있다.

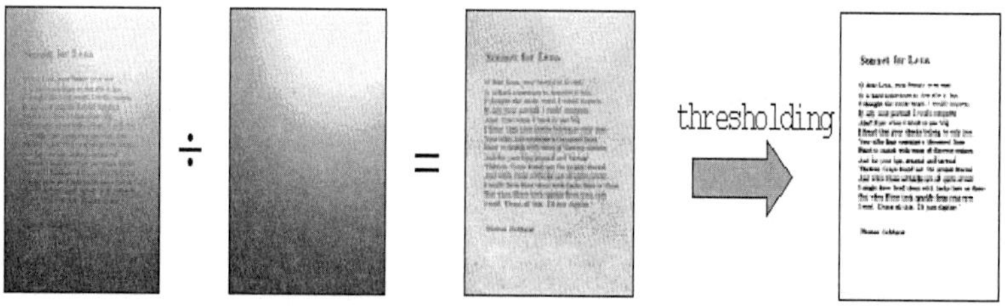

〈그림 10.5〉 문서 처리에서의 영상 처리 기법의 예

(5) 인터넷 정보 처리 분야

정보화 시대의 촉매 역할을 한 많은 기술 중 인터넷의 보급은 가장 큰 영향을 미친 기술이다. 이 인터넷의 기본적인 문제로 전송속도를 들 수 있는데 이 전송속도 안에서 많은 정보를 전송하기 위해서 영상의 가공 기술이 필요하다. 인터넷 방송은 현재 가장 발달한 미디어 기술의 하나로 세계 어디에서든 자신이 원하는 방송을 보고 들을 수 있게 되었다.

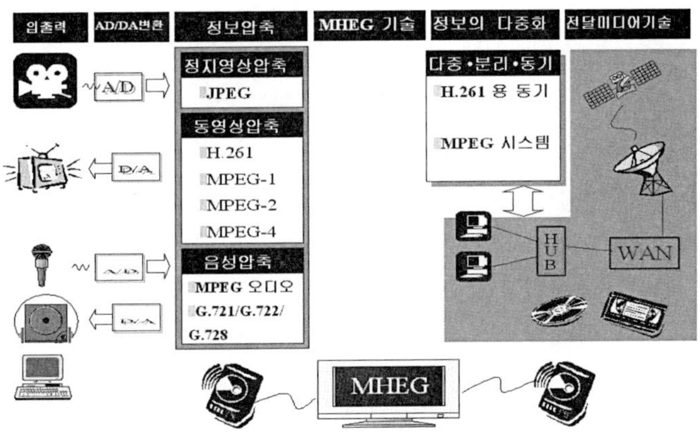

〈그림 10.6〉 멀티미디어 정보 처리 기법의 개념도

(6) 영상 압축 표준 기술

영상신호는 단순히 디지털 형태로 변환하였을 때 데이터의 양이 너무 많아 현실적으로 저장이나 전송이 매우 어렵다. 1990년대 중반 이후 세계적으로 상용화되고 있는 디지털 TV, DVD, 영상전화, 디지털카메라, DMB 등의 핵심기술은 영상신호를 크게 압축하는 것이다. 세계 각국은 효율적인 영상 압축방식의 개발을 위하여 국제표준화기구(ISO)나 국제전기통신연합(ITU) 등을 통해 표준기술을 개발해 왔다. 디지털 카메라나 컴퓨터에 있어서의 컬러 정지화 압축을 위한 JPEG, CD에 1.5Mbps로 동영상을 담기 위한 목적의 MPEG-1, 디지털 방송이나 DVD 등에 있어서의 고품질 영상 압축을 위한 MPEG-2, 전화망이나 인터넷을 이용한 영상전화/회의를 위한 H.263, 객체지향형 고능률 압축기술인 MPEG-4가 잇달아 표준으로 제정되었다. 가장 최근에는 HD급 DVD, 모바일 TV, IPTV 등 새로운 미디어에 대응하기 위한 목적으로 압축률을 더욱 향상시킨 H.264/AVC가 제정되었다.

정지영상 및 동영상 압축의 핵심적인 기술은 다음과 같다. JPEG은 정지영상을 8×8 단위의 블록으로 나누어 각 블록을 DCT(Discrete Cosine Transform)을 통해 주파수 성분으로 분해한다. 이후 양자화와 엔트로피 부호화를 거쳐 평균적으로 20:1 이상의 압축률을 얻는다. 2000년대에 들어서서 JPEG보다 압축률이 크게 향상된 새로운 기술로서, 웨이블릿 변환기반의 JPEG2000이 표준화되었다. 최근 이 표준을 이용하여 전 세계적으로 디지털 시네마가 활성화되고 있다. 동영상에 있어서는 MPEG-1, MPEG-2, H.263, MPEG-4의 표준이 기본적으로 DCT+양자화, 엔트로피부호화, 움직임추정/보상의 세 가지 요소로 이루어져 있다. 표준에 따라 각 요소들의 구체적인 내용이 점차 크게 개선됨으로써 압축률도 크게 향상되고 있다. 가장 최근의 표준인 H.264/AVC는 기존의 기술의 한계를 극복하기 위하여 기술적으로 많은 부분에서 변화를 주었다. 직교변환도 기존의 DCT 대신 크기가 작고 정수변환인 새로운 변환을 채택하였고, 엔트로피부호화도 매 순간의 통계적인 변화에 바로 따라갈 수 있는 적응적 기술을 사용하고 있다. 움직임 추정/보상에 있어서도 작은 블록부터 큰 블록에 이르기까지 실제 움직임에 가장 잘 맞는 블록 패턴을 선택할 수 있도록 하였다. 이 움직임 추정/보상을 여러 프레임을 이용하여 행함으로써 그 정확도를 높이고 있다. 그리고 한 화면 내에서도 블록의 패턴에 따라 적절한 예측을 행함으로써 압축률을 크게 향상하고 있다. 이러한 복잡성으로 인하여 구현이 훨씬 어려워졌으나 반도체 기술과 컴퓨터 기술의 발전에 힘입어 실시간 구현이 가능해지고 있다.

멀티미디어의 핵심기술이라고 할 수 있는 영상압축 기술은 지속적으로 발전하고 있다. 최근 ISO 산하의 MPEG과 ITU 산하의 VCEG에서는 차세대 동영상 압축 표준으로서 H.265를 개발하기 위한 활동을 경쟁적으로 시작하였다. 이에 따라 국내외의 연구자들이 새로운 국제표준에 들어갈 핵심 기술의 개발을 위하여 치열한 경쟁을 벌이고 있다.

10.2 비전 영상 만들기

10.2.1 영상 처리 시스템

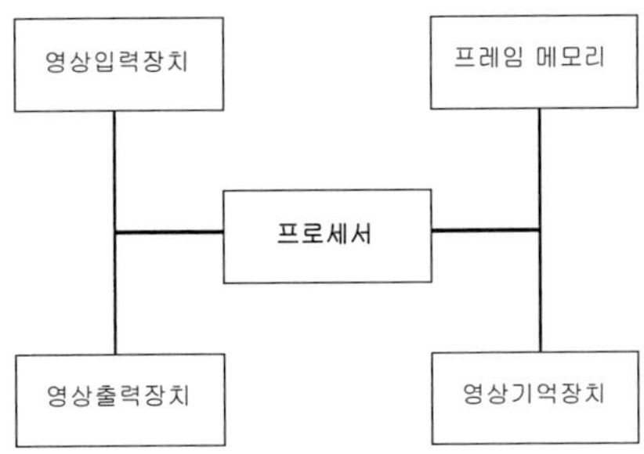

〈그림 10.7〉 영상 처리 시스템

영상 처리를 수행하기 위하여 필요한 영상 처리 시스템은 <그림 10.7>과 같이 크게 5가지 정도로 구성된다. 영상을 처리하기 위해 입력을 받는 영상 입력장치, 입력받은 데이터를 임시 저장하는 프레임 메모리, 이를 처리하는 프로세서, 입력된 영상이나 처리된 영상을 영구적으로 저장할 수 있는 영상 기억 장치, 영상을 보여주는 영상 출력장치로 구성된다. 영상 입력장치는 카메라, 스캐너와 같이 입력받은 아날로그 영상을 컴퓨터가 처리할 수 있는 디지털로 변환시켜 준다. 프레임 메모리는 영상을 일시 저장하기 위한 저장장치이고, 프로세서는 영상의 내용을 변경하여 원하는 특성을 갖도록 하기 위한 처리를 하는 것이다. 영상 기억장치는 입력된 영상이나 처리된 영상을 저장하여 보관하기 위한 것이다. 그리고 영상 출력장치로는 흔히 모니터를 사용하며, 레이저 프린터, 잉크젯 프린터 및 플로터 등이 쓰인다.

(1) 영상의 표현

일반적으로 영상은 2차원적인 배열을 갖고 있는 작은 색토막들의 밀집으로 볼 수 있으므로, 색토막의 종류에 따라 <그림 10.8>과 같이 이진 영상(binary image), 회색 영상(gray image), 칼라 영상(color image)으로 나눌 수 있다.

(a) 이진 영상　　(b) 회색 영상　　(c) 칼라 영상

〈그림 10.8〉 영상의 예

여기서 이진 영상은 영상내의 모든 색토막이 단 2가지의 색(보통 흑과 백)으로만 나타난 것이고, 회색 영상은 단일 색을 갖되 밝기가 있는 것이며, 칼라는 여러 색이면서 밝기도 있는 것을 의미한다. 이 경우에 밝기는 보통 정수를 사용하며, 밝을수록 높은 수치를 가진다고 정의한다. 칼라의 경우에는 표현하고자 하는 색을 빛의 3원색인 빨강(red), 녹색(green), 파랑(blue)의 밝기로 분해하여 표기한다. <그림 10.9>는 이러한 영상들의 표현 예이다.

(a) 이진 영상　　(b) 회색 영상　　(c) 칼라 영상

〈그림 10.9〉 영상의 수치 표현

(2) 디지털 영상

디지털 영상은 색토막의 위치 및 밝기를 수치로 표현한 것이다. 즉, 10.1식과 같이 색토막이 위치한 좌표(x,y) 및 색의 밝기(g 또는 r,g,b)들의 집합으로 표현할 수 있다.

이진 영상	g(x,y)=0 또는 1	(10.1a)
회색 영상	g(x,y)=0 ~ 255 중의 한 값	(10.1b)
칼라 영상	c(x,y)=[r(x,y) g(x,y) b(x,y)]	(10.1c)

이렇게 표현된 색토막은 영상의 최소 단위가 되므로 화소 또는 픽셀(picture element, 줄여서 pixel 또는 pel)라고 부른다. 디지털 영상은 바로 이 화소들을 2차원적으로 배열한 것이다. 이진 영상은 화소의 값을 0(흑)과 1(백)로 표현하며, 회색 영상은 8비트를 쓸 경우에 0-255까지의 정수를 사용한다. 그리고 칼라 영상은 빨강, 초록, 파랑의 순서대로 각각의 밝기에 해당하는 정수값을 연속해서 사용한다. 영상의 크기는 가로의 픽셀수 x 세로의 픽셀수 x 픽셀의 표현 비트수로 구할 수 있다. 예를 들어 가로 800픽셀, 세로 600픽셀, 24비트 칼라로 구성된 디지털 영상의 크기는 800x600x24비트=11,520,000비트의 크기이다. 이러한 디지털 영상의 특징은 영상의 정확한 처리와 재현성이 좋다. 또한 프로그램을 사용할 수 있으므로 각종 제어가 용이하고 여러 가지 영상 처리가 가능하다. 그러나 데이터량이 많고 처리 시간이 많이 걸리는 단점이 있다.

10.2.2 영상 데이터 만들기

(1) 영상 파일의 구조

컴퓨터에서 일반적으로 쓰이는 그래픽 파일들은 실제 그림 부분을 표현하는 데이터의 앞부분(header)에 그림의 크기 및 특성 등의 정보를 저장한다. 그러나 그림의 크기가 정해져 있고 속성이 일정한 영상들을 다루는 영상 처리 시스템인 경우에는 영상 데이터 부분만을 파일에 기록하여도 된다. 따라서 헤더가 없는 미가공 영상(raw image)을 영상 파일로 정의한다. 영상의 화소를 수치로 표현하기 위해서 필요한 비트수는 화소색에 따라 달라진다. 즉, 이진 영상인 경우에는 0과 1만으로도 가능하므로 단지 1비트만을 쓰면 된다. 그러나 회색 영상인 경우에는 화소의 밝기의 모든 경우 수를 나타낼 수 있어야 하므로 256단계를 나타내려면 8비트가 소요된다. 파일에 정수를 읽거나 쓰는 함수인 getc(), putc()는 1바이트씩 처리되므로 파일에 영상 데이터를 쓰고 읽는 시간을 절약하려면 저장되는 화소값도 바이트 단위가 되면 편리하다. 따라서 이진 영상인 경우에도 한 화소를 1바이트 단위로 처리하며 회색 영상인 경우에도 6비트 이상이면 현실적으로 사용 가능하지만 보통 8비트를 그대로 쓴다. 칼라영상인 경우에는 3원색이 각각 밝기를 가져야하므로 1바이트씩 모두 3바이트가 한 화소를 표현하는 데 사용된다. 이때 저장되는 색의 순서는 보통 빨강, 초록, 파랑이다. 영상은 2차원으로 배열된 화소들의 집합이므로 각 화소들을 순서대로 나열하여 파일에 쓰거나 읽으면 된다. 다만 수학에서 쓰이는 좌표계는 왼쪽에서 오른쪽으로 값이 커지는 X축과 아래쪽에서 위쪽으로 커지는 값을 갖는 Y축을 가지나 영상은 위에서부터 아래로 만드는 것이 일반적이므로 Y축 좌표값이 위, 아래가 바뀌게 된다. 즉, 영상 데이터를 쓰거나 읽을 때는 순차적으로 영상의 위에서부터 아래로 왼쪽에서 오른쪽으로 한 화소씩 처리하면 좌표값을 일일이 지정하지 않아도 된다.

(2) 영상의 표현

영상에서의 화소는 2차원적인 좌표를 가지므로 일반적으로 2개의 정수형 변수 x, y를 사용한다. 이 경우에 C언어에서 영상의 모든 화소를 한 번씩 처리하려면 다중 for문을 사용하여 다음과 같이 할 수 있다.

```
int x, y, hsize, vsize;
for (y=0; y<vsize; y++) {
  for (x=0; x<hsize; x++) {
   printf("x=%d y=%d\n",x,y);
  }
}
```

(3) 영상을 파일에 쓰기

이진 영상 및 회색 영상은 한 화소의 밝기가 1바이트로 표현되므로 다음과 같이 putc() 함수를 사용한다.

```
FILE *fp;
int c, x, y, hsize, vsize;
for (y=0; y<vsize; y++) {
```

```
        for (x=0; x<hsize; x++) {
            putc(c,fp);
        }
    }
```

여기서 c는 좌표 위치 (x,y)에서의 밝기값을 의미하며, fp는 쓰여지는 영상 파일에 대한 파일 포인터이다. 그러나 칼라 영상인 경우에는 한 화소가 3바이트씩이므로 다음과 같이 putc() 함수를 3번 연속해서 쓰면 된다.

```
    FILE *fp;
    int x, y, r,g,b, hsize, vsize;
    for (y=0; y<vsize y++) {
        for (x=0; x<hsize; x++) {
            putc(r,fp); putc(g,fp); putc(b,fp);
        }
    }
```

여기서 r,g,b는 좌표 위치(x,y)에서의 칼라값을 의미하며, 순서대로 빨강(red), 초록(green), 파랑(blue)이다. 또한 이진 영상이나 회색 영상을 파일에 저장할 때 putc() 함수를 사용하는 것 외에 fwrite() 함수를 사용하여 한꺼번에 영상 데이터를 저장할 수 있다.

```
    FILE *fp;
    unsigned char ch[VSIZE][HSIZE];
    fwrite(ch,1,HSIZE*VSIZE,fp);
```

10.2.3 영상 처리 과정

컴퓨터 비전 시스템의 처리 과정은 크게 3가지 과정으로 나눌 수 있다.

(1) 화상 형성 및 취득(image formation & acquisition)

이 과정은 카메라 밖의 실세계를 카메라를 통하여 디지털 화상으로 바꾸는 과정으로, 비전에서는 일반적으로 조명계에 의하여 적당한 조명을 가하고 이의 반

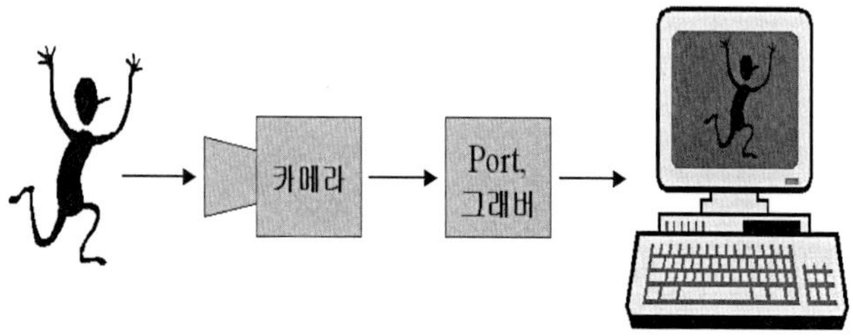

〈그림 10.10〉 영상데이터 획득 과정

사 결과가 광학계를 통하여 입사되고 다시 디지털화의 과정을 거쳐서 컴퓨터와 같은 화상 처리 장치로의 입력 과정을 포함한다. 경우에 따라서는 카메라 내부의 센서면에 상이 맺히는 결상 과정(image formation)과 카메라가 입력된 화상 신호를 디지털로 변환하는 입력 과정(acquisition)으로 나누기도 한다. 이에 관계된 비전 응용 시스템의 구성 요소는 조명계, 광학계, 화상 입력계 등이 있다.

(2) 화상 처리(image processing)

영상을 획득할 때에 카메라나 스캐너 등으로 영상을 얻었기 때문에 주위의 밝기에 인하여 어두운 영상을 얻었다거나 오래된 사진을 스캐너로 읽었을 경우 흐려진 영상이나, 사진의 초점이 흐려진 경우 등 수많은 상황에서 원하는 영상을 얻기 위한 조작을 하는 것을 영상 처리라고 하며 컴퓨터 비전에 있어서 가장 기본적이면서도 중요한 부분이다.

이때 샘플링 비율에 따라 좀 더 높은 질의 영상을 얻을 수 있으며, 조작으로 인해 원하지 않는 영상의 변화도 생길 수 있다. 화상 처리는 영상 조작의 특징 중 하나로 완벽한 공식이나 기준에 의하여 변화되는 것이 아니며 조작하려는 영상마다의 특징을 관찰한 뒤 그에 적당한 조작을 거쳐야만 원하는 결과를 얻을 수 있다.

(3) 화상 해석(image analysis)

화상 처리 결과를 분석하고 이용하여 구체적인 판단을 하거나 측정하기 위한 실질적이고 물리적인 정보를 취득하는 과정으로, 화상 처리의 최후 과정이다. 이 부분은 응용의 구체적인 목적과 내용에 따라서 달라질 수밖에 없는데, 이에 따라 특별히 보편적인 방법들이 제시되기 어려운 과정이라 할 수 있다. 예를 들어 물체의 길이를 측정한다면 물체의 길이에 해당하는 화상 정보로부터 몇 mm의 길이라고 측정해내는 과정 등이 이에 속하게 되므로, 특정한 응용에 따라 특정한 방법의 프로그램이 구현되어져야 한다. 많은 경우에 있어서 이 부분은 체계적인 이론의 정립이 곤란하므로, 시스템 개발자의 경험과 지적 능력에 의존하게 된다. 이 분야는 화상 처리 과정이라고 하기 보다는 인공지능 분야의 추론 과정에 가까운 과정이라 할 수 있다.

10.3 영상 처리 기법

이번 절에서는 디지털 영상 데이터 처리의 다양한 기법에 대해 소개하고자 한다.

10.3.1 디지털 이미지 픽셀 연산 처리

디지털 이미지의 픽셀 단위로 연산을 수행하는 방법은 이미지의 명암값의 변화나 이미지 합성 또는 이미지 부각 등 많은 응용 분야에서 가장 기초적인 연산으로 사용된다.

(1) 더하기 연산

각 픽셀의 명도값을 높여 주는 역할을 한다. 이는 이미지의 밝기에 관련된 연산으로 어두운 영상의 밝기를 밝게 해준다. 또한 두 이미지를 더하면 어두운 값을 갖는 픽셀에 다른 이미지의 밝은 값을 갖는 이미지가 투영되어 두 이미지가 마치 합성된 듯한 느낌을 가져다 준다. 이미지의 경계선을 뚜렷하게 보여주는 전처리에서도 많이 사용된다.

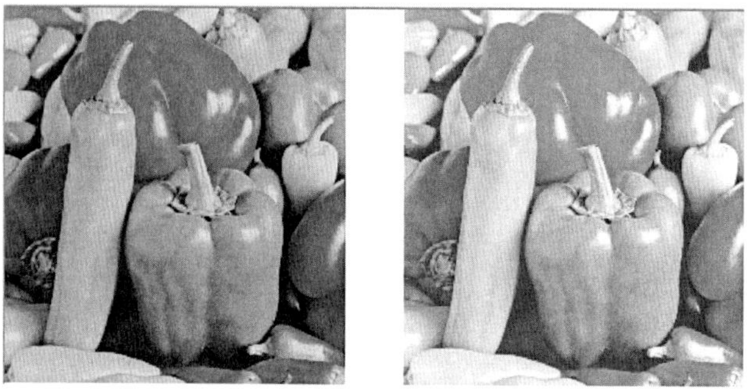

〈그림 10.11〉 이미지 더하기 연산 결과

(2) 빼기 연산

이미지 전체의 밝기값을 낮춰주는 역할을 한다. 만약 뺀값이 음수값이면 이미지의 반전이 일어나기도 한다. 두 이미지간의 빼기 연산은 절대값을 취하여 차이값을 구하는 연산 방법을 취하거나 또는 절대값을 취하지 않고 이미지에서 원하지 않는 값을 제거하는 방법이 있다. 영상 처리 중 전처리 부분에서 많이 사용되며 원하는 정보만을 추출하기 위한 처리 방법이다.

감시 시스템에서 종종 이런 연산을 사용한다. 예를 들어 카메라가 상점이 문을 닫은 동안 상점을 감시하기 위해서 설치될 수 있다. 새로운 영상은 계속해서 획득되고 마지막으로 획득된 영상과 뺄셈 연산을 수행한다. 그리고 뺄셈 연산을 수행한다. 그리고 뺄셈 연산을 수행한 후의 화소값 차이의 합을 계산한다. 만일 뺄셈 연산을 수행한 후의 합이 미리 지정된 임계값을 초과한다면 경보가 울린다. 영상이 획득될 때마다 영상 사이의 차가 산출되므로 임계값은 필요하다. 해가 지거나 뜬다면 영상은 어두워지거나 밝아질 것이다. 그러나 상점이 어두워 졌다고 해서 경보를 울리지는 않는다. 침입자가 있을 경우에만 경보를 울려준다. 영상 뺄셈 연산은 기계 중심의 비전 시스템에서 조립 라인으로 들어오는 상품을 검사하기 위해서도 사용된다. 즉, 생산된 제품을 촬영한 영상은 마스터 복사본과 비교된다. 예를 들어, 만일 컴퓨터 마더 보드가 CPU 없이 조립 라인에 들어온다면 이 마더 보드를 촬영한 영상과 마스터 복사본에 대한 뺄셈 연산은 CPU에 해당하는 영상을 생성할 것이다. 또한, 이런 연산은 통합 회로 검사에도 사용된다.

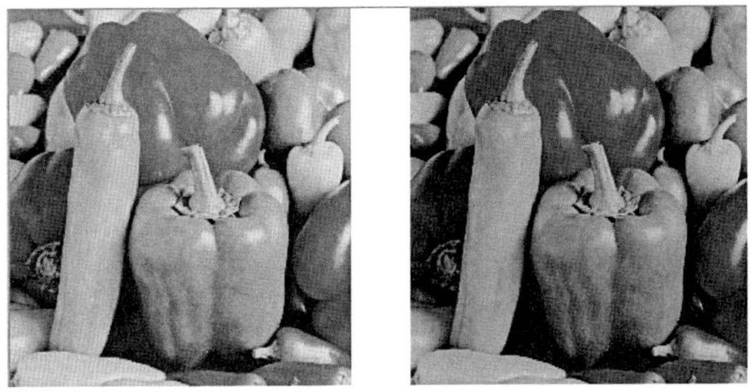

〈그림 10.12〉 이미지 빼기 연산 결과

(3) 곱하기 연산

상수값을 이용한 곱하기 연산의 특징은 명도값을 조절할 때에 부각시키는 역할을 한다는 것이다. 더하기 연산과 마찬가지로 이미지의 명도값을 향상시키지만 밝은 값은 더욱 밝게 어두운 값은 약간 밝게 만들어 이미지를 부각시키는 역할을 한다. 두 이미지간의 곱하기 연산은 이미지를 합성하는 역할을 하는데 더하기 연산과는 달리 AND연산의 효과를 나타낸다.

〈그림 10.13〉 이미지 곱하기 연산 결과

(4) 나누기 연산

픽셀 단위 나누기 연산은 빼기 연산과 비슷한 면이 있다. 이동한 물체의 검출

〈그림 10.14〉 이미지 나누기 연산 결과

이나 이미지의 밝기를 조절하는 역할을 한다. 일반적으로 나누기 연산은 결과값이 작게 나와 사람의 눈으로는 구별하기가 어려워 이미지의 밝기를 향상시켜 분석한다.

10.3.2 영상의 기하학적 변환

영상의 기하학적 변형이란 화소의 위치를 변화하여 원 영상과는 다른 내용을 갖는 것을 말한다. 이러한 기하학적 변형에는 좌우 교환, 상하 교환, 평행 이동, 확대 및 축소, 회전 변형 등이 있다. 기하학적인 변형을 수학적으로 표현하기 위하여 변형되기 전의 화소의 위치를 (x,y)로 표기하고, 이에 대응하는 변형된 좌표를 (X,Y)로 표현한다.

원 영상의 크기가 너무 작아서 영상의 형태를 살펴보기가 어려울 경우가 있다. 이럴 경우는 원 영상을 확대하여 준다. 또는 매우 큰 영상에서 작은 영상을 얻기 위하여 영상을 축소하여 주는 경우도 있다. 이러한 확대, 축소의 기법은 단순히 영상을 키우고 줄이는 것이 중요한 것이 아니라 영상의 확대, 축소로 얻을 수 있는 여러 가지 유용한 영상 처리 기법들이 있다. 예를 들면, 작은 영상과 큰 영상이 같은 영상인가를 비교하기 위해서는 영상의 크기를 똑같이 맞추어 주어야만 쉽게 동일 영상의 판별 여부를 알 수 있다. 또한 비뚤어진 글자들을 똑바로 읽어 들이기 위하여 비뚤어진 문자 영상을 회전시키는 영상 처리 방법에도 사용된다. 물론 아주 예쁜 사진을 크게 확대하여서 갖고 싶거나 이력서에 사진을 넣기 위하

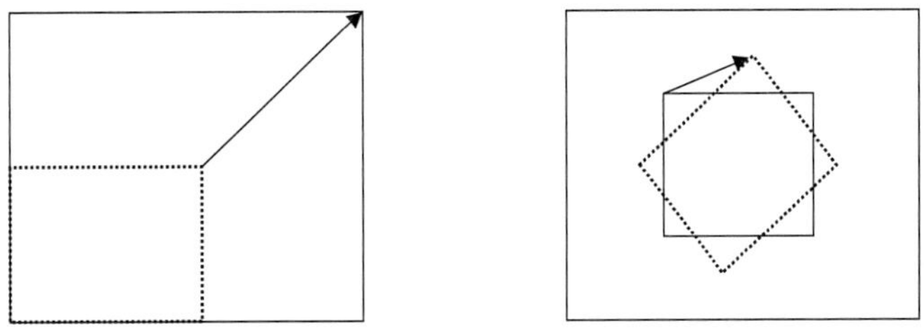

(a) 스케일(scale)　　(b) 회전(rotation)

〈그림 10.15〉 이미지의 기하학적 변환 개념

여 사진영상을 축소할 수도 있을 것이다. 이러한 영상 변환의 기본은 원 영상의 좌표를 결과 영상의 좌표로 매핑하는 것과 마찬가지이다.

(1) 영상의 크기 확대

원 영상을 확대하는 것은 원 영상의 각 픽셀의 좌표를 확대하려는 배율만큼 이동하는 것을 말한다. 2배로 확대할 경우 좌표가 0인 픽셀은 좌표 0의 픽셀로 매핑되고, 좌표가 1인 픽셀은 좌표 2의 픽셀로 매핑되는 것을 말한다. 영상을 확대하게 되면 명암을 할당 받지 못한 빈 픽셀 즉, 홀(hole)이 생긴다. 이 빈 픽셀에 적당한 데이터값들을 할당하기 위해서 사용되어지는 영상 처리 방법을 보간법(interpolation)이라고 한다.

1) 최근접 이웃 보간법(nearest neighbor interpolation)

확대 영상에서 할당 받지 못한 빈 픽셀에 바로 옆 픽셀의 데이터값을 할당함으로써 영상의 품질 향상을 보장하여 준다. 하지만 최근접 이웃 보간법은 빈 픽셀에 이웃하는 픽셀의 값을 할당하므로 계단 현상이 나타나며 좀 더 정확한 확대 영상을 필요로 하는 영상 처리 프로그램에서는 한계가 있다.

2) 평균값을 이용한 보간법(mean value interpolation)

확대 영상에서 주변 픽셀들의 평균값을 계산하여 할당 받지 못한 빈 픽셀에 대입시키는 방법이다. 이 평균값을 이용한 보간법에는 쌍일차 보간법과 큐빅 보간법 등이 있다.

(a) a=b=1/2 (b) a=b=2 (c) 중심 확대 영상

〈그림 10.16〉 영상 이미지의 크기 확대

(2) 영상의 크기 축소

영상의 크기 축소는 원 영상의 크기를 작게 만들어 주는 기법을 말한다. 확대와는 다르게 영상의 축소는 보간법을 사용할 필요가 없다. 보간법은 기하학적 변환시 빈 픽셀에 적당한 값을 채워주는 것을 말하는데 영상의 크기 축소에는 홀에 해당하는 빈 픽셀이 나타나지 않는다.

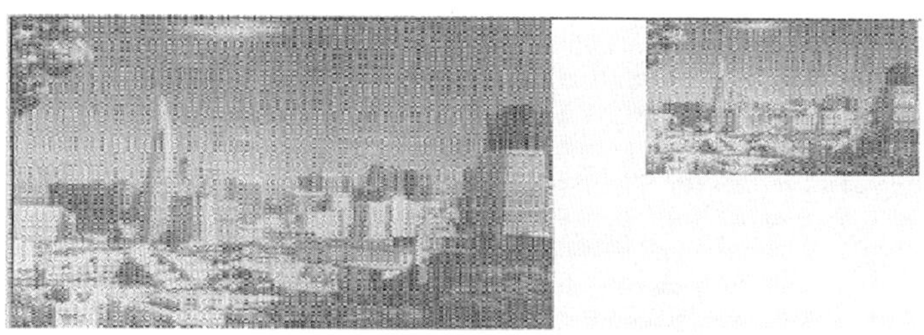

〈그림 10.17〉 영상 이미지의 크기 축소

(3) 영상의 회전 변환

영상의 회전 변환은 원 영상을 원하는 각도만큼 회전시키는 변환을 말한다. 이 회전 변환은 기울어진 영상을 회전을 통하여 바르게 위치시키는데 주로 사용된다. 회전 변환은 사인 함수와 코사인 함수를 이용하여 좌표를 변환한다. 이때 사인 함수에서 얻어진 값과 코사인 함수에서 얻어진 값이 정확히 정수 좌표로 매핑되지 않는 경우가 있다. 이러한 원인으로 영상의 확대와 같이 빈 홀이 생겨나게 되고 영상의 품질은 떨어지게 된다. 이러한 회전 영상에도 보간법을 사용하여 빈 홀을 없앨 수 있고 영상의 품질 저하 현상을 보완한다.

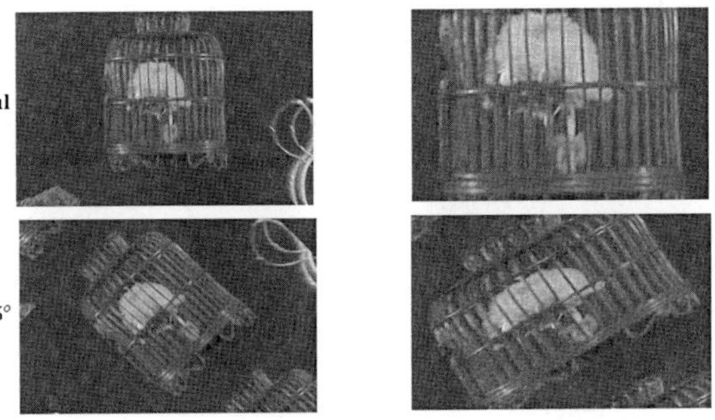

〈그림 10.18〉 영상 이미지의 회전 변환

10.3.3 영상의 품질 향상

영상의 화질은 화소들의 배열 순서뿐만 아니라 각 화소들의 값 자체에 의해서도 변화한다. 한 예를 들면, 화소의 밝기를 표현할 수 있는 비트 수를 매우 적게 사용하면 영상의 내용이 부적절하게 나타날 것이라는 예상을 할 수 있다. 따라서 화질을 유지할 만큼의 충분한 비트 수가 필요하다. 필요한 비트 수가 제공되는 경우에도 화질이 예상한 것보다 나빠지는 경우가 있을 수 있다. 즉, 8비트 회색 영상인 경우에 가장 작은 밝기값인 0부터 255까지를 사용할 수 있지만 실제 화소들이 가진 밝기값들이 10에서부터 20까지만 가진다면 충분한 밝기의 변화를 표현할 수 없을 수 있다. 따라서 영상의 화질을 증진시킬 수 있는 화소값들의 변경 방법이 필요하다.

(1) 히스토그램

디지털 영상 처리에서 가장 간단하면서 유용한 툴 중의 하나가 히스토그램(histogram)이다. 히스토그램은 영상의 명도 내용을 요약한 것이라 할 수 있다. 히스토그램은 영상에 대한 많은 정보를 가지고 있다. 또한 히스토그램은 계산하기가 간편하다는 것이 장점이다. 즉, 히스토그램이란 영상 안에서 픽셀들에 대한 명암값의 분포를 나타낸 것이다. 다시 말하면 한 영상에서 밝은 점과 어두운 점이 분포 할 경우 그 분포의 범위와 값을 표현한 것이다. 이를 그래프로 나타내면 히스토그램 그래프라고 한다. 히스토그램 그래프는 보통 막대 그래프로 나타내는데

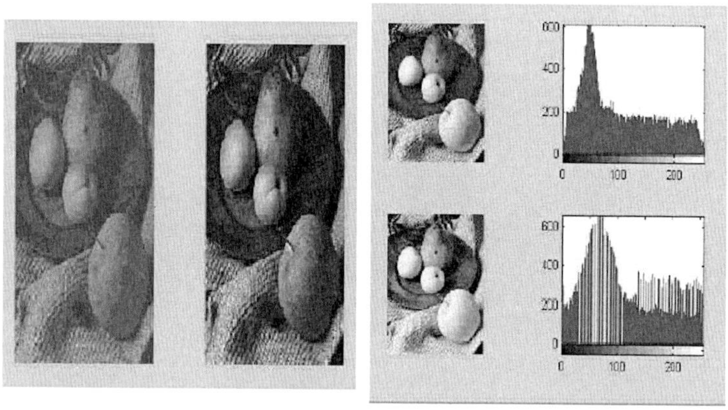

〈그림 10.19〉 히스토그램 적용에 의한 영상 품질 개선의 예

256그레이 레벨 영상에서는 명암 값을 0~255개를 가지고 있으며 각 명암값(level)의 빈도수를 조사하여 그래프의 높이로 나타낸다. 또한 히스토그램은 계산하기에 간편하므로 여러 영상 처리에 이용되고 있다.

영상이 히스토그램으로 압축될 때 모든 공간적인 정보는 사라진다. 히스토그램은 각 명도를 가지고 있는 픽셀들의 개수를 나타내지만, 그 픽셀들이 어디에 위치하는지에 대해서는 전혀 정보를 주지 않는다. 따라서 어떤 영상에 대한 히스토그램은 유일하지만 그 역은 성립하지 않는다. 즉, 전혀 다른 영상들도 같은 히스토그램을 가질 수 있다. 또한 영상 안에서 물체를 이동하는 연산은 히스토그램에 영향을 끼치지 않는다.

히스토그램 기법에 있어서 평활화 기법(histogram equalization)은 영상 명도값의 분포를 나타내는 히스토그램이 균일하게 되도록 변환하는 처리를 말한다. 즉, 출력 영상이 각 명도에서 동일한 숫자의 픽셀을 가지도록 입력 영상의 명도를 매핑하는 것을 의미하는데 이 변환을 많이 쓰는 이유는 콘트라스트(contrast)가 나쁜, 즉 너무 밝거나 어두운 영상 또는 어느 한편으로 치우쳐 있는 영상의 개선에는 유효한 방법으로 사용되기 때문이다. 변환 후의 명도값 분포가 모두 같게 되도록 분포를 수정함으로써 영상 전체적인 콘트라스트 발란스가 좋게 개선된다. 평활화 기법은 정규화 된 축적 히스토그램을 명도 매핑 함수로 이용하여 구현된다. 평활화 기법의 세 가지 단계는 다음과 같다.

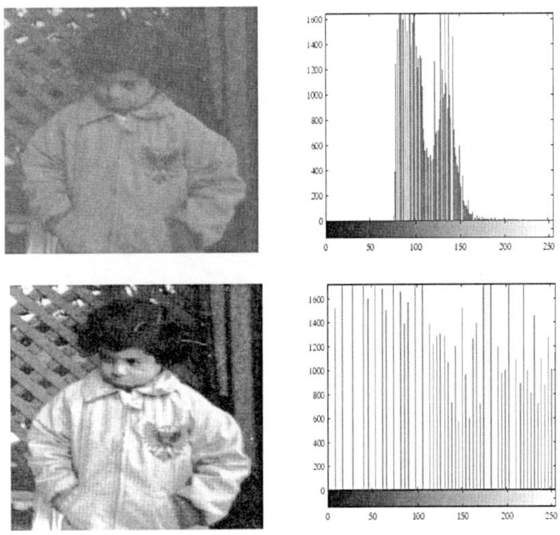

〈그림 10.20〉 히스토그램 평활화 기법 적용에 의한 영상 품질 개선의 예

1) 균일화 되어야 할 영상의 축적 히스토그램을 구한다.
2) 축적 히스토그램의 값을 정규화 한다.
3) 정규화 된 축적 히스토그램을 그레이 스케일 매핑 함수로 이용하여 그레이 레벨값을 매핑한다.

10.4 컴퓨터 비전 기술의 활용 분야

10.4.1 문자 인식 시스템

'문자 인식 시스템'이란 말 그대로 책, 잡지, 신문 등의 기존 인쇄 자료들을 사람이 직접 입력하지 않고 스캐너를 통해 이미지 형태로 읽어 들여 데이터의 내용을 분석, 그림 영역과 글자 영역으로 구분한 후 글자 영역의 문자들을 일반 문서 편집기에서 수정, 편집이 가능한 텍스트의 형태로 변환하여 주는 자동입력 시스템을 말한다.

문자 인식

〈그림 10.21〉 문자 인식 시스템의 예

요즘은 대부분 종이 없는 사무실을 추구하고 있다. 모든 문서들이 디지털화되어 저장되어 있고 복원되어 모니터나 다른 출력 장치로 볼 수 있게 되는 것이 가장 이상적이다. 이것은 문서 영상 처리(Document Image Processing, DIP)에 의해 이루어진다. DIP 시스템들은 문서들을 ASCII 텍스트로 보관할 수 있다. 이것은 문서들의 텍스트에 가지고 있는 특별한 내용을 찾을 수 있게 해준다. 이렇게 하기 위해서는 하얀 문서에 검은색으로 칠해져 있는 것을 텍스트로 변환하여야 한다. 이러한 일은 광학 문자 인식(Optical Character Recognition, OCR)으로 이루어질 수 있다. OCR은 영상 처리로 분류되지는 않지만 영상 분석이라는 유사한 분야의 과학이다.

수천개의 문서들을 보관해야 하는 많은 회사들은 DIP를 사용하고 있다. 은행들은 처리된 영수증, 대부 관계 업무, 그리고 구좌의 대차표를 기록하기 위해 DIP를 사용하고 있다. 그리고 행정기관과 병원에서도 수많은 증명서와 양식들 그리고 의료 영상들을 보관하기 위해 DIP를 사용한다.

10.4.2 영화 분야

할리우드가 특수효과를 사용하고 프레임을 수정하기 위해 컴퓨터를 사용한 실험을 하고 있기는 하지만, 필름을 만드는 데 컴퓨터를 사용하는 일은 최근 몇 년 동안에 급속도로 증가하고 있다. 컴퓨터들은 어떤 종류의 영상을 다른 영상으로 바꾸고, 프레임에서 원하지 않는 물체가 있으면 제거하고, 다른 프레임의 부분, 부분들을 합성하여 새로운 프레임을 생성한다.

영화 'The Babe'에서, 컴퓨터 효과로 오른손잡이인 John Goodman을 왼손잡이로 만들었고, 영상 합성으로 Babe Ruth가 경기하고 있는 경기장의 관람석에 한 층을 더 올렸다. 비록 그 영화의 필름에는 단층의 스타디움에 1,000명의 관객만이 있지만, 영상 처리를 통하여 더욱 많은 관객이 있는 것으로 보이게 한 것이다.

(1) 영상 합성

영상 합성은 영화 'Forrest Gump'에서도 사용되었다. 주인공이 많은 미국의 대통령들이 등장하는 다양한 역사 필름 조각들에 추가되었다. 영상 합성은 또한 이 영화에서 소규모 단위의 관중들을 계속해서 복사하는 방법으로 많은 관중을 만드는 데 사용하였다.

영화들은 흔히 보는 각도에 따라 달라 보이며 나중에 디지털 기술에 의해 더욱 보기 좋게 정리된다. 보기 흉한 전선줄이나, 얼굴의 잔주름 또는 원하지 않는 구경꾼들을 프레임에서 제거할 수 있다. 영화 'Terminator 2'에서 오토바이가 안전하게 떨어지도록 하기 위해 줄을 매달았다가 나중에 컴퓨터로 그 줄을 제거하였다.

(2) 모핑(morphing)

할리우드에서 새롭게 사용된 영상 처리 기법중의 하나가 모핑이다. 모핑은 변형(metamorphosis)이라는 단어에서 유래된 것인데, 하나의 영상을 다른 영상으로 변화시키는 것이다. 모핑은 'Terminator 2'에서 합금체 로봇인 T-1000의 외형 변화에서 사용되었고, 마이클 잭슨의 뮤직비디오 'Black or White'에서 댄서와 마이클 잭슨의 얼굴을 변화시키는데 사용되었다.

(3) 영상 워핑

영상 워핑은 기괴한 변형에 항상 사용되는 것은 아니다. 이것은 배우를 더욱 키가 크게 하거나, 작게 하거나 아니면 홀쭉하게 하거나, 뚱뚱하게 만들어서 실생활을 변경시키는 데 사용할 수 있다. 이것은 코의 크기를 줄이거나 다른 물리적인 특징들을 변경시킬 수 있다.

영상 워핑은 인공위성이나 다른 우주 계획의 일원으로부터 보내져 온 일그러진 영상을 올바르게 만드는 데 처음 사용하였다. 일그러짐 현상은 렌즈의 변형이나 평평한 판에 의해서보다는 구체 모양으로 된 다른 부품들 때문에 발생한다. 기하학적 변형에 의한 영상 워핑은 이러한 일그러짐을 복구시키는 데 사용되며, 척도와 우주공간의 관계를 좀 더 정확히 판단하도록 해준다.

워핑은 행방불명된 아이를 찾는데도 사용된다. 미아와 유괴된 아동들을 위한 기구인 'The National Center for Missing and Exploited Children'은 아이들이 사라진 이후에 아이들의 연령에 맞는 사진을 만들어 주는 소프트웨어를 사용한다. 그 사진은 그 아이의 사진에 그 아이보다 나이가 많은 형제나 친척의 사진을 합병시키고, 그 나이에 맞는 머리카락과 옷을 입혀 합성된다. 이러한 기술은 유괴된 후 몇 년이 지나도 그 아이의 현재 모습을 닮은 사진을 센터가 제공할 수 있게 해준다.

10.4.3 지문 인식 시스템

지문은 평생 변하지 않고 사람마다 서로 다른 특성이 검증되었으로, 이것을 이용하여 기존에 구축된 방대한 양의 데이터베이스에서 하나의 지문을 입력하여 그 지문에 가장 가까이 일치하는 후보를 찾아내는 조회방식을 바로 지문인식 시스템이라 한다.

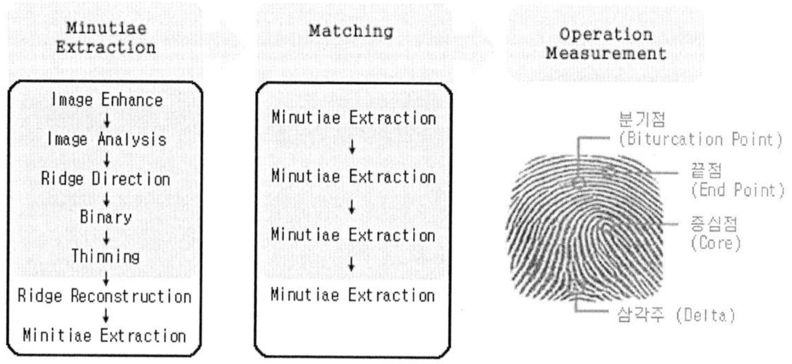

〈그림 10.22〉 지문 인식 시스템의 처리 과정

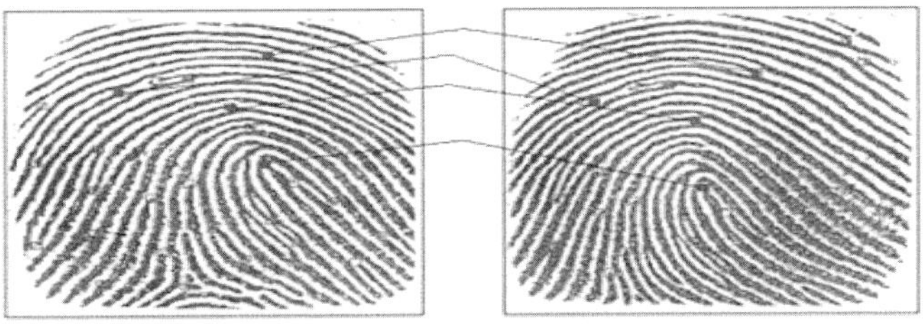

〈그림 10.23〉 지문 인식 처리 결과의 예

지문인식은 크게 두 단계의 프로세싱을 거친다. 입력된 지문 영상으로부터 특이점을 추출하는 추출 단계와 추출된 특이점을 비교하는 매칭 단계로 구분할 수 있다.

<그림 10.23>은 동일인의 지문을 2회에 걸쳐 입력 받고 그 특이점을 비교한 결과로서 지문인식 처리 결과의 한 예를 보여 주고 있다. 좌우 두 그림 중에서 선으로 이어진 부분들이 서로 일치함을 나타내는 부분이다. 일반적으로 매칭 알고리즘은 특이점 간의 기하학적으로 구성된 그래프 패턴의 비교로 이루어진다. 각각의 일치여부는 점수로 산출되며, 산출된 점수가 적정 기준을 초과할 경우 이를 동일인으로 인식하게 된다.

10.4.4 머신 비전

머신 비전은 영상 처리와 영상 분석을 함께 사용하는 급부상하고 있는 기술이다. 머신 비전은 획득된 영상 데이터가 제조 공정을 제어할 수 있도록 처리하는 산업 기술이다. 이 기술의 초기 용도는 검사와 조립 라인들 특히 자동차 조립 라인들을 자동화하는 것이었다. 산업 자동화 환경에서 영상 처리 기술을 도입한 최초로 가장 성공한 적용분야는 전기 기판의 인쇄 회로를 위한 결함 점검 기계였다. 머신 비전은 오늘날 철저한 검사를 요하는 처리 공정이 필요한 반도체 제조에까지 확장되었다. 머신 비전 기술들은 제조 공정에서 발생하는 결함들을 검사하고 칩을 정돈하고 철저한 형판 검사를 하는데 사용되고 있다.

머신 비전은 많은 조립 라인들을 컴퓨터에 의해 조정하는 기능도 수행해 단순히 검사에만 한정되지 않는다. 포드 자동차 회사는 54개의 문짝을 식별하고 표시를 하는 작업에 조립라인의 인부들을 머신 비전 시스템으로 교체하였다. 문짝들은 모양과 색깔에 의해 구분되었다. 수작업으로 검사를 하면 오류율은 15~30%였으나 새로운 머신 비전 시스템을 설치한 이후로 오류율은 믿어지지 않을 정도인 0.03%로 떨어졌다고 한다.

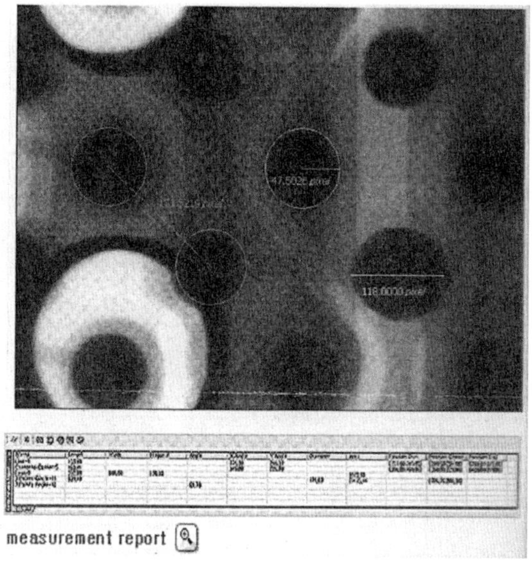

〈그림 10.24〉 머신 비전에 의한 인쇄 회로기판의 구멍 크기 측정

연·습·문·제

1. 정지영상, 동영상, 음성의 최신 압축기술에 관해 표준화와 함께 설명하시오.

2. 디지털 영상에서 이진영상, 회색영상, 칼라영상은 각각 어떻게 표현하는가?

3. 영상처리과정을 단계별로 설명하시오.

4. 영상처리기법 중 더하기연산, 빼기연산, 곱하기연산, 나누기연산의 차이점과 효과에 관해 설명하시오.

5. 영상의 품질향상을 위해 주로 사용하는 방법은 무엇인가?

제 11 장

바이오 인포메틱스

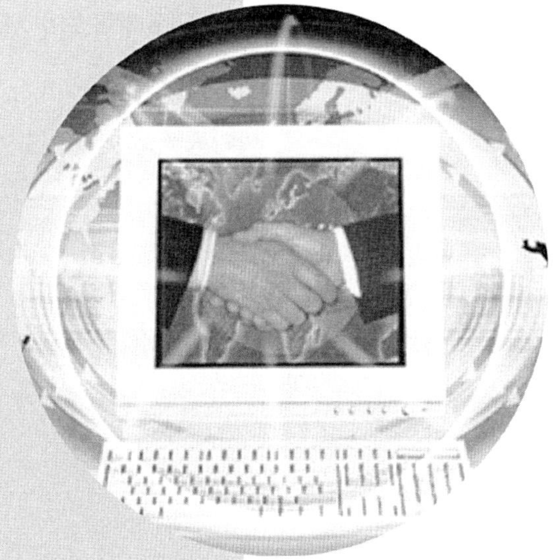

11.1 바이오 인포메틱스

11.2 생물학에서의 컴퓨터 역할

11.3 컴퓨터의 실제 활용 방법

11.4 생물학적 데이터와 정보소스

11.5 바이오 인포메틱스의 활용화를 위한 개선 방안들

11.6 바이오 인포메틱스의 미래

11.1 바이오 인포메틱스

11.1.1 바이오 인포메틱스의 서로 다른 관점

바이오 인포메틱스(bioinformatics)란 무엇인가? 이에 대해서 다음 <그림 11.1>은 바이오 인포메틱스를 서로 다른 시각에서 바라보고 정의하면서 서로 다른 견해차를 보이고 있는 그림을 재미있게 나타낸 그림이다. 마치 소경이 코끼리 만지기식으로 코끼리에 대해서 이야기하는 것과 같다고 말할 수 있다.

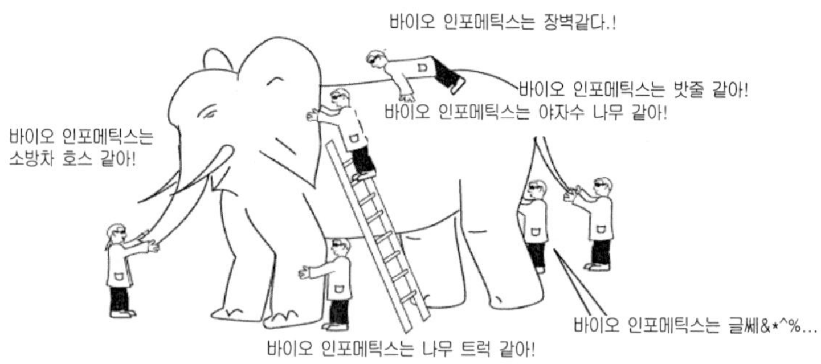

〈그림 11.1〉 바이오 인포메틱스 정의에 관한 서로 다른 관점

바이오 인포메틱스에 대해서는 여러 가지 정의 방법이 있겠지만 일반적으로 바이오 인포메틱스란 '생물정보학', 'computational biology', 'computational molecular biology' 등의 용어로 불리우며, 컴퓨터를 이용해서 생물 정보의 해석을 목적으로 하는 학문의 분야를 말한다. 넓은 의미로는 컴퓨터를 이용하여 생물학을 연구하는 모든 분야를 뜻하며, 좁은 의미로는 DNA나 단백질(protein)의 서열 정보를 해석하고자 하는 분야를 뜻한다. 즉, 바이오 인포메틱스는 정보학적 관점과 방법론을 통해 생물학을 이해하고 연구하는 과학의 한 분야이며, 컴퓨터 생물학의 한 분야로서 생물 시스템을 모델링하기 위해 사용하는 정량 분석 기법의 응용분야 중 하나라고 할 수 있다.

11.1.2 바이오 인포메틱스의 태동

한 생물체가 지닌 모든 유전 정보를 완전히 밝혀, 그 특성을 분석하여 규명하고자 하는 전 세계적인 연구사업이 현재 진행 중에 있는데 이를 genome project(유전체 프로젝트)라고 한다. genome이라는 용어는 H. Winker(1920)가 반수성의 염색체 1조를 나타내기 위하여 처음 사용하였는데, 일반적으로 배우자에 들어있는 염색체 또는 유전자 전체를 뜻한다. genome은 'gene + some'의 합성어로, 'gene'은 유전자이고 'some'은 형체를 뜻하기 때문에 '유전체'라고 번역되며, 그냥 게놈 또는 지놈이라고 하기도 한다.

인간 유전체 프로젝트가 진행됨에 따라 급증하는 정보로 인해서 컴퓨터 없이 이 서열을 이해하고 분석하기란 불가능하게 되었다. 이런 이유로 인해서 바이오 인포메틱스는 인간 유전체 프로젝트의 결과 밝혀진 인간의 염기 서열을 밝히는데 있어서 가장 주요한 수단 중 하나로 자리잡고 있다.

바이오 인포메틱스가 추구하는 가장 주요한 목적중의 하나는 컴퓨터를 이용해 유전체들을 분석해서 이들의 상관관계나 연관성을 파악해 각 유전자들의 진화 과정 및 연관 정보들을 예측하는 것이다. 이러한 진화 과정의 예측은 개인 연구자들이 연구를 통해 새로운 서열을 밝혀내었을 때 서열에 관한 연관 정보(gene prediction, protein function, structural information, gene family, phylogenetic relationship)를 얻는데 이미 유용하게 이용되고 있으며 좀 더 정확한 진화 과정의 예측을 위해 많은 컴퓨터 과학에서 사용되던 기술들이 적용되고 있다.

바이오 인포메틱스의 태동은 Frederic Sanger에 의해 단백질 서열결정 방법이 개발된 이후 1960년대부터 시작되었다고 한다. 단백질은 다음 예와 같이 20가지 아미노산이 수백개 정도가 길게 선형으로 연결된 고분자로서, 사람의 눈으로는 다루기 불가능한 형태의 데이터가 얻어지게 된다.

MDQNNSLPPYAQGLASPQGAMTPGIPIFSPMMPYGTGLTPQPIQ

만약 쥐나 침팬지로부터 동일한 기능을 하는 단백질들의 아미노산 서열을 얻어냈다면 이들을 어떻게 비교할 수 있을까? 생물학에서는 이들을 상호 비교하기 위해서는 유사성이 매우 강하게 유지된 영역들이 존재하는지, 상호간의 거리는 얼마나 되는지 등 정량적인 비교를 통해서 가능하다. 따라서 무언가 수학적이고 컴퓨터적인 도구가 필요하게 된다. 최초로 이를 인식하고 연구한 학자는 몬테 카를로(Monte Carlo) 방법의 발명으로 유명한 Stanislaw Ulam이란 수학자로서, 자신이 속한 미국 로스 알라모스 국립 연구소에서 이러한 방향의 연구를 주위의 젊은 연구원들에게 독려를 했고, 초기의 많은 연구들이 이들에 의해 이루어졌다. 또한 Frederic Sanger는 생물체의 또 다른 중요한 고분자인 DNA의 염기서열을 밝히는 방법까지 설명하여 1980년에 두 번째 노벨화학상을 탔으며, 최근에 인간 유전체 전체의 염기서열을 밝히는데 큰 역할을 한 영국의 Sanger 센터의 명칭이 바로 그의 이름을 기념하여 붙여지기도 하였다.

단백질은 3차원 구조를 가진 고분자의 상호작용에 의해 하나의 거대한 생명현상을 나타낸다. 따라서 1차원적인 아미노산 서열로부터 3차원적인 단백질 구조를 예측해 내는 것 즉, 폴딩(folding)과 단백질의 3차원적인 형태를 상호 비교하는 것, 주어진 단백질에 맞는 작은 유기화합물을 설계하는 것, 주어진 두개의 단백질이 입체적으로 어떻게 상호작용을 하는지 알아내는 것, 단백질이 여러 가지 상호작용을 할 때 어떤 동적인 변화가 일어나는지 등 매우 다양한 문제들이 바이오인포메틱스에서 다루고 있는 생물학적 분야들인 것이다.

또한 단백질과 염색체 상에 DNA 형태로 들어있는 유전자, 그리고 이들 사이의 중간 단계라 할 수 있는 RNA가 어떤 것들끼리 어떻게 상호작용을 하며, 어디에 얼마나 존재하고, 어떤 환경이나 조건에서 어떻게 양이나 구조 등이 변하는지에 대한 데이터도 다루게 된다. 이들을 밝혀내는 가장 각광받는 도구가 바로 DNA 칩(chip)과 프로테오믹스(proteomics) 도구들이다. 이 도구들은 이들에 대한 스냅사진을 제공해 주는데, DNA 칩 또는 프로테오믹스 도구도 다양한 변이를 준 상황에서 가능한 많은 양의 데이터를 얻어내고 이를 분석함으로써 생물체내에서 실제로 일어나는 현상을 최대한 밝혀내고자 하는 것이 목표이다.

다음 <그림 11.2>는 단백질과 DNA의 서열 정보를 나타낸 그림이다.

(a) DNA 서열 정보의 표시법(일반적으로 한 가닥만 나타낸다.)

(b) 단백질 서열 정보의 표시법

〈그림 11.2〉 DNA와 단백질 서열 정보 표시방법

바이오 인포메틱스는 유전학(genomics)과 프로테오믹스(proteomics)로 구분할 수 있고 유전학은 구조 유전학(structural genomics)과 기능 유전학(functional genomics)로 나뉠 수 있다. 프로테오믹스는 단백질 데이터베이스 구축과 단백질 기능 예측으로 구분할 수 있다.

이상에서 본 바와 같이 바이오 인포메틱스를 연구하려면 <그림 11.3>에서와 같이 컴퓨터와 생물학은 물론 수학, 통계학, 언어학 등 다양한 분야의 보편성과 타당성을 동시에 갖고 있어야 한다. 즉, 생물학적 자료의 근본적인 성격을 이해하지 못한 채 패턴 인식이나 정보학 분야에만 치중하다보면 잘못된 오류를 범할 수 있기 때문이다. 컴퓨터의 데이터베이스 기술이나 자료구조, 알고리즘, 통계적 분석 방법 등과 DNA 서열 분석 및 비교예측 방법을 잘 응용해야 하는 것이 매우 중요한 기술이다.

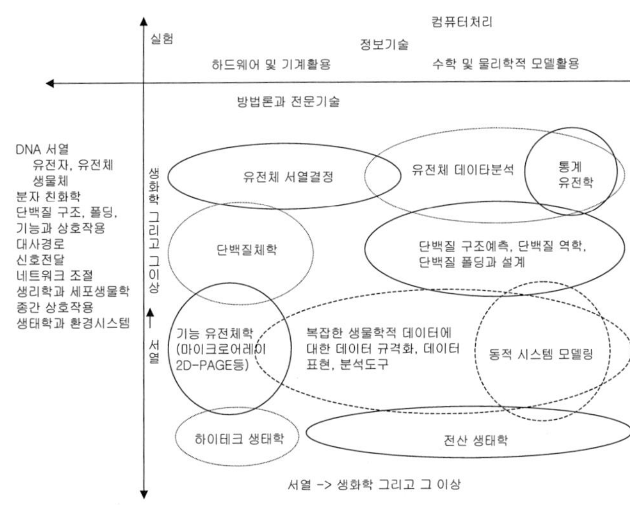

〈그림 11.3〉 바이오 인포메틱스에 있어서 생물학과 다른 분야와의 관계

그러나 바이오 인포메틱스는 위에서 설명한 단순 서열 분석 및 비교, 서열 데이터베이스 구축보다 훨씬 복잡한데, 단백질 서열 데이터 분석과 단백질의 구조 분석에서부터 대사 과정 모델링, 집단과 생태 시스템에서의 양적 분석에 이르기까지 다양한 과학 분야가 이용되고 있다. 다시 말해서 바이오 인포메틱스는 컴퓨터를 도구로써 이용하여 생물 시스템의 성격을 수학이나 물리학적 모델로 바꾸고 그 데이터를 분석하기 위해 새로운 알고리즘으로 데이터베이스를 개발하며 그 데이터베이스를 이용할 수 있는 접근 도구까지 만드는 총체적인 기술을 의미한다.

11.2 생물학에서의 컴퓨터 역할

11.2.1 생물학과 컴퓨터

앞 절에서 설명한 바와 같이 바이오 인포메틱스는 단순히 생물학과 컴퓨터와의 만남 이상의 의미가 있다. 컴퓨터는 생물학적 데이터를 데이터베이스화 하고 이 데이터베이스로부터 사용자가 원하는 정보를 얻어내기 위한 인터페이스 설계, 웹 서비스 등을 하기 위한 기반 기술로써 이용된다.

따라서 바이오 인포메틱스 연구자는 새로 발견한 유전자의 기능에 대한 가설을 세우기 위해 서열을 비교하게 되며 단백질의 폴딩(folding) 메커니즘을 예측하기 위해 이미 알려진 단백질의 3차원 구조에 대한 정보를 비트 단위로 나누어서 패턴을 검색하게 된다. 또한 단백질과 대사물질이 세포 안에서 어떤 작용을 하는지를 예측할 수 있으며 그로인해 생성되는 세포의 기능에 대한 모델링을 할 수 있다. 결국 생물체의 기능과 형태를 유전체 서열에 기반해 모델링할 수 있도록 하는 것이 바이오 인포메틱스에서의 생물학과 컴퓨터 분야의 역할인 것이다.

바이오 인포메틱스에서 유전체에 의해 코딩되어 생성되는 모든 정보에 의해 생명체가 구성되어가는 방법을 분석하고 예측해 나가는 것은 매우 어려운 일이다. 또한 아미노산 체인이 하나의 단백질이 되어 가는가를 예측하는 것도 어려운 일이다. 유전체의 각 유전자는 독립된 존재가 아니라 다중 발현 유전자들은 생화학적 반응 네트워크를 만들어내며 다른 네트워크에 영향을 준다. 따라서 유전체와 생화학 데이터를 양적으로 표현하고 생화학과 생리학적 모델을 예측하는 것이 바이오 인포메틱스 연구자의 역할이 된다.

바이오 인포메틱스는 분야가 매우 광범위하고 데이터 또한 매우 광범위하다. 인터넷은 과학자로 하여금 어떻게 데이터를 주고받으며, 연구단체 사이에서 정보를 어떻게 관리해야 하는지를 알게 해준다. 그러나 실험 기술이 빠른 속도로 발전하고 있기 때문에 특정 형태를 가진 모든 데이터를 체계적으로 수집하고 배분하는 것이 더욱 중요해지고 있다. 또한 이 데이터를 모든 연구자가 이해할 수 있도록 만들어서 배포하는 것이 매우 중요해지고 있다.

1990년대 인간 유전체의 모든 DNA 서열을 결정하는 프로젝트를 시작하면서 인간 유전체 서열의 첫 번째 초안이 완성되었지만 더 많은 데이터를 얻기 위해 자동화된 서열 결정장비가 계속 작동하고 있으며 생물학계에서는 계속해서 다양한 생물 종에서 얻은 유전체의 전체 서열을 결정하고자 하는 작업을 수행해 나가고 있다. 그리고 최근 10년 동안 인간 유전체에 대한 분석이 주를 이루고 있으며, 거대한 스트링 데이터를 갖게 되었지만 중요한 유전자의 위치가 상대적으로 얼마 되지 않으며 아직도 새로운 유전자의 위치를 찾아가고 있는 중이다. 컴퓨터 기술 중 이미지 프로세싱 기법을 사용하게 되면 화학적인 매핑 기술을 이용했을 때보다 전체 유전체의 지도를 빠르게 작성할 수 있다.

또한 최근 X선 결정학(crystallography) 기술을 이용하면 단 몇 분 안에 단백질 분석을 할 수 있으며 점차 완전한 결정학 데이터를 얻을 수 있게 되었다. 병렬 컴퓨팅(parallel computing)은 문제해결 절차를 몇 단계로 나누어서 다수의 프로세서를 이용해서 동시에 문제를 해결하는 기술인데, DNA 마이크로어레이(microarray)와 같은 실험 분자 생물학의 기술에 적용되고 있다. 마이크로어레이는 작은 칩 하나에서 동시에 수천개의 유전자 발현 실험을 할 수 있다. 소형화된 병렬 실험을 하려면 데이터 수집과 분석을 할 수 있는 컴퓨터 지원이 반드시 필요하다. 데이터를 수집, 관리하려는 목적과 직접적인 관련이 없는 대용량 데이터 세트 형태의 정보라 할지라도 다른 사람들에게 필요할 수 있기 때문에 데이터를 전자 문서 출판을 통해 제공할 필요가 있다. 실험실내 많은 사람들이 데이터베이스를 검색해서 정보를 찾아내는 작업을 통해 시간을 많이 절약할 수 있다.

생명과학에 있어서 실험 분자 생물학의 자동화와 정보 기술의 적용은 생물학 연구에 있어서의 방법론을 근본적으로 바꿔가고 있다. 하나의 유전자에 대한 상세한 연구와 같은 종전의 연구 방법 외에 생물학과 관련된 모든 데이터를 분류하여 목록화하고 있으며 연구자가 관심을 가지고 연구할 수 있는 대상에 대한 지도(map)를 만들고 있다. 이는 서열과 구조의 영역에서 수행하고 있는 작업이며 다른 형태의 데이터에 있어서도 비슷한 작업을 하고 있다. 이러한 경향은 모든 형태의 생물학적 데이터를 공공 데이터베이스에 저장하고자 하는 것으로 이렇게 함으로써 연구 그룹은 생물학 데이터에 보다 더 쉽게 접근할 수 있게 된다. 과학자는 연구실에서 예비 실험을 하는 대신 데이터베이스를 통해 먼저 예비 실험을 함으로써 시간과 자원을 절약할 수 있게 된다.

11.2.2 생물학에서 컴퓨터의 역할

생물학에서 컴퓨터의 역할에 대해서 정리하여 설명하면 다음과 같다.

(1) 공공 데이터베이스와 데이터 양식의 사용

생물학자가 먼저 알아야 할 중요한 기술은 정보를 찾기 위해 인터넷에서 온라인 검색 도구를 사용하여 검색해야 하는 방법이다. 참고문헌 정보를 모아놓은 중앙 데이터베이스에서는 한 번에 수십개의 학술지를 검색할 수 있으며, 또한 관심 분야에 대한 논문이 출판되었을 때 자동으로 사용자에게 알려주는 기능도 설정할 수 있다. 생물학에서 컴퓨터에 의한 데이터베이스 온라인 접속 기능은 광범위한 데이터에 대한 접근을 용이하게 해줄 뿐 아니라 신속한 정보 처리를 할 수 있게 하므로 매우 필요하다.

(2) 서열 정렬과 서열 검색

DNA 단백질 서열을 비교하고 부분적인 일치부위를 찾을 수 있게 됨으로써 생물학 서열을 사용하여 데이터베이스 질의를 할 수 있게 된다. 따라서 상동성이 있는 서열을 검색하기 위해 계통발생학적인 분석과 서열 패턴인식을 이용할 수 있고 이를 바탕으로 서열을 키워드로 해서 검색할 수 있다.

(3) 유전자 예측

유전자 예측은 기술되지 않은 DNA 서열의 의미있는 신호를 추적하기 위해 시도되는데, 앞으로 설명할 GenBank에는 이미 기술된 유전자가 기탁되어 있고 단지 그 유전자가 무엇을 하는지는 생화학적, 유전학 또는 분자 생물학적으로 그 유전자의 역할이나 기능을 알아내는 것이다. 그러나 인간 유전체 프로젝트가 진행되면서 아직도 기술되지 않은 DNA가 많이 있으므로 컴퓨터 도구를 통해 밝혀내는 것이 필요하다. 예를 들면 오픈 리딩 프레임(Open Reading Frame), 유전자, 엑손 절단 부위, 프로모터 결합 부위, 반복 서열, tRNA 유전자 등을 예측하는 프로그램을 이용하면 분자 생물학에서 아직 규명되지 않은 DNA를 밝히는데 도움이 될 것이다.

(4) 다중 서열 정렬

다중 서열 정렬 방법은 다수의 연관된 서열에 대한 짝짓기 서열 정렬(pairwise sequence alignment) 결과와 유전자 패밀리의 모든 구성원 가운데에서 서열 상동성이 있는 결과들을 결합시키는 방법이다. 다중 서열 정렬 방법은 DNA나 단백질 서열에서 기능적으로 중요한 부위를 시각적으로 증명하는데 필요한 기술이다. 또한 유전자 패밀리에 대한 정보를 추출하기 위해 다중 서열 정렬 결과에 대해 정량적 분석을 하기도 하는데, 이때 컴퓨터 기술들이 필요하다.

(5) 계통 발생 분석

계통 발생 분석은 한 그룹의 서열의 진화적 연관성을 설명하기 위한 방법으로 고전적으로 계통수나 분지도를 통해 종간의 상대적인 진화적 발산 정도를 표현할 수 있다. 그러나 컴퓨터 기술을 이용하면 한 서열이 다른 서열로 변하기 위해 필요한 변이 과정의 수를 정보 이론적으로 모델링해서 진화적 거리나 계통수에서 서열 유사성 점수를 이용하여 계통수를 계산한다. 최근 유전자 프로젝트를 통해 많은 데이터들이 쏟아져 나옴에 따라 분자 정보에 따라 광범위한 진화 모델을 만드는 것이 가능하다고는 하지만 그래도 단백질 서열 패밀리에 의한 계통학적 분석이 전체 개체의 진화에 알맞은 정보를 제공해 준다고 한다. 따라서 이러한 계통 분석에 컴퓨터를 이용한 기법이 필요하다.

(6) 서열 데이터에서의 패턴과 프로필 추출

모티프(motif)란 단백질이 특정 기능을 할 수 있도록 하거나 단백질의 구조적 안정성에 큰 영향을 주는 하부 구조를 만드는 아미노산 서열을 말한다. 진화적으로 연관된 유전자 서열 그룹에서 모티프는 보존된 부위(conserved site)에서 나타난다. 유전자 서열에서 부수적인 부위는 진화 과정에서 각자 확산, 진화하지만 보존된 모티프 부분은 무수한 변이 가능성에도 불구하고 신호로 나타난다. 서열 프로파일(sequence profile)은 이러한 모티프 신호의 통계적인 결과이며, 이것은 같은 패밀리의 다른 구성원인 서열들이 서로 다른 방향으로 진화하여 확인이 어렵게 된 경우라도 프로파일을 사용하면 단백질의 특정 정보를 얻을 수 있게 된다. 이때 컴퓨터 분석 도구를 이용하여 모티프 탐색 및 프로파일 분석을 하게 된다.

(7) 단백질 서열 분석

한 단백질 서열을 이루고 있는 아미노산에 대한 정보는 여러 종류의 분석 방법의 기초 정보로 사용할 수 있는데, 컴퓨터를 이용해 등전위점(isoelectric point), 단백질 분자량, 특정 단백질 분해효소에 의해 분해될 때 만들어지는 특징적인 펩티드 지문의 특성을 계산하는 것부터 2K 구조나 단백질로 번역 후의 수정 부위들을 예측하는데도 사용할 수 있다.

(8) 단백질 구조 예측

바이오 인포메틱스에서 가장 활발히 연구되고 있는 분야가 단백질 서열에서 단백질 구조를 예측하는 모델을 개발하는 분야이다. 2차구조 예측 방법이나 스레딩 방법을 사용하면 단백질이 폴딩되는 과정에 대한 정보를 얻을 수 있고 유사한 토폴로지를 가진 단백질을 서로 분류할 수 있게 도와줄 수는 있지만 자세한 구조 모델을 제공할 수 있는 것은 아니다. 단백질 구조를 예측하는데 가장 효과적이고 실용적인 방법은 상동성 모델링(homology modeling)으로 이미 알려진 구조를 주형으로 삼아 유사한 서열 구조를 모델링하는 방법이다. 이러한 상동성이 없을 때에는 단백질의 완전한 3차원 구조를 예측할 수 없다. 따라서 컴퓨터를 이용하여 상동성 모델링을 하고 예측할 수 있다.

(9) 단백질 구조 특성 분석

단백질의 구조는 결정학자나 구조 생물학자가 관심을 갖는 부분으로 결정학자가 주로 사용하는 단백질 구조의 정확성을 판정하는 도구는 모델링한 단백질 구조체가 이미 밝혀진 구조나 화학적 모델 화합물로부터 얻은 구조 법칙에 얼마나 잘 맞는지를 측정하게 해 준다. 이러한 도구를 사용하여 임의의 환경아래에서 주어진 구조 모델안에 있는 모든 아미노산의 적합성을 분석할 수 있다. 또한 단백질의 기하학적, 물리화학적 내부 성질을 계산할 수도 있고, 수소 결합 패턴이나 분자내 접촉성을 분석할 수도 있다. 이와 같은 특성 분석을 위해 컴퓨터가 활용될 수 있다.

(10) 단백질 구조 정렬 및 비교

두 유전자가 상동성이 분명히 없을 경우에도 그들이 암호화하고 있는 단백질의 구조는 유사할 수 있다. 서열의 유사성이 없다 하더라도 구조적 유사성을 계산한 새로운 도구들을 이용해 서열 비교를 하면 약한 상동성을 추적할 수 있다.

(11) 생화학 시뮬레이션

생화학 시뮬레이션은 대사에 관여하는 화학반응의 역학 시스템 모델링 도구를 이용하여 가능하다. 이 도구는 각 대사 경로에서부터 막 경계에서 일어나는 수송 과정 뿐 아니라 전체 세포나 조직의 성질을 시뮬레이션 할 수 있다. 컴퓨터에 의한 생화학적, 세포학적 시뮬레이션은 사용자가 제공하는 설명을 통해 자동적으로 시뮬레이션의 수학적 근거를 만들 수 있고 한 시스템에 대해 잘 알고 있는 생물학자라면 누구든지 역학적 시스템 모델링의 관습에 따라 수학적 모델링을 할 수 있다.

(12) 전체 유전체 분석

유전체의 서열이 완벽하게 밝혀질수록 그 데이터를 분석하는 일의 중요성도 커질 것이며, 유전체 데이터로부터 많은 유용한 정보를 얻을 수 있다. 미 국립 생명공학 정보센터(NCBI)나 다른 기관에서는 유전체 데이터를 검색하는 유용한 웹 인터페이스를 제공하기 위해 노력 중이므로 특정 유전자 서열의 위치를 탐색할 수 있을 것이다.

(13) 프라이머 디자인

분자생물학에서 올리고뉴클레오티드 프라이머를 디자인할 경우가 있는데, 적합한 프라이머 디자인은 중합효소 연쇄반응 실험, 올리고 혼성화 실험, DNA 서열 결정 실험, 마이크로어레이 실험 등의 성공을 좌우하는 요인이 되기도 한다. 컴퓨터에 의하면 사용자가 DNA 서열을 내면 자동으로 적절한 프라이머를 찾아주거나 원하는 프라이머 DNA 서열의 특성을 계산해주는 웹 서비스를 받을 수 있다.

(14) DNA 마이크로어레이 분석

DNA 마이크로어레이 분석은 비교적 새로운 분자생물학 기법으로서 한 번에 수천 개의 유전자를 동시에 혼성화 탐침(probe)으로 사용할 수 있게 해준다. 마이크로어레이 실험은 결과가 동일하고 표준화되어 나오기 때문에 컴퓨터로 분석할 수 있다. 특정 DNA 서열로 구분할 수 있는 점이 똑같은 크기의 격자형으로 배열되어 있기 때문이다. 마이크로어레이가 점점 커지게 되면 그 결과 이미지가 복잡해지므로 수작업으로 비교가 불가능해지는데, 이때 컴퓨터 도구를 사용하여 분석하게 된다.

(15) 단백질체 분석

전통적으로 단백질체를 분석하는 젤 전기영동, 부분 서열 결정법, 질량 분광학 등을 컴퓨터 도구를 이용함으로써 단백질 혼합물을 간단히 분리해낼 수 있고 이로부터 정보를 얻을 수 있게 된다.

11.3 컴퓨터의 실제 활용 방법

지금까지 생물학에서 컴퓨터의 활용 방법 등을 설명하였다. 이상과 같이 유전정보의 해독과 조작을 빠르고 효율적으로 수행하기 위해서 컴퓨터가 필요함은 명백하다. 또한 이러한 대량 데이터의 처리란 것 외에 또 한가지 유용한 사실은 유전 정보란 결국 4진수의 한 비트(bit)를 말한다. 어떤 정보도 A, G, C, T 중 하나에 속하기 때문이다.

유전 정보를 다루기 위해서 쓰이는 주요한 컴퓨터 방법론들은 크게 두 가지로 구분되며 각각은 다음 <표 11.1>과 같이 구분된다.

〈표 11.1〉 바이오 인포메틱스에서 컴퓨터의 활용 방법

컴퓨터 이용분야	방법	컴퓨터 도구(알고리즘)
서열 분석 알고리즘의 개발	유사성 비교의 원리를 사용 (측정 행렬, gap 이용)	Smith-Waterman, FASTA, BLAST
	염기서열의 패턴을 이용	PROSITE, LOCK, PRINT, Multiple alignment
	유전체 프로젝트를 이용한 2차 유용 DB	PEDENT, Entrez genome division, UniGene, COG
밝혀진 서열 정보들의 효과적인 데이터베이스 및 생명공학을 위한 종합 정보 시스템 구축		Bioinformation catalog

위의 <표 11.1>을 자세히 설명하면 다음과 같다.

(1) 유사성 검색을 사용한 서열 분석 방법

유전자의 염기 서열을 결정하고 나면 이 유전자가 기존에 이미 밝혀진 유전자인지, 새로운 것인지, 단백질로 번역했을 때 어떤 구조를 가지고 기능을 갖는지, 생물학적으로 어떤 의미가 있는지 확인하기 위한 방법론이다. 단백질의 아미노산 서열이나 DNA염기 서열들이 모여 있는 데이터베이스를 검색해서 유사한 서열들을 얻어 서로 비교함으로써 정보들을 얻는 것이다.

초기의 유사성 비교 알고리즘이 1970년, Needelman & Wunch와 1974년 Sellers에 의해 개발되었다. 이들은 비교할 서열들의 전체의 길이에 대한 '전역적인(global)' 유사성 점수를 계산하였는데, 이러한 형태의 알고리즘은 다양화된 서열에 민감하지 않으므로 유사성 검색을 위해 사용될 방법들은 '지역적인(local)' 유사성을 가지는 지역에 초점을 맞추어야 한다.

가장 광범위하게 사용되는 알고리즘은 1981년 Smith-Waterman 알고리즘과 1990년의 BLAST(Basic Local Alignment Search Tool), 그리고 1988년의 FASTA이다. Smith-Waterman 알고리즘은 동적 프로그래밍을 이용하여 전체 서열에서 유사성 검색을 수행하는 것이며, FASTA와 BLAST는 모든 가능한 배열들을 다 조사하지 않는 휴리스틱 알고리즘을 이용하는 것이다. 실제 검색에 있어서 Smith-Waterman 알고리즘이 FASTA나 BLAST보다 정확한 것으로 알려져 있지만 부분 길이 시퀀스의 경우 유사한 결과를 만들어 내기도 한다. 최근에 개발된 BLAST 2.0은 gab 채우기(gap filling) 기능이 보강되어 입력한 서열 전체에서의 유사성을 보여주는 기능을 가지고 있다. 이러한 유사성을 검색하는데 있어서 일반적으로 사용되는 개념들은 아래와 같다.

1) 측정 행렬(scoring matrix)

두 개의 서열 사이를 최적으로 배열하는 것(optimal alignment)은 간단치 않다. 가장 큰 점수를 가지는 배열(alignment)이 생물학적 의미를 가진다고 할 때 여러 개의 배열들 중에서 점수를 계산하는 방법이 필요하다. 예를 들어 아래 두개의 아미노산 배열을 보면,

① TTYGAPPWCS (원본) TGYAPPPWS (DB) (5개 일치)	② TTYGAPPWCS (원본) TGYAPPPWS (DB) (5개 일치)

9개 중 5개가 일치하므로 ①과 ②는 같은 점수일지라도 ①을 상대적으로 보편적인 아미노산(A, P, S, T)만을 보존하고 있지만 ②는 W, T와 같은 덜 보편적인 아미노산들이 보존되어 있다. 따라서 아미노산들 사이에 생물학적이나 화학적 관계를 반영하여 점수를 매겨야 한다. 측정 행렬(scoring matrix)은 두 서열을 비교할 때 각각의 아미노산이나 염기의 일치 혹은 치환될 확률을 각각 계산해 주는

행렬이다. 실제 서열의 비교에 측정 행렬을 이용하므로 이 측정 행렬은 모든 서열 분석의 기본이 된다. DNA염기의 경우 A, T, G, C의 네 가지 확률을 이용한 비교적 간단한 행렬로 유사성을 이용한 단위(identity) 행렬과 Blast 행렬 등이 있으며, 단백질의 경우 20개의 확률로 20×20 행렬로 표현한 다양한 측정 행렬들이 존재하게 된다.

2) gap penalties

서열 비교 시 삽입 혹은 삭제에 의해 생기는 gap에 얼마의 감점을 줄 것인가를 결정하는 것으로 현재의 통계적 방법으로 정확한 해답은 없지만 실험적으로 얻어진 수치는 처음 생기는 gap에 -10이나 -14, 다음으로 생기는 gap에 -2나 -4점을 주는 것이다. 예를 들면 두 개의 서열 사이에 4개의 gap이 있고 -10, -2의 값을 적용하면 전체 gap penalty는 -10+3×(-2) = -16이 된다. 이렇게 다른 값을 적용하는 이유는 진화상에서 처음 gap이 생기기는 힘들지만 그 이후 연속적으로 생기는 gap은 처음에 비해 쉽게 생길 수 있기 때문이다.

3) FASTA 검색 방법

유사성 검색을 사용한 서열 분석 알고리즘 중 가장 대표적인 Smith-Waterman 알고리즘은 동적 프로그래밍을 이용하여 임의의 서열과 데이터베이스에 저장된 서열들을 비교하는 방법이다. 그리고 이 알고리즘과 함께 널리 사용되고 있는 FASTA는 임의의 서열과 유사성을 가진 서열을 서열 데이터베이스로부터 찾는 프로그램이다. 이것은 본래 단백질 서열간의 비교를 위해 제작되었지만 염기 서열간의 비교도 가능하며 FASTA의 경우는 입력한 단백질 서열과 염기 서열 데이터베이스간의 비교도 가능하다. 즉 염기 서열 데이터베이스를 6 프레임으로 번역하여 입력한 단백질 서열과 비교하는데 이 기능은 임의의 단백질 서열과 EST 데이터베이스를 검색하는데 좋은 방법으로 알려져 있다. 이것의 알고리즘을 좀 더 상세히 살펴보면 우선 두 서열간의 dot blot을 그림으로써 비교를 시작한다. 그리고 나서 dot blot에서 일치하는 부분은 대각선으로 표시하고 그려진 대각선들의 합을 계산한다. 앞서 설명한 Smith-Waterman 방법과 이 방법의 가장 큰 차이점은 이 방법에서는 데이터베이스에 있는 모든 서열들과 도트 행렬을 그리지 않고 대신 FASTA는 'word'를 기반으로 한 방법을 이용한다는 것이다.

① 알고리즘

a) 입력한 서열로부터 한 개(ktup = 1) 혹은 두 개(ktup = 2)의 단백질 서열(혹은 3개 혹은 6개의 염기서열)로 이루어진 '단어(ktup)'들의 조합을 만든다. 그리고 데이터베이스의 임의의 한 서열에서 각 단어들과 일치하는 단어들을 찾아내어 각각의 단어들을 연결하는 대각선을 만든다. 또한 중복된 단어들을 제거한다.

b) 점수가 높은 대각선 부분 10개를 선택해 치환 행렬을 이용하여 점수들을 다시 계산한다. 이때 가장 큰 값을 가진 부분을 *init1*이라 정의한다.

c) gap을 허용하여 몇몇의 high-scoring 대각선 부분들을 합치고 가장 높은 점수를 *init n*이라고 한다.

d) *init n*이 높은 서열들을 선택하고 Smith-Waterman 알고리즘을 이용하여 두 서열을 최적화 배열하고 값을 계산한다. 이 값을 opt라고 정의한다. 이 방법은 단어의 크기를 1(한 개의 단백질을 1개의 단어로 정의)로 하는 것이 훨씬 더 정확한 방법임을 알 수 있다.

② FASTA 프로그램의 종류

◦ FASTA : 염기 서열 혹은 단백질 서열간의 유사성을 검사한다.

◦ TFASTA : 입력한 단백질 서열과 데이터베이스의 염기서열을 변화 시킨 후 유사성을 검사한다.

◦ LFASTA : 두 단백질 혹은 염기서열의 부분 유사성 검색을 수행한 후 부분 서열 배열의 결과를 보여준다.

◦ PFASTA : 두 서열의 부분 유사성 검색 후 부분 서열 배열의 결과를 그림으로 보여준다.

◦ FASTA 3.0 : 가장 최근에 나온 FASTA 버전으로 서비스 페이지(http://www2.ebi.ac.uk/fasta3/)에 가서 서열을 입력하면 검색을 할 수 있다. FASTA는 서열을 입력하면 자동으로 염기 서열인지 단백질 서열인지를 판단한다. 즉, 전체 서열 중 ACGT의 서열이 80% 이상 차지하면 염기 서열로, 그렇지 않은 경우에는 단백질 서열로 판단한다. 또한 많은 검색 파라미터를 제공하는데 그 중 가장 중요한 값은 ktup이다. 처음 FASTA가 개발되었을 경우 PAM 계열의 측정 행렬 밖에 제공되지 않았지만 최근 버전의 경우

BLOSUM 계열도 제공하고 있어 BLAST에 비해 더욱 좋은 민감도를 가진 것으로 보고되고 있다.

③ FASTA 검색 결과의 분석

FASTA는 E()-value(expectation of significance)를 계산한다. E()-value는 결과에 나온 서열이 쿼리 서열과 우연히 배열해 특정 점수(score) 이상을 가지는 확률을 뜻한다. 결과에 나온 서열이 생물학적으로 의미가 있다면 E()-value는 작은 값을 가진다. 결과에서 보여주는 히스토그램은 데이터베이스의 서열들이 Z-score들의 분포를 보여준다. Z-score는 opt score에 서열의 길이를 계산하여 정규화한 것으로 서열의 길이에 영향을 받지 않는 값이다. 의미 있는 서열인 경우 Z-score는 가능한 큰 값을 가진다. Z-score와 기대치의 그래프는 입력한 서열과 데이터베이스의 서열들이 임의로 유사성을 나타내는 것과 주목할 만한 유사성을 가진 서열들의 구별 기준을 제시해준다. 그러나 이 방법은 gapped BLAST가 나온 이후 거의 사용되지 않는다.

4) BLAST 검색방법

BLAST는 NCBI에서 개발된 유사성 검색 프로그램, 순서쌍 배열에서의 휴리스틱 알고리즘이다.

① 알고리즘

BLAST 역시 유사성 검색 프로그램으로 FASTA와 마찬가지로 'Word Based Method'를 이용한다. 하지만 FASTA와는 달리 별도의 미리 확정된 검색 데이터베이스를 필요로 한다. 실제 유사성 검색 방법은 다음과 같다.

a) 우선 검색할 쿼리 서열로부터 3개의 단백질 혹은 11개의 염기로 이루어진 단어들과 T 이상의 점수를 가지는 조합을 만든다. 만들어진 조합들을 각각 서열 데이터베이스의 서열들과 비교한다.
b) 만약 각각의 단어 조합들과 같은 서열이 서열 데이터베이스에서 발견이 되면 BLAST는 옆 단어들로 유사성 검색을 확장시켜 나간다. 이때 gap은 허용하지 않는다.
c) 확장을 마친 후 데이터베이스 서열 중 일정 값 이상의 HSP(High-scoring

Segment Pairs)를 가진 서열들을 추출하고 이때 중복되지 않는 각각의 HSP들은 통계적인 테스트를 거쳐 연결한다.

d) BLAST는 쿼리 서열과 gap 없이 일정 값 이상의 HSP를 기록하지 못하는 서열들을 미리 제거한다. 그래서 FASTA에 비해 훨씬 비교 속도가 빠르다. 하지만 두 서열이 특정 부분이 높은 일치성을 가지고 있지는 않지만 대부분의 서열에서 유사성을 가지고 있는 경우에 BLAST는 검색을 해낼 수가 없다.

e) 짧은 반복 서열(short repeat sequence)나 특정한 residue들이 많이 존재하는 서열들을 쿼리 서열로 이용하였을 경우 많은 중요하지 않은 서열들이 결과로 나오게 된다. 이런 결과들을 피하기 위하여 BLAST는 필터링하는 기능을 기본적으로 가지고 있다. 결국 반복 서열 같은 것들은 검색하기 이전에 제거된다는 사실을 기억해야 한다. FASTA와 마찬가지로 BLAST도 단백질 서열을 위해 개발된 프로그램이다. 염기 서열의 검색이 가능하지만 민감도가 떨어지므로 염기 서열로 염기 데이터베이스를 검색해 진화적으로 떨어져 있는 서열을 찾고자 한다면 FASTA를 사용하는게 좋다.

② BLAST 프로그램의 종류

- BLASTP : 단백질 서열간의 비교를 한다.
- BLASTN : 염기 서열간의 비교를 한다.
- BLASTX : 입력한 염기 서열을 6개의 프레임으로 변환 후 단백질 서열 데이터베이스와 비교한다.
- TBLASTN : 염기 서열 데이터베이스를 6 프레임으로 변환 후 입력한 단백질 서열과 비교한다.
- TBLASTX : 입력한 염기 서열과 염기 서열 데이터베이스를 모두 6 프레임으로 변환 후 비교한다.

이렇게 해서 얻어진 결과의 형태는 FASTA의 결과 출력 형태와 유사하다. 결과는 HSP가 큰 순서대로 보여준다. 일반적으로 가장 큰 의미를 가지는 값은 P-value와 HSP이다. 의미가 있다고 생각되는 단백질 서열의 경우 P-value는 가능한 한 작아야 하고 HSP는 커야 한다. DNA의 경우 의미 있는 서열의 P-value가

0.0001 보다 작더라도 두 서열이 연관이 없을 가능성이 크다.

기존의 BLAST에 gap을 도입하는 기능이 추가되었다. 일반적으로 BLAST 검색을 수행하면 결과가 끊어진 몇 개의 조각들로 출력이 되는데, 최근 등장한 BLAST 2.0에서는 gap을 도입하여 FASTA와 같이 삽입과 삭제를 도입하여 상동성이 있는 조각들을 연결하여 결과를 보여준다.

또한 일반적인 유사성 검색 프로그램(FASTA, BLAST 등)들은 진화적으로 보존된 서열의 특정한 부분에 가중치를 두지 않으므로, 그 기능은 같으나 진화적으로 멀리 떨어진 두 단백질(혹은 유전자)의 검색이 어렵다. 따라서 알려진 기능이 같은 서열들만을 모아 그 중 기능적으로 중요한 부분, 구조적으로 동일한 부분, 잘 보존된 부분들의 서열들만 모아 2차 데이터베이스를 구축해서 패턴 분석에 이용하기도 한다.

(2) 데이터베이스 및 생명 공학을 위한 종합 정보 시스템 구축(DNA 칩의 사례)

DNA 칩은 생물체로부터 정보를 얻어내는 데 쓰이는 현재 가장 각광을 받고 있는 생산성이 높은 도구로서, 수 cm 이하의 실리콘 등으로 된 칩 위에 수만에서 수십만 가지에 달하는 서로 다른 DNA 분자를 2차원 행렬 형태로 심어놓은 것이다.

칩 위의 개개의 점에는 만드는 방식에 따라 다르지만 한 가지 종류 즉, 같은 염기서열을 가진 DNA 분자가 pico mole 또는 femto mole(즉, 일억에서 천억 개) 정도가 심어지게 된다. 만드는 방식은 칩 위에서 직접 합성을 하는 방식과 따로 합성을 한 것을 칩에 붙이는 식의 두 가지 방식으로 크게 나눌 수 있는데, 직접 합성의 경우에는 현재 쓰이는 일반적인 반도체 칩 제작 기술을 변형한 것으로서 하나의 DNA 분자의 길이가 염기 숫자 20개 내외를 넘을 수가 없다는 한계를 가지고 있지만, 다른 것보다 훨씬 고밀도로 만들 수가 있다는 장점을 가지고 있기도 하다. 후자의 경우는 또 다시 효소를 이용하여 합성하는 방식과 화학적인 합성을 하는 방식으로 나뉘는데, 붙이는 방식은 만년필과 같은 원리로 찍는 식인 것, 잉크젯 프린터와 같은 원리를 사용하는 것 등 여러 가지가 있다.

이렇게 만들어진 DNA 칩은 형광물질로 표시가 된 DNA 또는 RNA와 반응을 시키고 나서 수용액 상태의 적절한 조건에서 이 칩 표면에 앞에서 준비한 시료가 반응을 하도록 한다. 이 반응은 소위 교배(hybridization)라 부르는 것으로, DNA (또는 RNA)가 서로 염기 서열이 상보적인 것 즉, 아데닌과 티민, 그리고 구아닌과 시토신끼리 결합하려고 하는 성질을 이용하는 것이다(두 가지 종류의 핵산들, 즉 DNA와 RNA는 서로 같은 종류끼리, 그리고 다른 종류끼리의 잡종 형태의 결합이 모두 가능하다). 이들의 결합 정도가 바로 얻고자 하는 데이터가 되는데, 이는 결합에 참여하지 못한 것을 씻어낸 다음에 남아 있는 형광 물질의 양을 측정하여 얻어낸다. 이것이 DNA 칩의 대략적인 작동 방식이다.

이 과정에서는 두 종류의 중요한 컴퓨터 도구가 필요한데 하나는 이미지 프로세싱에 관한 것이고, 다른 하나는 단 한 종류의 칩에도 수 만가지 또는 수십만 가지의 서로 다른 DNA 염기열이 붙여야 한다는 점을 지원해주는 컴퓨터 도구가 또 필요하게 된다. 그리고 최근에 주인공들로 등장한 모든 도구들의 장점은 위에서 설명한 것과 같은 작업 즉, DNA 칩의 경우 어떤 시료에서 추출한 핵산과 교배를 시켜보는 것과 같은 일을 하루에도 수천 번이나 수만 번 또는 그 이상을 해내기 위한 물리적인 리소스를 관리하고 추적할 수 있는 컴퓨터 도구가 필요해 진다. 이는 소위 LIMS(Laboratory Information Management System)라 부르며 이러한 연구 방식의 기반을 형성하는 중요한 컴퓨터 도구이다.

또한 이렇게 하여 얻어낸 데이터로부터 정보를 나아가 유용한 지식을 얻어내는 것인데 이를 해내기 위해 필요한 것은 소위 말하는 데이터 웨어하우스(warehouse)를 구성하는 것이다.

그런데 이러한 데이터 웨어하우스의 구성은 생물체로부터 얻어지는 매우 비균질적인 데이터베이스들을 상호 연결해야 하므로 무척 어려운 일이다. 다시 말해서 DNA 칩을 사용하여 얻은 데이터도 결국 어떤 생물체의 어떤 시료로부터 온 것이고, 이 생물체로부터는 DNA 칩 이외에도 다양한 방법으로 데이터를 얻어낼 수가 있으며, 이들은 또 나름대로 특징을 가진 데이터베이스를 형성하게 되는 것이다. 그리고 이러한 현상은 다시 두 방향으로 더 넓어지게 되는데, 하나는 앞에서도 언급한 것처럼 개개인의 차이이고 또 다른 한 방향은 모든 생물체가 결국 하나의 조상을 가지고 있기 때문에 어느 생물체가 가진 어떤 정보는 일반적으로 그 친척이 되는 정보를 다른 생물체에서 찾을 수가 있다는 사실이다. 이것을 동종 또는 호몰로지(homology)라 한다.

따라서 다른 생물체에서 이들 동종의 정보를 조사하면 여러 가지 유용한 것을 얻어낼 수 있게 된다. 사람의 경우에는 이 점이 중요한 이유가 한 가지 더 생기게 되는데, 그 이유는 사람에게 실험을 해보는 것에는 한계가 있기 때문이다. 이 정보들이 서로 닮은 정도는 상식적으로 생각할 수 있는 것보다 상당히 큰 데, 사람이 가진 정보의 상당 부분은 맥주나 빵을 만들 때 쓰는 효모와 닮았으며 대장균과 닮은 것도 무시할 수 없는 양이 존재한다. 그리고 이러한 닮은 정보들의 연결은 생명 현상의 이해에 있어서 핵심적인 부분을 차지하고 있다. 따라서 생명 현상 연구를 위한 데이터 웨어하우스는 이러한 여러 차원에 걸친 복잡한 연결들을 모두 고려해야 하는 것이다.

또한 데이터로부터 무언가를 알아내는 작업 즉, 데이터 마이닝 기법이 필요하다. 생물체로부터 얻어지는 정보에 관한 데이터 마이닝 기법은 이제 막 출발이 되었다고 볼 수 있으며, 예를 들어 DNA 칩으로부터 얻어진 데이터에 대해서는 현재는 단순 클러스터링을 해보는 수준 정도에 머무르고 있으나, 아직 걸음마 단계라 할 수 있는 이러한 시도들로부터도 기존의 생물분야 연구자들에게는 상당히 놀라운 결과들이 쏟아져 나오고 있다.

많이 사용되는 데이터 마이닝 도구와 기법을 요약해 보면, 클러스터링은 분류 계획을 미리 알지 못할 때 유사한 항목을 찾기 위한 방법인데, 클러스터링 알고리즘이나 Kohonen의 자기 조직화 지도를 이용한다. 분류는 분류계획에 따라 각각의 데이터에 라벨을 붙이기 위한 방법으로 결정트리, 신경 회로망, SVM(support vector machine) 등이 이용된다. 회귀(분석)는 몇 개의 예를 가지고 경향을 파악하기 위한 방법인데, 회귀 알고리즘, 신경 회로망, 결정 트리, SVM 방법들이 이용된다. 복합예측기는 예측의 신빙성을 향상시키기 위한 방법인데 투표 방식과 혼합 방식을 이용한다.

DNA 칩 데이터는 위에서 언급한 바와 같이 상업적인 부분에서 생산된 것과 정부지원에 의한 것의 두 가지가 존재하게 되는 데, 후자의 경우에는 물론 기본적으로 공개되어 있다.

데이터 마이닝과 함께 데이터 시각화(data visualization)가 연구되고 있다. 데이터베이스 시각화 기술은 이 책의 앞 장에서 설명해온 신경 회로망, 퍼지 이론, 학습, 유전자 알고리즘 등이 이용되고 있다.

11.4 생물학적 데이터와 정보소스

다음 <표 11.2>는 생물학적 데이터베이스의 예인데, APAN-bio-mirror 프로젝트에 있는 것들이며 인터넷을 통해 제공된다.

〈표 11.2〉 생물학적 데이터베이스 예(APAN-bio-mirror)

Local mirror	Description	Home site
BLAST	NCBI's sequence similarity search tool	NCBI
BLOCKS	Highly conserved regions of proteins	NCBI
DDBJ	DNA Data Bank of Japan	NIG
EMBL	The EMBL Nucleotide Sequence Database	EBI
ENZYME	Enzyme nomenclature database	ExPASy
GenBank	GenBank Sequence Database	NCBI
Interpro	Integrated Resource of Protein Domains and Functional Sites	EBI
Meowgenes	Eukaryote Genes Summary Databank	IUBIO
PDB	Protein Data Bank	RCSB
Pfam	The Pfam database of protein domains and HMMs	WUSTL
PIR	Protein Information Resource	Georgetown
REBASE	The Restriction Enzyme Database	REBASE
Refseq	NCBI Reference Sequences	NCBI
Rice	Rice genome project cDNA from AFFRC	NIAR
SRS-Databanks	List of active SRS databases around world	EBI
SWISS-PROT*	Annotated protein sequence database	ExPASy
Taxonomy	NCBI and EBI Species names	NCBI, EBI
Unigene	Unique Gene Sequence Collection for Human, Mouse, and Rat	NCBI

또한 웹에 있는 중요한 데이터베이스를 요약하면 다음 <표 11.3>과 같다.

〈표 11.3〉 주요 생물학 데이터와 정보 소스

주제	소스	링크
생물 및 의학문헌 정보	PubMed	http://www.ncbi.nlm.nih.gov/entre/ guery.fegi
핵산 서열정보	GenBank SRS(EMBL/EBI에서 제공)	http://www.ncbi.nlm.nih.gov:80/entrez/ query.fegi?db=Nucleotide] http://srs.ebi.ac.uk
유전체 서열 정보	Entrez Genome TIGR databases	http://www.ncbi.nlm.nih.gov:80/entrez/ query.fcgi?db=Genome http://www.tigr.org/tdb
단백질 서열 정보	GenBank SWISS-PROT at Ex PASy PIR	http://www.ncbi.nlm.nig.gov:80/entrez/ query.fcgi?db=Protein http://www.expasy.ch/spro/ http://www-nbrf.georgetown.edu
단백질 구조 정보	Protein Data Bank	http://www.rcsb.org/pdb
Entrez 구조 DB 단백질 및 펩티드 질량 분광학 분석	PROWL	http://prowl.rockefeller.edu
번역 후 변형 과정 정보	RESID	http://www-nbrf/georgetown.edu/pirwww/ search/textresid.html
생화학 및 생물물리학 정보	ENZYME BIND	http://www.expasy.ch/enzyme http://www.ncbi.nlm.nih.gov:80/entrez/ query.fcgi?db=Structure
생화학적 경로 정보	PathDB KEGG WIT	http://www.ncgr.org/software/pathdb/ http://www.genome.ad.ip/kegg/ http://wit.mcs.anl.gov/WIT2/
마이크로어레이 정보	Gene Expression Links	http://www.industry.ebi.ac.uk/~alan/ Micro Array
2D-PAGE 정보	SWISS-2D.PAGE	http://www.expasy.ch/ch2d/ch2d-top.html
웹 리소스	The EBI Biocatalog IUBio Archive	http://www.ebi.ac.uk/biocat http://iubio.bio.indiana.edu

펍메드(PubMed)는 최근 가장 가치있는 생물 및 의학정보 관련 웹 리소스를 제공한다. 펍메드는 키워드 기반의 검색 방법을 사용하는데, 의학 전문가들이 관심을 가질만한 많은 임상 출판물들 뿐 아니라 자주 참고하는 대부분의 세포 및 분자생물학, 생화학, 유전학 또는 이에 관련된 분야의 학술저널을 포함한 4,000여개가 넘는 학술 저널이 색인되어 있다.

펍메드는 부가적으로 의학표제(Medical Subject Heading, MeSH) 용어를 사용해 검색할 수도 있다. MeSH는 동일한 개념을 의미하는 교체용어가 사용된 초본의 위치를 찾게 도와줄 수 있는 표준화된 용어의 저장소이다. 펍메드는 자동으로 질의 용어와 관련된 MeSH 용어를 찾고 질의를 강화하기 위해 관련된 MeSH 용어를 사용한다.

예를 들면, 만약 펍메드에서 'protein electrostatics(단백질 정전기학)'을 찾았고, 단백질과 정전기학 용어가 다른 방법으로 일일이 열거되지 않았다면 자동적으로 AND로 연결되어 결과적으로 펍메드로 넘어가는 불리언 질의어 구분은 다음과 같게 된다.

((('proteins'[MeSH Terms] OR protein[text Word]) AND ('electrostatics'[MeSH Terms] OR electrostatics[Text Word])) AND notpubref[sb])

11.4.1 GenBank

미 국립 생명공학 정보센터(National Center of Biotechnology Information, NCBI)는 누구든지 웹 브라우저로 메드라인(Medline) 데이터베이스 검색을 가능하게 하는 무료 서버이다. 이 NCBI의 GenBank는 가장 완벽한 DNA 염기 서열 정보를 유지하고 있고, 펍메드, 분류학 데이터베이스, 단백질 서열과 구조 데이터 접근방법을 제공하고 있다. NCBI가 보유하고 있는 데이터는 각 개체, 각 출처, 다양한 DNA 종류, 즉 mRNA로부터 cRNA, EST(expressed sequence tag)에 이르는 염기서열 뿐 아니라 방대한 양의 유전체 염기 서열 정보와 서열 다형성(sequence polymorphism) 정보까지를 포함하고 있다. NCBI 데이터베이스 사용자는 이러한 데이터 종류들 간의 차이점을 파악할 필요없이 자신의 작업에 가장 적합한 데이터 집합을 검색할 수 있다.

GenBank는 유럽의 분자생물학자 협회인 EMBL과 비교적 최근에 참여한 일본의 DDBJ와 함께 '국제 뉴클레오티드 서열 데이터베이스 합작'을 형성하여 자료를 교환 및 공유하고 있으며 뉴클레오티드 서열로부터 해독한 단백질의 아미노산 서열 정보도 실려있는 미 국립보건원이 제공하는 데이터베이스이다. 아미노산 서열 정보에 관한 대표적인 데이터베이스로는 Swiss-Prot와 PIR 등이 있다.

❑ GenBank/EMBL/DDBJ

- 유전정보 데이터베이스
- DNA와 RNA, 그리고 이로부터 얻어지는 단백질에 대한 정보를 담고 있다.
- GenBank의 주 사이트 ftp://ncbi.nlm.nih.gov
  (등록에 필요한 전용 소프트웨어를 다운로드할 수 있다)
- GeneBank－미국의 NIH(National Institute of Health) 산하의 NCBI(National Center for Biotechnology Information)에서 만들어진다.
- EMBL－유럽의 분자생물학회 연합체인 European Molecular Biology Laboratories의 약자
- DDBJ－DNA DataBank of Japan의 약자

❑ SWISS-PROT

- 단백질 서열만을 모으는 대표적인 데이터베이스
- University of Geneva의 Amos Bairoch 박사에 의해 만들어져 오다가, 최근에는 EBI(European Bioinformatics Institute)와 공동으로 작업

❑ PDB(Protein Data Bank)

- 단백질, DNA, RNA의 3차원 구조를 모아놓은 데이터베이스
- 미국의 Brookhaven National Laboratory에서 만듦
- 단백질 염기서열 데이터에서의 GenBank의 역할과 같은 역할을 생체분자의 구조 데이터에 대해서 수행

(1) GenBank의 단백질 서열 공개 과정

GenBank에서 단백질 서열을 기탁해서 공개되기까지의 과정은 다음과 같다.

1) GenBank 투고

수백에서 수천 전기적마일이나 떨어져 있는 GenBank에 웹상의 서열 투고 도구인 BankIt이나 Sequin을 사용하거나 EST, STS, GSS와 HTG 서열들을 대상으로 하는 특수 투고 과정을 사용하여 기탁하면 GenBank의 담당자들이 받는다. 그리고 즉시 받았다는 확인 전자우편을 보내준다. 이들은 고도로 훈련된 생물학자와 데이터베이스 전문가들로서 GenBank 자료를 모으고 분류하고 배포하는 일을 한다. 최근에는 특수 투고 과정은 제외하고 매달 5,000개 이상의 서열 자료가 도착한다. EST, STS, GSS와 HTG 투고는 반자동 시스템에 의해서 많은 수가 처리되지만, 다른 형태의 서열 레코드들은 생물학적인 완전성과 '국제 뉴클레오티드 서열 데이터베이스 합작'에서 확립한 주석 규칙에 관한 내부적 일관성을 유지하기 위하여 수동으로 처리되고 있다고 한다.

2) 기탁증: 수납 번호

담당자들은 투고 내용이 최소한의 요건에 부합하는지를 조사하고, 24시간 안에 서열에 수납 번호를 할당하며, 투고자에게 전자우편으로 이를 통지한다. 수납번호는 서열이 투고되었음을 확실하게 하며, 여러 논문에서 영구적으로 인용할 수 있는 번호이다. 이 번호를 이용해서 GenBank나 기타 국제 뉴클레오티드 데이터베이스 합작인 EMBL과 DDBJ에서 서열을 검색할 수 있다.

수납 번호는 하나의 문자와 다섯 개의 아라비아 숫자 또는 두 개의 문자와 여섯 개의 아라비아 숫자로 구성되어 있고, 자료나 서열이 가장 최근의 정보로 변경되더라도 바뀌지 않는다. GenBank는 또한 GenBank 데이터베이스에 실려 있는 모든 서열에 대해서 고유의 GI(GenBank Identifier) 번호를 할당한다. 염기 서열과 단백질 서열에 대한 GI 번호를 각각 NIDs, PIDs라 한다. GI 번호는 서열의 정보가 최신의 것으로 바뀔 때마다 변하고, 이로 인해서 GenBank는 서열의 변화를 추적할 수가 있다.

3) 색인 제작자와 과학자들에 의한 평가

분자생물학을 교육받고 데이터베이스 제작 운용 기술을 가지고 있는 17명의 색인 제작자들은 Francis Ouellette의 조정을 받으며 1,700,000개의 데이터베이스 자료에 주석을 달고 자료를 체계화하며 유지하고 있다. 색인 제작자들은 직접적으로 투고된 모든 자료에 대해 계통분류학적인 고찰을 받도록 한다. 이 서열이 데이터베이스 내의 서열과 부분적으로 또는 전체적으로 일치하는지 확인하기 위해 GenBank의 BLAST를 이용하고, 그런 후에 벡터, 효모, 그리고 미토콘드리아의 오염이 있는지 알아보기 위해 조사한다. 내부적인 일관성을 조사하기 위한 프로그램은 암호 부분을 확인하고, ORF를 발견하고, 아미노산 해독을 검증하는데 사용된다. GenBank의 내용과 자료를 표기하는 지침에 따라 주석을 다는 사람들은 등록된 자료의 설명 부분(locus name, definition line, taxonomy classification, and journal references)을 재검토한다. 담당자는 어떠한 내용을 첨가하거나 변경할 필요가 있을 때, 제출자와 상의한다. 마지막으로 21명의 선임 과학자들 중에 한사람이 생물학적인 완전성과 연속성에 대하여 마지막으로 검토한다.

투고자가 검토하도록 GenBank 레코드의 초안이 메일로 보내지기 전에, 적어도 네명의 사람이 서열과 이 서열의 주석들을 심사한다. 그 레코드가 비밀이 아니라면, 5일간의 검토 기간이 경과한 후 GenBank에 실린다. 만약 비공개를 원하면 투고자가 GenBank에 공개할 것을 통지하거나, 논문으로 발간되어야 공개된다. 언제든지 투고자가 원할 때는 레코드에 대한 정보를 최신의 것으로 바꿀 수 있다. 우리는 저자들에게 발간되면 GenBank에 통지하도록 권장하는데, 그렇게 함으로서 비공개 레코드가 공개되고 적시에 최신의 정보로 바꿀 수 있기 때문이다. BankIt Update 기능을 사용하거나, 모든 편지에 수납 번호를 적어 update@ncbi.nlm.nih.gov로 새로운 정보를 보내면 된다.

4) 레코드의 공개

투고에서 공개까지 소요되는 시간은 GenBank가 처리하고 있는 투고 수에 따라서 대략 1주에서 3주 정도 된다. 일단 레코드가 데이터베이스에 실리게 되면, 일반 대중들은 질의 e-mail 서버(query@ncbi.nlm.nih.gov)나 Network Entrez 또는 WWW Entrez를 사용해서 자료를 볼 수 있다. Entrez는 보충 서열, 그래픽 표현, 구조, 유전체 레코드 그리고 PubMed와 같은 연결 사이트도 제공한다.

1985년도 GenBank에는 주로 생의학 잡지의 서열 자료를 스캐닝하여 확보한 5,700개가 약간 넘는 자료가 있었다. 1998년도 GenBank는 거의 2백만개의 레코드와 25,000종류 이상의 생물체에 대한 10억개를 훨씬 초과하는 염기쌍에 대한 유전 정보가 있다. 인간의 서열 자료는 데이터베이스의 43%로 가장 많은 부분을 차지하고, 생쥐(mus musculus)와 선충(caenorhabditis elegans)이 두 번째와 세 번째인데, 각각 10%와 9%를 차지한다.

(2) GenBank 데이터베이스와 다른 데이터베이스들 비교

<그림 11.4>는 GenBank 데이터베이스의 증가추세를 나타낸 그림이다.

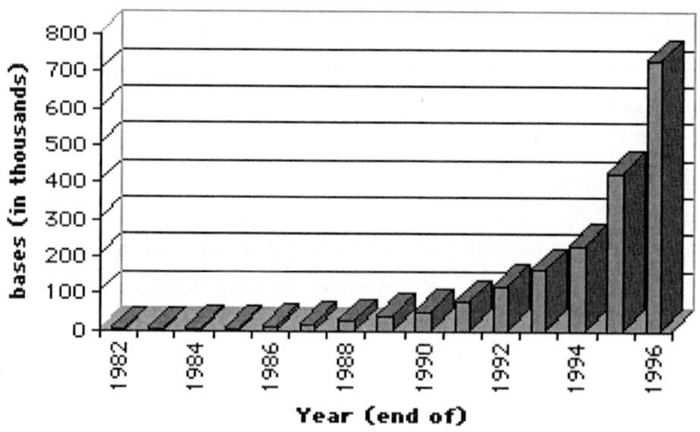

〈그림 11.4〉 GenBank 데이터베이스의 증가추세

18개월마다 자료의 크기가 두 배로 증가하고 있는 GenBank는 주로 저자나 서열 결정 센터로부터 자료를 직접 투고 받아서 데이터베이스를 구축한다. 최근에는 데이터베이스 서열 자료의 70% 이상이 ESTs(발현서열표)이다. EST와 유전체 프로젝트의 강력한 추진으로 GenBank의 데이터 증가 속도는 더욱 가속될 것으로 기대된다. GenBank에 대한 추가적인 정보, 다양한 분과들, 그리고 성장지표는 최근공개노트(ftp://ncbi.nlm.nih.gov/genbank/gbrel.txt)에서 찾아볼 수 있다.

서열 정보의 폭발적인 증가는 GenBank CD-ROM에 잘 나타나 있다. 이 CD-ROM은 1992년에 한 개의 디스크로 시작해서 1997년 12월에 출시된 Release 104

는 12개의 디스크로 증가했다. 제작비용이 증가하고, 사용자들은 다루기 힘든 디스크보다 편리한 인터넷을 선택하기 때문에 GenBank CD-ROM은 1998년 4월 15일에 마지막으로 출시하고 중단되었다. 대신에 GenBank의 완전판을 Anonymous FTP를 사용해 genbank/directory에서 다운로드 받을 수 있다.

GenBank를 검색하기 위해서는 두 가지 방법이 있는데, 첫째, 텍스트 기반의 질의를 통해서 데이터베이스 내에서 각 DNA 서열에 관련된 주석을 검색하는 것이고, 둘째, BLAST를 이용하여 DNA 또는 단백질 서열을 데이터베이스에 있는 서열들과 비교하는 검색방법이다. GenBank는 펍메드 검색 인터페이스와 거의 동일하다. 검색시 제한사항, 미리보기/색인, 히스토리, 클립보드 형태 등은 단백질, 핵산, 유전체 DB에서 같은 식으로 적용되고 이는 펍메드에서도 마찬가지이지만 검색 가능한 특정 영역 내지는 제한 사항 설정 등은 약간 다를 수 있다.

또한 유럽 분자생물학 연구소인 EMBL(European Molecular Biologu Laboratory) / EBI(European Bioinformatics Institute)에서 데이터베이스에 마이크로 어레이 데이터를 기탁하기 위한 표준 세트의 발전을 조율해 왔다. 또한 몇몇 데이터베이스들은 SWISS-2DPAGE와 HSC-2DPAGE를 포함하여 2D 젤 전기영동의 결과 데이터 기탁을 위해 활동하고 있다. 2D-PAGE는 많은 단백질들의 동시적 연구와 세포 안에서의 단백질 농도에 대한 정량적 연구를 가능하게 하는 기술이며, 이러한 두 가지 기술의 결합은 어떻게 유전체들이 작용하는지를 이해하기 위한 강력한 도구이다.

일본 교토대학교 유전체 데이터베이스(Kyoto Encyclopedia of Gene and Genomes, KEGG)는 비슷한 데이터를 갖고 있으나 서열, 구조, 유전적 연관 데이터베이스의 정보를 서로 연결한다. 이 데이터베이스는 모두 웹 인터페이스를 통해 질의를 할 수 있고 자동화 시스템으로 전문가에 의해 관리되고 있다.

NCBI와는 달리 PDB(Protein Data Bank)는 한 종류의 분자 데이터만을 취급한다. 분자 구조와 분자 구조 모델링에서 얻은 많은 양의 원시 데이터 집합을 다루고 있다. PDB 웹 사이트는 데이터베이스 검색시 세 가지 선택 사항을 제공하는데 직접 네 글자의 PDB 인터페이스를 입력하거나 SearchLite 또는 SearchFields 인터페이스를 사용하여 검색할 수 있다. PDB 웹사이트에서 단백질 구조 데이터를 좀 더 편안하게 보려면 RasMol이나 Chime과 같은 플러그인 브라우저를 컴퓨터에 설치해야 한다.

지금까지 웹에서 데이터베이스를 제공하는 예를 설명하였는데, 인터넷에서 찾은 소프트웨어, 데이터, 정보를 감정할 때 가장 먼저 고려해야 할 점은 자료의 출처이다. 즉, 저자와 저자의 소속, 그들의 전문지식 등을 먼저 잘 파악해야 한다. 또한 국가기관이나 국제기관의 사이트에서 제공하는 데이터나 소프트웨어라 하더라도 항상 정확한 것은 아니고 에러가 포함되거나 더 이상 쓸모없는 자료를 제시할 수도 있다. NCBI나 PDB와 같은 기관에서 제공하는 소프트웨어도 여전히 개선되고 있다. 따라서 만약 현재 개발 중인 베타 버전의 소프트웨어를 기반으로 연구를 진행하고 있다면 데이터를 주의깊게 살피고 개선되고 있는 문제가 무엇인지를 염두해 두어야 할 것이다.

11.5 바이오 인포메틱스의 활성화를 위한 개선 방안들

생물학적 정보량의 증가는 가히 폭발적으로 증가하고 있고 이미 미국에서는 염기서열을 결정하는 무인공장이 완성 단계에 있다. 이와 같이 염기서열결정의 자동화가 전 세계적으로 착실하게 진행되고 있고, 다양한 종에 대한 그리고 개체의 다양성에 대한 각종 유전체사업이 계획 또는 추진되고 있기 때문에 바이오 인포메틱스의 중요성이 점점 강조되고 있다.

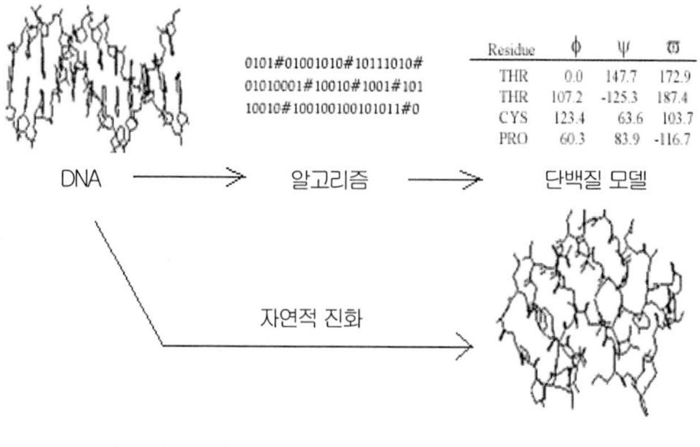

〈그림 11.5〉 바이오 인포메틱스 기술 개발

최근 선진 각국에서 인간의 뇌를 이해하고, 이를 바탕으로 새로운 개념의 컴퓨터를 만들고자 하는 시도들이 이루어지고 있다. 이와 같은 컴퓨터 과학의 발전은 당연히 바이오 인포메틱스 기술의 변신을 요구할 것이다.

이와는 반대로 바이오 인포메틱스 분야에서 새로운 생물정보 분석의 욕구가 생기면 이를 뒷받침할 컴퓨터 과학 기술의 발전과 더불어 바이오 인포메틱스 기술의 개발이 필요하게 될 것이다.

이처럼 바이오 인포메틱스는 생명과학 및 컴퓨터 과학의 발달 과정과 연계되어 계속 변하는 가변성을 지닌 학문이다. 현재 하루가 다르게 쌓여져가고 있는 어마어마한 양의 생명과학 정보들이 바로 바이오 인포메틱스의 미래 기술을 기다리고 있는 재료들이다. 바이오 인포메틱스의 핵심 기술은 효율적인 데이터베이스를 제작하고 관리하는 기술과 이를 빠르고 정확하게 검색하고 분석하는 기술일 것이다. 데이터베이스 기술은 효율성을 증대시키는 단방향성인데 반하여 분석기술은 다양한 욕구를 충족시켜야 하기 때문에 매우 다양한 모습을 갖게 된다.

(1) 검색 및 분석도구

바이오 인포메틱스의 핵심적인 기술은 데이터베이스를 빠르게 검색하고 분석하는 기술이다. 이미 많은 검색 및 분석도구가 개발되어 있다. 그러나 이 기술들은 아직도 여전히 해결해야 할 여러 문제점들을 갖고 있다. 더욱이 미래에는 정보가 상상을 초월할 정도로 방대해질 것이기 때문에 속도가 더욱 중요한 요소가 될 것이다.

(2) 다중 정렬 및 계통 발생학적 분석 도구

다중 정렬 및 계통 발생학적 분석 도구들은 대부분 쿼리 서열의 수가 제한되어 있다. 그러나 앞으로 막대한 양의 자료들이 축적되고, 이들을 서로 동시에 비교해야 할 필요가 증대될 것이다. 따라서 제한성을 없애고 속도를 증대시키는 방향의 연구가 필요하다. 또한 다중 정렬의 결과가 그 의미를 제대로 나타내기 위해서는 사용 알고리즘이 개선되어야 할 것이다. 같은 쿼리 서열 자료를 가지고 기존 프로그램들로 분석해 보면 그 결과가 서로 차이가 나는 경우가 많다. 우리는 어떤 결과를 믿어야 하나? 유전정보의 변이는 단순히 무작위적으로 나타나는 것이 아니라 여러 환경요인에 의해 영향을 받고 있기 때문이다. 이러한 점이 알고리즘에 반영되어야 한다. 특히 단백질 서열을 비교할 때는 그 단백질의 2차 구조 또는 3차 구조를 반영할 수 있도록 알고리즘이 개선되어야 할 것이다.

(3) 패턴 분석 도구

RFLP의 분석은 유전 정보를 그대로 다루는 것이 아니라 특정한 부위를 인식하고 절단하여 얻어진 조각들이 만들어내는 패턴을 분석하는 것이다. 이러한 패턴 분석 기술들은 노이즈 문제를 해결해야 한다.

(4) 영상 표현 기술

유전체 정보 자료를 비롯한 생명 과학 자료를 그래픽으로 표현하는 좀 더 좋고 경제적인 방법이 필요하다. 그래픽 요소의 전형으로써 bioWidgets를 개발, 구현, 적용하고자 노력하고 있다. 여기서 사용할 프로그래밍 언어는 자바이다.

(5) 컴퓨터 구조 생물학

기존 효소를 변형하여 우리의 목적에 맞는 신기능 효소를 창출하는 연구가 많이 진행되고 있다. 이때 이용되는 위치특이 돌연변이 기술은 이미 보편화되어 누구나 쉽게 할 수 있다. 그러나 문제는 어떤 부위를 어떻게 변화시키면 우리가 원하는 방향으로 효소의 기능이 변할 것인지를 예측하는 것이다. 이러한 분자설계를 하기 위해서는 먼저 그 효소의 구조와 생물학적 기능의 관계를 완전히 이해하고 있어야 한다. 그러기 위해서는 효소 단백질의 결정을 얻어 3차 구조를 밝혀내야 하는데 이것이 그리 쉬운 일이 아니다.

염기 서열을 분석하여 우리는 단백질의 2차 구조를 어느 정도 이해할 수 있게 되었다. 그러나 아직도 개선의 여지가 많다. 현실이 이러한데 염기 서열로부터 과연 3차 구조를 예측할 수가 있을까? 이러한 기대는 결코 헛된 꿈만은 아닐 것이다. 현재 상동성 모델링을 이용한 미지의 단백질 구조해석에 대한 연구가 많이 수행되고 있다. 이 기술은 앞으로 각종 약제의 분자설계나 산업적으로 중요한 특성을 지닌 신기능 효소의 창출 등에 활용될 것이다.

미국 캘리포니아 공대 베크만 연구소 산하에 있는 전산생물학센터(www.com-pbio.caltech.edu)를 한 번 방문해 보면 전산구조생물학의 미래를 엿볼 수 있다. 이곳에서는 단백질의 3차원 구조 예측 등의 연구가 활발히 진행되고 있다. 그러나 정확한 예측을 위해서는 결정 구조에 대한 많은 정보가 축적되기를 기다릴 수밖에 없다. 앞으로 좋은 프로그램의 개발 등 생명정보학 분야에서 해결해야 할 중요한 과제 중의 하나로 남아있다.

(6) 개인 유전체 프로젝트

머지않은 장래에 개인 유전체의 서열을 밝혀주는 개인 유전체 프로젝트가 국가적으로 또는 의료 서비스나 상업적 차원에서 진행될 것이다. 그리고 전자호적이나 전자환자 기록카드를 이용할 날이 올 것이다. 미국에서는 환자의 병력 및 치료에 관한 기록을 데이터베이스화 하기 위한 시도가 이루어지고 있으나, 개인 사생활 침해의 우려 때문에 완강한 반대에 부딪치고 있다. DNA 칩을 이용하여 염기 서열의 차이를 쉽게 알아내는 기술이 컴퓨터과학, 전자공학, 기계공학, 바이오 인포메틱스, 유전체학의 학제간 공동 연구에 의해 개발되면, 인간 유전체 프로젝트에서 완성한 표준 서열과 비교하여 손쉽게 개개인의 유전체 서열을 밝혀낼 수 있을 것이다.

(7) 기타 몇 가지 흥미로운 연구

우리는 미생물을 동정하기 위하여 rDNA 서열을 결정하고 계통발생학적 비교분석을 한다. 따라서 우리는 매번 동정하고자 하는 미생물의 rDNA 서열을 결정해야 하는 번거로움이 있다. 쉽게 동정할 수 있는 방법은 없을까? rDNA 데이터베이스로부터 각 종에 대한 제한효소지도 데이터베이스를 구축한다. 동정하고자 하는 미생물의 DNA를 적절한 제한효소들로 절단하고 전기영동한 다음 rDNA 탐침으로 혼성화한다. 나타난 상을 컴퓨터로 입력하여 데이터베이스와 비교함으로써 쉽게 동정을 할 수 있을 것이다.

이러한 기법을 범인 색출에 활용할 수 있을 것이다. 범죄 현장에 남기고 간 범인의 머리카락, 혈흔, 타액, 정액 등에서 추출한 DNA로부터 범인의 얼굴 형태를 알아내려는 것이다. 사람의 모든 형질과 마찬가지로 얼굴 생김새도 결국 그 사람의 유전정보에 의해 결정되므로 가능할 것이다. 수만명 정도의 사람으로부터 얼굴 모양과 DNA를 얻어, 이를 서로 비교하여 컴퓨터상의 모델을 만들어두면, 정확한 몽타즈를 얻을 수 있게 될 것이다.

11.6 바이오 인포메틱스의 미래

<그림 11.6>은 바이오 인포메틱스의 과거와 현재 그리고 미래에 관한 것을 나타낸 그림이다. 이 그림에서 보는 바와 같이 바이오 인포메틱스는 단순한 유전서열 정보에 해당하는 기본 구조적인 유전학적인 방법(structural genomics)에서 유전자 기능 및 데이터베이스와 관련된 기능적인 유전학(functional gemonics)으로 확장되어서 발전하는 것이 일반적인 추세이다.

인간 유전체 프로젝트 이외에 바이러스로부터 미생물, 식물, 동물에 이르기까지 수많은 유전체 프로젝트가 이미 완료되었거나 계획, 추진되고 있다. 대장균 유전체 프로젝트(http://www.genetics.wisc.edu/)를 비롯하여 여러 세균, 바이러스, 엽록체와 미토콘드리아의 유전체, 효모(Saccharomyces cerevisiae, http://www-genome.stanford.edu), 아기장대(Arabidopsis thaliana, http://weeds.mgh.harvard. edu), 초파리(Drosophila melanogaster, http://www-leland.stanford.edu), 그리고 선충(Caenorhabditis elegans), 두꺼비(Zenopus), 제브라다니오 열대어(http://zfixh. uoregon.edu), 생쥐, 쌀(http://bioserver.mvongji.ac.kr) 등 많은 생물체의 유전체 프로젝트가 현재 이미 완료되었거나 진행 중에 있다. 가장 먼저 완성된 Haemophilus influenzae를 비롯하여 10여종의 원핵생물 유전체의 염기서열은 이미 완전히 결정되었으며 인간 유전체의 경우도 현재 약 3% 정도 진척되었다. 이러한 프로젝트들은 전세계적으로 수많은 과학자들이 분담하여 각기 다른 부분에 대하여 연구하고 그 결과 및 정보를 서로 공유하는 유기적인 협조체제를 구축하여 수행되고 있다.

이러한 유전체 프로젝트가 보건의료 생명과학 분야에서 갖는 의미는 매우 크다. 우리가 한 생명체의 모든 유전정보를 알아내는 일은 각종 생명 현상과 유기체의 형성 원칙 및 진화를 이해하는 데 필수적이며, 사람 유전병 또는 암과 관련된 새로운 유전자의 발견 등 의학, 약학, 농학, 식품 및 발효 산업의 발전과 인류

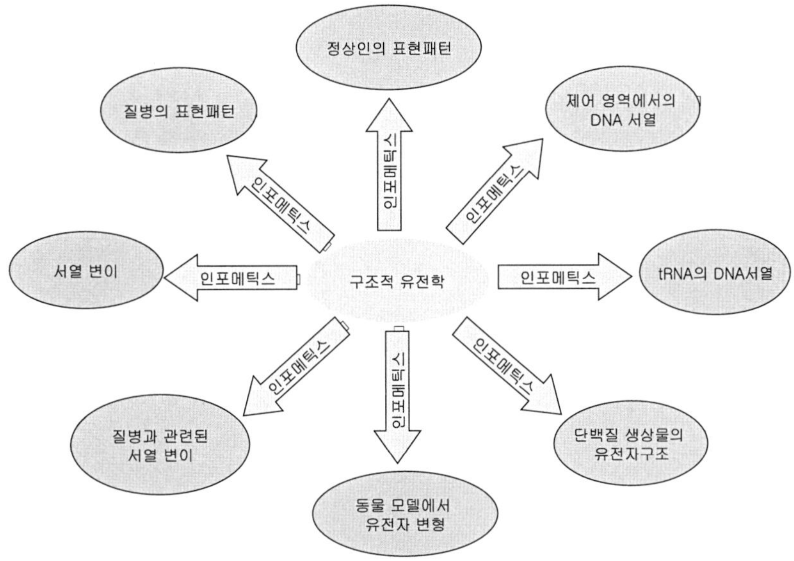

(a) 구조적 유전학(structural genomics)

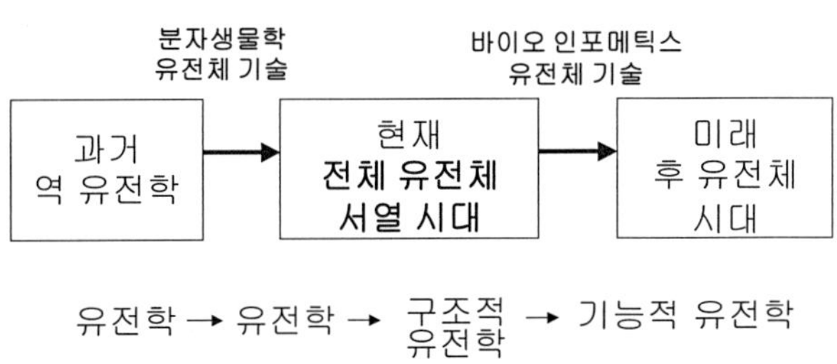

(b) 기능적 유전학(functional gemonics)

〈그림 11.6〉 바이오 인포메틱스의 과거, 현재 그리고 미래

복지 증진에 크게 기여할 것으로 믿고 있기 때문이다.

이상에서 본 바와 같이 현재는 바이오 인포메틱스가 초기 단계이므로 데이터 축적 및 응용 모색 등에 초점을 맞추고 있으나 앞으로는 제약 산업의 응용, 칩을 통한 질병진단 및 예측, 개인별 유전적 차이 감별 및 맞춤의약, 집단유전학 및 전염병 예측 및 예방 등에 응용가능하다. 또한 작물 품질 개량 및 증산, 의약용 작물 출현 등 농업과 관련되어 응용가능하며, 개량효소와 미생물을 통한 생물공정,

에너지, 환경 문제에 응용, DNA 컴퓨터의 가능성 등이 있다.

당면 과제로는 사회적 인식, 정부 규제 등 외부 환경이 변화되어야 하며, 정보 관리시스템, 분석 도구, 네트워크 등 바이오 인포메틱스 인프라가 발달되어야 하며, 고속 대용량 시스템이 개발되어야 하며 XML을 기반으로 하는 데이터베이스 표준화 및 통합이 이루어져야 할 것이다.

제 12 장

유비쿼터스 컴퓨팅

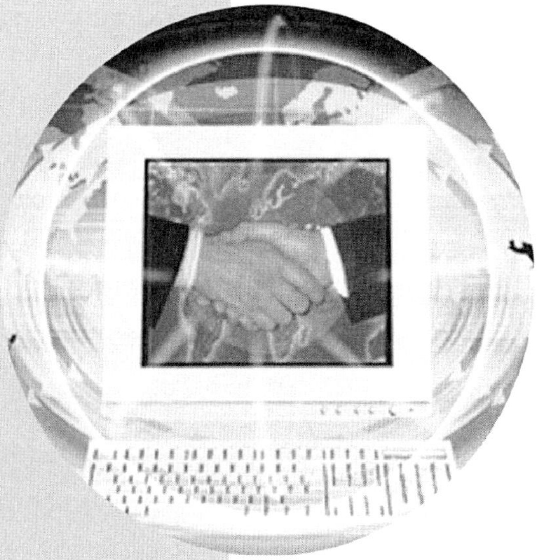

12.1 유비쿼터스란 무엇인가?

12.1.1 유비쿼터스 정의와 창시자 마크 와이저

사전적 의미로 유비쿼터스(ubiquitous)란 라틴어 'ubique'를 어원으로 하는 영어의 형용사로 '동시에 어디에나 존재하는, 편재하는'이라는 사전적 의미를 가지고 있다. 즉, 시간과 장소에 구애받지 않고 언제나 정보통신망에 접속하여 다양한 정보통신서비스를 활용할 수 있는 환경을 의미한다. 또한, 여러 기기나 사물에 컴퓨터와 정보통신기술을 통합하여 언제, 어디서나 사용자와 커뮤니케이션할 수 있도록 해 주는 환경으로써 유비쿼터스 네트워킹 기술을 전제로 구현된다.

유비쿼터스라는 단어는 1988년 제록스사에 근무하던 마크 와이저(Mark Weiser)가 '유비쿼터스 컴퓨팅'이라는 개념으로 처음 제시하였다. 마크 와이저는 1952년 7월 시카고에서 출생하였고, 21살에 회사를 설립하여 운영한 경험이 있으며, 이후 미시간대학 컴퓨터와 통신과학(computer and communication sciences) 분야에서 석사와 박사학위를 받았다. 36세가 되던 1987년에 제록스사에 연구원으로 참여하게 되었고, 1988년에 유비쿼터스 개념을 제안하게 되었다. 이후 여러 논문을 통하여 유비쿼터스 개념을 정립하였다.

〈그림 12.1〉 유비쿼터스 창시자인 마크 와이저

마크 와이저가 제록스사 팰러앨토연구센터(Palo Alto Research Center, PARC)에서 연구원으로 일할 때, 그는 오랜 시간동안 다가올 미래의 전자문명의 화두가 무엇일까에 대해 고민했다. 그는 지금까지 우리가 사용하던 컴퓨터 시스템과는 근본적으로 다른 무엇인가가 있을 것이라는 고민을 심각하게 하였다. 또한 사람과 사물 간에 인터페이스가 어떤 거부감도 없이 자연스럽게 연결될 수 있게 하는 기술, 인간과 컴퓨터 그리고 네트워크가 서로 조화돼 나타날 지극히 인간화된 기술(calm technology) 등 수많은 고민 끝에 1988년에 비로소 본격적인 연구 과제를 추진하였는데, 이 주제가 바로 '유비쿼터스 컴퓨팅'이었다.

1991년, 마크 와이저는 미국의 대표적 과학저널 중의 하나인 Scientific American 1991년 9월호에 '21세기를 위한 컴퓨터(The computer for the 21st Century)'라는 논문을 발표하였다. 이 논문에서 유비쿼터스 컴퓨팅이라는 용어와 개념이 처음 소개하였고, 그는 '가장 심오한 기술은 사라지는 것'이라는 유비쿼터스 개념을 규정짓는 표현을 사용하였다. 1993년에는 "Some Computer Science Problems in Ubiquitous Computing"이라는 논문을 발표하였는데 이 논문은 "Ubiquitous Computing"이라는 제목으로 재발간되기도 하였다. 1996년에는 그의 논문 'The Coming Age of Calm Technology'에서 많은 사람이 한 대의 대형 컴퓨터를 공유하던 메인 프레임 시대에서 1980년대부터 시작한 PC 시대, 분산 컴퓨팅을 제공하는 인터넷 시대를 거쳐 개개인이 환경 속에 편재돼 있는 여러 컴퓨터를 사용하는 유비쿼터스 컴퓨팅 시대가 도래할 것이라고 주장하였다.

마크 와이저는 이 논문에서 다음과 같은 네 가지 중요한 유비쿼터스 개념을 제시하였다.

첫째, 끊김없는 연결(Seamless Connectivity; HC Infra Network) : 모든 사물들이 네트워크에 연결되어 끊기지 않고 항상 연결되어 있어야 한다.

둘째, 사용자 중심 인터페이스(User Centered Interface) : 사용자가 기기 사용에 있어서 어려움이 없이 처음 접하는 사람을 포함해 누구나 쉽게 사용할 수 있는 인터페이스가 제공되어야 한다.

셋째, 컴퓨팅 기능이 탑재된 사물(Smart Things) : 가상공간이 아닌 현실 세계의 어디서나 컴퓨터의 사용이 가능해야 한다.

넷째, 의미론적 상황인지 동작(Semantic Context awareness) : 사용자의 상황(장소, ID, 장치, 시간, 온도, 날씨 등)에 따라 서비스가 변해야 한다.

결국 유비쿼터스 컴퓨팅은 '무의식 레벨에서의 컴퓨팅' 혹은 '온-오프라인의 통섭'으로 일컬을 수도 있겠다. 그 수준에 도달하기 위해선 인간이 온라인화(처럼 느껴져야)되어야 할 뿐 아니라 곳곳에 분산화되어 스며든 컴퓨터 또한 오프라인화(처럼 느껴져야)되어야 하는 것이다

The Computer for the 21st Century

Specialized elements of hardware and software, connected by wires, radio waves and infrared, will be so ubiquitous that no one will notice their presence.

By Mark Weiser

The most profound technologies are those that disappear. They weave themselves into the fabric of everyday life until they are indistinguishable from it.

Consider writing, perhaps the first information technology. The ability to represent spoken language symbolically for long-term storage freed information from the limits of individual memory. Today this technology is ubiquitous in industrialized countries. Not only do books, magazines and newspapers convey written information, but so do street signs, billboards, shop signs and even graffiti. Candy wrappers are covered in writing. The constant background presence of these products of "literacy technology" does not require active attention, but the information to be transmitted is ready for use at a glance. It is difficult to imagine modern life otherwise.

Silicon-based information technology, in contrast, is far from having become part of the environment. More than 50 million personal computers have been sold, and the computer nonetheless remains largely in a world of its own. It is approachable only through complex jargon that has nothing to do with the tasks for which people use computers. The state of the art is perhaps analogous to the period when scribes had to know as much about making ink or baking clay as they did about writing.

The arcane aura that surrounds personal computers is not just a "user interface" problem. My colleagues and I at the Xerox Palo Alto Research Center think that the idea of a "personal" computer itself is misplaced and that the vision of laptop machines, dynabooks and "knowledge navigators" is only a transitional step toward achieving the real potential of information technology. Such machines cannot truly make computing an integral, invisible part of people's lives. We are therefore trying to conceive a new way of thinking about computers, one that takes into account the human world and allows the computers themselves to vanish into the background.

Such a disappearance is a fundamental consequence not of technology but of human psychology. Whenever people learn something sufficiently well, they cease to be aware of it. When you look at a street sign, for example, you absorb its information without consciously performing the act of reading. Computer scientist, economist and Nobelist Herbert A. Simon calls this phenomenon "compiling"; philosopher Michael Polanyi calls it the "tacit dimension"; psychologist J.J. Gibson calls it "visual invariants"; philosophers Hans Georg Gadamer and Martin Heidegger call it the "horizon" and the "ready-to-hand"; John Seely Brown of PARC calls it the "periphery." All say, in essence, that only when things disappear in this way are we freed to use them without thinking and so to focus beyond them on new goals.

The idea of integrating computers seamlessly into the world at large runs counter to a number of pre-

Reprinted with permission. Copyright 1991 by *Scientific American*, Inc. All rights reserved. PERVASIVE computing 19

〈그림 12.2〉 마크 와이저의 21세기를 위한 컴퓨터 논문 일부

마크 와이저는 "우리는 수천 년 동안 문자를 써 왔다. 그리고 현재는 수도 없이 많은 문자에 둘러쌓여 살고 있다. 우리는 그 문자를 볼 때 일부러 노력하면서 읽지 않는다. 아무런 노력없이 무의식 중에 그것을 읽고 정보를 얻을 수 있다. 이처럼 어떤 행위에 익숙해지면 큰 노력을 기울이지 않고 정보를 쉽게 얻을 수 있다"고 말했다.

유비쿼터스 컴퓨팅은 그가 말한 것처럼 이러한 '비가시성'이 실현된 후에야 비로소 나타나는 기술이다. 우리가 문자를 불편없이 보면서 그 사물에 대한 정보를 얻는 것처럼 컴퓨터가 '비가시성'을 실현해 사물 속으로 들어가면 우리는 아무런 불편함 없이, 또 특별한 노력없이 무의식 중에 이용할 수 있다. 때문에 컴퓨터를 쓰기 위한 시간과 노력은 현재보다 많이 줄어든다.

현재 컴퓨터는 쓰는 이가 어떤 작업을 하기 위해서 쓰는 법을 익혀야 하고, 작업 중에는 무의식이기보다 컴퓨터에 의식을 집중해야 한다. 마크 와이저는 유비쿼터스 컴퓨팅의 개념을 해당 논문에서 명확한 문장으로 정의하지 않았다.

하지만 그의 연구들을 살펴보았을 때 마크 와이저는 유비쿼터스 컴퓨팅을 '컴퓨터가 보이지 않게 내재되어 네트워크로 연결되고 언제 어디서나 접속이 가능한 환경'으로 정의했다고 판단된다. 그는 유비쿼터스 컴퓨팅이 향후 20년 내에 급속한 발전을 통해서 컴퓨터 분야의 화두가 될 것을 10여년 전부터 예견했던 것이다.

마크 와이저는 유비쿼터스 컴퓨팅을 사라지는 컴퓨팅(disappear computing)이라 하였는데, 여기서 '사라진다(disappear)'의 개념은 일상의 사물과 컴퓨터가 구분이 안 될 정도로 사물의 특성이 사라지는 것을 의미한다. 예를 들면, 머그컵이 기존의 것과는 달리 위치정보 알림 기능을 내장해 단말기로 머그컵의 위치 정보를 받거나, 온도에 따라 머그컵의 색상이 변할 수 있는 것이다.

마크 와이저가 1999년 4월 위암으로 작고한 이후, 현재에는 일본 동경대학교의 사카무라 켄(坂村健) 교수를 주축으로 한 일본의 유비쿼터스 연구가 매우 앞서고 있다. 사카무라 켄 박사는 유비쿼터스 컴퓨팅이란 '언제, 어디에서든 컴퓨터를 이용할 수 있는 것'이라고 정의하고, 그 개념을 '컴퓨터와 네트워크가 인간 생활공간의 상황을 인식하는 것'이라고 말함으로써 유비쿼터스 네트워킹의 원조로 불린다. 또 유비쿼터스 컴퓨팅의 이미지를 구체적으로 부각시키기 위해 몇 가지 흥미로운 요소를 제시했다.

첫째, PC만이 컴퓨터가 아니다. 둘째, 더욱 지능화되는 가전제품과 기기들도 컴퓨터가 될 수 있다. 셋째, 컴퓨터끼리 연락하는 컴퓨터 사회가 이루어진다. 넷째, 물체에 이식된 마이크로컴퓨터(System On Chip). 다섯째, 공개해도 되는 정보와 공개할 수 없는 정보. 여섯째, 권한의 구조는 인간 사회와 동일하다. 일곱째, 컴퓨터가 사람과 물체를 식별하는 것 등이다.

사카무라 켄 박사는 '유비쿼터스 컴퓨팅'이라는 용어가 최초로 쓰인 것은 마크 와이저에 의해서였지만, 그 이전에 1984년부터 일본에서는 트론(The Real-time Operating System Nucleus, TRON) 프로젝트를 추진하면서 이미 유사한 개념으로 연구를 진행해 왔다고 밝히고 있다.

정리해 보면, 유비쿼터스 컴퓨팅은 컴퓨팅, 통신, 접속 방식, 제공하는 콘텐츠와 사람이 컴퓨터의 존재를 인지하지 않도록 조용히 처리하는 특성을 이용해 언제 어디서나 어떠한 형태의 네트워크에서도 모든 이기종 기기 간의 연동을 통해 다양한 서비스를 제공하는 것을 지향한다.

이는 궁극적으로 인터넷 기반의 근거리 무선 통신 인터페이스를 갖추고 지능형 단말 기능을 지닌 스마트 오브젝트, 능동형과 수동형 센서와 마이크로컴퓨터들과 연동된 지능화된 공간인 스마트 스페이스, 컴퓨터를 가지고 있거나 없는 상태에서 명령하지 않고 컴퓨팅 서비스를 받을 수 있는 이상 생활인 스마트 라이프를 실현하기 위한 기술 요소 간의 유기적 결합, 즉 기술 융합으로 이루어진다.

유비쿼터스에 필요한 몇 가지 용어를 정의하면 다음 <표 12.1>과 같다.

〈표 12.1〉 용어정의

용어	정의
유비쿼터스 기술 (Ubiquitous Technology)	유비쿼터스 네트워킹/컴퓨팅 기술을 중심으로 BT, NT 등이 융합된 기술. IT(Information Technology)는 유비쿼터스 기술의 핵심 부분인 유비쿼터스 정보기술, BT(Bio Technonlgy)는 생명과학 기술을 가리키는 것으로서 주로 바이오 메트릭스를 이용한 인지나 보안에 활용됨. NT(Nano-Technology)는 나노미터 즉, 10^{-9}m(10억 분의 1m, 머리카락 굵기의 1000분의 1에 해당) 사이즈인 원자나 분자 수준의 극미세 물질을 인위적으로 조작함으로써 새로운 성능과 기능을 가진 물질이나 장치를 만들어 내기 위한 기술
유비쿼터스 컴퓨팅 (Ubiquitous Computing)	물리공간에 존재하는 사람과 사람들이 이용하는 여러 가지 사물/기기에 지능화 되고 상호 연결이 가능한 컴퓨터가 부착 또는 내장됨으로써 사람-기기-사물 간에 실시간 수준의 상황 인식과 판단, 작업 수행 등이 가능하도록 해 주는 기술

〈표 12.1〉 용어정의(계속)

용어	정의
유비쿼터스 네트워킹 (Ubiquitous Networking)	기존의 컴퓨터와 지능화 된 사물 및 기기들을 유선, 무선, 위성통신, 방송 등 여러 가지 통신망을 이용해서 연결함으로써 필요한 정보/콘텐트에 언제, 어디서나 쉽게 접근, 활용할 수 있도록 해 주는 기술
유비쿼터스 시스템 (Ubiquitous System)	유비쿼터스 기술을 이용해서 인간생활에 유용한 복합적인 서비스를 제공하도록 구성된 컴퓨터 하드웨어, 소프트웨어, 네트워크, 업무 절차, 정보/콘텐트, 기기, 인간/사물 등의 결합체
유비쿼터스 플랫폼 (Ubiquitous Platform)	유비쿼터스 시스템의 하부체계로서 네트워크, 컴퓨터 하드웨어, 운영체제(OS: Operating System), 시스템 소프트웨어(예: 데이터베이스 관리 시스템), 공통지원 서비스(예: 정보/콘텐트 목록관리를 위한 레지스트리 또는 온톨로지 관리, 지불/결제/보안 처리) 등으로 구성됨
유비쿼터스 미들웨어 (Ubiquitous Middleware)	유비쿼터스 플랫폼의 일부이거나 별개로 만들어 진 소프트웨어로서 플랫폼과 서비스 사이에서 작업의 중개나 조정을 담당함
유비쿼터스 애플리케이션 (Ubiquitous Application)	사용자가 필요로 하는 기능/서비스를 제공하기 위해 유비쿼터스 플랫폼 위에서 실행되는 소프트웨어 예: U-ERP, U-CRM, U-SCM
유비쿼터스 비즈니스 (Ubiquitous Business)	유비쿼터스 기술을 이용해서 기업의 수익을 창출할 수 있도록 구성된 새로운 사업 모델인 동시에 고객에게 최상의 서비스를 제공할 수 있도록 시간적, 공간적 제약과 격차를 없앤 기업활동 방식
유비쿼터스 솔루션 (Ubiquitous Solution)	사용자가 제기한 문제(예: 정보/콘텐트 공유, 프로세스 통합)를 해결하기 위해 필요한 유비쿼터스 시스템(즉, 제품)과 컨설팅, 교육훈련, 기술이전 등 서비스의 집합체
유비쿼터스 공간 (제3공간)	유비쿼터스 기술에 의해 창조되는 전자공간과 물리공간이 결합된 새로운 공간
유비쿼터스 인프라 (Ubiquitous Infra)	넓은 의미에서는 유비쿼터스 사회/경제를 구현하는데 필요한 법/제도/문화, 프로세스, 조직/사람, 교육훈련, 재원, 기술, 유비쿼터스 시스템 플랫폼 등을 거버넌스를 포괄적으로 지칭하며, 좁은 의미에서는 유비쿼터스 시스템의 플랫폼 부분을 의미함
유비쿼터스 서비스 (Ubiquitous Service)	개인, 기업, 정부 등 경제활동의 주체들이 유비쿼터스 기술의 적용을 통해 누리게 되는 보다 업그레이드 된 서비스 예: U-의료, U-교육, U-쇼핑
유비쿼터스 도시 (Ubiquitous City)	유비쿼터스 도시는 최근 급속하게 발달하고 있는 정보통신 기술과 인프라, 그리고 유비쿼터스 컴퓨팅에 의한 정보서비스를 도시공간에 융합(convergence)한 지능형 미래 도시로서, RFID를 기반으로 한 유비쿼터스 네트워크와 센싱, 상황인지, 자율대처 등 IT를 활용하여 노동과 교육, 환경 등 다양한 도시 서비스가 지능화된 형태로 도시민에게 제공되는 공간을 말함

이미 정의에서도 나타나 있듯이 일반적으로 유비쿼터스 컴퓨터와 유비쿼터스 컴퓨팅은 개념이 다르다. 유비쿼터스 컴퓨터는 물리적으로 보여지는 컴퓨터를 말하며 유비쿼터스 컴퓨팅이랑 유비쿼터스 컴퓨터를 통해 구현되는 이론적 개념을 의미한다. 또한 유비쿼터스 네트워크란 유비쿼터스의 여러 요소들이 연결되어 하나의 네트워크(유비쿼터스 센서 네트워크)를 형성하는 것을 의미한다. 이를 좀 더 분명히 하기 위해 다음 <표 12.2>에 유비쿼터스 컴퓨팅과 유비쿼터스 네트워크의 비교하여 나타내었다.

〈표 12.2〉 유비쿼터스 컴퓨팅과 유비쿼터스 네트워크 비교

	유비쿼터스 컴퓨팅	유비쿼터스 네트워크
개념	언제 어디에나 존재하는 컴퓨터를 이용할 수 있는 환경	컴퓨팅 능력보다는 네트워크로서의 유비쿼터스가 중요하다는 것을 강조
창시자	마크 와이저	사카무라 켄
특징	- 네트워크에 접속되어야 함 무선을 통하여 모든 기기들이 연결이 되어 어느 곳에서나 정보를 얻을 수 있어야 함 - 컴퓨터는 사용자에게 보이지 않아야 함 주변 물리적 환경 속에 컴퓨터를 사용할 수 있게 함으로써 컴퓨터 활용도가 증가하지만, 사용자가 컴퓨터가 존재하는 것을 의식하지 않으면서도 자연스럽게 컴퓨터를 사용할 수 있어야 함. 이러한 개념은 컴퓨터 칩 설계, 네트워크 프로토콜, 입출력 장치, 응용프로그램, 프라이버시 같은 모든 컴퓨터 분야의 연구에 영향을 주게 됨. 또한 주변 환경에 숨어 있는 컴퓨터들의 도움을 받아서 여러 일들을 하지만 사용자는 자기 스스로 어떤 일을 했다고 느낄 정도로 컴퓨터의 존재를 느끼지 못하게 됨 - 현실세계 어디서나 컴퓨터 사용이 가능해야 함 유비쿼터스 컴퓨팅은 가상현실이 아닌 현실세계에 정보를 표현할 수 있는 증강현실이 되어야 함	- 고정·이동, 유선·무선, 통신·방송이라는 영역을 넘어 이용 장소에 관계없이 상시 접속이 가능한 모바일 특성을 갖춘 브로드밴드 네트워크 기반을 가짐 - 대형범용컴퓨터나 PC뿐만 아니라 휴대폰·PDA·게임기·카내비게이션·디지털 TV·정보가전·웹카메라·물체에 부착한 전자태그 등 각종 정보기기나 센서가 IP(IPv6) 등 프로토콜을 이용해 서로 연결된 상태가 됨 - 문자·숫자, 정지영상뿐 아니라 동영상이나 음성을 가진 콘텐츠, 이용자의 수요에 맞춘 솔루션, 안전한 정보의 송수신, 전자상거래가 가능한 플랫폼 등에 활용이 가능함
해결 문제점	디바이스간의 연결을 위해 상당한 데이터 전송을 위한 통신대역폭을 해결하여야 하며, 사물들이 이동했을 때 마치 사람이 이쪽 방에서 저쪽 방으로 이동하는 것처럼 응용프로그램들도 이쪽 스크린으로에서 저쪽 스크린으로 이동할 수 있어야 함	유비쿼터스 시대를 'P2P(Person to Person)' 'P2M(Person to Machine)' 'M2M(Machine to Machine)'으로 나누어보면 P2P 다음에 P2M, M2M으로 유비쿼터스가 발전해 갈 것이므로 이와 관련된 기술들이 개발되어야 함

12.1.2 유비쿼터스 공간혁명

인류의 역사는 공간 개척의 노력과 그 위에서 꽃피운 공간 혁명의 역사로 규정할 수 있다. 과거와 현재를 통틀어 인류 역사에 가장 많은 영향을 미친 4대 공간 혁명으로는 도시혁명, 산업혁명, 정보혁명, 유비쿼터스 혁명이 있다.

이 네 가지 공간혁명을 구분하는데 있어서 가장 중요한 관점은 그것이 물리공간에 관한 혁명인가, 아니면 전자공간에 관한 혁명인가는 하는 것과 두 공간 사이의 상호작용 관계이다.

도시 혁명은 물리공간을 원시적 평면에서 도시적 방식으로 창조한 1차 공간 혁명이고, 산업혁명은 도시공간을 중심으로 물리공간의 생산성을 고도화시킨 2차 공간혁명이라 할 수 있다. 정보혁명은 인터넷과 같은 완전히 새롭고 보이지도 않는 전자공간을 창조한 3차 공간혁명이며, 유비쿼터스 혁명은 물리공간에 전자공간을 연결해 물리공간과 전자공간을 하나로 통합, 공진화할 수 있게 하는 4차 공간혁명이라 할 수 있다. 물리공간은 원자를 기본원소로 하며 실존하는 공간이다. 이에 반해 전자공간은 0과 1을 표현하는 비트를 원소로 하기 때문에 만질 수 없는 공간이며 논리적이고 가상적이다. 유비쿼터스 공간은 원자와 비트가 원소로 연계되고 직접 만지지 않아도 공간에 존재하는 원하는 정보를 이용자가 알 수 있는 현실체가 증강된 공간이다.

산업혁명에 이은 정보혁명은, 인류의 활동 기반으로서 물리공간이 아닌 인터넷과 같은 완전히 새롭고 보이지도 않는 전자공간을 창조한 3차 공간혁명이다. 정보혁명은 물리공간에만 고착되어 있던 공간 개념을 뒤엎고 만질 수도 없는 전자공간을 탄생시킨 탈공간 혁명의 성격을 지닌다.

정보혁명은 월드와이드웹(WWW) 서비스가 확대되면서 본격화되었다. 도시혁명과 비교했을 때 정보혁명이 갖는 혁명적 의미는 놀랄 만한 것이다. 정보혁명은 도시공간과는 비교할 수 없을 정도로 축소되고 거리와 시간까지 소멸된 컴퓨터 공간 속에 도시보다도 더 큰 공간과 더 많은 기능들을 불어 넣었다. 시청, 도서관, 박물관, 교실, 학원, 백화점, 서점, 은행, 주식매장, 신문은 컴퓨터 공간 속으로 그대로 녹아든다.

그 결과 전자공간에서 프랑스 루브르 박물관과 미국의 스미스 소니언 박물관을 단 한 번의 클릭으로 옮겨 다니면서 구경하고, 쇼핑몰을 여기저기 돌아다니지 않고도 안방에서 편안하게 쇼핑을 즐길 수 있다. 그러나 전자공간은 전혀 이질적인 물리공간과의 충돌로 여러 가지 제약이 있다.

우리 주변에는 여전히 물리공간 속에 남아 컴퓨터 속으로 들어올 수 없는 대상(물리적 환경과 사물)들이 더 많이 존재하고, 인간이 그 대상 속으로 들어가기 전에는 그것들 안에서 어떤 변화가 일어나는지, 무엇이 잘못되고 어떠한 조치가 필요한지 알 수 없다. 인터넷처럼 전자공간에 접속하는 것도 거추장스러운 일이다. 다가올 유비쿼터스 혁명은 서로 이질적인 물리공간에 전자공간을 연결해 물리공간과 전자공간이 하나로 통합되고 공진화할 수 있는 4차 공간혁명이라고 할 수 있다.

과거, 물리공간에 존재하던 수많은 기능들이 무서운 속도로 컴퓨터(전자공간) 속에 빨려 들어가는 현상을 보고, 윌리엄 미첼은 정보혁명으로 등장한 비트(BIT)가 공간혁명의 상징인 물리적 도시를 죽였다고 말했다. 유비쿼터스 혁명은 바로 정보혁명의 상징인 물리적 도시를 죽인 것이다. 유비쿼터스 혁명은 바로 정보혁명에 의해 타살된 물리적 도시를 부활시키기 위한 새로운 공간혁명이다.

이 혁명은 정보혁명의 연장선상에 있으나 그 발상은 정반대에서 출발한다. 그 차이를 두고 언급되는 것이 '정보혁명은 물리공간을 컴퓨터 속에다 집어넣는 혁명'이라는 표현이다. 물질공간과 전자공간을 통합하기 위하여 물질공간에 심을 수 있는 전자공간 요소로는 임베디드 시스템, RFID, IPv6, MEMS, 센서, 칩 등이 있다.

임베디드 컴퓨팅은 컴퓨터가 수행해야 할 기능을 미리 프로그래밍해 심는 기술로, 임베디드 컴퓨팅 기술을 활용하면 빌딩 기둥 속에 건물의 안정성을 스스로 진단하고 문제를 사전에 조치할 수 있는 컴퓨터를 심을 수 있다. 따라서 여기서 임베디드 수준은 이러한 기술의 정도를 말한다.

RFID(Radio-Frequency Identification) 기술이란 전파를 이용해 먼 거리에서 정보를 인식하는 기술로, 무선통신 시스템으로 자동화 데이터 수집 장치(Automatic Data Collection)의 한 분야에 속해 있다. 이 무선통신 시스템은 RF 태그(혹은 트랜스폰더_Transponder : 외부 신호에 감응하여 자동적으로 신호를 다시 보내는 라디오 수신장치 또는 송수신기)와 RF 리더(Reader/Controller)로 구성이 되어 있다. RFID는 사람, 자동차, 화물, 가축 등에 개체를 식별하는 정보를 부가하게 되고, 이 부가정보를 무선통신 매체를 이용하여 비접촉으로 해독하며, 기존의 각종 어플리케이션을 자동화하게 한다. RFID에는 RFID 태그와 RFID 판독기가 필요하다. 태그는 안테나와 집적 회로로 이루어지는데, 집적 회로 안에 정보를 기록하고 안테나를 통해 판독기에게 정보를 송신한다. 이 정보는 태그가 부착된 대상을 식별하는 데 이용된다. 쉽게 말해, 바코드와 비슷한 기능을 하는 것이다. RFID가 바코드 시스템과 다른 점은 빛을 이용해 판독하는 대신 전파를 이용한다는 것이다. 따라서 바코드 판독기처럼 짧은 거리에서만 작동하지 않고 먼 거리에서도 태그를 읽을 수 있으며, 심지어 사이에 있는 물체를 통과해서 정보를 수신할 수도 있다. 자세한 내용은 유비쿼터스 기술부분에서 설명하겠다.

IPv6(Internet Protocol version 6)는 인터넷 프로토콜 스택 중 네트워크 계층의 프로토콜로써 version 6 Internet Protocol로 제정된 차세대 인터넷 프로토콜을 말하는 것으로 IPng(IP Next Generation), 즉 차세대 IP라고도 불리우고 있다. 인터넷(Internet)은 IPv4 프로토콜로 구축되어 왔으나 IPv4 프로토콜의 한계점으로 인해 지속적인 인터넷 발전에 문제가 예상되어 이에 대한 대안으로써 IPv6 프로토콜을 제정하였다. IPv6와 기존 IPv4 사이의 가장 큰 차이점은 바로 IP 주소의 길이가 128비트로 늘어났다는 점이다. 이러한 128비트 구조는 이론적으로 거의 무한대의 IP주소를 생성할 수 있어 지구상의 거의 모든 사물에 주소를 부여할 수 있다. 자세한 내용은 유비쿼터스 기술부분에서 설명하겠다.

MEMS(Microelectromechanical Systems)는 미세 기술로서 기계 부품, 센서, 액츄에이터, 전자 회로를 하나의 실리콘 기판 위에 집적화 한 장치를 가리킨다. 주로 반도체 집적회로 제작 기술을 이용해 제작되지만 반도체 집적회로에서 평면을 가공하는 프로세스로 제작할 때 입체 형상을 만들어야 하므로 반도체 집적회로의 제작에는 쓰이지 않는다. 에칭이라 불리는 제작 프로세스가 포함된다. 현재 제품으로서 시판되고 있는 것으로서는 잉크젯 프린터의 헤드, 압력 센서, 가속도 센서, 자이로스코프, 프로젝터 등이 있다. 응용 분야가 다방면에 걸쳐 있기 때문에 시장 규모가 확대되고 있다. 이 때문에 제2의 DRAM이라고도 말하고 있다.

센서는 유비쿼터스 공간을 구성하는 가장 기초적인 단위이다. 센서는 정보 및 에너지를 물리적, 화학적, 생물학적 수단을 사용해 검출하는 장치를 말한다. 일반적으로 센서의 출력은 전기신호로 변환된다. 전기신호는 또다시 디지털신호로 변환이 되어 여러 가지 처리를 통해 정보로써 활용이 되게 된다. 센서는 검출대상에 따라 크게 광, 자기, 온도, 압력, 진동, 기체를 감지하는 센서는 분류할 수 있다.

칩은 조그마한 반도체로써 RF태그와 함께 사물에 장착이 가능하다. 또는 생체 칩 형태로 사람의 신체에 이식할 수도 있다. SOC(system on chip)은 칩 하나에 하나의 시스템을 집적하여 집어넣는 기술로서 유비쿼터스 구현에 있어 중요한 기술이 된다.

유비쿼터스 공간에서는 물리적 환경과 사물들 간에도 전자공간처럼 정보가 흘러 다니면서 마치 사람이 그 속에 들어가 있는 것처럼 지능화되고, 정보를 수신하고 발신하면서 사람들이 원하는 활동을 수행한다. 결국 유비쿼터스 혁명은 물리공간과 전자공간의 한계를 동시에 극복하고 사람, 컴퓨터, 사물이 하나로 연결됨으로써 최적화된 공간을 창출하는 마지막 단계의 공간혁명으로 볼 수 있다.

12.2 유비쿼터스 컴퓨팅 주요기술

12.2.1 용어정리

유비쿼터스 컴퓨팅은 다음 <표 12.3>에서와 같이 다른 용어로도 불리우는데, 이들 간의 개념은 유사하나 약간의 차이점이 있다.

퍼베이시브 컴퓨팅은 IBM에서 제안하는 개념으로써 이미 <표 12.3>에서 보았듯이 유비쿼터스 컴퓨팅과 개념이 거의 비슷하다. IBM이 생각하는 퍼베이시브 컴퓨팅 비즈니스 모델에 대하여 애드킨스 사장은 임베디드솔루션, 무선, 크로스오버의 세 가지 방향을 제시했다. 캄 컴퓨팅은 컴퓨터의 존재 자체를 인간이 인지할 수 없도록 알아서 작동하는 조용한(calm) 컴퓨팅이다. 이는 소형 반도체를 생활 곳곳에 위치시키는 보이지 않는(invisible) 컴퓨팅과도 유사한 개념이다. '조용한, 무의식적(calm)'인 컴퓨팅은 인간의 지각과 인지 능력에 대한 개념이다. 기술적인 점보다는 인간이 어떻게 컴퓨터의 정보 환경과 상호 작용할 수 있을까에 대한 고민을 하게 된다.

〈표 12.3〉 유비쿼터스 컴퓨팅의 다른 용어들

용어	제안한 곳
유비쿼터스 컴퓨팅(ubiquitous computing)	Mark Weiser, 제록스사 1988
퍼베이시브 컴퓨팅(pervasive computing)	IBM 1999
캄 컴퓨팅(calm computing)	John Brown, 제록스사 1996
인비저블 컴퓨팅(invisible computing)	G.Barriello, 워싱턴대학 1999
탠저블 컴퓨팅(tangible computing)	Ishii, 1977
콘텍스트 기반 컴퓨팅(context based computing)	버클리 IBM 1999
히든 컴퓨팅(hidden computing)	Toshiba 1999
포스트 PC 컴퓨팅(post PC computing)	popular media
앰비언트 인텔리전스(ambient intelligence)	European commission
에브리데이 컴퓨팅(everyday computing)	Georgia Tech 2000
센티언트 컴퓨팅(sentient computing)	AT&T 2002
오토노머스 컴퓨팅(autonomous computing)	IBM 2002
아모포스 컴퓨팅(amorphous computing)	DARPA 2002
스프레이 컴퓨팅(spray computing)	Zambonelli 2003
시티웨어(cityware)	O'Neill & Kostakos 2005
노매딕 컴퓨팅(nomadic computing)	UCLA 1995

인비저블 컴퓨팅은 휴머니티가 살아 숨 쉴 수 있도록 디지털을 보이지 않도록 만드는 기술을 지칭한다. 여기서 '보이지 않는(invisible)'다는 개념은 이용가능한 다수의 컴퓨터를 물리적 환경에 배치해 기존 컴퓨터의 능력을 향상시키고 사용자의 능률도 높이는 것을 의미한다. 그렇게 컴퓨팅이 인간의 현실 공간 속에서 보이지 않으려면 소형모터나 실리콘 칩을 내장할 수 있는 기술이 있어야 한다.

마크 와이저는 앞서 설명한 사라지는 컴퓨팅, 캄 컴퓨팅, 인비저블 컴퓨팅을 중요한 유비쿼터스의 철학으로 제시하였다.

나머지 개념들도 유비쿼터스 컴퓨팅과 개념 및 목표하는 바가 유사하다.

센티언트 컴퓨팅은 센서 등을 통해 신선한 정보를 컴퓨터가 미리 감지해 사용자가 필요로 하는 정보를 제공하는 기술이다. 센티언트 컴퓨팅은 센서 네트워크를 통해 그 능력이 더욱 확대된다. 이러한 센티언트 컴퓨팅을 통하여 유비쿼터스 서비스를 제공할 수 있다. 유비쿼터스 서비스는 일반적으로 U-커뮤니케이션 서비스, U-정보제공 서비스, U-상황고지 서비스, U-행위제안 서비스, U-지능형서비스 등의 형태로 구분이 된다.

노매딕 컴퓨팅(nomadic computing)은 1995년 UCLA에서 제안한 프로젝트로, 선과 연결의 제약을 없애고 네트워킹의 이동성을 극대화하여 특정장소가 아닌, 어디에서나 컴퓨터를 사용할 수 있게 하는 기술이다. 즉, 유목(nomadic) 환경에서 여러 가지 디바이스를 가지고 다닐 필요가 없이 모든 장소에서 모든 디바이스에 정보기기가 탑재되어 무선인터넷과 텔레매틱스와 같은 컴퓨팅 기술을 통해 사용자의 관점에서 일관된 내용의 서비스를 받을 수 있는 것이다.

또한 웨어러블 컴퓨팅(wearable computing)도 유비쿼터스 컴퓨팅 기술의 출발점으로 컴퓨터를 옷이나 안경처럼 착용할 수 있게 함으로써 컴퓨터를 인간 몸의 일부로 만드는 기술이다. 입는 컴퓨팅 기술은 앞으로 체내 이식형 컴퓨팅(implant computing)기술로 발전해 나갈 것이다. 입는 컴퓨터는 입력장치 또한 휴대할 수 있는 작은 크기 이어야 한다. 적외선을 이용한 키보드, 두루마리처럼 말 수 있는 키보드, 한손으로 타이핑할 수 있는 하프키보드 등이 있다.

이외에도 디스포저블 컴퓨팅 기술(disposable computing)과 엑조틱 컴퓨팅 기술(exotic computing)도 유비쿼터스 컴퓨팅으로부터 비롯된 기술들이다. 디스포저블 컴퓨팅 기술은 모든 사물에 컴퓨터를 심을 수 있도록 컴퓨터를 1회용 종이만큼이나 저렴하게 만드는 기술이다. RF-태그 기술이 현실화되기 위해서는 RF칩이 아주 저렴해져서 모든 사물에 장착이 가능해져야 한다. 엑조틱 컴퓨팅은 그야말로 스스로 생각해 물리공간과 전자공간의 연계를 수행하는 컴퓨팅 기술이다. 엑조틱 컴퓨팅 기술을 통해 집에서 일어나는 모든 상황과 해야 할 작업들이 지능적으로 파악되고 실제로 수행되는 것이 가능해진다.

12.2.2 유비쿼터스 컴퓨팅 분류

유비쿼터스 컴퓨팅은 <그림 12.1>에서와 같이 모빌리티 수준(level of mobility)과 임베디드 수준(level of embeddedness)이 가장 높은 수준이며, 퍼베이시브 컴퓨팅은 모빌리티 수준은 유비쿼터스 컴퓨팅보다는 좀 낮더라도 임베디드 수준이 높은 컴퓨팅을 말한다. 여기서 분산 컴퓨팅은 수많은 컴퓨터를 하나로 묶어 같은 작업을 공동으로 수행하는 것을 말한다.

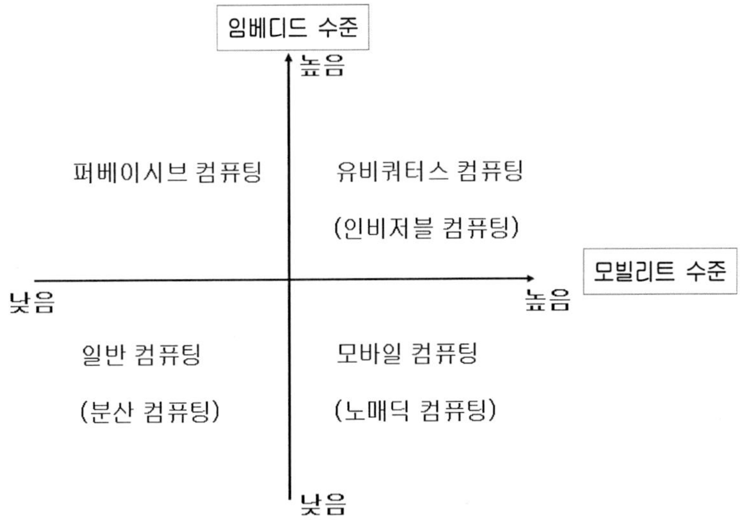

〈그림 12.1〉 모빌리티 수준과 임베디드 수준에 따른 유비쿼터스 컴퓨팅 분류

유비쿼터스 컴퓨팅은 일반적으로 진화된 컴퓨터 사이언스 분야로서, 인공지능, 에이전트, 그래픽스, 암호학 등이 관련되며, 하드웨어 센서들, 심리학, 사회학, 지리학, 구조학, 역사, 음악 미술 등이 복합된 분야이다. 유비쿼터스 컴퓨팅은 다음 <그림 12.2>에서와 같이 인간의 경험과 이론 및 기술이 융합된 분야이다.

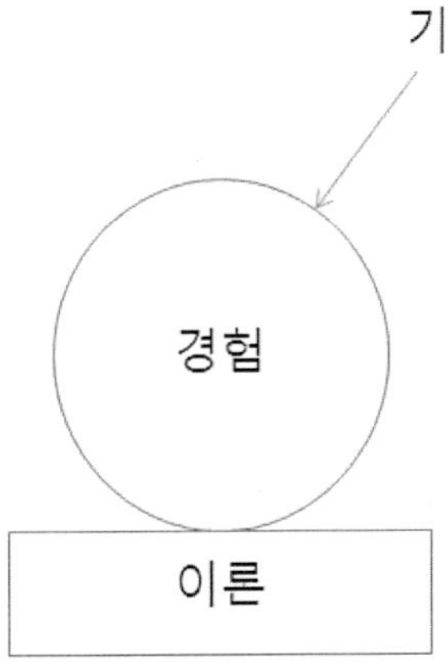

〈그림 12.2〉 유비쿼터스 컴퓨팅 개념

유비쿼터스 서비스들은 유비쿼터스 컴퓨팅과 서비스들이 유비쿼터스 기술들의 융합으로 탄생한 것이다. 여기서 '서비스'란 정보를 제공할 수 있는 하나의 엔티티(entity)로서 하나의 행동을 수행할 수 있고 다른 엔티티를 대신하여 리소스를 통제할 수 있는 것을 말한다. 서비스는 소프트웨어와 하드웨어 또는 하드웨어와 소프트웨어의 복합에 의해 구현될 수 있다. 서비스는 하나의 레벨에 의해 다른 레벨 위에 제공되는 행동들의 그룹이다. 다음 <그림 12.3>에 있는 것처럼 센서(sensor), 상황인지(sontext-awareness), RPC, 스마트 디바이스 등의 융복합 기술들에 의해 유비쿼터스 서비스들이 개발되는 것이다.

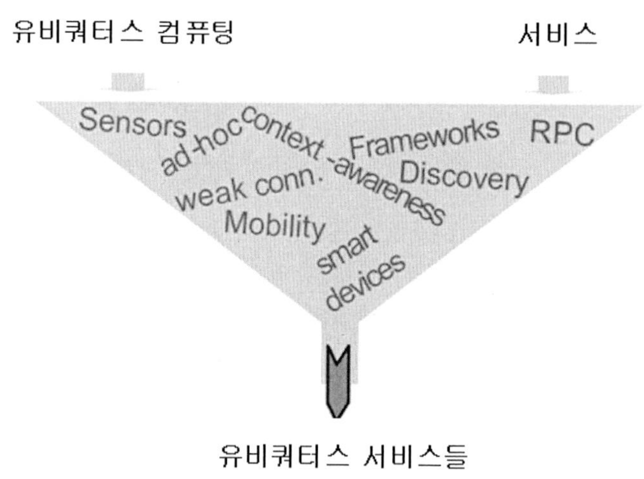

〈그림 12.3〉 유비쿼터스 서비스 기술들

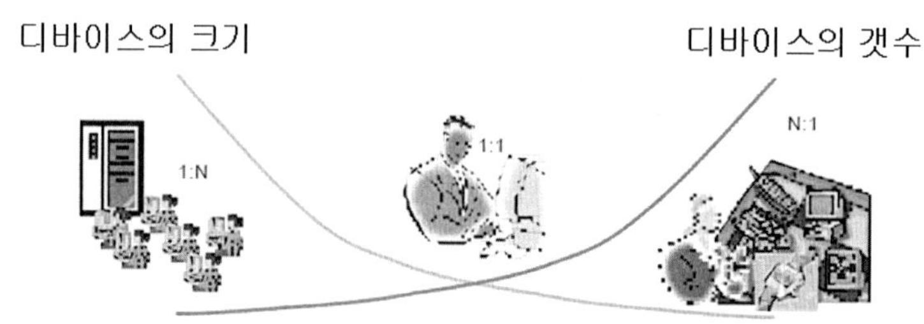

〈그림 12.4〉 유비쿼터스 컴퓨팅에서 디바이스의 크기와 개수와의 상관관계

이로써, 유비쿼터스 컴퓨팅에서는 다음 <그림 12.4>에서 보는 바와 같이 디바이스 크기가 점점 작아지고 있으며, 디바이스의 개수는 점점 많아지게 된다. 즉, 작은 컴퓨터들이 우리생활 곳곳에 우리가 인식하지도 못한 사이에 많아진다는 뜻이다.

(1) RFID(Radio Frequency Identification)

RFID는 각종 물품에 소형 칩을 부착해 사물의 정보와 주변 환경정보를 무선주파수로 전송·처리하는 비접촉식 인식시스템이다. 1980년대부터 등장한 이 시스템은 DSRC(dedicated short range communication, 전용 근거리 통신) 또는 무선식별시스템이라고도 한다.

판독·해독기능이 있는 판독기와 고유 정보를 내장한 RFID 태그(RFID tag), 운용 소프트웨어, 네트워크 등으로 구성된 전파식별 시스템은 사물에 부착된 얇은 평면 형태의 태그를 식별함으로써 정보를 처리한다.

RFID는 데이터를 저장할 수 있는 메모리칩과 무선주파수를 받고 보낼 수 있는 안테나로 이루어진 태그, 그리고, 물체에 부착된 태그와 통신하여 데이터를 처리하는 리더기 및 미들웨어 시스템으로 이루어져 있다. 바코드와 RFID 태그의 이점 중 가장 큰 차이는 인식거리와 메모리의 차이이다. RFID 태그는 주파수 대역에 따라 수 센티미터에서 수십 미터 이상까지 인식 할 수 있다. 또한 RFID태그는 읽고 쓸 수 있는 메모리칩을 활용하므로 물체에 각각 ID를 부여할 수 있다.

RFID 태그는 반도체로 제작된 트랜스폰더 칩과 안테나로 구성되며, <그림 12.5>에서와 같이 수동형과 능동형으로 구분된다. 수동형이 내부 전원 없이 판독기의 전파신호로부터 에너지를 공급받아 동작하는 데 비해 능동형에는 스스로 작동하기 위해 RF 태그 전지가 내장되어 있다.

RFID 태그는 전력원 장착 여부에 따라 수동형, 반수동형, 그리고 능동형으로 구분되기도 한다. 수동형 RFID 태그는 자체적인 전력 공급원이 없는 형태로 RF 시그널이 접근하면 안테나로 미세 전류가 흘러와 태그의 CMOS IC를 구동하는 형태이다. 수동형 RFID 칩은 비휘발성 EEPROM을 장착하여 데이터를 저장하며, 자체적인 전력 공급원이 없으므로 크기가 매우 작고, 피부 밑에 삽입하는 형태의 태그도 상용화되어 있다. 수동형 RFID 태그는 수명이 반영구적이며 몇몇 기업이 실리콘 타입이 아닌 폴리머 타입 반도체를 사용하는 태그를 개발 중에 있다.

반수동형 RFID 태그는 수동형 태그와 매우 유사하나 작은 배터리를 장착하고 있는 것이 특징이다. 이 장치로부터 IC에 전력을 공급하므로 외부로부터 전원을 취하기 위한 별도장치가 필요 없다. 따라서 안테나도 후방산란 신호를 방출하는 것에만 최적화되도록 설계되어 있다. 금속 및 액체가 많은 환경에서는 수동형보다 반수동형 태그가 적합하며 금속 및 액체는 일반적으로 RF를 산란시키는 효과가 있어 자체적으로 에너지원을 갖춘 반수동형에서 읽기 효율이 높다.

능동형 RFID는 자체적인 전력원을 가지고 있어 IC의 구동 및 시그널 방출에 사용된다. 일반적으로 능동형 태그는 수동형에 비해 오류발생확률이 적다. 또한, 상대적으로 많은 전력 에너지를 활용하기 때문에 RF가 산란되기 쉬운 환경에도 적합하며 비교적 먼 거리에서도 데이터 송수신이 가능하다. 능동형 태그 배터리의 수명은 대체로 10년 이상이며, 최근에 출시되는 능동형 태그에는 센서가 장착되어 있어 온도, 습도, 진동, 충격, 공중장애(atmospherics) 등을 감지하고 경고신호를 보낼 수도 있다.

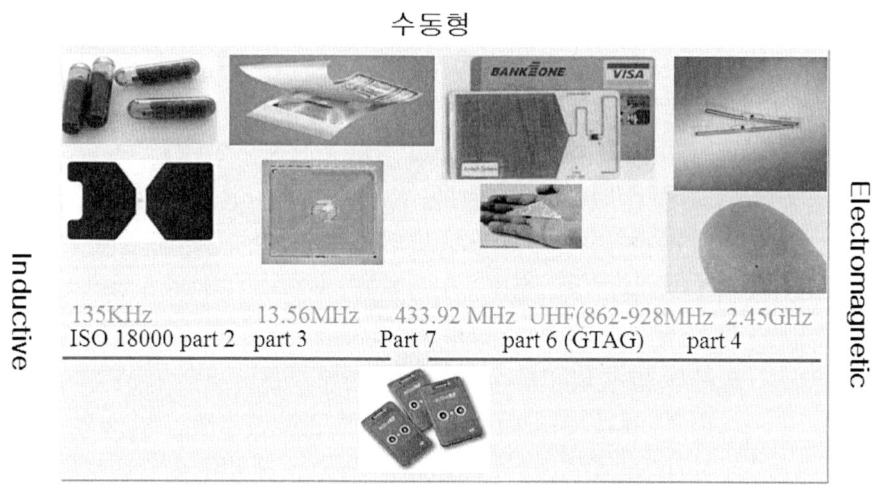

〈그림 12.5〉 RFID 태그 분류

수동형 RFID 태그의 작동원리는 다음 <그림 12.6>과 같다. 응용프로그램에서 리더기를 통해 에너지를 전달하면 이 명령어에 따라 태그들이 응답을 하는 것이다. 시나리오를 예를 들면 다음과 같다.

응용프로그램 -〉 리더기
  "이 범위 내에 있는 모든 RF들의 ID를 보여달라"고 명령함
리더기 -〉 태그
  "각자의 ID를 보내라"고 명령함
태그 -〉 리더
  "T1", "T2", "T3" 보냄으로써 응답함
리더기 -〉 응용프로그램
  "이 범위 내의 모든 ID들은 T1, T2, T3 이다"라고 응답함

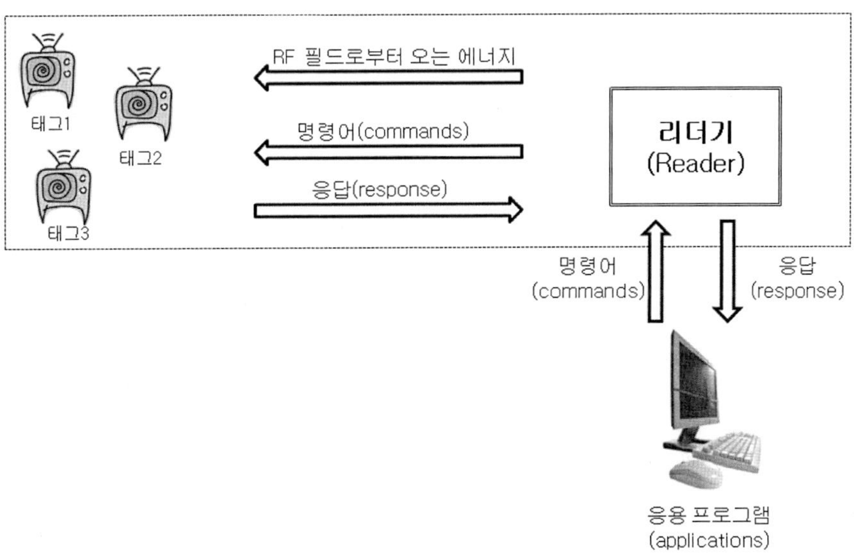

〈그림 12.6〉 수동형 RFID 태그의 작동원리

RFID 태그는 실리콘 반도체 칩을 사용하는 칩 태그와 LC 소자, 플라스틱 또는 폴리머(polymer, 중합체) 소자로만 구성된 무칩 태그로 구분하기도 한다. 전파식별 기술은 바코드처럼 직접 접촉하거나 가시대역 안에서 스캐닝할 필요가 없다.

이 같은 장점 때문에 바코드를 대체할 기술로 평가받으며, 활용범위도 확대되고 있다. 저주파 전파식별 시스템(30kHz ~ 500kHz)은 1.8m 이하의 짧은 거리에서 사용되며, 고주파 시스템(850MHz ~ 950MHz 또는 2.4GHz ~ 2.5GHz)은 27m 이상의 먼 거리에서 전송이 가능하다. 주파수와 적정한 예제를 설명하면 다음 <표 12.4>와 같다. 저주파일수록 경우는 인식속도가 느리나 환경변화에 덜 민감하고, 고추파일수록 인식속도는 빠르나 환경변화에 매우 민감한 단점이 있다.

〈표 12.4〉 주파수와 응용사례

비고	주파수	거리	응용사례
저주파수(LF)	125khz	몇cm	차량 원격시동 출입통제 가축관리 등
고주파수(HF)	13.56Mhz	1m	빌딩 접근제어 스마트카드 도서관관리 재고관리 등
초고주파수(UHF)	900Mhz	~7m	서플라이 체인 유통물류분야 등
마이크로웨이브	2.4Ghz	10m	교통톨게이트 상품관리 등

〈표 12.5〉 RFID와 바코드 비교

비교	RFID	바코드
인식방법	무선주파수 RF(Radio Frequency) 또는 자기장을 이용	적외선(레이저) 또는 이미지 인식
인식범위	바코드보다 긴 인식거리 (일반적으로 1m이상가능)	인식거리가 짧음
인식방법	태그마다 서로 다르게 부착된 ID로 인식	아이템의 타입에 의해 인식되고 서로 다르지 않음
인식횟수	동시에 10~1000개 인식가능	한 번에 오직 하나씩 인식
데이터 R/W	대부분 RFID 태그들은 R/W 타입	읽기만 가능
인식방해	- 전파의 방해를 받을 수 있음 - 금속에 부착했을 경우 인식오류 가능성 높음 - 방향에 관계없이 인식가능 - 방해물을 투과해 인식 가능함(금속제외)	- 전파의 방해를 받지 않음 - 금속에 부착되어도 인식오류 적음 - 인식방향에 제한적일 수 있음 - 방해물 투과해 인식 불가능함
가격	비교적 고가	매우 저렴

RFID는 사회 여러 곳에서 응용가능한데, IBM 회사의 RFID를 활용한 사원인식 시스템의 응용사례는 다음 <그림 12.7>과 같다.

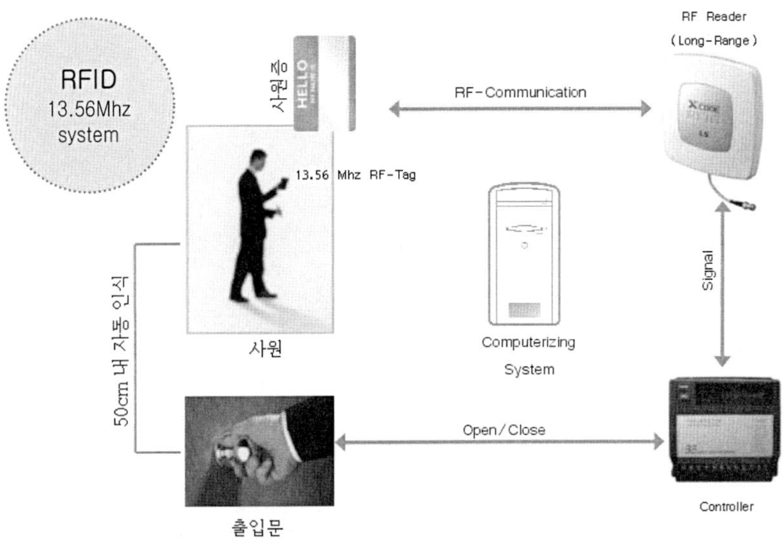

〈그림 12.7〉 IBM 회사의 RFID 응용사례

또한 출판유통분야에서도 공공도서관의 적용이 안정화 되어가고 있는데, <그림 12.8>에서와 같이 대학의 도서관으로 확대 적용되어 가는 추세이다. 전국의 공공도서관 700여 개 중 20% 가량이 RFID 시스템을 적용하고 있다. 최근 대학교에 RFID 시스템을 적용한 도서관 시스템 구축이 활발하다. 그러나 아직까지 도입가격의 고비용으로 인해 민간보다는 공공도서관과 정부지원으로 시범사업이 추진되고 있는 형편이다.

도서관에 적용한 예를 보면, 초판 1쇄의 도서를 2천 부 발행했을 때, 기존의 바코드는 2천부가 동일한 ID를 가질 수밖에 없는 '종당 식별코드'이지만, RFID 태그는 2천 권의 ID가 모두 틀린 '권당 식별코드'를 부여할 수 있다. 무선인식과 권당 식별기술은 도서의 유통과정 즉 출고, 입고, 재고, 반품, 폐기에 이르기까지 효율을 높이는 데 중요한 역할을 할 수 있는 기술인 것이다.

해외에서도 싱가포르, 네덜란드, 덴마크, 북미, 호주, 말레이시아 등에서 도서관에 적용하고 있다.

도서입출고 컨베이어와 버켓 적용

스마트서점 재고조사 적용

〈그림 12.8〉 도서관 RFID 적용사례

최근 RFID 시범사업 분야에서 주목을 받고 있는 분야로 국산 양주, 쇠고기, 의약품, 의류, 박물관, 군수물자 등의 자산관리, 진품 및 불법유통관리 분야에서 RFID 기술의 효율이 입증되고 있다. 이들 산업군에서 RFID 활용사례를 살펴보면 다음과 같다.

① 자동차

자동차 산업에서는 RFID 칩을 이용해 제조에서 폐기까지 자동으로 관리함에 따라 생산에 드는 비용과 SCM에서의 비용을 효과적으로 절약해준다. 또한 각종 텔레메틱스 서비스를 통해 운전자를 보호하고 있다.

포드는 엔진 조립 공정에서 작업 공정의 정보가 실시간으로 생산 계획 시스템에 전송, 이를 이용해 중앙에서 효율적인 작업 지시를 내리고 있다. 또 차량 운송에서 컨테이너 안의 차량 식별 번호 데이터베이스를 이용해 컨테이너 운송 위치 등을 파악하고 있다.

폭스바겐은 출고된 차량의 픽업에서 RFID 칩이 고객에게 현재 공정 상태(제조단계, 세차 등) 및 위치 등을 알려주며, 출고된 차량이 주차된 위치를 알려준다.

BMW는 운전자의 시동키 정보가 입력되지 않으면 시동이 걸리지 않고 동일한 차량을 여러 사람이 이용할 경우, 시동키 안에 입력된 정보를 통해 운전자의 정보를 인식해 차 상태를 자동으로 설정한다.

② 물류

물류는 선적에서 적재까지 정확한 작업이 가능하도록 해 비용 절감과 아웃소싱을 통한 스마트 서비스를 제공하는 유비쿼터스 컴퓨팅의 핵심이다. 또 컨테이너에 RFID 칩을 장착해 물류의 흐름을 실시간으로 관리해준다.

제록스에서는 복사기를 적재한 컨테이너에 수동형 RFID 태그를 설치, 다른 트럭에 잘못 적재되는 상황을 미리 예방해 추가적인 물류비용 발생을 줄이고 있다.

팔레트풀 공급사인 CHEP는 RFID가 장착된 팔레트풀을 제공함으로써 CHEP 서비스를 고객에 제공하고 고객에 사용료를 부가하고 있다.

영국 정부는 유니레버, 얼라이드 도멕(Allied Domecq), 아고스(Argos) 등과 협력해 범죄조직에 의한 보석, 고급 와인과 같은 부가가치 상품 도난 등을 막기 위해 RFID 태그를 이용하고 있다.

밀란 익스프레스에서는 RFID와 소프트웨어를 사용해 인증된 고객에게 화물의 경로추적 정보 서비스를 인터넷을 통해 제공하고 있다.

③ 의약품 관리

EPD(Electronic Patient Diary)를 통해 종합적인 환자관리가 가능할 뿐만 아니라 임상실험에 투입될 환자 모집에 효율성을 증가시킬 수 있다. 또 스마트 발포팩을 통해 개인의 건강 정보를 관리하고 서비스 제공, 무선 데이터 캡처 기술을 통해 민감한 관리가 요구되는 약품을 모니터하고 관리한다.

④ 소매

소매 분야는 경쟁이 가장 치열한 분야로 유통 및 관리비용 절감 등으로 가격 경쟁력을 확보하는 것이 주목적이다. RFID를 이용해 도난방지, 상품 손상 및 유통 기간 관리, 상품의 공급망 관리 그리고 마케팅 차원에서 구매에 따른 적립금 제도 혹은 고객 정보를 이용해 정확한 CRM 등이 가능하다.

⑤ 가전제품

가전 분야에서는 RFID를 이용해 스마트홈, 스마트 기업 등과 같은 새로운 시장을 창출하고 있다.

RFID에서는 인식을 방해하는 충돌(collision) 현상을 어떻게 해결하느냐가 매우 중요한 문제이다. 즉, 리더기가 태그들에 ID를 요청했을 때 동시에 태그들이 응답했을 때 어떻게 할 것인가의 문제이다. 물론 RFID의 장점중 하나가 여러 개를 동시에 완전히 동시는 아니지만 거의 동시에 인식할 수 있다는 것이지만 RFID 리더기가 태그를 읽기 시작할 때 발생하는 충돌을 해결하기 위한 충돌해결과정(anti-collision)도 매우 중요하다. 여러 가지가 있지만 기본 개념은 리더기는 자신의 영역에 들어온 태그들을 모두 리스트 하고 원하는 태그와 데이터 송수신을 하게 되는 것이다.

(2) 유비쿼터스 센서 네트워크(Ubiquitous Sensor Network)

USN은 어느 곳에나 부착된 태그와 센서노드로부터 사물 및 환경 정보를 감지·저장·가공·통합하고 상황인식 정보 및 지식 콘텐츠 생성을 통하여 언제, 어디서, 누구나 원하는 맞춤형 서비스를 자유로이 이용할 수 있는 첨단 지능형사회의 기반 인프라를 말한다.

USN의 일반적 구조는 다음 <그림 12.9>와 같다. USN에서는 여러 개의 센서

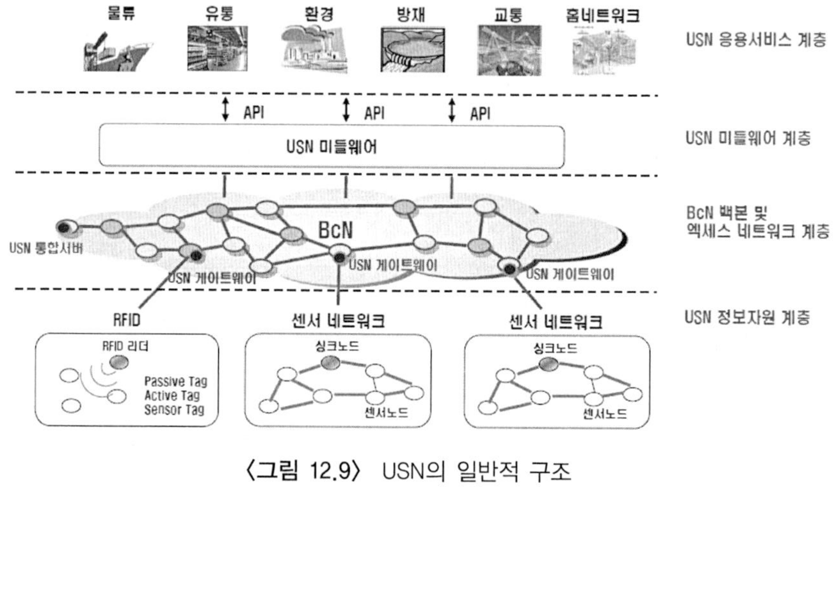

〈그림 12.9〉 USN의 일반적 구조

네트워크가 게이트웨이를 통해 외부 네트워크에 연결되는 구조를 가진다.

USN에서 센싱되는 정보는 센서로부터 취득되는 정보(온도, 조도, 습도, 진동, 위치정보, 교통정보, 환경정보 등)와 센서자체에 대한 정보(센서 ID, 센서의 설치 위치 등) 들로서 센서노드(sensor node)를 통해 센싱된다. 센서노드는 환경, 물리계에서 센싱된 정보 또는 센서에 관련된 특정 이벤트를 유무선 통신기술기반으로 하여 전달하거나 컴퓨팅을 수행하는 센서, 프로세서, 통신소자, 전지 등으로 구성되는 시스템으로 데이터 처리, 통신경로 설정 등을 수행한다.

이러한 센서노드를 통해 센싱되는 정보들은 가까운 싱크노드(sink node)로 정보들을 전송한다. 싱크노드는 센서노드에서 감지된 센싱정보를 취합하거나 이벤트성 정보를 센서 네트워크 외부로 연계하고 관련 센서네트워크를 관리하는 기능을 한다. 대체적으로는 하드웨어나 소프트웨어적으로 센서노드보다 역량이 큰 시스템을 말한다.

싱크노드로 집적된 정보들은 센서 네트워크를 통해 USN 게이트웨이로 전송된다. USN 게이트웨이는 IP 기반으로 액세스할 수 있는 다양한 네트워크인 LAN, WAN, CDMA, WiBro, 인공위성 등을 통하여 USN 서비스를 제공할 수 있도록 IP 기반 네트워크와 센서 네트워크를 연계하는 시스템이다. 싱크노드와 기존의 서비스 네트워크 사이에 위치하며 필요에 따라 싱크노드가 게이트웨이 내에 구현되기도 한다. 이 게이트웨이에서 관리자에게 전달되는 데이터들은 위성통신, 유무선 인터넷 등을 통해 전송될 수 있으며 이런 네트워크들은 기존의 네트워크를 이용한다.

센서 네트워크 기술이 매우 중요한데, 센서 네트워크란 센서노드와 싱크노드간의 통신기술을 말한다. 아직 센서 네트워크의 표준은 확정되진 않았지만 블루투스(Bluetooth, IEEE 802.15.1)나 무선랜 등이 많이 사용되고 있다.

블루투스는 전력소모가 높고, 최대 1Mbps 전송속도를 가지고 10m 이내 전송거리를 가진다. UWB(IEEE 802.15.3a)는 5000Mbps~1Gbps의 높은 전송속도를 가지고, 콘크리트나 암반 등 견고한 물질의 투과성이 높다. 또한 소형으로 저렴하며 주기가 짧은 펄스의 특성을 이용하여 수 cm 수준까지 정확한 위치추적이 가능하다. Zigbee(IEEE 802.15.4)는 복잡도가 낮고 저렴하며 에너지 소비가 낮고 최대 250kbps로 낮은 전송속도를 가지나 블루투스보다 원가가 낮아서 수만 개의 제품 네트워크화가 가능한 장점을 가진다. 또한 IEEE 802.15.4a는 UWB 기술을 사용하여 위치인식 기능을 제공한다. 6LowPan(IPv6 over Low Power WPAN)은 IPv6

를 IEEE 802.15.4 기반으로 한 저전력 무선 네트워크로 IEEE 802.15.4 MAC 계층과 IPv6 계층 사이에 적응층(adaptation layer)을 두어 IPv6 헤더 압축, 적응층을 통한 메쉬 라우팅(mesh routing), IPv6 주소자동생성방법 등 여러 가지 기능을 제공하고 있다.

센서 네트워크는 위치인식, 감지, 식별, 경로추적, 데이터마이닝 등 여러 가지 기능을 한다. 먼저 위치인식 기능은 유비쿼터스 컴퓨팅을 위해 대상체의 위치를 찾아 이를 기록하고 보고할 수 있는 기술을 말한다. 감지기능은 센서노드 주위에 접근하는 물체를 센서 신호처리를 통하여 접근유무를 판단하는 기술이다. 식별기능은 단일센서 또는 복합센서를 사용하여 센서노드에 접근하는 물체의 종류를 식별하는 기술이다. 경로추적기능은 센서 네트워크에서 발생하는 센싱정보를 계산하여 이동하는 침입물체의 경로를 추적하는 기술이다. 데이터마이닝은 넓게 퍼져 있는 방대한 양의 정보들 속에서 그 정보들 사이에서의 눈에 쉽게 보이지 않는 가치있는 것을 발견하는 기술로, 산재되어 있는 데이터들 속에서 데이터들끼리의 쉽게 눈에 드러나지 않는 어떤 규칙적인 정보가 들어있는지를 패턴인식, 통계적 기법 및 인공지능기술로 숨겨져 있는 데이터간의 상호 관련성, 패턴, 경향 등의 유용한 정보를 해석하고 추철하여 의사결정에 적용하는 모든 과정 및 방법을 말한다. 이로서 센서 네트워크는 데이터를 USN 미들웨어에 전달하는데 이때 묶을 수 있는 데이터들을 묶어서 전달하는 데이터 집합(data aggregation) 기술을 사용한다.

BcN(Broadband convergence Network)은 광대역 통신망을 말하는 것으로, 대역폭이 넓은 통신회선에 의한 망이므로 전송용량이 크기 때문에 하나의 통신 회선으로 전화를 비롯해 데이터통신, 팩시밀리전송, CATV(유선TV), 송·수신이 가능한 쌍방향 CATV 등 각양각색의 정보통신서비스를 동시에 제공할 수 있다. 이 그린에서 USN 통합서버는 USN 관련 각종 정보를 저장하고 관리하기 위한 서버로서, 센싱 데이터서버, 메타 데이터서버, 디렉터리 서버로 구성되어 있다.

USN 미들웨어는 <그림 12.10>과 같이 구성되어 있다. USN 응용서비스 미들웨어는 사용자에게 통합된 서비스 정보를 제공하고자 할 때 사용한다. USN 미들웨어는 이기종 센서 네트워크로부터 수집한 센싱 정보를 필터링, 통합, 분석하여 의미있는 상황정보를 추출, 저장, 관리, 검색하고 응용서비스로 전달 및 서비스간 연계 및 통합하는 역할을 담당한다.

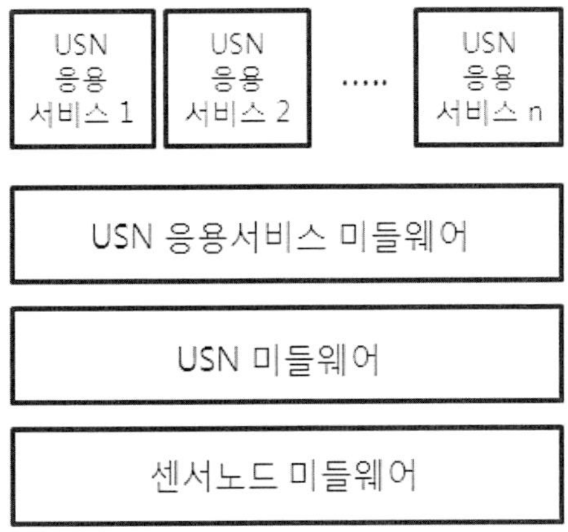

〈그림 12.10〉 USN 미들웨어 구성

센서노드 미들웨어는 다양한 센서응용 소프트웨어와 운영체제 및 네트워크 기능 사이에 존재하며 유지보수, 설치 및 배포, 응용 수행에 필요한 제반사항을 지원한다. 센서노드 및 싱크노드에 탑재되어 센서 네트워크의 프로그램을 갱신하고 응용 및 변화에 따른 프로그래밍 조정 기능도 가진다. 센서노드 및 싱크노드에서 측정되는 센싱 데이터에 대한 데이터베이스(센서 DB), 데이터 보관관리기능, 다양한 응용에 적합한 데이터 운용 및 처리 기능. 데이터 융합기능을 지원한다.

최근 USN 미들웨어 기술을 매우 빠르게 발전하고 있다. 지능화 기술, 서비스 플랫폼 기술 등으로 발전하고 있다.

<그림 12.10>에서 USN 응용서비스는 물류, 유통, 환경 등과 같은 서비스를 말한다. 즉, 인간의 삶을 좀 더 윤택하고 편리하게 하기 위해 USN을 기반으로 언제 어디서나 제공받을 수 있는 인간 친화적인 맞춤형 서비스를 말한다.

다음 <그림 12.11>은 한국전자통신연구원에서 개발한 교통 응용 서비스인 USN 텔레메틱스 응용사례를 나타낸 그림이다. 여기서 U-City란 유비쿼터스 기반 도시를 말하는 것으로 유비쿼터스의 기술들이 도시를 관리하고 운영하는 첨단 도시를 말한다.

USN 환경에서 센서노드는 센싱, 프로세싱, 무선통신 기능을 갖추어야 하므로 센서 OS(operating system)은 이러한 기능을 충분히 지원하면서 소형화 되어야 한다. 센서노드를 위한 OS는 크기가 작아야 하며 자원을 효율적으로 관리할 수 있

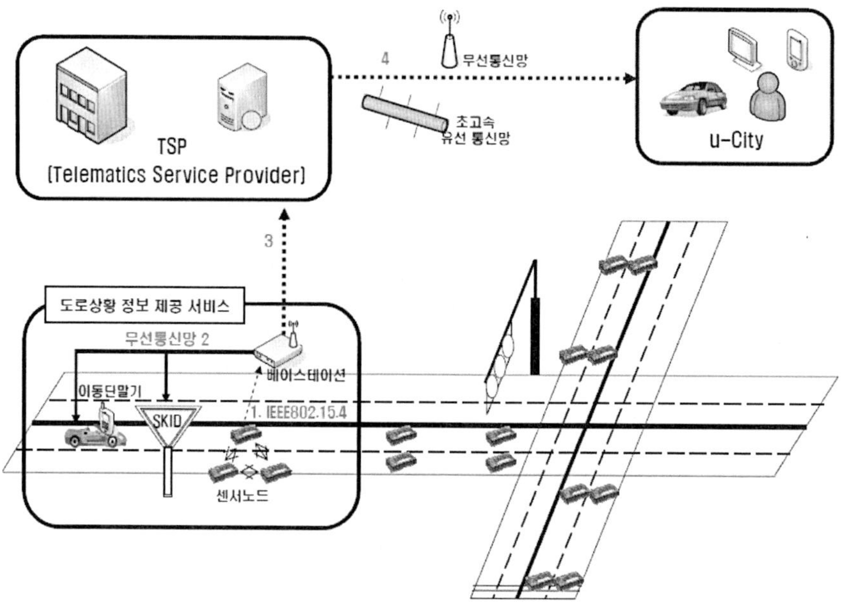

〈그림 12.11〉 USN의 텔레메틱스 응용사례

어야 하고 저전력 소모, 안정적 운영, 네트워크 접속기능, 분산처리, 개발자 및 이용자를 위한 편리한 인터페이스를 제공해야 한다.

센서노드를 위한 OS로는 TinyOS, xTron, 임베디드 OS 계열 등이 있다. 미국의 U.C.버클리대학에서 개발한 TinyOS(<그림 12.12>)와 같은 극소형 OS는 센서노드에 적합한 특성들을 갖추고 있고, 임베디드 OS는 소형 센서노드들이 적용하기에는 무겁기 때문에 PDA 정도크기의 센서노드에 적용가능하나 미래의 소형센서노드용 OS로는 적합지 못한 점이 있다.

USN의 궁극적 목표는 IPv6를 기반으로 BcN과 연동되어 모든 사물들이 지능적인 네트워크를 구성하여 통신하는 것이다. 이를 위해 USN의 전체적인 구조와 함께 기술적으로 네트워크 프로토콜, 미들웨어, OS 등 표준화 작업들이 추진 중이다. USN은 군사, 물류, 유통, 의료, 학술 등 시장규모가 매우 크다. 국제 표준화 그룹인 IEEE, ISO/IEC. TTA 등 중요한 표준화 그룹이 표준화를 위해 노력하고 있으므로 표준안이 전세계적으로 상용화될 날이 멀지 않았다.

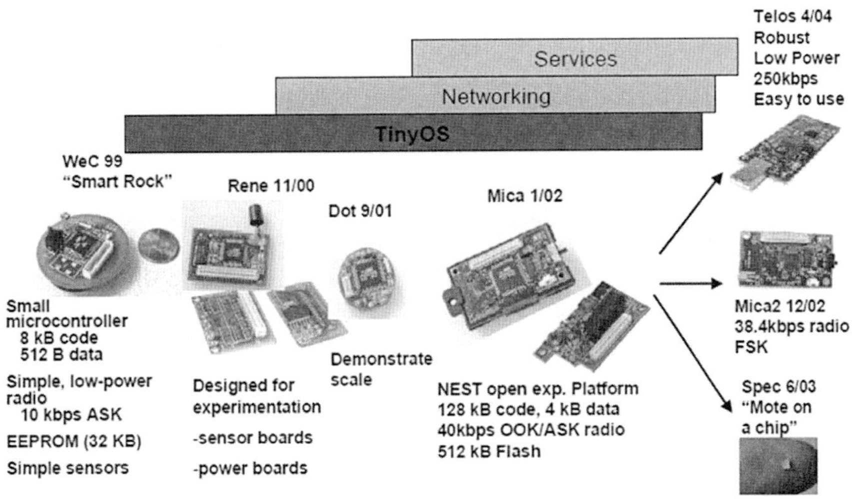

〈그림 12.12〉 TinyOS 플랫폼 구조

(3) 상황인지기술

유비쿼터스 기술은 기존의 단순한 형태의 장치들이 연결된 물리적 공간을 보다 지능적이며, 적응적인 컴퓨팅 환경인 지능적 분산 환경으로 변화하는데 핵심적인 역할을 담당하는 기술이다. 유비쿼터스 환경을 구현하기 위에서는 각 시스템들과 서비스들에 다양한 디바이스, 이동 사용자 및 빠르게 변화하는 상황인지를 지원하는 기능이 필요하다. 가장 중요한 서비스 기술 요소로는 유비쿼터스 환경에서 주어진 상황에 맞는 최적을 서비스를 제공하기 위해 각각의 에이전트가 상황인지(context-aware) 기술을 탑재하여 적응적으로 서비스를 변화하는 기능을 제공하는 것이다.

이러한 상황인지기술을 지원하기 위해 지능서비스 미들웨어가 많이 연구되고 있으며, 이러한 미들웨어는 단순한 형태의 초고속 인터넷 기반 공유, 주변장치 공유의 개념을 벗어나 홈네트워크 기술, 정보가전 기술, 소프트웨어 플랫폼, 솔루션 및 콘텐츠 등 다양한 IT 분야의 기술들이 통합되는 새로운 개념의 차세대 서비스 환경을 위한 context-aware 모듈 개발을 용이하게 한다.

상황인지란 '상황의 변화를 감지하고 사용자에게 적합한 정보나 서비스를 제공하거나 시스템이 스스로 상태를 변경하는 것'을 말한다. 이러한 상황의 변화를 컴퓨터가 이해하기 위해서는 우선 상황(context)을 정의해보자.

상황(context)은 <그림 12.13>과 같이 인간적 요소와 물리적 환경적 요소로 나누어질 수 있는데, 어떠한 하나의 엔티티(entity)의 상황을 특징짓는 데 사용될 수 있는 임의의 정보를 말한다. 예를 들면, 자동 습도 조절장치가 있다면 현재의 습도에 의해서 습도 조절장치가 동작이 되어야 할지, 그렇지 않을지를 결정하게 되므로 습도는 하나의 상황이 될 것이다. 이러한 정의에 따르면 사람, 장소, 물리적 오브젝트 등 변화를 줄 수 있는 모든 것들을 포함하게 된다.

상황의 특징은 상황을 의미하는 정보의 소스는 다양하며, 여러 위치에 분산되어 있다. 또한 추가적인 추상화를 필요로 한다. 예를 들면, GPS는 위도, 경도의 정보를 제공하지만 어플리케이션은 이러한 정보를 통해 사용자가 위치하고 있는 장소(예를 들면 도로의 이름)를 필요로 한다. 이러한 상황정보의 가장 중요한 성격으로 객체에 식별자를 부여하는 아이덴티티(identity), 2차원에서의 위치 정보 및 방향과 고도, 객체간 위치 관계, 내용물을 포함하는 위치(location), 객체가 가지고 있는 고유의 특성 중 센싱이 가능한 부분인 상태(status), 역사적 정보의 가치를 높이는 것으로 대부분의 경우 다른 상황과 접하거나 기간을 인식하는 데 사용되며, 어떤 경우에는 순서의 나열이나 인과 관계를 확인하는 것만으로도 의미가 있는 시간(time) 등을 들 수 있다.

<그림 12.14>은 상황인지의 예를 잘 보여주는 시나리오이다. 방금 한 사용자가 사무실을 출발하였는데, 만약 사무실에 벨이 울린다면 상황인지 시스템은 사용자

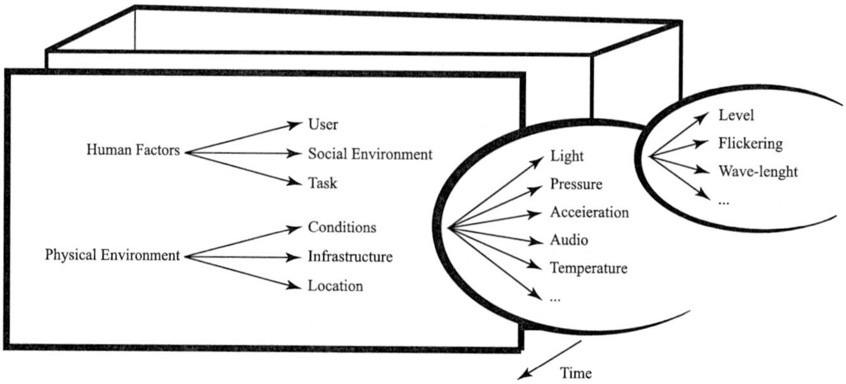

〈그림 12.13〉 상황의 분류

〈그림 12.14〉 상황인지 시나리오 예제-1

의 현 위치를 파악하여 사용자와 가장 가까운 전화기로 콜을 전달한다. 그런데 사용자가 마침 미팅중이라는 것을 인지하였다면 음성사서함에 콜의 내용을 저장한다.

이외에도 <그림 12.15>에서는 쇼핑 등에서 사용되는 상황인지의 예를 보여주고 있다. 사용자가 쇼핑을 위해 마켓에 들어가는 순간 스마트폰에는 사용자의 개인화 성향을 분석하여 가장 적절한 물건들을 추천해 주게 된다.

이러한 예에서 보여주었듯이 상황인지 모델링은 상황 정보에 대한 높은 수준의 추상적 개념을 제공하기 위해 필요하며 센서와 엑추에이터(actuator)의 추상화를

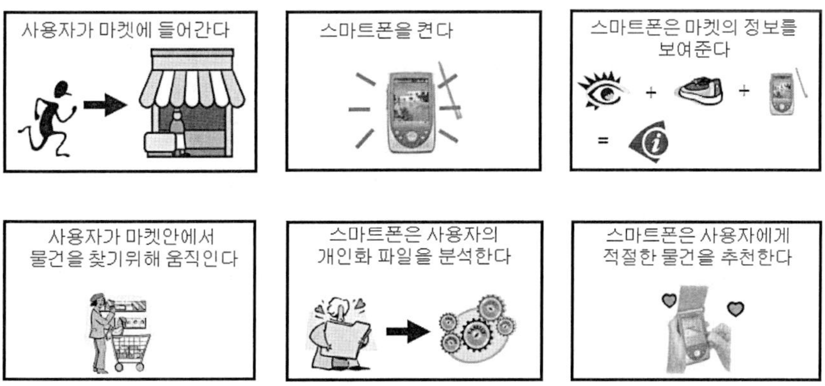

〈그림 12.15〉 상황인지 시나리오 예제-2

제공함으로써, 개발자가 다양한 하드웨어 장치와 인터페이스 하는 부담을 줄일 수 있다. 이러한 상황모델링 기법은 각 시스템에서의 상황정보 교환을 위해 사용되는 데이터 구조에 관한 스키마에 의해 분류된다.

여러 가지 상황인지 모델링 기술들이 있으나 온톨로지 기반 모델링(ontology-based modelling) 기술이 많이 사용된다. 온톨로지 기반 모델링은 개념과 상관관계를 기술하는 도구로 상황정보를 표현하고 공유하기 위한 어휘 및 용어를 제공하며 상황 정보의 다양성 때문에 도메인 기반 온톨로지(domain specific ontology)를 정의하고 있다. 이 모델은 유비쿼터스 컴퓨팅 환경에서 상황지식의 공유와 재사용을 지원하며, 또한 계층적 상황 온톨로지 모델에서는 상위 계층의 온톨로지를 이용하여 도메인에 맞는(domain-specific) 하위 계층의 온톨로지를 생성해 낼 수 있다.

온톨로지(ontology)란 사람들이 세상에 대하여 보고 듣고 느끼고 생각하는 것에 대하여 서로 간의 토론을 통하여 합의를 이룬 바를 개념적이고 컴퓨터에서 다룰 수 있는 형태로 표현한 모델로, 개념의 타입이나 사용상의 제약조건들을 명시적으로 정의한 기술이다. 온톨로지는 일단 합의된 지식을 나타내므로 어느 개인에게 국한되는 것이 아니라 그룹 구성원이 모두 동의하는 개념이다. 그리고 프로그램이 이해할 수 있어야 하므로 여러 가지 정형화가 존재한다.

온톨로지의 어원은 철학의 존재론이다. 존재론이란 실재에 대한 정확한 이해를 추구하는 학문이다. 실재란 것은 우리의 눈에 보이는 이 세상의 모든 것을 말하며 존재론은 이 세상을 규정하기 위해 세상에 존재하는 실체들에 대한 명확한 이해와 정의를 연구하는 학문이라 할 수 있다. 온톨로지는 이러한 존재론의 기본 철학을 정보시스템에 적용하여 정보시스템의 대상이 되는 자원의 개념을 명확하게 정의하고 상세하게 기술하여 보다 정확한 정보를 찾을 수 있도록 하는데 목적이 있다.

온톨로지는 크게 볼 때 정보를 효과적으로 관리하고 검색하기 위한 지향점이라 할 수 있다. 온톨로지는 이용자에게 정보만을 제공하는 기존의 정보시스템이 정보를 지식의 수준으로 제공할 수 있는 체계를 마련할 수 있도록 한다.

Tom Gruber는 온톨로지를 다음과 같이 간략하게 정의하였다.

> **온톨로지는 개념화의 명세이다**
> (An ontology is a specification of a conceptualization)

여기서, 개념화란 '무언가를 개념으로 만드는 것이다'라고 말할 수 있다. 즉, 개념화는 우리가 볼 수 있는 사물이나 추상적으로 존재하는 관념들을 구체적인 집합으로 만드는 것이다. SUV, 덤프트럭, 세단, 경차의 공통점은 '차(vehicle)'라는 점이다. 또한 SUV, 덤프트럭은 '차'의 종류 중에서도 '트럭(truck)'에 속하고 경차, 세단은 '자동차(car)'에 속한다. 이렇듯 각 사물에서 공통점을 찾아내고 이를 하나의 집합 또는 범주로 나타내는 작업을 문헌정보학에서는 분류라 하며 일종의 개념화라 할 수 있다.

개념화는 어떠한 정보를 관리하기 위해 필요하다. 정보의 공통된 속성을 찾아 그 속성에 따라 정보를 나누고 나누어진 정보 중 필요한 정보만 속성을 통해 보다 빠르게 찾아내고 접근할 수 있게 하는 것이다. 개념화는 우리의 생활 속에서 빈번하게 일어난다. 태깅(tagging)은 그 대표적인 예라 할 수 있다.

그렇다면 상세는 무엇일까? 명세는 사전적으로 '분명하고 자세함'라는 의미를 갖고 있다. 즉, 온톨로지에서 명세는 이와 같은 의미로 사용되어 개념화된 정보, 지식의 쓰임새, 의미 등을 분명하고 자세하게 설명하는 것을 말한다.

결론적으로 온톨로지는 개념, 어떤 의미에서는 정보를 잘 정의하여 기계가 정보를 이해할 수 있는 기반체계를 만드는 것으로 정보의 쓰임이나 의미 등을 분명하고 자세하게 설명하는 작업과 정보를 분명하게 구별하는 기반을 세우는 작업, 기계가 정보를 이해하여 새로운 정보 또는 지식을 생산할 수 있는 체계를 작성하는 작업 등을 체계적으로 정리한 이론적 틀이라고 말할 수 있다.

12.3 유비쿼터스 컴퓨팅 응용영역

12.3.1 유비쿼터스 도시의 목표

유비쿼터스는 매우 많은 응용영역이 있으나 대표적인 사례는 유비쿼터스 도시(U-City, ubiquitous city)이다.

유비쿼터스의 비전은 웰빙(well-being) 사회를 구현하는 것이다. 유비쿼터스는 정적(static)에서 자동화 커뮤니티로 컴퓨팅 패러다임이 이동하고 있고, 기술원리는 상황인지(context awareness)에서 자가성장(self-growing)으로 변화되며, 응용도메인은 헬스케어(healthcare)에서 환경보존(environment preservation)으로, 응용공간은 집이나 빌딩에서 사회전반으로 변화되고 있는 추세이다.

국내외적으로 유비쿼터스의 기술이 고도화 체계화 되고 있는데, 국내외적으로 정보화의 흐름이 에너지와 청정개념의 그린 IT 개념으로 변화되고 있다. 해외 선진국의 IT 동향도 웰빙의 정책을 추구하고 있으며, 국민들 생활 전반이 IT 기반으로 구축되고 있다. IT 기술이 자체적으로 존재하는 것보다는 다른 분야와 융복합화를 추진함으로써 기술 고도화를 추구하고 있으며, 정부의 효율적 U-거버넌스(U-governance) 인프라를 강조하고 있다. 각 선진국마다 IT를 담당한 전담 기구를 조직화하며 기능과 역할을 강화하고 있어서 미래전략기구의 제도화가 추진되고 있다. 여기서 'U-거버넌스'란 유비쿼터스 기술이 단순이 기술뿐 아니라 사회, 제도, 행정 전반적인 수준에서 서로 어울리고 관련되어 있다는 뜻의 용어이다. 원래 거버넌스(governance)와 거번먼트(government)는 '다스린다'는 동일한 의미를 갖는 단어이나 후자가 공권력을 갖고 다스리는 '정부'라는 뜻으로 자주 쓰이고 있어서 더 넓은 의미의 다스린다는 의미를 나타낼 때 '거버넌스'라는 단어를 더 많이 쓰는 경향이 있다. 따라서 유비쿼터스를 기반으로 하는 거버넌스를 U-거버넌스라고 하는 것이다.

유비쿼터스 도시를 설명하기 전에 배경으로서 U-지역정보화에 대해 설명하고자 한다. 본래 유비쿼터스 도시는 U-지역정보화의 일환으로 탄생되었기 때문이다.

12.3.2 유비쿼터스 도시건설등에 관한 법률

지역정보화(regional informatization) 또는 지방정보화(local informatization)란 국가나 지방정부가 일차적으로 정치, 행정, 경제, 사회, 문화, 교육 등의 제 측면에서 지역 및 지방간 또는 중앙과 지방간 격차를 해소하여 균형발전을 도모함으로써 궁극적으로는 국가사회 전반의 균형적 발전을 이룩할 목적으로 지역특성에 적합한 정보통신시스템 및 정보기반시설을 구축, 이용하게 하는 정책적 모든 활동을 의미한다.

지역정보화란 '지역 및 지방행정의 정보화, 지역 및 지방 산업의 정보화, 지역 및 지방사회의 정보화, 지역 및 지방 정보의 산업화 등을 통해 지역 및 지방간,

지방과 중앙간, 그리고 지역 및 외국간의 정보격차를 해소할 뿐만 아니라 제반환경의 격차도 해소하여 국가사회발전을 적극적으로 유도하려는 활동'을 말한다.

지역정보화는 분야별 정보와 관련시켜 이를 지역적으로 확대 유도하는 것으로, 전국 모든 지역에 정보통신망, 정보통신기기, 정보통신관련 인력 등 다양한 정보통신기반의 확충, 정비를 통한 국가정보화 달성수단을 의미한다. 또한 중앙 집중적인 정보화를 방지하기 위한 분산화된 정보화를 추진하는 노력의 일환으로서 지역단위의 정보화를 의미하기도 한다. 이는 우리나라의 경우 국가기간전산망사업으로서 분야별 정보화사업을 추진하는 것을 말한다. 지역에 필요한 특수한 지역정보를 데이터베이스화하여 해당지역의 특성과 목적에 부합되게 추진함으로써 지역의 발전을 도모하려는 것으로, 지역 내 정보화기지의 건설과 지역수준의 정보통신네트워크를 통한 정보화 추구를 포함시키기도 한다.

지역정보화는 지역사회 전체를 하나의 단위로 하여 추진되는 지역정보화는 정보화와 지역균형발전 달성에 기본 목적을 두고 국가정보화 추진전략이라는 측면에서 지역자원의 특성과 필요에 따라 정보화를 추진하는 지역차원에서의 정보화로서 추진되어야 하고, 또한 낙후지역에 대한 발전을 도모하는 낙후지역정보화로서도 추진되어야 하기 때문에 필요하다.

이러한 지역정보화는 유비쿼터스 기술을 활용하여 지역주민에게 언제, 어디서나, 누구에게나 일상생활과 관련하여 정보서비스를 받을 수 있는 환경으로 진화되는데, 이것을 U-지역정보화라 한다. U-지역정보서비스는 기존 지역정보화의 개념을 유비쿼터스 환경에 맞게 지역주민에게 지역정보를 통합 서비스하여 지역간 정보화격차를 해소하여 지역균형발전을 실현함으로써 주민의 삶의 질을 높인 풍요롭고 살기좋은 지역생활환경을 구현하는 것을 목표로 한다.

각 자치단체에서는 U-지역정보화의 일환으로써 U-City가 본격적으로 추진되면서 신도시와 기존도시를 포함하여 각 도시에서 U-City를 계획하거나 추진 중인데, U-City에 대한 개념과 기술수준 및 서비스 등에 대한 표준이 없어서 개발내용과 범위가 달라지고 상호 호환성이 없이 중복투자가 우려되고 있다. 특히 신도시는 향후 50년 이상 사용될 것이므로 건설단계부터 U-City 개념을 도입하여 첨단 도시 인프라를 구축할 필요가 있으므로 개발계획, 실시계획수립 단계에 있어 U-City의 부실을 막기 위해서도 지원 법률의 제정이 매우 필요하다.

국토해양부에서는 이러한 취지에 의해 2008년 3월 28일, 세종시, 혁신도시, 판교 등 신도시와 부산, 대구 등 기존도시에서 활발히 추진 중인 U-City의 계획, 건설 및 관리운영을 지원하기 위한 『유비쿼터스 도시의 건설 등에 관한 법률』(이하 법률)이 제정되어 공포되었고, 2008년 9월 29일부터 『유비쿼터스 도시의 건설 등에 관한 법률 시행령』(이하 시행령)을 마련하여 U-City건설의 법적 근거를 마련하였으며, 2010년 10월, 유비쿼터스 도시를 추진하려는 도시들의 활성화를 위해 개정안을 마련하여 U-City 정보이용 활성화 및 산업 활성화 기반 마련 등 U-City 발전을 위한 제도적 기반을 마련함으로써 실제적인 도움이 되도록 지원하고자 하였다. 이로써 현재 대부분의 도시들에서 U-City를 추진 중이며, 특히 2012년은 광명, 파주, 여수, 부산, 성남에서 유비쿼터스 도시계획을 수립하여 국토해양부에 계획을 제출하였다.

따라서 2008년 9월 29일 이후부터 시장·군수가 관할구역내에 165만m^2 이상의 U-City 건설사업을 하기 위해서는 U-City 계획부터 수립해야 하며 U-City 계획 없이는 U-City 건설사업을 할 수 없게 되었다.

다음 <표 12.6>은 유비쿼터스 도시에 거주하는 도시민이 체감할 수 있는 U-서비스들의 종류를 나타낸 것으로 이러한 서비스를 차례차례로 추진 중이다.

〈표 12.6〉 유비쿼터스 도시에 거주하는 도시민이 체감할 수 있는 U-서비스

구분	서비스 내용
U-행정	U-현장처리, U-여론수렴 등 행정서비스의 제공
U-교통	실시간교통정보, 주차정보, 도로노면상태정보 등
U-환경	대기, 수질, 토양 등 오염물질의 실시간 자동분석모니터링 등 U-오염물질관리, U-물관리 등
U-건강	원격의료, 독거노인을 위한 사이버의사 등을 갖춘 실버타운 등
U-방법/방재	사전지능형방재네트워크, U-산불예방, U-범죄예방, U-보안시설 등

『유비쿼터스도시의 건설등에 관한 법률』의 주요내용은 U-City 건설을 위한 법률의 계획건설, 관리운영, 추진기구, 지원 등은 다음 <그림 12.16>과 같다.

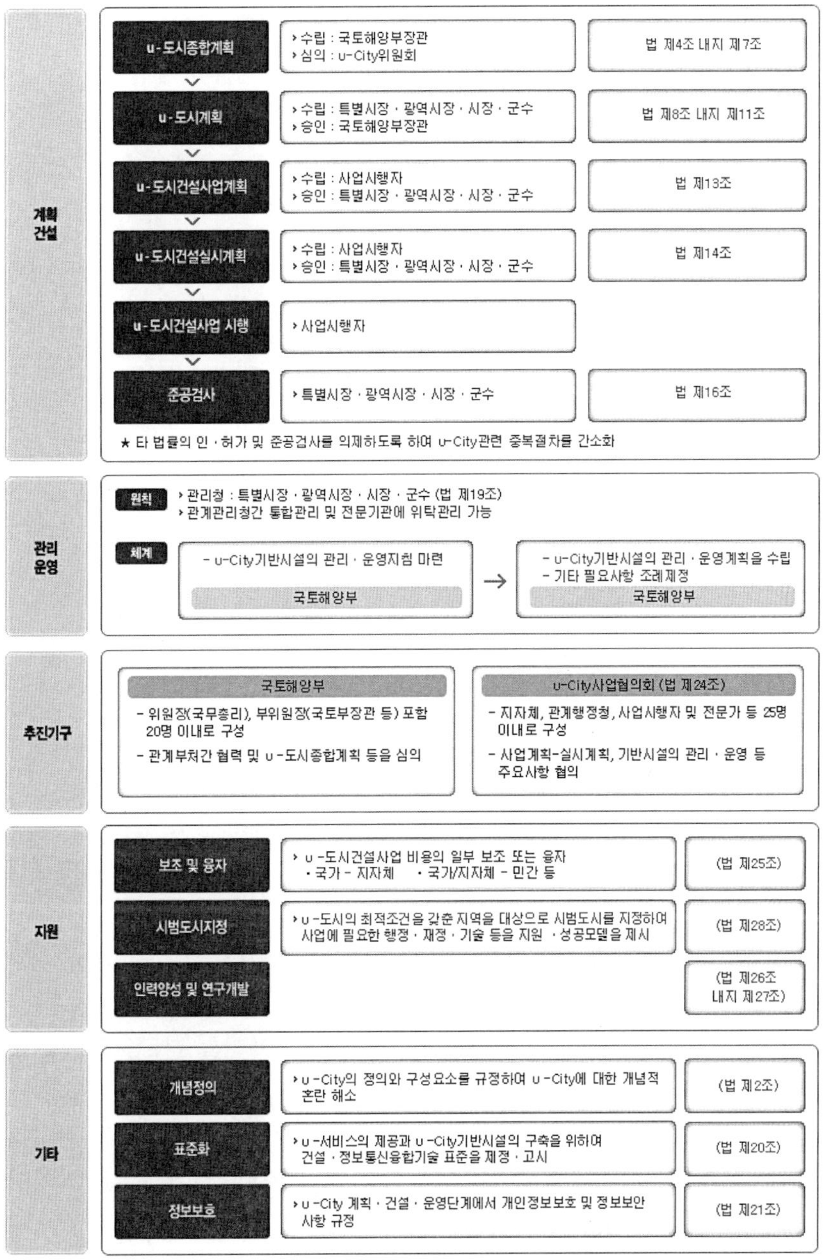

〈그림 12.16〉 유비쿼터스도시의 건설등에 관한 법률의 주요내용

(출처: 한국유비쿼터스도시협회)

법률의 세부주요사항을 설명하면 다음과 같다.

1) U-City 개념(법률 제2조)

① 도로, 교량, 학교, 병원 등 도시기반시설에

② 첨단 정보통신기술을 융합하여 유비쿼터스기반시설을 구축하여

③ 교통, 환경, 복지 등 각종 유비쿼터스서비스를 언제 어디서나 제공하는 도시

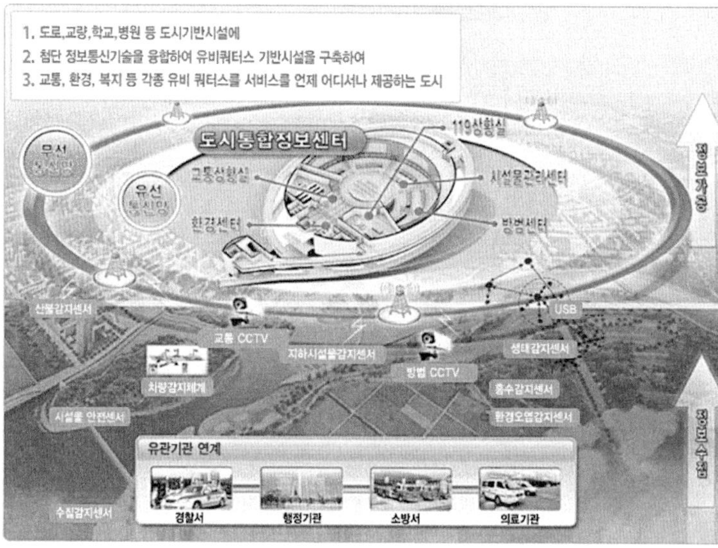

〈그림 12.17〉 U-City의 개념

(출처: 한국유비쿼터스도시협회)

2) U-City 구성요소(법률 제2조제2항, 제3항)

① (정보생산) RFID 등이 부착되어 지능화된 도시시설이 정보를 생산하고

② (정보수집) BcN, USN등 통신인프라를 타고 생산된 정보가 도시통합센타로 수집되어

③ (정보가공) 도시통합정보센타에서 통합정보를 가공하고

③ (정보활용) U-교통, U-환경, U-방범, U-행정 등 U-서비스 제공

3) U-City 의미(법률 제2조)

① 소극적 의미로는 U-도시는 도시계획, 건설, 관리 및 운영과 IT기술이 접목된 종합플랜트 부문이며,

② 적극적 의미로는 소극적 의미를 포함하여 도시문화, 도시디자인, 도시정책, 도시문제, 도시재생, New Urbanism, Eco City, Smart Growth, 도시성장관리, TOD(Transit Oriented Development), Compact City 등과 밀접한 관련이 있는 새로운 도시의 패러다임

〈그림 12.18〉 U-City의 의미

(출처: 한국유비쿼터스도시협회)

현재 U-City 추진에 있어서 하드웨어적인 건설은 국토해양부에서 담당하고, 행정안전부는 IT와 운영 등을 담당하여 U-City 활성화 및 서비스모델 개발에 집중하고 있으며, 지식경제부는 관련 핵심기술개발 등의 역할분담을 하고 있다.

한국전자통신연구원에서는 '유비쿼터스 도시의 시장기회와 잠재력'에서 U-City 주요추진 주체별 목적, 대상, 영역, 기대효과를 다음 <표 12.7>과 같이 설명하고 있다.

〈표 12.7〉 U-City 주요추진 주체별 목적, 대상, 영역, 기대효과

주체	중앙정부	지방자치단체	통신사업자/SI사업자
추진목적	• 국토의 균형개발과 효율적 관리 • 신규산업육성과 첨단기술 개발	• 거주민과 지방기업서비스 제고 • 재정자립도 확충	• 차세대 성장동력과 수익원 확보 • 신규사업 확대와 비즈니스 포트폴리오
대상	• 전체국민 • 유망기업과 첨단기술기업	• 해당지역거주민과 기업 • 주변지역 주민과 기업	• U-City 추진정부와 지자체 • U-City 범용과 특화서비스 이용자
추진영역	• 국가U-City 사업추진과 개발계획수립 • U-City 육성정책/법/제도제정과 추진 • 지자체, 사업자와의 협력체계 구축	• 지역 U-City 지역선정 및 개발계획수립 • 재원조달과 사업추진 • 생활과 산업환경개선 (U-IT 인프라 확충)	• U-City 통신인프라 구축과 관리 • U-City 솔루션 구축과 운영 • U-City 부가서비스 개발과 제공
기대효과	• 국가산업과 경제적 파급효과 • 국민의 삶의 질 제고	• 지역산업과 경제적 파급효과 • 거주민 삶의 질 제고	• 사업자의 수익성제고 • 거주민의 충성도 제고

12.3.3 Smart City

앞서 설명한대로 2000년대 초반부터 '언제 어디서나....'를 표방하는 '유비쿼터스'라는 개념이 우리나라에 도입된 이후 지금까지 약 10여년간 유비쿼터스 응용기술들이 우리생활의 곳곳을 변화시켜 왔다. 그러나 이러한 '유비쿼터스'라는 단어는 2011년부터 '스마트'라는 단어로 바뀌기 시작하였는데, 이유는 기본 개념은 동일하나 최근 스마트폰 등 다양화되는 디바이스를 통해 그만큼 복잡하고 새로운 기술들이 개발되면서 정보화의 3.0세대를 표방하면서 자연스레 변화하게 되었다.

U-City도 유비쿼터스의 트랜드 변화에 따라 'U-City' 대신 'Smart City'로 바뀌고 있다. Smart City는 유비쿼터스와 같은 첨단 정보통신 인프라와 도시기반시설이 융합된 도시공간을 구축하여 도시 내에서 발생하는 각종 정보를 시민들에게 서비스를 제공함으로써 보다 편리하고, 안전하며, 안락한 생활을 시민에게 제공하자는 개념은 동일하나, 기술들이 좀 더 복합적이며 지능적이고 더구나 스마트폰 등의 디바이스가 중요한 매체로 작용하는 신개념의 도시를 의미한다.

Smart City를 설명하기 전에 먼저, 우리나라 및 세계 정보화의 흐름을 살펴보

자. 우리나라 정보화는 2002년부터 중점적으로 추진되어 왔고, 이명박 정부에서는 지식기반사회인 k-Korea 전략에 의해 최근 들어서는 스마트 코리아 전략에 비중을 두고 추진하고 있다. 국가정보화의 컨트롤 타워로써 2009년 11월 10일 국가정보화전략위원회가 출범되었고 산하 국가정보화실무위원회에서는 각 분과별 전문위원을 두어 국가정보화의 현안을 중점적으로 추진하고 있다. 국가정보화의 중점 추진방향은 고품격의 사회로의 진입을 위한 미래 성장잠재력 확충, 녹색기반, 안전하고 성숙한 사회구현 등과 같이 과거 기술개발만을 위한 추진방향과는 다소 방향이 달라지고 있다.

행정안전부의 2009년 연구보고서인 IT 기반 한국사회 패러다임 변화연구에 의하면, 향후 중요하게 부각될 핵심기술서비스에 대해 ① 정보보호 및 보안기술 ② IT/바이오 융합기술 ③ 모바일 단말의 지능화 통합화 순으로 전망하였다. 물론 국내외 전문가의 의견 차이는 다소 있었으나 공통적으로 향후 IT 기술서비스의 고도화와 일상화가 전망됨에 따라 정보보호 보안기술의 중요성에 대한 인식이 월등한 반면, 가상증강현실 기술과 IP-TV의 중요성은 상대적으로 낮게 나타났다. 구체적으로 보면, 국내 전문가는 IT/바이오 융합기술을, 해외 전문가는 정보보호/보안기술, 그린 IT, 모바일 단말의 지능화/통합화, 클라우드 컴퓨팅, 통합 커뮤니케이션을 미래에 가장 중요한 기술/서비스로 평가하였다.

또한 이 보고서에서 국내외 전문가들은 위의 16개 핵심 기술/서비스들이 본격적으로 활용되는 시기를 전망하였는데, 2010년은 정보보호 및 보안기술, 소셜 네트워크 서비스, IP-TV 분야, 2015년은 차세대 이동통신, 모바일 단말의 지능화/통합화, 클라우드 컴퓨팅, 센서기반 통합모니터링 기술, 스마트 그리드, 지능형 검색기술, 위치기반 서비스, 통합 커뮤니케이션 기술, 그린 IT, 사물의 인터넷 분야, 2020년은 IT/바이오 융합기술, 서비스 로봇, 가상/증강현실 기술 분야라고 제시하였다.

한편, 포레스터 리서치에서는 전 세계 그린 IT 시장은 2008년에는 약 5억 달러에 불과하였지만 2013년에는 48억 달러로 연평균 60% 이상 성장할 것으로 전망하였다. 선진국 정부 및 글로벌 IT기업들은 그린 IT시장 선점을 위한 기술 및 제품개발에 막대한 예산을 투자하고 있으며, 일본 경제산업성은 2008년 데이터센터, 네트워크, 디스플레이 등 3대 분야의 전력효율성을 30%이상 향상시키기 위한 그린 IT 기술개발에 30억 엔을 투자하였으며, 2009년에는 그린 클라우드 컴퓨팅 기술개발을 위해 68억 엔을 투자하였다. IBM은 그린 IT 기술개발에 매년 10억 달러를 투자할 계획이며 시스코는 인천 송도 경제자유 구역에 약 20억 달러를 투자하여 '시스코 글로벌 센타'를 설립하고 지능형 도시 구축사업을 전개하는 등 그린 IT 테스트베드로 활용할 계획을 갖고 있다.

우리나라는 지난 10여 년의 지속적인 전자정부 추진노력의 결과 2년마다 평가하는 'UN 전자정부지수'에서 2010, 2012년 연속해서 세계 1위를 달성하였는데, 이는 정부주도의 'Top-Down'식 한국의 정보화 추진방식이 단순히 인프라 구축단계를 넘어서 서비스 분야에서까지 인정을 받은 사례라고 할 수 있다. 앞으로의 10년은 더 이상 정부주도가 아닌 지금까지와는 전혀 다른 방식의 정보화 추진이 요구되고 있다.

이상에서 우리나라 및 세계 정보화의 흐름을 살펴보았는데, Smart City의 핵심은 국가와 국가, 중앙정부와 지방정부, 정부와 기업, 기업과 개인, 개인과 개인을 이어주는 네트워크화 사회를 구현함으로써 언제 어디서나 편리한 삶을 국민들에게 제공하려는 노력들의 결정체라고 할 수 있다.

Smart City도 U-City와 마찬가지로 궁극적 비전은 기술적 응용(computing paradigm), 기술적 원리(technical principles), 응용도메인(application domain), 응용공간(application space) 등 4가지 측면에서의 각기 다른 비전들이 상호작용하고 있다. 이러한 비전들은 infra technology, core technology, application fields의 3가지 계층구조에 의해 기술적으로 융합되어 응용될 수 있다. 따라서 Smart City는 정보의 최고 기술력들이 모두 응집되어 복합적으로 개발되는 응용분야이다.

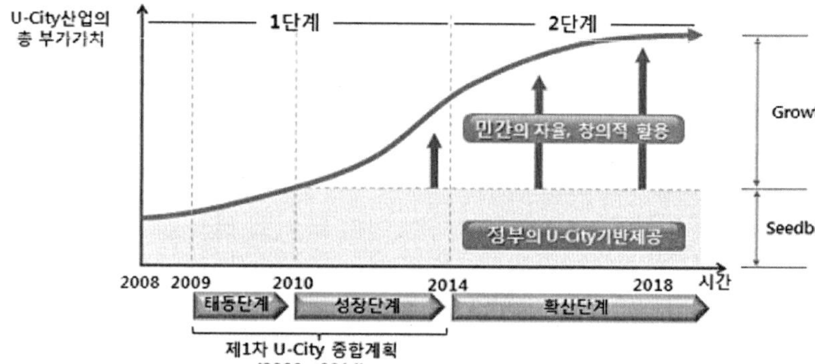

〈그림 12.19〉 유비쿼터스 도시의 부가가치 전망

국토해양부에서는 <그림 12.19>에서 유비쿼터스 도시의 부가가치를 제시하였다. 즉, 2013년까지는 기반마련을 하고, 2014년부터는 기반제공을 통해 확산단계에 가겠다는 계획이다. 이를 위해서라도 앞에서 제시한 많은 정보화 기술들이 개발되고 응용되어야만 할 것이다.

이러한 국가정보화의 한 흐름에서의 Smart City는 다음 <그림 12.20>과 같은 라이프 사이클을 이해하는 것이 중요하다. 이 그림은 Smart City의 초반 기대치에 대해 환상을 갖게 되는데 제도적이나 기술적 지원이 뒷받침되지 않으면 회의론에 빠지게 되므로 이를 방지하기 위해 노력을 해야 함을 나타낸 boom-burst에 관한 그림이다. 이 그림에 의해 현재 국가에서의 「유비쿼터스 도시의 건설 등에 관한 법률 시행령」 마련 등 제도적이나 기술적 지원노력들을 추진하고 있으나 이와 병행하여 관련 기술들의 개발이 매우 필요하다.

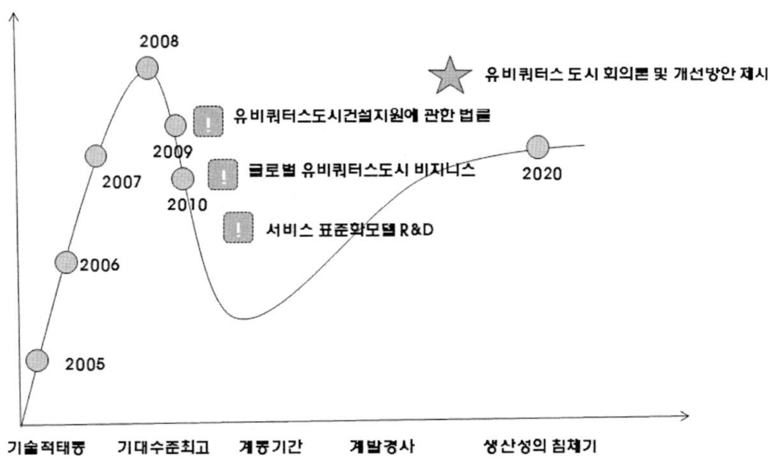

〈그림 12.20〉 Smart City의 라이프 사이클

그렇다면 국내외 정보화의 흐름을 볼 때 Smart City에서 어떠한 기술들이 개발되어야 할 것인가? 이에 대한 답을 얻기 위해 먼저, Smart City의 라이프 사이클에서의 이슈 사항들과 Smart City의 비전, 그리고 국가정보화전략위원회의 중점 추진방향과 주요개념들 등을 분석해 보았는데, 이를 종합하여 <표 12.8>과 같은 미래 핵심기술 및 주요 사업들을 도출할 수 있다.

〈표 12.8〉 Smart City의 미래 기술 및 주요 사업군들

Smart City의 비전	국가중점 추진방향	주요 개념	주요 사업군
컴퓨팅 패러다임 (computing paradigm)	모바일 단말의 지능화 통합화	정적(static), 동적(dynamic), 자동적(autonomic)	모바일 디바이스 관련 응용 개발사업군 / 모바일 단발의 지능화 및 통합화 / 모바일 응용소프트웨어 관련 개발사업군으로 Smart City의 분야별 응용서비스 개발사업분야 / 스마트 디바이스 IF 및 앱 관련 개발사업군 / IP-TV / 클라우드 컴퓨팅 / 스마트 그리드
기술적 원리 (technical principle)	IT/바이오 융합기술	상황인지 (situation awareness), 자동적(autonomic), 자기성장 (self-growing)	음성, 영상, 감성 등 상황인지 기반 융합기술 개발사업군 / IT-BT 개발사업군 / 그린 IT관련 개발사업군 / 센서기반 통합 모니터링 기술 / 지능형 검색기술 / 위치기반 서비스 / 차세대 이동통신
응용도메인 (application domain)	정보보호 및 보안기술	헬스케어/복지 (healthcare/welness), 공공안전(public safety), 환경보존 (environment preservation)	CCTV 등 보안관련 개발사업군 / 환경, 교통, 재해재난, 방범 등 도시통합관제센터 및 각종 상황실에서의 도시관리관련 개발사업군 / 도시통합센터에서의 플랫폼, 통합기반 등 분야 / Smart City에서의 웰빙 사회구현을 목적으로 하는 개발사업군 / 통합커뮤니케이션기술 / 사물의 인터넷
응용공간 (application space)	안전하고 성숙한 정보사회구현	집/빌딩(home/building), 도시(city), 사회(society)	최종적인 응용영역으로서 궁극적으로는 home, city를 포괄하는 사회가 end-user가 될 것 이므로 이를 목표로 하는 개발사업군(예, SNS 개발, 홈 서비스, 빌딩서비스, Smart City 응용서비스 등) / 서비스 로봇 / 가상 증강현실 기술 / 차세대 Smart City 거버넌스 기술개발

각 핵심기술 및 주요사업군에는 여러 기술과 사업들이 포함되어 있지만, 기본적으로 센서기반 서비스기술과 모바일 서비스기술, 그리고 클라우드 서비스기술로 정의할 수 있다. 이러한 기술들의 복합체로써 Smart City에 더욱 다양한 서비스와 기술들이 접목되고 개발될 수 있는 것이다. 물론 이외에도 이러한 사업군들의 실현과정에서 더 많은 기술들이 개발될 수 있을 것이다.

이와 더불어 최근 몇 년 전부터 Smart City 관련 많은 R&D 연구가 진행되고 있는데, 이중 빼놓을 수 없는 중요한 이슈는 CCTV 통합관제센터의 구축에 관한

것이다. 과거에는 CCTV를 각 서비스 목적에 따라 따로따로 구축하였으나 최근에는 CCTV를 통합적으로 구축하여 통합적인 도시 관리에 사용하려는 시도들이 확산되고 있다. 따라서 CCTV 통합관제센터의 구축방식이나 운영방법 및 성과측정방법 등 CCTV를 중심으로 하는 관리방법의 중요성이 증가하고 있다.

각 도시들마다 범죄예방이나 교통단속 등 공공목적의 CCTV가 4년 평균 45.7%로 증가하여 2012년 현재 약 35만대가 설치되어 있다. 이중 방범이 39.6%로 가장 많고, 일반시설물 관리가 35.1%, 주정차단속 및 교통시설물관리는 14.5% 순으로 나타나는데, 정부에서는 2015년까지 전국 230개 기초 자치단체에 CCTV 통합관제센터 구축을 유도하여 Smart City를 효율적으로 운영하려고 계획 중이다. CCTV 통합관제센터에서의 이슈는 운영유지보수 미비, 고장방치, 이로 인한 CCTV 신규댓수 증가, CCTV 장비들간의 호환성이나 상호운용성 미비, CCTV의 통합운영미비 등 근본적 문제를 갖고 있으므로 이러한 문제점들이 해결될 수 있는 기술개발들이 필요할 것이다.

현재 스마트 도시 관련된 많은 R&D가 진행되고 있으나 스마트 도시에서의 CCTV 통합관제센터가 도시보안을 제대로 담당할 수 있도록 하기 위해서는 운영의 효율화를 위한 전략을 연구하고 마련하는데 또한 많은 노력을 해야 할 것이다.

12.4 빅 데이터 정의 및 주요기술

사전적 의미로 빅 데이터(big data)란 기존 데이터베이스 관리도구의 데이터 수집·저장·관리·분석의 역량을 넘어서는 대량의 정형 또는 비정형 데이터 세트 및 이러한 데이터로부터 가치를 추출하고 결과를 분석하는 기술을 의미한다. 빅 데이터는 다양한 종류의 대규모 데이터의 생성·수집·분석·표현을 특징으로 하는데, 이러한 데이터들의 분석을 통해 더욱 정확하고 효율적으로 예측하고 분석함으로써 과거에는 불가능 했던 예측 등의 기능을 실현하기 위한 것이다. 이와 같이 빅 데이터는 정치·사회·경제·문화·과학 기술 등 전 영역에 걸쳐서 사회와 인류에게 가치있는 정보를 제공하며, 최근 그 중요성 또한 부각되고 있다.

기존 빅 데이터의 개념은 단순히 데이터의 양이 많은 것을 의미했다면 최근의 일반적인 빅 데이터의 개념은 기존 데이터에 비해 너무 방대해 일반적으로 사용하는 방법이나 도구로 수집, 저장, 검색, 분석, 시각화 등을 하기 어려운 정형 또는 비정형 데이터 집합을 의미한다.

빅 데이터의 정의는 아직 구체적이진 않지만, 2011년에 맥킨지는 일반적인 데이터베이스 SW가 저장, 관리, 분석할 수 있는 범위를 초과하는 규모의 데이터라고 정의하였고, 2011년에 IDC는 다양한 종류의 대규모 데이터로부터 저렴한 비용으로 가치를 추출하고 데이터의 초고속 수집, 발굴, 분석을 지원하도록 고안된 차세대 기술 및 아키텍처라고 정의하였다.

빅 데이터는 소셜 미디어의 성장과 스마트폰의 확산이 결합되면서 일상 속에서 다양한 종류의 대규모 데이터가 급속히 생성, 유통, 저장되고 있으며, RFID와 같은 정보센싱 장치의 보편적 이용과 클라우드 컴퓨팅 기술의 확산 등을 통해 기업, 사회 및 정부는 이러한 수집된 데이터를 기반으로 예측 분석을 하기 위하여 다양한 종류의 대규모 데이터 처리, 분석 및 활용 기술을 필요로 하고 있기 때문에 등장한 개념이다.

빅 데이터는 일반적으로 부피(volume), 속도(velocity), 가변성(variability)의 3V 특성을 갖는다고 한다.

부피(volume)는 데이터 양을 의미하는 것으로, 단순 저장되는 물리적 데이터 양이 증가할 뿐 아니라 이를 분석 및 처리하는 데 어려움이 따르게 되는데 이러한 네트워크 데이터의 급속한 증가는 빅 데이터의 가장 기본적인 특징이다.

속도(velocity)는 데이터의 실시간 처리 및 접근성을 의미하는 것으로, 데이터 생산 및 유통, 수집 및 분석 속도의 증가와 이에 대한 실시간 처리 및, 장기간에 걸쳐 데이터를 수집·분석하는 장기적 접근이 빅 데이터의 속도적 특성이다.

가변성(variety)은 빅 데이터의 형태가 다양하다는 것을 의미하는 것으로, 빅 데이터를 이용한 데이터 분석은 고정된 시스템에 저장되어 있지 않은 XML, HTML 등과 같이 데이터베이스 스키마를 포함하는 반정형 데이터를 이용한 분석 뿐 아니라 이미지, 오디오, 비디오 형식의 소셜 미디어 데이터나 로그파일 같이 비정형 데이터도 처리할 수 있어야 한다. 빅 데이터는 단순히 데이터의 양이 많다는 것이 아니라 다양한 형태의 데이터 양이 증가하는 것을 의미하는 것이다. 기존 예측 분석을 위해서는 ERP(전사적 자원 관리), SCM(공급망 관리), MES(manufacturing execution system), CRM(고객 관계 관리) 등의 시스템에서 가능했지만, 빅 데

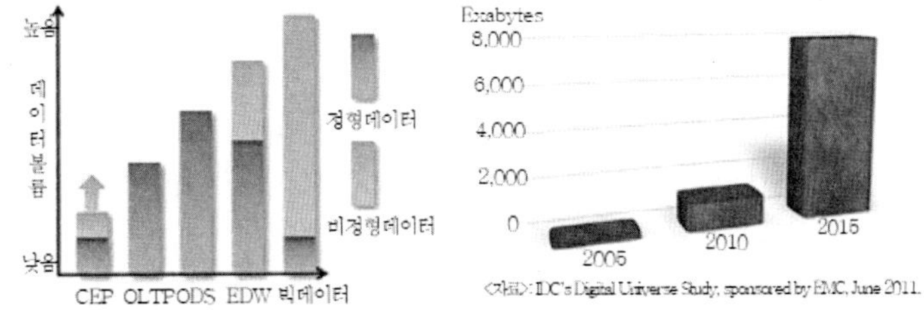

(a) 다양한 환경에서 비정형 데이터의 비중　　(b) 전세계 비정형 데이터의 증가량

〈그림 12.21〉 빅 데이터 환경에서 비정형 데이터의 위치

이터에서는 정형화되지 않은 파일에서의 검색이 필수적이다.

<그림 12.21>에서 보는 바와 같이 2011년 IDC 보고서에 의하면, 빅 데이터 전체 정보량 중 80%가 엑셀문서, PDF파일, 사진, 동영상, 웹 문서와 같은 비정형 데이터이고, 2011년 한해 생성 및 복제된 비정형 데이터의 양은 약 1.8 제타바이트(10^{21}바이트)에 달하며, 전 세계의 비정형 데이터의 향은 매 2년마다 2배씩 증가할 것으로 전망하고 있다. 이에 따라 더 이상 전통적인 정형 데이터기반의 정보시스템으로는 고부가가치 정보분석서비스를 제공할 수 없다. 그래서 이메일, 전자문헌, 웹 페이지 등의 비정형 문헌에 대한 심층문헌분석기술이 향후 시스템의 성공에 핵심적인 역할을 수행할 것으로 전망하고 있다.

최근 전통적인 RDBMS(relational database management system)기술은 비정형 빅 데이터를 분석하는데 한계가 있고, 비정형 빅 데이터에서 중요한 정보를 발굴하고자 하는 요구가 증가하면서 기존의 데이터웨어하우스 업체들이 정형 또는 비정형 빅 데이터 통합분석체계로의 전환을 시도하고 있다.

빅 데이터를 다루는데 필요한 기술은 무엇인가? 크게 보면 저장, 처리, 분석 기술로 나누어 볼 수 있다.

〈표 12.9〉 빅 데이터의 필요기술

필요기술	목적	사례
저장기술	대용량 데이터 저장	하둡 파일시스템(Hadoop File System), S3, NoSQL-HBase, Cassandra, MongoDB 등
처리기술	대용량 분산 및 병렬처리	MapReduce, 그래프분석기법, 스트리밍 기술 등
분석기술	데이터 마이닝 및 분석	개인화 분석기술, 예측 및 평가 기술 등

위의 기술들을 본 서에서 자세히 설명하긴 어렵지만, 위의 기술들 중에서 하둡 파일 시스템에 대해서는 알아둘 필요가 있다. 하둡에 관해서는 <그림 12.22>의 http://hadoop.apache.org/ 사이트에 가면 자세한 정보를 얻을 수 있다.

하둡(Hadoop)이란 빅 데이터를 저장하고 분석하는 데에 사용되는 오픈소스 분산 처리 시스템으로 루신 개발자인 더그 커팅과 마이크 카파펠라가 구글의 GFS와 맵리듀스(Map Reduce) 알고리즘을 구현한 것이다.

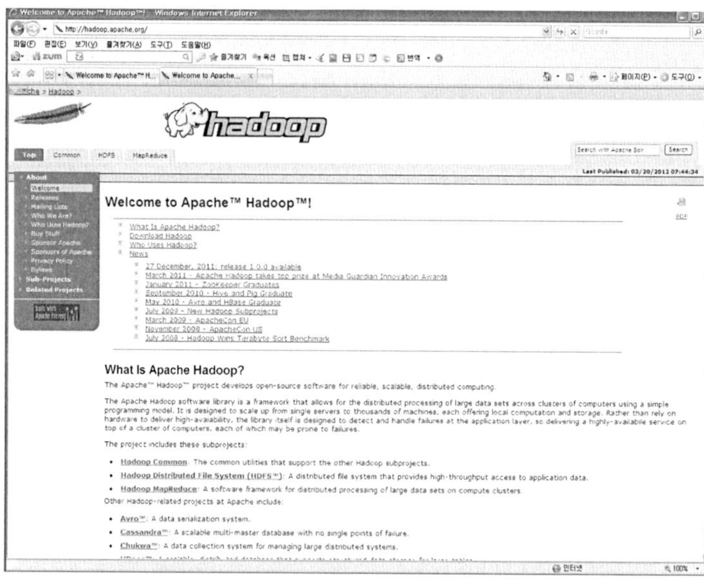

〈그림 12.22〉 하둡 관련사이트(http://hadoop.apache.org/)

하둡 프레임워크에는 맵리듀스 데이터처리 프레임워크와 하둡 분산형 파일시스템(Hadoop Distributed Filesystem, HDFS)과 유사한 분산형 파일시스템이 중요하다. 여기서 HDFS란 하둡 네트워크에 연결된 아무 기기에나 데이터를 밀어 넣는 분산형 파일시스템을 말한다. 하둡은 관계형 데이터베이스 테이블에 데이터를 저장하지 않고 대신 HDFS를 이용해 데이터를 다수의 기기들과 드라이브들에 저장함으로써 다수의 노드로 이뤄진 하둡 시스템에 데이터가 자동적으로 중복되게 만든다. 이는 하나의 노드에서 고장이 발생하거나 느려지더라도 여전히 그 데이터에 접근할 수 있게 하기 위한 전략이다. 이런 특성은 하드웨어나 관리 단계에서 비용을 절약해 준다.

한편 HDFS가 하둡과 함께 사용되는 일반적인 파일시스템이긴 하지만, HDFS가 결코 유일한 파일시스템은 아니다. 아마존의 엘라스틱 컴퓨트 클라우드(Elastic Compute Cloud, EC2)의 경우에는 하둡에 자사의 S3 파일시스템을 채용하였다. 데이터스택스(DataStax)의 브리스크(Brisk)는 자칭 하둡 배포판으로, HDFS를 아파치 카산드라(Apache Cassandra)의 카산드라FS(Cassandra FS)로 대체하고, 실시간 저장 및 분석 기능들을 통합하기 위한 하이브(Hive)의 데이터 쿼리 및 분석 기능까지 추가로 포함하고 있다.

맵리듀스 과정을 설명하면, 정보 요청이 들어오면 맵리듀스는 두 요소들을 이용하여 처리한다. 하둡 마스터 노드에 있는 잡트래커(JobTracker)와 하둡 네트워크 내의 각 노드에 위치한 테스크트래커(TaskTracker)들이다. 프로세스는 상당히 선형적으로 동작하는데, 맵리듀스는 데이터 요청을 별개의 작업 셋으로 나누고, 잡트래커를 이용해 맵리듀스의 일을 테스크트래커들에게 전달한다. 네트워크 지연시간을 줄이기 위해 작업은 해당 데이터가 위치한 노드와 동일한 노드에 할당되거나 최소한 같은 랙(rack)에 들어 있는 노드들에 할당된다.

<그림 12.23>의 하둡 프레임워크에서 보는 바와 같이 하둡에는 분산형 파일시스템과 맵리듀스 말고도 몇 가지 요소들이 포함되어 있다. H카탈로그(HCatalog)는 하둡 데이터용 테이블 및 스토리지 관리 서비스이고, 피그(Pig)는 맵리듀스용 프로그래밍 및 데이터 플로우 인터페이스이며, 하이브(Hive)는 SQL과 유사한 언

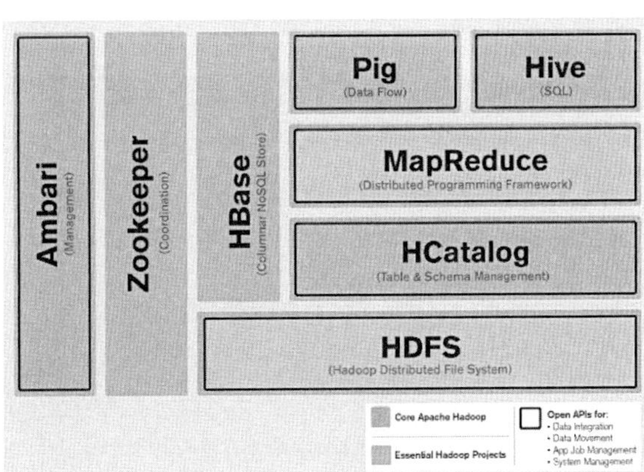

〈그림 12.23〉 하둡 프레임워크

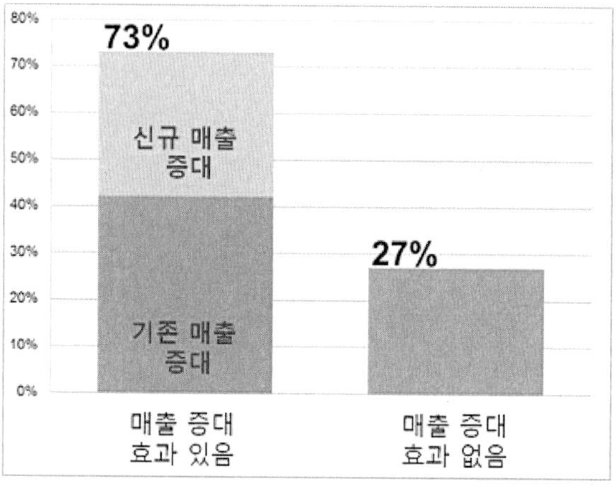

〈그림 12.24〉 빅 데이터를 활용한 효과

(출처: Avanade(2012.7), 스트라베이스 재구성)

어인 하이브QL(HiveQL)을 이용해 하둡 데이터 쿼리를 생성하는 데이터 웨어하우징 솔루션을 말한다. 하이브는 NoSQL 데이터베이스에서 기대하는 것보다 하둡을 훨씬 쉽게 이용할 수 있게 만들어 주는 역할을 하는데, 하이브QL을 이용해 데이터 분석가들은 RDBMS에서 이용하던 것과 거의 동일한 쿼리들을 가진 하둡 데이터베이스에서 정보를 검색할 수 있을 것이다.

이미 해외에서는 빅 데이터를 이용한 예산 절감 등 공공부문에서 활용이 높으며 기대치가 높다.

<그림 12.24>에서 보는 바와 같이 2012년 7월의 아바나드의 설문조사 결과, 데이터 분석을 통한 실제 기업 매출 증대 효과가 확인되었는데, 응답 기업의 73%가 데이터 분석을 통해 자사 매출이 증대되었다고 답했으며, 특히, 이들 기업의 43%는 기존 사업 매출 증대가 아닌 신규 매출 창출로 이어졌다고 응답하고 있다. 빅 데이터 활용이 기업 의사 결정에 도움이 되었다는 응답도 84%에 달하며, 특히, 데이터 분석 전문가가 상주하고 있는 기업의 88%는 매출 증대 효과가 나타났다고 응답한 반면, 데이터 분석 전문가가 없는 기업은 49%만이 매출 증대 효과가 있었다고 답해 빅 데이터 도입 시 전문가 확보가 중요한 것을 알 수 있다.

이외 여러 기술들이 적절하게 적용되어야만 빅 데이터를 처리할 수 있는 시스템을 구축할 수 있을 것이다.

찾아보기

Related Title

Knowledge-Based Systems

I S B N	9780763776473
저 자	akerkar
정 가	39,000원
출간년도	2009년

Intelligent Systems

I S B N	9780763780173
저 자	Schalkoff
정 가	49,000원
출간년도	2009년

Computer and Machine Vision

I S B N	9780123869081
저 자	Davies
정 가	59,000원
출간년도	2012년

Artificial Intelligence

I S B N	9781558604674
저 자	Nilsson
정 가	39,000원
출간년도	1998년

Artificial Intelligence

I S B N	9780521519007
저 자	David L. Poole, Alan K. Mackworth
정 가	45,000원
출간년도	2010년

Machine Learning

I S B N	9781420067187
저 자	Marsland
정 가	49,000원
출간년도	2009년

인공지능개론

I S B N	8972831662
저 자	이광형 외
정 가	16,000원
출간년도	2000년

Computational Intelligence

I S B N	9781558607590
저 자	Eberhart
정 가	40,000원
출간년도	2007년

저자 약력

조영임

- 학력사항: 고려대학교 생물학과 졸업
  고려대학교 컴퓨터학과 졸업
  고려대학교 컴퓨터학과 석사(인공지능전공)
  고려대학교 컴퓨터학과 박사(인공지능전공)
- 경력사항
  (현) 수원대학교 컴퓨터학과 교수
  (사)대학산업기술지원단 단장
  국가정보화전략위원회 실무위원
  (사)한국지능시스템학회 서울·경기지부장
  (사)한국정보과학회 논문지 편집위원
  (사)제어로봇시스템학회 이사
  (사)한국공학교육학회 이사
  (전) 삼성전자 선임연구원
  University of Massachusetts, Post-doc

정가 32,000원

인공지능시스템

2003년 10월 1일 초 판 인쇄
2009년 3월 10일 개정판 발행
2012년 9월 10일 개정증보판 발행

저자와의 협의하에 인지생략

저 자 : 조 영 임
발행자 : 우 명 찬 · 송 준
발행처 : 홍릉과학출판사

주 소 : ㊞ 142-885 서울시 강북구 인수동 455-60

등 록 : 1976년 10월 21일 제5-66호

전 화 : 999-2274~5, 996-8341, 903-7037
팩 스 : 905-6729

ISBN : 978-89-97570-39-3

hongpub@hongpub.co.kr
www.hongpub.co.kr

※ 낙장 및 파본은 본사나 구입처에서 교환하여 드립니다.
※ 판권 소유에 위배되는 사항(인쇄, 복제, 제본)은 법에 저촉됩니다.